혼자서도 합격하는
요양보호사
필기 실기 총정리

혼자서도 합격하는
요양보호사
필기 실기 총정리

혼자서도 합격하는

요양보호사

필기 실기 총정리

박종육 · 신지연 · 김명근 공저

BM 성안당

PROFILE

박 종 육

좋은이웃요양보호사 교육원 원장

평택대학교 사회복지학 박사과정 중

신 지 연

안중참사랑노인복지센터 센터장

강원관광대학교 간호과 전문학사

한국방송통신대학교 간호학사

김 명 근

재가노인복지시설 나눔케어 시설장

나눔요양보호사 교육원 강사

고려대학교 대학원 사회복지학 석사

동 대학원 사회복지학 박사과정 수료

1. 응시 자격

노인복지법 시행규칙 제29조의2에 따라 시·도지사로부터 지정받은 요양보호사 교육기관에서 표준교육과정은 240시간, 국가자격(면허)소지자(간호사, 간호조무사, 물리치료사, 사회복지사, 작업치료사)는 40~50시간, 경력자(경력인 정기관에 따라 이수시간 다름)의 교육과정을 이수하시면 요양보호사 자격시험에 응시하실 수 있습니다. 단, 다음에 해당하는 자는 응시할 수 없습니다.

(1) 정신건강증진 및 정신질환자 복지서비스 지원에 관한 법률(약칭 : 정신건강복지법) 제3조제1호에 따른 정신질환자. 다만, 전문의가 요양보호사로서 적합하다고 인정하는 사람은 그러하지 아니하다.

(2) 마약 · 대마 또는 향정신성의약품 중독자

(3) 피성년후견인

(4) 금고 이상의 형을 선고받고 그 형의 집행이 종료되지 아니하였거나 그 집행을 받지 아니하기로 확정되지 아니한 사람

(5) 법원의 판결에 따라 자격이 정지 또는 상실된 사람

(6) 요양보호사로서 자격이 취소된 날부터 1년이 경과 되지 아니한 사람

2. 시험 시간표

구분	시험과목(문제수)	시험형식	배점	총점	입장시간	시험시간
1교시	1. 필기시험(35) ●요양보호개론 ●요양보호관련 기초지식 ●요양보호각론	객관식 5지선다형	1점/ 1문제	35점	~9:30	10:00~10:40 (40분)
2교시	1. 실기시험(45)	객관식 5지선다형	1점/ 1문제	45점	~11:05	11:20~12:10 (50분)

3. 합격자 결정방법

필기시험과 실기시험에서 각각 만점의 60% 이상을 득점한 자로 합니다.

4. 합격자 발표

* 국시원 홈페이지 [합격자조회]메뉴 접속

* 국시원 모바일 홈페이지 접속

* ARS 060-700-2353 이용(ARS 이용기간 : 합격자 발표일부터 7일간)

* 휴대전화번호가 기입된 경우에 한하여 SMS로 합격여부 통보

목 차

1

요양보호개론

요양보호 대상자 이해

요양보호 관련 제도 및 서비스

인권과 직업윤리

01 요양보호 대상자 이해

01 노인과 노화 과정

1. 노인의 기여　표준교재 8쪽

1) **경제적 기여** : 세계경제력 순위 12위의 경제대국으로 성장시킴

2) **정치적 기여** : 개헌을 통한 대통령 직접선거, 평화적인 정권교체 등을 이루어냄

3) **사회적 기여** : 가족과 이웃 중심의 따뜻한 집단문화 발전. 한류 형성

2. 노인에 대한 보상　표준교재 9쪽

1) **경제적 보상** : 각종 공공시설의 이용 요금 감면

2) **제도적 보상** : 사회보장제도를 통한 노후소득 보전, 질병 치료 및 예방의 제도화

3) **정치적 보상** : 어버이날 · 노인의 날 지정. 모범 어르신 포상

4) **지적, 정신적 문화유산의 전수** : 정책자문, 기록물 등록, 유형 · 무형의 문화재 보전 및 전수 받을 수 있도록 지원

3. 노인의 건강한 노화　표준교재 10쪽

1) 노화의 긍정적 측면

　① 일상적인 균형 유지, 안정적이고 지속적인 수준 높은 동기부여로 직무 수행

　② 신중하고 조심스러운 의사결정으로 실수가 적음

　③ 중요한 정보 추출 능력이 뛰어남

2) 건강한 노화

　① 건강 유지를 위해 신체 활동에 맞는 영양분 섭취, 적절한 운동 실시

　　• 뇌에 자극을 주어 기억력과 인지력을 유지

　　• 자신에게 맞는 음식과 영양보조식품 섭취

- 신체 기능에 적합한 운동
② 의사소통을 통한 사회적 관계 유지, 생산적 활동 참여로 자신감 유지
  - 가족, 친구 등과 접촉하여 애정 표현과 의사소통
  - 자원봉사, 여가 활동, 지역사회 참여

02 노년기 특성

1. 신체적 특성 　표준교재　 12쪽

1) 세포의 노화
  ① 뼈와 근육이 위축되어 등이 굽고, 키가 줄어듦
  ② 피하지방이 감소하여 전신이 마르고 주름이 많아짐

2) 면역능력의 저하
  ① 잠재하고 있던 질병이 나타나거나 질병이 발생하면 급격하게 상황이 악화됨
  ② 사망에 이를 수도 있음

3) 잔존능력의 저하
  ① 신체 조직의 잔존능력이 저하됨
  ② 적응력이 떨어져 일상생활에서 어려운 상황이 발생할 수도 있음

4) 회복능력의 저하
  ① 만성질환이 있는 노인은 다른 합병증이 쉽게 올 수 있음
  ② 사소한 원인으로도 중증에 이를 수 있음

5) 비가역적 진행
  ① 노화는 점진적으로 일어나는 진행성 과정임
  ② 노화의 진행을 막을 수 없음

2. 심리적 특성 　표준교재　 13쪽

1) 우울증 경향의 증가
  ① 신체적 증상 : 불면증, 식욕부진, 체중감소
  ② 심리적 증상 : 기억력이 저하, 흥미와 의욕 상실
  ③ 주변 사람들에게 적대적으로 대하거나 타인을 비난하는 등의 행동을 보이기도 함

2) 내향성의 증가
  ① 심적 에너지가 바깥 사회생활로 향해 있다가 노년기에 접어들면서 내면으로 향함
  ② 사회적 활동의 감소, 타인과 만나기를 꺼림

3) 조심성의 증가

① 조심성이 증가하는 원인

- 일의 결과를 중시하기 때문에 조심스럽게 행동함
- 시청각 및 지각 능력 감퇴, 자신감 감퇴

② 나이가 들수록 질문이나 문제에 대해 대답을 할지 망설이거나 하지 못하며, 때에 따라서는 중립을 지킴

③ 결단이나 행동이 느려지고 매사에 신중해짐

4) 경직성의 증가

① 자신에게 익숙한 습관적인 태도나 방법을 고수

② 매사에 융통성이 없어지고, 새로운 변화를 싫어하며, 도전적인 일을 꺼림

③ 새로운 기구를 사용하거나 새로운 방식의 일 처리를 하기 싫어함

5) 생에 대한 회고의 경향

① 자신이 지나온 일생의 여러 요인을 떠올려 봄(가족구성, 신체적 조건, 결혼, 취업, 직장 생활, 부부 생활, 생활, 성역할 등)

② 회상의 역할

- 응어리졌던 감정의 해소
- 실패와 좌절에 담담해져 자아통합을 가능하게 함
- 다가오는 죽음을 평온한 마음으로 맞을 수 있게 함

6) 친근한 사물에 대한 애착심

① 오랫동안 자신이 사용해 오던 친근한 사물에 대해 애착이 강함

② 애착 : 지나온 과거를 회상하거나 마음의 안락을 찾는 데 도움을 줌

③ 친근한 사물에 애착을 보이는 이유

- 자기 자신과 주변이 변하지 않고 유지되고 있다는 안도감과 정서적 안정감을 느낌
- 세월의 흐름 속에서 자기정체감을 유지하려는 것임

7) 유산을 남기려는 경향

① 죽음의 필연성을 인식하고 생명이 유한하다는 것을 자각하면서 자신이 이 세상에 다녀갔다는 흔적을 후세에 남기고자 한다.

② 자신이 가치 있는 삶을 살았다는 것을 인정받고자 함

③ 노인들은 혈육, 물질적 재산, 창조적 업적, 전통과 가치 등을 남기고자 함

8) 의존성의 증가

① 신체적 의존 : 신체적 기능 저하

② 경제적 의존 : 임금 노동자로서의 역할 상실

③ 정신적 의존 : 중추신경조직 퇴화

④ 사회적, 심리적, 정서적 의존 : 중요한 사람의 상실을 경험하면서 다른 사람에게 더 의존하게 됨

3. 사회적 특성 표준교재 14쪽

1) 역할 상실

① 은퇴

- 사회적 역할 변화가 생기는 대표적인 사건
- 사회적 역할 상실과 가정 내 가장과 어머니의 역할 상실로 심리적으로 위축

2) 경제적 빈곤

① 노후소득을 위한 연금이나 노후자금이 없는 경우에는 경제적 빈곤에 놓이게 됨

② 경제협력개발기구(OECD) 국가 중 노인 빈곤율이 가장 높은 곳이 한국임

3) 유대감의 상실

① 퇴직으로 인해 사회적 관계가 줄어들게 됨

② 친척이나 친구 관계도 소원해지고, 그들과의 유대감도 줄어들거나 없어지게 됨

③ 단순화된 관계로 고독감과 우울감이 증가하게 되고, 자살까지 발생하기도 함

4) 사회적 관계 위축

① 신체적 노화로 복합적이고 만성적인 질환을 갖게 됨

② 신체적 기능이 쇠퇴하고 사회적 관계에서도 부정적으로 작용함

03 가족관계 변화와 노인 부양

1. 노인 거주 형태의 변화 표준교재 16쪽

1) 최근 경향

① 기혼 자녀와의 동거가 줄어듦

② 혼자 살거나 노부부만 사는 세대가 늘어남

③ 노인가족 : 노부부끼리 살거나 노인이 포함된 가족

2. 가족관계의 변화 표준교재 16쪽

1) 부부관계

① 역할 변화에의 적응

- 남편의 퇴직으로 부부간의 관계가 동반자로 전환
- 융통성 있게 가정일 분담하는 것이 바람직함
- 적극적으로 대화하고 부부 공통의 화제나 취미 생활을 만들 필요가 있음적극적으로 대화하고 부부 공통의 화제나 취미 생활을 만들 필요가 있음

② 성적 적응

- 노인의 성적 관심과 욕구 충족을 금기시하는 태도를 바꾸어야 함
- 활기찬 노년을 위해 활발한 성생활을 유지하는 것도 필요함

③ 배우자 사별에 대한 적응

- 배우자의 상실은 가장 적응하기 어려운 사건임
- 심한 허무감, 절망감, 고독감을 느낌
- 통상적으로 약 70%의 여성이 남편과 먼저 사별하게 됨
- 사별 후 가족이나 자녀의 지지, 자아존중감 향상 등이 필요

배우자 사별에 대한 적응 단계

- 1단계 : 상실감의 시기, 우울감과 비탄
- 2단계 : 배우자 없는 생활을 받아들이고, 혼자된 사람으로서의 정체감을 지님
- 3단계 : 혼자 사는 삶을 적극적으로 개척함

2) 부모- 자녀 관계

① 빈둥지증후군을 겪게 됨

② 빈둥지증후군 : 자녀가 독립하여 집을 떠난 뒤에 부모가 경험하게 되는 슬픔, 외로움과 상실감을 나타냄

③ 자녀가 직접 노인 부모를 봉양하는 일이 점점 사라지고 있음

④ 수정확대가족의 등장

⑤ 수정확대가족 : 부모와 따로 살지만 자주 상호 작용하면서 각자의 사생활을 지킬 수 있음

3) 고부 관계

① 예전처럼 심각하지는 않지만, 가치관과 세대 차이로 인한 고부갈등이 여전히 존재함

② 며느리와 시어머니의 역할 관계 재정립과 가치관 공유가 필요

③ 아들과 며느리에게 의존하기보다는 자신의 삶을 활기차게 살기 위한 노력이 필요

4) 조부모 - 손자녀 관계

① 손자녀에 대한 책임이 비교적 적고 순수하게 애정으로만 감싸 줄 수 있음

② 손자녀는 노인이게 활기와 탄력을 제공

③ 노인은 손자녀의 긍정적인 자아 형성에 기여

5) 형제자매 관계

① 과거에 존재했던 경쟁심이나 갈등이 줄어들고 상호이해와 동조성이 강화됨

② 어린 시절의 생활 경험 공유는 심리적 안정감을 줌

③ 배우자나 자녀의 지원이 충분하지 못할 경우, 중요한 사회적 지지가 됨

3. 노인부양 문제와 해결 방안 　표준교재 19쪽

1) 노인부양 문제

① 노인의 4고(苦) : 빈곤, 질병, 고독, 무위(역할 상실)

② 개인, 가족의 부담을 넘어 사회적 문제로 인식

③ 노부모 부양에 대한 인식 조사 결과

- 가족이 부양해야 한다는 비중이 낮아짐(2008년 40.7% → 2014년 31.7%)
- 사회가 부양해야 한다는 비중은 증가함(2008년 47.4% → 2014년 51.7%)

2) 노인부양 해결방안

① 사회와 가족의 협력

- 공적·사적 부양이 모두 필요함
- **사적 부양** : 노인 본인이나 가족이 보살피는 부양
- **공적 부양** : 노인복지서비스와 장기요양보험제도 등 국가나 사회가 노인의 생활을 지원하는 것

② 세대 간의 갈등 조절

- 사회적 부양에 대해 긍정적으로 인식할 필요가 있음
- 바람직한 세대통합 효과 : 국민연금, 노인장기요양보험제도를 통한 세대간 위험의 분산, 소득재분배 등
- 자녀 세대와 부모 세대의 상호 존중, 적극적 의사소통을 통한 실질적인 상호작용과 사회통합을 달성해야 함

③ 노인의 개인적 대처

- 경제적인 면 : 사회보험과 개인보험을 병행 이용
- 사회적인 면 : 재교육 프로그램을 통해 삶의 변화에 대비해야 함

④ 노인복지정책 강화

- 국민연금, 기초연금을 강화하여 노후소득을 보전
- 노인장기요양보험제도를 통해 장기적인 돌봄서비스 제공
- 다양한 노인복지서비스 프로그램 제공으로 적극적이고 활기찬 여가, 노후생활을 지원

01 요양보호 대상자 이해 실전 예상문제

1 노인과 노화과정

01 노인과 노화과정에 대한 설명으로 올바르지 않은 것은?

① 노인 구분 기준을 60세 이상으로 조정하려는 움직임도 있다.
② 노인 세대는 우리나라의 산업화, 민주화를 달성하여 선진국으로 발돋움 하는 데에 많은 역할을 수행하였다.
③ 노화가 진행되어 일정 수준 이하의 신체적, 심리적, 사회적 능력에 이르거 나 기능이 감소된 사람을 노인이라 한다.
④ 일반적으로 은퇴를 하여 연금을 받게 되며, 사회적으로 각종 혜택을 누리 게 되는 시점인 65세를 기준으로 그 이상을 노인으로 구분한다
⑤ 노인의 부정적 의미를 줄이기 위해 노인을 '노년'이라 칭하기도 한다.

01
퇴직 연령이 높아지고 평균 수명이 증가함 에 따라 노인 구분 기준을 70세 이상으로 조정하려는 움직임도 있다.

표준교재 **8쪽**

02 다음이 설명하는 노인의 기여는 무엇인가?

> 한국전쟁 전후로 태어난 노인 세대는 국내는 물론 외국의 산업체와 건설 현 장에서 열심히 일하여 우리나라를 세계 경제력 순위 12위의 경제대국으로 성장시켰다.

① 사회적 기여　　　　　② 경제적 기여
③ 정치적 기여　　　　　④ 문화적 기여
⑤ 체육적 기여

02

표준교재 **9쪽**

정답 **01 ①　02 ②**

+ 해설

03 노화의 긍정적 측면으로 알맞은 것은?

① 신체 조직의 잔존능력이 저하된다.
② 사회적 활동이 감소한다.
③ 의사결정에서도 신중하고 조심스러워 젊은 사람들보다 실수가 적고 사고력에서도 뒤지지 않는다.
④ 수많은 정보 중에서 중요한 정보를 추출하지 못한다.
⑤ 의사결정이 빠르다.

03
노화의 긍정적 측면
• 일상적인 균형 유지, 안정적이며 지속적인 동기부여를 통한 직무 수행이 가능
• 신중하고 조심스러운 의사결정으로 젊은 사람들보다 실수가 적고 사고력에서도 뒤지지 않음
• 수많은 정보 중에서 중요한 정보를 추출해 낼 수 있는 능력이 뛰어남

표준교재 **10쪽**

04 다음이 설명하는 노인에 대한 보상은?

> 국민연금, 국민건강보험 등의 사회보장제도를 통해 노후소득 보전과 질병 치료와 예방 등을 할 수 있도록 하고 있다.

① 경제적 보상   ② 제도적 보상
③ 정치적 보상   ④ 지적 유산의 전수
⑤ 정신적 문화유산의 전수

04

표준교재 **9~10쪽**

05 노인에 대한 보상에 관한 내용 중 올바르지 않은 것은?

① 각종 공공시설의 이용요금 감면
② 사회보장제도를 통한 노후소득 보전과 질병 치료와 예방
③ 노인이 보유한 유형, 무형 문화재를 보전
④ 노인 복지관이나 경로당을 통한 노인복지서비스 전달
⑤ 교통시설 이용 제한

05
국가는 지방정부, 공공기관과 더불어 노인들이 이용하는 교통시설의 이용 요금을 감면하여 이용에 불편함이 없도록 경제적으로 지원하고 있다.

표준교재 **10쪽**

노인이 건강하게 노화하는 데 필요한 것으로 맞지 않는 것은?

① 지속적으로 뇌에 자극을 주어 기억력과 인지력을 유지한다.
② 유전적, 생활습관적 특징을 살펴 자신에게 맞는 음식과 영양보조식품을 섭취한다.
③ 고혈압, 당뇨, 비만, 그 밖의 질병 유무를 확인하고 신체 기능에 적합한 운동을 지속한다.
④ 신체적 노화를 늦추기 위해 젊은이들과 동등한 운동량을 유지한다.
⑤ 자신감과 역할이 상실되지 않도록 사회적 관계를 유지하도록 한다.

06
④ 노인의 신체와 활동에 맞게 영양분을 섭취하고 적절한 운동을 해야 한다

표준교재 **11쪽**

정답 03 ③ 04 ② 05 ⑤ 06 ④

07 사회적 관계를 유지하고 생산적 활동을 하는 데 필요한 것으로 올바르지 않은 것은?

① 가족, 친구 등과 접촉하여 적극적인 애정 표현과 의사소통을 한다.
② 자원봉사활동을 한다.
③ 여가 활동을 한다.
④ 야외활동은 건강에 무리를 줄 수 있으므로 되도록 자제한다.
⑤ 지역사회 활동에 참여한다.

07

표준교재 **11쪽**

08 노인에 대한 보상으로 연결이 옳은 것은?

① 경제적 보상 – 어버이날, 노인의 날 지정
② 제도적 보상 – 각종 공공시설의 이용 요금 감면
③ 정치적 보상 – 국민연금, 국민건강보험 등의 사회보장제도
④ 경제적 보상 – 교통시설 이용 요금 감면
⑤ 정치적 보상 – 노인복지관, 지역사회 경로당 등을 통한 여가활동 지원

표준교재 **10쪽**

09 노인의 건강한 노화에 필요한 것으로 옳은 것은?

① 지속적으로 뇌에 자극을 주지 않도록 한다.
② 신체적 노화를 늦추지 않기 위해 젊은이와 동등한 운동량을 유지한다.
③ 기억력과 인지력을 유지하도록 한다.
④ 영양보조식품은 되도록 섭취하지 않는다.
⑤ 유전적, 생활습관적 특징을 살필 필요는 없다.

표준교재 **11쪽**

정답 **07 ④ 08 ④ 09 ③**

+ 해설

2 노년기 특징

01 노인의 신체적 변화로 옳지 않은 것은?

① 세포의 노화
② 가역적 진행
③ 예비능력의 저하
④ 회복능력의 저하
⑤ 면역능력의 저하

01
비가역적 진행
노화는 점차적으로 일어나는 진행성 과정이며, 비가역적인 방향으로 진행됨
표준교재 12쪽

02 뼈와 근육이 위축되어 등이 굽고, 키가 줄어들며, 피하지방이 감소하여 전신이 마르고, 체중도 감소하며 주름이 많아지는 신체적 변화는?

① 세포의 노화
② 비가역적 진행
③ 예비능력의 저하
④ 회복능력의 저하
⑤ 면역능력의 저하

02

표준교재 12쪽

03 만성질환이 있는 노인이 다른 합병증이 쉽게와서 사소한 원인으로 중증에 빠질 수 있는 것은 어떠한 특징 때문인가?

① 세포의 노화
② 비가역적 진행
③ 예비능력의 저하
④ 회복능력의 저하
⑤ 면역능력의 저하

03

표준교재 12쪽

★★★
04 노인의 신체적 특성으로 옳은 것은?

① 회복능력의 저하
② 경직성의 저하
③ 수동성의 저하
④ 의존성의 저하
⑤ 조심성의 저하

04
노인의 신체적 변화
세포의 노화, 방어능력의 저하, 예비능력의 저하, 회복능력의 저하, 비가역적 진행
표준교재 12쪽

05 다음 보기가 설명하는 노인의 신체적 변화는?

> 잠재하고 있던 질병이 나타나거나 질병이 발생할 경우 급격하게 상황이 악화되어 죽음을 맞기도 한다.

① 세포의 노화
② 비가역적 진행
③ 예비능력의 저하
④ 회복능력의 저하
⑤ 면역능력의 저하

05

표준교재 12쪽

정답 01 ② 02 ① 03 ④ 04 ① 05 ⑤

06 다음 보기가 설명하는 노인의 신체적 변화는?

> 노화는 점차적으로 일어나는 진행성 과정이며 인간의 노력으로 수정되지 않는다.

① 세포의 노화
② 비가역적 진행
③ 예비능력의 저하
④ 회복능력의 저하
⑤ 면역능력의 저하

06

표준교재 **12쪽**

07 노인의 심리적 특성으로 옳지 않은 것은?

① 조심성의 증가
② 경직성의 저하
③ 우울증 경향의 증가
④ 내향성 및 수동성의 증가
⑤ 생에 대한 회고의 경향

07
경직성의 증가
노인은 자신에게 익숙한 습관적인 태도나 방법을 고수한다.

표준교재 **13쪽**

08 사회적 활동이 감소하고 타인과 만나는 것을 기피하게 되는 노인의 심리적 특성은?

① 내향성 및 수동성의 증가
② 의존성의 증가
③ 유산을 남기려는 경향
④ 시간전망의 변화
⑤ 친근한 사물에 대한 애착심

08
내향성 및 수동성의 증가
사회적 활동이 감소하고, 타인과 만나는 것을 기피할 뿐 아니라 내향적인 성격이 되어간다.

표준교재 **13~14쪽**

09 다음 보기가 설명하는 노년기의 심리적 특성은?

> • 불면증, 식욕부진, 체중감소 등과 같은 신체적인 증상을 호소한다.
> • 기억력이 저하되고 흥미와 의욕을 상실한다.
> • 주변사람들에게 적대적으로 대하거나 타인을 비난한다.

① 조심성의 증가
② 경직성의 증가
③ 우울증 경향의 증가
④ 내향성 및 수동성의 증가
⑤ 생에 대한 회고의 경향

09

표준교재 **13쪽**

★★★

10 다음 보기가 설명하는 노년기의 심리적 특성은?

> • 결단이나 행동이 느려지고 매사에 신중하다.
> • 질문이나 문제에 답을 할지 망설이거나 때로는 중립을 지킨다.

① 조심성의 증가
② 경직성의 증가
③ 시간전망의 변화
④ 내향성 및 수동성의 증가
⑤ 생에 대한 회고의 경향

10

표준교재 **13쪽**

정답 **06** ② **07** ② **08** ① **09** ③ **10** ①

11 다음 보기가 설명하는 노인의 심리적 특성은?

> • 노인은 자신에게 익숙한 습관적인 태도나 방법을 고수한다.
> • 매사에 융통성이 없어지고 새로운 변화를 싫어한다.

① 의존성의 증가   ② 경직성의 증가
③ 시간전망의 변화   ④ 내향성 및 수동성의 증가
⑤ 생에 대한 회고의 경향

11

표준교재 **13쪽**

★★★

12 노인의 심리적 특성으로 옳은 것은?

① 회복능력의 증가   ② 세포의 증가
③ 예비능력의 증가   ④ 방어능력의 증가
⑤ 내향성 및 수동성의 증가

12
노인의 심리적 특성
우울증 경향의 증가, 내향성 및 수동성의 증가, 조심성의 증가, 경직성의 증가, 생에 대한 회고의 경향, 친근한 사물에 대한 애착심, 시간 전망의 변화, 유산을 남기려는 경향, 의존성의 증가

표준교재 **13~14쪽**

13 다음 보기가 설명하는 노인의 심리적 특성은?

> 응어리졌던 감정을 해소하고, 실패와 좌절에 담담해짐으로써 자아 통합이 가능해지도록 하고, 다가오는 죽음을 평온한 마음으로 맞게 해준다.

① 시간전망의 변화   ② 의존성의 증가
③ 유산을 남기려는 경향   ④ 생에 대한 회고의 경향
⑤ 내향성 및 수동성의 증가

13

표준교재 **13쪽**

14 생에 대한 회상의 역할로 알맞지 않은 것은?

① 응어리졌던 감정을 해소한다.
② 실패와 좌절에 담담해진다.
③ 자아통합을 가능하게 한다.
④ 매사에 신중해진다.
⑤ 다가오는 죽음을 평온한 마음으로 맞을 수 있다.

14
④ 조심성이 증가하여 나타나는 현상이다.

표준교재 **13쪽**

★★★

15 노인의 지나온 과거를 회상하거나 마음의 안락을 찾는데 도움을 주는 심리적 특성은?

① 시간전망의 변화   ② 의존성의 증가
③ 유산을 남기려는 경향   ④ 생에 대한 회고의 경향
⑤ 친근한 사물에 대한 애착심

15
친근한 사물에 대해 애착을 보이는 이유는 자기 자신과 주변이 변하지 않고 일정한 방향을 유지하고 있다는 안도감, 정서적 안정감, 세월의 흐름 속에서 자아정체감을 유지하려는 것이다.

표준교재 **14쪽**

정답 **11** ②   **12** ⑤   **13** ④   **14** ④   **15** ⑤

16 신체적 기능이 저하되어 신체적 의존을 하게 되는 심리적 특성은?

① 시간전망의 변화
② 의존성의 증가
③ 유산을 남기려는 경향
④ 생에 대한 회고의 경향
⑤ 내향성 및 수동성의 증가

16
의존성의 증가
신체적 기능이 저하되면, 신체적 의존을 하게 된다.

표준교재 **14쪽**

17 자신이 이 세상에 다녀갔다는 흔적을 후세에게 남기려고 하는 노인의 심리적 특성은?

① 시간전망의 변화
② 의존성의 증가
③ 유산을 남기려는 경향
④ 생에 대한 회고의 경향
⑤ 내향성 및 수동성의 증가

17
유산을 남기려는 경향
노인은 죽음의 필연성을 인식하고 생명이 유한하다는 것을 자각하면서 자신이 이 세상에 다녀갔다는 흔적을 후세에 남기고자 함

표준교재 **14쪽**

18 세월의 흐름 속에 자아정체감을 유지하려는 심리적 특성은?

① 시간전망의 변화
② 의존성의 증가
③ 생에 대한 회고의 경향
④ 내향성 및 수동성의 증가
⑤ 친근한 사물에 대한 애착심

18

표준교재 **14쪽**

19 애착을 보이는 이유로 알맞지 않은 것은?

① 자기 자신과 주변이 변하지 않고 유지되고 있다는 안도감
② 정서적 안정감
③ 자기정체감 유지
④ 마음의 안락
⑤ 죽음의 필연성을 인식

19
⑤ 노인은 죽음의 필연성을 인식하면 이 세상에 다녀갔다는 흔적을 후세에 남기고자 한다.

표준교재 **14쪽**

정답 **16** ② **17** ③ **18** ⑤ **19** ⑤

+ 해설

20 노인이 상실감과 고립감을 느끼는 원인으로 올바른 것은?

① 노동력의 노화와 생산성의 감소
② 새로운 직장으로 이직
③ 젊은 세대와의 경쟁에서 우위를 차지
④ 가장으로서의 역할 증가
⑤ 경제적 여유

20
노인은 경쟁사회에서 노동력의 노화와 생산성의 감소 등을 겪으면서 젊은 세대와의 경쟁에서 뒤처지게 되고, 상실감과 고립감을 느끼게 된다.

표준교재 **14쪽**

21 노인의 사회적 특성으로 옳지 않은 것은?

① 유산을 남기려는 경향   ② 역할 상실
③ 경제적 빈곤   ④ 유대감의 상실
⑤ 사회적 관계위축

21
① 노인의 심리적 특성이다.

표준교재 **15쪽**

22 단순화된 관계 속에서 고독감과 우울감이 증가하여 자살까지 발생하기도 하는 노인의 사회적 특성은?

① 사회적 관계 확립   ② 유대감의 상실
③ 역할 증가   ④ 풍요로운 경제력
⑤ 생산성의 증가

22

표준교재 **15쪽**

23 노인의 사회적 특성으로 옳은 것은?

① 주변 사람들에게 적대적으로 대하거나 타인을 비난하는 등의 행동을 보이기도 한다.
② 결단이나 행동이 느려지고 매사에 신중해진다.
③ 노인은 자신에게 익숙한 습관적인 태도나 방법을 고수한다.
④ 직장에서 퇴직하면서 사회적 관계도 줄어들게 된다.
⑤ 중추신경조직이 퇴화하여 정신적으로도 의존하게 된다.

23

표준교재 **15쪽**

정답 **20** ①   **21** ①   **22** ②   **23** ④

3 가족관계 변화와 노인 부양

해설

01 노부부끼리 살거나 노인이 포함된 가족을 일컫는 말로 가장 올바른 것은?

① 노인가족
② 대가족
③ 핵가족
④ 수정확대가족
⑤ 노인부양가족

01

표준교재 16쪽

02 노인 거주 형태의 변화에 대한 설명으로 올바른 것은?

① 자녀의 출가가 늦어지면서 자녀와 함께 사는 세대가 늘어나는 추세이다.
② 2018년 통계청 자료에 의하면 2017년 기준 65세 이상 고령자 가구 중 부부가구는 절반을 넘는다.
③ 혼자 사는 세대는 줄어든 반면 노부부만 사는 세대는 늘어났다.
④ 노인의 신체적 능력이 쇠약해지면서 자녀에 대한 의존도가 늘어나 기혼 자녀와의 동거가 늘었다.
⑤ 혼자 살거나 노부부만 사는 세대가 늘어나는 추세이다.

02
①, ④ 자녀와의 동거는 줄어드는 추세이다.
② 부부가구는 32.7%이다.
③ 혼자 살거나 노부부만 사는 세대 모두 늘어나는 추세이다.

표준교재 16쪽

03 노년기의 부부관계에서 적응해야 할 것이 아닌 것은?

① 역할변화의 적응
② 성적적응
③ 배우자 사별의 적응
④ 자녀의 결혼
⑤ 은퇴 이후의 삶

03

표준교재 16~17쪽

04 노년에 가장 적응하기 어렵고 힘든 사건은?

① 자녀의 분가
② 자녀의 결혼
③ 손자녀의 출생
④ 친족의 사별
⑤ 배우자의 사별

04
수십 년 동안 결혼 생활을 했던 사람들에게 배우자의 상실은 가장 적응하기 어려운 사건이다.

표준교재 17쪽

05 부모가 빈둥지증후군을 경험하는 시기로 적절한 것은?

① 자녀의 출생
② 자녀의 독립
③ 자녀의 취학
④ 자녀의 사망
⑤ 자녀의 출산

05
빈둥지증후군
자녀가 독립하여 집을 떠난 뒤에 부모가 경험하게 되는 슬픔으로 외로움과 상실감을 의미함

표준교재 17쪽

정답 01 ① 02 ⑤ 03 ④ 04 ⑤ 05 ②

★★★

06 노인 부모가 근거리에 살면서 자녀의 부양을 받는 형태를 무엇이라 하는가?

① 확대가족
② 확대대가족
③ 수정대가족
④ 수정핵가족
⑤ 수정확대가족

07 수정확대가족의 장점으로 옳은 것은?

① 부모와 자녀세대가 같이 산다.
② 상호작용을 자주 할 수 있다.
③ 각자의 사생활을 공유할 수 있다.
④ 부모세대와 먼 거리에서 살 수 있다.
⑤ 자녀들이 부모의 부양 부담을 분담할 수 있다.

08 현대사회에서 고부관계의 변화에 대한 설명으로 옳은 것은?

① 시어머니의 지위가 상승했다.
② 시어미니가 경제권을 가지고 있다.
③ 시어머니가 가계 관리권을 가진다.
④ 며느리의 학력이 시어머니보다 낮다
⑤ 며느리에 대해 의존적, 협력적 역할로 전환되었다.

09 다음 보기가 설명하는 노년기의 관계로 옳은 것은?

> • 일생을 통해 서로에게 많은 영향을 미치고, 상호작용의 빈도가 높다.
> • 과거에 존재했던 경쟁심이나 갈등이 수용된다.
> • 심리적 안정감을 공유한다.

① 부부관계
② 부모 자녀관계
③ 고부관계
④ 형제 자매관계
⑤ 조부모 – 손자녀관계

10 조부모–손자녀의 관계에 대한 설명 중 옳은 것은?

① 손자녀에게 긍정적인 자아를 발달시킨다.
② 부모에 비해 손자녀에 대한 책임감이 더 심하다.
③ 손자녀에게 계획적인 사랑을 쏟아 부울 수 있다.
④ 손자녀는 노년기에 생의 활기와 활력을 빼앗아간다.
⑤ 부모 노릇을 할 때보다 손자녀와 적응하기 더 어렵다.

✚ 해설

06
수정확대가족
노인 부모가 근거리에 살면서 자녀의 부양을 받는 형태

표준교재 **18쪽**

07
부모와 따로 살지만, 빈번히 상호작용하면서 각자의 사생활을 지킬 수 있다는 장점이 있다.

표준교재 **18쪽**

08
현대사회에서는 자녀세대가 경제적으로 독립하여 며느리가 가계관리권을 가지고, 고부간의 학력차이로 며느리의 지위가 상승되어 시어머니의 역할이 며느리에 대한 의존적, 협력적 역할로 전환되었다.

표준교재 **18쪽**

09

표준교재 **18쪽**

10
노년기에 손자녀는 생의 활기와 탄력을 제공한다. 노인은 손자녀에게 아낌없는 사랑을 쏟을 수 있으며, 이러한 사랑은 손자녀의 긍정적인 자아를 발달시키는 데 기여한다.

표준교재 **18쪽**

정답 **06**⑤ **07**② **08**⑤ **09**④ **10**①

11 노인의 4고(苦)에 해당하지 않는 것은?

① 학대　　　　　　② 빈곤
③ 질병　　　　　　④ 고독
⑤ 무위

12 노인부양 문제에 대한 설명으로 적절하지 않은 것은?

① 재정적, 신체적, 심리적 지원이 필요한 문제이다.
② 개인, 가족의 부담을 넘어 사회적 문제로 인식되고 있다.
③ 정부에서는 다양한 노인복지 사업을 추진하고 있다.
④ 가족이 부양해야 한다는 비중은 증가하는 추세이다.
⑤ 자녀와 동거하는 비율은 감소하고 있는 추세이다.

13 노인부양문제를 해결하기 위한 방안으로 옳지 않은 것은?

① 노인복지정책 강화　　　② 지역사회의 지원 단절
③ 노인의 개인적 대처　　　④ 사회와 가족의 협력
⑤ 세대 간의 갈등조절

14 노인부양에서 노인의 개인적 대처에 대한 설명으로 옳은 것은?

① 가족들이 노인의 노후를 책임져야 한다.
② 각종 사회프로그램을 통해 재교육기회를 가져야 한다.
③ 평안한 노후생활을 하려면 경제적인 안정은 중요하지 않다.
④ 정기적금, 퇴직적금 등을 통해 노후생활을 스스로 준비해야 한다.
⑤ 주거와 일상생활의 형태를 노후를 예상하면서 유지해야 한다.

15 노인부양 해결 방안에 대한 설명으로 옳지 않은 것은?

① 공적/사적 부양이 모두 필요하다.
② 공적 부양에는 노인복지서비스와 장기요양보험제도 등이 있다.
③ 노년의 삶을 스스로 책임질 수 있도록 노력해야 한다.
④ 경제적으로 사회보험과 개인보험을 병행 이용한다.
⑤ 국가와 사회는 노인복지정책을 줄이고 가족이 보살필 수 있도록 해야 한다.

+ 해설

11
노인의 4고(苦)
빈곤, 질병, 고독, 무위(역할 상실)

표준교재 **19쪽**

12

표준교재 **19쪽**

13

표준교재 **20쪽**

14
• 노인연금제도, 보험제도 등을 통하여 노후생활을 스스로 준비해야 한다.
• 편안한 노후생활을 보장의 일차적인 조건이 경제적인 안정이다.
• 주거와 일상생활의 형태 역시 노후를 예상하여 준비하고 서서히 변화시키려는 자세도 필요하다.

표준교재 **20쪽**

15
⑤ 국가와 사회는 노인복지정책을 강화해야 한다.

표준교재 **20쪽**

정답 **11** ① **12** ④ **13** ② **14** ② **15** ⑤

02 요양보호관련 제도 및 서비스

1. 사회복지의 개념과 범위 　표준교재　21쪽

1) 사회복지

인간이 살아가면서 겪게 되는 여러 가지 욕구, 사회문제, 위험들을 해결하여 더 높은 삶의 질을 도모하려는 전문적 노력과 관련된 사회제도

2) 사회복지의 범위

사회적 약자의 보호를 기본으로 하면서 일반 국민과 지역사회의 보편적 욕구충족과 필요한 복지서비스 제공으로 확대됨

3) 사회복지의 분야

(1) 공적부조

　① 국민기초생활보장제도

　② 목적 : 생활이 어려운 사람에게 필요한 급여를 제공하여 이들의 최저생활을 보장하고 자활을 도움

(2) 사회보험

　① 국민건강보험

　　국민의 질병, 부상에 대한 예방, 진단, 치료, 재활과 출산, 사망 및 건강 증진에 대하여 보험급여를 제공함으로써 국민보건 향상과 사회보장 증진에 기여

　② 국민연금보험

　　국민의 노령, 장애 또는 사망에 대한 연금 급여로 국민의 생활 안정과 복지 증진에 기여

　③ 고용보험

　　• 실업의 예방, 고용의 촉진 및 근로자의 직업능력의 개발과 향상을 꾀함

- 국가의 직업지도와 직업소개 기능 강화
- 근로자가 실업한 경우, 생활에 필요한 급여를 하여 근로자의 생활 안정과 구직활동을 촉진
④ 산업재해보상보험

근로자의 업무상 재해를 신속하고 공정하게 보상, 재해근로자의 재활 및 사회복귀를 촉진

⑤ 노인장기요양보험
- 일상생활을 혼자서 수행하기 어려운 노인 등에게 제공하는 장기요양급여
- 목적 : 노후의 건강 증진 및 생활 안정을 도모하고 그 가족의 부담을 덜어 국민의 삶의 질을 향상하도록 함

(3) 사회서비스

① 도움이 필요한 사람에게 제공되는 개별 서비스

② 대상별 서비스 : 아동, 청소년, 장애인, 여성, 노인, 다문화 가정 등

③ 분야별 서비스 : 정신보건복지, 산업복지, 의료사회복지, 학교사회복지 서비스 등

2. 노인복지의 개념과 유형 표준교재 23쪽

1) 인구고령화와 노인복지 개념

① 노인인구 증가 원인
- 생활 수준의 향상 : 보건의료 기술의 발전과 교육 수준의 향상, 국민의 건강에 대한 관심의 증가 및 영양, 안전, 위생환경의 개선
- 출산율 감소로 인한 노인인구의 상대적 비율 증가

> **인구고령 사회★★★**
>
> - 고령화 사회 : 전체인구 대비 65세 이상 노인인구가 7% 이상 14% 미만인 국가
> - 고령 사회 : 전체인구 대비 65세 이상 노인인구가 14% 이상 20% 미만인 국가
> - 초고령 사회 : 전체인구 대비 65세 이상 노인인구가 20% 이상인 국가

② 우리나라
- 2000년에 노인인구 비율이 7.2%로 고령화 사회로 진입
- 2018년에는 고령 사회 진입, 2026년에는 초고령 사회 진입 예상

③ 노인복지

노인이 인간다운 생활을 영위하면서 자기가 속한 가족과 사회에 적응하고 통합될 수 있도록 인적·물적 자원을 지원하는 것

2) 노인복지 원칙

(1) 독립의 원칙

① 노인 본인의 소득은 물론, 가족과 지역사회의 지원을 통하여 식량, 물, 주택, 의복, 건강서비스를 이용할 수 있어야 한다.

② 일할 기회를 갖거나, 다른 소득을 얻을 수 있어야 한다.

③ 언제, 어떻게 직장을 그만둘 것인지에 대한 결정에 참여할 수 있어야 한다.

④ 적절한 교육과 훈련 프로그램에 접근할 수 있어야 한다.

⑤ 개인 선호와 변화하는 능력에 맞추어 안전하게 적응할 수 있는 환경에서 살 수 있어야 한다.

⑥ 가능한 한 오랫동안 가정에서 살 수 있어야 한다.

(2) 참여의 원칙

① 사회에 통합되어야 하고, 노인복지정책의 형성과 시행에 적극적으로 참여하며, 지식과 기술을 젊은 세대와 공유하여야 한다.

② 지역사회를 위한 봉사 기회를 갖고 개발하며, 흥미와 능력에 맞는 자원봉사자로서 활동할 수 있어야 한다.

③ 노인들을 위한 사회운동을 하고 단체를 조직할 수 있어야 한다.

(3) 보호의 원칙

① 사회의 문화적 가치체계에 따라 가족과 지역사회의 보살핌과 보호를 받아야 한다.

② 최적의 신체적, 정신적, 정서적 안녕을 유지하거나 되찾도록 도움을 받고, 질병을 예방하거나 지연하는 건강보호서비스를 이용할 수 있어야 한다.

③ 노인의 자율과 보호를 높이는 사회적, 법률적인 서비스를 이용할 수 있어야 한다.

④ 시설에서는 인간적이고 안전한 환경에서 보호, 재활, 사회적·정신적 격려 서비스를 제공받아야 한다.

⑤ 보호 및 치료 시설에 거주할 때도 기본적 인권과 자유를 누릴 수 있어야 한다.

(4) 자아실현의 원칙

① 노인의 잠재력을 완전히 계발할 수 있는 기회가 있어야 한다.

② 사회의 교육적, 문화적, 정신적 자원과 여가서비스를 이용할 수 있어야 한다.

(5) 존엄의 원칙

① 존엄과 안전 속에서 살 수 있어야 하며, 착취와 육체적·정신적 학대로부터 자유로워야 한다.

② 나이, 성, 인종이나 민족적 배경, 장애, 지위에 상관없이 공정하게 대우받아야 하며, 경제적 기여와 관계없이 평가되어야 한다.

3. 노인복지사업 유형   표준교재 25쪽

1) 노인돌봄 및 지원서비스

① 독거노인 보호 사업

• 목적 : 독거노인에 대한 종합적인 사회안전망을 구축

• 대상 : 독거노인

• 내용 : 노인돌봄기본서비스, 독거노인사랑 잇기, 무연고 독거노인 장례지원

• 사업 주체: 시군구

② 독거노인 공동생활홈 서비스

- 목적 : 공동생활공간 운영을 통한 독거노인 고독사·자살 예방 및 공동체 형성
- 대상 : 소득, 건강, 주거, 사회적 접촉 등에 취약한 65세 이상의 독거노인
- 내용
  - 마을회관, 경로당, 폐교, 빈집 등의 기존 시설을 개보수하거나 건물을 신축하여 독거노인 공동생활홈을 제공
  - 안부 확인 및 각종 보건·복지서비스 연계
  - 밑반찬 배달 및 자원봉사·민간 후원 연계
  - 건강·여가프로그램 및 일자리 제공
- 사업 주체 : 시군구와 농림부

③ 노인돌봄종합서비스
- 목적 : 신체·인지 기능의 약화를 방지, 안정된 노후생활 보장, 가족의 사회·경제적 활동기반 조성
- 대상 : 만 65세 이상의 노인(단기가사의 경우 독거노인 또는 고령(만 75세 이상) 부부노인가구) 중 가구소득, 건강상태(노인장기요양보험 등급외자 A, B, C와 도움이 필요한 질환자 등) 등을 고려하였을 때 돌봄서비스가 필요한 사람
- 내용 : 방문서비스, 주간보호서비스, 치매가족지원서비스, 단기가사서비스 등
- 사업 주체 : 시군구, 사회보장정보원, 서비스제공기관

④ 노인보호전문기관
- 목적 : 노인학대에 전문적이고 체계적으로 대처하여 노인권익 보호, 노인학대 예방 및 노인인식 개선 등을 통한 노인의 삶의 질 향상
- 대상 : 모든 노인
- 내용 : 노인인권 보호사업과 노인학대 예방사업, 노인인식 개선교육(경로효친교육 등 포함), 노인자살 예방 교육, 시설 내 노인권리 보호 및 기타 노인의 권익 보호를 위한 사업 등
- 사업 주체 : 보건복지부 및 시도

⑤ 학대피해노인 전용쉼터
- 대상 : 학대피해노인
- 내용
  - 학대피해노인 보호와 숙식 제공 등의 쉼터 생활 지원
  - 학대피해노인의 심리적 안정을 위한 전문심리상담 등 치유프로그램 제공
  - 학대피해노인에게 학대로 인한 신체적, 정신적 피해 치료를 위한 기본적인 의료비를 지원함
  - 학대 재발 방지와 원가정 회복을 위하여 노인학대행위자 등에게 전문상담서비스를 제공함
  - 그 밖에 쉼터에 입소하거나 쉼터를 이용하는 학대피해노인을 위하여 보건복지부령으로 정하는 사항
- 사업 주체: 보건복지부 및 시도

⑥ 결식 우려 노인 무료급식 지원

- 대상 : 결식 우려 노인
- 내용 : 경로식당 무료급식, 거동불편 저소득 재가노인 식사배달, 무료급식사업자에게 예산 지원 등
- 사업 주체 : 시군구

2) 치매 사업 및 건강보장 사업

① 치매안심센터

- 대상 : 일반 노인, 치매 노인 및 가족
- 내용 : 치매조기검진, 치매노인 등록관리, 치매인식개선 및 치매친화적 지역사회조성, 치매가족지원, 치매쉼터운영, 치매노인 성년후견사업
- 사업 주체 : 시군구 보건소

② 노인실명 예방 사업

- 목적 : 눈 질환의 조기 발견 및 적기 치료로 실명 예방과 일상생활이 가능한 시력 유지
- 대상 : 만 60세 이상 노인 중 선정기준에 해당하는 자
- 내용 : 노인 개안수술비 지원, 노인 저시력 예방교육·상담·재활 사업
- 사업 주체 : 한국실명예방재단

③ 노인 무릎인공관절 수술 지원

- 목적 : 경제적 이유로 수술을 받지 못하는 노인들의 고통 경감, 삶의 질 개선
- 대상 : 만 65세 이상 노인 중 선정기준에 해당하는 자
- 내용 : 국민건강보험급여 '인공관절치환술(슬관절)'인정 기준에 준하는 질환의 검사비, 진료비, 수술비에 대한 본인부담금 지원(법정본인부담금의 최대 120만 원 한도에서 실비를 지원함)
- 사업 주체 : 노인의료나눔재단

④ 노인 건강진단

- 목적 : 질병의 조기 발견과 치료로 건강 유지 및 증진
- 대상 : 만65세 이상 의료급여 수급권자 중 노인건강진단 희망자와 보건소장이 필요하다고 인정한 자
- 내용 : 시군구가 지정한 의료기관에서 국민건강보험의 일반 건강검진, 국가암조기검진을 실시, 검진 후 유질환자의 경우 보건소의 등록관리 및 공공의료기관과의 연계를 통해 방문 건강관리 또는 의료서비스를 체계적으로 제공
- 사업 주체 : 시군구 보건소

3) 노인 사회활동 및 여가활동 지원

① 노인일자리 및 사회활동

- 목적 : 활기차고 건강한 노후생활을 위한 다양한 일자리·사회활동 지원
- 대상 : 만 65세 이상과 만 60세 이상자 중 사업 내용에 맞는 대상자
- 내용 : 시장형사업단과 인력파견형사업에 노인들이 참여하여 임금을 받도록 함
- 사업 주체 : 시군구와 한국노인인력개발원

② 노인자원봉사

- 목적 : 노인자원봉사를 통한 노인의 적극적 사회참여, 노인의 인적자원 활용 극대화
- 대상 : 희망 노인, 경로당 및 노인복지관
- 내용 : 노인자원봉사클럽(봉사단) 조직 및 운영 지원(경로당, 노인복지관 등)
- 사업 주체 : 중앙정부 및 지방자치단체

③ 경로당

- 목적 : 각종 정보 교환과 기타 여가 활동 등 노인 사회활동 및 여가활동 지원
- 대상 : 모든 노인
- 내용
  - 지역의 노인복지센터·정보센터·학대노인 지킴이센터의 기능
  - 건강관리·운동·교육·여가·자원봉사 등 다양한 프로그램 제공
  - 독거노인 생활교육 장소로 경로당을 활용함
  - 지역사회 독거노인 보호 기능 수행
- 사업 주체 : 시군구

④ 노인복지관

- 목적 : 노인의 교양·취미생활 및 사회 참여활동 등 지역사회 노인들의 여가복지를 증진
- 대상 : 복지서비스가 필요한 모든 노인
- 내용
  - 건강한 노후를 위한 예방, 취약노인 케어 기반 구축 및 확충
  - 활동적인 노후를 위한 사회참여 여건 조성 및 활성화
  - 안정적 노후를 위한 소득보장의 다양화와 내실화를 통해 성공적인 노후가 실현될 수 있도록 지원함
- 사업 주체 : 시군구

4. 노인복지시설 표준교재 30쪽

1) 노인복지시설의 개념과 종류

(1) 개념 : 65세 이상 노인이 심신적, 사회적, 경제적 등의 이유로 생활하기 어려울 때 이용하거나 거주하는 시설로 노인복지를 증진하기 위한 시설

(2) 종류

① 노인주거복지시설

시설종류	시설명	설치목적
노인주거 복지시설	양로시설	급식과 그 밖에 일상생활에 필요한 편의를 제공하는 입소시설
	노인공동생활가정	가정과 같은 주거여건과 급식, 그 밖에 일상생활에 필요한 편의를 제공하는 시설
	노인복지주택	주거시설을 분양하거나 임대하여 주거의 편의·생활지도·상담·안전관리 등 일상생활에 필요한 편의를 제공하는 시설

② 노인의료복지시설

시설종류	시설명	설치목적
노인의료 복지시설	노인요양시설	치매·중풍 등 노인성 질환 등으로 심신에 상당한 장애가 발생하여 도움이 필요한 노인을 입소시켜 급식·요양과 그 밖에 일상생활에 필요한 편의를 제공하는 시설(입소자 10인 이상 시설)
	노인요양공동 생활가정	노인들에게 가정과 같은 주거여건과 급식, 그 밖에 일상생활에 필요한 편의를 제공하는 시설

③ 노인여가복지시설

시설종류	시설명	설치목적
노인여가 복지시설	노인복지관	노인의 교양·취미생활 및 사회 참여활동 등에 대한 각종 정보와 서비스를 제공하고, 건강증진 및 질병예방과 소득보장·재가복지, 그 밖에 노인의 복지증진에 필요한 서비스를 제공하는 기관
	경로당	노인들이 자율적으로 친목도모·취미활동·공동작업장 운영 및 각종 정보교환과 기타 여가 활동을 할 수 있도록 하는 장소
	노인교실	노인들에 대하여 사회활동 참여욕구를 충족하기 위하여 건전한 취미생활·노인건강유지·소득보장, 기타 일상생활과 관련한 학습프로그램을 제공하는 곳

④ 재가노인복지시설

시설종류	시설명	설치목적
재가노인 복지시설	방문요양	가정에서 일상생활을 영위하면서(이하 '재가노인'이라 한다.) 신체적·정신적 장애로 어려움을 겪고 있는 노인에게 각종 편의를 제공하여 지역사회 안에서 건전하고 안정된 노후를 영위하도록 하는 서비스
	방문목욕	목욕장비를 갖추고 재가노인을 방문하여 목욕을 제공하는 서비스
	주·야간 보호	부득이한 사유로 가족의 보호를 받을 수 없는 심신이 허약한 노인과 장애노인을 주간 또는 야간 동안 보호시설에 입소시켜 각종 편의를 제공하여 이들의 생활안정과 심신기능의 유지·향상을 도모하고, 그 가족의 신체적·정신적 부담을 덜어주기 위한 서비스
	단기 보호	부득이한 사유로 가족의 보호를 받을 수 없어 일시적으로 보호가 필요한 심신이 허약한 노인과 장애노인을 보호시설에 단기간 입소시켜 보호함으로써 노인 및 노인가정의 복지를 증진하기 위한 서비스
	그 밖의 서비스	그 밖에 재가노인에게 제공하는 서비스로서 보건복지부령에서 정하는 서비스

※ 방문간호는 노인장기요양보험법의 장기요양서비스이며, 노인복지서비스는 아님

※ 그 밖의 서비스는 향후 노인복지사업 확대를 위해 설정해 놓은 조항임. 현재 그 밖의 서비스에는 복지용구 급여만 포함되어 있음

노인장기요양보험 재가급여

재가노인복지시설에서 제공하는 서비스와 방문간호를 포함함(노인장기요양보험법 제23조. 장기요양급여의 종류)

⑤ 노인보호전문기관

시설종류	시설명	설치목적
노인보호 전문기관	중앙노인보호 전문기관	노인학대행위자에 대한 상담 및 교육, 학대받은 노인의 발견·상담· 보호, 지역노인보호 노인학대 예방 및 방지를 위한 홍보를 담당하는 기관
	지역노인보호 전문기관	

⑥ 노인일자리지원기관

시설종류	시설명	설치목적
노인 일자리 전담기관	노인인력개발기관	노인일자리개발·보급사업, 조사사업, 교육·홍보 및 협력사업, 프로그 램인증·평가사업 등을 지원하는 기관
	노인일자리지원기관	지역사회 등에서 노인일자리의 개발·지원, 창업·육성 및 노인에 의한 재화의 생산·판매 등을 직접 담당하는 기관
	노인취업알선기관	노인에게 취업 상담 및 정보를 제공하거나 노인일자리를 알선하는 기관

⑦ 학대피해노인 전용쉼터
- 학대피해노인의 보호와 숙식제공 등의 쉼터생활 지원
- 학대피해노인의 심리적 안정을 위한 전문 심리상담 등 치유 프로그램 제공
- 학대피해노인에게 학대로 인한 신체적·정신적 치료를 위한 기본적인 의료비 지원

02 노인장기요양보험제도

1. 제도의 목적 표준교재 33쪽

신체활동 또는 가사활동 지원 등의 장기요양급여를 제공하여 노후의 건강증진 및 생활안정을 도모하고 그 가족의 부담을 덜어줌으로써 국민의 삶의 질을 향상하는 것

2. 사업의 보험자 및 가입자 표준교재 33쪽

① 보험자 : 국민건강보험공단

② 가입자 : 국내에 거주하는 국민, 국내에 체류하는 재외국민 또는 외국인으로서 대통령령으로 정하는 사람

3. 장기요양급여 대상자 표준교재 34쪽

① '65세 이상인 자' 또는 '65세 미만이지만 노인성 질병을 가진 자'

② 거동이 불편하거나 치매 등으로 인지가 저하되어 6개월 이상의 기간 동안 혼자서 일상생활을 수행하기 어려운 사람

알츠하이머병에서의 치매, 혈관성 치매, 달리 분류된 기타 질환에서의 치매, 상세불명의 치매, 알츠하이머병, 지주막하출혈, 뇌내출혈, 기타 비외상성 두개 내 출혈, 뇌경색증, 출혈 또는 경색증으로 명시되지 않은 뇌졸중, 뇌경색증을 유발하지 않은 뇌전동맥의 폐쇄 및 협착, 뇌경색증을 유발하지 않은 대뇌동맥의 폐쇄 및 협착, 기타 뇌혈관 질환, 달리 분류된 질환에서의 뇌혈관장애, 뇌혈관질환의 후유증, 파킨슨병, 이차성 파킨슨증, 달리 분류된 질환에서의 파킨슨증, 기저핵의 기타 퇴행성 질환, 중풍후유증, 진전

1. 질병명 및 질병코드는 「통계법」 제22조에 따라 고시된 한국표준질병사인 분류에 따른다.
2. 진전은 보건복지부장관이 정하여 고시하는 범위로 한다.
　근거 : 노인장기요양보험법. 별표1. 노인성 질병의 종류(제2조 관련)

4. 장기요양인정 신청 및 판정 절차　표준교재 35쪽

1) 인정 신청

① 장기요양인정신청서 제출 : 65세 이상 노인 또는 65세 미만 노인성 질환 대상자가 의사 또는 한의사가 발급하는 소견서를 첨부하여 공단에 제출

② 신청 가능한 자 : 본인, 가족이나 친족 또는 이해관계인, 사회복지전담공무원(본인이나 가족 등의 동의 필요), 시장·군수·구청장이 지정하는 자

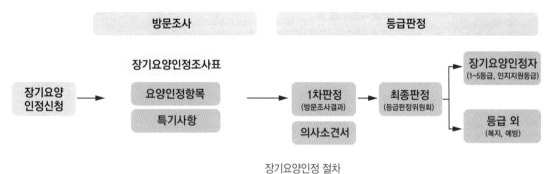

장기요양인정 절차

- 장기요양인정신청서
- 신청자 신분증
- 대리인 신분증(대리인이 신청할 경우)

2) 방문 조사

공단 직원(사회복지사, 간호사 등)이 신청인의 거주지를 방문, 심신 상태를 나타내는 장기요양인정조사 항목에 대하여 조사함

3) 등급판정

① 공단

- 장기요양인정조사표에 따라 작성된 조사결과를 토대로 컴퓨터 판정 프로그램을 통해 장기요양등급을 1차 판정함
- 조사결과서, 의사소견서 등을 등급판정위원회에 제출

② 등급판정위원회

- 대통령령이 정하는 등급판정기준에 따라 1차 판정결과를 심의하여 장기요양인정 여부 및 장기요양등급을 최종 판정

③ 판정은 신청서를 제출한 날로부터 30일 이내로 완료

④ 정밀조사가 필요한 경우 등 부득이한 경우에는 연장 가능

4) 판정 결과

등급	상태	장기요양인정 점수
장기요양 1등급	심신 기능 상태 장애로 일상생활에서 전적으로 다른 사람의 도움이 필요한 자	95점 이상
장기요양 2등급	심신 기능 상태 장애로 일상생활에서 상당 부분 다른 사람의 도움이 필요한 자	75점 이상 95점 미만
장기요양 3등급	심신 기능 상태 장애로 일상생활에서 부분적으로 다른 사람의 도움이 필요한 자	60점 이상 75점 미만
장기요양 4등급	심신 기능 상태 장애로 일상생활에서 일정 부분 다른 사람의 도움이 필요한 자	51점 이상 60점 미만
장기요양 5등급	치매대상자(노인장기요양보험법 시행령 제2조에 따른 노인성 질병으로 한정함)	45점 이상 51점 미만
인지지원 등급	치매대상자(노인장기요양보험법 시행령 제2조에 따른 노인성 질병으로 한정)	45점 미만

5) 5등급과 인지지원 등급 비교

5등급	인지지원 등급
• 45점 이상 51점 미만 • 치매전담 요양보호사가 서비스를 제공	• 45점 미만 • 경증치매 어르신이 신체적 기능과 관계없이 장기요양보험 대상자가 될 수 있도록 2018년부터 선정기준이 조정됨 • 치매증상 악화 지연을 위한 주·야간보호 인지기능 개선 프로그램 등 인지서비스를 제공

6) 판정 결과 통보

① 공단은 장기요양인정서와 표준장기요양 이용계획서를 수급자나 보호자에게 제공하고 서비스 이용에 대해 교육

② 장기요양인정 유효기간 : 최소 1년 이상

③ 갱신 직전 등급과 같은 등급으로 판정을 받은 경우의 유효기간

- 1등급의 경우 : 4년
- 2등급~4등급의 경우 : 3년

- 5등급, 인지지원등급 : 2년

※ 등급판정위원회는 유효기간을 6개월 범위 내에서 가감하여 조정할 수 있음(2017년 개정)

5. 장기요양 급여의 내용 표준교재 38쪽

1) 재가급여

가정에서 생활하며 장기요양기관이 운영하는 방문요양, 방문목욕, 방문간호, 주·야간보호, 단기보호 등 신체활동 및 심신기능의 유지·향상을 위한 서비스를 제공받는다.

(1) 재가급여의 종류

급여의 종류	내용
방문요양	장기요양요원이 수급자의 가정 등을 방문하여 신체활동 및 가사활동 등을 지원
방문목욕	장기요양요원이 목욕설비를 갖춘 장비를 이용하여 수급자의 가정 등을 방문하여 목욕을 제공
방문간호	장기요양요원인 간호사 등이 의사, 한의사 또는 치과의사의 지시서(이하 "방문간호지시서"라 한다)에 따라 수급자의 가정 등을 방문하여 간호, 진료의 보조, 요양에 관한 상담 또는 구강위생 등을 제공
주·야간보호	수급자를 하루 중 일정한 시간 동안 장기요양기관에 보호하여 신체활동 지원 및 심신기능의 유지·향상을 위한 교육·훈련 등을 제공
단기보호	수급자를 보건복지부령으로 정하는 범위 안에서 일정 기간 동안 장기요양기관에 보호하여 신체활동 지원 및 심신기능의 유지·향상을 위한 교육·훈련 등을 제공
기타 재가급여	수급자의 일상생활·신체활동 지원 및 인지기능의 유지·향상에 필요한 용구를 제공하거나 가정을 방문하여 재활에 관한 지원 등을 제공하는 장기요양급여로서 대통령령으로 정하는 것

(2) 재가급여의 장단점

① 장점

- 평소에 생활하는 친숙한 환경에서 지낼 수 있음
- 사생활이 존중되고 개인 중심 생활이 가능함

② 단점

- 의료, 간호, 요양서비스가 단편적으로 진행되기 쉬움
- 긴급한 상황에 신속하게 대응하기 어려움

2) 시설급여

노인요양시설, 노인요양공동생활가정 등에 입소하여 신체활동 지원 및 심신기능의 유지·향상을 위한 서비스를 제공받는다.

(1) 시설급여의 종류

급여의 종류	내용
노인요양시설	치매·중풍 등 노인성 질환 등으로 심신에 상당한 장애가 발생하여 도움이 필요한 노인을 입소시켜 급식·요양과 그 밖에 일상생활에 필요한 편의를 제공
노인요양 공동생활가정(그룹홈)	치매·중풍 등 노인성 질환 등으로 인한 심신의 상당한 장애로 도움이 필요한 노인에게 가정과 같은 주거 여건과 급식·요양, 그 밖에 일상생활에 필요한 편의를 제공

(2) 시설급여의 장단점

① 장점

- 의료, 간호, 요양서비스를 종합적으로 제공받을 수 있음

② 단점

- 지역사회(가족, 형제, 이웃)와 떨어져 지내며 소외되기 쉬움
- 개인 중심의 생활이 어려움

3) 특별현금급여

① 재가급여와 시설급여를 받을 수 없을 때 지급함

② **가족요양비** : 장기요양기관이 현저히 부족한 지역, 천재지변, 수급자의 신체·정신 또는 성격상의 사유 등으로 인해 가족 등으로 부터 방문요양에 상당한 장기요양급여를 받은 경우 지급되는 현금급여

③ **특례요양비** : 수급자가 노인요양시설 등의 기관 또는 시설에서 재가급여 또는 시설급여에 상당한 장기요양급여를 받은 경우 수급자에게 지급되는 현금급여

④ **요양병원간병비** : 수급자가 요양병원에 입원했을 때 장기요양에 사용되는 비용의 일부가 지급되는 현금급여

장기요양요원★★★

- 방문요양이 가능한 장기요양요원 : 요양보호사, 사회복지사
- 방문목욕이 가능한 장기요양요원 : 요양보호사
- 방문간호가 가능한 장기요양요원
  - 2년 이상의 간호 업무 경력이 간호사
  - 3년 이상의 간호보조 업무 경력이 간호조무사(보건복지부장관이 지정한 교육기관에서 소정의 교육을 이수한 자, 이 경우, 교육기관 지정 기준 및 절차 등 교육에 필요한 사항은 보건복지부장관이 정함)
  - 치과 위생사

6. 장기요양기관의 비용 청구 및 지급 [표준교재] 41쪽

① 장기요양기관은 수급자에게 재가급여 또는 시설급여를 제공한 경우, 공단에 장기요양급여비용을 청구

② 공단은 장기요양기관으로부터 재가급여비용 또는 시설급여비용을 청구받은 경우, 이를 심사하여 장기요양에 사용된 공단부담금을 당월 장기요양기관에 지급

7. 재원조달 [표준교재] 41쪽

1) 보험료

① 건강보험료를 내는 사람(직장가입자, 지역가입자)은 장기요양보험료를 내야 함

② 장기요양보험료는 건강보험료액에 장기요양보험료율을 곱하여 산정

③ 공단은 장기요양보험료와 건강보험료를 통합하여 징수

④ 징수 후 장기요양보험료와 건강보험료는 각각 독립회계로 관리

2) 국가지원

① 보험료 예상 수입액의 20%를 국고에서 부담

② 국가와 지방자치단체는 의료급여수급권자의 장기요양급여비용, 의사소견서 발급비용, 방문간호지시서 발급비용 중 공단이 부담하여야 할 비용 및 관리운영비의 전액을 부담

3) 본인일부부담

① 급여 대상자가 시설급여를 이용하면 20%, 재가급여를 이용하면 15%를 본인이 부담

② 저소득층, 의료급여수급권자 등은 법정 본인부담금의 40~60% 경감

③ 국민기초생활수급권자는 본인부담금이 없음

④ 단, 비급여 항목은 전액 본인 부담

8. 장기요양서비스 이용 지원   `표준교재` 42쪽

1) 서비스 신청 및 상담

(1) 장기요양인정서

① 국민건강보험공단이 등급판정을 받은 대상자에게 장기요양인정서 발급

② 기재 내용 : 대상자의 기본인적사항과 장기요양등급, 유효기간, 이용할 수 있는 급여의 종류와 내용, 대상자가 장기요양서비스를 제공받을 때 필요한 안내 사항

③ 대상자와 그 가족이 기관에 제출

(2) 표준장기요양이용계획서

① 역할

- 대상자 및 가족들이 적절한 장기요양서비스를 이용할 수 있도록 안내

- 장기요양기관이 대상자를 이해하는 데 도움을 줌

② 기재 내용 : 대상자의 등급에 따라 이용할 수 있는 한도액과 본인부담률, 국민건강보험공단에서 제시하는 급여의 종류와 횟수, 이에 따른 비용

2) 서비스 제공 계획 수립

① 대상자의 기능상태평가와 욕구평가 실시

② 서비스 목표 설정, 구체적인 서비스 내용과 횟수, 비용을 결정

③ 국민건강보험공단이 작성한 표준장기요양이용계획서를 바탕으로 서비스 제공 계획 수립

3) 서비스 이용 계약 체결

① 대상자와 그 가족에게 서비스 제공 계획 설명

② 대상자와 가족이 서비스 제공 계획에 동의를 하면 서비스 이용 계약을 체결

③ 서비스 이용 계약을 체결할 때는 반드시 계약서 내용을 꼼꼼히 확인하고 서명해야 함

4) 서비스 제공

① 장기요양기관은 대상자에게 서비스 제공계획서를 바탕으로 서비스를 제공

② 요양보호사는 서비스 제공계획서에 기입되어 있는 대상자의 주요 기능상태와 욕구 등을 명확히 인식하고 서비스 내용과 시간, 방법 등을 파악하여 서비스를 제공

5) 모니터링

① 대상자 및 가족에게 만족스러운 서비스가 제공되고 있는지, 새로운 변화가 발생했는지 등에 대해 주기적으로 상황을 점검

② 장기요양기관은 이러한 모니터링 결과에 따라서 서비스 제공 계획을 수정할 수도 있음

6) 서비스 종료

대상자가 사망하거나 대상자 스스로 종료를 원할 때, 혹은 타 기관으로 이관되었을 때 서비스 종료

9. 노인장기요양 등급외자 지원사업 　표준교재　 46쪽

1) 등급외자의 신체 및 인지 상태

① 등급외 A형(45점 이상 ~ 51점 미만)

- 거동
  - 실내 이동은 지팡이로 자립함
  - 목욕하기, 화장실 이용하기 등은 약간의 도움이 필요함
  - 수발자 없이 장시간 혼자 집 안에 머물 수 있음
- 인지
  - 단기기억 장애나 판단력 장애 등으로 인지력이 떨어진 상태임
  - 종이접기 등의 프로그램 참여 등 복지관을 이용할 수 있음

② 등급외 B형(40점 이상 ~45점 미만)

- 거동
  - 실내 이동을 자립하며, 실외 이동도 자립률이 높음
  - 목욕에 약간의 도움이 필요하나 대부분은 자립함
  - 만성관절염을 호소함
- 인지
  - 단기기억 장애, 판단력 장애 등으로 인지력이 약간 저하되어 있음
  - 문제행동은 거의 없음
  - 복지관을 이용할 수 있음

③ 등급외 C형(40점 미만)

- 거동·인지
  - 신체기능이나 인지기능에 문제가 없어 혼자서 일상생활을 할 수 있음
  - 건강증진, 예방서비스가 필요한 대상임

2) 노인보건복지사업 연계

① 노인장기요양 등급외자 : 노인장기요양보험 인정신청을 하였으나 등급판정을 받지 못한 대상자

② 노인돌봄기본서비스, 노인돌봄종합서비스, 노인복지관 및 사회복지관 서비스를 지자체에서 제공

3) 국민건강보험공단 사업연계

① **만성질환자 사례관리사업** : 고혈압, 당뇨, 관절염 등 만성질환이 있는 등급외자와 서비스가 필요한 노인을 대상으로 건강관리, 의료이용에 관한 정보 제공, 생활습관 개선 등의 상담서비스 제공

② **노인건강관리사업** : 등급외자와 필요 노인에게 노인체조, 게이트볼, 스트레칭, 생활댄스, 탁구 등을 경로당, 마을회관, 운동경기장, 공원 등에서 운영

03 요양보호 업무

1. 요양보호 업무의 목적   표준교재 47쪽

① **목적** : 65세 이상 노인 또는 노인성 질병을 가진 65세 미만인 자에게 계획적이고, 전문적인 요양보호서비스를 제공하여 장기요양 대상자들의 신체기능 증진 및 삶의 질 향상에 기여하는 것

② 요양보호사는 인간 욕구에 대해 기본적으로 이해하고 있어야 하며, 생리적 욕구를 충족하는 것부터 도와주어야 함

③ 대상자의 현재 기능수준을 향상·유지하며 필요한 일상생활지원과 심리·정서적 지원을 통해 안락한 노후생활을 영위할 수 있도록 도와야 함

1단계 생리적 욕구	배고픔, 목마름, 배설, 수면, 성 등과 같은 생리적 욕구를 해결하는 단계
2단계 안전의 욕구	신체나 정신이 고통이나 위험으로부터 안전하기를 추구하는 단계
3간계 사랑과 소속의 욕구	가족이나 친구 모임 등 어떤 단체에 소속되어 사랑받고 싶어하는 단계
4단계 존경의 욕구	타인에게 지위, 명예 등을 인정받고 존중받고 싶어하는 단계
5단계 자아실현의 욕구	가장 상위인 욕구, 자기완성, 삶의 보람, 자기만족 등을 느끼는 단계

• 인간의 욕구를 5단계로 분류하고, 기본적 욕구는 음식, 물, 안전, 사랑과 같이 생존과 건강에 필수적인 것이라고 하였음

• 하위 단계의 욕구들이 어느 정도 충족되었을 때 비로소 다음 단계의 욕구를 위해 행동하게 된다고 봄

• 매슬로의 욕구단계 이론은 요양보호서비스의 제공순서를 결정하는 데 도움이 됨

2. 요양보호 업무의 유형과 내용 `표준교재` **48쪽**

1) 신체활동지원서비스

① 세면도움 : 얼굴, 목, 손, 발 씻기, 세면장까지의 이동 보조, 세면 동작지도, 세면 지켜보기 등

② 구강관리 : 구강 청결, 양치 지켜보기, 가글액·물 양치, 의치 손질, 필요 물품 준비 및 사용 물품 정리 등

③ 머리 감기기 : 세면장까지의 이동 보조, 머리 감기기, 머리 말리기, 필요 물품 준비 및 사용 물품의 정리 등

④ 몸단장 : 머리단장, 손발톱 깎기, 면도, 면도 지켜보기, 화장하기, 필요 물품 준비 및 사용 물품의 정리 등

⑤ 옷 갈아입히기 : 의복 준비(양말, 신발 포함), 지켜보기 및 지도, 속옷, 겉옷 갈아입히기, 의복 정리

⑥ 목욕 도움 : 입욕준비, 입욕 시 이동 보조, 몸 씻기(샤워 포함), 지켜보기, 기계 조작, 욕실 정리 등

⑦ 식사 도움 : 아침, 점심, 저녁 및 간식을 포함한 식사 도움, 지켜보기, 경관영양 돕기, 구토물 정리, 식사준비 및 정리

⑧ 체위 변경 : 자세 변경, 일어나 앉기 시 도움 등

⑨ 이동 도움 : 침대에서 휠체어로 옮겨 태우기 등, 시설 내 보행 지켜보기, 보행 도움 등

⑩ 신체기능의 유지·증진 : 관절구축 예방, 일어나 앉기 연습 도움, 보행, 서있기 연습, 보조기구 사용 운동 보조, 보장구 장치 도움(지켜보기 포함)

⑪ 화장실 이용 돕기 : 화장실 이동 보조, 배뇨·배변 도움, 지켜보기, 기저귀 교환, 용변 후 처리, 필요물품 준비 및 사용물품의 정리 등

2) 일상생활지원서비스

① 취사 : 식재료 구매(장보기), 조리 방법 선택, 특별식이 준비, 식품 및 식기 등의 위생관리, 주방의 위생관리 등

② 청소 및 주변 정돈 : 대상자와 직접 관련된 침구 준비와 정리, 침구교환, 침대 주변 정리 정돈, 환기, 온도 조절, 채광, 방음, 전등과 텔레비전 켜고 끄기, 청소, 세면대 소독, 쓰레기 버리기, 일용품 정리 정돈, 보조기구관리 등

③ 세탁 : 세탁물 분류, 세탁물 빨기, 삶기, 널기, 개키기, 다리기, 정리정돈, 의복 보관, 의복 수선 등

3) 개인활동지원서비스

① 외출 시 동행 : 은행, 관공서, 병원 등의 방문 또는 산책 시 부축 및 동행(차량 이용 포함)

② 일상 업무 대행 : 물품 구매, 약 타기, 은행, 관공서 이용 등의 대행

4) 정서지원서비스

① 말벗, 격려, 위로 : 급여 대상자의 심리적, 신체적 요구에 따른 가벼운 구두 응대 및 정서적 지지 등

② 생활상담 : 신체 및 가사 활동지원서비스와 관련된 내용으로 제한된 상담

③ 의사소통 도움 : 책 읽어 주기, 편지 대필, 구두로 의사 전달하기, 편지 및 신문 전달, 콜벨 대처 등

5) 방문목욕서비스

① 목욕 장비를 갖추고 재가 노인을 방문하여 목욕을 제공하는 서비스

② 입욕준비, 입욕 시 이동 보조, 몸 씻기(샤워 포함), 지켜보기, 목욕 기계 조작, 욕실 정리 등을 포함

6) 제한된 업무

기능회복훈련서비스, 간호처치서비스 등은 전문적인 교육과 훈련을 받고 자격을 갖춘 자가 제공해야 하므로 요양보호사의 업무에서 제외

3. 요양보호서비스 제공 원칙   표준교재 60쪽

① 대상자 개인의 삶을 존중하며 본인 및 가족들로부터 대상자의 성격, 습관, 선호하는 서비스 등을 서비스 제공 개시 전에 반드시 확인하여 특별히 싫어하는 행동은 하지 않는다.

② 대상자가 가능한 한 자립생활을 할 수 있도록 대상자의 능력을 최대한 활용하면서 서비스를 제공한다.

③ 서비스를 제공하기 전에 대상자에게 충분히 설명한 후, 대상자가 동의하면 서비스를 제공한다. 다만, 대상자가 치매 등으로 인지능력이 없는 경우에는 보호자에게 동의를 구한다.

④ 대상자의 개인정보 및 서비스 제공 중 알게 된 비밀을 누설하여서는 안 되며, 대상자의 사생활을 보호하고 자유로운 의사표현을 보장하여야 한다.

⑤ 대상자의 상태를 관찰하면서 서비스를 제공하여야 하며 대상자의 상태와 관계없이 기계적으로 서비스를 제공하거나 서비스를 제공받도록 강요하지 말아야 한다.

⑥ 요양보호사의 모든 서비스는 대상자에게만 제공한다.

⑦ 대상자의 상태 변화 등으로 계획된 서비스 외에 서비스를 추가, 변경하거나 의료적 진단 등이 필요하다고 판단되는 경우 시설장 또는 관리책임자에게 신속하게 보고한다.

⑧ 대상자나 대상자의 가족과 의견이 상충될 시에는 불필요한 마찰을 피하고, 시설장 또는 관리책임자에게 보고한다.

⑨ 서비스 제공 중 예기치 못한 사고가 발생한 경우 소속된 시설장, 간호사 등에게 신속하게 보고를 하여야 한다(예: 부축하여 동행하다가 넘어져 부상을 입거나, 목욕 물의 온도 조절 실패로 화상을 입는 등).

⑩ 맥박, 호흡, 체온, 혈압 측정, 흡인, 비위관 삽입, 관장, 도뇨, 욕창 관리, 투약(경구약 및 외용약 제외) 등을 포함하는 모든 의료 행위를 하지 않는다.

⑪ 요양보호사는 서비스 제공 중 대상자에게 응급 상황이 발생한 경우 응급처치 우선순위에 따라 응급처치 하고 응급처치를 할 수 없거나 의사에게 보고할 수 없는 상황인 경우에는 가장 가까운 의료기관으로 대상자를 옮긴다.

⑫ 치매 대상자에게 서비스를 제공할 때 발생하는 여러 돌발 상황에 대해서는 시설장 또는 관리책임자와 의논하여 처리한다.

4. 요양보호사 역할 `표준교재` 61쪽

1) 숙련된 수발자

숙련된 요양보호서비스에 대한 지식과 기술로 대상자의 불편함을 경감하기 위해 필요한 서비스를 지원하여 대상자를 도와줌

2) 정보 전달자

- 대상자의 신체, 심리에 관한 정보를 가족, 시설장 또는 관리책임자, 간호사, 의료기관의 의료진에게 전달, 필요시 이들의 지시 사항을 대상자와 그의 가족에게 전달
- 요양보호사는 노인장기요양보험 급여서비스 제공계획서 내용을 숙지하고, 서비스 내용 변경이 필요할 때 기관에 보고하는 역할을 수행

3) 관찰자

맥박, 호흡, 체온, 혈압 등의 변화와 투약 여부, 질병의 변화에 대한 증상뿐만 아니라 심리적인 변화까지 관찰

4) 말벗과 상담자

효율적인 의사소통 기법을 활용하여 대상자와 관계를 형성하고 필요한 서비스를 제공, 대상자의 신체적, 정신적, 심리적 안위 도모

5) 동기 유발자

신체활동지원서비스나 일상생활지원서비스 등을 제공하는 것에 그치지 않고 대상자가 능력을 최대한 발휘하도록 동기를 유발하며 지지

6) 옹호자

가정이나 시설, 지역사회에서 학대를 당하거나 소외되고 차별받는 대상자를 위해 대상자의 입장에서 편을 들어주고 지켜줌

02 요양보호관련 제도 및 서비스 실전 예상문제

1 사회복지와 노인복지

01 사회복지의 개념에 대한 설명 중 올바른 것은?

① 인간이 살아가면서 겪게 되는 기본적 욕구 해결만 목적으로 한다.
② 일반 국민과 지역사회의 보편적 욕구충족을 위해서만 존재한다.
③ 사회적 약자의 보호를 기본으로 하지 않는다.
④ 사회복지의 분야는 크게 공적부조와 사회보험 두 가지로 구분된다.
⑤ 더 높은 삶의 질을 도모하려는 전문적 노력과 관련된 사회제도이다.

02 다음은 무엇에 관한 설명인가?

> 어떤 사회적 현상이 사회적 가치(또는 규범)에서 벗어나는데 상당수 사람들이 그 현상에 영향을 받는다고 판단하여 집단적 행동으로 해결해야 하는 문제

① 인간의 욕구 문제
② 사회문제
③ 개인문제
④ 국가문제
⑤ 복지문제

01
① 인간이 살아가면서 겪게 되는 여러 가지 욕구, 사회문제, 위험들을 해결하여 더 높은 삶의 질을 도모하려는 전문적 노력과 관련된 사회제도이다.
② 사회적 약자의 보호를 기본으로 하면서 일반 국민과 지역사회의 보편적 욕구충족과 필요한 복지서비스 제공으로 확대되어 왔다.
③ 사회적 약자의 보호를 기본으로 한다.
④ 공적부조, 사회보험, 사회서비스로 구분된다.

표준교재 **21쪽**

02

표준교재 **21쪽**

정답 **01** ⑤ **02** ②

03 다음 중 공적부조에 대한 설명으로 올바른 것은?

① 국민에게 발생할 수 있는 질병, 실업, 장애, 사망, 소득 상실 등의 사회적 위험을 보험의 방식으로 대처하는 제도이다.
② 국민의 노령, 장애 또는 사망에 대하여 연금을 급여한다.
③ 도움이 필요한 모든 국민에게 제공하는 개별 서비스이다.
④ 생활 유지 능력이 없거나 생활이 어려운 국민의 최저생활을 보장하고 자립을 지원하는 제도이다.
⑤ 국민의 질병, 부상에 대한 예방, 진단, 치료 및 건강 증진에 대해 보험급여를 제공한다.

03
① 사회보험에 대한 설명이다.
② 국민건강보험에 대한 설명이다.
③ 사회서비스에 대한 설명이다.
⑤ 국민건강보험에 대한 설명이다.

표준교재 22쪽

04 다음 중 사회보험에 대한 설명으로 올바른 것은?

① 국민에게 발생할 수 있는 질병, 실업, 장애, 사망, 소득 상실 등의 사회적 위험을 보험의 방식으로 대처하는 제도이다.
② 생활이 어려운 사람에게 필요한 급여를 제공하여 이들의 최저생활을 보장하고 자활을 돕는 것을 목적으로 한다.
③ 도움이 필요한 모든 국민에게 제공하는 개별 서비스이다.
④ 국민건강보험, 국민연금보험 두 종류뿐이다.
⑤ 국민건강보험은 사회서비스로 사회보험에 해당하지 않는다.

04
② 공적부조에 대한 설명이다.
③ 사회서비스에 대한 설명이다.
④ 국민건강보험, 국민연금보험, 고용보험, 산업재해보상보험, 노인장기요양보험이 있다.
⑤ 국민건강보험은 사회보험에 해당한다.

표준교재 22쪽

05 10년 이상 보험료를 납부하고 퇴직 후 자신이 낸 보험료와 이자 및 투자수익, 인플레이션을 반영하여 연금을 받도록 설계한 사회보험은 무엇인가?

① 기초연금제도   ② 고용보험제도
③ 국민연금제도   ④ 산업재해보상보험제도
⑤ 국민건강보험제도

05

표준교재 22쪽

06 기초연금제도에 대한 설명으로 옳은 것은?

① 2010년에 도입되었다.
② 자신이 낸 보험료를 돌려받는 형식이다.
③ 2018년부터 30만 원으로 인상하여 지급하고 있다.
④ 63세 이상의 노인이면 받을 수 있다.
⑤ 국민연금 가입 기간이 짧고 노후소득을 충분히 보장받기 어려워 도입된 제도이다.

06
① 2014년에 도입되었다.
③ 2018년부터 25만 원으로 인상되었다.
④ 65세 이상 노인이 대상이다.

표준교재 22쪽

정답 **03** ④ **04** ① **05** ③ **06** ⑤

07 근로자의 업무상 재해를 신속하고 공정하게 보상하며 재해근로자의 재활 및 사회복귀를 촉진하기 위한 사회보험은?

① 사회복귀촉진보험
② 산업재활촉진보험
③ 산업재해보상보험
④ 산업재활보상보험
⑤ 고용보험

07

표준교재 22쪽

08 다음 빈칸에 들어갈 말로 알맞게 짝지어진 것은?

> (A)는 고령이나 노인성 질병 등의 사유로 일상생활을 혼자서 수행하기 어려운 노인 등에게 제공하는 신체 활동 또는 가사 활동 지원 등의 (B)에 관한 사항을 규정하여 노후의 건강 증진 및 생활 안정을 도모하고 그 가족의 부담을 덜어줌으로써 국민의 삶의 질을 향상하도록 한다.

	A		B
①	노인단기요양보험	–	단기요양급여
②	산업재해보상보험제도	–	장기요양급여
③	노인의료보험	–	단기요양급여
④	노인장기요양보험	–	장기요양급여
⑤	노인장기요양보험	–	단기요양급여

08

표준교재 23쪽

09 산업재해보상보험제도에 대한 설명으로 올바른 것은?

① 실업의 예방, 고용의 촉진을 돕는다.
② 노인성 질병 등의 사유로 일상생활을 혼자서 수행하기 어려운 노인 등에게 제공하는 신체 활동 또는 가사 활동 지원 등이 포함되어 있다.
③ 노인 중 퇴직 전 산업현장에서 업무상 재해를 입었을 경우 사망 전까지 필요한 급여를 받아 생활할 수 있다.
④ 일상생활에서의 재해도 보상받을 수 있다.
⑤ 노후의 건강 증진 및 생활 안정을 도모한다.

09
① 고용보험에 대한 설명이다.
②, ⑤ 노인장기요양보험에 대한 설명이다.
④ 근로자의 업무상 재해를 보상한다.

표준교재 23쪽

★★★

10 전체인구 대비 65세 이상 노인인구가 20% 이상인 국가를 무엇이라고 하는가?

① 초노령 사회
② 고령 사회
③ 초고령 사회
④ 노년 사회
⑤ 고령화 사회

10
초고령 사회
전체인구 대비 65세 이상 노인인구가 20% 이상인 국가

표준교재 23쪽

정답 **07** ③ **08** ④ **09** ③ **10** ③

11 다음 빈칸에 들어갈 말로 알맞은 것을 고르시오.

우리나라는 1960년 이후 노인인구가 꾸준히 증가하여 2000년에는 노인인구 비율이 7.2%로서 (A)로 진입하였으며, 2018년에는 (B)가 되었고, 2026년에는 (C)로 진입하게 될 것으로 예상한다.

	A	B	C
①	고령 사회	고령화 사회	초고령 사회
②	고령화 사회	초고령 사회	고령 사회
③	고령화 사회	고령 사회	초고령 사회
④	초고령 사회	고령 사회	고령화 사회
⑤	고령 사회	초고령 사회	고령화 사회

12 노인이 인간다운 생활을 영위하면서 자기가 속한 가족과 사회에 적응하고 통합될 수 있도록 인적·물적 자원을 지원하는 복지를 무엇이라고 하는가?

① 아동복지
② 사회복지
③ 장애인복지
④ 노인복지
⑤ 지역복지

13 다음 중 노인복지에 해당하지 않는 것은?

① 국민기초생활보장제도를 이용하는 경우
② 장기요양보험의 혜택을 받는 경우
③ 아동돌봄서비스를 이용할 경우
④ 노인돌봄 및 지원서비스를 제공받는 경우
⑤ 일반 사회복지서비스와 치매 및 건강보장 서비스 등을 제공받는 경우

14 독립의 원칙에 대한 설명으로 알맞지 않은 것은?

① 노인 본인의 소득은 물론, 가족과 지역사회의 지원을 통하여 식량, 물, 주택, 의복, 건강서비스를 이용할 수 있어야 한다
② 일할 수 있는 기회를 갖거나, 다른 소득을 얻을 수 있어야 한다.
③ 노인들을 위한 사회운동을 하고 단체를 조직할 수 있어야 한다.
④ 개인 선호와 변화하는 능력에 맞추어 안전하게 적응할 수 있는 환경에서 살 수 있어야 한다.
⑤ 가능한 한 오랫동안 가정에서 살 수 있어야 한다.

➕ 해설

11
고령화 사회
전체 인구 대비 65세 이상 노인인구가 7% 이상 14% 미만인 국가
고령 사회
전체인구 대비 65세 이상 노인인구가 14% 이상 20% 미만인 국가
초고령 사회
전체인구 대비 65세 이상 노인인구가 20% 이상인 국가

표준교재 23쪽

12

표준교재 23쪽

13
노인복지의 범위
• 공적부조인 국민기초생활보장제도를 받는 경우
• 사회보험인 국민연금, 국민건강보험, 산업재해보상보험, 노인장기요양보험의 혜택을 받는 경우
• 일반 사회복지서비스와 치매 및 건강보장 서비스, 사회 및 여가 활동 지원서비스, 노인돌봄 및 지원서비스 등을 받는 경우

표준교재 24쪽

14
③ 참여의 원칙에 해당한다.

표준교재 24쪽

정답 11 ③ 12 ④ 13 ③ 14 ③

+ 해설

15 노인을 위한 유엔의 원칙이 아닌 것은?

① 독립의 원칙   ② 참여의 원칙
③ 보호의 원칙   ④ 자아실현의 원칙
⑤ 방임의 원칙

15
노인을 위한 유엔의 원칙
- 독립의 원칙
- 참여의 원칙
- 보호의 원칙
- 자아실현의 원칙
- 존엄의 원칙

표준교재 24~25쪽

16 '보호 및 치료 시설에 거주할 때도 기본적 인권과 자유를 누릴 수 있어야 한다.'는 노인을 위한 유엔의 원칙 중 어느 것에 해당하는가?

① 자아실현의 원칙   ② 존엄의 원칙
③ 보호의 원칙   ④ 독립의 원칙
⑤ 참여의 원칙

16

표준교재 24쪽

17 다음에서 설명하는 노인을 위한 유엔원칙은 무엇인가?

- 잠재력을 완전히 계발할 수 있는 기회가 있어야 한다.
- 교육적, 문화적, 정신적 자원과 여가서비스를 이용할 수 있어야 한다.

① 자아실현의 원칙
② 존엄의 원칙
③ 보호의 원칙
④ 독립의 원칙
⑤ 참여의 원칙

17

표준교재 25쪽

18 독거노인 보호 사업에 대한 설명으로 올바르지 않은 것은?

① 노인돌봄기본서비스, 독거노인사랑 잇기, 무연고 독거노인 장례지원 등의 서비스가 있다.
② 사업 주체는 국가이다.
③ 독거노인의 생활 실태 및 복지 욕구 파악, 정기적인 안전 확인, 보건/복지 서비스 연계 및 조정, 생활교육 등을 실시한다.
④ 대상은 독거노인이다.
⑤ 독거노인에 대한 종합적인 사회안전망을 구축하는 것을 목적으로 하는 사업이다.

18
② 독거노인 보호 사업의 사업 주체는 시군구이다.

표준교재 25쪽

정답 **15** ⑤   **16** ③   **17** ①   **18** ②

19 독거노인 공동생활홈 서비스에 대한 설명으로 올바른 것은?

① 소득, 건강, 주거, 사회적 접촉 등에 취약한 70세 이상의 독거노인을 대상으로 한다.
② 사업 주체는 농림부로 일괄 관리한다.
③ 주목적은 독거노인의 여가활동지원이다.
④ 안부 확인 및 각종 보건·복지서비스와 연계하는 활동을 한다.
⑤ 자원봉사는 제공하지 않는다.

20 혼자 힘으로 일상생활을 영위하기 어려운 노인에게 가사·활동지원 또는 주간보호 서비스를 제공하고 신체·인지 기능이 약화됨을 방지하여 안정된 노후생활을 보장하고 가족의 사회·경제적 활동기반을 조성하기 위한 사업은 무엇인가?

① 독거노인 공동생활홈 서비스
② 독거노인 보호 사업
③ 노인돌봄종합서비스
④ 결식 우려 노인 무료급식 지원 서비스
⑤ 학대피해노인 전용쉼터 지원 서비스

21 학대피해노인 전용쉼터에 대한 설명으로 올바르지 않은 것은?

① 보호와 숙식 제공 등의 쉼터 생활을 지원한다.
② 심리적 안정을 위한 전문심리상담을 제공한다.
③ 학대로 인한 신체적, 정신적 피해 치료를 위한 전문적인 의료비를 전액 지원한다.
④ 노인학대행위자 등에게 전문상담서비스 제공한다.
⑤ 보건복지부 및 시도지사는 중앙노인보호전문기관 또는 지역노인보호전문기관을 쉼터 운영기관으로 지정하여 운영하도록 하고 있다.

22 노인보호전문기관에서 실시하는 사업이 아닌 것은?

① 노인인권 보호사업
② 노인학대 예방사업
③ 노인인식 개선교육
④ 노인자살 예방교육
⑤ 치매가족지원서비스

➕ 해설

19
① 소득, 건강, 주거, 사회적 접촉 등에 취약한 65세 이상의 독거노인을 대상으로 한다.
② 시군구와 농림부이다.
③ 독거노인의 고독사예방, 취약한 주거환경 등의 문제를 해소하기 위해 도입된 제도이다.
⑤ 밑반찬 배달 및 자원봉사를 제공한다.

표준교재 **26쪽**

20

표준교재 **26쪽**

21
③ 학대로 인한 신체적, 정신적 피해 치료를 위한 기본적인 의료비만 지원한다.

표준교재 **27쪽**

22
⑤ 치매가족지원서비스는 노인돌봄종합서비스의 내용이다.

표준교재 **26쪽**

정답 **19** ④ **20** ③ **21** ③ **22** ⑤

+ 해설

23 치매안심센터에 대한 설명으로 옳지 않은 것은?

① 치매초기상담 및 치매조기검진을 실시한다.
② 치매 서비스 제공기관 간 연계사업을 한다.
③ 시군구 보건소가 사업 주체이다.
④ 일반 노인과 치매 노인은 대상으로 하지만 치매 노인의 가족을 대상으로 하지는 않는다.
⑤ 치매단기쉼터 및 치매카페를 운영한다.

23
④ 일반 노인, 치매 노인 및 가족을 대상으로 운영한다.

표준교재 **27쪽**

24 노인사회활동 및 여가활동을 위한 지원에 해당하지 않는 것은?

① 경로당
② 노인자원봉사
③ 노인복지관
④ 노인일자리 및 사회활동
⑤ 결식 우려 노인 무료급식 지원

24
노인사회활동 및 여가활동 지원
노인일자리 및 사회활동지원 사업, 노인자원봉사 활성화, 경로당 운영, 노인복지관 설치와 운영이 포함됨

표준교재 **28~29쪽**

25 노인복지시설에 대한 설명으로 옳지 않은 것은?

① 60세 이상 노인을 위한 시설이다.
② 심신적, 사회적, 경제적 등의 이유로 생활하기 어려울 때 이용하거나 거주한다.
③ 노인복지를 증진하기 위한 시설을 의미한다.
④ 노인주거복지시설, 노인의료복지시설, 재가노인복지시설 등이 있다.
⑤ 노인복지시설은 노인복지법 제31조에 규정되어있다.

25
노인복지시설
65세 이상 노인이 심신적, 사회적, 경제적 등의 이유로 생활하기 어려울 때 이용하거나 거주하는 시설로 노인복지를 증진하기 위한 시설임
노인복지법 제31조에서 규정한 노인복지시설
노인주거복지시설, 노인의료복지시설, 노인여가복지시설, 재가노인복지시설, 노인보호전문기관, 노인일자리 지원기관, 학대피해노인 전용쉼터

표준교재 **30쪽**

★★★

26 노인의료복지시설에 대한 설명으로 옳은 것은?

① 치매, 중풍 등 노인성 질환 등으로 도움이 필요한 노인이 입소한다.
② 양로시설, 노인공동생활가정, 노인복지주택이 포함된다.
③ 노인요양시설은 입소자 9인 이하의 입소시설이다.
④ 노인요양공동생활가정은 입소자 5인 이하의 입소시설이다.
⑤ 노인요양시설은 노인에게 가정과 같은 주거여건을 제공한다.

26
② 양로시설, 노인공동생활가정, 노인복지주택은 노인주거복지시설에 해당한다.
③ 노인요양시설은 입소자 10인 이상의 입소시설이다.
④ 노인요양공동생활가정은 입소자 9인 이내 시설이다.
⑤ 가정과 같은 주거여건은 노인요양공동생활가정에서 제공된다.

표준교재 **30쪽**

정답 **23** ④ **24** ⑤ **25** ① **26** ①

27 치매·중풍 등 노인성 질환 등으로 심신에 상당한 장애가 발생하여 도움이 필요한 하는 노인에게 가정과 같은 주거 여건과 급식·요양, 그 밖에 일상생활에 필요한 편의를 제공하는 시설은?

① 경로당
② 노인복지주택
③ 노인요양공동생활가정
④ 노인요양시설
⑤ 노인복지관

28 재가노인복지시설의 서비스로 알맞지 않은 것은?

① 방문요양　　　　　　② 방문간호
③ 주·야간 보호　　　　④ 방문목욕
⑤ 단기 보호

29 가정에서 생활하면서 신체적·정신적 장애로 어려움을 겪고 있는 노인에게 각종 편의를 제공하여 지역사회 안에서 건전하고 안정된 노후를 영위하도록 하는 서비스는 무엇인가?

① 방문요양　　　　　　② 방문간호
③ 주·야간 보호　　　　④ 방문목욕
⑤ 단기 보호

30 노인보호전문기관에 대한 설명으로 알맞은 것은?

① 학대받은 노인에 대한 케어만 실시할 뿐 예방 및 방지를 위한 홍보는 하지 않는다.
② 현재는 중앙노인보호전문기관만 있다.
③ 노인학대행위자에 대한 상담 및 교육을 실시한다.
④ 노인에게 취업 상담 및 정보를 제공한다.
⑤ 양로시설, 노인공동생활가정, 노인복지주택이 있다.

+ 해설

27

표준교재 **30쪽**

28
② 방문간호는 노인장기요양보험법의 장기요양서비스로 노인복지서비스는 아니다.

표준교재 **31쪽**

29

표준교재 **31쪽**

30
① 노인학대 예방 및 방지를 위한 홍보도 담당한다.
② 중앙노인보호전문기관, 지역노인보호전문기관이 있다.
④ 노인일자리지원기관에 대한 설명이다.
⑤ 노인주거복지시설에 대한 설명이다.

표준교재 **32쪽**

정답 27 ③　28 ②　29 ①　30 ③

31 노인의 능력과 적성에 맞는 일자리 지원사업을 하는 기관으로 알맞은 것은?

① 노인일자리지원기관
② 학대피해노인 전용쉼터
③ 경로당
④ 노인교실
⑤ 재가노인복지시설

31
노인일자리지원기관
노인일자리지원기관은 노인의 능력과 적성에 맞는 일자리지원사업을 전문적·체계적으로 수행하기 위한 전담기관

표준교재 32쪽

★★★

32 학대받은 노인을 발견하고 노인학대행위자에 대한 상담 및 교육을 하는 기관은?

① 노인일자리지원기관　　② 노인보호전문기관
③ 경로당　　　　　　　　④ 노인교실
⑤ 재가노인복지시설

32
노인보호전문기관
노인학대행위자에 대한 상담 및 교육, 학대받은 노인의 발견·상담·보호, 노인학대 예방 및 방지를 위한 홍보를 담당하는 기관

표준교재 32쪽

33 노인학대로 인하여 피해를 입은 노인을 일정기간 보호하고 심신 치유 프로그램을 제공하기 위한 전담기관은?

① 노인일자리지원기관　　② 학대피해노인 전용쉼터
③ 경로당　　　　　　　　④ 노인교실
⑤ 재가노인복지시설

33
학대피해노인 전용쉼터
노인학대로 인하여 피해를 입은 노인을 일정기간 보호하고 심신 치유 프로그램을 제공하기 위한 전담기관

표준교재 32쪽

34 노인복지시설 종류가 바르게 연결된 것은?

① 노인주거복지시설 – 노인요양시설, 노인요양공동생활가정
② 노인여가복지시설 – 노인공동생활가정, 노인복지주택
③ 재가노인복지시설 – 방문요양서비스, 단기보호서비스
④ 노인일자리지원기관 – 중앙노인보호전문기간, 지역노인보호전문기관
⑤ 노인의료복지시설 – 노인복지관, 경로당, 노인교실

34

표준교재 30~32쪽

정답 **31** ①　**32** ②　**33** ②　**34** ③

2 노인장기요양보험제도

01 고령이나 노인성 질병 등의 사유로 일상생활을 혼자서 수행하기 어려운 노인 등에게 신체활동 또는 가사활동지원 등의 장기요양급여를 제공하는 제도를 무엇이라 하는가?

① 의료보험
② 고용보험
③ 국민연금
④ 산업재해 보상보험
⑤ 노인장기요양보험

01

표준교재 **33쪽**

★★★

02 노인장기요양보험사업의 보험자로 옳은 것은?

① 보건소
② 시, 군, 구
③ 보건복지부
④ 국민건강보험공단
⑤ 국민연금관리공단

02

표준교재 **33쪽**

03 노인장기요양보험에 대한 설명 중 옳은 것은?

① 가입자는 대한민국 국민만 가능하다.
② 장기요양신청자는 본인만 신청할 수 있다.
③ 장기요양급여 대상자는 65세 이상 노인만이다.
④ 국내에 체류하는 재외국민은 대상자가 될 수 없다.
⑤ 장기요양보험사업의 보험자는 국민건강보험공단이다.

03
①, ④ 국민건강보험법 제109조에 따른 국내에 체류하는 재외국민 또는 외국인도 가입대상이다.
② 본인, 가족이나 친족, 사회복지전담공무원 등이 신청할 수 있다.
③ 65세 이상 노인 또는 65세 미만 노인성 질환을 가진 자가 대상이다.

표준교재 **33~36쪽**

★★★

04 다음 중 장기요양 급여 대상자로 옳은 것은?

① 거동이 가능한 90세 남자
② 거동이 가능한 56세 뇌경색 남성
③ 치매로 인지가 저하된 70세 남자
④ 소아마비로 거동이 불편한 60세 여자
⑤ 교통사고로 다리를 절단한 64세 남자

04
장기요양 급여 대상자
65세 이상 또는 65세 미만이나 노인성질병을 가진 자로서 거동이 현저히 불편하거나 치매 등으로 인지가 저하되어 장기요양이 필요한 자

표준교재 **34~35쪽**

★★★

05 다음 중 장기요양급여 대상자로 옳은 것은?

① 65세 이상 노인
② 노환으로 기운이 없는 90세 여자
③ 65세 미만이지만 거동이 불편한 자
④ 뇌졸증으로 편마비가 된 64세 남자
⑤ 치매로 기억력이 저하된 64세 여자

05

표준교재 **34~35쪽**

정답 **01** ⑤ **02** ④ **03** ⑤ **04** ③ **05** ④

➕ 해설

06 다음은 장기요양판정 절차이다. 빈칸에 들어갈 알맞은 절차는?

> 📎 신청 → 방문조사 → 1차 판정 → 의사소견서제출 → (   ) → 등급판정

① 장기요양위원회 개최
② 등급판별위원회 개최
③ 등급판정위원회 개최
④ 등급조정위원회 개최
⑤ 장기요양조정위원회 개최

06
등급판정위원회
대통령령이 정하는 등급판정기준에 따라 1차 판정 결과를 심의하여 장기요양인정 여부 및 장기요양등급을 최종 판정한다.

표준교재 **35쪽**

07 65세 미만이지만 장기요양보험 대상자로 인정받을 수 있는 노인성 질환은?

① 당뇨병
② 신부전증
③ 고혈압
④ 뇌경색
⑤ 대장암

07
대표적인 노인성 질병
뇌경색, 뇌출혈, 혈관성 치매, 알츠하이머, 뇌혈관 질환, 파킨슨병 등

표준교재 **33쪽**

★★★

08 장기요양 등급판정을 최종 판정하는 심의기구는?

① 장기요양위원회
② 등급판별위원회
③ 등급조정위원회
④ 등급판정위원회
⑤ 장기요양조정위원회

08
등급판정위원회
장기요양인정 및 등급 판정을 위한 심의기구

표준교재 **36쪽**

09 공단 직원이 신청인의 심신 상태를 나타내는 장기요양인정 조사 항목에 대하여 실시하는 조사를 무엇이라고 하는가?

① 방문조사
② 면접조사
③ 심층조사
④ 연구조사
⑤ 상담조사

09
방문조사
공단소속직원이 신청인의 심신상태를 나타내는 장기요양인정조사 52개 항목에 대하여 방문하여 조사를 실시한다.

표준교재 **36쪽**

10 다음은 무엇에 대한 설명인가?

> 📎 공단은 장기요양인정조사표에 따라 작성된 조사결과를 토대로 컴퓨터 판정 프로그램을 통해 장기요양등급 1차 판정을 실시한다.

① 등급조정
② 등급판정
③ 등급조사
④ 등급회의
⑤ 등급결정

10

표준교재 **36쪽**

정답   **06** ③   **07** ④   **08** ④   **09** ①   **10** ②

11 보기가 설명하는 장기요양등급은?

> 장기요양 인정 점수가 60점 이상 75점 미만
> 심신의 기능 상태 장애로 일상생활에서 부분적으로 다른 사람의 도움이 필요한 자

① 1등급   ② 2등급
③ 3등급   ④ 4등급
⑤ 5등급

11

표준교재 37쪽

12 장기요양 2등급에 대한 내용으로 옳은 것은?

① 일상생활에서 전적으로 다른 사람의 도움이 필요한 자
② 일상생활에서 상당부분 다른 사람의 도움이 필요한 자
③ 일상생활에서 부분적으로 다른 사람의 도움이 필요한 자
④ 일상생활에서 일정 부분 다른 사람의 도움이 필요한 자
⑤ 치매환자

12
장기요양 2등급
• 장기요양 인정 점수 : 75점 이상 95점 미만
• 심신의 기능 상태 장애로 일상생활에서 상당부분 다른 사람의 도움이 필요한 자

표준교재 37쪽

13 장기요양 5등급에 대한 설명으로 옳은 것은?

① 뇌졸증으로 확인받은 자
② 인정점수 45점 이상 51점 미만
③ 일상생활 수행에 어려움이 많음
④ 인지기능장애와 문제행동이 없음
⑤ 치매로 일상생활에 어려움을 겪는 중증 치매환자

13
장기요양 5등급
• 45점 이상 51점 미만
• 인지기능장애와 문제행동으로 일상생활 수행에 어려움을 겪는 경증 치매환자
• 일상생활 수행에 어려움이 적음

표준교재 37쪽

14 장기요양 4등급에 대한 설명으로 옳은 것은?

① 일상생활에서 전적으로 다른 사람의 도움이 필요한 자
② 일상생활에서 상당부분 다른 사람의 도움이 필요한 자
③ 일상생활에서 부분적으로 다른 사람의 도움이 필요한 자
④ 일상생활에서 일정 부분 다른 사람의 도움이 필요한 자
⑤ 치매환자

14
장기요양 4등급
• 51점 이상 60점 미만
• 심신의 기능 상태 장애로 일상생활에서 일정부분 다른 사람의 도움이 필요한 자

표준교재 37쪽

정답 **11** ③ **12** ② **13** ② **14** ④

해설

15 장기요양인정 점수에 따른 등급에 대한 설명으로 옳은 것은?

① 1등급 – 인정 점수가 95점 미만
② 3등급 – 인정 점수가 71점 이상 85점 미만
③ 2등급 – 인정 점수가 74점 이상 95점 미만
④ 4등급 – 인정점수가 60점 이상 75점 미만
⑤ 5등급 – 인정점수가 45점 이상 51점 미만

15
장기요양등급 인정 점수
· 1등급 : 95점 이상
· 2등급 : 75점 이상 95점 미만
· 3등급 : 60점 이상 75점 미만
· 4등급 : 51점 이상 60점 미만
· 5등급 : 45점 이상 51점 미만이며 치매로 확인받은 자
표준교재 37쪽

16 장기요양 3등급의 인정 점수는?

① 89점 이상 95점 미만
② 50점 이상 66점 미만
③ 71점 이상 85점 미만
④ 80점 이상 94점 미만
⑤ 60점 이상 75점 미만

16
장기요양 3등급 : 60점 이상 75점 미만
표준교재 37쪽

17 다음은 장기요양등급 몇 등급에 해당하는지 고르시오.

· 장기요양인정 점수 49점
· 일상생활 수행에 큰 어려움이 없는 경증 치매 환자

① 1등급
② 2등급
③ 3등급
④ 4등급
⑤ 5등급

17
표준교재 37쪽

18 경증치매 어르신이 신체적 기능과 관계없이 장기요양보험의 대상자가 될 수 있도록 선정한 등급은?

① 장기요양 1등급
② 장기요양 2등급
③ 장기요양 3등급
④ 인지지원 등급
⑤ 장기요양 5등급

18
인지지원 등급
· 경증치매 어르신이 신체적 기능과 관계 없이 장기요양보험의 대상자가 될 수 있 도록 2018년부터 선정기준이 조정됨
· 치매증상 악화 지연을 위한 주·야간보호 인지기능개선 프로그램 등 인지서비스를 제공
표준교재 37쪽

★★★

19 장기요양인정 유효기간은?

① 최소 1년 이상
② 최소 2년 이상
③ 최소 3년 이상
④ 최소 6개월 이상
⑤ 최소 1년 6개월 이상

19
장기요양인정 유효기간은 최소 1년 이상으로 한다.
표준교재 38쪽

정답 15 ⑤ 16 ⑤ 17 ⑤ 18 ④ 19 ①

20 2016년 1월에 1등급을 받은 수급자가 2017년 1월에 1등급을 받았다. 이 수급자는 언제 다시 요양등급 갱신신청을 해야 하는가?

① 2018년 1월
② 2019년 1월
③ 2020년 1월
④ 2021년 1월
⑤ 2022년 2월

21 2016년 1월에 4등급을 받은 수급자가 2017년 1월에 4등급을 받았다. 이 수급자는 언제 다시 요양등급 갱신신청을 해야 하는가?

① 2018년 1월
② 2019년 1월
③ 2020년 1월
④ 2021년 1월
⑤ 2022년 2월

22 2017년 7월에 5등급 판정을 받고 2018년 7월에 다시 5등급을 받은 수급자는 언제 갱신신청을 하면 되는가?

① 2019년 7월
② 2020년 7월
③ 2021년 7월
④ 2022년 7월
⑤ 2023년 7월

★★★
23 장기요양 급여의 내용으로 옳은 것은?

① 재가급여에는 방문요양, 방문목욕, 방문간호, 그룹홈 등이 있다.
② 시설급여에는 노인요양시설과 노인요양공동생활가정 등이 있다.
③ 요양보호사는 방문요양과 방문간호의 내용을 수행한다.
④ 특별현금급여에는 복지용구서비스와 방문간호서비스가 있다.
⑤ 시설급여는 의료, 간호, 요양서비스를 종합적으로 제공받기 어렵다.

24 재가급여의 서비스로 알맞은 것은?

① 단기보호
② 양로시설
③ 노인요양시설
④ 노인공동생활가정
⑤ 노인요양공동생활가정

🧰 해설

20
갱신결과 직전등급과 같은 등급으로 판정된 1등급의 경우 유효기간은 4년이다.

표준교재 **38쪽**

21
갱신결과 직전등급과 같은 등급으로 판정된 2~4등급의 경우 유효기간은 3년이다.

표준교재 **38쪽**

22
유효기간 갱신 시 갱신결과 직전 등급과 같은 등급으로 판정을 받는 경우 5등급의 유효갱신기간은 2년이다.

표준교재 **38쪽**

23
① 그룹홈은 시설급여에 속한다.
③ 요양보호사는 방문간호의 내용을 수행해서는 안 된다.
④ 특별현금급여에는 가족요양비, 특례요양비, 요양병원간병비가 있다.
⑤ 시설급여는 의료, 간호, 요양서비스를 종합적으로 제공받을 수 있다.

표준교재 **38쪽**

24
재가급여
방문요양, 방문목욕, 방문간호, 주야간보호, 단기보호, 복지용구

표준교재 **38~39쪽**

정답 **20** ④ **21** ③ **22** ② **23** ② **24** ①

25 다음 중 시설급여의 내용으로 옳은 것은?

① 방문요양
② 방문간호
③ 가족요양비
④ 요양병원 간병비
⑤ 노인요양공동생활가정

25
시설급여
노인요양시설, 노인요양공동생활가정(그룹홈)

표준교재 **39쪽**

26 특별현금급여의 종류로 알맞은 것은?

① 단기보호
② 복지용구제공
③ 특례요양비
④ 주야간보호
⑤ 노인요양시설

26
특별현금급여
가족요양비,특례요양비, 요양병원 간병비

표준교재 **40쪽**

27 재가급여의 장점으로 옳은 것은?

① 개인중심의 생활이 어렵다.
② 지역사회와 떨어져 지내며 소외되기 쉽다.
③ 긴급한 상황에 대한 신속한 대응이 어렵다.
④ 사생활이 존중되고 개인 중심의 생활이 가능하다.
⑤ 의료, 간호, 요양서비스가 단편적으로 진행되기 쉽다.

27
재가급여의 장점
• 평소 생활했던 친숙한 환경에서 지낼 수 있음
• 사생활이 존중되고 개인 중심의 생활이 가능함

표준교재 **39쪽**

28 재가급여의 단점으로 옳은 것은?

① 개인중심의 생활이 어렵다.
② 긴급한 상황에 대한 신속한 대응이 어렵다.
③ 평소 생활했던 친숙한 환경에서 지낼 수 있다.
④ 사생활이 존중되고 개인 중심의 생활이 가능하다.
⑤ 의료, 간호, 요양서비스를 종합적으로 제공받을 수 있다.

28
재가급여의 단점
• 의료, 간호, 요양서비스가 단편적으로 진행됨
• 긴급한상황에 대한 신속한 대응이 어려움

표준교재 **39쪽**

29 시설급여의 장점으로 옳은 것은?

① 지역사회와 떨어져 지내며 소외되기 쉽다.
② 긴급한 상황에 대한 신속한 대응이 어렵다.
③ 의료, 간호, 요양서비스를 종합적으로 제공받을 수 있다.
④ 개인중심의 생활이 어렵다.
⑤ 사생활이 존중되고 개인 중심의 생활이 가능하다.

29
시설급여의 장점
의료, 간호, 요양서비스를 종합적으로 제공받을 수 있음

표준교재 **39쪽**

정답 **25 ⑤　26 ③　27 ④　28 ②　29 ③**

30 시설급여의 단점으로 옳은 것은?

① 긴급한 상황에 대한 신속한 대응이 어렵다.
② 개인중심의 생활이 어렵다.
③ 평소 생활했던 친숙한 환경에서 지낼 수 있다.
④ 의료, 간호, 요양서비스를 종합적으로 제공받을 수 있다.
⑤ 사생활이 존중된다.

30
시설급여의 단점
• 지역사회와 떨어져 지내며 소외되기 쉬움
• 개인중심의 생활이 어려움

표준교재 **39쪽**

31 다음이 설명하는 것은 무엇인가?

> 수급자의 가정 등을 방문하여 신체활동 및 가사 활동 등을 지원하는 장기요양급여

① 방문요양　　　　　　② 방문목욕
③ 단기보호　　　　　　④ 주·야간보호
⑤ 복지용구

31

표준교재 **39쪽**

32 수급자를 하루 중 일정 시간 동안 장기요양기관에 보호하여 신체활동 지원 등을 제공하는 장기요양급여는?

① 주·야간보호　　　　② 방문간호
③ 단기보호　　　　　　④ 노인요양시설
⑤ 복지용구서비스

32

표준교재 **39쪽**

33 수급자를 일정 기간 동안 장기요양기관에 보호하여 신체활동 지원 등을 제공하는 장기요양급여는?

① 주·야간보호　　　　② 방문간호
③ 단기보호　　　　　　④ 노인요양시설
⑤ 복지용구서비스

33

표준교재 **39쪽**

34 다음이 설명하는 장기요양급여는?

> • 재가급여와 시설급여를 받을 수 없을 때 지급한다.
> • 가족요양비, 특례요양비, 요양병원간병비 등이 있다.

① 복지기구급여　　　　② 방문목욕
③ 방문간호　　　　　　④ 그룹홈
⑤ 특별현금급여

34

표준교재 **40쪽**

정답　30 ②　31 ①　32 ①　33 ③　34 ⑤

+ 해설

35 수급자가 요양병원에 입원했을 때 장기요양에 사용되는 비용의 일부가 지급되는 현금급여는?

① 특례요양비   ② 요양병원간병비
③ 가족요양비   ④ 재가급여
⑤ 시설급여

35

표준교재 **40쪽**

★★★

36 도서·벽지 등 장기요양기관이 현저히 부족한 지역, 천재지변, 수급자의 신체·정신 또는 성격상의 사유 등으로 인해 가족 등으로부터 방문요양에 상당한 장기요양급여를 받은 경우 지급되는 현금급여는?

① 특례요양비   ② 요양병원간병비
③ 가족요양비   ④ 재가급여
⑤ 시설급여

36

표준교재 **40쪽**

37 장기요양요원이 아닌 것은?

① 요양보호사   ② 2년 경력의 간호조무사
③ 2년 경력의 간호사   ④ 사회복지사
⑤ 치과위생사

37
장기요양요원의 범위(노인장기요양보험법 시행령 제11조)
• 요양보호사(방문요양, 방문목욕)
• 사회복지사(방문요양)
• 2년 이상의 간호 업무 경력이 있는 간호사(방문간호)
• 3년 이상의 간호보조 업무 경력이 있는 간호조무사로 보건복지부장관이 지정한 교육기관에서 소정의 교육을 이수한 자(방문간호)
• 치과 위생사(방문간호)

표준교재 **40쪽**

38 장기요양기관에 소속되어 수급자의 신체활동 또는 가사활동 지원 등의 서비스를 제공하는 자를 통틀어 무엇이라 하는가?

① 요양보호사   ② 장기요양대상자
③ 장기요양요원   ④ 방문간호사
⑤ 사회복지사

38
장기요양요원
장기요양기관에 소속되어 노인 등의 신체활동 또는 가사활동 지원 등의 서비스를 제공하는 자

표준교재 **40쪽**

39 노인장기요양보험 제도의 재원으로 바른 것은?

① 장기요양보험료, 국가지원
② 전액 국가지원
③ 본인일부 부담금
④ 장기요양보험료, 본인일부부담금
⑤ 장기요양보험료, 국가지원, 본인일부부담금

39
노인장기요양보험 재원 조달
• 장기요양보험료 60~65%
• 국가지원 20%
• 본인일부부담 15~20%

표준교재 **41쪽**

정답 **35** ②   **36** ③   **37** ②   **38** ③   **39** ⑤

40 장기요양기관은 수급자에게 재가급여 또는 시설급여를 제공한 경우, 장기요양급여비용을 어디에 청구하는가?

① 수급자
② 수급자 가족
③ 보건복지부
④ 국민건강보험공단
⑤ 지방자치단체

40

표준교재 **41쪽**

41 노인장기요양보험의 재원조달에 관한 설명으로 옳지 않은 것은?

① 노인장기요양보험제도가 운영되기 위한 재원은 보험료, 국가지원, 본인일부부담으로 구성된다.
② 국가는 보험료 예상 수입의 20%를 국고에서 부담한다.
③ 급여 대상자가 시설급여를 이용하면 15%를 본인이 부담한다.
④ 저소득층, 의료급여수급권자 등은 법정 본인부담금의 40~60%를 경감하여 준다.
⑤ 국민기초생활수급권자도 비급여 항목은 전액 본인이 부담해야 한다.

41

급여 대상자가 시설급여를 이용하면 20%를 본인이 부담한다.

표준교재 **41~42쪽**

★★★
42 노인장기요양보험의 본인일부부담금에 대한 설명으로 옳은 것은?

① 급여 대상자가 시설급여를 이용하면 15%를 본인이 부담한다.
② 급여 대상자가 재가급여를 이용하면 20%를 본인이 부담한다.
③ 저소득층, 의료급여수급권자 등은 법정 본인부담금의 30~50% 경감하여 준다.
④ 국민기초생활수급권자는 급여 항목 이용 시 본인부담금이 없다.
⑤ 국민기초생활수급권자는 비급여 항목도 본인부담금이 없다.

42
노인장기요양보험 본인일부부담금

①, ② 급여 대상자가 시설급여를 이용하면 20%, 재가급여를 이용하면 15%를 본인이 부담한다.
③ 저소득층, 의료급여수급권자 등은 법정 본인부담금의 40~60%를 경감하여 준다.
⑤ 비급여 항목은 전액 본인이 부담한다.

표준교재 **42쪽**

★★★
43 노인장기요양보험의 본인일부부담금에 대한 설명으로 옳은 것은?

① 급여 대상자가 복지용구급여를 이용하면 20%를 본인이 부담한다.
② 보험료 40% 감경대상자가 재가급여를 이용하면 12%를 본인이 부담한다.
③ 보험료 60% 감경대상자가 시설급여를 이용하면 6%를 본인이 부담한다.
④ 급여 대상자가 의사소견서를 발급받을 경우 20%를 본인이 부담한다.
⑤ 국민기초생활수급권자가 시설급여를 이용하면 5%를 본인이 부담한다.

43

① 급여 대상자가 복지용구급여를 이용하면 15%를 본인이 부담한다.
② 보험료 40% 감경대상자가 재가급여를 이용하면 9%를 본인이 부담한다.
③ 보험료 60% 감경대상자가 시설급여를 이용하면 8%를 본인이 부담한다.
⑤ 국민기초생활수급권자가 시설급여를 이용할 경우 본인부담금은 없다.

표준교재 **42쪽**

정답 **40** ④ **41** ③ **42** ④ **43** ④

+ 해설

44 저소득층, 의료급여수급권자 등의 본인부담금에 대한 설명으로 옳은 것은?

① 재가급여의 40~60% 경감
② 시설급여의 7.5% 본인부담
③ 재가급여의 10% 본인부담
④ 시설급여의 15% 본인부담
⑤ 재가급여의 8.5% 본인부담

44

표준교재 **42쪽**

45 국민기초생활수급자의 본인부담금에 대한 설명으로 옳은 것은?

① 시설급여의 5% 부담
② 재가급여의 3% 부담
③ 급여항목 전부 무료
④ 재가급여 무료
⑤ 비급여항목 전부 무료

45
국민기초생활수급권자의 본인일부부담금은 무료이다(단, 비급여 항목은 전액 본인이 부담한다).

표준교재 **42쪽**

46 장기요양보험료에 대한 설명으로 옳은 것은?

① 건강보험료를 내는 사람은 장기요양보험료를 납부하지 않아도 된다.
② 건강보험료를 내는 사람은 장기요양보험료를 선택할 수 있다.
③ 건강보험료액에 장기요양보험료율을 곱하여 산정한다.
④ 장기요양보험료는 건강보험료와 분리하여 징수한다.
⑤ 장기요양보험료와 건강보험료는 통합하여 관리한다.

46

표준교재 **41쪽**

★★★

47 장기요양인정서에 대한 설명으로 옳지 않은 것은?

① 장기요양서비스를 이용할 때 반드시 필요하다.
② 공단이 등급판정을 받은 대상자에게 발급한다.
③ 대상자의 기본인적사항과 유효기간, 이용할 수 있는 급여의 종류와 내용 등이 포함되어 있다.
④ 이용하려는 기관에 대상자와 그 가족이 제출해야 한다.
⑤ 장기요양등급은 포함하지 않아도 된다.

47
장기요양인정서
대상자의 기본인적사항과 장기요양등급, 유효기간, 이용할 수 있는 급여의 종류와 내용, 대상자가 장기요양서비스를 제공받을 때 필요한 안내 사항 등이 포함되어 있음

표준교재 **43쪽**

정답 **44** ① **45** ③ **46** ③ **47** ⑤

48 표준장기요양이용계획서에 대한 설명으로 옳지 않은 것은?

① 대상자 및 가족들이 적절한 장기요양서비스를 이용할 수 있도록 안내하는 역할을 한다.
② 장기요양기관이 대상자를 이해하는 데 도움이 되는 자료료서의 역할을 한다.
③ 대상자의 등급에 따라 이용할 수 있는 한도액과 본인부담률이 포함되어 있다.
④ 공단에서 제시하는 급여 종류와 횟수, 이에 따른 비용이 기재되어 있다.
⑤ 수급자 안내사항이 기재되어 있다.

48
⑤ 수급자 안내사항은 장기요양인정서에 포함되어 있다.

표준교재 **44쪽**

49 대상자의 문제를 해결하기 위해 정보를 수집하고 분석하여 대상자의 상황을 명확하게 하기 위해 실시하는 것은?

① 모니터링평가   ② 아웃컴평가
③ 욕구평가   ④ 서비스평가
⑤ 계획평가

49

표준교재 **45쪽**

50 장기요양서비스 이용 절차에 대한 설명 중 옳지 않은 것은?

① 대상자가 장기요양서비스를 이용하기 위해서는 먼저 해당기관을 방문하거나 전화로 상담을 받는다.
② 대상자 및 가족에게 만족스러운 서비스가 제공되고 있는지, 새로운 변화가 발생했는지 등에 대해 모니터링이 필요하다.
③ 서비스 제공 계획은 수정할 수 없으므로 처음 세울 때 신중해야 한다.
④ 대상자가 사망하거나 대상자 스스로 종료를 원할 때 혹은 타기관으로 이관되었을 때는 서비스가 종료된다.
⑤ 욕구평가를 할 때는 대상자의 신체적 상황뿐 아니라 정신심리 상태, 사회환경까지 파악해야 한다.

50
③ 서비스 제공 계획은 모니터링 결과에 따라서 수정할 수도 있다.

표준교재 **45쪽**

51 등급외 A형에 대한 설명으로 옳지 않은 것은?

① 실내 이동은 지팡이로 타인의 도움 없이 가능하다.
② 목욕하기, 화장실 이용은 약간의 도움이 필요하다.
③ 수발자 없이는 장시간 혼자 집 안에 머물 수 없다.
④ 단기 기억 장애나 판단력 장애 등으로 인지력이 떨어진다.
⑤ 종이접기 등의 프로그램 참여 등 복지관을 이용할 수 있다.

51
③ 수발자 없이도 장시간 혼자 집 안에 머물 수 있다.

표준교재 **46쪽**

정답 **48** ⑤ **49** ③ **50** ③ **51** ③

52 등급외 B형에 관한 설명으로 옳지 않은 것은?

① 실내 이동을 자립하며 실외 이동도 자립률이 높다.
② 목욕에 약간의 도움이 필요하나 대부분은 자립하여 가능하다.
③ 만성관절염을 호소한다.
④ 단기기억 장애, 판단력 장애 등으로 인지력이 약간 저하되어 있다.
⑤ 장기요양인정 점수가 40점 미만이다.

52
⑤ 등급외 B형은 장기요양인정 점수가 40점 이상 45점 미만이다.

표준교재 **46쪽**

53 노인장기요양보험 인정신청을 하였으나 등급판정을 받지 못한 대상자를 무엇이라고 하는가?

① 노인장기요양 수급자
② 노인장기요양 피수급자
③ 노인장기요양 등급외자
④ 노인장기요양 등급제외자
⑤ 노인장기요양 등급소외자

53

표준교재 **46쪽**

54 노인장기요양 등급외자가 받을 수 있는 서비스가 아닌 것은?

① 노인돌봄기본서비스
② 시설급여 서비스
③ 노인돌봄종합서비스
④ 노인복지관 서비스
⑤ 사회복지관 서비스

54

표준교재 **46쪽**

정답 **52** ⑤ **53** ③ **54** ②

3 요양보호 업무

01 매슬로의 인간의 욕구에 대한 설명으로 옳지 않은 것은?

① 인간의 욕구를 5단계로 분류하였다.
② 1단계는 기본적 욕구로 음식, 물, 수면 등과 같은 생리적 욕구를 해결하는 단계라 하였다.
③ 3단계는 사랑과 소속의 욕구로 가족이나 친구 모임 등 어떤 단체에 소속되어 사랑받고 싶어 하는 단계이다.
④ 위험으로부터 안전하기를 추구하는 단계는 4단계이다.
⑤ 하위 단계의 욕구들이 어느 정도 충족되었을 때 비로소 다음 단계의 욕구를 위해 행동하게 된다.

01
④ 위험으로부터 안전하기를 추구하는 단계는 2단계이다.

표준교재 47쪽

02 요양보호서비스의 목적으로 옳은 것은?

① 가족들의 부담 경감
② 질병치료
③ 노후의 안정된 삶 유지
④ 노후의 건강한 삶 추구
⑤ 장기요양 대상자의 신체기능 증진 및 삶의 질 향상

02
요양보호서비스의 목적
계획적이고 전문적인 요양보호 서비스를 제공하여 장기요양 대상자들의 신체기능 증진 및 삶의 질 향상에 기여하는 것

표준교재 47쪽

03 매슬로의 인간의 욕구에 속하지 않는 것은?

① 생리적 욕구
② 안전의 욕구
③ 자아실현의 욕구
④ 자원봉사의 욕구
⑤ 사랑과 소속의 욕구

03
매슬로의 인간의 욕구
• 1단계 : 생리적 욕구
• 2단계 : 안전의 욕구
• 3단계 : 사랑과 소속의 욕구
• 4단계 : 자아존중의 욕구
• 5단계 : 자아실현의 욕구

표준교재 47쪽

04 매슬로의 인간의 욕구 이론 중에서 기본적 욕구에 해당하는 것은?

① 사랑의 욕구
② 소속의 욕구
③ 생리적 욕구
④ 안전의 욕구
⑤ 자아실현의 욕구

04

표준교재 47쪽

정답 **01** ④ **02** ⑤ **03** ④ **04** ③

05 다음은 매슬로의 욕구 중에 무엇을 설명하는 것인가?

 신체적이나 정신적으로 고통이나 위험으로부터 벗어나기를 추구하는 것

① 생리적 욕구　　　　　　② 안전의 욕구
③ 사랑과 소속의 욕구　　　④ 자아존중의 욕구
⑤ 자아실현의 욕구

05

표준교재 **47쪽**

---

06 타인으로부터 지위, 명예, 승인 등 존중받고 싶어하는 욕구는 매슬로의 욕구 중에 어느 것인가?

① 안전의 욕구　　　　　　② 생리적 욕구
③ 사랑의 욕구　　　　　　④ 자아실현의 욕구
⑤ 자아존중의 욕구

06

표준교재 **47쪽**

---

07 다음은 매슬로의 욕구 중에 무엇을 설명하는 것인가?

 배고픔, 목마름, 배설, 수면, 성 등과 같은 기본적 욕구

① 생리적 욕구　　　　　　② 안전의 욕구
③ 사랑과 소속의 욕구　　　④ 자아존중의 욕구
⑤ 자아실현의 욕구

07

표준교재 **47쪽**

---

08 신체활동지원서비스 내용으로 옳은 것은?

① 머리 감기기　　　　　　② 말벗 및 격려위로
③ 세탁　　　　　　　　　　④ 방문목욕
⑤ 신체기능의 훈련

08
신체활동지원서비스
세면도움, 구강관리, 머리감기기, 몸단장, 옷 갈아입히기, 목욕도움, 식사도움, 체위변경, 이동도움, 신체기능의 유지증진, 화장실 이용하기
표준교재 **48쪽**

---

09 요양보호 업무 중 일상생활지원서비스에 해당하는 것은?

① 취사　　　　　　　　　　② 일상 업무 대행
③ 외출 시 동행　　　　　　④ 의사소통 도움
⑤ 체위변경

09
일상생활지원서비스
취사, 청소 및 주변정돈, 세탁
표준교재 **48쪽**

정답 **05** ②　**06** ⑤　**07** ①　**08** ①　**09** ①

10 요양보호 업무 중 신체활동지원서비스에 해당하는 것은?

① 체위변경
② 세탁
③ 생활상담
④ 방문목욕
⑤ 취사

11 요양보호 업무 중 개인활동지원서비스 내용으로 옳은 것은?

① 식사도움
② 청소 및 주변정돈
③ 이동도움
④ 목욕도움
⑤ 외출 시 동행

12 정서지원서비스 내용으로 옳은 것은?

① 청소 및 주변정돈
② 이동 도움
③ 말벗, 격려, 위로
④ 식사 도움
⑤ 방문목욕

13 신체활동지원서비스 내용으로 옳은 것은?

① 의사소통 도움
② 청소
③ 주변정돈
④ 이동 도움
⑤ 기본동작훈련

14 일상생활지원서비스 내용으로 옳은 것은?

① 구강관리
② 생활상담
③ 방문목욕
④ 세탁
⑤ 의사소통 도움

15 개인활동지원서비스 내용으로 옳은 것은?

① 일상 업무 대행
② 방문목욕
③ 목욕도움
④ 머리감기기
⑤ 생활상담

➕ 해설

10
신체활동지원서비스
세면도움, 구강관리, 이동 도움, 체위 변경 등

표준교재 48쪽

11
개인활동지원서비스
외출 시 동행, 일상업무대행

표준교재 48쪽

12
정서지원서비스
말벗, 격려, 위로, 생활상담, 의사소통 도움

표준교재 48쪽

13

표준교재 48쪽

14
일상생활지원서비스 : 취사, 청소 및 주변정돈, 세탁

표준교재 48쪽

15

표준교재 48쪽

정답 **10** ① **11** ⑤ **12** ③ **13** ④ **14** ④ **15** ①

16 정서지원서비스 내용으로 옳은 것은?

① 체위변경 　　　② 의사소통 도움
③ 세탁 　　　　　④ 목욕도움
⑤ 이동도움

16

표준교재 **48쪽**

17 기능회복훈련서비스 내용으로 옳은 것은?

① 환경관리 　　　② 물품관리
③ 신체기능의 유지증진 　④ 기본동작훈련
⑤ 응급상황대처

17
기능회복훈련서비스
신체기능 훈련, 기본동작 훈련, 일상생활동작 훈련, 물리치료, 언어치료, 인지 및 정신기능 훈련, 기타 재활치료

표준교재 **48쪽**

18 시설환경관리서비스 내용으로 옳지 않은 것은?

① 환경관리 　　　② 물품관리
③ 세탁물 관리 　　④ 주변정돈
⑤ 침구교환

18
시설환경관리서비스
침구·린넨 교환 및 정리, 환경관리, 물품관리, 세탁물관리

표준교재 **48쪽**

★★★

19 다음 중 바르게 연결 된 것은?

① 신체활동지원서비스 – 외출 시 동행
② 일상생활지원서비스 – 말벗, 격려, 위로
③ 개인활동지원서비스 – 일상 업무 대행
④ 정서지원서비스 – 주변정돈
⑤ 방문목욕서비스 – 목욕 도움

19
① 외출 시 동행 : 개인활동지원서비스
② 말벗, 격려, 위로 : 정서지원서비스
④ 주변정돈 : 일상생활지원서비스
⑤ 목욕 도움 : 신체활동지원서비스

표준교재 **48쪽**

20 다음에서 설명하는 노인장기요양보험 표준서비스는?

 기본동작 훈련, 일상생활동작훈련, 물리치료

① 신체활동지원서비스
② 일상생활지원서비스
③ 개인활동지원서비스
④ 기능회복훈련서비스
⑤ 시설환경관리서비스

20

표준교재 **48쪽**

정답 **16** ② **17** ④ **18** ④ **19** ③ **20** ④

21 다음에서 설명하는 노인장기요양보험 표준서비스는?

 침구 교환 및 정리, 세탁물 관리, 환경관리, 물품관리

① 신체활동지원서비스
② 일상생활지원서비스
③ 개인활동지원서비스
④ 기능회복훈련서비스
⑤ 시설환경관리서비스

21

표준교재 48쪽

22 요양업무 중 신체활동지원서비스에 해당하지 않는 것은?

① 세면도움
② 외출 시 동행
③ 구강관리
④ 이동 도움
⑤ 식사 도움

22
② 외출 시 동행은 개인활동지원서비스이다.

표준교재 48쪽

23 신체활동지원서비스에 대한 설명으로 옳지 않은 것은?

① 세면도움에는 얼굴, 목, 손, 발 씻기, 세면 동작지도, 세면 지켜보기 등이 포함된다.
② 구강관리는 구강 청결, 양치 지켜보기, 필요 물품 준비 및 사용 물품 정리 등이다.
③ 세면이나 양치를 도울 때는 대상자가 힘들지 않고 또 시간과 노력을 줄이기 위해 세면장에서 하지 않아도 된다.
④ 목욕 도움은 입욕준비, 입욕 시 이동 보조, 몸 씻기, 기계 조작, 욕실 정리 등이다.
⑤ 머리 감기기는 세면장까지의 이동 보조, 머리 감기기, 머리 말리기, 필요 물품 준비 및 사용 물품의 정리 등이다.

23
③ 세면이나 양치를 도울 때는 대상자가 이동할 수 있는 세면장에서 하는 것이 좋다. 시간과 노력은 들어도 잔존기능 유지에 도움이 되기 때문이다.

표준교재 49쪽

24 일상생활지원서비스에 대한 설명으로 옳지 않은 것은?

① 청소 및 주변 정돈은 기존에 놓여있던 생활용품 등을 요양보호사의 판단으로 다른 곳에 사용하기 편하게 옮겨도 된다.
② 취사는 식재료 구매, 조리 방법 선택, 특별식이 준비, 주방의 위생관리 등이다.
③ 세탁은 세탁물 분류, 세탁물 빨기, 삶기, 널기, 개키기, 다리기, 정리정돈, 의복 보관, 의복 수선 등이다.
④ 청소 및 주변 정돈은 대상자와 직접 관련된 침구 준비와 정리 등이다.
⑤ 청소 및 주변 정돈은 환기, 온도 조절, 채광, 방음, 전등과 텔레비전 켜고 끄기 등이 포함된다.

24
① 청소 및 주변 정돈을 도울 때 기존에 놓여있던 생활용품 등을 요양보호사의 판단으로 다른 곳으로 옮겨서는 안 된다.

표준교재 49쪽

정답 21 ⑤ 22 ② 23 ③ 24 ①

25 신체활동지원서비스의 원칙 중 옳은 것은?

① 목욕 도움은 몸 씻기, 기계 조작, 욕실 정리이다.

② 이동 도움은 자세변경, 일어나 앉기 시 도움이다.

③ 신체 기능의 유지증진은 침대에서 휠체어로 옮겨 타기 등, 시설 내 보행 지켜보기, 보행 도움이다.

④ 취사는 아침 점심 저녁 및 간식을 포함한 식사도움, 지켜보기, 경관영양 실시, 구토물 정리, 식사준비 및 정리이다.

⑤ 체위변경은 관절구축 예방, 일어나 앉기 연습도움, 보행, 서있기 연습, 보조기구 사용, 운동보조 보장구 장치도움이다.

25
① 목욕 도움은 입욕준비, 입욕 시 이동 보조, 몸 씻기(샤워 포함), 지켜 보기, 기계 조작, 욕실 정리를 원칙으로 한다.

표준교재 48~49쪽

26 다음 보기가 설명하는 장기요양보험 표준서비스는?

> 식재료 구입, 조리 방법 선택, 특별식이 준비, 주방의 위생관리, 식품 및 식기 등의 위생관리

① 개인활동지원서비스 중 취사

② 일상생활지원서비스 중 취사

③ 일상생활지원서비스 중 청소

④ 정서지원서비스 중 생활상담

⑤ 일상생활지원서비스 중 주변정돈

26

표준교재 49쪽

27 다음 보기가 설명하는 장기요양보험 표준서비스는?

> 급여 대상자의 심리적, 신체적 요구에 따른 가벼운 구두 응대

① 정서지원서비스 중 생활상담

② 정서지원서비스 중 의사소통 도움

③ 정서지원서비스 중 말벗 및 격려, 위로

④ 개인활동지원서비스 중 외출 시 동행

⑤ 개인활동지원서비스 중 일상 업무 대행

27
③ 말벗, 격려, 위로는 급여 대상자의 심리적, 신체적 요구에 따른 가벼운 구두 응대 및 정서적 지지를 원칙으로 한다.

표준교재 50쪽

28 방문목욕서비스에 대한 설명으로 옳지 않은 것은?

① 욕실정리가 원칙이다.

② 대상자의 집을 방문하여 목욕을 제공한다.

③ 입욕준비 입욕 시 이동 보조가 원칙이다.

④ 몸 씻기, 지켜보기, 기계조작이 원칙이다.

⑤ 목욕장비는 대상자의 집의 도구를 이용한다.

28
방문목욕서비스
목욕 장비를 갖추고 재가 노인을 방문하여 목욕을 제공하는 서비스. 입욕준비, 입욕 시 이동 보조, 몸 씻기, 지켜보기, 기계 조작, 욕실 정리를 원칙으로 한다.

표준교재 50쪽

정답 **25** ① **26** ② **27** ③ **28** ⑤

29 다음 중 노인장기요양보험 표준서비스 분류 중 요양보호사의 업무에서 제외되는 서비스로 옳은 것은?

① 신체활동지원, 기능회복훈련
② 정서지원, 방문목욕
③ 응급의료, 간호처치
④ 방문목욕, 응급의료
⑤ 기능회복훈련, 개인활동지원

29
노인장기요양보험 표준서비스 분류 중 기능회복훈련서비스, 응급의료서비스, 간호처치서비스 등은 전문적인 교육과 훈련을 받고 자격을 갖춘 자가 제공해야 하므로 요양보호사의 업무에서 제외된다.

표준교재 **51쪽**

30 세면 자체를 거부하는 대상자에 대한 요양보호사의 올바른 대처방안은?

① 강제로 세면장으로 데리고 가 닦아준다.
② 스스로 세면을 할 때까지 기다려 준다.
③ 세면을 하면 원하는 것을 주겠다고 협상한다.
④ 건강에 문제가 되지 않은 한 원하는 대로 하도록 한다.
⑤ 따뜻한 물수건으로 닦아 주는 등 거부감이 없는 방법을 강구한다.

30
대상자가 세면 자체를 거부하는 경우 즐거운 세면을 위해 궁리하고 다양한 방법을 시도해 보거나, 따뜻한 물수건으로 닦아주는 등 거부감이 없는 다른 방법을 강구한다.

표준교재 **51쪽**

31 계절이나 장소에 맞지 않는 옷을 입으려고 하는 경우 요양보호사의 올바른 대처방안은?

① 옷을 입을 때까지 옆에서 설득한다.
② 건강에 해가 되지 않으면 입도록 한다.
③ 가족에게 연락하여 가족이 입히도록 한다.
④ 입고 싶어 하는 옷을 안에 입히고 겉옷을 입도록 한다.
⑤ 관심을 다른 곳으로 돌리고 시간이 지나 다시 시도한다.

31
대상자가 계절이나 장소에 맞지 않는 옷을 입으려고 하는 경우 대상자의 요구를 가능한 한 수용하면서 요양보호사의 의견을 강요하지 않는다. 입고 싶어 하는 옷을 안에 입히고 겉옷을 상황에 맞게 입도록 한다.

표준교재 **52쪽**

32 배변 용의가 있음에도 화장실에 가지 않으려고 하는 경우 요양보호사의 올바른 대처방안은?

① 기저귀를 채워 놓는다.
② 배변을 하도록 설득한다.
③ 배변할 때까지 기다린다.
④ 화장실에 가지 않으려는 이유를 파악한다.
⑤ 이동변기 등을 사용하여 배변을 하도록 유도한다.

32
대상자가 배변 용의가 있음에도 화장실에 가지 않으려고 하는 경우 거부하는 이유를 파악하고, 대상자의 자존심을 고려하여 산책을 하는 길에 화장실에 들르는 등의 다른 유도 방식을 취한다.

표준교재 **53쪽**

정답 **29** ③ **30** ⑤ **31** ④ **32** ④

기저귀 교환이나 용변 후 처리를 거부하는 경우 요양보호사의 올바른 대처방안은?

① 거부하는 이유를 파악해서 설득한다.
② 긍정적인 표현으로 기저귀 교환을 유도한다.
③ 본인이 스스로 교환하자고 할 때까지 기다려 준다.
④ 건강상의 문제가 생길 수 있으므로 강제로라도 교환한다.
⑤ 협상과 타협을 통해 상처받지 않고 교환하도록 유도한다.

33
대상자가 기저귀 교환이나 용변 후 처리를 거부하는 경우 "기저귀 갑시다"라는 말 대신에 기저귀가 "더러워졌으니 깨끗하게 갈아요", "개운할 거예요" 등의 긍정적인 표현을 한다.

표준교재 **54쪽**

변비인 대상자가 관장을 해 달라고 할 때 대처방안이 아닌 것은?

① 대상자의 욕구대로 해준다.
② 배변이 원활하도록 복부를 마사지한다.
③ 평상시 식습관과 배변 양상을 확인하고 케어 계획에 반영한다.
④ 요양보호사 업무가 아님을 설명하고 의료진과 상의하도록 한다.
⑤ 여유 있게 화장실에 앉아서 배변을 하는 습관을 들이도록 한다.

34
① 관장 등의 의료행위는 요양보호사의 업무가 아니므로 해서는 안 된다.

표준교재 **54쪽**

대상자가 산책지원을 거부하고 누워만 있으려고 할 때 적절한 대처방안은?

① 스스로 움직일 때까지 기다려 준다.
② 좋아하는 것을 하게 해주겠다고 협상한다.
③ 관심을 다른 곳으로 돌렸다가 다시 시도한다.
④ 대상자의 욕구가 중요하므로 원하는 대로 둔다.
⑤ 평소 산책했던 장소나 시간, 방법 등을 파악하여 시도해 본다.

35
• 산책을 거부하는 이유를 파악한 후 공감해주고, 무리하게 강요하지 않는다.
• 평소 산책했던 장소나 시간, 방법 등을 파악하여 시도해 본다.
• 평소 좋아했던 쇼핑 등을 하자고 하여 움직임에 변화를 시도한다.

표준교재 **56쪽**

청소한 후 대상자가 물건이 없어졌다고 할 때 대처방안이 아닌 것은?

① 청소했을 때의 상황을 설명한다.
② 정돈한 물건의 위치를 확인시킨다.
③ 물건을 찾을 때까지 함께 찾는다.
④ 대상자와 의견이 상충되기 전에 가족과 시설장에게 알린다.
⑤ 물건 위치를 확인하여 청소 후 원래 있던 곳에 물건을 놓아둔다.

36
• 청소했을 때의 상황을 설명하고 정리 정돈한 물건의 위치를 확인시킨다.
• 청소할 경우 물건의 위치를 잘 기억하여 청소가 끝난 후 원래 있던 곳에 물건을 놓아 둔다.
• 대상자와 의견이 상충되기 전에 가족과 시설장에게 알린다.

표준교재 **58쪽**

정답 **33** ②   **34** ①   **35** ⑤   **36** ③

37 요양보호서비스의 제공 원칙으로 옳은 것은?

① 요양보호사가 제공하는 서비스는 대상자와 가족에게만 제한하여 제공한다.

② 서비스 제공 중 예기치 못한 사고가 발생할 경우 신속히 병원으로 이송한다.

③ 대상자나 대상자의 가족과 의견이 상충될 시에는 불필요한 마찰을 피하기 위해 대상자의 요구에 따른다.

④ 대상자가 의사소통이 어렵고 협조를 안 한다는 이유로 신체적, 언어적, 정서적으로 학대를 해서는 안 된다.

⑤ 대상자의 상태 변화 등으로 서비스를 추가하거나 변경해야 할 때 보호자와 상의한 후에 결정하고 관리책임자에게 보고한다.

37

① 요양보호사가 제공하는 모든 서비스는 대상자에게만 제한하여 제공한다.

② 서비스 제공 중 예기치 못한 사고가 발생한 경우 소속된 시설장, 간호사 등에게 신속하게 보고를 하여야 한다.

③ 대상자나 대상자의 가족과 의견이 상충될 시에는 불필요한 마찰을 피하고, 시설장 또는 관리책임자에게 보고한다.

⑤ 대상자의 상태 변화 등으로 계획된 서비스 외에 서비스를 추가하거나 변경, 의료적 진단 등이 필요하다고 판단되는 경우 시설장 또는 관리책임자에게 신속하게 보고한다.

표준교재 **60쪽**

38 요양보호서비스의 제공 원칙을 잘 준수한 경우는?

① 대상자의 가족에게 식사를 차려 주었다.

② 대상자가 파출부처럼 대우하고 있다.

③ 변비로 고생하는 대상자를 관장해 주었다.

④ 가족과 의견이 대립되어 관리책임자에게 보고하였다.

⑤ 늘 하는 서비스라 특별한 설명 없이 서비스를 시작하였다.

38

대상자나 대상자의 가족과 의견이 상충될 시에는 불필요한 마찰을 피하고, 시설장 또는 관리책임자에게 보고한다.

표준교재 **60쪽**

39 요양보호서비스의 제공 원칙을 잘 준수한 경우는?

① 가족의 식사를 부탁받아 준비해 주었다.

② 대상자의 비밀을 알게 되어 관리책임자에게 보고하였다.

③ 사고가 발생하여 가족에게 알리고 병원으로 이송하였다.

④ 대상자의 상태가 변화되어 가족과 상의한 후 서비스를 변경하였다.

⑤ 인지능력이 없는 대상자를 보호자의 동의를 받은 후 서비스를 제공하였다.

39

서비스를 제공하기 전에 대상자에게 충분히 설명한 후, 대상자가 동의한 경우 서비스를 제공하도록 한다. 다만, 대상자가 치매 등으로 인지능력이 없는 경우에는 보호자에게 동의를 구한다.

표준교재 **60쪽**

40 요양보호서비스의 제공 원칙으로 옳지 않은 것은?

① 의료행위는 하지 않는다.

② 가족을 위해 서비스를 제공할 수 있다.

③ 대상자의 사생활을 보호한다.

④ 대상자의 동의를 얻은 후 서비스를 제공한다.

⑤ 대상자가 선호하는 것을 파악하여 싫어하는 행동은 피한다.

40

요양보호사가 제공하는 모든 서비스는 대상자에게만 제한하여 제공한다.

표준교재 **60쪽**

정답 **37** ④ **38** ④ **39** ⑤ **40** ②

해설

41 요양보호서비스의 제공 원칙으로 옳지 않은 것은?

① 대상자의 사생활을 보호한다.
② 꼭 필요한 서비스는 강요를 해서라도 해야 한다.
③ 서비스 제공 중 알게 된 비밀은 누설하지 않는다.
④ 대상자의 능력을 최대한 활용하면서 서비스를 제공한다.
⑤ 서비스의 추가, 변경이 필요한 경우 관리책임자에게 보고한다.

41
서비스를 제공하기 전에 대상자에게 충분히 설명한 후, 대상자가 동의한 경우 서비스를 제공하도록 한다.

표준교재 **60쪽**

42 요양보호서비스의 제공 원칙으로 옳지 않은 것은?

① 서비스 중 사고가 발생할 경우 관리책임자에게 보고한다.
② 응급상황이 발생할 경우 우선순위 따라 응급처리를 한다.
③ 대상자나 가족과 의견이 상충될 시 관리책임자에게 보고한다.
④ 응급상황 발생 시 응급처리를 할 수 없는 경우 보호자에게 알린다.
⑤ 치매 대상자에게 발생하는 돌발 상황은 관리책임자와 의논하여 처리한다.

42
응급처치를 할 수 없거나 의사에게 보고할 수 없는 상황인 경우에는 가장 가까운 의료기관으로 대상자를 옮긴다.

표준교재 **60쪽**

43 요양보호서비스의 제공 원칙을 잘 준수한 것은?

① 대상자의 욕창관리를 위해 상처를 소독하였다.
② 대상자의 혈압을 측정하였다.
③ 손녀딸의 방청소를 요구해서 손녀딸 방을 청소하였다.
④ 대상자의 자립을 돕기 위해 대상자의 잔존기능을 활용했다.
⑤ 대상자가 요양보호사를 고용하였기에 요구하는 것은 다 들어준다.

43
대상자가 가능한 한 자립생활을 할 수 있도록 대상자의 능력을 최대한 활용하면서 서비스를 제공하도록 한다.

표준교재 **60쪽**

44 요양보호서비스의 제공 원칙을 잘 준수한 것은?

① 대상자의 비밀을 알고서 관리책임자에게 보고하였다.
② 치매 대상자에게 돌발 상황이 생겨서 의사와 상의하였다.
③ 대상자의 정보를 미리 파악하여 거부감이 생기지 않도록 하였다.
④ 서비스 도중 사고가 발생하여 보호자에게 신속히 연락하였다.
⑤ 대상자에게 서비스를 제공하기 전에 간략하게 설명만 하였다.

44
대상자의 성격, 습관 및 선호하는 서비스 등을 서비스 제공 개시 전에 반드시 확인하여 특별히 싫어하는 행동은 피하도록 한다.

표준교재 **60쪽**

정답 **41** ② **42** ④ **43** ④ **44** ③

45 요양보호서비스의 제공 원칙으로 옳지 않은 것은?

① 요양서비스는 가족들을 위해 제공할 수 있다.
② 대상자의 사생활을 보호한다.
③ 대상자의 상태가 변하여서 관리책임자에게 보고하였다.
④ 대상자의 능력을 최대한 활용하면서 서비스를 제공한다.
⑤ 요양보호사는 경구약 및 외용약 투여를 제외한 모든 의료행위를 하지 않는다.

45
가정에서 생활하며 방문요양급여를 제공받는 대상자의 경우, 함께 생활하고 있는 가족과 관련된 서비스(세탁, 청소, 식사준비 등)를 요구하는 경우가 있으나 이는 요양보호사의 업무가 아니므로 해서는 안 된다.

표준교재 60쪽

46 요양보호사의 역할로 옳지 않은 것은?

① 옹호자 역할
② 관리자 역할
③ 정보 전달자 역할
④ 숙련된 수발자 역할
⑤ 말벗과 상담자 역할

46
요양보호사의 역할
정보 전달자, 관찰자, 숙련된 수발자, 말벗과 상담자, 동기 유발자, 옹호자

표준교재 61쪽

47 다음 보기는 요양보호사의 역할 중 무엇에 대한 것인가?

> 맥박, 호흡, 체온, 혈압 등의 변화와 투약여부 질병의 변화에 대한 증상뿐만 아니라 심리적인 변화까지 관찰한다.

① 관찰자 역할
② 정보 전달자 역할
③ 동기 유발자 역할
④ 숙련된 수발자 역할
⑤ 말벗과 상담자 역할

47

표준교재 61쪽

48 가정이나 시설, 지역사회에서 학대를 당하거나 소외되고 차별받는 대상자를 위해 대상자의 입장에서 편들어 주고 지지해 주는 역할은?

① 관찰자 역할
② 옹호자 역할
③ 동기 유발자 역할
④ 숙련된 수발자 역할
⑤ 말벗과 상담자 역할

48

표준교재 61쪽

정답 **45** ① **46** ② **47** ① **48** ②

해설

49 요양보호서비스에 대한 지식과 기술로 대상자의 불편함을 경감해 주기 위해 필요한 서비스를 지원하여 대상자를 도와주는 역할은?

① 관찰자 역할
② 정보 전달자 역할
③ 동기 유발자 역할
④ 숙련된 수발자 역할
⑤ 말벗과 상담자 역할

49

표준교재 **61쪽**

★★★

50 대상자의 신체적, 심리적 정보를 가족, 관리책임자, 의료기관의 의료진에게 전달하는 역할은?

① 관찰자 역할
② 동기 유발자 역할
③ 정보 전달자 역할
④ 숙련된 수발자 역할
⑤ 말벗과 상담자 역할

50

51 운동을 하기 싫어하는 대상자에게 운동할 수 있도록 용기를 주는 말을 하였다. 이것은 요양보호사의 역할 중 무엇인가?

① 관찰자 역할
② 동기 유발자 역할
③ 말벗과 상담자 역할
④ 숙련된 수발자 역할
⑤ 정보 전달자 역할

51
동기 유발자 역할
신체활동지원서비스나 일상생활지원서비스 등을 제공하는 것에 그치지 않고 대상자가 능력을 최대한 발휘하도록 동기를 유발하며 지지한다.
표준교재 **61쪽**

52 가족들이 방문하지 않아 늘 외로워하는 대상자와 즐겁게 대화를 나누고 위로해 주었다. 이 역할은 무엇인가?

① 관찰자 역할
② 동기 유발자 역할
③ 정보 전달자 역할
④ 숙련된 수발자 역할
⑤ 말벗과 상담자 역할

52
말벗과 상담자 역할
효율적인 의사소통 기법을 활용하여 대상자와 관계를 형성하고 필요로 하는 서비스를 제공하여 대상자의 신체적, 정신적, 심리적 안위를 도모한다.
표준교재 **61쪽**

정답 **49** ④ **50** ③ **51** ② **52** ⑤

03 인권과 직업윤리

1. 노인의 인권

건강, 소비자로서의 노인, 주거와 환경, 가족, 사회복지, 소득보장과 고용, 교육 등의 영역에서 권리
·로서 보호받아야 인권을 확보할 수 있다(비엔나 국제 고령화 행동계획, 1982).

1) 건강

진단과 치료, 다양한 예방조치를 통해 노화에 따른 질병과 장애를 감소시킬 수 있도록 지원해야
한다.

2) 소비자로서의 노인

안전한 음식, 가정용품이나 가구, 약품 등을 사용하고, 보청기나 돋보기, 의치 등에 대한 접근 기회
도 확보되어야 한다.

3) 주거와 환경

① 독립적인 생활을 오래 유지할 수 있도록 적합한 주거공간을 개발, 제공하여야 한다.

② 빈곤노인이나 요양원 입소노인을 위해 공적 지원이 충분히 이루어져야 한다.

4) 가족

노인의 존엄성과 지위, 안전이 가족 내에서 보장될 수 있도록 가족을 지원하고 보호하여야 한다.

5) 사회복지

적극적으로 사회에 참여할 수 있도록 사회보장정책을 마련해야 한다.

6) 소득보장과 교육

① 독립적인 생활을 보장하는 최소한의 소득이 지원되어야 한다.

② 필요에 따라 고용에도 참여할 수 있어야 한다.

7) 교육

노인들이 보유한 지식과 문화, 정신적 가치를 전수할 수 있는 프로그램을 개발하여야 한다.

2. 노인의 법적 권익 보호   표준교재 65쪽

1) 재가노인 인권 보호

(1) 생존권과 경제권 보호

① 공적연금 : 국민연금과 기초연금 지급을 통해 최소한의 인간다운 삶을 영위하도록 함

② 경제활동지원사업 : 경제활동 참여를 위해 노인일자리 지원사업을 제공

(2) 건강권 보호

① 국민건강보험 : 질병의 치료, 예방, 건강증진 사업을 통한 재가 노인의 건강 유지와 치료권 보장

② 노인장기요양보험 : 재가서비스를 통해 자신의 집에서 필요한 요양서비스를 제공받음

(3) 교육·문화권 보호

① 자신의 능력에 맞는 교육을 받고 여가와 문화생활을 할 수 있도록 보장

② 노인복지관 평생교육원 경로당 등을 통해 다양한 교육, 문화적 지원을 제공

(4) 주거 환경권 보호

① 자신의 집에서 노후생활이 가능하도록 주거환경 개선

② 주거 개선과 환경 보호의 효과 : 지역사회와의 접근성과 통합성 강화, 개인의 사생활 보호, 삶의 질 향상

2) 시설노인 인권 보호

(1) 시설 생활 노인의 권리선언

• 시설 운영 및 생활관련 정보를 제공받고 입소를 선택할 수 있는 권리

• 개인적 욕구에 상응하는 서비스를 제공받고 선택할 수 있는 권리

• 안락한 가정과 같은 환경과 안전한 주거환경에서 생활할 권리

• 사생활과 비밀을 보장받을 권리

• 존경과 존엄한 존재로 대우받고, 차별 및 노인학대를 받지 않을 권리

• 부당한 신체구속을 받지 않을 권리

• 건강한 생활을 위한 서비스를 제공받을 권리

• 시설 내외부 활동 및 사회적(종교, 정치 등) 활동에 참여할 권리

• 개인 소유의 재산과 소유물을 스스로 관리할 권리

02 노인학대 예방

1. 노인학대의 개념과 발생 원인 [표준교재] 75쪽

1) 노인학대의 개념

① 노인의 가족 또는 타인이 노인에게 신체적, 언어·정서적, 성적, 경제적으로 고통이나 장해를 주는 행위

② 노인에게 필요한 최소한의 적절한 보호조차 제공하지 않는 방임, 자기방임 및 유기를 의미함

2) 노인학대의 발생 요인

(1) 노인의 인구사회학적 특성 요인

(2) 노인의 건강, 경제, 심리적 기능 요인

(3) 가족상황적 요인

(4) 사회관계망 요인

(5) 사회문화적 요인

2. 노인학대 현황 [표준교재] 77쪽

1) 피해노인

① 성별 : 여성 노인 〉 남성 노인

② 유형별 : 정서적 학대 〉 신체적 학대 〉 방임 〉 경제적 학대 〉 자기방임

③ 연령대별 : 70대 〉 80대 〉 60대

④ 발생장소

• 가정 내에서 가장 많이 발생

• 생활 및 이용시설에서 일어나는 학대는 비교적 적음

2) 학대행위자

① 가정 내 : 아들 〉 배우자 〉 딸

② 생활시설 : 기관 종사자에 의한 학대 발생

③ 이용시설 : 타인에 의한 학대 발생

3) 노인보호전문기관

① 보건복지부와 각 지방자치단체가 지정한 노인복지시설(「노인복지법」 제39조 5항)

② 현재 17개 시·도에 31개 기관이 있음

③ 연중 24시간 노인학대 신고·상담전화 운영

④ 노인학대사례는 증가하고 있음(2005년 대비 2017년 2.3배 증가)

3. 노인학대 유형 [표준교재] 79쪽

1) 신체적 학대

① 노인을 폭행한다.

② 노인을 제한된 공간에 강제로 가두거나 노인의 거주지 출입을 통제한다.

③ 노인의 신체를 강제로 억압한다.

④ 신체적 해를 가져올 위험성이 큰 행위로 노인을 협박하거나 위협한다.

⑤ 노인의 신체적 생존을 위협할 수 있는 행위를 한다.

⑥ 약물을 사용하여 노인의 신체를 통제하거나 저해한다.

⑦ 노인이 원하지 않거나 수행하기 어려운 노동을 하게 한다.

2) 정서적 학대

① 노인과의 접촉을 기피한다.

② 노인의 사회관계 유지를 방해한다.

③ 노인을 위협·협박하는 언어적 표현이나 감정을 상하게 하는 행동을 한다.

④ 노인과 관련된 결정사항의 의사결정 과정에서 소외시킨다.

3) 성적 학대

① 노인에게 성폭력을 행한다.

② 노인에게 성적 수치심을 주는 표현이나 행동을 한다.

4) 경제적 학대

① 노인의 소득 및 재산, 임금을 가로채거나 임의로 사용한다.

② 노인의 재산에 관한 법률적 권리를 침해하는 행위를 한다.

③ 노인의 재산 사용 또는 관리에 관한 결정을 통제한다.

5) 방임

① 거동이 불편한 노인의 의식주 등 일상생활 관련 보호를 제공하지 않는다.

② 경제적 능력이 없는 노인의 생존을 위한 경제적인 보호를 제공하지 않는다.

③ 의료 관련 욕구가 있는 노인에게 의료적 보호를 제공하지 않는다.

6) 자기방임

① 자신을 돌보지 않거나, 돌봄을 거부함으로써 노인의 생명이 위협받는다.

② 건강에 치명적임에도 불구하고 노인이 약물이나 알코올 남용을 지속하는 행위도 이에 속한다.

7) 유기

① 의존적인 노인을 유기한다.

② 시설, 병원에 입소시키고 연락과 왕래를 두절하는 행위도 이에 속한다.

3. 노인학대 예방을 위한 법적·제도적 장치　표준교재 85쪽

1) 법적·제도적 근거

① 요양보호사는 학대받는 노인을 보면 노인보호전문기관이나 경찰서에 신고해야 한다.

② 신고하지 않을 경우 : 500만 원 이하의 과태료 부과(노인복지법 제61조의2)

2) 노인학대 예방을 위한 유관기관의 역할

보건복지부	노인보호업무와 관련한 법·제도적 정책 수립, 노인복지시설에 대한 행정·재정적 지원 등
시·도	시설에 확인 업무지도 및 감독, 행정적 조치 등
시·군·구	노인 인권 보호 및 학대예방 관련 위원회 설치 운영 등
노인보호전문·기관	학대 사례 신고접수, 사례관리 절차지원 등
노인복지시설	학대행위자에 대한 상담 및 개입 협조, 보호가 필요한 학대피해노인에 대한 입소 의뢰 시 신속한 보호 등
사법경찰	노인학대행위자의 형사재판을 요하는 사례에 대한 수사 전담, 응급조치를 요하는 노인 학대 사례를 일시보호시설 또는 의료기관에 의뢰 등
의료기관	다분야의 보건의료전문가로 구성된 학대노인 보호팀 구성과 운영, 의학적 진단 및 소견 진술
법률기관	피해 노인의 법률적 보호 및 학대행위자에 대한 보호처분을 포함한 판정, 후견인의 지정, 피해 노인을 가족과 격리함 등

03 요양보호사의 인권 보호

1. 요양보호사의 인권 표준교재 89쪽

1) 요양보호사의 기본적 인권항목

① **평등권** : 고용형태, 연령, 성별, 학력, 출신지역 및 종교 등에서 차별받지 않아야 한다.

② **노동 관련 권리** : 휴식 및 여가를 누릴 권리 보장, 노동시간의 합리적 제한, 의견과 표현의 자유를 누릴 권리, 동등한 노동에 대한 동등한 보수의 보장, 공정하고 유리한 노동조건을 확보받을 권리 보장이 필요하다.

③ **자유권** : 의견과 표현의 자유를 누릴 권리 보장, 사상, 양심, 종교의 자유를 누릴 권리 보장, 자유 및 신체의 안전에 대한 권리 보장 등이 필요하다.

2) 요양보호사 인권 보호를 위한 조치

① 장기요양기관의 운영과 관련된 위법, 부당행위 및 그 밖에 비리 사실 등을 관계 행정기관과 수사기관에 신고하는 행위로 인하여 징계 조치 등 신분상 불이익과 근무조건상 차별을 받지 않도록 조치하고 있다.

② 장기요양요원지원센터를 설립하고, 장기요양요원에 대한 사회적 인식 제고 및 권익의 향상, 육체적, 정신적 스트레스를 예방, 해소하기 위한 건강증진, 직무향상 교육, 장기요양요원의 취업, 창업, 상담지원 및 대체인력 지원, 그 밖의 복리향상에 힘쓰고 있다.

2. 요양보호사의 법적 권익보호 표준교재 90쪽

1) 근로에 관한 보호「근로기준법」

(1) 「근로기준법」에 정한 기준에 미치지 못하는 근로조건으로 정한 근로계약은 무효이다.

(2) 근로계약서에 명시해야 할 사항

　① 임금 및 근로시간 : 임금의 구성항목, 계산방법 및 지불방법 등

　② 취업의 장소와 종사하여야 할 업무에 관한 사항

　③ 취업규칙 내용(근로기준법 제93조 참조)

　④ 종사자가 기숙하는 경우에는 기숙사 규칙에 정한 사항

2) 안전과 보건에 관한 보호

(1) 산업안전보건법

　① 목적 : 산업재해를 예방하고 쾌적한 작업환경을 조성함으로써 근로자의 안전과 보건을 유지·증진한다.

　② 장기요양기관의 장은 요양보호사에게 안전에 대해 교육해야 한다.

　③ 장기요양기관의 장은 요양보호사의 건강문제를 예방하기 위해 노력해야 한다

(2) 산업재해보상보험법

　① 산업재해 개념 : 유해물질에 의한 직업병뿐만 아니라 반복 작업, 작업자세 (대상자 체위 변경 등), 작업의 힘든 정도, 교대근무(야간 요양 등)와 같은 작업조건, 직무의 특성에 따른 스트레스(욕설, 웃음 등) 등 모든 유해 요인과 노동과정에 의해 발생할 수 있는 신체적, 정신적 재해를 포괄하는 개념

　② 목적 : 근로자의 업무상 재해를 신속하고 공정하게 보상, 재해근로자의 복지 증진

　③ 요양보호사도 업무상 부상이나 질병, 상해가 발생하면 이에 따라 보상받을 수 있음

3) 성희롱으로부터의 보호

① 장기요양기관장의 대처

　• 요양보호사들에게 성희롱 예방교육을 1년에 1번 이상 해야 한다.

　• 성희롱으로 인한 피해가 있을 때 그 피해자에게 원하지 않는 업무배치 등의 불이익한 조치를 해서는 안 된다.

　• 직원들 사이에 성희롱이 발생하였을 경우에는 행위자를 징계해야 한다.

　• 성희롱을 한 서비스 이용자에게 재발 방지 약속이나 서비스 중단 등의 적절한 조치를 취해야 한다.

　• 성희롱 처리지침을 문서화하여 기관 내에 두어야 한다.

　• 성희롱 시 가해자가 받을 수 있는 불이익과 향후 대처 계획을 명확히 설명한다.

　• 대상자 가족에게 사정을 말하고 시정해 줄 것을 요구한다.

　• 시정 요구에도 상습적으로 계속할 경우 녹취하거나 일지를 작성해 둔다.

② 요양보호사의 대처

　• 감정적인 대응은 삼가고, 단호히 거부의사를 표현한다.

　• 모든 피해사실에 대하여 기관의 담당자에게 보고하여 기관에서 적절한 조치를 취하게 한다.

　• 심리적 치유상담 및 법적 대응이 필요하다고 판단될 경우 외부의 전문기관(성폭력상담소, 여성 노동상담소 등)에 상담하여 도움을 받는다.

　• 평소 성폭력에 대한 충분한 예비지식과 대처방법을 알아둔다.

04 요양보호사의 직업윤리

1. 직업윤리 원칙 　표준교재 96쪽

① 인종, 연령, 성별, 성격, 종교, 경제적 지위, 정치적 신념, 신체·정신적 장애, 기타 개인적 선호 등을 이유로 대상자를 차별대우하지 않는다.

② 인도주의 정신 및 봉사 정신을 바탕으로 대상자의 인권을 옹호하고 대상자의 자기결정을 최대한 존중한다.

③ 지시에 따라 업무와 보조를 성실히 수행하고 업무의 경과와 결과를 시설장 또는 관리책임자에게 보고한다.

④ 효율적이고 안전하게 업무를 수행하기 위해 지속적으로 지식과 기술을 습득한다.

⑤ 업무 수행에 방해가 되지 않도록 건강관리, 복장 및 외모 관리 등을 포함하여 자기관리를 철저히 한다.

⑥ 업무 수행 시 항상 친절한 태도로 예의 바르게 행동한다.

⑦ 대상자의 사생활을 존중하고 업무상 알게 된 개인정보를 비밀로 유지한다.

⑧ 업무와 관련하여 대상자의 가족, 의사, 간호사, 사회복지사 등과 적극적으로 협력한다.

⑨ 대상자가 의사소통이 어렵고 협조를 안 한다는 등의 이유로 신체적, 언어적, 정서적 학대를 해서는 안 된다.

⑩ 학대를 발견하면 반드시 신고해야 한다.

⑪ 대상자로부터 서비스에 대한 물질적 보상을 받지 않는다.

⑫ 대상자에게 일방적으로 도움을 제공하는 수직적인 관계가 아닌 함께하는 상호 대등한 관계임을 인식해야 한다.

2. 요양보호업무 윤리문제 사례 및 대처 방법 　표준교재 100쪽

1) 요양보호사가 서비스 대상자를 선별하는 경우

요양보호사가 정당한 사유 없이 대상자의 서비스 신청을 거부하면 법적으로 처벌을 받게 된다. 대상자 및 가족으로부터 장기요양서비스에 대한 신청이 있을 경우 요양보호사는 본인이 서비스 제공 여부를 결정하지 말고 관리책임자에게 보고를 해야 한다.

2) 요양보호 대상자가 성적 행동을 하는 경우

① 단호하게 거부한 후 대상자의 가족과 관리책임자 혹은 시설장에게 이러한 사실을 알리겠다고 대상자에게 전한다.

② 반복적으로 같은 일이 일어날 때에는 서비스를 중단하겠다고 알린다.

③ 대상자의 가족에게 이러한 사실을 알릴 때에는 기관 차원에서 대상자의 가족과 면담하여 알린다.

3) 대상자로부터 본인부담금 면제를 강요받은 경우

    ① 노인장기요양보험법 제69조를 설명한다.

    ② 불법행위를 신고하면 신고 포상금을 받을 수 있다고 정보를 제공한다.

4) 요양보호 대상자에게 해가 되는 활동을 가족(보호자)에게 강요받은 경우

    ① 해를 입힐 위험이 있는 행위는 하지 말아야 한다는 '무해성의 원칙'을 설명한다.

    ② 관리책임자와 다른 가족(자녀 등)들에게 이러한 상황에 대해 설명한다.

    ③ 기관 차원에서 요양보호서비스를 이어갈 수 없음을 알린

05 요양보호사의 건강 및 안전 관리

1. 근골격계 질환의 예방   표준교재 106쪽

1) 위험 요인

  (1) 근골격계 질환

    ① 개인적, 사회·경제적 요인들이 복합적으로 작용하여 근육, 관절과 관절 주변 조직에 나타나는 질환

    ② 목, 어깨, 팔 등의 상지와 허리와 다리 등의 통증을 동반함

  (2) 발생 상황

    ① 반복적으로 같은 동작을 하는 경우

    ② 불안정하거나 불편한 자세로 작업하는 경우

    ③ 무거운 물건을 들거나 이동하는 경우

    ④ 갑자기 무리한 힘을 주게 되는 경우

    ⑤ 근무시간 중 자주 대상자를 들어 옮겨야 하는 경우

    ⑥ 피곤하고 지친 상태에서 작업하는 경우

  (3) 발생 환경

    ① 미끄럽거나 물기가 있는 바닥

    ② 평평하지 않은 바닥

    ③ 매우 어지럽혀져 있거나 물체가 바닥에 많이 있는 작업장이나 통로

    ④ 정비·수리가 되지 않은 보행로 또는 고장난 장비

    ⑤ 적절하지 않은 계단높이

    ⑥ 밤 근무 시 어두운 조명

2) 근골격계 질환 관리법

  (1) 어깨 통증 증상

    ① 외상을 동반하지 않는 어깨 전체에 걸친 통증

② 움직임이 많았던 날 밤에 통증이 심하고 관절이 뻣뻣해짐

③ 통증이 어깨주변에서 시작하여 팔로 방사됨

④ 팔을 움직일 때 어깨에서 소리가 남

⑤ 팔을 들고 내릴 때 특히 통증이 심함

⑥ 손과 팔을 등 뒤로 돌릴 때 통증이 있음

(2) 손목 통증 증상

① 수근관 증후군 : 손목관절이 좁아지거나 내부 압력이 증가하여 신경이 자극되는 경우 손목에 나타나는 통증

② **자가진단법** : 손, 손목 부위의 근골격계질환은 양측의 손등을 맞대고 미는 동작을 유지한 채 최소한 1분 정도 손목을 구부릴 때 손바닥과 손가락의 저린 증상이 심해지는지로 확인

(3) 요통 증상 및 예방과 치료

① 대부분 잘못된 자세와 근력 및 유연성 부족으로 유발되는 경우가 많음

② 오래 시간 활동하거나 앉아 있는 경우에 통증이 악화됨

③ **요추 안정화 운동** : 척추의 안정성을 제공하여 다른 움직임을 할 때 척추를 잡아 주는 역할을 하여 요통 예방에 가장 좋은 운동

④ 요통을 예방하면서 물건을 이동하는 방법

   ㉠ 물건을 양손으로 들어 올릴 때

   • 허리를 펴고 무릎을 굽혀 몸의 무게 중심을 낮추고 지지면을 넓힌다.

   • 무릎을 펴서 들어올린다.

   • 물건을 든 상태에서 방향을 바꿀 때 허리를 돌리지 않고 발을 움직여 조절한다.

   • 물체는 최대한 몸 가까이 위치하도록 하여 들어올린다.

   • 허리가 아닌 다리를 펴서 들어 올린다.

   ㉡ 물건을 한 손으로 들어 올릴 때

   • 발을 앞뒤로 벌려 지지면을 넓힌 후 무릎을 굽혀 몸의 무게 중심을 낮춘다.

   • 무릎을 펴서 들어올린다.

   ㉢ 침대 또는 높고 넓은 바닥에 있는 물체를 움직일 때

   • 한쪽 무릎을 위에 올리고 자세를 낮추어 움직인다.

(4) 목 통증 증상 및 예방

① 오랫동안 침상생활을 하는 대상자를 관리하면서 목을 구부린 상태에서 작업을 할 경우 거북목과 일자목과 같은 구조적 변화도 초래할 수 있어 예방이 중요함

② 어깨와 목 주변부의 근육 강화 운동과 스트레칭이 필수적임

③ 통증이 느껴지는 성우에는 무리하게 운동하기보다는 물리치료사에게 운동요법을 받는 것이 좋음

3) 근골격계 질환의 치료

(1) 초기 치료

① 손상 후 24~72시간에 치료하는 것

② 휴식

　• 외상을 조절하고 추가적인 조직손상을 방지할 수 있음

　• 지나치게 통증이 있는 움직임은 피해야 함

③ 냉찜질

　• 세포의 대사과정을 늦춰 손상과 부종 감소에 도움을 줌

　• 통증과 근경련을 줄여줌

　• 얼음주머니는 2시간마다 20~30분씩 하는 것이 좋음

　• 초기치료에는 냉찜질, 만성통증에는 온찜질이 좋음

④ 압박

　• 손상부위를 압박함으로써 손상 부위에 축적되어 있는 부종을 조절함

　• 압박붕대를 이용함

⑤ 올리기

　• 손상 부위를 심장보다 높게 올려 혈액을 심장으로 되돌리고 부종을 줄임

　• 부종이 줄어들면 조직 손상도 감소함

⑥ 아픈 부위 고정

　• 주변 근육이 이완되고 지지가 됨

　• 통증과 근육 경련이 감소함

⑦ 약물

　• 의사의 처방에 따라 진통제나 근육이완제 등 약물을 복용

(2) 급성기 이후

① 물리치료 및 운동치료

　• 온열치료 : 온습포, 적외선, 초욕, 수치료 등

　• 전기광선치료 : 저주파치료, 고주파치료 등

　• 견인요법

② 스테로이드 주사를 너무 많이 맞으면 건이 약화되어 쉽게 파열될 수 있음

③ 수술 증상이 악화되거나 감각 장애가 생기면 의사와 상의함

4) 전신 스트레칭

(1) 스트레칭 목적

① 근육의 긴장 완화

② 작업이나 운동 시 부상 예방

③ 유연성을 증진하여 관절의 가동 범위를 넓힘

④ 격렬하고 빠른 운동에 반응할 수 있도록 운동신경 촉진

⑤ 혈액순환 촉진

⑥ 기분전환

(2) 주의 사항

   ① 같은 동작은 5~10회 반복하고, 동작과 동작 사이에 5~10초 정도 쉰다.

   ② 천천히 안정되게 한다.

   ③ 통증을 느끼지 않고 시원하다고 느낄 때까지 계속한다. 통증은 근육의 긴장과 부상을 초래할 수 있기 때문이다.

   ④ 스트레칭된 자세로 10~15초 정도 유지해야 근섬유가 충분히 늘어나 효과를 볼 수 있다.

   ⑤ 상·하·좌·우 균형있게 교대로 한다.

   ⑥ 호흡은 편안하고 자연스럽게 한다.

2. 요양보호사의 감염 예방   표준교재 119쪽

1) 일반적 감염 예방

(1) 기관 차원에서 할 일

   ① 적절한 보호장구 지급(장기요양기관의 장)

   ② 예방접종(인플루엔자 등)

   ③ 정기적인 건강검진

   ④ 감염 예방에 대한 직원 교육

(2) 요양보호사가 할 일

   ① 요양보호사가 감염된 경우 대상자와 접촉하지 않기

   ② 대상자가 감염된 경우 보호장구를 착용한 후 접촉하기

   ③ 요양보호사가 임신했을 경우, 풍진·수두 등 선천성 기형을 유발할 수 있는 감염성 질환에 걸린 대상자와 접촉하지 않기

   ④ 손 자주 씻기

   ⑤ 개인위생을 철저히 하고 적절한 소독법 시행하기

2) 요양보호사에게 흔한 감염성 질환 예방

(1) 결핵

   ① 결핵 예방을 위해 술과 흡연은 금하고, 충분한 영양상태와 면역력을 유지하여 건강하도록 몸 관리하기

   ② 결핵에 걸린 대상자와 접촉했을 경우 병원 또는 보건소를 방문하여 결핵감염에 대한 검사 받기

   ③ 2~3주 이상의 기침, 발열, 체중감소, 수면 중 식은땀 등의 증상이 나타날 경우 가까운 의료기관에서 반드시 결핵검사 받기

   ④ 결핵이 의심되는 대상자를 돌볼 때는 보호장구(마스크, 장갑 등)를 착용해야 함

   ⑤ 호흡기를 통하여 감염되므로 결핵에 걸린 대상자가 사용하는 물건을 함께 쓰는 것은 괜찮음

   ⑥ 침구 등을 일광소독 함

(2) 독감(인플루엔자)

① 독감예방접종은 10~12월 사이에 받는 것이 좋음

② 병이 회복될 즈음에 다시 열이 나고 기침, 누런 가래가 생기면 폐렴이 의심되므로 반드시 병원에 방문하여 진료를 받아야 함

③ 증상이 생기기 하루 전부터 감염이 시작되며, 증상이 생긴 후 5일 이상 병을 퍼뜨릴 수 있으므로 인플루엔자에 걸린 요양보호사는 1주일 정도 쉬어야 함

(3) 노로바이러스 장염

① 요양보호사가 감염된 경우 증상이 약하더라도 2~3일간 요양보호 업무를 중단

② 증상 회복 후에도 최소 2~3일간 음식을 조리해선 안 됨

③ 철저한 개인위생, 어패류 등은 반드시 익혀서 먹기

(4) 옴

① 옴진드기에 의한 피부 감염증으로 사람이나 동물을 물어 피하조직에 침입해 발생, 감염력이 매우 강하여 잘 옮김

② 대상자는 물론, 대상자와 접촉을 한 사람은 증상 유무와 상관없이 함께 동시에 치료함

③ 내의 및 침구류를 뜨거운 물로 10~20분간 세탁한 후 건조하고, 세탁 후 3일 이상 사용하지 않기

④ 세탁이 어려운 것은 3일간 햇볕을 쪼도록 널거나 다리미로 다린 후 사용하기

⑤ 병원에서 처방받은 도포용 약제(린단 로션, 크로타마톤 크림 등)를 목에서 발끝까지 온몸에 골고루 바르고 씻어냄

⑥ 머리나 얼굴, 마비로 인해 수축되거나 굴곡진 부위도 빠트리지 말고 발라야 함

(5) 머릿니

① 병의원에 방문하여 치료를 받으며 처방받은 살충성분이 포함된 샴푸제제로 치료함

② 안전하고 효과가 우수한 편이나 서캐를 없애지 못하므로 1주일 간격으로 재치료함

③ 감염 대상자를 돌본 후 귀가 시에는 옷을 꼭 세탁하고, 샤워나 목욕하기

④ 감염자의 베개, 모자 등은 뜨거운 물에 세탁한 후 건조(55℃ 이상에 5분 이상 노출 시 사멸)하기

⑤ 모자, 스카프, 코트, 스포츠 유니폼, 머리 리본, 머리핀, 빗, 옷 솔, 수건, 옷 등을 공동으로 사용하지 않기

⑥ 감염 대상자가 치료하기 전에 2일 동안 착용한 의류, 침구나 사용된 다른 물품은 뜨거운 물로 세탁하거나 고온으로 기계 세탁하고 건조하기

⑦ 감염된 대상자가 앉거나 누운 바닥과 가구는 진공청소기를 이용하여 청소하기

03 인권과 직업윤리 실전 예상문제

해설

1 노인의 인권보호

01 다음은 노인인권의 어느 영역에 해당하는가?

> 진단과 치료뿐만 아니라 다양한 예방조치를 통해 노화에 따른 질병과 장애를 감소시킬 수 있도록 지원해야 한다.

① 건강
② 소비자로서의 노인
③ 주거와 환경
④ 가족
⑤ 사회복지

01

표준교재 **63쪽**

02 노인의 인권에 관한 설명 중 알맞지 않은 것은?

① 진단과 치료뿐만 아니라 다양한 예방조치를 통해 노화에 따른 질병과 장애를 감소시킬 수 있도록 지원해야 한다.
② 안전한 음식, 가정용품이나 가구, 약품 등을 사용할 수 있고, 보청기나 돋보기, 의치 등에 대한 접근 기회도 확보되어야 한다.
③ 적극적으로 사회에 참여할 수 있도록 사회보장정책을 마련해야 한다.
④ 독립적인 생활을 보장하는 최소한의 소득이 지원되어야 한다.
⑤ 노인 고용은 참여하지 않아도 된다.

02
⑤ 필요에 따라 고용에도 참여할 수 있어야 한다.

표준교재 **63쪽**

정답 **01** ① **02** ⑤

03 다음은 노인의 인권 중 어떤 영역에 해당하는가?

> 안전한 음식, 가정용품이나 가구, 약품 등을 사용할 수 있고, 보청기나 돋보기, 의치 등에 대한 접근 기회도 확보되어야 한다.

① 건강
② 소비자로서의 노인
③ 주거와 환경
④ 가족
⑤ 사회복지

03

표준교재 **62쪽**

04 노인의 인권에 관한 설명 중 교육 영역에 대한 것으로 알맞은 것은?

① 노인의 존엄성과 지위, 안전이 가족 내에서 보장될 수 있도록 가족을 지원하고 보호하여야 한다.
② 적극적으로 사회에 참여할 수 있도록 사회보장정책을 마련해야 한다.
③ 독립적인 생활을 오랫동안 유지할 수 있도록 적합한 주거공간을 개발, 제공하여야 한다.
④ 노인들이 보유한 지식과 문화, 정신적 가치를 전수할 수 있도록 프로그램을 개발하여야 한다.
⑤ 독립적인 생활을 보장하는 최소한의 소득이 지원되어야 하고 필요에 따라 고용에도 참여할 수 있어야 한다.

04
① 가족 영역에 대한 설명이다.
② 사회복지 영역에 대한 설명이다.
③ 주거와 환경 영역에 대한 설명이다.
⑤ 소득보장과 고용 영역에 대한 설명이다.

표준교재 **63쪽**

05 노부모로부터 미리 유산을 상속받거나 금전을 증여받은 후 부양을 하지 않는 경우는 어떤 권리를 침해한 것인가?

① 신체적 자유권
② 사생활에 관한 자유권
③ 정신적 활동에 관한 자유권
④ 경제생활에 관한 자유권
⑤ 정치활동에 대한 자유권

05

표준교재 **64쪽**

06 다음 중 사회권에 포함되지 않는 것은?

① 요양보호권
② 주거공간을 보장받을 권리
③ 의료보장에 대한 권리
④ 사회적 서비스를 요구할 권리
⑤ 행복추구권

06
행복추구권은 기본권에 속한다.

표준교재 **64쪽**

정답 **03** ② **04** ④ **05** ④ **06** ⑤

07 노인장기요양보험을 통한 요양서비스의 보호는 어떤 권리에 속하는가?

① 주거공간을 보장받을 권리 ② 사회적 서비스를 요구할 권리
③ 요양보호권 ④ 행복추구권
⑤ 평생교육권

07

표준교재 64쪽

08 다음 중 기본권에 해당하는 것은?

① 경제권 ② 정치활동에 대한 자유권
③ 평등권 ④ 노동권
⑤ 평생교육권

08
일반적 기본권
행복추구권과 평등권 등이 속한다. 하위 유형으로는 자유와 존엄, 생명권, 신체의 자유와 안전, 강제노동과 노예제도의 금지, 고문 금지, 법 앞에서의 평등, 차별 금지 등이다.
표준교재 63쪽

09 노인복지관, 평생교육원, 경로당 등은 노인의 어떤 권리를 위해 제공되는 서비스인가?

① 건강권 ② 생존권
③ 경제권 ④ 교육·문화권
⑤ 주거 환경권

09

표준교재 65쪽

10 법령에서 재가노인의 인권 보호를 위해 실시하는 것으로 알맞지 않은 것은?

① 긴급전화의 설치 ② 노인보호전문기관의 설치
③ 노인학대신고의무와 절차 ④ 구급차 무료대여
⑤ 응급조치의 의무

10

표준교재 65쪽

11 시설 생활노인의 권리선언에 포함된 내용이 아닌 것은?

① 부당한 신체구속을 받지 않을 권리
② 존경과 존엄한 존재로 대우받을 권리
③ 집보다 더 좋은 환경에서 생활할 권리
④ 사생활과 비밀을 보장받을 권리
⑤ 개인 소유의 재산과 소유물을 스스로 관리할 권리

11
시설 생활노인의 권리선언
• 시설 운영 및 생활관련 정보를 제공받고 입소를 선택할 수 있는 권리
• 개인적 욕구에 상응하는 서비스를 제공받고 선택할 수 있는 권리
• 안락한 가정과 같은 환경과 안전한 주거 환경에서 생활할 권리
• 사생활과 비밀을 보장받을 권리
• 존경과 존엄한 존재로 대우받고, 차별 및 노인학대를 받지 않을 권리
• 부당한 신체구속을 받지 않을 권리
• 건강한 생활을 위한 서비스를 제공받을 권리
• 시설 내외부 활동 및 사회적(종교, 정치 등) 활동에 참여할 권리
• 개인 소유의 재산과 소유물을 스스로 관리할 권리
표준교재 66쪽

정답 **07** ③ **08** ③ **09** ④ **10** ④ **11** ③

12 다음은 시설노인의 어떤 권리를 위한 것인가?

> • 노인 및 보호자가 시설과 관련한 기본적인 정보를 접하는 데 어려움이 없어야 한다.
> • 시설은 카페, 블로그, 메신저, 기관 홈페이지 등 온라인 매체를 통해 정보를 상시 공개하도록 노력해야 한다.
> • 노인 및 보호자가 시설 정보 수집을 위해 시설을 방문한 경우 안내책자 등을 제공하며 친절하고 성실히 임해야 한다.

① 시설 정보에 대한 접근성을 보장받을 권리
② 스스로 입소를 결정하고 계약할 권리
③ 개별화된 서비스를 제공받고 선택할 권리
④ 안락하고 안전한 생활환경을 제공받을 권리
⑤ 사생활과 비밀 보장에 관한 권리

12

표준교재 **67쪽**

13 시설 생활노인 권리보호를 위한 윤리강령으로 옳지 않은 것은?

① 신체 제한을 받지 않을 권리
② 질 높은 서비스를 받을 권리
③ 존엄한 존재로 대우 받을 권리
④ 사생활 및 비밀 보장에 대한 권리
⑤ 가정보다 나은 환경에서 생활할 권리

13
⑤ 안락하고 안전한 환경에서 생활할 권리

표준교재 **66~74쪽**

14 다음에서 설명하는 시설 생활노인 권리보호를 위한 윤리강령은 무엇인가?

> • 노인의 의사에 반하여 어떠한 노동 행위도 시켜서는 안 된다.
> • 시설의 모든 서비스에 자유롭게 접근 또는 이용할 수 있어야 한다.
> • 어떠한 이유로도 신체적 학대, 언어 및 심리적 학대, 성적학대, 재정적 착취, 방임 등의 학대행위를 해서는 안 된다.

① 질 높은 서비스를 받을 권리
② 차별 및 노인학대를 받지 않을 권리
③ 신체적 제한을 받지 않을 권리
④ 사생활 및 비밀 보장에 대한 권리
⑤ 가정과 같은 환경에서 생활할 권리

14
시설 생활노인의 권리보호를 위한 윤리강령
〈생활단계〉
• 개별화된 서비스를 제공받고 선택할 권리
• 안락하고 안전한 생활환경을 제공받을 권리
• 사생활과 비밀 보장에 관한 권리
• 존엄한 존재로 대우받을 권리
• 차별 및 노인학대를 받지 않을 권리
• 신체구속을 받지 않을 권리
• 질 높은 서비스를 받을 권리
• 정치, 문화, 종교적 신념의 자유에 대한 권리
• 자신의 재산과 소유물을 스스로 관리할 권리
• 이성교제, 성생활, 기호품 사용에 관한 자기 결정의 권리
• 자신의 견해와 불평을 표현하고 해결 요구할 권리

표준교재 **66~74쪽**

정답 **12** ① **13** ⑤ **14** ②

15 시설 생활노인 권리보호를 위한 윤리강령으로 옳지 않는 것은?

① 통신의 자유에 대한 권리
② 불평의 표현과 해결을 기다릴 권리
③ 정보 접근과 자기결정권 행사의 권리
④ 정치, 문화, 종교적 신념의 자유에 대한 권리
⑤ 시설 내 외부 활동에 참여의 자유에 대한 권리

15
② 자신의 개인적 견해와 불평을 표현하고 문제의 해결을 요구할 권리

표준교재 **66~74쪽**

16 다음 사례에서 시설 생활노인 권리침해에 해당하는 것은 무엇인가?

> 홍씨 할아버지는 종사자들이 다른 일을 하는 사이에 별다른 이유 없이 동료 노인을 꼬집거나 발로 차기도 하고 특별한 이유 없이 동료 노인의 따귀를 때린다. 그래도 동료 노인들은 다시 해코지를 당할까봐 아무런 말을 하지 못하고 그냥 참고 있다.
> 요양보호사들은 이 사실을 알면서도 홍씨 할아버지의 오래된 습성이라고 고치기도 힘들고, 다른 노인들이 조용해지는 효과도 있다고 생각하여 모른 체하고 있다.

① 질 높은 서비스를 받을 권리
② 존엄한 존재로 대우받을 권리
③ 신체적 제한을 받지 않을 권리
④ 사생활 및 비밀 보장에 대한 권리
⑤ 가정과 같은 환경에서 생활 할 권리

16
어떠한 이유로도 신체적 학대, 언어 및 심리적 학대, 성적 학대, 재정적 착취, 방임 등의 학대행위를 해서는 안 되며, 학대행위가 발생했을 경우 법률과 지침에 따라 학대받은 노인에 대한 보호조치를 신속하게 취해야 한다.

표준교재 **69~70쪽**

17 다음 사례에서 시설 생활노인 권리침해에 해당하는 것은 무엇인가?

> 이씨 할머니는 머리를 만지면서 "아무리 나이를 먹었고 시설에서 남의 도움으로 생활하고 있다지만 나한테 묻지도 않고 머리를 이렇게 짧게 깎았어! 못돼먹은 봉사자야"라며 화를 내신다. 봉사자의 말을 "시설장이 날씨가 더워 어르신들 머리를 짧게 자르라고 지시해서 자르기는 했으나 마음이 아프다"고 하였다.

① 질 높은 서비스를 받을 권리
② 신체적 제한을 받지 않을 권리
③ 사생활 및 비밀 보장에 대한 권리
④ 가정과 같은 환경에서 생활 할 권리
⑤ 정치·문화·종교적 신념의 자유에 대한 권리

17
정기적인 상담을 통해 노인의 개별적 욕구와 선호, 기능 상태를 고려하여 개별화된 서비스와 수발 계획을 수립하고, 이를 적극적으로 이행해야 한다.

표준교재 **71쪽**

정답 **15** ② **16** ② **17** ①

18 다음에서 설명하는 시설 생활노인 권리보호를 위한 윤리강령은 무엇인가?

> 박씨 할머니는 외출이나 병원진료가 있는 경우 식사 시간보다 늦게 시설에 도착하는 경우가 많아 그때마다 식은 반찬을 드셔야 했다. 식사시간을 조정하거나 개인적으로 따뜻한 식사를 할 수 있기를 바라지만 너무 혼자 유별나게 구는 것 같아 얘기를 꺼내 본 적이 없다.

① 신체적 제한을 받지 않을 권리
② 사생활 및 비밀 보장에 대한 권리
③ 불평의 표현과 해결을 요구할 권리
④ 정보 접근과 자기결정권 행사의 권리
⑤ 시설 내 외부 활동 참여의 자유에 대한 권리

18
노인의 의견이나 불평을 수렴하기 위한 공식적 절차(예: 건의함, 운영위원회 등)를 마련하여 시행하여야 한다. 노인이나 가족이 제기한 불평을 즉각적으로 해결하기 위한 조치를 취해야 한다.

표준교재 73~74쪽

19 다음 사례에서 시설 생활노인 권리침해에 해당하는 것은 무엇인가?

> 어르신이 건강상태가 나빠져서 가족들에게 연락하여 입원이나 전원을 권유하게 되는데, 그때마다 자식들은 어르신의 의사는 묻지도 않고 전원을 시키는 경우가 대부분이라고 한다.

① 사생활 및 비밀 보장에 대한 권리
② 소유재산의 자율적 관리에 대한 권리
③ 노인 스스로 퇴소를 결정하고 거주지를 선택할 권리
④ 시설 내 외부 활동 참여의 자유에 관한 권리
⑤ 정치, 문화, 종교적 신념의 자유에 대한 권리

19
노인의 의사에 반하는 전원 또는 퇴소를 시켜서는 안 되며, 불가피한 전원 또는 퇴소 시 그 사유를 통보하고 의사 결정 과정에 노인 또는 가족을 참여시켜야 한다.

표준교재 74쪽

20 다음 사례에서 시설 생활노인 권리침해에 해당하는 것은 무엇인가?

> "문화생활? 말이 좋지. 여기는 그런 거 없어, 아픈 사람 약이나 챙겨주고, 대소변 못 가리는 사람 기저귀나 갈아 주고, 목욕시켜 주고...이런 게 다야. 기껏 시간 때울 거라고는 넓은 거실에 걸려있는 텔레비전이나 보는 정도지. 그 것 말고는 없어. 없다니까?"

① 사생활 및 비밀 보장에 대한 권리
② 불평의 표현과 해결을 요구할 권리
③ 소유재산의 자율적 관리에 대한 권리
④ 차별 및 노인학대를 받지 않을 권리
⑤ 정치, 문화, 종교적 신념의 자유에 대한 권리

20
다른 생활노인의 권리를 침해하지 않는 범위 내에서 자신의 의사에 따라 시설 내부의 다양한 서비스, 여가·문화 활동에 참여할 수 있는 기회를 부여해야 한다.

표준교재 72쪽

정답 18 ③ 19 ③ 20 ⑤

21 다음 사례에서 시설 생활노인 권리침해에 해당하는 것은 무엇인가?

> 거동이 불편한 백씨 할아버지는 배회 중에 넘어져 다리를 골절당한 경험이 있다. 이후부터 요양보호사가 자리를 비울 때는 손과 발을 묶어 놓고 나가기 때문에 하루에도 몇 번씩 억제를 당하고 있다.

① 신체구속을 받지 않을 권리
② 사생활 및 비밀 보장에 대한 권리
③ 가정과 같은 환경에서 생활할 권리
④ 소유 재산의 자율적 관리에 대한 권리
⑤ 정치·문화·종교적 신념의 자유에 대한 권리

22 다음 사례에서 시설 생활노인 권리침해에 해당하는 것은 무엇인가?

> 송씨 할아버지는 입소 전에 침대 생활을 해오셨는데, 시설에서 나이 들어 허리도 좋지 않은데 침대를 쓰면 더 안 좋아 진다면서 무조건 매트리스 깔고 이불을 덮고 자라고 하는 바람에 하는 수없이 그렇게 생활하지만 잠이 쉽게 들지 않고, 자고나면 여기저기 안 쑤시는 데가 없다고 투덜거리신다.

① 통신의 자유에 대한 권리
② 사생활 및 비밀 보장에 대한 권리
③ 불평의 표현과 해결을 요구할 권리
④ 안락하고 안전한 생활환경을 제공받을 권리
⑤ 정치·문화·종교적 신념의 자유에 대한 권리

23 다음에서 설명하는 시설 생활노인 권리보호를 위한 윤리강령은 무엇인가?

> 백씨 할아버지는 와상상태로 거동이 매우 불편하다. 박씨 할아버지의 유일한 낙은 자녀들과 얘기를 나누는 일이다. 그러나 휴대전화가 없고 방에는 별도의 전화가 설치되어 있지 않다. 그렇기 때문에 자녀들이 방문했을 때만 이야기를 나눌 수 있고 평소에는 늘 외롭게 지내고 있다.

① 충분한 정보를 제공받을 권리
② 사생활 및 비밀 보장에 대한 권리
③ 불평의 표현과 해결을 요구할 권리
④ 정보 접근과 자기결정권 행사의 권리
⑤ 시설 내 외부 활동 참여의 자유에 대한 권리

➕ 해설

21
생활노인 또는 종사자의 생명이나 신체에 위험을 초래할 가능성이 현저히 높거나 대체할 만한 간호나 수발 방법이 없거나, 증상의 완화를 목적으로 불가피하게 일시적으로 신체적 제한을 하는 경우 등의 긴급하거나 어쩔 수 없는 경우를 제외하고는 노인의 의사에 반하는 신체적 제한을 해서는 안 된다.

표준교재 **70~71쪽**

22
시설은 안전하고 깨끗하며 가정과 같은 환경을 제공하여야 한다.

표준교재 **68쪽**

23
입소 노인이 원할 때 정보통신기기 등의 사용, 우편물 수발신에 제한이 있어서는 안 된다.

표준교재 **69쪽**

정답 **21** ① **22** ④ **23** ②

+ 해설

24 다음 사례에서 시설 생활노인 권리침해에 해당하는 것은 무엇인가?

24

> 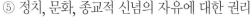 "이놈의 다리가 문제여 남들은 단풍구경 간다고 좋아서 난린데, 나야 어디 걸을 수가 있어야 엄두를 내보지, 휠체어 타고 가면 갈 수야 있겠지만, 내 방을 담당하는 호리호리한 여자 선생이 휠체어 밀다가 병이라도 날까봐 걱정 돼서 애당초 생각을 접었어. 내가 안 가는 것이 모두한테 편하면 나가지 말아야지..."

① 사생활 및 비밀 보장에 대한 권리
② 소유재산의 자율적 관리에 대한 권리
③ 정보 접근과 자기 결정권 행사의 권리
④ 시설 내 외부 활동 참여의 자유에 관한 권리
⑤ 정치, 문화, 종교적 신념의 자유에 대한 권리

표준교재 **72쪽**

25 다음 사례에서 시설 생활노인 권리침해에 해당하는 것은 무엇인가?

25

> 김씨 할머니는 "저 노인네는 자식들이 자주 오고, 여기 직원들한테 선물도 하고 먹을 것도 자주 사와. 그래서 그런지 요양보호사들이 말 한마디를 해도 다른 사람한테 하는 것보다 고분고분하게 해. 아무래도 기분이 좋지는 않지"라고 말했다.

① 차별 받지 않을 권리
② 신체구속을 받지 않을 권리
③ 존엄한 존재로 대우받을 권리
④ 질 높은 서비스를 받을 권리
⑤ 정치, 문화, 종교적 신념의 자유에 대한 권리

표준교재 **70쪽**

정답 **24 ⑤   25 ①**

2 노인학대 예방

01 다음은 무엇에 관한 설명인가?

> 노인의 가족 또는 타인이 노인에게 신체적, 언어·정서적, 성적, 경제적으로 고통이나 장해를 주는 행위, 또는 노인에게 필요한 최소한의 적절한 보호조차 제공하지 않는 방임, 자기방임 및 유기

① 노인학대
② 노인경제
③ 아동학대
④ 아동경제
⑤ 가족학대

02 노인학대에 대한 설명으로 알맞지 않은 것은?

① 남성 노인에 비해 여성 노인이 학대당하는 비율이 높다.
② 학력 수준이 낮을수록 학대당하는 비율이 낮다.
③ 일상생활에서의 의존성이 높을수록 학대 가능성이 더 높다.
④ 연령이 높을수록 학대 가능성이 높다.
⑤ 부양자가 동거하는 경우, 동거하지 않는 경우보다 방임이나 유기 등의 학대가 나타나기 더 쉽다.

03 노인학대의 사회문화적 요인으로 옳은 것은?

① 사회서비스 체계가 발전하지 못한 곳에서는 노인학대가 감소한다.
② 강한 가족주의 의식은 노인학대를 예방할 수 있다.
③ 노인이 사회적으로 열등한 지위에 처하게 되면 부적절한 대우를 받을 가능성이 높아진다.
④ 사회서비스체계의 인지 및 이용, 노인차별주의, 가족주의는 노인학대의 가족상황적 요인에 해당한다.
⑤ 강한 가족주의에서는 사회적 비난을 걱정하지 않기 때문에 학대 사실을 공공연히 밝힌다.

04 노인학대 현황에 대한 설명으로 알맞은 것은?

① 가장 많이 일어나는 학대는 방임이다.
② 연령대별로는 80대가 가장 많다.
③ 생활 및 이용시설에서 일어나는 학대가 가장 많다.
④ 최근 배우자의 학대가 증가하고 있다.
⑤ 학대 행위는 며느리에 의한 학대가 가장 많다.

➕ 해설

01

표준교재 75쪽

02
부양자와 동거하는 경우 신체적, 심리적 학대가 동시에 발생할 수 있으며, 동거하지 않을 경우 방임이나 유기 등의 학대가 나타날 수 있다.

표준교재 75쪽

03
강한 가족주의 의식은 노인학대를 은폐하거나 반복적 발생을 촉진할 수 있다. 자녀나 부양자가 노인에게 학대행위를 하여도 강한 가족주의에서는 사회적 비난을 피하기 위해 이를 숨기고, 반복되는 것을 묵인하기도 한다.

표준교재 76쪽

04
① 가장 많이 일어나는 학대는 정서적 학대이다.
② 연령대별로는 70대가 가장 많다.
③ 가정에서 일어나는 학대가 가장 많다.
⑤ 학대 행위는 아들에 의한 학대가 가장 많다.

표준교재 77쪽

정답 01 ① 02 ⑤ 03 ③ 04 ④

05 학대 유형이 가장 많은 순으로 나열된 것은?

① 정서적 학대 – 방임 –신체적 학대 – 경제적 학대
② 정서적 학대 – 신체적 학대 – 방임 – 경제적 학대
③ 방임 – 경제적 학대 – 신체적 학대 – 정서적 학대
④ 신체적 학대 – 경제적 학대 – 정신적 학대 –방임
⑤ 방임 – 정신적 학대 – 경제적 학대 – 신체적 학대

05

표준교재 77쪽

06 노인 학대의 신고의무자로 옳지 않은 것은?

① 이웃주민   ② 의료인
③ 노인복지시설 관련 종사자   ④ 장애인시설 관련자
⑤ 재가장기요양기관 종사자

06
「노인복지법」제39조의 6에 따르면 의료인, 노인복지시설 관련 종사자, 장애인시설관련자, 구급대의원, 재가장기요양기관 종사자, 건강가정지원센터 등이다.

표준교재 77쪽

07 노인학대의 신고의무자가 신고의무를 위반 시 받게 되는 처벌로 알맞은 것은?

① 2년 이하의 징역
② 1년 이하의 징역
③ 500만 원 이하의 과태료 부과
④ 1,000만 원 이하의 과태료 부과
⑤ 700만 원 이하의 과태료 부과

07
노인복지법 제61조의2 제2항 개정에 의해 500만 원 이하의 과태료가 부과된다.

표준교재 77쪽

08 학대 행위자가 가장 많은 순으로 나열된 것은?

① 아들 – 딸 – 배우자   ② 아들 – 배우자 – 딸
③ 아들 – 며느리 – 딸   ④ 아들 – 배우자 – 며느리
⑤ 아들 – 며느리 – 배우자

08
전체적인 학대행위자 유형은 '아들 – 배우자 – 딸'의 순으로 나타난다.

표준교재 78쪽

09 다음과 같은 학대 행위에 해당되는 학대 유형은 무엇인가?

> • 강하게 누른다.
> • 무리하게 먹인다.
> • 불필요한 약물을 투여한다.
> • 강하게 흔든다.

① 방임   ② 성적 학대
③ 신체적 학대   ④ 경제적 학대
⑤ 정서적 학대

09

표준교재 79~80쪽

정답 05 ② 06 ① 07 ③ 08 ② 09 ③

10 다음과 같이 대상자에게 관찰되는 증상의 학대 유형은 무엇인가?

>
> • 설명할 수 없는 상처, 부종, 멍듦, 할큄, 꼬집힘, 물어 뜯김, 찢김
> • 외관상 나타나지 않는(옷이나 신체에 가려진) 상처
> • 설명과 일치하지 않는 상처

① 방임   ② 성적 학대
③ 신체적 학대   ④ 경제적 학대
⑤ 정서적 학대

11 다음 중 노인학대의 유형이 다른 것은?

① 성추행   ② 모욕
③ 비난   ④ 위협
⑤ 협박

12 다음의 세부 내용에 해당하는 학대 유형은 무엇인가?

>
> 사람들이 보고 있음에도 불구하고 노인의 신체부위를 드러내고 옷 또는 기저귀를 교체한다.

① 신체적 학대   ② 정서적 학대
③ 경제적 학대   ④ 방임
⑤ 성적 학대

13 다음과 같이 대상자에게 관찰되는 증상의 학대 유형은 무엇인가?

>
> • 채납된 공과금 및 세금고지서가 발견된다.
> • 노인의 재산이 타인의 명의로 갑자기 전환되었다.
> • 개인 소지품이 없어졌다.

① 방임   ② 유기
③ 자기방임   ④ 경제적 학대
⑤ 신체적 학대

14 부양의무자로서의 책임이나 의무를 의도적 혹은 비의도적으로 거부, 불이행하는 노인학대 유형은?

① 방임   ② 성적 학대
③ 신체적 학대   ④ 경제적 학대
⑤ 언어, 정서적 학대

+ 해설

10
신체적 학대
물리적인 힘이나 도구를 이용하여 노인에게 신체적 손상, 고통, 장애 등을 유발시키는 행위

표준교재 79~80쪽

11
① 성적 학대
②, ③, ④, ⑤ 정서적 학대

표준교재 81~82쪽

12

표준교재 82쪽

13
경제적 학대
노인의 자산을 당사자의 동의 없이 사용하거나 부당하게 착취하여 이용하는 행위 및 노동에 대해 합당한 보상을 하지 않는 행위

표준교재 83쪽

14
방임
부양 의무자로서의 책임이나 의무를 의도적 혹은 비의도적으로 거부, 불이행 혹은 포기하여 노인에게 의식주 및 의료를 적절하게 제공하지 않는 것

표준교재 84쪽

정답 10 ③ 11 ① 12 ⑤ 13 ④ 14 ①

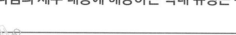

+ 해설

15 다음의 세부 내용에 해당하는 학대 유형은 무엇인가?

> • 심각한 질환(치매 등)이 있는 노인을 홀로 거주하게 한다.
> • 경제적 능력이 없는 노인의 기본적 생존을 위한 생활비를 지원하지 않거나 중단한다.

① 신체적 학대　　　　　　② 정서적 학대
③ 방임　　　　　　　　　　④ 경제적 학대
⑤ 자기방임

15

표준교재 **84쪽**

★★★

16 다음의 세부 내용에 해당하는 학대 유형은 무엇인가?

> • 시설, 병원에 입소시키고 연락과 왕래를 두절한다.
> • 낯선 장소에 버린다.

① 유기　　　　　　　　　　② 방임
③ 자기방임　　　　　　　　④ 성적 학대
⑤ 경제적 학대

16

표준교재 **85쪽**

17 스스로 독립할 수 없는 노인을 격리하거나 방치하는 노인 학대 유형은?

① 방임　　　　　　　　　　② 유기
③ 자기방임　　　　　　　　④ 경제적 학대
⑤ 정서적 학대

17
유기
노인을 길, 시설 및 낯선 장소에 버리는 등, 스스로 독립할 수 없는 노인을 격리하거나 방치하는 행위

표준교재 **85쪽**

18 노인 스스로 의도적으로 신변 청결 및 기본생활을 회피하는 노인 학대 유형은?

① 자기방임　　　　　　　　② 성적 학대
③ 신체적 학대　　　　　　④ 경제적 학대
⑤ 정서적 학대

18
자기방임
노인 스스로 의식주 제공 및 의료 처치 등의 최소한의 자기 보호관련 행위를 의도적으로 포기 또는 비의도적으로 관리하지 않아 심신이 위험한 상황 또는 사망에 이르게 되는 경우

표준교재 **85쪽**

19 다음과 같은 학대 행위에 해당되는 학대 유형은 무엇인가?

> • 개인위생을 태만히 한다.
> • 약물을 불충분하게 투여한다.
> • 노인에게 필요한 기구를 제공하지 않는다.

① 방임　　　　　　　　　　② 성적 학대
③ 신체적 학대　　　　　　④ 경제적 학대
⑤ 정서적 학대

19

표준교재 **84쪽**

정답 15 ③　16 ①　17 ②　18 ①　19 ①

101

20 보기와 같은 역할을 하는 기관은?

> 노인학대 사례의 신고접수, 신고된 시설학대 사례에 대한 개입, 시설의 학대 사례 판정에 대한 자문, 학대사례에 대한 사례관리 절차지원

① 의료기관   ② 사법경찰
③ 법률기관   ④ 보건복지부
⑤ 노인보호전문기관

20

표준교재 **87쪽**

 21 보기와 같은 학대 유형으로 옳은 것은?

> 화가 난 며느리는 "내가 노친네 때문에 진짜 힘들어서 못 살겠어! 안 들어 오고 뭐해요"라며 고함을 질렀다.

① 자기방임   ② 성적 학대
③ 신체적 학대   ④ 경제적 학대
⑤ 정서적 학대

21

표준교재 **88쪽**

 22 보기와 같은 학대 유형으로 옳은 것은?

> 집으로 가는 길에도 걸음이 늦다고 밀어 넘어뜨리고 빨리 일어나지 않는다고 양 주먹으로 수차례 구타하고 발길질을 하였다.

① 유기   ② 자기학대
③ 신체적 학대   ④ 경제적 학대
⑤ 정서적 학대

22

표준교재 **88쪽**

 23 보기와 같은 학대 유형으로 옳은 것은?

> 집에서 늦은 저녁식사를 하고 쇼파에 앉아 쉬고 있는 시어머니에게 "에이 꼴도 보기 싫은데 빨리 방에나 들어가지 왜 거기 앉아있는 거야. 죽치고 앉아 있지 말고 빨리 들어가요"라고 소리를 질렀다.

① 방임   ② 성적 학대
③ 신체적 학대   ④ 경제적 학대
⑤ 정서적 학대

23

표준교재 **88쪽**

정답 **20**⑤ **21**⑤ **22**③ **23**⑤

+ 해설

24 보기와 같은 학대 유형으로 옳은 것은?

> 타박상과 갑작스러운 감기증세로 시어머니가 몸져 누워 있었지만 며느리는 아픈 시어머니를 병원에 데려갈 생각은 않고 하루 종일 방안에 방치하였다.

① 방임
② 성적 학대
③ 신체적 학대
④ 경제적 학대
⑤ 정서적 학대

24

표준교재 88쪽

25 보기와 같은 학대 유형으로 옳은 것은?

> 시어머니 생신을 맞아 방문한 작은 아들이 준 용돈을 빌려달라고 하여 다 써버리고 경로연금이 지급된 통장과 도장을 가져가서는 돌려주지 않았다.

① 경제적 학대
② 유기
③ 자기방임
④ 정서적 학대
⑤ 신체적 학대

25

표준교재 88쪽

26 보기와 같은 학대 유형으로 옳은 것은?

> 시어머니는 삶의 의욕을 잃었는지 세수도 하지 않고, 식사도 제대로 하지 않아 몸이 날로 쇠약해져 갔다.

① 신체적 학대
② 정서적 학대
③ 성적 학대
④ 경제적 학대
⑤ 자기방임

26

표준교재 88쪽

정답 24 ① 25 ① 26 ⑤

3   요양보호사의 인권 보호

★★★

01 요양보호사의 권익보호에 대한 설명으로 옳지 않은 것은?

① 요양보호사가 일하는 장기요양기관은 근로기준법을 적용하여야 한다.
② 요양보호사에 대한 보호와 처우 개선이 곧 노인인권 보호와 연결된다.
③ 지자체는 요양보호사의 처우 개선 및 지위 향상에 관한 조례를 제정해야 한다.
④ 장기요양기관은 근로자의 건강과 안전을 위해 산업안전보건법을 준수해야 한다.
⑤ 장기요양기관은 노인의 복지를 위한 기관으로 산업재해보상보험법은 준수하지 않아도 된다.

01

표준교재 **90쪽**

★★★

02 다음 빈 칸 A에 알맞은 말은?

> (A)은 근로자의 업무상 재해를 신속하고 공정하게 보상하며, 재해근로자의 복지를 증진하기 위해 제정되었다. 요양보호사도 업무상 부상이나 질병, 상해가 발생하면 이에 따라 보상받을 수 있다.

① 근로기준법
② 노인복지법
③ 산업재해보상보험법
④ 산업안전보건법
⑤ 보건복지법

02

표준교재 **92쪽**

03 다음은 무엇에 대한 설명인가?

> 유해물질에 의한 직업병뿐만 아니라 반복 작업, 작업자세, 작업의 힘든 정도, 교대근무와 같은 작업조건, 직무의 특성에 따른 스트레스 등 모든 유해 요인과 노동과정에 의해 발생할 수 있는 신체적, 정신적 재해를 포괄하는 개념

① 산업재해
② 직업재해
③ 근로재해
④ 복지재해
⑤ 근무재해

03

표준교재 **92쪽**

정답   **01** ⑤   **02** ③   **03** ①

해설

04 다음 보기의 내용을 보장하는 법적 근거는?

- 장기요양기관의 장은 요양보호사에게 안전에 대해 교육해야 한다.
- 장기요양기관의 장은 요양보호사가 안전, 보건상의 이유로 작업을 중지했을 때 처벌할 수 없다.
- 장기요양기관의 장은 요양보호사의 건강문제를 예방하기 위해 노력해야 한다.

① 근로기준법
② 노인복지법
③ 산업재해보상보험법
④ 산업안전보건법
⑤ 보건복지법

04
산업안전보건법
산업재해를 예방하고 쾌적한 작업환경을 조성함으로써 근로자의 안전과 보건을 유지·증진함

표준교재 **91쪽**

05 산재근로자 보호의 주요 내용으로 올바르지 않은 것은?

① 산재를 당했다는 이유로 해고할 수 없다.
② 보험급여는 조세 및 기타 공과금 부과가 면제되지 않는다.
③ 산재로 요양 중에 퇴직하거나 사업장이 부도, 폐업하여 없어진 경우에도 재요양, 휴업급여, 장해급여 지급에는 지장 받지 않는다.
④ 보험급여는 양도 또는 압류 할 수 없어 채권자가 건드릴 수 없다.
⑤ 보험급여를 받을 권리는 급여 내용에 따라 3년 혹은 5년간 유효하며 퇴직 여부와 상관없이 받을 수 있다.

05
② 보험급여는 조세 및 기타 공과금 부과가 면제되어 세금을 떼지 않는다.

표준교재 **93쪽**

06 돌봄서비스 현장 내 성희롱 대처 방안으로 장기요양기관장이 해야 될 일로 알맞지 않은 것은?

① 성희롱 시 가해자가 받을 수 있는 불이익과 향후 대처 계획을 명확히 설명한다.
② 요양보호사들에게 성희롱 예방교육을 1년에 1번 이상 해야 한다.
③ 대상자 가족에게 사정을 말하고 시정해 줄 것을 요구한다.
④ 성희롱 처리지침을 구두로 설명한다.
⑤ 직원들 사이에 성희롱이 발생하였을 경우에는 행위자를 징계해야 한다.

06
④ 성희롱 처리지침을 문서화하여 기관 내에 두어야 한다.

표준교재 **94쪽**

4 요양보호사의 직업 윤리

01 요양보호사의 직업윤리원칙으로 옳지 않은 것은?

① 효율적이고 안전하게 업무를 수행하기 위해 지속적으로 지식과 기술을 습득한다.
② 업무수행에 방해가 되지 않는다면 건강관리, 복장관리, 외모관리 등을 포함한 자기관리를 하지 않아도 된다.
③ 인종, 연령, 성별, 성격, 종교, 경제적 지위, 정치적인 신념 등을 이유로 대상자를 차별대우하지 않는다.
④ 지시에 따라 업무와 보조를 성실히 수행하고 업무의 경과와 결과를 시설장 또는 관리책임자에게 보고한다.
⑤ 인도주의 정신 및 봉사정신을 바탕으로 대상자의 인권을 옹호하고 대상자의 자기결정권을 최대한 존중한다.

01
요양보호사는 업무 수행에 방해가 되지 않도록 건강관리, 복장 및 외모 관리 등을 포함하여 자기관리를 철저히 한다.

표준교재 **96쪽**

02 요양보호사의 직업윤리 원칙으로 옳은 것은?

① 인도주의 정신 및 봉사정신을 바탕으로 대상자의 인권을 옹호한다.
② 업무 수행 시 필요한 때에는 친절한 태도로 예의바르게 행동한다.
③ 개인적인 선호나 정치적 신념, 종교 등이 다르면 대상자를 차별한다.
④ 업무와 관련하여 대상자와 가족, 의사, 간호사, 사회복지사 등과 필요시 협력한다.
⑤ 대상자의 사생활을 존중하되 업무상 알게 된 개인정보를 관리책임자에게 보고한다.

02
① 요양보호사는 인도주의 정신 및 봉사 정신을 바탕으로 대상자의 인권을 옹호하고 대상자의 자기결정을 최대한 존중한다.

표준교재 **96쪽**

03 요양보호 활동 중 요양보호사의 직업윤리를 준수한 활동은 무엇인가?

① 늘 몸이 피곤하여 집에 돌아가면 잠자기 바쁘다.
② 단순한 업무이므로 새로운 지식과 기술은 필요 없다.
③ 자신의 결정에 따라 업무를 하고 관리책임자에게 보고했다.
④ 업무상 알게 된 대상자의 비밀을 아무에게도 알리지 않았다.
⑤ 대상자의 의견보다는 본인의 의견에 따라 서비스를 제공했다.

03
④ 요양보호사는 대상자의 사생활을 존중하고 업무상 알게 된 개인정보를 비밀로 유지한다.

표준교재 **96쪽**

정답 **01** ② **02** ① **03** ④

04 요양보호 활동 중 요양보호사의 직업윤리를 준수한 활동은 무엇인가?

① 대상자와 종교의 갈등이 있다.
② 대상자의 삶의 습관이 달라서 교정할 것이 많다.
③ 대상자가 남자여서 서비스의 제공을 거부하였다.
④ 사회복지사의 지시를 따르며 좋은 관계를 유지하고 있다.
⑤ 대상자의 가족과 대상자를 돌보는 문제로 의견이 상충된다.

04
요양보호사는 업무와 관련하여 대상자의 가족, 의사, 간호사, 사회 복지사 등과 적극적으로 협력한다.

표준교재 96쪽

05 요양보호 활동 중 요양보호사의 직업윤리를 준수한 활동은 무엇인가?

① 대상자가 협조를 하지 않아 큰소리로 화를 냈다.
② 시설장의 업무지시를 수행하고 결과를 보고하였다.
③ 월례회의 때 교육이 있었지만 피곤해서 참석하지 않았다.
④ 대상자가 요구하는 것을 무시하고 계획된 서비스를 제공하였다.
⑤ 서비스제공 후 약속이 있어서 외출복을 입고 서비스를 제공하였다.

05
요양보호사는 지시에 따라 업무와 보조를 성실히 수행하고 업무의 경과와 결과를 시설장 또는 관리책임자에게 보고한다.

표준교재 96쪽

06 요양보호 활동 중 책임감을 갖는 업무활동으로 옳은 것은?

① 매사에 약속을 지킨다.
② 관리책임자는 책임 있는 언행을 해야 한다.
③ 자신의 활동이 모든 요양보호사를 대표하지 않는다.
④ 요양보호 업무는 대상자의 건강에 큰 영향을 주지 않는다.
⑤ 필요에 따라 성실하고 침착한 태도로 업무활동을 해야 한다.

06
매사에 약속을 지키며 책임있는 언행을 해야 한다.

표준교재 97쪽

07 업무와 관련된 직업인과 상호 협조하는 태도로 옳은 것은?

① 의료진의 지시는 필요할 때에만 따른다.
② 간호사와는 업무가 다르므로 협조할 필요가 없다.
③ 대상자의 가족과는 늘 긴장관계를 유지해야 한다.
④ 동료 요양보호사와 협조 및 조화를 이루어야 한다.
⑤ 시설장과는 항상 늘 대립각을 세워야 손해를 보지 않는다.

07
요양보호사는 시설장이나 간호사와의 협조는 필수적이며 의료진의 지시가 있을 경우 반드시 지시에 따라야 한다. 또한, 요양보호사는 시설 직원, 동료 요양보호사, 대상자의 가족과 협조 및 조화를 이루려는 자세를 가져야 한다.

표준교재 98쪽

08 요양보호사가 자신을 계발하는 태도로서 옳은 것은?

① 자신의 업무활동을 점검하고 일의 경과를 기록한다.
② 단순한 업무이므로 교육 프로그램에 참석할 필요는 없다.
③ 직무를 수행하는데 전문적 지식과 기술은 필요하지 않다.
④ 늘 반복되는 업무이므로 새로운 기술을 배우지 않아도 된다.
⑤ 자기평가나 앞으로의 발전 계획 등이 없어도 업무에 지장은 없다.

08
자신의 업무 활동을 점검하고 일의 경과를 기록하여 자가평가, 지도 받은 내용, 앞으로의 발전 등을 자료로 보관한다.

표준교재 98쪽

정답 04 ④ 05 ② 06 ① 07 ④ 08 ①

09 요양보호사가 호감을 받고 신뢰감을 형성하기 위한 태도로 옳지 않은 것은?

① 예의 바르고 친절한 태도를 보여야 한다.
② 대상자와 약속한 내용, 방문시간 등은 반드시 지킨다.
③ 대상자가 없으면 방에 들어가서 업무를 하면서 기다린다.
④ 방문 일을 변경해야 할 경우 반드시 사전에 양해를 구한다.
⑤ 대상자 앞에서는 피로하거나 나태한 모습을 보이지 않는다.

09
③ 대상자를 방문하였을 때 대상자가 없으면 방에 들어가지 말고, 다음 방문 일을 적어 메모를 남겨둔다.

표준교재 98쪽

10 요양보호사가 신뢰감을 형성하기 위한 태도로 옳은 것은?

① 친밀해지기 위해 신체접촉을 자주 한다.
② 상황에 따라 개인적으로 별도의 계약을 한다.
③ 대상자와 자신의 시선을 맞추고 내려다보지 않는다.
④ 유아어, 명령어, 반말 등을 사용하여 친밀감을 나타낸다.
⑤ 신뢰감을 얻기 위해 정직하게 피곤하면 피곤하다고 말한다.

10

표준교재 98쪽

11 법적, 윤리적 책임을 다하기 위해 하지 말아야 할 태도로 옳지 않은 것은?

① 감독자에 대한 복종이나 협조
② 비도덕적이고 정직하지 못한 행위
③ 많은 업무를 비효율적으로 수행, 무능력, 태만
④ 대상자, 가족, 타 직원에 대한 언어적, 신체적 폭력
⑤ 대상자의 재산을 고의적으로 파괴하거나 훔치는 행위

11
감독자에 대한 불복종이나 반항을 하지 말아야 한다.

표준교재 98~99쪽

12 요양보호사의 윤리적 태도로 옳은 것은?

① 타인의 근무를 대신하였다.
② 장기요양 인정신청을 유도하였다.
③ 대상자의 기록을 정직하게 기록하였다.
④ 할당된 장소에서 근무하기를 거부하였다.
⑤ 자신의 근무를 대신 해 달라고 요구하였다.

12
대상자의 기록 또는 직무기록을 고의로 위조, 변조하여 기록하는 행위를 해서는 안 된다.

표준교재 98~99쪽

13 요양보호사의 윤리적 태도로 옳지 않은 것은?

① 도덕적이고 정직하게 업무활동을 이행한다.
② 알코올을 복용하고 근무한다.
③ 복지용구를 소개하고 안내한다.
④ 대상자, 가족, 타 직원에게 친절하게 대한다.
⑤ 타인의 근무를 관리책임자 부탁으로 대신한다.

13

표준교재 98~99쪽

정답 **09** ③ **10** ③ **11** ① **12** ③ **13** ②

14 법적, 윤리적 책임을 다하기 위해 요양보호사가 하지 말아야 할 태도는?

① 본인 부담금을 받는 행위
② 많은 업무를 효율적으로 수행
③ 성실하고 책임감 있는 근무 행위
④ 할당된 장소에서 근무를 하는 행위
⑤ 대상자나 가족의 재산을 보호하는 행위

14

표준교재 **98~99쪽**

15 법적, 윤리적 책임을 다하기 위해 요양보호사가 하지 말아야 할 태도는?

① 장기요양보험제도를 소개하는 행위
② 직무기록을 정직하게 기록하는 행위
③ 대상자, 가족의 재산을 보호하는 행위
④ 물건을 팔거나 공용물건을 가져가는 행위
⑤ 감독자에게 허락받고 근무지를 비우는 행위

15

표준교재 **98~99쪽**

16 요양보호사의 윤리적 태도로 옳지 않은 것은?

① 본인부담금을 할인하는 행위
② 흡연구역에서 담배를 피우는 행위
③ 대상자의 권리를 존중하고 지켜주는 행위
④ 대상자의 비밀을 지켜주고 보호하는 행위
⑤ 감독자의 지시에 따라 업무를 수행하는 행위

16

표준교재 **98~99쪽**

17 법적, 윤리적 책임을 다하기 위해 요양보호사가 하지 말아야 할 태도가 아닌 것은?

① 대상자에 대한 언어적, 신체적 폭력
② 대상자를 존중하고 권리를 보호하는 행위
③ 감독자에게 알리지 않고 근무지를 비우는 행위
④ 본인부담금을 할인하거나 추가로 부담하게 하는 행위
⑤ 복지용구를 직접 판매 또는 대여하거나 알선하는 행위

17
대상자를 존중하고 존엄을 지키고자 하는 권리를 침해하는 행위

표준교재 **98~99쪽**

18 서비스 제공 시 사고가 발생했을 때 요양보호사의 태도로 옳은 것은?

① 사고발생 시 가족에게 연락한다.
② 사고나 분실을 예방할 수는 없다.
③ 사고발생 시 즉시 관리책임자에게 보고한다.
④ 사고발생 시 119에게 연락하여 도움을 청한다.
⑤ 사고발생 시 경찰서로 연락해서 도움을 청한다.

18
요양보호사는 서비스 제공 시 일어날 수 있는 사고(분실, 파손, 부상)를 예방하여야 하고 사고 발생 시에는 즉시 시설장 또는 관리책임자에게 보고한다.

표준교재 **99쪽**

정답 **14** ① **15** ④ **16** ① **17** ② **18** ③

19 요양보호사의 윤리적 태도로 옳은 것은?

① 상식적인 선에서 요양보호사가 상담한다.
② 사고가 발생하면 신속하게 가족에게 연락한다.
③ 분실사고가 발생하면 경찰에 연락하여 찾도록 한다.
④ 관리책임자에게 보고하여 관리책임자가 상담하게 한다.
⑤ 전문가의 판단이 필요한 사항은 요양보호사가 판단하지 않는다.

19
전문가의 진단이 필요한 사항은 요양보호사가 판단, 조언하지 말아야 한다. 시설장 또는 관리책임자에게 보고하여 전문가와 상담할 수 있도록 연계한다.

표준교재 **97~99쪽**

20 요양보호사의 윤리적 태도로 옳은 것은?

① 약속을 하면 가급적 지키도록 한다.
② 사고 발생 시 즉시 보호자에게 알린다.
③ 대상자를 서비스가 더 낮은 기관에 의뢰한다.
④ 업무와 관련된 직업인과는 협조하는 태도를 가진다.
⑤ 신뢰감 형성을 위해 유행어를 사용하고 예의바르게 행동한다.

20

표준교재 **97~99쪽**

21 법적인 소송에 휘말리지 않기 위한 태도로 옳지 않은 것은?

① 대상자의 개인적인 요구를 보호한다.
② 제공된 요양보호서비스 내용을 정확히 기록한다.
③ 대상자가 학대를 받는다고 의심되는 경우 신고한다.
④ 요양보호서비스 제공 시 정해진 원칙과 절차를 따른다.
⑤ 대상자의 상태변화를 세심하게 관찰하면서 정확히 기록한다.

21
① 대상자의 권리를 보호한다.

표준교재 **99쪽**

22 법적인 소송에 휘말리지 않기 위한 태도로 옳지 않은 것은?

① 대상자의 권리를 보호한다.
② 제공된 요양보호서비스 내용을 정확히 기록한다.
③ 요양보호서비스 제공 시 정해진 원칙과 절차를 따른다.
④ 제공해야 할 서비스 내용 및 방법이 확실하지 않을 때는 도움을 청한다.
⑤ 대상자가 학대를 받는다고 의심되는 경우 가족과의 관계를 생각해서 모른 척 한다.

22

표준교재 **99쪽**

정답 **19** ⑤ **20** ④ **21** ① **22** ⑤

해설

23 다음 보기가 설명하는 요양보호사의 윤리적 태도는?

> • 대상자의 권리를 지켜주고 증진시켜야 한다.
> • 요양보호사의 판단만으로 서비스를 제공하지 않고 반드시 대상자의 의견을 물은 후 실행한다.

① 지속적으로 학습하고 자신을 계발해야 한다.
② 처음 동기를 점검하고 겸손한 태도를 유지한다.
③ 도움이 필요한 대상자를 하나의 인격체로 존중해야 한다.
④ 업무와 관련된 직업인들과 상호 협조하는 자세를 갖는다.
⑤ 성실하고 침착한 태도로 책임감을 갖고 업무활동을 해야 한다.

23

표준교재 **97쪽**

24 다음 보기가 설명하는 요양보호사의 윤리적 태도는?

> 사회복지사가 대상자에 대한 업무지시를 해서 지시사항을 수행하고 결과를 사회복지사에게 보고하였다.

① 지속적으로 학습하고 자신을 계발해야 한다.
② 처음 동기를 점검하고 겸손한 태도를 유지한다.
③ 법적 윤리적 책임을 다하기 위해 최선을 다해야 한다.
④ 업무와 관련된 직업인들과 상호 협조하는 자세를 갖는다.
⑤ 성실하고 침착한 태도로 책임감을 갖고 업무활동을 해야 한다.

24

표준교재 **98쪽**

25 다음 보기가 설명하는 요양보호사의 윤리적 태도는?

> • 대상자와 약속한 내용, 방문시간 등을 반드시 지킨다.
> • 방문 일을 변경해야 할 경우 반드시 사전에 연락하여 양해를 구한다.

① 지속적으로 학습하고 자신을 계발해야 한다.
② 처음 동기를 점검하고 겸손한 태도를 유지한다.
③ 서비스 제공 시 일어날 수 있는 사고를 예방하여야 한다.
④ 성실하고 침착한 태도로 책임감을 갖고 업무활동을 해야 한다.
⑤ 대상자의 호감을 받고 상호 신뢰감 형성을 위해 노력해야 한다.

25

표준교재 **98쪽**

정답 23 ③ 24 ④ 25 ⑤

26 다음 보기가 설명하는 요양보호사의 윤리적 태도는?

> • 전문적 기식과 기술을 갖춘다.
> • 보수교육에 참여하여 자기계발의 기회로 삼는다.

① 지속적으로 학습하고 자신을 계발해야 한다.
② 처음 동기를 점검하고 겸손한 태도를 유지한다.
③ 법적 윤리적 책임을 다하기 위해 최선을 다해야 한다.
④ 업무와 관련된 직업인들과 상호 협조하는 자세를 갖는다.
⑤ 성실하고 침착한 태도로 책임감을 갖고 업무활동을 해야 한다.

26

표준교재 98쪽

27 다음 사례에서 지키지 않은 윤리적 태도는?

> 요양보호사 김씨는 2년 전부터 장기요양 2등급을 받은 할머니에게 방문요양 서비스를 제공하고 있었다. 그러던 중 배우자인 할아버지가 치매진단을 받고 점점 악화되어 장기요양 3등급을 받게 되었다. 그러자 분가하여 살고 있던 장남이 오전에는 할머니를, 오후에는 할아버지를 돌보아달라고 요청했다. 그러나 요양보호사는 할아버지가 남자분이라 돌보고 싶지 않다며 다른 요양보호사에게 부탁을 하라고 했다.

① 지속적으로 학습하고 자신을 계발해야 한다.
② 처음 동기를 점검하고 겸손한 태도를 유지한다.
③ 업무와 관련된 직업인들과 상호 협조하는 자세를 갖는다.
④ 도움이 필요한 대상자를 하나의 인격체로 존중해야 한다.
⑤ 성실하고 침착한 태도로 책임감을 갖고 업무활동을 해야 한다.

27
요양보호사는 장기요양서비스를 제공할 때 인종, 연령, 성별, 성격, 종교, 경제적 지위, 기타 개인적 선호 등을 이유로 대상자를 차별 대우해서는 안 된다.

표준교재 100쪽

28 다음 사례에서 지키지 않은 윤리강령은 무엇인가?

> 요양보호사 김씨는 출근을 하기 위해 머리를 다듬은 후 반짝 반짝 빛나는 빨간색 메니큐어를 칠하고 짧은 미니스커트를 입었다.

① 대상자를 차별 대우하지 않는다.
② 지속적으로 지식과 기술을 습득한다.
③ 대상자의 자기 결정권을 최대한 존중한다.
④ 지시에 따라 업무를 성실히 수행하고 결과를 보고한다.
⑤ 업무수행에 방해가 되지 않도록 자기관리를 철저히 한다.

28
요양보호사는 업무 수행에 방해가 되지 않도록 건강관리, 복장 및 외모 관리 등을 포함하여 자기관리를 철저히 한다.

표준교재 104쪽

정답 **26** ① **27** ④ **28** ⑤

해설

29 다음 사례에서 지키지 않은 윤리강령은 무엇인가?

> 대상자의 집에 도착하니 대상자 이씨는 중증의 치매를 앓고 있는 80세 여성 노인이었으며 거실에 선채 대변을 보고 있었다. 그 순간 요양보호사 김씨는 "그만두지 못해요!"라고 소리를 지르면서 대상자 이씨를 욕실로 데리고 갔다.

① 대상자의 사생활을 존중한다.
② 대상자의 자기 결정권을 최대한 존중한다.
③ 업무수행 시 항상 친절한 태도로 예의바르게 행동한다.
④ 지시에 따라 업무를 성실히 수행하고 결과를 보고한다.
⑤ 업무수행에 방해가 되지 않도록 자기관리를 철저히 한다.

29
요양보호사는 업무 수행 시 항상 친절한 태도로 예의바르게 행동한다.

표준교재 104쪽

30 다음 사례에서 지키지 않은 윤리강령은 무엇인가?

> 요양보호사 김씨는 대상자 이씨에 대한 요양보호 업무를 모두 마친 후 친구와 약속 장소로 향하였고 오늘 수행한 업무 내용은 방문요양센터에 들어가는 날 한꺼번에 기록해야 겠다고 생각하고 그날 시설에 들어가지 않았다.

① 대상자의 사생활을 존중한다.
② 대상자의 자기 결정권을 최대한 존중한다.
③ 업무수행 시 항상 친절한 태도로 예의바르게 행동한다.
④ 지시에 따라 업무를 성실히 수행하고 결과를 보고한다.
⑤ 업무수행에 방해가 되지 않도록 자기관리를 철저히 한다.

30
요양보호사는 지시에 따라 업무와 보조를 성실히 수행하고 업무의 경과와 결과를 시설장 또는 관리책임자에게 보고한다.

표준교재 104쪽

31 다음 사례에서 지키지 않은 직업적 태도 무엇인가?

> 독감이 심해져서 그런지 요양보호사 박씨는 자꾸 기침이 나와 약이라도 먹어야겠다는 생각에 약국에 가기 위해 밖으로 나왔다. 시설장에게 이야기하고 나올까 생각하다가 귀찮기도 하고 아쉬운 소리를 하는 것도 싫어서 그냥 빨리 갔다 오면 아무도 모를 것이라는 생각에 아무 말 없이 시설 밖으로 나왔다.

① 감독자에 대한 불복종과 반항
② 많은 업무를 비효율적으로 수행
③ 비도덕적이고 정직하지 못한 행위
④ 할당된 장소에서 근무를 거부하는 행위
⑤ 감독자에게 알리지 않고 근무지를 비우는 행위

31

표준교재 105쪽

정답 29 ③ 30 ④ 31 ⑤

32 다음 사례에서 지키지 않은 직업적 태도 무엇인가?

> 시설로 돌아온 박씨는 업무를 하다가 쉬던 중 평소 본인과 친하게 지내던 요양보호사 최씨가 무의식 상태인 대상자 강씨를 때리는 것을 보았으나 어떻게 해야 할지 당황스러워 그냥 못 본 척 지나쳤다.

① 정해진 정책과 절차를 따른다.
② 대상자의 개인적인 권리를 보호한다.
③ 제공된 서비스 내용을 정확히 기록한다.
④ 대상자가 학대 받는다고 의심되는 경우 보고 또는 신고한다.
⑤ 대상자의 상태변화를 세심하게 관찰하고 이를 정확히 기록한다.

32

표준교재 **105쪽**

33 다음 사례에서 지키지 않은 직업적 태도는?

> 요양보호사 장 씨는 요즈음 몸이 안 좋아 독감에 걸렸지만, 일을 쉴 수가 없어 힘든 몸을 이끌고 근무지인 ○○노인요양시설로 향하였다. 유니폼으로 갈아입고 일을 시작하려는데 기침이 자꾸 나와 마스크를 착용하였으나 너무 답답해서 그냥 빼고 업무를 시작하였다.

① 업무 수행 시 항상 친절한 태도로 예의 바르게 행동한다.
② 업무 수행에 방해가 되지 않도록 건강관리, 복장 및 외모 관리 등을 포함하여 자기 관리를 철저히 한다.
③ 신체적, 언어적, 정서적 학대를 해서는 안 된다.
④ 대상자로부터 서비스에 대한 물질적 보상을 받지 않는다.
⑤ 대상자의 자기 결정을 최대한 존중한다.

33

표준교재 **105쪽**

5   요양보호사의 건강 및 안전관리

01 일반적인 근골격계 질환의 위험요인으로 옳지 않은 것은?

① 갑자기 무리한 힘이 필요한 경우
② 반복적으로 같은 동작을 하는 경우
③ 무거운 물건을 밀어서 이동시키는 경우
④ 불안정하거나 불편한 자세로 작업하는 경우
⑤ 근무시간 중 자주 대상자를 들어 옮겨야 하는 경우

02 넘어짐으로 인한 근골격계 질환의 위험요인으로 옳은 것은?

① 밤 근무 시 밝은 조명
② 평평하게 잘 정리된 바닥
③ 정비가 잘 되어있는 보행로
④ 미끄럽지 않고 물기가 없는 바닥
⑤ 어지럽혀져 있거나 물체가 바닥에 많이 있는 작업장

03 근골격계 질환의 위험요인으로 옳은 것은?

① 미리 준비하고 힘을 쓸 경우
② 평평하게 고르지 않은 바닥
③ 안정적인 자세로 작업을 하는 경우
④ 앞으로 허리를 구부려야 하는 경우
⑤ 허리를 펴거나 구부려서 스트레칭을 하는 경우

04 작업관련 근골격계 질환의 원인 중 종류가 다른 것은?

① 운동 및 취미활동   ② 부자연스러운 자세
③ 반복적 동작   ④ 정적인 자세
⑤ 무리한 힘의 사용

05 근골격계 질환의 초기 치료 방법이 아닌 것은?

① 냉찜질   ② 압박
③ 아픈 부위 고정   ④ 견인요법
⑤ 휴식

01
③ 무거운 물건을 들거나 이동시키는 경우

표준교재 **106**쪽

02
① 밤 근무 시 어두운 조명
② 평평하게 고르지 않은 바닥
③ 정비·수리가 되지 않은 보행로 또는 고장난 장비
④ 미끄럽거나 물기로 젖은 바닥

표준교재 **107**쪽

03

표준교재 **106~107**쪽

04
직업 요인
반복적 동작, 무리한 힘의 사용, 부자연스러운 자세, 정적인 자세, 날카로운 면과의 접촉, 진동이나 추운 날씨 등 작업 환경 등
작업자 요인
과거 병력, 성별, 나이, 경력, 습관, 흡연, 비만, 피로, 운동 및 취미활동 등

표준교재 **106**쪽

05
초기치료 방법으로는 휴식, 냉찜질, 압박, 올리기, 아픈 부위 고정, 약물 등이 있다.

표준교재 **116~117**쪽

정답 **01** ③ **02** ⑤ **03** ② **04** ① **05** ④

06 요양보호사가 가장 많이 손상되는 신체부위는?

① 허리
② 손/손목
③ 목
④ 어깨
⑤ 팔/팔꿈치

06
어깨 77.7%	손/손목 70.2%
허리 60.9%	다리 56.3%
목 53.3%	팔/팔꿈치 51.3%

표준교재 **114쪽**

★★★

07 스트레칭의 주의사항으로 옳은 것은?

① 같은 동작은 5~10회 반복하고, 동작과 동작 사이에는 쉬지 않는다.
② 빠르고 안정되게 한다.
③ 통증이 느껴지면 스트레칭을 중단한다.
④ 상하좌우 중 통증이 있는 곳만 집중적으로 스트레칭한다.
⑤ 스트레칭된 자세로 10~15초 정도 유지해야 근섬유가 충분히 늘어나 효과를 볼 수 있다.

07
① 동작과 동작 사이에 5~10초 정도 쉰다.
② 천천히 안정되게 한다.
③ 통증을 느끼지 않고 시원하다고 느낄 때까지 계속한다.
④ 상하좌우 균형 있게 교대로 한다.

표준교재 **117~118쪽**

08 근골격계 질환 발병 단계에서 1단계로 옳은 것은?

① 반복적 작업 능력이 낮아짐
② 작업수행능력에는 변화 없음
③ 작업시작 초기부터 통증이 나타남
④ 하루 밤 지나도 통증이 지속되며 잠을 방해함
⑤ 몇 주 혹은 몇 달간 지속 되며 악화와 회복이 반복됨

08
근골격계 질환 1단계
• 작업 중 통증, 피로감을 느낌
• 하룻밤 지나거나 휴식을 하면 증상이 없어짐
• 작업 수행 능력에는 변화 없음
• 며칠 동안 지속되며 악화와 회복이 반복됨

표준교재 **115쪽**

09 근골격계 질환 발병 단계에서 2단계로 옳은 것은?

① 몇 달 혹은 몇 년간 지속됨
② 반복적 작업 능력이 낮아짐
③ 하루 종일 통증이 있으며 잠을 방해함
④ 가벼운 작업수행에서도 어려움을 느낌
⑤ 휴식 중이거나 일상적인 움직임에도 통증이 나타남

09
근골격계 질환 2단계
• 작업시작 초기부터 통증이 나타남
• 하룻밤 지나도 통증이 지속되며, 잠을 방해함
• 반복적 작업 능력이 낮아짐
• 몇 주 혹은 몇 달간 지속되며, 악화와 회복이 반복됨

표준교재 **115쪽**

10 근골격계 질환 발병 단계에서 3단계로 옳은 것은?

① 반복적 작업 능력이 낮아짐
② 작업시작 초기부터 통증이 나타남
③ 몇 주 혹은 몇 달간 악화와 회복이 반복됨
④ 하룻밤 지나도 통증이 지속되며 잠을 방해함
⑤ 휴식 중이거나 일상적인 움직임에도 통증이 나타남

10
근골격계 질환 3단계
• 휴식 중이거나 일상적인 움직임에도 통증이 나타남
• 하루 종일 통증이 있으며, 잠을 방해함
• 가벼운 작업 수행에서도 어려움을 느낌
• 몇 달 혹은 몇 년간 지속됨

표준교재 **115쪽**

정답 **06** ④ **07** ⑤ **08** ② **09** ② **10** ⑤

＋ 해설

11 초기 치료의 치료 시기는?

① 손상 후 12~36시간 이내　② 손상 후 24~72시간 이내
③ 손상 후 24~36시간 이내　④ 손상 후 25~80시간 이내
⑤ 손상 후 36~72시간 이내

11
손상 후 24 ~ 72시간 내에 초기 치료해야
한다.

표준교재 **116쪽**

12 근골격계 질환의 치료에서 초기 치료로 옳은 것은?

① 약물　　　　　② 견인요법
③ 물리치료　　　④ 온열치료
⑤ 스테로이드 주사

12
초기 치료
휴식, 냉찜질, 압박, 올리기, 아픈 부위 고정,
약물

표준교재 **115쪽**

13 근골격계 질환의 초기 치료에 대한 설명 중 옳은 것은?

① 스테로이드 주사를 너무 많이 맞으면 건이 약화된다.
② 아픈 부위를 안정시키기 위해 물리치료를 받게 한다.
③ 저주파치료는 통증을 완화하여 빠른 치유를 할 수 있다.
④ 손상부위를 심장보다 낮게 하여 모세혈관의 압력을 줄인다.
⑤ 초기치료에는 냉찜질이 좋으나 만성 통증에는 온찜질이 좋다.

13

표준교재 **116~117쪽**

14 근골격계 질환 초기 치료 중 압박에 대한 설명으로 옳은 것은?

① 압박은 손상부위의 조직 손상을 줄여 준다.
② 압박은 붕대를 이용하여 단단히 묶어야 한다.
③ 압박은 혈액의 순환을 촉진시켜 통증을 완화한다.
④ 압박은 손상부위에 축적되어 있는 부종을 조절한다.
⑤ 원하지 않는 움직임을 줄여 조직의 손상을 줄여준다.

14
압박
손상 부위에 축적되어 있는 부종을 조절하
고 원하지 않는 움직임을 줄이며 통증을 줄
여준다. 압박은 탄성 랩과 밴드를 이용한다.

표준교재 **116쪽**

15 근골격계 질환 초기치료 중 냉찜질에 대한 설명으로 옳은 것은?

① 얼음은 손상된 조직의 온도를 높인다.
② 초기치료는 온찜질이, 만성통증에는 냉찜질이 좋다.
③ 차가운 찜질은 통증과 손상을 줄이는데 도움이 된다.
④ 얼음주머니는 4시간마다 20~30분씩 하는 것이 좋다.
⑤ 냉찜질은 세포의 대사과정을 늦춰 손상과 부종을 감소시킨다.

15
얼음이나 차가운 물질은 조직의 온도를 낮
추고, 세포의 대사과정을 늦춰 손상과 부종
을 감소시킨다. 또한 차가운 찜질은 통증과
근경련을 줄이는데 도움이 된다. 얼음주머
니는 2시간마다 20~30분씩 하는 것이 좋
다. 초기 치료(급성기 2일 정도)에는 냉찜질
이 좋으나 만성통증에는 온찜질이 좋다.

표준교재 **116쪽**

정답 **11** ②　**12** ①　**13** ⑤　**14** ④　**15** ⑤

16 안전하고 효과적인 스트레칭을 위한 주의사항으로 옳은 것은?

① 빠르게 하되 안정되게 한다.
② 같은 동작을 5~6회 반복한다.
③ 동작과 동작 사이에 1분 정도 쉰다.
④ 상, 하, 좌, 우 중 한 곳만 집중적으로 한다.
⑤ 통증을 느끼지 않고 시원하다는 느낌이 드는 범위 내에서 한다.

★★★

17 다음 보기가 설명하는 근골격계 질환 치료는 무엇인가?

- 외상을 조절하고 추가적인 손상을 막아 준다.
- 손상 부위를 고정하거나 보조 장치를 착용할 수 있다.

① 휴식　　　　　　　　② 냉찜질
③ 압박　　　　　　　　④ 올리기
⑤ 아픈 부위 고정

18 요양보호사의 감염 예방을 위해 기관 차원에서 할 일로 옳은 것은?

① 정기적으로 건강검진을 받도록 한다.
② 대상자가 감염된 경우 보호장구를 착용한 후 접촉한다.
③ 임신한 요양보호사는 선천성 기형을 유발할 수 있는 감염성 질환을 가진 대상자와 접촉을 하지 않는다.
④ 손을 자주 씻는다.
⑤ 개인위생을 철저히 하고 적절한 소독법을 시행한다.

19 다음 보기가 설명하는 감염성 질환은 무엇인가?

- 요양보호사는 평소에 음식을 잘 섭취하고 피곤하지 않도록 한다.
- 감염대상자와 접촉한 요양보호사는 2주~1개월 감염여부를 확인한다.
- 감염이 우려되는 대상자를 돌볼 때는 보호장구를 착용한다.

① 옴　　　　　　　　　② 독감
③ 결핵　　　　　　　　④ 폐렴
⑤ 노로바이러스

➕ 해설

16
① 천천히 안정되게 한다.
② 같은 동작은 2~3회 반복한다.
③ 동작과 동작 사이에 5~10초 정도 쉰다.
④ 상하좌우 균형 있게 교대로 한다.

　표준교재　 **117~118쪽**

17

　표준교재　 **116쪽**

18
②~⑤는 감염 예방을 위해 요양보호사가 해야 할 일에 해당된다.

　표준교재　 **119쪽**

19

　표준교재　 **120쪽**

정답　**16**⑤　**17**①　**18**①　**19**③

20 독감에 대한 설명으로 옳지 않은 것은?

① 대상자는 독감유행 2주 전에 예방 접종을 한다.
② 증상이 생긴 후 5일 이상 병을 퍼뜨릴 수 있다.
③ 독감에 걸린 요양보호사는 1주 이상 쉬는 것이 좋다.
④ 독감은 증상이 생기기 하루 전부터 감염이 시작된다.
⑤ 열이 나고 기침, 누런 가래가 생기면 결핵이 의심된다.

20
독감이 회복될 즈음에 다시 열이 나고 기침, 누런 가래가 생기면 폐렴이 의심되므로 반드시 병원에 방문하여 진료를 받는다.

표준교재 **120~121쪽**

21 노로바이러스에 대한 설명으로 옳지 않은 것은?

① 개인위생을 철저히 한다.
② 어패류 등은 익혀서 먹는다.
③ 노로바이러스는 잘 전파된다.
④ 증상이 약화되더라도 2~3일간 업무를 중단한다.
⑤ 증상회복 후에는 음식조리에 바로 참여할 수 있다.

21
노로바이러스 증상 회복 후 최소 2~3일간은 음식조리에 참여하지 않는다.

표준교재 **121~122쪽**

22 옴에 대한 설명으로 옳지 않은 것은?

① 개인위생을 철저히 한다.
② 내의류 침구류는 삶아서 빨거나 다림질을 한다.
③ 옴은 옴진드기에 의하여 발생하고 감염력은 약한 편이다.
④ 대상자는 물론 동거가족, 요양보호사도 동시에 치료해야 한다.
⑤ 알레르기와 혼동하기 쉬우므로 심한 가려움증은 병원에 방문한다.

22
③ 옴은 감염력이 매우 강하여 잘 옮는다.

표준교재 **122~123쪽**

23 결핵 관리법으로 옳은 것은?

① 결핵균은 햇빛에 잘 견디는 특성이 있다.
② 결핵은 피부접촉을 통하여 감염되므로 환자가 사용하는 물건을 함께 쓰면 안 된다.
③ 결핵균은 강한 산이나 알칼리로 소독하면 수분 내에 죽는다.
④ 결핵이 의심되는 대상자를 돌볼 때는 보호장구(마스크, 장갑 등)를 착용해야 한다.
⑤ 1주 이상의 기침, 발열 등의 증상이 나타날 경우 반드시 결핵검사를 받는다.

23
결핵균에 감염된 사람이 대화, 기침 또는 재채기를 할 때 결핵균이 섞인 미세한 가래 방울이 일시적으로 공기 중에 떠 있게 되는데, 주위 사람들이 숨을 들이쉴 때 그 공기와 함께 폐 속으로 들어가 감염된다. 따라서 결핵이 의심되는 대상자를 돌볼 때는 보호장구(마스크, 장갑 등)를 착용해야 한다.

표준교재 **120쪽**

정답 **20** ⑤   **21** ⑤   **22** ③   **23** ④

24 독감에 대한 설명으로 옳은 것은?

① 독감예방접종은 12~5월 사이에 받는 것을 권장한다.
② 병이 회복될 즈음 다시 열이 나고 누런 가래가 생기는 것은 자연스러운 현상이다.
③ 독감은 감염력이 강하고 장염을 잘 일으킨다.
④ 우리나라에서는 인플루엔자는 통상 10~12월 사이에 유행한다.
⑤ 독감 증상이 생긴 후 5일 이상 병을 퍼뜨릴 수 있으므로 1주일 정도 쉬어야 한다.

24
독감은 증상이 생기기 하루 전부터 감염이 시작되며, 증상이 생긴 후 5일 이상 병을 퍼뜨릴 수 있으므로 인플루엔자에 걸린 요양보호사는 1주일 정도 쉬어야 한다.

표준교재 **121**쪽

25 노로바이러스 장염의 발병 요인이 아닌 것은?

① 익히지 않은 굴 등의 오염된 해산물을 섭취
② 오염된 물로 세척된 과일 및 채소 섭취
③ 감염 환자의 침구류 등 공동 사용
④ 감염 환자 구토물에 의한 비말감염
⑤ 불충분하게 조리된 고기를 재료로 한 인스턴트 음식 등

25
노로바이러스 장염 발병 요인
• 오염된 음식 섭취 : 주로 익히지 않은 굴 등 해산물
• 오염된 물로 세척된 과일 및 채소
• 불충분하게 조리된 고기를 재료로 한 인스턴트 음식 등
• 염소 소독 되지 않은 물 섭취
• 질환에 걸린 대상자의 구토물에 의한 감염
표준교재 **121**쪽

26 노로바이러스의 증상이 아닌 것은?

① 구토
② 메스꺼움
③ 근육통
④ 두통
⑤ 흉통

26
노로바이러스 증상
구토, 메스꺼움, 오한, 복통, 설사, 근육통, 권태, 두통, 발열 등

표준교재 **122**쪽

27 머릿니 관리법으로 옳지 않은 것은?

① 세탁이 어려운 의류 및 물품은 3일간 햇볕을 쬐도록 널거나 다리미로 다린 후 사용한다.
② 감염 대상자를 돌본 후 귀가 시에는 옷을 꼭 세탁하고, 샤워나 목욕을 한다.
③ 감염환자의 베개, 모자 등은 뜨거운 물에 세탁한 후 건조한다.
④ 모자, 스카프, 머리핀, 수건 등을 공동으로 사용하지 않는다.
⑤ 감염환자가 앉거나 누운 바닥은 진공청소기를 이용하여 청소한다.

27
① 세탁할 수 없는 의류 및 물품은 건식세탁을 하거나 2주 동안 보관한다.

표준교재 **123~124**쪽

정답 **24** ⑤ **25** ③ **26** ⑤ **27** ①

★★★

28 다음과 같은 동작을 유지한 채 1분 정도 손목을 구부렸을 때 손바닥과 손가락의 저린 증상이 심해지는 증상을 갖는 근골격계 질환으로 옳은 것은?

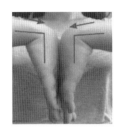

① 오십견
② 힘줄염
③ 팔꿈치 내측상과염
④ 팔꿈치 외측상과염
⑤ 수근관증후군

28

수근관증후군

수근관(손목 앞쪽의 피부조직 밑에 손목을 이루는 뼈와 인대들로 형성된 작은 통로)이 좁아지거나 내부 압력이 증가하여 신경이 자극되는 것. 양측의 손등을 맞대고 미는 동작을 유지한 채 최소한 1분 정도 손목을 구부릴 때 손바닥과 손가락의 저린 증상이 심해지면 수근관증후군임

표준교재 109~110쪽

★★★

29 요통을 예방하면서 물건을 양손으로 들어 올리는 방법으로 옳은 것은?

①

②

③

④

⑤

29

물건을 양손으로 들어 올릴 때는 허리를 펴고 무릎을 굽혀 무게중심을 낮추고 지지면을 넓히고 무릎을 펴서 물건을 들어 올린다.

표준교재 112쪽

정답 28 ⑤ 29 ③

2

요양보호 관련
기초지식

01 노화에 따른 변화와 질환

01 노인성 질환의 특성 표준교재 126쪽

① 단독으로 발생하는 경우는 드물고, 하나의 질병에 걸리면 다른 질병을 동반하기 쉽다.

② 증상이 거의 없거나 애매하여 정상적인 노화 과정과 구분하기 어렵다.

③ 기존 질병명으로는 구분되지 않고, 기능 이상으로만 나타나는 질병이 흔하다.

④ 원인이 불명확한 만성 퇴행성 질환이 대부분이다.

⑤ 경과가 길고, 재발이 빈번하다.

⑥ 노화에 따라 신장기능이 저하되어 수분과 전해질의 균형이 깨지기 쉽고, 이로 인해 의식장애, 심장수축 이상, 신경 이상 등이 발생한다.

⑦ 젊은 사람보다 약물에 더욱 민감하게 반응한다.

⑧ 신장의 소변 농축 능력과 배설 능력이 저하되어 약물성분이 신체 내에 오래 남아 중독상태에 빠질 수 있다.

⑨ 위험 요인에 노출되었을 때 질병에 쉽게 걸리게 된다.

⑩ 초기 진단이 매우 어렵다.

⑪ 가벼운 질환에도 의식장애를 일으키기 쉬워 뇌졸중뿐 아니라 가벼운 폐렴, 설사 등에도 의식장애가 발생한다.

⑫ 혈액순환 저하로 욕창이 잘 발생한다.

⑬ 골격근의 수축력 감소로 관절이 쉽게 뻣뻣해진다.

⑭ 노인성 질환으로 일상생활 수행능력이 저하되면 질환이 치유된 후에도 의존상태가 지속되는 경우가 많다.

⑮ 신체적 측면뿐만 아니라 심리적, 사회적, 경제적, 영적 측면이 모두 연관되어 있어 의학, 간호학, 사회심리학, 경제학, 사회복지학 등의 다양한 분야의 총체적인 접근이 필요하다.

02 노화에 따른 변화와 주요 질환

1. 소화기계   표준교재 127쪽

① 구강, 인후, 식도, 위, 소장 및 대장을 포함한다.

② 위

- 주머니 모양으로 생김

- 소화효소를 분비

- 섭취한 음식을 잘게 부수어 적당한 속도로 소장으로 내려보냄

③ 대장

- 소장에서 흘러 들어온 소화된 음식물을 항문까지 이동

- 소화된 음식물의 수분을 흡수하여 대변형태로 굳게 만듦

- 대장 내 세균들이 음식물을 분해함

1) 노화에 따른 특성

① 맛을 느끼는 세포수의 감소, 후각기능 저하로 미각 둔화

- 짠맛과 단맛에 둔해지고 쓴맛은 잘 느낌

② 충치, 치아의 탈락, 잘 맞지 않는 의치로 인한 불편감 등으로 음식을 씹기 어려워 영양상태가 악화될 수 있음

③ 타액과 위액분비 저하, 위액의 산도 저하로 소화능력 저하

④ 소화능력의 저하로 가스가 차고, 변비, 설사, 구토 등이 생김

⑤ 섬유식이의 섭취 부족으로 변비 발생

⑥ 췌장

- 소화효소 생산이 감소하여 지방의 흡수력이 떨어진다.

- 호르몬 분비 감소로 당내성(세포가 혈액으로부터 포도당을 흡수하는 능력)이 떨어져 당뇨병에 걸리기 쉽다.

⑦ 직장벽의 탄력성이 감소, 항문 괄약근의 긴장도가 떨어져 변실금 발생

⑧ 간 기능 저하 : 약물 대사와 제거 능력 저하

2) 주요 질환

(1) 위염

① 관련 요인

㉠ 치아 문제로 충분히 씹지 못한 음식물 섭취

㉡ 아스피린, 알코올, 조미료 같은 자극적인 약물이나 화학성분 섭취

㉢ 과식 등 무절제한 식습관

㉣ 병원균이 포함된 부패한 음식 섭취

② 증상

　　㉠ 급성 위염의 경우 식사 후 위가 무겁거나 부푼 듯한 팽만감

　　㉡ 명치의 통증, 트림, 구토

　　㉢ 식사 후 3~4시간이 지나 배가 고프기 시작할 때 발생하는 명치 부위의 심한 통증

③ 치료 및 예방

　　㉠ 하루 정도 금식하여 위의 부담을 덜고 구토를 조절한다.

　　㉡ 금식 시 물을 자주 마셔 탈수를 예방하고 충분한 휴식으로 위뿐만 아니라 전신을 쉬게 한다.

　　㉢ 금식 후에는 미음 등의 유동식을 섭취한 후 된죽을 먹는다.

　　㉣ 처방받은 제산제, 진정제 등의 약물을 사용하여 치료하기도 한다.

　　㉤ 과식, 과음을 피하고, 너무 뜨겁거나 찬 음식을 섭취하지 않는다.

　　㉥ 자극적인 음식을 피하고 규칙적으로 식사하여 위를 자극하지 않는다.

(2) 위궤양

위벽의 점막뿐만 아니라 근육층까지 손상된 위장병

① 관련 요인

　　㉠ 잘못된 식습관으로 인한 위 점막 손상

　　㉡ 스트레스

　　㉢ 담배, 알코올, 커피로 인한 위 자극

　　㉣ 해열제, 진통제, 소염제의 잦은 사용으로 인한 위 자극

　　㉤ 위에서 분비되는 소화효소에 의한 위 점막 손상

　　㉥ 위 내 헬리코박터균에 의한 감염

② 증상

　　㉠ 속쓰림

　　㉡ 소화불량

　　㉢ 새벽 1~2시에 발생하는 속쓰림과 상복부 불편감

　　㉣ 심한 경우 위 출혈, 위 천공, 위 협착 발생

③ 치료 및 예방

　　㉠ 약물요법과 함께 식이요법, 충분한 수면, 심신 안정이 중요하다.

　　㉡ 규칙적인 식사를 한다.

　　㉢ 담배와 담배연기에는 발암물질과 유해화학물질이 포함되어 있어 증상을 악화시키므로 절대적으로 금연하여야 한다.

　　㉣ 진통제는 반드시 점막 보호제를 함께 복용해야 한다.

　　㉤ 위 출혈, 위 천공, 위 협착 등의 증상이 발생한 경우 : 병원치료

(3) 위암

- **조기 위암** : 암세포가 점막 또는 점막하층에만 퍼져있는 상태
- **진행성 위암** : 점막하층을 지나 근육층 위로 뚫고 나온 상태
- ① 관련 요인
  - ㉠ 위축성 위염, 악성 빈혈 등의 관련 질병
  - ㉡ 짠 음식, 염장식품 등의 섭취
  - ㉢ 위암의 가족력
  - ㉣ 음주, 흡연
- ② 증상
  - ㉠ 서서히 진행되어 증상이 잘 나타나지 않음
  - ㉡ 체중감소
  - ㉢ 소화불량, 식욕감퇴, 속쓰림, 오심, 복부 통증이나 불편감
  - ㉣ 빈혈, 피로, 권태감
  - ㉤ 출혈, 토혈, 혈변
  - ㉥ 구토
  - ㉦ 진단 검사에서 복부 종양 덩어리, 간 비대
- ③ 치료 및 예방
  - ㉠ 수술, 화학요법, 방사선치료
  - ㉡ 재발 여부 확인을 위한 정기검진 : 치료 후 5년간
  - ㉢ 헬리코박터균 치료
  - ㉣ 균형 잡힌 식사
  - ㉤ 맵고 짠 음식, 태운 음식, 훈연한 음식 기피
  - ㉥ 금연
  - ㉦ 스트레스 줄이기
  - ㉧ 조기진단을 통한 조기 발견이 중요

(4) 대장암

- 맹장, 결장과 직장에 생기는 악성 종양으로 대장의 가장 안쪽 표면인 점막에 발생
- ① 관련 요인
  - ㉠ 대장 용종의 과거력
  - ㉡ 대장암의 가족력
  - ㉢ 장기간의 궤양성 대장염
  - ㉣ 매일 알코올 섭취
  - ㉤ 고지방, 고칼로리, 저섬유소, 가공 정제 된 저잔여식이의 섭취
- ② 증상
  - ㉠ 장습관의 변화와 장폐색, 설사, 변비

ⓛ 혈변, 직장 출혈, 점액 분비

ⓒ 허약감, 체중 감소

ⓔ 노인에서는 양성종양이나 치질, 변비 등에서도 위의 증상이 나타날 수 있으므로 주의 깊은 관찰이 필요함

③ 식사습관

ⓛ 골고루 규칙적으로 소량씩 섭취하기

ⓛ 천천히 꼭꼭 씹어서 먹기

ⓒ 잦은 간식과 늦은 식사 피하기

ⓔ 자극을 주는 찬 음식 피하기

ⓜ 음식 싱겁게 먹기

ⓗ 통곡식, 생채소, 생과일 많이 섭취하기

ⓢ 동물성 식품의 섭취를 줄이고, 식물성 지방 섭취하기

ⓞ 가공식품, 인스턴트식품, 훈연식품 피하기

ⓩ 하루에 6~8잔 생수 마시기

ⓣ 금연, 절주하기

ⓚ 소화에 도움이 되는 적당량의 운동하기

④ 치료 및 예방

ⓖ 수술, 화학요법, 방사선치료 등

ⓛ 치료 후 5년간은 병원에서 재발 여부를 확인하기 위한 정기검진 필요

(5) 설사

변 속의 수분량이 증가하여 물같은 대변을 보는 상태로 배변량뿐 아니라 배변 횟수가 증가

① 관련 요인

ⓖ 장의 감염(바이러스, 세균, 기생충 등에 의함)

ⓛ 스트레스

ⓒ 병원균에 오염된 음식물, 식중독

ⓔ 장 질환

ⓜ 소화기능의 저하

ⓗ 하제 등 약물의 남용

② 증상

ⓖ 1회~수십 회 수분이 많은 상태의 변 배출

ⓛ 물 설사, 혈성 설사

③ 치료 및 예방

ⓖ 의사의 처방에 따른 약물 복용

ⓛ 심신 안정, 몸 따뜻하게 하기

ⓒ 음식물 섭취량 줄이기

   ② 충분한 물 섭취로 탈수 예방

   ⑩ 장운동 증가시키는 음식 피하기

   ⑭ 지사제 남용 주의

(6) 변비

- 변을 보는 횟수가 일주일에 2~3회 이하인 경우
- 변을 볼 때 힘이 들고 변이 심하게 딱딱한 경우
- 변을 보는 데 시간이 오래 걸리는 경우
- 잔변감이 3개월 이상 지속하는 경우

① 관련 요인

  ㉠ 위, 대장반사 감소 및 약화에 따른 장운동 저하

  ㉡ 저작능력 저하와 관련된 지나친 저잔여식이 섭취

  ㉢ 복부 근육의 힘 약화

  ㉣ 식사량 감소, 특히 수분과 고섬유질 음식 섭취의 감소

  ㉤ 하제 남용으로 인한 배변반사 저하

  ㉥ 운동량 감소에 따른 장운동 저하

  ㉦ 요실금에 대한 염려로 인한 수분 섭취 부족

  ㉧ 스트레스, 우울과 같은 심리적 요인

  ㉨ 대장암, 뇌졸중, 심부전 등의 합병증

  ㉩ 변비를 유발하는 약물 사용(항암제, 마약성 진통제, 제산제 등)

② 증상

  ㉠ 배변 횟수 감소(1주 2~3회 이하)

  ㉡ 배변 무게 감소(하루 35g 미만)

  ㉢ 배변 시 어려움(힘든 배변, 단단한 변, 잔변감) 및 통증

  ㉣ 복부 통증과 팽만감

  ㉤ 경련

  ㉥ 식욕 저하

③ 치료 및 예방

  ㉠ 처방에 따라 하제를 사용할 수 있으나, 빈번하게 사용하면 변비를 악화시킬 수 있으므로 주의한다.

  ㉡ 편안한 환경에서 배변하게 한다.

  ㉢ 식물성 식이섬유, 유산균이 포함된 음식물과 다량의 물을 섭취한다.

  ㉣ 소변보기가 힘들거나 밤에 화장실 가는 것을 번거롭게 생각하여 물 마시기를 줄이면 변비를 악화시킬 수 있으므로 수분을 충분히 섭취한다.

  ㉤ 우유는 장의 운동력을 높이고 변의를 느끼게 하므로 적극적으로 섭취한다.

  ㉥ 체조, 걷기 운동을 함으로써 대장의 운동력을 높이고, 복부 마사지로 배변을 돕는다.

ⓧ 식사시간을 매일 일정하게 하고 규칙적인 배변습관을 갖는다.

ⓞ 변의가 생기면 즉시 화장실을 찾음으로써 배변 시기를 놓치지 않는다.

ⓩ 변비를 유발하는 약의 복용을 중단한다.

3) 요양보호사 활동 시 주의사항

① 요양보호사가 대상자의 질병명을 예측하여 말하거나, 수술 혹은 약물 치료가 필요하다는 등의 말을 하면 안 된다. 예 예 속이 쓰리다고 하는 대상자에게 위염인 것 같으니, 약을 먹어야 할 것 같다고 말하는 것

② 요양보호사는 대상자가 정상적이지 않은 상태를 보이거나 평소와 다르게 상태가 안 좋은 방향으로 변화되었을 때 가족과 상의하여 의료기관을 찾도록 한다. 또한, 시설장이나 간호사에게 신속하게 보고해야 한다. 예 식사량이 갑자기 감소하거나 대변이 콜라색을 띨 때, 속이 쓰리다고 하거나, 오심, 구토가 있을 때 먼저 가족과 상의하고, 시설장이나 간호사에게 보고한다.

③ 변비인 대상자가 관장을 해달라고 요구하는 경우, 간호사 등 의료인과 상의해야 한다.

④ 대상자가 식사를 하지 않는 경우 신체적인 이유와 심리적인 이유가 있을 수 있으므로 가족과 상의하고, 시설장이나 간호사에게 보고한다.

2. 호흡기계 표준교재 138쪽

• 공기를 폐로 전달하는 공간과 통로로 비강, 인두, 후두, 기관, 기관지, 폐로 이루어짐

• 역할 : 산소 섭취와 이산화탄소 배설이라는 가스교환을 담당

1) 노화에 따른 특성

① 신체조직 내 수분 함유량 감소, 콧속 점막 건조로 인해 공기를 효과적으로 흡입하지 못하게 됨

② 폐포의 탄력성 저하, 폐 순환량 감소로 폐활량이 줄어들어 쉽게 숨이 참

③ 호흡근육의 위축과 근력의 약화로 호흡증가 시 피로해지기 쉬움

④ 기침반사와 섬모운동 저하로 미세 물질들을 걸러내지 못함

⑤ 기관지 내 분비물이 증가되어 호흡기계 감염이 쉽게 발생함

2) 주요 질환

(1) 독감(인플루엔자)

인플루엔자 바이러스에 의한 감염병으로 겨울철에 유행하며 고열과 함께 기침 등 호흡기 증상을 일으키는 질환

① 관련 요인

㉠ 인플루엔자 바이러스 감염

㉡ 급성 인플루엔자에 걸린 대상자가 기침이나 재채기를 할 때 분비되는 호흡기 비말을 통해 사람에서 사람으로 전파됨

② 증상

㉠ 갑작스러운 발열(38℃ 이상)

㉡ 두통

㉢ 전신 쇠약감

    ⓔ 마른기침

    ⓜ 인후통

    ⓗ 코막힘

    ⓢ 근육통

③ 치료 및 예방

    ㉠ 안정을 취해야 한다.

    ㉡ 충분한 수분을 섭취한다.

    ㉢ 필요시 해열진통제나 처방받은 항바이러스제를 복용한다.

    ㉣ 매년 1회 예방접종을 통해 인플루엔자 감염을 예방한다.

(2) 만성 기관지염

기관지의 만성적 염증으로 기도가 좁아져 숨 쉬기가 힘든 질환

① 관련 요인

    ㉠ 흡연, 매연에의 노출

    ㉡ 세균성 혹은 바이러스성 감염

② 증상

    ㉠ 심한 기침, 특히 이른 아침에 발생하는 가래 끓는 기침

    ㉡ 점진적으로 호흡곤란 심화

    ㉢ 전신 쇠약감, 체중감소

    ㉣ 잦은 호흡기 감염

    ㉤ 흰색이나 회색 또는 점액성의 화농성 가래

③ 치료 및 예방

    ㉠ 심호흡과 기침을 하여 기관지 내 가래를 배출한다.

    ㉡ 처방받은 거담제와 기관지확장제를 사용하여 가래를 묽게 하고 좁아진 기도를 넓혀 준다.

    ㉢ 지나치게 뜨겁거나 차가운 음식, 자극적인 음식은 기관지 경련을 일으킬 수 있으므로 피하고, 소화가 잘 되는 음식으로 여러 번으로 나누어 식사한다.

    ㉣ 금연한다.

    ㉤ 공기오염이 심한 지역에 사는 경우 가능한 한 오염된 공기에 노출되지 않게 한다. 공기청정기를 설치하거나, 갑작스러운 온도 변화, 차가운 기후, 습기가 많은 기후에 노출되지 않게 한다.

(3) 폐렴

세균, 바이러스, 곰팡이, 화학물질에 의해 폐 조직에 염증이 생겨 기관지가 두껍게 되고 섬유화되어 폐로 산소를 흡수하는 능력이 감소하는 질환

① 관련 요인

    ㉠ 세균이나 바이러스

    ㉡ **흡인성 폐렴** : 음식물이나 이물질이 기도 내로 넘어가 기관지나 폐에 염증을 유발함

② 증상
    ㉠ 두통, 근육통

    ㉡ 감기 정도의 가벼운 증상

    ㉢ 고열, 기침, 흉통, 호흡곤란, 화농성 가래

    ㉣ 마른기침이나 짙은 가래를 뱉어내는 기침

③ 치료 및 예방

    ㉠ **세균성 폐렴** : 항생제 치료.

    ㉡ **바이러스성 폐렴** : 증상에 따라 치료방법이 다름

    ㉢ 산소 공급, 체위 변경, 기침 및 심호흡으로 혈액의 산소 농도를 적절하게 유지

    ㉣ 규칙적인 환기, 적절한 습도 및 온도 유지

    ㉤ 충분한 영양과 수분 섭취로 감염의 전파를 예방

    ㉥ 외출 후 손발 깨끗이 씻기

    ㉦ 사람이 많은 장소에 출입하는 것을 제한하기

    ㉧ 환절기 이전에 폐렴구균 예방접종 하기

(4) 천식

기도의 만성 염증성 질환으로 기관지 벽의 부종과 기도 협착, 여러 가지 자극에 대해 기도가 과민반응을 보이는 상태

① 관련 요인

    ㉠ 감기

    ㉡ 비염 등과 같은 염증

    ㉢ 흥분이나 스트레스, 긴장감

    ㉣ 꽃가루, 집먼지진드기, 강아지나 고양이 털 및 배설물, 곰팡이

    ㉤ 대기오염, 황사, 매연, 먼지 등의 자극 물질, 자극적인 냄새, 담배연기

    ㉥ 갑작스러운 온도나 습도의 차이, 특히 차고 건조한 공기에 갑자기 노출되는 것, 기후 변화

    ㉦ 노화에 따른 폐기능 감소

② 증상

    ㉠ 기침, 숨을 내쉴 때 쌕쌕거리는 호흡음, 호흡 곤란

    ㉡ 점액 분비량의 증가

    ㉢ 가슴이 답답한 느낌이나 불쾌감

    ㉣ 기도 경련

    ㉤ 알레르기성 비염

③ 치료 및 예방

    ㉠ 호흡곤란이 심한 경우, 운동하기 30분 전에 기관지확장제 투여

    ㉡ 처방받은 약물을 정확하게 투여해야 하며, 처방받지 않은 약물은 사용하지 않기

    ㉢ 담배, 벽난로, 먼지, 곰팡이 피하기

    ⓔ 따뜻한 곳에서 추운 곳으로 가거나 갑작스러운 온도 변화 피하기

    ⓜ 적당한 휴식과 수면 취하기

    ⓗ 스트레스와 불안을 줄이기

    ⓢ 침구류는 먼지나 진드기를 없애기 위해 뜨거운 물로 세탁

    ⓞ 매년 1회 인플루엔자 백신을, 65세 이후에는 1회 폐렴구균 백신 예방접종 하기

    ⓩ 천식이 있는 대상자는 미세먼지, 황사 등이 심하면 바깥활동 줄이기

    ⓚ 외출 시 마스크 착용하기

(5) 폐결핵

결핵균이 폐에 들어가 염증을 일으키는 질환

① 관련 요인

    ㉠ 결핵균의 호흡기 감염

    ㉡ 알코올 또는 약물 중독

    ㉢ 영양 부족 등으로 인한 면역력 저하

    ㉣ 당뇨병, 악성 종양, 만성 신부전 등과 같은 만성 질병 악화

    ㉤ 스테로이드와 같은 면역 억제제 사용

② 증상

    ㉠ 초기에는 대부분 무증상이다가 흉부방사선 촬영(X-ray)에서 우연히 발견되는 경우가 많음

    ㉡ 2주 이상의 기침과 흉통

    ㉢ 오후에 고열이 있다가 늦은 밤에 식은땀과 함께 열이 내리는 증상이 반복됨

    ㉣ 피로감, 식욕부진, 체중 감소, 무기력감

    ㉤ 점액성, 화농성, 혈액성 가래(농흉 및 객혈)

    ㉥ 호흡 곤란과 흉막염 등의 합병증

항결핵제★★★

- 종류가 다양하고 약의 양이 많고 복용 기간도 비교적 김
- 자의로 중단하거나 줄여서 먹으면 안 됨
- 불규칙적으로 먹거나 임의로 중단하면 약제 효과가 미치지 않은 균들이 살아남아 몸에서 활발하게 증식하게 되어 치료가 실패로 돌아가고 결핵이 더욱 악화됨

③ 치료 및 예방

    ㉠ 약물 투여로 인한 위장장애, 홍조, 피부 발진, 가려움증, 발열 같은 부작용 관찰

    ㉡ 주기적으로 간 기능 검사와 객담 검사 실시

    ㉢ 결핵은 감염성이 있으므로 흉부방사선 촬영 (X-ray) 검진, 가래검사를 해서 조기에 발견

    ㉣ 다른 사람에게 감염되지 않도록 기침 예절 지키기

3. 심혈관계 표준교재 146쪽

- 혈액, 심장, 혈관으로 구성
- 혈액순환에 의해 산소와 영양분을 각 조직과 세포로 운반하고, 대사산물인 노폐물을 몸 밖으로 내보내는 작용을 함
- 심장은 피를 펌프질하고 혈관은 수축과 이완 작용을 통하여 혈압을 유지하고 혈액과 신체조직 간의 물질 교환을 담당함

1) 노화에 따른 특성

① 심장은 나이가 들면서 근육이 두꺼워져 탄력성이 떨어진다.

② 최대 심박출량과 심박동수가 감소된다.

③ 말초혈관으로부터 심장으로의 혈액순환이 감소된다.

④ 누워 있다가 갑자기 일어나거나, 소변을 보기 위해 앉았다 일어나는 등의 체위 변화에 따라 기립성 저혈압이 발생한다.

⑤ 정맥의 약화로 하지에 부종과 정맥류, 항문에 치질이 생긴다.

2) 주요 질환

(1) 고혈압

- **혈압** : 심장에서 뿜어내는 혈액이 혈관의 벽에 미치는 압력
- **최고 혈압** : 심장에서 피를 짤 때의 압력(수축기 혈압)
- **최저 혈압** : 심장이 늘어나면서 피를 가득 담고 있을 때의 압력(이완기혈압)
- **가장 이상적인 혈압** : 120/80mmHg
- 혈관이 좁아지거나 심장이 한 번에 내보내는 혈액의 양이 늘어나면 혈압이 높아지게 됨

① 관련 요인

  ㉠ 본태성(일차성) 고혈압

   - 유전, 흡연, 과도한 음주, 스트레스, 과식, 짠 음식, 운동 부족, 비만과 같은 많은 요인이 관련되어 있음
   - 전체 고혈압의 90~95% 차지

  ㉡ 속발성(이차성) 고혈압

   - 심장병, 신장질환, 내분비 질환의 일부, 임신중독증과 같은 질병이 원인이 된 고혈압
   - 원인이 되는 질병이 치료되면 혈압도 정상으로 돌아옴
   - 전체 고혈압의 5~10% 차지

② 증상

  ㉠ 뇌동맥의 파열로 뇌졸중 혹은 사망

  ㉡ 뒷머리가 뻐근하게 아프고 어지럽거나 흐리게 보임

  ㉢ 이른 아침의 두통

  ㉣ 이명, 팔다리 저림

ⓜ 심장 및 신장 기능 장애

ⓗ 코피, 가슴이 답답하거나 숨이 참

③ 치료 및 예방

　ⓘ 혈압약을 꾸준히 복용하여 혈압을 정상으로 유지

　ⓛ 동맥경화증, 뇌졸중, 심장질환, 신장질환 등의 합병증을 예방해야 함

　ⓒ 지속적으로 치료해도 고혈압이 계속될 때는 의사와 상의하여 약을 바꾸거나 정밀검사를 받아야 함

　ⓔ 금주, 금연하기

　ⓜ 규칙적인 혈압 측정으로 변화를 관찰하기

　ⓗ 저염식이, 저지방식이 하기

　ⓢ 스트레스는 혈압을 상승시키므로 정신적인 안정과 즐거운 마음 유지

　ⓞ 표준체중 유지, 체중이 정상이더라도 복부 비만의 경우 심혈관계 질환의 위험 요인이 되므로 조절이 필요함

④ 고혈압 완화에 좋은 운동

　ⓘ 종류 : 걷기, 빨리 걷기, 조깅, 자전거 타기, 계단 오르기, 등산, 수영 등

　ⓛ 시간 : 하루 30-60분, 일주일에 3~5일

　ⓒ 강도 : 속옷에 땀이 밸 정도, 약간 숨이 찰 정도

⑤ 올바른 고혈압 약물 복용 방법

　ⓘ 증상이 없어도 혈압이 높으면 치료해야 한다.

　ⓛ 고혈압은 증상이 없는 경우가 대부분이기 때문에 의사의 처방이 있으면 계속 약을 먹어야 한다.

　ⓒ 약을 오래 복용하는 것이 몸에 좋지는 않지만, 고혈압의 합병증을 발생시키는 것보다는 안전하다.

　ⓔ 혈압이 소설되다가도 약을 안 먹으면 약효가 떨어지자마자 혈압이 다시 올라간다. 따라서 의사의 처방이 있으면 계속 약을 먹어야 한다.

(2) 동맥경화증

동맥 혈관의 안쪽 벽에 지방이 축적되어 혈관 내부가 좁아지거나 막혀 혈액의 흐름에 장애가 생기고 혈관 벽이 굳어지면서 발생하는 질환

① 관련 요인

　ⓘ 지방대사 이상

　ⓛ 콜레스테롤이나 지방 섭취 과다

　ⓒ 가족적 소인

　ⓔ 스트레스, 비만, 흡연, 과음, 폐경

　ⓜ 운동 부족

　ⓗ 고지혈증, 당뇨병, 고혈압

② 증상

    ㉠ 뇌혈관이 막히거나 터짐

    ㉡ 불면증

    ㉢ 언어 장애

    ㉣ 팔, 다리의 동맥경화로 손발의 통증, 냉증 및 저림, 다리를 저는 등의 보행 장애

    ㉤ 협심증, 심근경색 등 관상동맥질환으로 흉통, 압박감, 조이는 듯한 느낌

    ㉥ 발작, 의식장애, 혼수, 반신불수

    ㉦ 혈액순환이 심각하게 감소되면서 하지 조직의 괴사 발생

    ㉧ 머리가 무겁고 아프거나 뒷골이 당기며 현기증, 기억력 저하

③ 치료 및 예방

    ㉠ 흡연 시 발생하는 일산화탄소는 동맥 안쪽 벽을 손상하므로 금연한다.

    ㉡ 혈압이 높으면 동맥 혈관이 손상되므로 고혈압을 관리한다.

    ㉢ 당뇨병은 혈중 지방 수치를 높이고 혈관을 손상시키므로 혈당을 조절한다.

    ㉣ 소금섭취량을 평소의 반으로 줄이는 저염식이와 저지방식이를 한다.

    ㉤ 규칙적으로 운동한다,

(3) 심부전

심장의 수축력이 저하되어 신체조직에 필요한 만큼의 충분한 혈액을 내보내지 못하는 상태

① 관련 요인

    ㉠ 관상동맥질환

    ㉡ 고혈압

    ㉢ 심장병이나 신장병

② 증상

    ㉠ 앉은 자세 호흡

    ㉡ 식욕 상실

    ㉢ 의식혼돈, 현기증

    ㉣ 지속적인 기침과 객담 배출

    ㉤ 적절한 산소와 영양분 부족으로 허약감, 피로, 호흡곤란

    ㉥ 걷기, 계단오르기, 쇼핑하기 등 운동 시 심한 호흡곤란

    ㉦ 심박출량 감소에 따른 신장 혈류량 부족으로 신장의 수분과 염분 배출이 억제되어 의존
       성부종이 나타남

③ 치료 및 예방

    ㉠ 원인을 치료하는 약물을 투여한다.

    ㉡ 염분, 수분, 고지방, 고콜레스테롤을 제한하는 식사를 소량씩 섭취한다.

    ㉢ 규칙적인 운동을 한다.

    ㉣ 독감이나 폐렴을 예방한다.

ⓜ 금연한다.

ⓑ 매일 체중을 측정하여 부종 정도를 확인한다.

ⓢ 고혈압과 고지혈증을 치료한다.

ⓞ 스트레스를 조절한다.

(4) 빈혈

- 적혈구나 헤모글로빈이 부족하여 혈액이 몸에서 필요한 만큼의 산소를 공급하지 못하는 상태
- 노인에게는 철분이 부족하여 생기는 빈혈이 흔함

① 관련 요인

ㄱ 위궤양, 십이지장궤양, 치질, 암 등 위장관에서 출혈이 되는 경우

ㄴ 철분 섭취가 부족한 경우

ㄷ 철분의 흡수에 문제가 있는 경우 등

② 증상

ㄱ **중추신경계 증상** : 현기증, 두통, 집중력 저하, 손발 저림

ㄴ **피부 증상** : 창백, 설염

ㄷ **심혈관계 증상** : 빈맥, 저혈압, 숨가쁨, 호흡곤란

ㄹ **소화기 증상** : 소화불량, 오심, 변비, 복부팽만

ㅁ **비뇨생식기계 증상** : 성욕감퇴

③ 치료 및 예방

ㄱ 철분제와 철분의 흡수를 돕기 위한 비타민 C를 함께 복용한다.

ㄴ 식사 시 철분 섭취를 늘린다.

ㄷ 출혈을 일으키는 문제가 있으면 의사와 상의한다.

④ 빈혈 예방과 해소에 좋은 음식

ㄱ **굴** : 철분 이외에 구리와 타우린이 많아 콜레스테롤 수치를 낮춰 줌

ㄴ **달걀노른자** : 철분 외에 다양한 영양소 풍부, 레시틴이 콜레스테롤을 낮춰 줌

ㄷ **붉은 살코기** : 동물성 단백질 식품의 철이 식물성 단백질 식품의 철보다 흡수가 3배 더 잘됨

ㄹ **콩류** : 고단백질의 영양가 많은 식품으로 빈혈에 좋음

ㅁ **시금치** : 철분뿐 아니라 비타민 C가 많아 철분의 흡수를 도움

3) 요양보호사 활동 시 주의사항

① 심혈관계 문제를 가진 대상자는 불안해하고, 걱정스러워하므로, 최대한 안정적이고 편안하게 해준다.

② 고혈압이나 동맥경화증이 있는 대상자는 **평소 처방약을 복용**하고 뇌졸중이 발생하는지 철저히 관찰해야 한다.

③ 갑자기 어지럼증을 느끼는 대상자는 그 자리에 주저앉도록 하여 낙상으로 인한 뇌손상을 예방한다.

④ 의식불명이나 심장마비가 나타날 수 있으므로 응급상황에 대처할 수 있어야 한다.

4. 근골격계 표준교재 152쪽

1) 노화에 따른 특성

① 추간판이 오그라들어 키가 줄어든다.

② 등뼈가 굽어 머리를 낮추면서 가슴을 향하여 보게 된다.

③ 뼈의 질량 감소로 골격이 작아지고 약해져 작은 충격에도 골절되기 쉽다.

④ 하악골의 쇠약으로 치아가 상실된다.

⑤ 근긴장도와 근육량이 저하되어 신체적 활동과 운동 능력이 감소된다.

⑥ 호흡기계 노화로 산소를 유용하게 사용하지 못하여 근육경련과 근육피로를 자주 느끼게 된다.

⑦ 인대 등이 탄력을 잃어 관절운동이 제한된다.

⑧ 어깨는 좁아지고 골반은 커진다.

⑨ 관절면이 마모되어 염증, 통증, 기형을 초래한다.

⑩ 팔, 다리의 지방은 감소하고 엉덩이와 허리의 피하지방은 증가하여 노인 특유의 체형을 보인다.

2) 주요 질환

(1) 퇴행성 관절염

노화로 인해 뼈를 보호해 주는 끝부분의 연골(물렁뼈)이 닳아서 없어지거나 관절에 염증성 변화가 생긴 상태

① 관련 요인

    ㉠ 노화, 유전적인 요소와 환경적인 요소가 복합적으로 작용하여 명확하지 않음

    ㉡ 관절을 싸고 있는 조직의 퇴화

    ㉢ 연골의 탄력성 저하

② 증상

    ㉠ 관절 부위의 통증

- 개인에 따라 자각하는 통증의 정도가 다르다.
- 날씨나 활동의 정도에 따라 통증의 호전과 악화가 반복된다.
- 초기에는 통증이 경미하게 나타나다가 몇 년에 걸쳐 점차 심해지며, 운동하면 악화되고 안정하면 호전된다.
- 아침에 일어나면 관절이 뻣뻣해져 있는 경직 현상이 있는데 일반적으로 30분 이내에 풀어진다.
- 계단 오르내리기, 장거리 걷기, 등산 등의 활동으로 관절을 많이 사용할수록 통증이 심해질 수 있다.

    ㉡ 운동장애

    ㉢ 관절의 변형

- 무릎 관절에 관절액이 많아져 무릎이 부어올라 관절의 모양이 변형된다.

③ 치료 및 예방

    ㉠ 약물치료

ⓛ 온·냉요법, 마사지, 물리치료

ⓒ 관절 경직을 예방하고 근육강화를 위한 관절운동

ⓔ 관절의 파괴가 심할 경우 수술 하기도 함

ⓜ 관절의 부담을 완화하기 위한 체중 조절

ⓗ 관절에 부담되지 않는 규칙적인 운동(예 : 수영, 평평한 흙길 걷기, 체조 등)

(2) 골다공증

뼈세포가 상실되고 골밀도가 낮아져 골절이 발생하기 쉬운 상태

① 관련 요인

㉠ 폐경, 여성 호르몬 부족

㉡ 골격이 약하고 저체중

㉢ 운동 부족

㉣ 갑상선 및 부갑상선 질환

㉤ 척추골절 등 40세 이후 골절 경험

㉥ 영양 흡수장애 및 칼슘 섭취 부족

㉦ 3개월 이상 부신피질 호르몬 요법을 받았거나 장기적으로 혈전예방 약물 (아스피린, 헤파린 등) 복용

㉧ 흡연, 음주, 카페인의 과다 섭취

㉨ 젊었을 때 본인 체중 10% 이상의 무리한 다이어트

㉩ 유전적인 요소

② 증상

㉠ 허리 통증

㉡ 키가 작아짐

㉢ 등이나 허리가 굽음

㉣ 잦은 골절

③ 치료 및 예방

㉠ 칼슘을 충분히 섭취함으로써 칼슘 부족에 의한 골다공증을 예방하고 치료한다.

㉡ 의료기관에서 호르몬치료를 받는다.

㉢ 적당한 체중을 유지한다.

㉣ 근육과 뼈에 힘을 주는 체중부하운동을 한다.

㉤ 음식으로 비타민 D를 섭취한다. 햇볕을 쬐면 비타민 D가 생성되는데, 약물을 복용하기도 한다.

㉥ 술은 성호르몬을 감소시키며, 뼈 생성을 억제하므로 금주한다. 또한 과음을 하면 넘어지기 쉽고, 영양 불균형으로 골다공증 위험이 증가 된다.

㉦ 흡연을 하면 여성호르몬 농도가 낮아지고, 뼈가 약해지므로 금연한다.

(3) 고관절 골절

강한 외부 힘이 작용해서 고관절 뼈가 부러지는 것으로 골다공증이 있는 노인이 낙상할 경우 발생

① 관련 요인
  ㉠ 고령
  ㉡ 하지 기능 부전
  ㉢ 시력장애
  ㉣ 골다공증
  ㉤ 저체중
  ㉥ 보조기 사용
  ㉦ 알코올 섭취

② 증상
  ㉠ 서혜부와 대퇴부의 통증
  ㉡ 이동의 제한
  ㉢ 뼈가 부러지는 소리

③ 치료 및 예방
  ㉠ 골다공증에 대한 진단을 받고 적절한 치료를 한다.
  ㉡ 골절 부위를 수술한다.
  ㉢ 낙상을 예방한다.

3) 요양보호사 활동 시 주의사항

① 근골격계 질환 예방을 위해서는 적절한 영양과 운동이 무엇보다 중요하다. 인체는 약물로 된 영양보다 자연식품에 포함된 영양물질을 더 잘 흡수하므로 대상자가 칼슘을 충분히 섭취할 수 있도록 식사를 도와야 한다.

② 근골격계 질환을 가진 대상자는 낙상과 같은 안전사고 예방에 특히 유의하여야 한다.

③ 보조기구를 사용하는 대상자에게는 사용 방법을 정확하게 설명해야 한다.

④ 수술을 받은 대상자는 회복을 위해 재활이 필요하므로 잔존기능을 최대한 활용할 수 있도록 도와야 한다.

5. 비뇨·생식기계   표준교재 159쪽

1) 노화에 따른 특성

(1) 여성 노인

① 여성 호르몬 감소로 난소가 작아지고 기능도 점차 감퇴된다.

② 질벽이 얇아지고 탄력성이 적어지고 윤활작용이 감소되어 성교가 어렵고, 성교 시 통증이 있으나 성적 욕구가 감소되는 것은 아니다.

③ 유방과 유방을 지지하는 근육이 위축하여 가슴은 처지고 작아진다.

④ 질의 수축 및 분비물 저하로 질염이 발생하기 쉽다.

⑤ 방광기능과 대뇌기능의 저하 등으로 빈뇨증, 요실금, 야뇨증이 생긴다.

(2) 남성 노인

① 남성 호르몬 감소로 동맥 혈관에 변화가 일어나 음경이 발기되는 데 더 많은 자극이 필요하고 오래 걸린다.

② 대부분의 남성 노인은 전립선 비대를 경험한다.

③ 잔뇨량이 늘어나고, 방광용적이 250㎖ 정도로 감소되어 자주 소변을 보게 된다. 또한 방광 근력이 저하되어 방광이 완전히 비워지지 않고 소변줄기가 가늘어진다.

2) 주요 질환

(1) 요실금

자신의 의지와 상관없이 소변이 밖으로 흘러나오는 증상

① 관련 요인

    ㉠ 노화로 인한 방광의 저장능력 감소

    ㉡ 골반 근육 조절능력의 약화

    ㉢ 호르몬의 생산 중지로 인한 요도기능 약화

    ㉣ 당뇨병, 파킨슨병, 각종 약물 복용으로 인한 부작용

    ㉤ 남성은 전립선비대증, 여성은 요로 감염 및 복압상승과 관련있음

    ㉥ 변비

② 증상

    ㉠ 복압성 요실금 : 기침, 웃음, 재채기, 달리기, 줄넘기 등 복부 내 압력 증가로 인해 소변이 나오는 것

    ㉡ 절박성 요실금 : 소변을 보고 싶다고 느끼자마자 바로 소변이 나오는 것

    ㉢ 역류성 요실금 : 소변의 배출이 원활하지 않아 소변이 가득 찬 방광에서 소변이 조금씩 넘쳐 계속적으로 흘러나오는 것

③ 치료 및 예방

    ㉠ 발생 원인에 따라 약물요법이나 수술 치료를 한다.

    ㉡ 골반근육강화 운동을 한다.

    ㉢ 충분한 수분 섭취로 방광의 기능을 유지한다.

    ㉣ 식이섬유소가 풍부한 채소와 과일을 섭취한다.

    ㉤ 비만은 복부 내 압력을 증가시켜 복압성 요실금을 유발하기 때문에 체중을 조절한다.

(2) 전립선비대증

전립선이 커져서 요도를 압박하는 상태

① 관련 요인

    ㉠ 노화에 따른 남성호르몬 감소, 여성호르몬 증가 등 호르몬 불균형

    ㉡ 비만

ⓒ 고지방, 고콜레스테롤 음식 섭취

② 증상

㉠ 비대된 전립선이 요도를 눌러 요도가 좁아져 소변줄기가 가늘어짐

㉡ 소변을 보고 나서도 시원하지 않음(잔뇨감)

㉢ 소변이 바로 나오지 않고 힘을 주어야 나옴

㉣ 배뇨 후 2시간 이내에 다시 소변이 마렵고(빈뇨) 소변이 마려울 때 참기 힘듦(긴박뇨)

㉤ 밤에 자다가 소변을 보려고 자주 깸(야뇨)

③ 치료 및 예방

㉠ 도뇨관을 사용하여 정기적으로 소변을 빼준다.

㉡ 약물요법을 통해 신장 기능의 손상을 치료한다.

㉢ 심하면, 전립선절제 수술을 받는다.

㉣ 저지방 식사와 적당한 운동으로 적정 체중을 유지한다.

㉤ 음주는 전립선비대증을 악화시키므로 금주한다.

3) 요양보호사 활동 시 주의사항

① 비뇨기계에 문제가 있어 스스로 배뇨를 조절하기 힘든 대상자도 기저귀나 소변 주머니 사용은 최대한 자제하고, 되도록 스스로 할 수 있도록 유도하고 훈련해야 한다. **예** 낮에는 배뇨간격에 맞추어 소변을 보도록 유도한다. 밤에만 기저귀를 채운다.

② 요실금이 있는지, 긴박뇨 때문에 밤에 잠을 깨는지 관찰한다.

• 스스로 배뇨 문제를 해결하지 못해 서비스를 제공받을 때 누군가 방문을 열면 대상자가 수치심을 느낄 수 있기 때문에 혼자서 방을 사용하는 경우라도 스크린을 쳐주는 등 최대한 프라이버시를 지켜 주어야 한다.

• 도뇨관을 바꾸거나 방광을 세척해야 하는 경우 시설장이나 관리책임자에게 보고하여 의료인에게 연계해야 한다.

• 요실금 대상자는 발생할 수 있는 합병증인 피부 자극, 욕창을 예방하는 데에도 신경 써야 한다.

6. 피부계 표준교재 163쪽

1) 노화에 따른 특성

① 피하지방의 감소로 기온에 민감해진다.

② 피부가 건조하고, 표피가 얇아져서 탄력성이 감소하고 쉽게 손상되는 경향이 있다.

③ 피하조직의 감소로 저체온, 오한, 압박에 대한 손상의 위험이 높다.

④ 피하 지방이 줄고 수분이 소실되어 건조해지고 주름살이 생기며 눈꺼풀이 늘어지고 이중 턱이 된다.

⑤ 발톱이나 손톱이 딱딱하고 두꺼워지며 세로줄이 생기고 잘 부서진다.

⑥ 피부가 회색으로 변하고 검버섯 등이 생긴다.

⑦ 노인성 반점이라 불리는 갈색 반점이 생긴다.

⑧ 머리카락은 전반적으로 가늘어지고 모근의 멜라닌생성 세포가 소실되어 탈색이 된다.

⑨ 여성노인의 머리, 겨드랑이, 음부의 털은 줄지만 입가와 뺨 등 얼굴의 털은 증가한다. 남성 노인의 경우 머리털과 수염이 줄고 입가나 뺨에는 털이 많아진다.

⑩ 가려움증, 통증, 지각이상 등의 증상이 흔하며 특히 노인들에게 특별한 원인 없이 지속된다. 노인의 각질층에는 수분 함유량이 적기 때문에 소양증은 밤과 겨울철에 더욱 심해진다.

⑪ 상처회복이 지연되고 궤양이 생기기 쉽다.

2) 주요 질환

(1) 욕창

병상에 오래 누워 있는 대상자의 후두부·등·허리·어깨·팔꿈치·발뒤꿈치 등 바닥면과 접촉되는 피부가 혈액을 공급받지 못해서 괴사되는 상태

① 관련 요인

  ㉠ 장기간의 와상 상태

  ㉡ 뇌척수신경의 장애로 인한 체위변경의 어려움

  ㉢ 체중으로 압박받는 부위, 특히 뼈가 튀어나온 곳에 가해진 지속적인 압력

  ㉣ 영양부족과 체중 감소, 근육 위축, 피하지방 감소 등으로 인해 피부와 뼈 사이의 완충지대 감소

  ㉤ 요실금 및 변실금 등 습기로 인한 피부 손상, 미생물 번식

  ㉥ 대상자를 잘못 들어 올리거나 침대에서 잘못 잡아끌어 약한 부위의 피부가 벗겨짐

② 증상

  ㉠ 1단계 : 피부가 분홍색이나 푸른색을 띠고 누르면 색깔이 일시적으로 없어져 하얗게 보이고 열감이 있다.

  ㉡ 2단계 : 피부가 벗겨지고 물집이 생기고 조직이 상한다.

  ㉢ 3단계 : 깊은 욕창이 생기고 괴사조직이 발생한다.

  ㉣ 4단계 : 뼈와 근육까지 괴사가 진행된다.

③ 치료 및 예방

  ㉠ 매일 아침, 저녁으로 피부상태를 점검한다. 붉게 변한 부위가 있는지 확인한다. 자세를 바꾸어도 붉은빛이 계속되면 욕창일 가능성이 높다.

  ㉡ 특정부위에 압력이 집중되지 않도록 침대에서는 적어도 두 시간마다, 의자에서는 한 시간마다 자세를 바꾸어준다.

  ㉢ 대상자를 이동시킬 때 피부가 밀리지 않도록 주의한다.

  ㉣ 젖은 침대 시트는 바로 교체한다. 피부에 습기가 있거나 오염물질이 묻어 있으면 재빨리 부드러운 천이나 스펀지, 자극이 없는 비누, 미지근한 물을 사용하여 씻고 말린다.

  ㉤ 시트에 주름이 있으면 욕창이 더 잘 생기므로 주름을 편다.

  ㉥ 뼈 주위를 보호하고 무릎 사이에는 베개를 끼워 마찰을 방지한다.

  ㉦ 신체의 약한 부위에 압력이 가는 것을 덜어줄 특수 매트리스와 베개를 대어준다.

ⓞ 천골부위 욕창 예방을 위해 도넛 모양의 베개를 사용하는 경우가 있으나 이는 오히려 압박을 받는 부위의 순환을 저해할 수 있으므로 삼간다.

ⓩ 뜨거운 물주머니는 피부에 화상을 입힐 수 있으므로 조심한다.

ⓒ 피부는 순하고 부드러운 비누와 미지근한 물로 닦고 완전히 마르게 두드려주는 것이 좋다. 파우더는 화학물질이 피부를 자극하거나 땀구멍을 막으므로 사용을 금해야 한다.

ⓠ 몸에 꽉 끼는 옷과 단추 달린 스커트나 바지는 입지 않는다.

ⓣ 손톱에 긁히는 일이 없도록 손톱을 짧게 자른다.

ⓟ 단백질 등의 영양분을 충분히 공급한다.

④ 초기 대처법

ㄱ 약간 미지근한 물수건으로 찜질하고 마른수건으로 물기를 닦아낸다.

ㄴ 주위를 나선형을 그리듯 마사지하고 가볍게 두드려 혈액순환을 촉진한다.

ㄷ 미지근한 바람으로 건조시킨다.

ㄹ 춥지 않을 때는 30분 정도 햇볕을 쬔다.

(2) 피부 건조증

노화에 따라 피부 외층이 건조해지며 거칠어지는 현상

① 관련 요인

ㄱ 실내외 습도가 낮은 겨울철

ㄴ 비누, 세정제와 알코올, 목욕 중의 뜨거운 물 사용

② 증상

ㄱ 피부 발적

ㄴ 부종 또는 통증

ㄷ 전완, 손과 하지의 가려움증

③ 치료 및 예방

ㄱ 가습기를 사용하여 습도를 조절한다.

ㄴ 피부 건조로 인한 가려움증을 경감하기 위해서 물을 자주 마셔 수분을 충분히 섭취한다.

ㄷ 자주 샤워를 하거나 때를 미는 것은 피부를 더욱 건조시켜 증상을 악화시킬 수 있기 때문에 삼간다.

ㄹ 피부가 건조해지지 않게 한다.

ㅁ 목욕이나 샤워를 할 때 따뜻한 물과 순한 비누를 사용한다.

ㅂ 목욕 후 물기는 두드려 말리고, 물기가 완전히 마르기 전에 보습제를 충분히 바른다.

(3) 대상포진

• 수두를 일으키는 바이러스에 의하여 피부와 신경에 염증이 생기는 질환

• 과거에 수두를 앓았던 사람에서 주로 발생

• 수두를 앓은 후 바이러스가 신경세포에 잠복해 있다가 신체 저항력이 약해지면 갑자기 증식하여 신경과 그 신경이 분포하는 피부에 염증을 일으킴

- 과로나 스트레스 후에 주로 발생
- 면역이 저하된 사람이나 노인이 대상포진에 걸릴 위험성이 높음

① 관련 요인

 ㉠ 고령

 ㉡ 과로, 스트레스

 ㉢ 백혈병, 골수나 기타 장기 이식

 ④ 자가 면역질환 및 면역 억제제 복용

② 증상

 ㉠ 가려움

 ㉡ 피부 저림이나 작열감을 포함한 발진

 ㉢ 피부와 점막에 있는 감각신경 말단 부위의 수포, 통증, 작열감

③ 대상포진 자가진단법

 ① 물집이 나타나기 전부터 감기 기운과 함께 일정부위에 심한 통증이 느껴짐

 ㉡ 작은 물집이 몸의 한쪽에 모여 전체적으로 띠모양으로 나타남

 ㉢ 물집을 중심으로 타는 듯 하고 날카로운 통증이 느껴짐

 ㉣ 어렸을 때 수두를 앓았거나 과거 대상포진을 앓은 경험이 있음

 ㉤ 평소 허약하거나 노인이거나 암 등의 질병으로 면역력이 약함

④ 치료 및 예방

 ㉠ 항바이러스제, 항염증제, 진통제와 냉찜질, 칼라민로션과 같은 국소치료제를 사용하여 통증을 줄이고, 수포가 빨리 건조하게 한다.

 ㉡ 신경통이 수개월에서 1년 이상 지속되고 활동 감소와 삶의 질 저하를 가져오므로 대상포진 백신 투여로 세포성 면역을 증강한다.

 ㉢ 대상포진은 신체의 저항력이 낮아진 상태에서 발생하기 때문에 평소에 충분히 휴식과 안정을 취한다.

 ㉣ 통증 정도에 맞는 처방받은 진통제를 복용한다.

 ㉤ 병소가 퍼지거나 감염되지 않도록 긁지 않는다.

 ㉥ 적절한 영양, 휴식 등으로 면역력을 강화한다.

 ㉦ 의사와 상의하여 필요 시 예방접종을 한다.

(4) 옴

- 옴진드기가 정상 체온의 피부표면에서 1분에 2.5cm씩 이동하면서 굴을 뚫어 그 속에 서식하며 피부병을 유발하는 질환
- 주로 밤에 굴을 만들고, 소화액 분비로 알레르기 반응이 생겨 가려움증이 있으며, 가려워서 긁을때 진드기와 알이 손톱에 묻어 다른 사람에게도 감염됨
- **잘 생기는 신체 부위** : 손가락 사이, 팔이 접히는 부분, 가슴, 발등, 팔꿈치, 겨드랑이, 생식기, 엉덩이 등

① **증상** : 가려움증(특히 밤에 심함), 물집, 고름

② 치료 및 예방

    ⊙ 장갑과 가운을 착용하고 목에서 발끝까지 전신에 치료용 연고를 바른다.

        • 마비가 있는 노인의 경우 수축되거나 굴곡된 부위도 빠트리지 않고 발라야 한다.

        • 옴진드기가 가장 활동적인 밤에 약을 바르고 다음 날 아침에 씻어낸다.

    ⓒ 가족 또는 동거인 등 요양보호사도 신체접촉이 있었던 모든 사람은 증상 유무에 관계없이 동시에 함께 치료하는 것이 중요하다.

    ⓒ 1주 후에 다시 바른다.

    ⓔ 완치 여부를 확인하기 위해 2주 후에 병원을 방문한다.

    ⓜ 옴진드기에 오염된 것으로 생각되는 사람이나 침구, 옷, 수건 등과의 접촉을 금한다.

    ⓗ 내복과 침구는 항옴진드기 약을 바르는 날은 같은 것을 사용한 후 뜨거운 물로 10~20분간 세탁하고 세탁 후 3일 이상 사용하지 않는다.

    ⓢ 세탁이 어려운 것은 3일간 햇볕에 널거나 다리미로 다린 후 사용한다.

    ⓞ 알레르기와 혼동하기 쉬우므로 심한 가려움증은 병원에 간다.

(5) 머릿니

① 증상

    ⊙ 가려움증, 수면장애, 피부 상처

    ⓒ 심하게 물린 자리는 피부가 변색되고 딱딱하게 됨

    ⓒ 두피염

② 치료 및 예방

    ⊙ 살아있는 머릿니 감염이 있다고 판단되는 경우에만 치료한다. 성충이 확인되지 않고 두피에서 0.6~0.7㎝ 이상 떨어져 있는 서캐만 확인되는 경우 살아있는 머릿니는 없는 것으로 판단하여 치료가 불필요하다.

    ⓒ 1주 간격으로 2회 약물치료 후 약물과 함께 제공되는 빗으로 빗질을 하여 남아 있는 사체, 서캐를 제거한다.

    ⓒ 대상자의 이에 감염되었을 가능성이 있는 물건(모자, 헤드셋, 옷, 수건, 빗, 침구 등)과 접촉하지 않는다.

    ⓔ 침구와 옷을 뜨거운 물로 세탁하고 말려 사용한다. 55℃ 이상에서 5분 이상 노출되면 모두 죽는다.

    ⓜ 머리를 일정한 간격으로 자주 감는다.

    ⓗ 운동 및 야외활동 후에는 옷을 세탁하고 샤워나 목욕을 한다.

    ⓢ 진공청소기 등으로 머리카락이 남아 있는 가구와 방 안을 꼼꼼히 청소한다.

3) 요양보호사 활동 시 주의사항

① 욕창 예방법을 충분히 숙지하여 예방을 위해 노력한다.

② 대상자를 밀거나 끌 때, 상처가 있을 때는 욕창이 잘 발생하므로 대상자의 피부를 항상 깨끗하고 건조하게 유지한다.

③ 피부의 색깔, 온도, 긴장도, 두께와 습도 정도를 살펴본다.

④ 두피, 머리, 목, 사지의 피부를 살펴본다.

⑤ 피부에 자색 출혈반이나 사마귀가 있는지 살펴본다.

⑥ 피부에 생긴 환부의 모양이나 크기, 색의 변화가 뚜렷이 진행되는지 살펴본다.

⑦ 건조로 인한 피부 균열이나 심한 가려움증이 있는지 살펴본다.

⑧ 노화과정으로 땀을 적게 흘리고 두피가 건조해지고 손톱이 두꺼워졌는지를 살펴본다.

⑨ 욕창이 있는 사람들의 영양 상태를 사정하기 위해 체중, 식사량 등을 점검한다.

⑩ 머릿니 감염을 예방하고 전염을 막기 위해 빗, 브러시, 수건의 공동 사용을 금한다.

⑪ 빗과 브러시는 5~10분간 뜨거운 물에 담가 소독한다.

7. 신경계 표준교재 172쪽

1) 노화에 따른 특성

① 신경세포의 기능이 저하된다.

② 근육의 긴장과 자극 반응성의 저하로 신체활동이 감소된다.

③ 감각이 둔화된다.

④ 정서 조절이 불안정해진다.

⑤ 운동 부족으로 불면증이나 수면장애가 올 수 있다.

⑥ 단기기억은 감퇴하나 장기기억은 뇌 등 신경계가 건강했을 때 생성되어있기 때문에 대체로 유지된다.

⑦ 앞으로 구부린 자세와 느리고 발을 끄는 걸음걸이가 나타난다.

⑧ 균형을 유지하는 능력과 신체를 바르게 유지하는 능력이 감소한다.

⑨ **주요 질환** : 치매, 뇌졸중, 파킨슨질환

8. 감각기계 표준교재 173쪽

1) 노화에 따른 특성

(1) 시각

① 지방이 감소하면서 눈꺼풀이 처지게 되고 눈이 깊게 들어감

② 눈썹은 회색으로 변하고, 남성의 눈썹은 거칠어지고 남녀 모두 눈썹은 가늘어짐

③ 결막은 얇아지고 누렇게 변하며 눈 자극감, 불편, 각막궤양이 생김

④ 눈물 양이 감소하여 건조해지고 눈이 뻑뻑하여 불편감이 있음

⑤ 공막에 갈색점이 생김

⑥ 각막반사 저하 각막 주변에 누르스름해진 지방 침적물이 생김

⑦ 색의 식별 능력이 떨어져 같은 계열의 색을 잘 구별하지 못함. 특히 수정체가 노란색으로 변화는 황화현상으로 보라색, 남색, 파란색의 구분에 어려움을 느낌

⑧ 망막과 신경계의 변화에 의해 가까운 물체에 초점을 맞추는 능력이 상실되는 '노안'이 됨

⑨ 동공의 지름이 줄어들어 60세 노인은 20대보다 1/3정도밖에 빛을 받아들이지 못하므로 밝은 것을 좋아하게 됨

⑩ 안질환의 원인이 되는 눈부심의 증가, 시력 저하, 빛 순응의 어려움 등이 나타남

(2) 청각

① 귓바퀴에 연골이 계속 형성되고 피부 탄력성이 상실되기 때문에 귓바퀴가 커지고 늘어지게 됨

② 외이도의 가려움과 건조증이 증가함

③ 귓바퀴의 끝은 거칠고 털로 덮여 있으며 이관이 내측으로 위축되어 좁아짐

④ 귀지가 더욱 건조해져서 건조한 귀지는 귀지로 외이도가 폐쇄될 수 있음

⑤ 고막이 두꺼워지고 다른 질환으로 손상을 받아 음의 전달 능력이 감소함

⑥ 소리의 감수성, 말의 이해, 평형 유지에 문제가 발생함

⑦ 노인성 난청이 여성보다 남성에게 흔하게 나타남

⑧ 귀질환이 없어도 이명이 있기도 하여 모든 사람이 중얼거린다고 불평하며 넓은 홀에서나 전화걸 때, 소음이 있는 상황에서는 더 듣기 어렵다고 함

(3) 미각

① 혀의 유두가 위축되면서 돌기의 미뢰의 개수와 기능이 감소

② 신맛과 쓴맛을 감지하는 미뢰는 기능을 더 잘하고, 단맛과 짠맛을 감지하는 미뢰의 기능은 점차 떨어짐

③ 구강 점막의 재생이나 생성이 어렵고, 입과 입술 근육은 탄력이 떨어지고, 침 분비량은 줄어들고, 후각이 무뎌져 식욕에 변화가 옴

④ 맛에 대한 감지 능력의 저하로 조미료를 많이 넣은 음식을 좋아하게 됨

(4) 후각

후각세포의 감소로 후각에 둔화가 나타남

(5) 촉각

① 접촉의 강도가 높아야 접촉감을 느낄 수 있음

② 통증을 호소하는 정도는 증가하지만, 통증에 대한 민감성이 감소하여 둔감한 반응을 보임

2) 주요 질환

(1) 녹내장

• 안압(눈의 압력)의 상승으로 시신경이 손상되어 시력이 점차 약해지는 질환

• 적정 안압 : 15~20mmHg

① 관련 요인

유전적 소인, 스트레스 등 원인 불명

② 증상

㉠ 좁은 시야, 눈 이물감

㉡ 어두움 적응 장애

ⓒ 색깔 변화 인식 어려움

ⓔ 뿌옇게 혼탁한 각막

ⓜ 안구 통증

ⓗ 두통, 구역질

ⓢ 심하면 실명됨

③ 치료 및 예방

ⓐ 녹내장은 완전히 치료하는 방법은 없으나 조기에 발견하여 안압을 정상 범위로 유지함
으로써 시력의 약화를 막거나 늦출 수 있다.

ⓑ 어두운 곳에서 책을 보거나 일하지 않고, 심신의 과로를 피하며, 규칙적인 생활을 한다.

③ 눈이 피로하거나 안경을 써도 얼마 안 가서 맞지 않는 경우, 머리가 아프거나 눈에 통증이
있는 경우, 눈이 침침하고 잘 안 보이는 경우에는 안과의사의 검진을 받는다.

(2) 백내장

① 관련 요인

ⓐ 노화

ⓑ 지나친 음주나 흡연

ⓒ 눈 주위의 부상

ⓔ 스테로이드 약물 복용

ⓜ 당뇨병, 고혈압 등의 합병증

ⓗ 과도한 자외선 노출 및 텔레비전 시청

① 증상

ⓐ 색 구별 능력 저하

ⓑ 동공의 백색 혼탁

ⓒ 불빛 주위에 무지개가 보임

ⓔ 밤과 밝은 불빛에서의 눈부심

ⓜ 통증이 없으면서 점차 흐려지는 시력

ⓗ 시력 감소

③ 치료 및 예방

ⓐ 초기에는 치료제의 복용이나 점안액으로 진행 속도를 늦출 수 있다.

ⓑ 증상이 심해지면 혼탁해진 수정체를 인공수정체로 바꾸어주는 수술을 한다.

ⓒ 백내장 유발 원인을 억제함으로써 예방할 수 있다.

(3) 노인성 난청

노화에 따른 고막, 내이의 퇴행성 변화에 의한 청력 감소

① 관련 요인

ⓐ 동맥경화증, 대사 이상

ⓑ 스트레스와 유전적 소인

　　　　ⓒ 장기간의 소음 노출

　　② 증상

　　　　㉠ '스, 츠, 트, 프, 크'와 같은 음에서의 난청

　　　　㉡ 소리에 대한 민감성, 언어구분 능력, 평형감각의 저하

　　③ 치료 및 예방

　　　　㉠ 감소한 청력을 근본적으로 복구하는 치료는 없다.

　　　　㉡ 난청을 악화시킬 수 있는 약물 복용을 피하고 보청기를 이용한다.

　　　　㉢ 난청이 있는 대상자와 의사소통할 때에는 소음이 없는 장소에서 말하는 사람의 얼굴을
　　　　　　볼 수 있게 하고, 천천히 또박또박 말한다.

　　　　㉣ 난청이 심하면 보청기를 사용하며, 고음의 큰 소리보다는 저음의 차분한 소리로 말해준다.

3) 요양보호사 활동 시 주의사항

　　① 눈이 혼탁해 보이는 대상자에게 "백내장인 것 같으니 병원에 가서 수술하셔야겠네요."라고 말
　　　하지 않는다.

　　② 노화에 따른 시각 및 청각 장애는 진행성이며 개선될 수 있는 것이 아니므로 요양보호사는 이를
　　　인지하고 대상자를 관찰해야 한다.

　　③ 대상자는 감각기능의 결함으로 인해 다양한 지각정보를 받아들이지 못해 자아개념이 쉽게 손
　　　상될 수 있다. 요양보호사는 노화로 인한 자연스러운 과정임을 알려주고 대상자를 지지한다.

　　④ 노화에 따른 시각 및 청각 장애로 인해 안전사고가 발생할 수 있으므로 요양보호사는 환경을
　　　안전하게 조성한다.

9. 내분비계 표준교재 178쪽

1) 노화에 따른 특성

　　① 일반적으로 뇌하수체, 부신 등은 노화에 따른 변화가 크지 않지만 당대사 및 갑상선 분비호
　　　르몬, 에스트로겐 분비는 노화에 따라 감소한다.

　　② 포도당 대사능력과 인슐린에 대한 민감성 감소로 쉽게 고혈당이 된다.

　　③ 췌장에서 인슐린의 분비가 느리고 분비량이 불충분하다.

　　④ 공복 시 혈당이 증가한다.

　　⑤ 갑상선 크기가 줄어들고 갑상선 호르몬 분비량도 약간 감소한다.

　　⑥ 근육질량이 감소하여 기초대사율도 감소한다.

2) 주요 질환

(1) 당뇨병

　　혈중 포도당 수치를 조절하는 인슐린이 분비되지 않거나 분비는 되지만 부족한 경우, 또는 인
　　슐린에 대한 신체의 저항성으로 인해 포도당이 세포 내로 들어가지 못해 혈중 포도당 수치가
　　올라가서 소변에 당이 섞여 나오는 질환

① 관련 요인

　㉠ 과식, 비만, 운동부족

　㉡ 스트레스

　㉢ 유전

② 증상

　㉠ 다음증, 다뇨증, 다식증, 체중감소

　㉡ 두통

　㉢ 흐릿한 시력

　㉣ 무기력

　㉤ 발기부전

　㉥ 질 분비물 및 질 감염의 증가

　㉦ 상처 치유 지연

　㉧ 감각 이상 및 저하

　㉨ 고혈당(배뇨 증가, 체중감소, 피로감, 식욕 증가 등)

　㉩ 저혈당(땀을 많이 흘림, 두통, 시야 몽롱, 배고픔, 어지럼 등)

③ 치료 및 예방

　㉠ 식이요법

　　• 균형 있는 식사를 통해 표준 체중에 알맞은 열량을 섭취한다.

　　• 혈당 조절을 위해 하루 세 번 규칙적으로 식사한다.

　　• 반찬은 싱겁게 골고루 섭취한다.

　　• 식사량과 영양소 등을 고려한 식단을 세워 실행한다.

　　• 저콜레스테롤 식이를 기본으로 하여 육류보다는 곡류, 콩, 과일, 야채 등 고섬유질 음식을 섭취하고 청량음료, 아이스크림, 주스, 사탕 등 설탕이나 꿀 등을 함유한 단 음식과 술의 섭취를 제한한다.

　㉡ 운동요법

　　• 매일 규칙적으로 할 수 있는 쉬운 운동을 무리하지 않게 한다.

　　• 공복 시 운동을 하거나 장기간 등산 시에는 저혈당에 대비한다.

　　• 혈당이 조절되지 않으면 의사와 상의한 후 운동량을 조절한다.

　　• 식후 30분~1시간 경에 혈당이 오르기 시작할 때, 하루에 최소 30분, 일주일에 5회 이상 운동한다.

　　• 혈압이 높은 경우에는 혈압을 조절한 후에, 혈당이 300mg/dl 이상인 경우에는 혈당을 조절한 후에 운동을 시작한다.

　㉢ 약물요법

　　• 인슐린 생산이 부족하거나 대상자가 식이요법을 제대로 하지 못하여 혈당조절이 잘 되지 않을 때 경구용 혈당강하제나 인슐린 등 약물요법을 병행한다.

- 약물요법은 반드시 의사의 처방에 따라 시행해야 하며, 약물 복용 중에도 식이요법과 운동요법을 병행해야만 치료 효과를 얻을 수 있다.
- 인슐린 주사약은 입으로 복용하면 위장관에서 파괴되므로 반드시 주사로 주입한다.

3) 요양보호사 활동 시 주의사항

① 고혈당이나 저혈당 등이 관찰되면, 시설장이나 관리책임자에게 신속하게 보고한다.

② 당뇨병은 완치가 어려우므로 합병증이 발생하지 않도록 돕는 것이 목표이다. 식이요법, 운동요법과 약물요법이 잘 이루어질 수 있도록 돕는다.

③ 당뇨병 대상자의 발을 주의해서 관리한다(발 씻고 말리기, 발 건조 예방, 양말 착용, 발톱 일자로 자르기, 차갑거나 뜨거운 곳 노출 금지).

10. 심리·정신계 표준교재 181쪽

1) 노화에 따른 특성

① 우울증 경향 증가

② 내향성 및 수동성 증가

③ 조심성 증가

④ 경직성 증가

⑤ 생에 대한 회고 시간 증가

⑥ 친근한 사물에 대한 애착심 증가

⑦ 의존성 증가

2) 주요 질환

(1) 우울증

① 관련 요인

㉠ 뇌의 신경전달 물질의 변화

㉡ 발견되지 않은 뇌경색 혹은 뇌혈관질환

㉢ 치매

㉣ 부신 피질, 갑상선, 뇌하수체 등에서 분비되는 호르몬의 변화

㉤ 노화에 따른 스트레스에 대한 저항력 감소

㉥ 주변 사람의 죽음, 퇴직, 경제력 상실 등 사회경제적 변화

㉦ 질병, 수술 등 신체적 원인

㉧ 유전적 요인

② 증상

㉠ 우울하고 슬픈 기분이 잦음

㉡ 매사에 관심이 없고 즐거운 것이 없음

㉢ 불면 혹은 과도한 수면

㉣ 식욕 변화와 체중 변화

ⓜ 불안, 초조 혹은 무기력

ⓗ 죄의식, 절망감, 부정적 사고

ⓢ 자살에 대한 반복적 생각 혹은 시도

ⓞ 노인의 우울증은 건망증 등 인지기능 증상이 두드러질 수 있으므로 치매와 감별해야 함

우울증	치매
급격히 발병함	서서히 발병함
짧은 기간	긴 기간
정신과적 병력 있음	과거 정신과적 병력 없음
기억력 장애를 호소함	기억력에 문제가 없다고 주장하는 경우가 많음
모른다고 대답하는 경우가 많음	근사치의 대답을 함
인지기능 저하 정도의 편차가 심함	일관된 인지기능의 저하
단기 기억과 장기 기억이 동등하게 저하됨	단기 기억이 심하게 저하됨
우울이 먼저 시작됨	기억력 저하가 먼저 시작됨

③ 치료 및 예방

　ㄱ 일상생활이 어려운 정도의 우울이면 지체 없이 정신과 외래를 방문하여 상담과 약물치료를 병행한다.

　ㄴ 우울증이 심한 경우는 자살 위험이 증가한다. 자살에 대한 생각과 구체적인 행동계획을 주변 사람들에게 이야기했다면 집중관찰 치료가 필요하다.

　ㄷ 우울증은 본인 스스로 극복하기 어렵기 때문에 주변의 긍정적인 지지가 필요하다. 가족에게 대상자를 많이 지지해주도록 조언하는 것이 좋다. 막연히 괜찮을 것이라고 말하는 것은 도움이 되지 않는다.

　ㄹ 대상자의 느낌, 분노를 인정하고 수용하며 언어로 표현하도록 돕는다.

　ㅁ 대상자에 대해 지속적으로 관심을 표현하고 신뢰관계를 형성한다.

　ㅂ 모임 등 사회적 활동을 늘린다.

　ㅅ 햇볕을 받으며 규칙적으로 운동한다.

(2) 섬망

① 관련 요인

　ㄱ **소인적 요인** : 인지 손상, 치매, 고령, 심한 뇌질환, 기능 손상, 우울, 만성 신기능 부전, 탈수, 영양 부족, 과다 음주, 시력 손상 등

　ㄴ **촉진적 요인** : 약물 사용, 활동하지 않고 침상이나 실내에서만 지냄, 유치도뇨관 사용, 억제대 사용, 탈수, 영양 부족, 기동성 저하 등

② 증상

　ㄱ 의식 수준의 변화로 잠에서 덜 깼거나 몹시 졸리운 상태에서 행동하는 사람처럼 보임

　ㄴ 주의력 감퇴

　ㄷ 수 시간이나 수일에 걸쳐 호전과 악화가 반복됨

　ㄹ 시간, 장소, 사람에 대한 지남력 장애

ⓜ 인지장애, 초조, 지각장애, 편집 망상, 정서 불안정

ⓗ 섬망은 단독으로 발생하기도 하고 치매와 동반되어 나타나기도 함

섬망	치매
갑자기 나타남	서서히 나타남
급성질환	만성질환
대체로 회복됨	대부분 만성으로 진행됨
초기에 사람을 못 알아봄	나중에 사람을 못 알아봄
신체 생리적 변화가 심함	신체 생리적 변화는 적음
의식의 변화가 있음	말기까지 의식의 변화는 적음
주의 집중이 매우 떨어짐	주의 집중은 별로 떨어지지 않음
수면 양상이 매우 불규칙함	수면양상은 개인별로 차이가 있음

③ 치료 및 예방

㉠ 섬망의 원인이 치료할 수 있는 것이면 우선적으로 치료한다.

㉡ 원인이 교정되더라도 증상이 일정 기간 계속될 수 있다.

㉢ 비약물요법

- 지남력의 유지

  - 낮에는 창문이나 커튼을 열어 시간을 알게 한다.

  - 개인 사물, 사랑하는 사람의 사진, 달력, 시계 등을 가까이에 둔다.

  - 일상생활 절차, 규칙, 도움을 요청할 사람 및 방법 등을 반복적으로 알려준다.

- 신체통합성 유지

  - 대상자가 할 수 있는 일은 스스로 하도록 말로 지지한다.

  - 능동적인 관절운동, 목욕, 마사지를 제공한다.

- 개인의 정체성 유지

  - 대상자와 접촉하는 사람의 수를 줄이고 가족 구성원이 자주 방문하도록 격려한다.

- 초조의 관리

  - 항상 단호하고 부드러운 목소리로 말한다.

  - 대상자를 부드럽게 마주보아 위협을 느끼지 않게 한다.

- 착각 및 환각 관리

  - 대상자의 말을 경청한다.

  - 현실을 확인할 수 있는 환경을 만들어 준다.

- 야간의 혼돈 방지

  - 밤에는 창문을 닫고 커튼을 치고 불을 켜 둔다

㉣ 섬망은 신체 균형이 깨진 경우에 발생하므로 충분한 식사와 수분 섭취를 통한 전해질 불
균형의 예방, 통증 관리 등을 통해 예방할 수 있다.

④ 야간섬망의 정의 및 대처 방법

　　㉠ 정의

　　　치매 대상자가 늦은 밤에 성격이 완전히 달라져서 흥분하거나 환각 증상을 보이는 것

　　㉡ 대처 방법

　　　• 가벼운 야간섬망인 경우, 방을 밝게 하고 따뜻하게 해주면 진정이 됨

　　　• 심각한 수준이면 본인의 정신·신체적 에너지 소모가 심하고, 주변 사람까지 위험할 수 있으므로 시설장이나 간호사 등에게 보고하여 전문가의 진료를 받게 해야 함

3) 요양보호사 활동 시 주의사항

① 노인 우울증은 눈치채기가 어렵다. 따라서 원인을 알 수 없는 신체증상이 장기간 계속되거나 신체활동이 저하될 때 노인 우울증이 아닌지 의심해 보고 가족과 상의해야 한다.

② 노인의 우울증은 자살로 연결되기도 하므로 말과 행동을 면밀히 관찰해야 한다.

③ 집에만 있기보다 밖에서 햇볕을 쬐며 가볍게 산책하는 등 스스로 기분을 전환하게 한다.

④ 인간관계나 취미활동을 유지하게 격려한다.

⑤ 평소 긍정적인 사고와 즐거운 마음을 가지도록 지속적으로 강조한다.

⑥ 기억력을 높이는 활동을 하도록 격려한다.

노화에 따른 변화와 질환 실전 예상문제

1 노인성 질환의 특성

★★★

01 노인성 질환의 특성으로 옳지 않은 것은?

① 하나의 질병에 걸리면 다른 질병을 동반하기 쉽다.
② 비교적 원인이 명확하다.
③ 경과가 길고 재발이 빈번하다.
④ 합병증이 생기기 쉽다.
⑤ 증상이 거의 없거나 애매하여 초기 진단이 매우 어렵다.

★★★

02 노인성 질환의 특성으로 옳은 것은?

① 젊은 사람보다 약물에 둔감하게 반응한다.
② 비교적 경과가 짧다.
③ 신장기능이 저하되어 수분과 전해질의 균형이 깨지기 쉽다.
④ 신장의 소변 농축 능력과 배설 능력이 저하되어 약물 성분이 신체 내에 오래 남지 않는다.
⑤ 완치되면 재발하기 어렵다.

★★★

03 노인성 질환의 특성으로 옳지 않은 것은?

① 가벼운 폐렴, 설사 등에도 의식장애가 발생한다.
② 혈액순환 저하로 욕창이 잘 발생한다.
③ 골격근의 수축력 감소로 관절이 쉽게 느슨해진다.
④ 질환이 치유된 후에도 의존상태가 지속되는 경우가 많다.
⑤ 관절구축과 욕창 예방을 위한 세심한 배려가 필요하다.

+ 해설

01
② 노인성 질환은 원인이 불명확한 만성 퇴행성 질환이 대부분이다.

표준교재 126쪽

02
① 젊은 사람보다 약물에 더욱 민감하게 반응한다.
② 비교적 경과가 길고 재발이 빈번하다.
④ 신장의 소변 농축 능력과 배설 능력이 저하되어 약물 성분이 신체 내에 오래 남는다.
⑤ 재발이 빈번하다.

표준교재 126쪽

03
③ 골격근의 수축력 감소로 관절이 쉽게 뻣뻣해진다.

표준교재 127쪽

정답 01 ② 02 ③ 03 ③

2 노화에 따른 변화와 주요 질환

★ ★ ★

01 소화기계에 대한 설명으로 옳은 것은?

① 항문은 소화기계에 포함되지 않는다.
② 음식이 소화되는 위에서부터 시작한다.
③ 구강, 인후, 식도, 위, 소장, 대장이 포함된다.
④ 위는 주머니 모양을 하면서 상복부 윗부분에 위치하고 있다.
⑤ 침샘, 간, 담낭, 췌장과 같은 기관은 위장관의 내부에 위치한 분비샘이다.

02 위에 대한 설명으로 옳은 것은?

① 침에는 소화효소가 분비되나 위에서는 분비되지 않는다.
② 위는 주머니 모양을 하면서 상복부 윗부분에 위치하고 있다.
③ 아래로는 식도와 연결되고 위로는 십이지장과 연결되어 있다.
④ 위의 기능은 섭취한 음식을 적당한 속도로 소장으로 배출한다.
⑤ 위는 섭취한 음식을 잠시 보관하면서 잘게 부수는 기능을 한다.

03 소화된 음식물의 수분을 흡수하여 대변형태로 굳게 만드는 역할을 하는 소화기계는?

① 소장   ② 간
③ 담낭   ④ 위
⑤ 대장

04 다음 중 소화기계 질환에 속하는 것은?

① 위염   ② 치매
③ 중풍   ④ 고혈압
⑤ 당뇨병

05 노화에 따른 미각의 변화로 옳은 것은?

① 짠맛에 민감해진다.
② 맛을 느끼는 세포수가 늘어난다.
③ 후각기능이 발달하여 냄새에 민감하다.
④ 단맛에 둔해진다.
⑤ 미각이 둔화되어 쓴맛을 잘 느낄 수 없다.

01
- 소화기계는 음식을 섭취하는 입에서 시작하여 고체 찌꺼기가 신체 밖으로 배출되는 항문으로 끝나는 관이다.
- 위는 주머니 모양을 하면서 상복부 가운데에 위치하고 있다.
- 침샘, 간, 담낭, 췌장과 같은 기관은 위장관 외부에 위치한 분비샘이다.

표준교재 **127쪽**

02
① 침샘과 위 모두 소화효소를 분비한다.
② 위는 주머니 모양으로 상복부 가운데에 위치한다.
③ 위로는 식도와 연결되고 아래로는 십이지장과 연결되어 있다.
④ 섭취한 음식을 잘게 부순 후 적당한 속도로 소장으로 내려보낸다.

표준교재 **127쪽**

03
대장의 역할
- 소장에서 흘러들어온 소화된 음식물을 항문까지 이동시킴
- 소화된 음식물의 수분을 흡수하여 대변형태로 굳게 만듦
- 정상적으로 존재하는 대장 내 세균들이 음식물을 분해함

표준교재 **127쪽**

04
소화기계의 주요 질환
위염, 위궤양, 위암, 대장암, 설사, 변비 등

표준교재 **128~137쪽**

05
① 짠맛과 단맛에 둔해진다.
② 맛을 느끼는 세포수가 줄어든다.
③ 후각기능이 떨어져 미각이 둔화된다.
⑤ 쓴맛은 잘 느끼게 된다.

표준교재 **128쪽**

정답 01 ③ 02 ⑤ 03 ⑤ 04 ① 05 ④

★ ★ ★

06 노화에 따른 노인의 소화기계 특성으로 옳은 것은?

① 소화기능이 감소하여 약물의 대사와 제거 능력이 저하된다.
② 신장에서의 소화효소 생산이 감소하여 지방의 흡수력이 떨어진다.
③ 연하능력의 저하로 가스가 차고 변비, 설사, 구토증상 등이 생긴다.
④ 간에서의 호르몬 분비 감소로 당내성이 떨어져 당뇨병에 걸리기 쉽다.
⑤ 직장벽의 탄력성이 감소되고 항문 괄약근의 긴장도가 떨어져 변실금이
   발생할 수 있다.

06
① 간 기능이 떨어져 약물의 대사와 제거 능
   력이 저하된다.
② 췌장에서의 소화효소 생산이 감소하여
   지방의 흡수력이 떨어진다.
③ 소화능력의 저하로 가스가 차고 변비,
   설사, 구토 등이 생긴다.
④ 췌장에서의 호르몬 분비 감소로 당내성
   이 떨어져 당뇨병에 걸리기 쉽다.
   표준교재 128쪽

07 노화에 따른 소화기계의 특성으로 알맞은 것은?

① 폐포의 탄력성 저하, 폐 순환량 감소
② 신체조직 내 수분 함유량의 감소
③ 최대 심박출량과 심박동수 감소
④ 타액과 위액분비 저하
⑤ 기립성 저혈압의 발생

07
①, ②는 노화에 따른 호흡기계의 특성이다.
③, ⑤는 심혈관계의 특성이다.

표준교재 128쪽

08 세포가 혈액으로부터 포도당을 흡수하는 능력을 무엇이라 하는가?

① 당내성   ② 흡수력
③ 흡인력   ④ 대사력
⑤ 세포력

08
당내성
세포가 혈액으로부터 포도당을 흡수하는
능력

표준교재 128쪽

09 위염에 대한 내용으로 옳지 않은 것은?

① 위 점막의 염증을 의미한다.
② 급성 위염과 만성 위염으로 구분된다.
③ 과식 등 무절제한 식습관이 원인이 된다.
④ 급성 위염은 서서히 발생하는 위 점막의 위염이다.
⑤ 치아에 문제가 있어 충분히 씹지 못한 채 음식물을 섭취할 때 발생한다.

09
급성 위염
갑자기 발생하는 위 점막의 염증으로 완치
되지 못하고 방치되거나 재발하는 경우 만
성 위염으로 변화함

표준교재 128~129쪽

10 위염을 일으킬 수 있는 식습관은?

① 과식 등 무절제한 식습관   ② 생선류를 찜으로 먹는 식습관
③ 미음 등 유동식의 식이 식습관   ④ 음식을 오래 씹어 먹는 식습관
⑤ 과일과 야채 등의 식이섬유 식습관

10

표준교재 128쪽

정답

11 위염의 원인으로 옳지 않은 것은?

① 충분히 씹지 못한 음식물 섭취
② 흡연, 매연에의 노출
③ 과식 등 무절제한 식습관
④ 자극적인 약물이나 화학성분 섭취
⑤ 병원균이 포함된 부패한 음식 섭취

11
위염의 원인
• 충분히 씹지 못한 채 음식물을 섭취
• 자극적인 약물이나 화학성분 섭취
• 과식 등 무절제한 식습관
• 병원균이 포함된 부패한 음식섭취

표준교재 128쪽

12 위염의 증상에 대한 설명으로 옳은 것은?

① 상복부의 통증, 트림, 구토
② 급성 위염의 경우 밤에 위가 무겁거나 부푼 듯한 느낌
③ 급성 위염의 경우 배고플 때 위가 무겁거나 부푼 듯한 느낌
④ 식사 후 3~4시간 지나 배가 고프기 시작할 때 발생하는 명치부위의 심한 통증
⑤ 식사 후 바로 느껴지는 명치부위의 심한 통증

12
위염의 증상
• 급성 위염의 경우 식사 후 위가 무겁거나 부푼 듯한 느낌
• 식사 후 3~4시간 지나 배가 고프기 시작할 때 발생하는 명치부위의 심한 통증
• 명치의 통증, 트림, 구토

표준교재 129쪽

13 위염에 대한 치료 및 예방으로 옳은 것은?

① 뜨겁거나 차가운 음식을 제공해 준다.
② 물을 자주 마셔 탈수를 예방해야 한다.
③ 재발 확인을 위한 정기적인 검진을 받는다.
④ 달거나 자극적인 음식을 제공하여 위를 자극해 준다.
⑤ 삼일 정도 금식을 하여 위의 부담을 덜고 구토를 조절한다.

13
위염의 치료 및 예방
• 하루 정도 금식을 하여 위의 부담을 덜고 구토를 조절한다.
• 자극적인 음식을 피하고 규칙적인 식사를 함으로써 위를 자극하지 않는다.

표준교재 129쪽

14 위염에 대한 예방 및 치료로 옳지 않은 것은?

① 물을 자주 마셔 탈수를 예방한다.
② 과식을 피하고 뜨겁거나 찬 음식을 제공한다.
③ 지나치게 달거나 매운 자극적인 음식을 피한다.
④ 규칙적인 식사를 함으로써 위를 자극하지 않는다.
⑤ 제산제, 진정제 등의 약물을 사용하여 치료하기도 한다.

14
② 과식, 과음을 피하고, 너무 뜨겁거나 찬 음식을 섭취하지 않는다.

표준교재 129쪽

15 위벽의 점막뿐만 아니라 근육층까지 손상이 있는 질환명으로 옳은 것은?

① 위염   ② 위암
③ 위궤양   ④ 위경련
⑤ 소화불량

15
위궤양
위벽의 점막뿐만 아니라 근육층까지 손상이 있는 위장병

표준교재 129쪽

정답 11 ② 12 ④ 13 ② 14 ② 15 ③

16 다음 중 위궤양의 원인으로 옳은 것은?

① 즐거운 프로그램과 휴식
② 씹지 못한 채 먹은 음식물
③ 췌장에서 분비되는 인슐린의 영향
④ 우유, 두부 등의 단백질 음식물 섭취
⑤ 잘못된 식습관으로 인한 위 점막 자극

17 위궤양을 발생시키는 원인으로 맞지 않는 것은?

① 스트레스
② 위 내 박테리아에 의한 감염
③ 흡연, 매연에의 노출
④ 담배, 알코올, 커피 등 자극적인 음식물 섭취
⑤ 위에서 분비되는 소화효소에 의한 위 점막의 자극

18 위궤양의 주요 증상으로 옳은 것은?

① 변비
② 명치 끝 통증
③ 낮에 발생하는 상복부 불편감
④ 식사 후에 나타나는 부푼듯한 느낌
⑤ 심한 경우 위 출혈, 위 천공, 위 협착

19 위궤양 대상자를 위한 치료 및 예방법으로 적절하지 않은 것은?

① 알맞은 식이요법을 한다.
② 약물요법으로 치료를 한다.
③ 충분한 수면, 심신안정이 중요하다.
④ 흡연자일 경우 금연하지 않아도 된다.
⑤ 위 출혈, 위 천공이 발생하면 지체 없이 병원치료를 받아야 한다.

★★★

20 서서히 진행되어 증상이 잘 나타나지는 않지만, 체중감소, 소화불량 오심, 빈혈, 피로, 구토 등의 증상을 보이며 진단 검사에서 복부에 종양 덩어리가 발견되었을 때 의심해볼 수 있는 질환은?

① 대장암　　　　　　② 위궤양
③ 위염　　　　　　　④ 위암
⑤ 췌장암

+ 해설

16
위궤양 관련 요인
- 잘못된 식습관으로 인한 위 점막 손상
- 스트레스
- 담배, 알코올, 커피로 인한 위 자극
- 해열제, 진통제, 소염제의 잦은 사용으로 인한 위 자극
- 위에서 분비되는 소화효소에 의한 위 점막 손상
- 위 내 헬리코박터균에 의한 감염

표준교재 **129쪽**

17

표준교재 **129쪽**

18
위궤양의 주요 증상
- 속쓰림
- 소화불량
- 새벽 1~2시에 발생하는 상복부 불편감
- 심한 경우 위 출혈, 위 천공, 위 협착

표준교재 **129쪽**

19
- 담배와 담배연기에는 발암물질과 유해 화학물질이 포함되어 있어 위궤양을 악화시키므로 반드시 금연해야 함
- 약물요법과 함께 알맞은 식이요법, 충분한 수면, 심신안정이 중요함
- 위 출혈, 위 천공, 위 협착 등의 증상이 발생한 경우에는 지체없이 병원치료를 받아야 함

표준교재 **130쪽**

20

표준교재 **132쪽**

정답 **16** ⑤　**17** ③　**18** ⑤　**19** ④　**20** ④

+ 해설

21 위암에 대한 내용으로 알맞지 않은 것은?

① 조기 위암은 암세포가 점막에 퍼져있는 것을 말한다.
② 진행성 위암은 근육층 위까지 뚫고 나온 경우는 말한다.
③ 조기 위암은 암세포가 점막하층에 퍼져있는 것을 말한다.
④ 조기 위암은 암세포가 근육층까지 퍼져있는 것을 말한다.
⑤ 진행성 위암은 점막하층까지 완전히 퍼져있는 것을 말한다.

21
조기 위암
암세포가 점막 또는 점막하층에만 퍼져 있는 상태
진행성 위암
점막하층을 지나 근육층 위로 뚫고 나온 경우

표준교재 **131쪽**

22 위암의 원인으로 알맞지 않은 것은?

① 흡연
② 청량음료 섭취
③ 위암의 가족력
④ 짠 음식, 염장 식품의 섭취
⑤ 위축성 위염, 악성 빈혈 등의 병력

22
위암의 원인
• 짠음식, 염장 식품의 섭취
• 위축성 위염, 악성 빈혈 등의 병력
• 위암의 가족력
• 음주, 흡연

표준교재 **131쪽**

23 위암이 진행되면서 나타나는 증상으로 옳지 않은 것은?

① 서서히 진행된다.
② 증상이 잘 나타나지 않는다.
③ 조기 위암의 경우 특별한 증상이 없다.
④ 조기 위암의 경우 30%는 우연히 발견이 된다.
⑤ 증상만으로 조기위암을 진단하는 것은 거의 불가능하다.

23
• 서서히 진행되어 증상이 잘 안 나타남
• 조기 위암의 경우 약 80% 이상에서 특별한 증상이 없이 우연히 발견되는 경우가 많음

표준교재 **132쪽**

24 위암의 증상으로 옳은 것은?

① 급격히 진행이 된다.
② 증상이 뚜렷하게 나타난다.
③ 조기 위암의 경우는 특별한 증상이 없다.
④ 조기 위암의 경우 30%는 우연히 발견이 되기도 한다.
⑤ 증상만으로도 조기 위암을 진단할 수 있으므로 반드시 검진을 하도록 한다.

24

표준교재 **132쪽**

25 위암이 진행되면서 나타내는 증상으로 옳지 않은 것은?

① 체중감소
② 출혈, 토혈, 혈변
③ 빈혈, 피로, 권태감
④ 구토, 복부 종양덩어리
⑤ 식욕증가, 간 비대, 소화불량

25
위암의 증상
• 서서히 진행되어 증상이 잘 나타나지 않음
• 체중감소
• 소화불량, 식욕감퇴, 속쓰림, 오심, 복부 통증이나 불편감
• 빈혈, 피로, 권태감
• 출혈, 토혈, 혈변
• 구토

표준교재 **132쪽**

정답 **21** ④ **22** ② **23** ④ **24** ③ **25** ⑤

26 위암을 예방하고 치료를 하는데 있어 적절하지 않은 것은?

① 수술이 최선의 방법이다.
② 금연하고 스트레스를 줄인다.
③ 맵고 짠 음식, 태운 음식, 훈증한 음식을 피한다.
④ 균형 잡힌 식사를 한다.
⑤ 치료 후 3년간은 재발 확인 여부를 위한 정기적인 검진을 받는다.

26
⑤ 위암 치료 후 5년간은 병원에서 재발 확인 여부를 위한 정기적인 검진을 받는다.

표준교재 132~133쪽

27 위암을 예방하고 치료를 하는데 있어 적절한 것은?

① 화학요법이나 방사선치료를 하기도 한다.
② 화학요법이나 방사선치료가 안 되면 수술을 한다.
③ 지방이 풍부한 식품, 채소, 과일, 비티민A, C, E를 섭취한다.
④ 오심이 있으므로 자극적인 음식을 제공하여 식욕을 돋군다.
⑤ 치료 후 3년간은 병원에서 재발 확인 여부를 위한 정기적인 검진을 받는다.

27
위암 치료 방법
· 수술이 최선의 방법이지만 부적합한 경우 화학요법이나 방사선치료를 선택
· 치료 후 5년간은 병원에서 재발 확인 여부를 위한 정기적인 검진이 필요

표준교재 132~133쪽

★★★
28 맹장, 결장과 직장에 생기는 악성종양으로 혈변, 직장 출혈, 점액 분비 등의 증상이 나타나는 질환은 무엇인가?

① 맹장   ② 대장암
③ 직장결절   ④ 대장궤양
⑤ 대장용종

28
대장암
맹장, 결장과 직장에 생기는 악성 종양으로 대장의 가장 안쪽 표면인 점막에서 발생하는 암

표준교재 133쪽

29 대장암 발생의 원인으로 맞지 않는 것은?

① 알코올 섭취
② 대장암의 가족력
③ 대장 용종의 과거력
④ 장기간의 궤양성대장염
⑤ 가공 정제된 고잔여식이의 섭취

29
대장암의 원인
고지방, 고칼로리, 저섬유소, 가공 정제된 저잔여식이의 섭취

표준교재 133쪽

30 대장암의 증상에 해당하지 않는 것은?

① 장습관의 변화   ② 게실, 치질, 변비
③ 허약감, 체중감소   ④ 장폐색, 설사, 변비
⑤ 혈변, 직장출혈, 점액 분비

30
대장암 증상
· 장습관의 변호와 장폐색, 설사, 변비
· 혈변, 직장출혈, 점액 분비
· 허약감, 체중감소   표준교재 134쪽

정답 26 ⑤ 27 ① 28 ② 29 ⑤ 30 ②

+ 해설

31 섬유소가 적어 빨리 소화되고 흡수되어 장에는 별로 남지 않는 음식물을 무엇이라고 하는가?

① 고섬유질식이
② 저지방식이
③ 동물성식이
④ 저잔여식이
⑤ 식물성식이

31
저잔여식이
섬유소가 적어 빨리 소화되고 흡수되어 장에는 별로 남지 않는 음식물

표준교재 **133쪽**

32 대장암에 걸린 대상자에게 필요한 치료나 예방에 대한 설명으로 맞지 않는 것은?

① 정기적인 검진이 매우 중요하다.
② 화학요법을 재발방지를 위해 사용한다.
③ 수술은 가장 최후에 하게 되는 치료법이다.
④ 재발방지를 위해 방사선요법을 시행하기도 한다.
⑤ 수술 후 보조요법을 시행함으로써 재발을 방지하기도 한다.

32
대장암
수술이 가장 기본이 되는 치료법이나, 재발을 방지하기 위해 보조적으로 화학요법과 방사선요법을 시행하기도 함

표준교재 **134쪽**

33 대장암에 걸린 대상자에게 할 수 있는 치료나 예방으로 맞는 것은?

① 수술은 최후에 하게 되는 치료법이다.
② 치료와 함께 정기검진을 꼭 병행해야 한다.
③ 암 환자들에게는 화학요법은 사용하지 않는다.
④ 신선한 공기를 마시게 하는 것이 가장 좋은 재발방지법이다.
⑤ 재발을 예방하기 위해 보조적으로 민간요법과 식이요법을 시행하기도 한다.

33
• 보조적으로 화학요법과 방사선요법을 시행하기도 함
• 정기적인 검진이 매우 중요함

표준교재 **134쪽**

34 대장암 대상자의 식이요법으로 적절하지 않은 것은?

① 음식을 싱겁게 먹기
② 자극을 주는 찬 음식은 피하기
③ 잦은 간식과 늦은 식사 피하기
④ 음식의 섭취가 쉽도록 유동식이나 죽먹기
⑤ 영양소가 골고루 들어있는 식품을 소량씩 규칙적으로 섭취하기

34
④ 음식의 소화가 쉽도록 천천히 꼭꼭 씹어 먹는다.

표준교재 **134쪽**

35 대상자가 대장암일 때 관리하는 방법으로 틀린 것은?

① 금연과 절주를 하도록 돕는다.
② 음식을 싱겁게 먹게 한다.
③ 식물성 지방을 줄이게 한다.
④ 하루에 6~8잔의 생수를 마시게 한다.
⑤ 통곡식, 생채소, 생과일을 많이 섭취하도록 한다.

35
③ 대장암인 경우 동물성 식품의 섭취를 줄이고, 식물성 지방을 섭취한다.

표준교재 **134쪽**

정답 31 ④ 32 ③ 33 ② 34 ④ 35 ③

36 대장암 대상자의 식이요법으로 적절한 것은?

① 음식을 훈증하여 먹기
② 늦은 식사 시엔 잘 씹어 먹기
③ 자극적인 음식 먹기
④ 음식의 섭취가 쉽도록 미음이나 죽으로 먹기
⑤ 영양소가 골고루 들어있는 식품을 소량씩 규칙적으로 먹기

36
• 소량씩 규칙적으로 섭취
• 천천히 꼭꼭 씹어 먹기
• 잦은 간식과 늦은 식사 피하기

표준교재 **134**쪽

37 대장암인 대상자를 관리하는데 적절하지 않은 것은?

① 하루에 6~8잔 생수 마시기
② 통곡식, 생채소, 생과일을 많이 섭취하기
③ 가공식품, 인스턴트식품, 훈연식품을 제공하기
④ 금연, 절주, 소화에 도움이 되는 적당량의 운동하기
⑤ 동물성 식품의 섭취를 줄이고 식물성 지방 섭취하기

38
③ 가공식품, 인스턴트식품, 훈연식품 등은 피한다.

표준교재 **134**쪽

★★★
38 대상자가 대장암일 때 제공하면 좋은 음식으로 옳은 것은?

① 라면   ② 떡볶이
③ 가공식품, 훈연식품   ④ 통곡식, 생채소, 생과일
⑤ 삼겹살

39
• 통곡식, 생채소, 생과일 섭취
• 동물성 식품의 섭취를 줄이고 식물성 지방 섭취
• 가공식품, 인스턴트식품, 훈연식품 피하기

표준교재 **134**쪽

39 설사에 대한 설명 중에 적절하지 않은 것은?

① 물설사와 혈성설사가 있다.
② 장의 감염이 하나의 원인이 된다.
③ 1회~수십 회 수분이 많은 상태의 변을 배출한다.
④ 설사 시에는 즉시 지사제를 복용한다.
⑤ 장운동을 증가시키는 음식의 섭취를 피한다.

40
④ 지사제를 함부로 써서는 안 되며, 반드시 의사의 지시에 따라 복용한다.

표준교재 **134~135**쪽

40 설사를 하는 원인으로 맞지 않는 것은?

① 장의 감염   ② 신경성 자극
③ 장벽의 병변   ④ 소화기능의 발달
⑤ 장 내용물에 의한 자극

41
④ 설사는 소화기능이 저하됐을 때 나타난다.

표준교재 **134**쪽

정답 **36** ⑤ **37** ③ **38** ④ **39** ④ **40** ④

+ 해설

41 설사의 원인으로 알맞은 것은?

① 위의 감염
② 과식과 폭식
③ 너무 적은 식사량
④ 장 내용물에 의한 자극
⑤ 변비 시 적절한 하제 복용

41
설사의 원인
• 장의 감염
• 신경성 자극
• 장 내용물에 의한 자극

표준교재 134쪽

42 설사의 증상으로 알맞지 않은 것은?

① 물설사
② 혈성설사
③ 소화기능의 증가
④ 하루 2~3회 이상의 대변
⑤ 수분이 많은 상태의 변

42
설사의 증상
• 1회~수십 회 수분이 많은 상태의 변 배출
• 물설사, 혈성설사

표준교재 135쪽

43 정상적인 배변 횟수로 옳은 것은?

① 주 1회에서 하루 3회까지
② 주 3회에서 하루 3회까지
③ 주 1회에서 하루 1회까지
④ 주 3회에서 하루 1회까지
⑤ 주 2회에서 하루 2회까지

43
정상 배변 횟수는 주 3회에서 하루 3회까지 이다.

표준교재 134쪽

44 장운동을 증가시키는 음식이 아닌 것은?

① 매운 후추
② 카페인이 든 음료
③ 술
④ 고지방음식
⑤ 저섬유소

44
장운동을 증가시키는 음식
매운 후추나 카페인이 든 음료수, 술, 고섬유소, 고지방음식 등

표준교재 135쪽

★ ★ ★

45 설사가 발생했을 때 치료하고 예방하는 방법으로 옳지 않은 것은?

① 심신을 안정시킨다.
② 몸을 따뜻하게 한다.
③ 음식물 섭취량을 줄인다.
④ 일반식의 식사를 자주 제공한다.
⑤ 물은 충분히 마셔 탈수를 예방한다.

45
심신을 안정시키고 몸을 따뜻하게 하며, 음식물 섭취량을 줄이되 물은 충분히 마셔 탈수를 예방한다.

표준교재 135쪽

46 설사가 발생했을 때 먹어도 되는 음식으로 맞는 것은?

① 술
② 매운 후추
③ 지방이 많은 음식
④ 섬유소가 적은 음식
⑤ 장운동을 증가시키는 음식

46
설사가 발생했을 때는 매운 후추나 카페인이 든 음료수, 술, 고섬유소, 고지방음식과 같이 장운동을 증가시키는 음식을 피하는 것이 좋다.

표준교재 135쪽

정답 41 ④ 42 ③ 43 ② 44 ⑤ 45 ④ 46 ④

47 설사를 할 때 지사제를 함부로 써서는 안 되는 이유로 가장 합당한 것은?

① 통증이 나타날 수 있으므로
② 탈수에 빠지게 할 수 있으므로
③ 장운동을 증가시킬 수 있으므로
④ 설사를 더 심하게 할 수 있으므로
⑤ 장내 유해물질을 내보내려는 것이므로

47
설사는 장내 유해물질을 배출하려고 하는 신체의 자기방어 반응인 경우가 많으므로 지사제를 함부로 써서는 안 되며 반드시 의사의 지시에 따라 지사제를 복용한다.

표준교재 135쪽

48 대변을 보고 나서도 시원하지 않고, 묵직한 증상이 남아 있는 것을 무엇이라 하는가?

① 존변감
② 잔변감
③ 대변감
④ 소변감
⑤ 장변감

48
잔변감이란 대변을 보고 나서도 시원하지 않고, 계속 묵직한 증상이 남아 있는 것이다.

표준교재 136쪽

49 변비에 대한 설명으로 틀린 것은?

① 아침마다 대변을 배출하는 경우
② 변의 딱딱한 정도가 아주 심한 경우
③ 잔변감이 3개월 이상 지속되는 경우
④ 변을 보는데 많은 시간이 필요한 경우
⑤ 변을 보는 횟수가 일주일에 2~3회 이하인 경우

49
변비
• 변을 보는 횟수가 일주일에 2~3회 이하인 경우
• 변을 볼 때 힘이 들고 변의 딱딱한 정도가 아주 심한 경우

표준교재 136쪽

50 변비를 일으키는 원인으로 옳은 것은?

① 복부 근육의 힘 강화
② 하제 남용으로 인한 배변반사 저하
③ 수분과 섬유질을 포함한 음식섭취의 증가
④ 위, 대장반사 증가 및 약화에 따른 장운동 촉진
⑤ 저작 능력 증가와 관련된 지나친 잔여식이 섭취

50

표준교재 136쪽

51 변비를 일으키는 원인으로 옳지 않는 것은?

① 요실금과 관련된 염려로 수분 섭취 증가
② 스트레스, 우울과 같은 심리적 요인
③ 대장암, 뇌졸중, 심부전 등의 합병 증상
④ 위, 대장반사 감소 및 약화에 따른 장운동 저하
⑤ 변비를 유발하는 약물 사용

51
① 요실금과 관련된 염려로 수분 섭취 감소

표준교재 136쪽

정답 47 ⑤ 48 ② 49 ① 50 ② 51 ①

＋해설

---

52 변비를 일으키는 원인으로 옳은 것은?

① 변비를 치료하는 약물 사용
② 운동량 증가에 따른 장운동 증가
③ 복부 근육의 힘 강화
④ 대장암, 뇌졸중, 심부전 등의 합병 증상
⑤ 요실금과 관련된 염려로 과다 수분 섭취

52
- 위, 대장반사 감소 및 약화에 따른 장운동 저하
- 저작 능력 저하와 관련된 지나친 저잔여식이 섭취
- 복부 근육의 힘 약화

표준교재 136쪽

---

53 변비가 발생했을 때 나타나는 현상으로 맞지 않는 것은?

① 배변 횟수 감소
② 배변 무게 감소
③ 소변의 어려움
④ 통증, 복부팽만감, 식욕저하
⑤ 힘든 배변, 단단한 변, 잔변감

53
변비 증상
배변 횟수 감소, 배변 무게 감소, 배변 시 어려움 및 통증, 팽만감, 경련, 식욕 저하

표준교재 136쪽

---

54 변비를 치료하거나 예방하는 방법이 아닌 것은?

① 변비가 심할 경우는 하제 사용을 자주 한다.
② 유산균이 다량 함유된 음식물과 물을 많이 섭취한다.
③ 우유는 장의 운동력을 높이므로 적극적으로 섭취한다.
④ 식사시간을 일정하게 하고 규칙적인 배변습관을 가진다.
⑤ 변의가 생기면 즉시 화장실을 찾아 배변시기를 놓치지 않는다.

54

표준교재 136～137쪽

---

55 변비를 치료하거나 예방하는 방법으로 맞는 것은?

① 식사는 먹고 싶을 때만 한다.
② 화장실에 오래 앉아있는 것은 변비 예방에 좋다.
③ 장의 운동력과 변의를 위해 우유를 마시는 것은 금한다.
④ 수면방해를 할 수 있으므로 밤에는 물의 섭취를 금한다.
⑤ 수분을 충분히 섭취하여 변을 부드럽게 유지하도록 한다.

55
- 식물성 식이섬유, 유산균이 다량 함유된 음식물과 다량의 물을 섭취함으로써 변비를 예방하도록 한다.
- 우유는 장의 운동력을 높이고 변의를 느끼게 하므로 적극적으로 섭취한다.

표준교재 136～137쪽

---

56 변비를 치료하거나 예방하는 방법으로 부적절한 것은?

① 복부 마사지로 배변을 돕는다.
② 배변 시에 편안한 환경을 제공한다.
③ 음식물은 소량으로 섭취하도록 한다.
④ 체조나 걷기 운동을 함으로 대장의 운동력을 높인다.
⑤ 빈번한 하제 사용은 변비를 악화시킬 수 있으므로 주의해서 사용한다.

56

표준교재 136～137쪽

정답 52 ④　53 ③　54 ①　55 ⑤　56 ③

57 다음 중 변비의 관련 요인으로 옳은 것은?

① 위, 대장반사 감소 및 약화
② 복부 근육의 힘 강화
③ 식사량의 증가
④ 지사제 남용
⑤ 수분과 고섬유질 음식 섭취 증가

57

표준교재 136쪽

58 다음 중 변비의 치료 및 예방으로 옳은 것은?

① 처방에 따라 지사제를 사용할 수 있다.
② 새로운 장소에서 배변하게 한다.
③ 변의가 있어도 바로 화장실을 가지 않고 참는 연습을 한다.
④ 식사시간을 매일 일정하게 하고 규칙적인 배변습관을 갖는다.
⑤ 우유는 장의 운동력을 감소시키므로 섭취를 제한한다.

58

표준교재 136~137쪽

59 다음 중 요양보호사의 활동으로 옳지 않은 것은?

① 요양보호사는 수술 혹은 약물 치료가 필요하다는 등의 말을 하면 안 된다.
② 변비인 대상자가 관장을 해달라고 요구하는 경우, 간호사 등 의료인과 상의해야 한다.
③ 요양보호사는 대상자를 관찰하고 이상이 있는 경우 질병명을 예측하여 빠르게 치료받을 수 있도록 한다.
④ 대상자가 식사를 하지 않는 경우 심리적인 이유가 있을 수 있으므로 가족과 상의하고, 시설장이나 관리책임자에게 보고한다.
⑤ 대상자가 정상적이지 않은 상태를 보이면 가족과 상의하여 의료기관을 찾도록 해야 한다.

59
③ 요양보호사가 대상자의 질병명을 예측하여 말하거나, 수술 혹은 약물 치료가 필요하다는 등의 말을 하면 안 된다. 요양보호사의 부정확한 판단이 대상자 및 가족에게 혼란과 걱정을 유발할 수 있기 때문이다.

표준교재 137쪽

60 대상자의 식사량이 갑자기 감소하였을 경우, 요양보호사의 올바른 대처 방안은?

① 위암인 것 같으니 병원에 가봐야 한다고 말한다.
② 먼저 가족과 상의하고 시설장이나 간호사에게 보고한다.
③ 약국에 가서 지어온 약을 건넨다.
④ 억지로 식사하지 않두록 남은 것은 바로 치웠다.
⑤ 가족에게 약을 지어올 수 있도록 권하였다.

60

표준교재 137쪽

정답 **57** ① **58** ④ **59** ③ **60** ②

다음과 같은 요양보호사의 행동 중에서 적절한 것은?

① 대상자가 식사를 하지 않자 식사를 전부 치웠다.
② 대상자가 관장을 해 달라고 하자 간호사에게 보고하였다.
③ 변비가 심한 대상자의 보호자에게 하제를 사 오라고 하였다.
④ 보호자가 와서 대상자의 상태를 물어보자 위암인 것 같다고 말하였다.
⑤ 속이 쓰리다고 하는 대상자에게 위염인 것 같다고 말하였다.

61

표준교재 137쪽

호흡기계에 대한 설명으로 옳지 않은 것은?

① 폐는 호흡기계에 해당되지 않는다.
② 호흡기계는 공기의 질에 영향을 많이 받는다.
③ 호흡기계는 공기를 폐로 전달하는 통로가 해당된다.
④ 호흡기계는 산소 섭취와 이산화탄소의 배출을 담당한다.
⑤ 호흡기계는 비강, 인두, 후두, 기관, 기관지 등으로 이루어졌다.

62
호흡기계
• 공기를 폐로 전달하는 공간과 통로로 비강, 인두, 후두, 기관, 기관지, 폐로 이루어짐
• 가스교환(산소 섭취와 이산화탄소 배출)을 담당

표준교재 138쪽

호흡기계가 노화가 되면 나타날 수 있는 것으로 맞지 않는 것은?

① 코 점막이 건조하게 된다.
② 폐포의 탄력성은 증가한다.
③ 폐활량이 줄어들어 쉽게 숨이 찬다.
④ 공기를 효과적으로 가습하지 못한다.
⑤ 신체조직 내 수분 함유량이 감소된다.

63
• 신체조직 내 수분 함유량의 감소로 코 속의 점막이 건조하게 되어 들이마시는 공기를 효과적으로 가습하지 못한다.
• 폐포의 탄력성 저하, 폐 순환량 감소로 폐활량이 줄어들어 쉽게 숨이 찬다.

표준교재 138쪽

★★★

노화에 따른 호흡기계의 특성으로 올바른 것은?

① 기관지 내 분비물이 감소된다.
② 섬모운동이 지나치게 활발해 진다.
③ 신체조직 내 수분 함유량이 감소된다.
④ 폐 순환량의 증가로 폐활량이 늘어난다.
⑤ 호흡기계 감염이 간혹 발생할 수도 있다.

64
• 호흡근육의 위축과 근력의 약화로 호흡 증가 시 피로해지기 쉽다.
• 기침반사 저하, 섬모운동 저하로 미세 물질들을 걸러내지 못한다.

표준교재 138쪽

독감에 대한 설명으로 옳지 않은 것은?

① 인플루엔자 바이러스에 의한 감염병이다.
② 겨울철에 유행한다.
③ 고열과 함께 기침 등 호흡기 증상을 일으킨다.
④ 전염되지는 않는다.
⑤ 인후통과 근육통을 동반한다.

65
④ 급성 인플루엔자에 걸린 대상자가 기침이나 재채기를 할 때 분비되는 호흡기 비말을 통해 사람에서 사람으로 전파된다.

표준교재 139쪽

정답 **61** ② **62** ① **63** ② **64** ③ **65** ④

66 독감 증상으로 옳지 않은 것은?

① 마른기침　　　　　　② 저체온증
③ 갑작스러운 발열증상　　④ 인후통
⑤ 코막힘, 근육통

67 독감의 치료 방법으로 알맞지 않은 것은?

① 안정을 취해야 한다.
② 충분한 수분을 섭취한다.
③ 해열진통제와 처방받은 항바이러스제를 복용한다.
④ 매해 예방접종을 한다.
⑤ 금연한다.

68 다음과 같은 현상을 보이는 질병의 이름은?

 기관지의 만성적 염증으로 기도가 좁아져 숨 쉬기가 어려운 질환

① 천식　　　　　　　② 후두염
③ 임파선염　　　　　④ 기관지염
⑤ 만성기관지염

69 만성기관지염의 원인으로 적절한 것은?

① 과도한 음주 습관
② 잘못된 양치질 습관
③ 흡연, 매연에 노출
④ 찬 바람에 많이 노출됨
⑤ 지나친 공기청정기의 사용

70 만성기관지염의 증상으로 틀린 것은?

① 전신 쇠약감
② 심한 기침
③ 붉은 점액성의 투명한 가래
④ 이른 아침에 발생하는 가래를 동반한 기침
⑤ 잦은 호흡기 감염

+ 해설

66
독감 증상
· 갑작스러운 발열(38℃ 이상)
· 두통
· 전신 쇠약감
· 마른기침
· 인후통
· 코막힘
· 근육통
표준교재 139쪽

67

표준교재 139쪽

68
만성기관지염
기관지의 만성적 염증으로 기도가 좁아져 숨쉬기가 어려운 질환
표준교재 139쪽

69
만성기관지염 원인
· 흡연, 매연에의 노출
· 세균성 혹은 바이러스성 감염
표준교재 139쪽

70
③ 흰색이나 회색 또는 점액성의 화농성 가래
표준교재 139쪽

정답　66 ②　67 ⑤　68 ⑤　69 ③　70 ③

71 만성기관지염의 치료 및 예방으로 적절한 것은?

① 차가운 공기를 쐬도록 한다.
② 자극성 있는 음식으로 식사를 할 수 있게 돕는다.
③ 기관지 확장제를 사용하여 좁아진 기도를 넓혀 준다.
④ 약국에서 구입한 거담제를 사용하여 가래를 묽게 한다.
⑤ 심호흡과 기침을 하여 기관지 내 가래 배출을 용이하게 한다.

71
• 오염된 공기의 노출을 피한다.
• 갑작스런 온도변화, 차가운 기후, 습기가 많은 기후의 노출을 피하여 기관지 자극을 감소시킨다.
• 지나치게 뜨겁거나 차가운 음식, 자극적인 음식은 기관지 경련을 초래할 수 있다.

표준교재 140쪽

72 만성기관지염의 치료 및 예방 방법으로 틀린 것은?

① 지나치게 뜨겁거나 차가운 음식은 피한다.
② 공기청정기를 설치하거나 습도를 높게 해 준다.
③ 가능한 한 오염된 공기에 노출되는 것을 피한다.
④ 소화가 잘 되는 음식으로 여러 번 나누어 식사한다.
⑤ 심호흡과 기침을 하여 기관지 내 가래배출을 쉽도록 한다.

72
• 심호흡과 기침을 하여 기관지 내 가래 배출을 용이하게 한다.
• 처방받은 거담제와 기관지 확장제를 사용하여 가래를 묽게 하고 좁아진 기도를 넓혀 준다.
• 차가운 기후, 습기가 많은 기후에 노출되지 않게 한다.

표준교재 140쪽

★★★
73 세균, 바이러스, 곰팡이, 화학물질에 의해 폐 조직에 염증이 생겨 기관지가 두껍게 되고 섬유화되어 폐로 산소를 흡수하는 능력이 감소하는 질환은?

① 폐렴   ② 천식
③ 독감   ④ 결핵
⑤ 만성기관지염

73

표준교재 140쪽

74 음식물이나 이물질이 기도 내로 넘어가 기관지나 폐에 염증을 유발하기도 하는 질환은?

① 바이러스성 폐렴   ② 세균성 폐렴
③ 흡인성 폐렴   ④ 폐결핵
⑤ 천식

74
흡인성 폐렴
음식물이나 이물질이 기도 내로 넘어가 기관지나 폐에 염증을 유발함

표준교재 140쪽

75 폐렴의 증상이 아닌 것은?

① 두통, 근육통
② 감기 정도의 가벼운 증상
③ 고열, 기침, 흉통, 호흡곤란, 화농성 가래
④ 마른기침이나 짙은 가래를 뱉어내는 기침
⑤ 이명, 팔다리 저림

75

표준교재 140쪽

정답 71 ③ 72 ② 73 ① 74 ③ 75 ⑤

76 폐렴의 치료 및 예방방법으로 옳지 않은 것은?

① 세균성 폐렴은 항생제 치료를 한다.
② 환절기에 폐렴구균 예방접종을 한다.
③ 혈액의 산소 농도를 적절하게 유지한다.
④ 규칙적으로 환기한다.
⑤ 사람이 많은 장소에 출입하지 않도록 한다.

77 폐렴의 치료 및 예방법으로 맞는 것은?

① 항생제 투여는 자제하도록 한다.
② 혈액의 산소 농도를 낮게 유지한다.
③ 산소공급, 체위변경, 기침 및 심호흡을 한다.
④ 바이러스성 폐렴은 항생제를 투여하여 치료한다.
⑤ 세균성 폐렴은 증상에 따라 치료방법을 적용한다.

★★★

78 다음 보기에 해당하는 노인성 질환은?

> 기도의 만성 염증성 질환으로 기관지 벽의 부종과 기도 협착, 여러 가지 자극에 대해 기도가 과민반응을 보이는 상태를 말한다.

① 천식   ② 독감
③ 폐결핵   ④ 폐렴
⑤ 만성기관지염

79 천식을 일으키는 원인으로 틀린 것은?

① 휴식
② 자극적인 냄새
③ 먼지 등의 자극 물질
④ 갑작스런 온도나 습도의 차이
⑤ 차고 건조한 공기에 갑자기 노출되는 것

80 천식을 일으키는 원인으로 맞는 것은?

① 폐결핵   ② 목욕 후의 휴식
③ 위염 등과 같은 질환   ④ 고양이 털이나 배설물
⑤ 따뜻하고 습도 높은 공기

76
② 환절기 이전에 폐렴구균 예방접종을 한다.

표준교재 **141쪽**

77
① 세균성 폐렴은 항생제 치료를 한다.
② 혈액의 산소 농도를 적절하게 유지한다.
④, ⑤ 바이러스성 폐렴은 증상에 따라 치료
방법을 적용한다.

표준교재 **141쪽**

78

표준교재 **141쪽**

79
천식 관련 요인
• 감기
• 비염 등과 같은 염증
• 흥분이나 스트레스, 긴장감
• 꽃가루, 집먼지진드기, 강아지나 고양이
  털 및 배설물, 곰팡이
• 대기오염, 황사, 매연, 먼지 등의 자극 물
  질, 자극적인 냄새, 담배연기
• 갑작스러운 온도나 습도의 차이, 특히 차
  고 건조한 공기에 갑자기
• 출되는 것, 기후 변화
• 노화에 따른 폐기능 감소

표준교재 **141쪽**

80

표준교재 **141쪽**

정답 76 ② 77 ③ 78 ① 79 ① 80 ④

+ 해설

81 천식 환자에게서 나타나는 증상으로 맞는 것은?

① 가래
② 콧물의 증가
③ 복부 압박감
④ 호기성 천명음
⑤ 알레르기성 피부염

81
천식 증상
기침, 호기성 천명음(숨을 내쉴 때 쌕쌕거리는 호흡음), 호흡곤란, 흉부압박감, 기도경련, 점액분비량의 증가, 알레르기성 비염

표준교재 **142쪽**

82 다음 중 천식을 위한 치료나 예방으로 맞는 것은?

① 실내 온도를 낮춘다.
② 침구류는 뜨거운 물로 빤다.
③ 적당한 자극을 제공해야 한다.
④ 가끔 벽난로를 가동하여 실내를 정화시킨다.
⑤ 운동 후에는 기관지 확장제를 사용해야 한다.

82
천식 치료 및 예방방법
• 담배, 벽난로, 먼지, 곰팡이를 피한다.
• 날씨 변화를 피한다.
• 운동 30분 전에 천식 증상이 나타나면 기관지확장제를 사용한다.

표준교재 **142쪽**

83 기관지확장제의 올바른 사용법은?

① 사용 전에 흔들면 안 된다.
② 30초 정도 천천히 깊게 숨을 들이쉰다.
③ 다음 투약과의 시간간격은 30초 정도이다.
④ 입으로 심호흡을 하면서 1회 용량이 흡입되도록 흡인기를 누른다.
⑤ 약이 폐에 도달할 수 있도록 적어도 1분 정도 숨을 참는다.

83
① 사용 전에 뚜껑을 열고 흔든다.
② 3~5초간 천천히 깊게 숨을 들이쉰다.
③ 다음 투약까지 적어도 1분간 기다린다.
⑤ 약이 폐에 깊숙이 도달할 수 있도록 적어도 10초간 숨을 참은 다음 천천히 내쉰다.

표준교재 **142쪽**

84 기관지확장제를 사용하는 방법으로 올바른 것은?

① 30초 정도 빠르게 깊이 숨을 들이쉰다.
② 입으로 심호흡을 하면서 흡인해야 한다.
③ 머리를 약간 앞으로 숙이고 충분히 숨을 내쉰다.
④ 흡인구를 치아로 꽉 물되 약간의 공기길이 생기게 한다.
⑤ 일주일에 한 번은 흡인기 통과 뚜껑을 흐르는 물에 씻는다.

84
• 입으로 심호흡을 하면서 1회 용량이 흡입되도록 흡인기를 누른다.
• 3~5초간 천천히 깊게 숨을 들이쉰다.

표준교재 **142쪽**

85 천식이 있는 대상자에게 제공한 서비스 내용으로 적절하지 않은 것은?

① 침구류는 차가운 물로 세탁한다.
② 먼지와 곰팡이가 없도록 청소한다.
③ 스트레스와 불안을 줄이게 한다.
④ 최대한 숨을 편안하게 쉬도록 한다.
⑤ 차고 건조한 공기에 갑자기 노출되지 않도록 한다.

85

표준교재 **142쪽**

정답 81 ④　82 ②　83 ④　84 ②　85 ①

86 천식이 있는 대상자가 꽃놀이 중 호흡곤란을 일으켰을 때 대처 방법으로 적절한 것은?

① 숨을 빠르게 내쉬도록 한다.　② 차가운 음료를 마시게 한다.
③ 뜨거운 차를 건넨다.　④ 실내로 이동한다.
⑤ 찬 공기를 마시도록 한다.

87 폐결핵에 대한 설명으로 옳은 것은?

① 주로 간을 침범한다
② 세균에 의해 발생한다.
③ 비만이나 과다영양일 때 발병율이 높다.
④ 만성 질병과는 관련이 없다.
⑤ 오후에 고열이 있다가 늦은 밤에 식은 땀이 나면서 열이 내리는 증상이 반복된다.

★★★
88 폐결핵 원인에 대한 설명으로 옳은 것은?

① 알코올은 폐결핵 예방에 도움이 된다.
② 호흡기를 통해 감염이 된다.
③ 과식과 비만이 원인이 된다.
④ 과다수면을 하는 우울증이 원인이 된다.
⑤ 스테로이드 등의 면역억제제는 결핵도 억제해 준다.

89 폐결핵의 증상에 대한 설명으로 바른 것은?

① 처음에 화농성 객담을 배출함
② 체중이 증가하여 비만현상이 나타남
③ 오전에 고열이 있다가 오후에 열이 내림
④ 흉부방사선에 의해 발견되는 경우가 대부분임
⑤ 오후에 고열이 있다가 다음날 아침에 되어서야 열이 내려감

90 폐결핵을 치료할 때 주기적으로 해야 하는 검사는?

① 간 기능 검사　② 심장 기능 검사
③ 신장 기능 검사　④ 관절 운동 검사
⑤ 소화 기능 검사

해설

86

표준교재 **142쪽**

87
폐결핵
• 결핵균이 폐에 들어가 염증을 일으키는 질환
• 초기에는 대부분 무증상이다가 흉부방사선 촬영(X-ray)에서 우연히 발견되는 경우가 많음

표준교재 **143쪽**

88
폐결핵의 원인
• 결핵균의 호흡기 감염
• 알코올 또는 약물 중독
• 영양 부족 등으로 인한 면역력 저하
• 당뇨병, 악성 종양, 만성 신부전 등과 같은 만성 질병 악화
• 스테로이드와 같은 면역 억제제 사용

표준교재 **143쪽**

89
폐결핵 증상
• 초기에는 대부분 무증상임
• 흉부방사선 촬영(X-ray)에서 발견되는 경우가 많음
• 2주 이상의 기침과 흉통
• 오후에 고열이 있다가 늦은 밤에 식은땀과 함께 열이 내리는 증상 반복
• 피로감, 식욕부진, 체중 감소, 무기력감
• 점액성, 화농성, 혈액성 가래(농흉 및 객혈)
• 호흡 곤란과 흉막염 등의 합병증

표준교재 **143쪽**

90
폐결핵의 경우 주기적으로 간 기능 검사와 객담 검사를 받는다.

표준교재 **144쪽**

정답 86 ④ 87 ⑤ 88 ② 89 ④ 90 ①

+ 해설

91 폐결핵을 치료하는 과정에서 주기적으로 해야 하는 검사로 옳은 것은?

① 침 검사
② 변 검사
③ 객담 검사
④ 혈액 검사
⑤ 소변 검사

91

표준교재 **144쪽**

92 폐결핵 환자의 약물 복용에 대한 설명으로 옳은 것은?

① 항결핵제는 종류가 많지 않다.
② 약의 양이 적다.
③ 복용기간이 짧다.
④ 증상이 사라지면 자의로 중단해도 된다.
⑤ 규칙적으로 복용해야 한다.

92
폐결핵 치료를 위한 약물 복용(항결핵제)
• 종류가 여러 가지이다.
• 양이 많다.
• 복용기간이 비교적 길다.
• 자의로 중단하면 안된다.

표준교재 **143쪽**

93 항결핵제에 대한 설명으로 옳지 않은 것은?

① 처방된 기간에 충실하게 복용해야 한다.
② 양의 종류가 많다.
③ 증상이 완화되도면 처방된 기간까지 양을 줄여서 먹어도 괜찮다.
④ 복용 기간이 비교적 길다.
⑤ 임의로 복용을 중단하면 약제 효과가 미치지 않은 균들이 살아남아 몸에서 활발히 증식하게 되므로 결핵이 더욱 악화된다.

93
③ 처방된 항결핵제는 자의로 중단하거나 줄여서 먹으면 안된다.

표준교재 **143쪽**

94 요양보호사의 서비스 제공 내용으로 적절하지 않은 것은?

① 결핵전파가 우려되는 대상자를 돌볼 때 마스크와 장갑을 착용하였다.
② 대상자가 호흡곤란을 일으켜 상체를 올리는 반 앉은 자세를 취하게 하였다.
③ 기침하는 대상자에게 "결핵인 것 같으니 약을 먹어야 할 것 같다"라고 말하였다.
④ 대상자가 감염성 질환이 의심되면 기관에 보고하고 감염성이 없다고 판정될 때까지 격리해야 한다.
⑤ 호흡곤란을 경험한 대상자에게 기관지확장흡입기 등 위급 상황을 해결하는 데 도움이 될 수 있는 장치들을 준비해두고 안심시킨다.

94
③ 요양보호사가 대상자의 질병염을 예측하여 말하거나 약물 치료가 필요하다는 등의 말을 하면 안된다.

표준교재 **145쪽**

정답 **91** ③ **92** ⑤ **93** ③ **94** ③

95 결핵 감염을 예방하기 위한 기침 예절로 올바르지 않은 것은?

① 코와 입을 휴지나 손수건으로 가린다.
② 휴지나 손수건이 없는 경우에는 손으로 가린다.
③ 호흡기 감염증상이 있는 사람은 가급적 마스크를 착용한다.
④ 사용한 휴지는 즉시 버리고 손을 자주 씻는다.
⑤ 일회용 마스크는 젖으면 필터링 능력이 떨어지므로 재사용하지 않는다.

96 다음 중 요양보호사의 활동으로 옳지 않은 것은?

① 호흡곤란을 경험한 대상자에게 기관지확장흡인기 등 위급상황을 해결하는 데 도움이 될 수 있는 장치들을 준비해주고 안심시킨다.
② 결핵전파가 우려되는 대상자를 돌볼 때는 보호장구를 착용해야 한다.
③ 대상자에게 감염성 질환이 생긴 것으로 의심되면 즉시 의료기관을 찾도록 한다.
④ 호흡곤란 중에는 산체를 올리는 반 앉은 자세를 취하게 한다.
⑤ 대상자가 예방접종 후 열이 나거나 힘들어하는 등 이상반응을 나타내는 경우 시설장이나 관리책임자에게 신속하게 보고해야 한다.

97 결핵감염 대상자와 접촉하였을 때 감염여부를 확인하기 위해 X-ray를 찍어봐야 하는 시기로 옳은 것은?

① 즉시
② 1일~1주 이내
③ 1주~2주 이내
④ 2주~3주 이내
⑤ 2주~4주 이후

98 호흡기계에 이상이 있는 대상자를 위한 돌봄방법으로 가장 옳은 것은?

① 기침을 하면 곧바로 보고 한다.
② 호흡곤란 중에는 하체를 올리는 자세를 취해준다.
③ 감염전파가 우려되는 대상자를 돌볼 때는 바로 씻어야 한다.
④ 감염이 의심되면 감염성이 없다고 판정될 때까지 격리해야 한다.
⑤ 호흡곤란을 경험한 대상자에게 괜찮을 거라고 말로 위로해 준다.

99 심혈관계의 주요 질환이 아닌 것은?

① 위궤양
② 심부전
③ 고혈압
④ 빈혈
⑤ 동맥경화증

해설

95
② 휴지나 손수건이 없는 경우에는 소매로 가린다. 손으로 가리면 손에 묻은 균이 다른 물건에 묻어 결핵균이 전파되기 쉽다.

표준교재 **145쪽**

96
③ 요양보호사는 자신이 돌보는 대상자에게 감염성 질환이 생긴 것으로 의심되면 기관에 보고하고 감염성이 없다고 판정될 때까지 격리해야 한다.

표준교재 **145쪽**

97
결핵 감염대상자와 접촉한 요양보호사와 가족은 2주~1개월 이후 반드시 보건소에서 흉부방사선 촬영 (X-ray) 등을 통해 감염여부를 확인해야 한다.

표준교재 **145쪽**

98
• 감염성 질환이 의심되면 곧바로 보고해야 한다.
• 호흡곤란 중에는 상체를 올리는 자세를 취해준다.
• 감염전파가 우려되는 대상자를 돌볼 때는 보호장구를 착용한다.

표준교재 **145쪽**

99
① 위궤양은 소화기계 질환이다.

표준교재 **149쪽**

정답 **95** ② **96** ③ **97** ⑤ **98** ④ **99** ①

심혈관계의 역할로 바르게 설명하고 있는 것은?

① 혈관, 폐, 심장으로 구성된다.
② 산소를 들이마시고 이산화탄소를 내보낸다.
③ 산소와 영양분을 각 조직과 세포로 운반한다.
④ 심장은 대사를 위한 산소교환을 하고 해독작용도 한다.
⑤ 심혈관계는 산소교환 및 대사작용을 통해 기능을 유지한다.

100
심혈관계
· 혈액, 심장, 혈관으로 구성되며 혈액순환에 의해 기능을 유지함
· 대사산물인 노폐물을 몸 밖으로 내보내는 작용을 함

표준교재 **146쪽**

심장의 노화에 따른 특성으로 옳은 것은?

① 심장은 나이가 들면서 위축된다.
② 최대심박출량과 심박동수가 감소된다.
③ 심장의 근육은 점점 얇아지면서 약해진다.
④ 근육량의 감소로 근긴장도나 탄력성도 감소된다.
⑤ 근육량의 증가로 근긴장도나 탄력성도 같이 증가된다.

101
① 심장은 나이가 들면서 위축이 되지 않는다.
③ 심장의 근육이 두꺼워져 탄력성이 떨어진다.
④, ⑤ 근육량의 증가로 근긴장도나 탄력성이 감소되어 최대심박출량과 심박동수가 감소된다.

표준교재 **146쪽**

★ ★ ★

노화에 따른 심혈관계의 특성으로 옳지 않은 것은?

① 말초혈관으로부터 심장으로의 혈액순환 감소
② 정맥의 약화
③ 최대 심박출량과 심박동수의 감소
④ 체위 변화에 따른 기립성 저혈압 발생
⑤ 심장의 탄력성 증가

102
⑤ 심장은 나이가 들면서 근육이 두꺼워져 탄력성이 떨어진다.

표준교재 **146쪽**

혈압에 대한 설명으로 옳은 것은?

① 가장 이상적인 혈압은 140/90mmHg이다.
② 최고혈압은 이완기 혈압을 말한다.
③ 혈압은 심장에서 뿜어내는 혈액이 혈관의 벽에 미치는 압력을 말한다.
④ 최저혈압은 피를 짤 때의 힘을 말한다.
⑤ 심장이 한 번에 내보내는 혈압의 양이 늘어나면 혈압이 낮아진다.

103
① 가장 이상적인 혈압은 120/80mmHg이다.
② 혈압의 종류에는 최고혈압(수축기 혈압)과 최저혈압(이완기 혈압)이 있다.
④ 최고혈압은 심장에서 피를 짤 때의 압력이고 최저혈압은 심장이 늘어나면서 피를 가득 담고 있을 때의 압력이다.
⑤ 혈관이 좁아지거나 심장이 한 번에 내보내는 혈압의 양이 늘어나면 혈압이 높아진다.

표준교재 **146~147쪽**

정답 **100** ③ **101** ② **102** ⑤ **103** ③

104 고혈압과 그 원인의 연결이 옳은 것은?

① 이차성 고혈압 – 발생 원인이 정확하지 않음
② 이차성 고혈압 – 운동부족, 비만과 같은 요인
③ 본태성 고혈압 – 고혈압 환자들의 90~95%가 해당
④ 이차성 고혈압 – 고혈압 환자들의 50% 해당하며 유전 등이 해당
⑤ 본태성 고혈압 – 내분비질환이나 임신중독증으로 인해 발생함

105 고혈압의 증상으로 옳은 것은?

① 앞머리가 아프고 흐림
② 점심 식사 이후의 두통
③ 목이 아프거나 쉰 소리가 남
④ 뇌동맥의 파열로 뇌졸중 혹은 사망
⑤ 목에서 가래가 많이 올라오거나 눈물이 많이 남

106 고혈압의 증상이 아닌 것은?

① 늦은 저녁의 두통
② 이명, 팔다리 저림
③ 뇌동맥의 파열로 뇌졸중 혹은 사망
④ 코피, 가슴이 답답하거나 숨이 참
⑤ 뒷머리가 뻐근하게 아프고 어지럽거나 흐리게 보임

107 고혈압의 치료 및 예방에 대한 설명으로 옳지 않은 것은?

① 혈압약을 꾸준히 복용한다.
② 혈압약은 의사에게 처방받아야 한다.
③ 혈압을 규칙적으로 측정한다.
④ 복부 비만이라도 체중이 정상이면 조절하지 않아도 된다.
⑤ 담배를 피우지 않는다.

108 고혈압 예방을 위한 방법이 아닌 것은?

① 절주한다.   ② 금연한다.
③ 체중을 조절한다.   ④ 고지방식이를 한다.
⑤ 규칙적인 운동을 한다.

+ 해설

104
본태성(일차성) 고혈압
발생 원인은 밝혀지지 않았으나 유전, 흡연, 과도한 음주, 스트레스, 과식, 짠 음식, 운동부족, 비만과 같은 많은 요인이 관련된다(90~95%).
속발성(이차성) 고혈압
다른 질병의 합병증으로 발생한 고혈압으로 질병이 치료되면 혈압도 정상화된다(5~10%).
표준교재 **147**쪽

105
고혈압 증상
• 뇌동맥의 파열로 뇌졸중 혹은 사망
• 뒷머리가 뻐근하게 아프고 어지럽거나 흐리게 보임
• 이른 아침의 두통
• 이명, 팔다리 저림
• 심장 및 신장 기능 장해
• 코피, 가슴이 답답하거나 숨이 참
표준교재 **148**쪽

106
표준교재 **148**쪽

107
표준교재 **148**쪽

108
④ 콜레스테롤과 지방이 많은 동물성 식품을 삼가고 섬유질이 풍부한 식물성 식품을 섭취(저지방식이)한다.
표준교재 **148**쪽

정답 **104** ③ **105** ④ **106** ① **107** ④ **108** ④

+ 해설

109 혈압약 복용에 있어 유의사항으로 옳은 것은?

① 혈압약의 결정은 약사와 잘 상의해야 한다.
② 혈압이 정상으로 복귀되면 복용을 중지한다.
③ 혈압약의 용량은 체중에 따라 결정해야 한다.
④ 고혈압이 계속되면 바꾸거나 정밀검사를 받아야 한다.
⑤ 혈압의 오름과 저하를 관찰하여 혈압약의 복용 및 중단시기를 결정하여야 한다.

109
혈압약은 반드시 의사와 상의하여 약물의 종류와 용량을 결정해야 하며, 마음대로 용량을 증감하거나 중단하면 안 된다. 지속적인 치료에도 불구하고 고혈압이 계속될 때는 의사와 상의하여 약을 바꾸거나 정밀검사를 받아야 한다.

표준교재 **148**쪽

---

110 고혈압의 예방 방법으로 가장 올바른 것은?

① 적당한 운동으로 혈압약의 효과를 낮춰줘야 한다.
② 혈관의 탄력성을 유지하기 위해 격렬한 운동이 필요하다.
③ 심혈관계 질환의 위험요인이므로 흡연이 필요하다.
④ 알코올은 혈압상승의 요인이므로 절주가 필요하다.
⑤ 체중조절은 동맥경화와 심근경색의 요인으로 필요없다.

110
고혈압 예방방법
• 규칙적인 운동을 한다.
• 체중을 조절한다.
• 금연한다.
• 절주한다.

표준교재 **148**쪽

---

111 고혈압의 약물치료에 대한 설명으로 올바른 것은?

① 증상이 없으면 먹지 않아도 된다.
② 혈압이 조절돼도 의사의 처방이 있으면 약을 계속 먹어야 한다.
③ 혈압약을 오래 먹으면 몸이 더 튼튼해진다.
④ 두통 등의 증상이 있을 때만 약을 먹는다.
⑤ 혈압이 조절돼도 약은 먹어야 하지만 복용량은 스스로 줄여도 괜찮다.

111
① 증상이 없어도 혈압이 높으면 치료해야 한다.
③ 약을 오래 복용하는 것이 몸에 좋지는 않다. 단, 고혈압의 합병증을 발생시키는 것보다는 안전하다.
④ 의사 처방이 있는 기간에는 통증과 상관없이 계속 약을 먹어야 한다.
⑤ 복용량을 의사 처방 없이 스스로 조절해서는 안 된다.

표준교재 **147**쪽

---

112 동맥 혈관의 안쪽 벽에 지방이 축적되어 혈관 내부가 좁아지거나 막혀 혈액의 흐름에 장애가 생기고 혈관 벽이 굳어지면서 발생하는 질환은?

① 빈혈　　　　　　② 심부전증
③ 고혈압　　　　　④ 동맥경화증
⑤ 퇴행성 관절염

112

표준교재 **149**쪽

---

113 동맥경화증에 대한 설명으로 맞는 것은?

① 동맥의 내부가 터진 것이다.
② 동맥의 내부가 넓어지는 것이다.
③ 동맥의 흐름에 장애를 일으키는 것이다.
④ 동맥혈관 외부에 지방이 축적되는 것이다.
⑤ 동맥의 혈관 벽이 부드러워지면서 발생하는 것이다.

113
동맥경화증
동맥 혈관의 안쪽 벽에 지방이 축적되어 혈관 내부가 좁아지거나 막혀 혈액의 흐름에 장애를 일으키고, 혈관 벽이 굳어지면서 발생하는 질환

표준교재 **149**쪽

정답 **109** ④ **110** ④ **111** ② **112** ④ **113** ③

114 동맥경화증의 원인으로 옳은 것은?

① 지방대사 이상
② 콜레스테롤의 섭취 부족
③ 저지방식이와 저염식이
④ 정신건강을 위한 취미활동
⑤ 하루 3시간 이상의 규칙적인 운동

115 동맥경화증의 증상으로 옳지 않은 것은?

① 소화불량, 변비, 복부팽만 등의 소화기 증상
② 흉통, 압박감, 조이는 듯한 느낌
③ 발작, 의식장애, 혼수, 반신불수
④ 하지 조직의 괴사 발생
⑤ 손발의 통증, 냉증 및 저림, 다리를 저는 등의 보행 장애

116 동맥경화증의 치료 및 예방에 대한 설명으로 옳은 것은?

① 흡연 시 발생하는 이산화탄소는 동맥 안쪽 벽을 손상시키므로 금연한다.
② 당뇨병은 혈중 지방 수치를 높이고 혈관을 손상시키므로 혈당을 조절한다.
③ 혈압이 낮으면 동맥 혈관이 손상되므로 고혈압을 관리한다.
④ 소금섭취량을 줄이는 저염식이와 고지방식이를 한다.
⑤ 치료 중에는 운동을 하지 않는 것이 좋다.

117 동맥경화증의 예방 방법으로 알맞은 것은?

① 저염식이와 저지방식이를 섭취한다.
② 혈압이 낮으면 혈액순환 장애가 오므로 혈압을 높힌다.
③ 머리를 따뜻하게 해 주어 혈액이 높아지는 것을 예방한다.
④ 흡연 시 발생하는 이산화탄소는 동맥의 안쪽 벽을 손상시키므로 금연한다.
⑤ 당뇨병은 지방대사 이상으로 혈중 지방 수치를 저하시키므로 당뇨병을 치료한다.

118 심장의 수축력이 저하되어 신체조직에 필요한 만큼의 충분한 혈액을 내보내지 못하는 상태의 질환은?

① 빈혈
② 심부전
③ 고혈압
④ 동맥경화증
⑤ 퇴행성 관절염

해설

114
동맥경화증 원인
· 지방대사 이상
· 콜레스테롤이나 지방 섭취 과다
· 가족적 소인
· 스트레스, 비만, 흡연, 과음, 폐경
· 운동 부족
· 고지혈증, 당뇨병, 고혈압

표준교재 149쪽

115
동맥경화증 증상
뇌혈관이 막히거나 터짐, 불면증, 언어 장애, 손발의 통증, 냉증 및 저림, 다리를 저는 등의 보행 장애, 흉통, 압박감, 조이는 듯한 느낌, 발작, 의식장애, 혼수, 반신불수, 하지 조직의 괴사 발생, 머리가 무겁고 아프거나 뒷골이 당기며 현기증, 기억력 저하 등

표준교재 150쪽

116
① 흡연 시 발생하는 물질은 일산화탄소이다.
③ 혈압이 높으면 동맥 혈관이 손상되므로 고혈압을 관리한다.
④ 소금섭취량을 평소의 반으로 줄이는 저염식이와 저지방식이를 한다.
⑤ 규칙적으로 운동한다.

표준교재 150쪽

117
동맥경화증 예방방법
· 금연한다.
· 고혈압을 관리한다.
· 당뇨병을 조절한다.
· 소금섭취량을 줄인다.
· 규칙적인 운동을 한다.

표준교재 150쪽

118

표준교재 150쪽

정답 114 ① 115 ① 116 ② 117 ① 118 ②

+ 해설

119 심부전에 영향을 주는 질병으로 옳지 않은 것은?

① 심장병
② 신장병
③ 퇴행성 관절염
④ 고혈압
⑤ 관상동맥질환

119
심부전 관련요인
관상동맥질환, 고혈압, 심장병, 신장병

표준교재 150쪽

120 심부전의 증상으로 옳지 않은 것은?

① 지속적인 기침과 객담 배출
② 적절한 산소와 영양분 부족으로 허약감, 피로, 호흡곤란
③ 걷기, 계단오르기, 쇼핑하기 등 운동 시 심한 호흡곤란
④ 신장 혈류량 부족으로 인한 의존성 부종
⑤ 손발의 통증, 냉증 및 저림, 다리를 저는 등의 보행 장애

120

표준교재 151쪽

121 심부전 대상자의 치료 및 예방을 위해 할 수 있는 것으로 옳은 것은?

① 염분을 제한한다.
② 물리치료 요법을 한다.
③ 생활습관을 유지시킨다.
④ 기분이 좋을 때만 운동을 하도록 한다.
⑤ 알코올은 제한하고 수분을 충분히 준다.

121
심부전 치료 및 예방방법
• 약물치료 요법을 한다.
• 생활습관을 변화시킨다.
• 염분을 제한한다.
• 알코올과 수분을 제한한다.
• 규칙적인 운동을 한다.

표준교재 151쪽

122 적혈구나 헤모글로빈이 부족하여 혈액이 몸에서 필요한 만큼의 산소를 공급하지 못하는 상태를 무엇이라고 하는가?

① 빈혈
② 심부전증
③ 고혈압
④ 동맥경화증
⑤ 퇴행성 관절염

122

표준교재 151쪽

123 빈혈이 있는 대상자에게 제공한 음식으로 적절하지 않은 것은?

① 달걀후라이
② 두부조림
③ 삼겹살
④ 콩밥
⑤ 시금치무침

123
③ 기름기가 있는 고기보다는 붉은 살코기가 동물성단백질이 많아 철 흡수율이 높다.

표준교재 152쪽

정답　119 ③　120 ⑤　121 ①　122 ①　123 ③

124 빈혈의 원인에 대한 설명으로 가장 적절한 것은?

① 말초부위에 출혈이 있는 경우
② 칼륨을 충분하게 섭취하지 못한 경우
③ 칼슘 흡수에 문제가 있는 경우
④ 혈액성분을 제대로 만들지 못하는 경우
⑤ 백혈구가 부족하여 산소를 공급하지 못하는 경우

125 빈혈에 대한 설명으로 가장 적절한 것은?

① 빈혈이 있는 경우에는 배가 고프다고 호소한다.
② 빈혈이 있는 경우에는 얼굴빛이 분홍빛을 띈다.
③ 빈혈이 있는 경우에는 집중력 장애와 함께 눈이 안 보인다.
④ 빈혈이 있는 경우에는 철분섭취에 신경써야 한다.
⑤ 처방받은 비타민 C와 칼슘제제를 함께 복용하도록 해야 한다.

126 빈혈 예방과 해소에 좋은 음식과 설명으로 옳은 것은?

① 굴 – 철분 이외에 구리와 타우린이 많아 콜레스테롤 수치를 낮춘다.
② 달걀노른자 – 철분과 비타민 C가 많아 철분의 흡수를 돕는다.
③ 붉은 살코기 – 철분 이외에 다양한 영양소가 풍부하고, 레시틴이 콜레스테롤을 낮춘다.
④ 콩류 – 철분뿐 아니라 비타민 C가 많아 철분의 흡수를 돕는다.
⑤ 시금치 – 고단백질의 영양가 많은 식품으로 빈혈에도 좋다.

127 대상자가 심혈관계 질환을 앓고 있을 때 요양보호사의 적절한 활동이 아닌 것은?

① 정해진 곳에서 정해진 활동만 하도록 한다.
② 뇌졸중 발생여부를 철저히 관찰해야 한다.
③ 호흡곤란이 나타나면 최대한 빨리 조처해야 한다.
④ 고혈압이 있는 환자는 처방약 복용여부를 관찰해야 한다.
⑤ 심장마비를 일으킬 경우 응급상황에 대처할 수 있어야 한다.

✚ 해설

124
빈혈의 원인
· 위장관에서 출혈이 되는 경우
· 철분을 충분하게 섭취하지 못한 경우
· 철분 흡수에 문제가 있는 경우
· 혈액성분을 제대로 만들지 못하는 경우 (골수의 문제, 영양결핍)
· 적혈구, 헤모글로빈 부족으로 산소공급이 원활하지 못한 경우

표준교재 151쪽

125
빈혈의 증상으로는 어지러움, 창백해 보임, 집중력 장애 등이 있으며, 식이에서 철분섭취를 늘리고 비타민 C와 철분 제제를 복용하여 치료 및 예방한다.

표준교재 151~152쪽

126
빈혈에 좋은 음식
· 달걀노른자 : 철분 외에 다양한 영양소 풍부, 레시틴이 콜레스테롤도 낮춰준다.
· 붉은 살코기 : 동물성단백질식품의 철이 식물성 단백질 식품의 철보다 흡수가 3배 더 잘된다.
· 콩류 : 고단백질의 영양가 많은 식품으로 빈혈에 좋다.
· 시금치 : 철분뿐 아니라 비타민 C가 많아 철분의 흡수를 돕는다.

표준교재 152쪽

127
고혈압이나 동맥경화증이 있는 대상자는 평소 처방약 복용여부를 잘 관찰해야 한다. 또한, 뇌졸중 발생여부를 철저히 관찰해야 한다.

표준교재 152~153쪽

정답 **124** ④ **125** ④ **126** ① **127** ①

+ 해설

128 다음 중 요양보호사의 활동내용으로 옳지 않은 것은?

① 외출 중 갑자기 어지러움을 호소하는 대상자에게 쉴 곳을 찾아 빨리 걷도록 걸음을 재촉하였다.
② 숨차하는 대상자에게 병원에 가보는 것이 좋겠다고 말하였다.
③ 대상자가 가슴 주변의 통증을 호소하여 시설장에게 신속하게 보고하였다.
④ 심혈관계 문제를 가진 대상자에게 안정적이고 편안하게 말하였다.
⑤ 빈혈로 철분제를 복용하고 있는 대상자가 어지럼증을 호소하여 처방된 철분제를 복용했는지 확인하였다.

128
① 갑자기 어지럼증을 느끼는 대상자는 그 자리에 주저앉도록 하여 낙상으로 인한 뇌손상을 예방하여야 한다.

표준교재 152쪽

129 빈혈대상자가 철분제 복용 시 함께 복용하면 좋은 비타민의 종류는?

① 비타민 A
② 비타민 B
③ 비타민 C
④ 비타민 D
⑤ 비타민 E

129
철분제와 철분의 흡수를 돕기 위한 비타민 C를 함께 복용한다.

표준교재 152쪽

130 근골격계에 대한 설명으로 옳지 않은 것은?

① 근육, 힘줄, 인대, 연골, 뼈 등의 조직으로 구성된다.
② 골격은 단단한 구조를 형성한다.
③ 갈비뼈, 골반과 같은 구조물은 내부 장기가 손상되지 않게 보호한다.
④ 근골격계는 노폐물을 제거하는 기능을 한다.
⑤ 근육은 뼈가 움직이는 힘을 제공한다.

130
④는 비뇨기계에 대한 설명이다.

표준교재 153쪽

131 노화에 따른 근골격계의 특성으로 옳은 것은?

① 뼈의 질량이 증가함
② 하악골이 튼튼해짐
③ 팔, 다리의 지방량이 증가함
④ 관절면이 마모됨
⑤ 엉덩이와 허리의 피하지방이 감소함

131
① 뼈의 질량이 감소함
② 하악골이 쇠약해짐
③ 팔, 다리의 지방량이 감소함
⑤ 엉덩이와 허리의 피하지방 증가함

표준교재 153쪽

★★★

132 연골이 닳아서 없어지거나 관절에 염증성 변화가 생긴 상태로 노화로 인해 생긴 질환은?

① 퇴행성 관절염
② 골다공증
③ 고관절 골절
④ 류마티스 관절염
⑤ 추간판 탈골증

132

표준교재 154쪽

정답 128 ① 129 ③ 130 ④ 131 ④ 132 ①

133 퇴행성 관절염의 증상으로 옳지 않은 것은?

① 관절부위의 통증
② 식욕부진
③ 관절의 변형
④ 관절액 증가로 무릎이 부어오름
⑤ 아침의 관절경직 현상

133

표준교재 154쪽

134 퇴행성 관절염이 있는 경우 도움이 되는 운동은?

① 계단 오르내리기　　② 장거리 걷기
③ 등산　　　　　　　④ 수영
⑤ 마라톤

134
관절에 부담되지 않는 규칙적인 운동이 좋다(예 : 수영, 평평한 흙길걷기, 체조 등).

표준교재 155쪽

135 퇴행성 관절염에 대한 설명으로 가장 바른 것은?

① 관절액의 탄력성 저하
② 운동 시 호전되고 안정 시 악화됨
③ 관절을 싸고 있는 조직의 퇴화와 계속적인 마찰이 원인
④ 관절을 많이 사용하면 운동효과가 있어 통증이 완화됨
⑤ 관절이 풀어지는 데에는 하루 정도 소요됨

135
퇴행성 관절염의 원인
• 노화, 유전적인 요소와 환경적인 요소의 복합적인 작용
• 관절을 싸고 있는 조직의 퇴화와 계속적인 마찰
• 연골의 탄력성 저하

표준교재 154쪽

136 퇴행성 관절염을 위한 치료방법으로 적당하지 않은 것은?

① 온·냉 요법을 실시한다.
② 물리치료를 규칙적으로 실시한다.
③ 파괴가 심한 경우는 수술을 시행한다.
④ 관절에 부담이 가지 않는 운동을 한다.
⑤ 마사지는 무리가 가므로 해서는 안 된다.

136
퇴행성 관절염 치료방법
• 약물치료
• 온·냉요법, 마사지, 물리치료
• 관절의 부담을 완화시키기 위해 체중조절

표준교재 155쪽

137 골다공증의 관련 요인이 아닌 것은?

① 과다한 운동
② 폐경, 여성 호르몬 부족
③ 갑상신 및 부갑상선 질환
④ 흡연, 음주, 카페인의 과다 섭취
⑤ 영양 흡수장애 및 칼슘 섭취 부족

137
골다공증 관련 요인
• 폐경, 여성 호르몬 부족
• 골격이 약하고 저체중
• 운동 부족
• 갑상선 및 부갑상선 질환
• 척추골절 등 40세 이후 골절 경험
• 영양 흡수장애 및 칼슘 섭취 부족
• 흡연, 음주, 카페인의 과다 섭취
• 젊었을 때 본인 체중 10% 이상의 무리한 다이어트 등

표준교재 155쪽

정답　133 ②　134 ④　135 ③　136 ⑤　137 ①

다음 빈칸에 들어갈 영양소로 옳은 것은?

> 오전 10시에서 오후 2시까지의 강렬한 자외선은 피하고, 그 시간 전후로 해서 주 2–3회 정도 팔, 다리 등에 30분~1시간 정도의 자외선을 쬐면 충분한 양의 (　　　　)을/를 합성할 수 있다.

① 칼슘　　　　　　　　② 칼륨
③ 비타민 C　　　　　　④ 비타민 D
⑤ 식이섬유

138

표준교재

골다공증의 증상으로 맞지 않는 것은?

① 관절의 변형　　　　　② 허리 통증
③ 잦은 골절　　　　　　④ 키가 작아짐
⑤ 등이나 허리가 굽음

139
골다공증 증상
• 허리 통증
• 키가 작아짐
• 등이나 허리가 굽음
• 잦은 골절

표준교재

★★★

골다공증 치료의 방법으로 옳은 것은?

① 호르몬 요법
② 칼시토닌 등의 단백질 섭취
③ 체중부하를 위한 체중 증가
④ 칼륨이 풍부한 음식 섭취
⑤ 체중이 부하되지 않는 운동 실시

140
골다공증 치료방법
• 충분한 칼슘 섭취
• 호르몬요법 실시
• 적당한 체중 유지
• 근육과 뼈에 힘을 주는 체중부하운동 실시

표준교재

고관절 골절의 관련 요인으로 옳지 않은 것은?

① 하지 기능 부전　　　　② 골다공증
③ 저체중　　　　　　　　④ 보조기 사용
⑤ 청력장애

141
고관절 골절 관련 요인
고령, 하지 기능 부전, 시력장애, 골다공증, 저체중, 보조기 사용, 알코올 섭취 등

표준교재

고관절 골절이 발생하는 직접적인 원인은 무엇인가?

① 낙상　　　　　　　　② 뇌졸중
③ 보행장애　　　　　　④ 시력장애
⑤ 운동실조증

142
고관절 골절
강한 외부 힘이 작용해서 고관절 뼈가 부러지는 것으로 골다공증이 있는 노인이 낙상을 하면 발생함

표준교재

정답　138 ④　139 ①　140 ①　141 ⑤　142 ①

143 다음 중 요양보호사의 활동으로 옳지 않은 것은?

① 대상자의 근육이나 관절 부위의 통증 증상을 관찰한다.
② 수술을 받은 대상자의 회복을 위해 최대한 모든 활동을 자제시킨다.
③ 대상자가 칼슘을 충분히 섭취할 수 있도록 식사를 도와야 한다.
④ 낙상과 같은 안전사고 예방에 특히 유의하여야 한다.
⑤ 보조기구를 사용하는 대상자에게는 사용 방법을 정확하게 설명해야 한다.

143
수술을 받은 대상자는 회복을 위해 재활이 필요하므로 잔존기능을 최대한 활용할 수 있도록 도와야 한다.

표준교재 **158**쪽

144 근골격계 질환 대상자에 대한 요양보호사의 활동으로 적절하지 않은 것은?

① 안전사고 예방에 특히 유의하여야 한다.
② 의심되는 질병명을 예측하여 말한다.
③ 보조기구 사용방법을 정확하게 숙지하여야 한다.
④ 잔존기능을 최대한 활용할 수 있도록 도와야 한다.
⑤ 칼슘을 충분히 섭취할 수 있도록 식사를 도와야 한다.

144
• 관절통, 관절 강직, 관절 부종, 쇠약 또는 피로가 있는지, 손의 사용에 어려움이 있는지, 무릎에 통증이 있는지 여부를 관찰한다.
• 근육의 약화와 뻣뻣해진 관절 및 감각의 변화, 신체적 활동의 정도를 관찰한다.

표준교재 **158**쪽

145 비뇨생식기계에 대한 설명 중 옳은 것은?

① 남성과 여성 모두 생식과 배설 기능을 동시에 한다.
② 남성과 여성 모두 생식과 배설기관이 모두 분리되어 있다.
③ 남성의 생식기계는 난소, 난관으로 이루어져 있다.
④ 비뇨기계는 신장, 요관, 방광과 요도로 이루어져 있다.
⑤ 비뇨기계는 몸에서 필요 없는 노폐물이나 수분을 흡수하는 기능을 한다.

145
비뇨기계는 두 개의 신장과, 두 개의 요관, 방광과 요도로 이루어져 있다. 비뇨기계는 몸에서 필요 없는 노폐물이나 수분을 제거함으로써 인체의 항상성을 유지 시킨다.

표준교재 **159**쪽

146 노화에 따른 특성으로 여성노인에게 나타나는 생식기계의 변화로 옳은 것은?

① 성적 욕구가 감소된다.
② 빈뇨증, 요실금, 야뇨증이 생긴다.
③ 질벽이 두꺼워지고 탄력성이 적어진다.
④ 유방 호르몬의 감소되면서 가슴은 커진다.
⑤ 난소가 커지고 기능은 점차적으로 감퇴된다.

146
①. ③ 질벽이 얇아지고 탄력성이 적어지고 질의 윤활작용이 감소되어 성교가 어렵고, 성교 시 통증이 있으나 성적 욕구가 감소되는 것은 아니다.
④ 유방과 유방을 지지하는 근육이 위축하여 가슴은 처지고 작아진다.
⑤ 에스트로겐 생산 감소로 인해 난소가 작아지고 기능도 감퇴된다.

표준교재 **159**쪽

147
복압성 요실금
기침, 웃음, 재채기 또는 달리기, 줄넘기 등 복부 내 압력 증가로 인해 소변이 배출되는 것

표준교재 **160**쪽

147 복부 내 압력의 증가로 소변이 배출되는 현상을 무엇이라 하는가?

① 변실금   ② 절박성 요실금
③ 복압성 요실금   ④ 역류성 요실금
⑤ 혼합성 요실금

정답 **143** ② **144** ② **145** ④ **146** ② **147** ③

+ 해설

148 노화에 따른 특성으로 남성노인에게 나타나는 생식기계의 변화는?

① 성적 욕구는 감소된다.
② 남성호르몬의 생산이 점점 늘어든다.
③ 노인의 10% 정도는 전립선 비대를 경험한다.
④ 잔뇨량이 적어지고 화장실에 가는 횟수가 줄어든다.
⑤ 동맥혈관의 변화로 음경이 발기되는 데 시간이 많이 걸린다.

148

표준교재 **159쪽**

★★★

149 자신의 의지와 상관없이 소변이 밖으로 흘러나오는 현상을 무엇이라 하는가?

① 질염   ② 요도염
③ 방광염   ④ 변실금
⑤ 요실금

149
요실금
자신의 의지와 상관없이 소변이 밖으로 흘러나오는 증상

표준교재 **160쪽**

150 소변이 보고 싶다고 생각만 했는데 바로 소변이 나오는 것을 무엇이라 하는가?

① 변실금   ② 절박성 요실금
③ 복압성 요실금   ④ 역류성 요실금
⑤ 혼합성 요실금

150
절박성 요실금
소변을 보고 싶다고 느끼자마자 바로 소변이 배출되는 것

표준교재 **160쪽**

151 방광에 소변이 가득차서 계속적으로 조금씩 흘러넘치는 현상을 무엇이라 하는가?

① 변실금   ② 절박성 요실금
③ 복압성 요실금   ④ 역류성 요실금
⑤ 혼합성 요실금

151
역류성 요실금
소변의 배출이 원활하지 않아 소변이 가득 찬 방광에서 소변이 조금씩 넘쳐 계속적으로 흘러나오는 것

표준교재 **160쪽**

152 요실금의 치료 및 예방으로 옳지 않은 것은?

① 발생 원인에 따라 약물요법이나 수술 치료를 한다.
② 골반근육강화 운동을 한다.
③ 식이섬유소가 풍부한 채소와 과일 섭취로 변비를 예방한다.
④ 수분 섭취는 최소한으로 줄여 증상을 조절한다.
⑤ 비만은 복부 내 압력을 증가시켜 복압성 요실금을 유발한다.

152
④ 충분한 수분 섭취로 방광의 기능을 유지해야 한다.

표준교재 **161쪽**

정답 148 ⑤ 149 ⑤ 150 ② 151 ④ 152 ④

153 재채기만 해도 소변이 나와 속옷이 젖는 대상자에 대한 요양보호사의 서비스로 알맞지 않은 것은?

① 방광염인 것 같으니 수술 치료를 하도록 권한다.
② 골반근육강화 운동을 하도록 한다.
③ 충분한 수분 섭취로 방광의 기능을 유지한다.
④ 채소와 과일 섭취로 변비를 예방하도록 한다.
⑤ 체중 조절을 하도록 권한다.

153
① 요양보호사는 서비스 대상자에게 병명과 치료법에 대해 본인의 판단으로 발언해서는 안 된다.

표준교재 **161쪽**

154 요실금 증상을 호소하는 대상자의 대처 방법으로 올바른 것은?

① 수분섭취를 줄이도록 한다.
② 장시간 참았다가 화장실에 가도록 한다.
③ 체중을 늘리도록 고지방식이를 하도록 한다.
④ 하루 종일 기저귀를 하도록 한다.
⑤ 골반근육강화 운동을 하도록 한다.

154

표준교재 **161쪽**

155 남성노인들에게서 흔히 나타나는 비뇨기과 질환은?

① 치질　　　　　　② 방광염
③ 요도염　　　　　④ 전립선확장증
⑤ 전립선비대증

155
전립선비대증
전립선이 커져서 요도를 압박하게 되는 것

표준교재 **161쪽**

156 전립선비대증의 관련요인으로 올바른 것은?

① 저체중
② 저지방
③ 낮은 콜레스테롤 음식 섭취
④ 노화에 따른 남성호르몬 감소, 여성호르몬 증가
⑤ 노화에 따른 여성호르몬 감소, 남성호르몬 증가

156
전립선비대증의 관련요인
• 노화에 따른 남성호르몬 감소, 여성호르몬 증가 등 호르몬 불균형
• 비만
• 고지방, 고콜레스테롤 음식 섭취

표준교재 **162쪽**

★★★

157 전립선비대증의 증상으로 옳지 않은 것은?

① 요도가 넓어져 소변줄기가 굵어짐
② 소변을 보고 나서도 시원하지 않음
③ 소변이 바로 나오지 않고 힘을 주어야 나옴
④ 배뇨 후 2시간 이내에 다시 소변이 마렵고, 소변이 마려울 때 참기 힘듦
⑤ 밤에 자다가 소변을 보려고 자주 깸

157
① 비대된 전립선이 요도를 눌러 요도가 좁아져 소변줄기가 가늘어짐

표준교재 **162쪽**

정답 **153** ① **154** ⑤ **155** ⑤ **156** ④ **157** ①

158 전립선비대증의 치료 및 예방으로 옳은 것은?

① 도뇨관을 사용하여 정기적으로 소변을 빼준다.
② 고지방식이를 한다.
③ 전립선 절제 수술은 하지 않는다.
④ 운동은 하지 않는다.
⑤ 약간의 음주는 혈액순환을 촉진하여 도움을 줄 수 있으므로 권장한다.

159 비뇨기계에 문제가 있어 스스로 배뇨를 조절하기 힘든 대상자에 대한 요양보호사의 활동으로 적절한 것은?

① 낮에는 기저귀를 채운다.
② 요실금이 있는지, 긴박뇨 때문에 밤에 잠을 깨는지 관찰한다.
③ 도뇨관을 바꿀 경우는 반드시 손을 소독한다.
④ 밤에는 깨워서라도 배뇨간격에 맞추어 소변을 보도록 유도한다.
⑤ 방광을 세척해야 하는 경우는 시설장이나 관리책임자에게 보고하지 않아도 된다.

★★★

160 피부계의 노화에 따른 특성으로 옳은 것은?

① 발톱이나 손톱이 견고하고 두꺼워진다.
② 피하의 지방층이 늘고 수분은 소실된다.
③ 피부가 건조하고, 표피가 얇아져서 탄력성이 증가한다.
④ 표피, 진피, 피하조직, 근육의 네 층으로 구성되어 있다.
⑤ 피하지방의 감소로 기온에 예민하지 않아 건강유지에 도움이 된다.

★★★

161 피부의 노화에 따른 특징으로 옳은 것은?

① 노인성 반점이라 불리는 황색 반점이 생긴다.
② 남성노인의 경우 입가와 뺨의 수염이 줄고 머리털은 많아진다.
③ 모근의 멜라닌생성 세포가 생성되면서 탈색이 된다.
④ 소양증은 낮과 여름철에 더욱 심해진다.
⑤ 상처회복이 지연되고 궤양이 생기기 쉽다.

158
전립선비대증 치료 및 예방 방법
· 도뇨관을 사용하여 정기적으로 소변을 빼준다.
· 약물요법을 통해 신장 기능의 손상을 치료한다.
· 심하면, 전립선절제 수술을 받는다.
· 저지방 식사와 적당한 운동으로 적정 체중을 유지한다.
· 음주는 전립선비 대증을 악화시키므로 금주한다.
표준교재 163쪽

159
① 낮에는 배뇨간격에 맞추어 소변을 보도록 유도한다.
③, ⑤ 방광을 세척해야 하는 경우나 도뇨관을 바꿀 경우는 시설장이나 관리책임자에게 보고하여 의료인에게 연계해야 한다.
④ 밤에는 기저귀를 채운다.
표준교재 163쪽

160
· 피하지방의 감소로 기온에 민감해진다.
· 피부가 건조하고, 표피가 얇아져서 탄력성이 감소한다.
· 표피, 진피, 피하조직의 세 층으로 구성되어 있다.
표준교재 163~164쪽

161
① 노인성 반점이라 불리는 갈색 반점이 생긴다.
② 입가나 뺨에 털이 많아지고 머리털과 수염이 줄어든다.
③ 모근의 멜라닌생성 세포가 소실되어 탈색된다.
④ 소양증은 밤과 겨울철에 더욱 심해진다.
표준교재 163~164쪽

정답 158 ① 159 ② 160 ① 161 ⑤

★★★

162 요실금 등으로 젖은 기저귀를 오래 차고 있을 경우 습기로 인한 피부 손상으로 생기기 쉬운 질환은?

① 욕창
② 대상포진
③ 피부건조증
④ 알러지성 피부염
⑤ 옴

163 욕창의 관련요인으로 옳지 않은 것은?

① 뇌척수신경의 장애로 인한 체위변경의 어려움
② 대상자를 잘못 들어 올릴 때 약한 부위의 피부가 벗겨짐
③ 체중으로 압박받는 부위에 가해진 지속적인 압력
④ 근육 위축, 피하지방 감소
⑤ 체중 증가로 인한 피부와 뼈 사이의 완충지대 감소

★★★

164 욕창 증상의 초기 대처법으로 옳은 것은?

① 차가운 물수건으로 찜질하고 마른수건으로 물기를 닦아낸다.
② 주위를 나선형을 그리듯 마사지하고 가볍게 두드려 혈액순환을 촉진한다.
③ 차가운 바람으로 건조 시킨다.
④ 겨울철에도 30분 정도 햇볕을 쪼인다.
⑤ 파우더를 발라준다.

165 똑바로 누워 지내는 대상자의 욕창 호발 부위로 옳은 것은?

① 천골 부위
② 종아리 부위
③ 팔목 부위
④ 목 부위
⑤ 허벅지 부위

166 욕창의 단계별 증상이 옳게 짝지워진 것은?

① 3단계 : 골과 근육까지 괴사가 진행
② 2단계 : 피부는 분홍색 혹은 푸른색
③ 3단계 : 깊은 욕창이 생기고 괴사조직 발생
④ 2단계 : 피부를 누르면 색깔이 없어져 하얗게 보임
⑤ 3단계 : 피부가 벗겨지고 물집이 생기고 조직이 상함

해설

162

표준교재 164쪽

163

표준교재 165쪽

164
① 약간 미지근한 물수건으로 찜질하고 마른수건으로 물기를 닦아낸다.
③ 미지근한 바람으로 건조 시킨다.
④ 춥지 않을 때에는 30분 정도 햇볕을 쪼인다.
⑤ 파우더는 화학물질이 피부를 자극하거나 땀구멍을 막으므로 사용을 금해야 한다.

표준교재 164쪽

165
체중으로 압박받는 부위, 특히 뼈가 튀어나온 곳에 발생하기 쉽다.

표준교재 165쪽

166
욕창의 단계별 증상
• 1단계 : 피부는 분홍색 혹은 푸른색
• 2단계 : 피부가 벗겨지고 물집이 생기고 조직이 상함
• 3단계 : 깊은 욕창이 생기고 괴사조직 발생
• 4단계 : 골과 근육까지 괴사가 진행

표준교재 165쪽

정답 162 ① 163 ⑤ 164 ② 165 ① 166 ③

+ 해설

167 욕창단계의 설명과 그림이 바르게 된 것은?

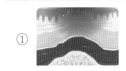 ① 1단계 : 표피는 정상이나 표피에 생긴 홍반이 30분 이내에 없어지지 않는 때

 ② 2단계 : 표피 또는 진피를 포함한 부분적인 피부 손상이 있을 때

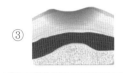 ③ 3단계 : 진피와 피하조직을 포함한 피부 전체에 손상이 있을 때

 ④ 4단계 : 피하조직과 근막, 근육, 뼈나 관절을 포함한 심부조직의 손상이 있을 때

 ⑤ 5단계 : 피하조직과 근막, 근육, 뼈나 관절을 포함한 심부조직의 손상이 있을 때

167

	1단계 : 표피는 정상이나 표피에 생긴 홍반이 30분 이내에 없어지지 않는 때
	2단계 : 표피 또는 진피를 포함한 부분적인 피부 손상이 있을 때
	4단계 : 피하조직과 근막, 근육, 뼈나 관절을 포함한 심부조직의 손상이 있을 때
	5단계 : 피하조직과 근막, 근육, 뼈나 관절을 포함한 심부조직의 손상이 있을 때

표준교재 165쪽

---

168 침대에 누워있는 대상자의 욕창예방을 위한 체위변경의 적정 시간은?

① 30분마다   ② 1시간마다
③ 2시간마다   ④ 3시간마다
⑤ 4시간마다

168
자세 변경주기
• 침대 : 2시간마다
• 의자나 휠체어 : 1시간마다

표준교재 166쪽

---

169 주로 휠체어에서 시간을 보내는 대상자의 욕창예방을 위한 자세 변경 주기는?

① 30분마다
② 1시간마다
③ 2시간마다
④ 3시간마다
⑤ 앉아있을 때에는 자세를 변경하지 않아도 괜찮다.

169

표준교재 166쪽

정답 167 ① 168 ③ 169 ②

170 천골부위 욕창 예방을 위해 대상자에게 도넛 베개를 사용하지 않는 이유로 옳은 것은?

① 화학물질이 피부를 자극하여 땀구멍을 막으므로
② 압박을 받는 부위의 순환을 저해할 수 있으므로
③ 요통을 유발할 수 있으므로
④ 신경통을 유발할 수 있으므로
⑤ 피부가 마찰로 인해 쓸릴 수 있으므로

170
욕창 예방을 위해 도넛 모양의 베개를 사용하면 오히려 압박을 받는 부위의 순환을 저해할 수 있으므로 삼가야 한다.

표준교재 166쪽

★★★
171 욕창의 치료 및 예방 방법으로 옳지 않은 것은?

① 시트에 주름이 있으면 욕창이 더 잘 생기므로 주름을 편다.
② 대상자를 이동시킬 때 피부가 밀리지 않도록 주의한다.
③ 천골부위 욕창 예방을 위해 도넛 모양의 베개를 사용한다.
④ 젖은 침대 시트는 바로 교체한다.
⑤ 뼈 주위를 보호하고 무릎 사이에는 베개를 끼워 마찰을 방지한다.

171

표준교재 166쪽

172 욕창의 예방 방법으로 파우더를 바르면 안 되는 이유로 옳은 것은?

① 화학물질이 피부를 자극하여 땀구멍을 막으므로
② 압박을 받는 부위의 순환을 저해할 수 있으므로
③ 피부가 밀릴 수 있으므로
④ 마찰이 발생할 수 있으므로
⑤ 피부에 화상을 입힐 수 있으므로

172
파우더는 화학물질이 피부를 자극하거나 땀구멍을 막으므로 사용을 금해야 한다.

표준교재 166~167쪽

★★★
173 욕창의 치료 및 예방 방법으로 옳은 것은?

① 몸에 꽉 끼는 옷을 입도록 한다.
② 탄수화물 등의 영양분을 충분히 공급한다.
③ 뜨거운 물주머니로 찜질해준다.
④ 손톱을 짧게 자른다.
⑤ 단추 달린 스커트나 바지를 입도록 한다.

173
욕창 치료 및 예방방법
• 몸에 꽉 끼는 옷과 단추 달린 스커트나 바지는 입지 않는다.
• 단백질 등의 영양분을 충분히 공급한다.
• 뜨거운 물주머니는 피부에 화상을 입힐 수 있으므로 조심한다.
• 손톱에 긁히는 일이 없도록 손톱을 짧게 자른다.

표준교재 167쪽

174 노화에 따라 피부 외층이 건조해지고 거칠어지면서 생기는 질환은?

① 욕창   ② 습진
③ 피부 건조증   ④ 피부염
⑤ 대상포진

174
건조증
피부노화에 따라 피부외층이 건조해지며 거칠어지는 것

표준교재 167쪽

정답 170 ② 171 ③ 172 ① 173 ④ 174 ③

175 피부 건조증이 발생하기 쉬운 환경은?

① 실내 습도가 높은 장마철
② 목욕 시 찬 물을 사용했을 때
③ 알코올이 함유되지 않은 보습제를 사용했을 때
④ 실내외 습도가 낮은 겨울철
⑤ 가습기를 사용했을 때

176 피부 건조증의 치료 및 예방에 대한 설명으로 옳은 것은?

① 알코올이 섞인 크림을 바른다.
② 비누 사용은 피부 건조증 예방에 좋다.
③ 물기를 말릴 때는 두드려 말린다.
④ 따뜻한 물은 피부 건조증을 악화시킨다.
⑤ 건조증은 조금만 신경쓰면 완치가 쉽다.

★★★

177 수두를 일으키는 바이러스에 의하여 피부와 신경에 염증에 생기는 질환의 이름은?

① 수두   ② 습진
③ 건선   ④ 대상포진
⑤ 알레르기

178 대상포진의 관련 요인으로 옳지 않은 것은?

① 장기간의 와상 상태
② 고령
③ 과로, 스트레스
④ 백혈병, 골수나 기타 장기 이식
⑤ 자가 면역질환 및 면역 억제제 복용

179 대상포진에 대한 설명으로 옳은 것은?

① 과거에 수두를 앓았던 사람은 걸리지 않는다.
② 수두 바이러스가 신체 저항력이 강해질 경우에 갑자기 증식한다.
③ 과로나 스트레스 후에 주로 발생한다.
④ 주로 10대에 많이 발병한다.
⑤ 작은 물집이 모여 있지 않고 조금씩 넓게 분포한다.

+ 해설

175
피부건조증 관련요인
• 실내외 습도가 낮은 겨울철
• 비누, 세정제와 알코올, 목욕 중의 뜨거운 물 사용

표준교재 167쪽

176
피부 건조증 치료 및 예방방법
• 건조증은 완치되지 않는다
• 목욕이나 샤워 시에는 따뜻한 물과 순한 비누를 사용한다.
• 목욕 후 물기는 문지르지 않고 두드려 말린다.
• 알코올이 함유되지 않은 피부 보습제를 사용한다.

표준교재 167쪽

177
대상포진
수두를 일으키는 바이러스에 의하여 피부와 신경에 염증이 생기는 질환

표준교재 168쪽

178

표준교재 168쪽

179

표준교재 168쪽

정답 175 ④ 176 ③ 177 ④ 178 ① 179 ③

180 대상포진의 관련 요인으로 옳지 않은 것은?

① 고령
② 과로
③ 공기성 전염
④ 장기 이식
⑤ 면역 억제제 복용

180
대상포진 관련 요인
- 고령
- 과로, 스트레스
- 백혈병, 골수나 기타 장기 이식
- 자가 면역질환 및 면역 억제제 복용
  표준교재 168쪽

181 대상포진 자가진단법으로 옳지 않은 것은?

① 물집이 나타나기 전부터 일정 부위에 심한 통증이 있다.
② 작은 물집이 몸의 한쪽에 모여 전체적으로 띠 모양으로 나타난다.
③ 물집을 중심으로 타는 듯하고 날카로운 통증이 느껴진다.
④ 과거 백일해를 앓은 경험이 있다.
⑤ 면역력이 많이 약해진 상태이다.

181
④ 어렸을 때 수두를 앓았거나 과거 대상포진을 앓은 경험이 있는 경우 발생하기 쉽다.
  표준교재 168쪽

182 대상포진의 주요증상으로 옳은 것은?

① 부종
② 천명음
③ 작열감
④ 서동증
⑤ 사시현상

182
대상포진 증상
- 가려움
- 저림 또는 작열감을 포함한 발진
- 감각신경말단 부위의 수포, 통증, 작열감
  표준교재 168쪽

183 대상포진 대상자를 돌보는 방법으로 옳은 것은?

① 수포를 터트리고 칼라민 로션을 바른다.
② 대상포진 백신은 아직 개발이 안 되어 있다.
③ 휴식과 안정을 취할 수 있도록 해 주어야 한다.
④ 진통제 복용을 하면 회복이 늦을 수 있으므로 피한다.
⑤ 가려워하면 긁어준다.

183
- 국소치료제를 사용하여 통증을 감소시키고, 수포의 건조 속도를 빠르게 한다.
- 대상포진 백신의 투여로 세포성 면역을 증강시킨다.
- 통증 정도에 맞는 처방받은 진통제를 복용한다.
- 병소가 퍼지거나 감염되지 않도록 긁지 않는다.
  표준교재 169쪽

184 옴에 대한 설명으로 옳은 것은?

① 옴은 감염되지 않는다.
② 분비물이 알레르기 반응을 유발하여 아침에 가려움증이 심해진다.
③ 가려워서 긁었을 경우 진드기와 알이 공중으로 흩어지면 이동하여 번진다.
④ 옴 진드기는 정상 체온의 피부표면에서 1분에 10cm씩 이동하면서 굴을 뚫고 서식한다.
⑤ 손가락 사이, 팔이 접히는 부분, 겨드랑이, 생식기, 엉덩이 등에 잘 생긴다.

184
옴
옴진드기가 정상 체온의 피부표면에서 1분에 2.5cm씩 이동하면서 굴을 뚫어 그 속에 서식하며 피부병을 유발하는 질환으로 소화액 분비로 알레르기 반응이 생겨 가려움증(특히 밤에 심함)이 있으며, 가려워서 긁을때 진드기와 알이 손톱에 묻어 다른 사람에게도 감염된다.

  표준교재 169쪽

정답 180 ③ 181 ④ 182 ③ 183 ③ 184 ⑤

+ 해설

185 진드기가 정상 체온의 피부표면에서 1분에 2.5cm씩 이동하면서 굴을 뚫어 그 속에 서식하며 피부병을 유발하는 질환은?

① 옴
② 대상포진
③ 습진
④ 피부 건조증

185

표준교재 169쪽

186 옴이 잘 생기는 신체 부위로 옳지 않은 것은?

① 손가락 사이
② 팔이 접히는 부분
③ 손등
④ 발등
⑤ 엉덩이

186
옴은 손가락 사이, 팔이 접히는 부분, 가슴, 발등, 팔꿈치, 겨드랑이, 생식기, 엉덩이 등에 잘 생긴다.

표준교재 169쪽

187 옴에 걸린 대상자에게 치료용 연고를 발라주는 방법으로 옳은 것은?

① 장갑과 가운을 착용하고 발생 부위에 치료용 연고를 바른다.
② 연고는 증상이 완화될 때까지 매일 바른다.
③ 마비가 있는 노인의 경우는 수축된 부위에도 빠트리지 않고 발라야 한다.
④ 아침에 바르고 저녁에 씻어낸다.
⑤ 밤에 바르고 씻어낼 필요없이 다음 날 다시 바른다.

187
① 장갑과 가운을 착용하고 목에서 발끝까지 전신에 치료용 연고를 바른다.
② 1주 후에 다시 바른다
④, ⑤ 밤에 약을 바르고 다음 날 아침에 씻어낸다.

표준교재 169~170쪽

★ ★ ★
188 옴의 치료 및 예방방법으로 옳은 것은?

① 대상자와 신체접촉이 있었던 모든 사람은 증상이 나타나는 즉시 바로 치료해야 한다.
② 옴진드기에 오염된 것으로 생각되는 사람의 침구, 옷, 수건 등과의 접촉을 금한다.
③ 내복과 침구는 뜨거운 물로 세탁하면 바로 사용할 수 있다.
④ 완치 여부를 확인하기 위해 1주 후에 병원을 방문한다.
⑤ 장갑과 가운을 착용하고 발생 부위에만 치료용 연고를 바른다.

188
① 증상에 상관없이 즉시 바로 치료해야 한다.
③ 내복과 침구는 뜨거운 물로 세탁하고 3일 이상 사용하지 않는다.
④ 완치 여부를 확인하기 위해 2주 후에 병원을 방문한다.
⑤ 장갑과 가운을 착용하고 목에서 발끝까지 전신에 치료용 연고를 바른다.

표준교재 170쪽

189 두피에 물린 자국이 있어 출혈과 가려움증이 있고 심한 경우 수면장애나 긁는 부위에 피부염까지 유발할 수 있는 질환은?

① 옴
② 대상포진
③ 머릿니 감염
④ 습진
⑤ 욕창

189

표준교재 171쪽

정답 185 ① 186 ③ 187 ③ 188 ② 189 ③

190 머릿니 감염의 증상으로 옳지 않은 것은?

① 가려움증   ② 수면장애
③ 피부상처   ④ 두피염
⑤ 식욕부진

191 머릿니의 치료 및 예방에 대한 설명으로 옳지 않은 것은?

① 살아있는 머릿니 감염이 있다고 판단되는 경우에만 치료한다.
② 1주 간격으로 2회 약물치료 후 약물과 함께 제공되는 빗으로 빗질을 하여 남아 있는 사체, 서캐를 제거한다.
③ 침구와 옷을 뜨거운 물로 세탁하고 말려 사용한다(55℃ 이상에서 5분 이상 노출).
④ 치료 기간 내에는 머리를 감지 않아도 된다.
⑤ 진공청소기 등으로 머리카락이 남아 있는 가구와 방 안을 꼼꼼히 청소한다.

★★★

192 신경계의 노화에 따른 특성으로 올바른 것은?

① 감각은 예민해진다.
② 신경세포의 기능이 활성화된다.
③ 단기기억은 유지되나 장기기억은 감퇴된다.
④ 근육의 긴장과 자극 반응성의 저하로 신체활동이 감소된다.
⑤ 신체적인 움직임이 줄어들게 되어 낙상의 위험성은 줄어든다.

193 다음 중 신경계 질환으로 옳은 것은?

① 치매   ② 섬망
③ 녹내장   ④ 우울증
⑤ 백내장

194 환경을 파악하여 정보를 통합 수집하는 기관으로 옳은 것은?

① 호흡기계   ② 감각기계
③ 소화기계   ④ 신혈관계
⑤ 근골격계

➕ 해설

190
머릿니 증상
• 가려움증, 수면장애, 피부상처
• 심하게 물린 자리는 피부가 변색되고 딱딱하게 됨
• 두피염

표준교재 171쪽

191
④ 머리를 일정한 간격으로 자주 감는다.

표준교재 172쪽

192
노화에 따른 신경계 특성
• 신경세포의 기능이 저하된다.
• 근육의 긴장과 자극 반응성의 저하로 신체활동이 감소한다.
• 감각이 둔화된다.
• 정서조절이 불안정해진다.

표준교재 172쪽

193

표준교재 172쪽

194
감각은 우리를 둘러싼 환경을 파악하여 정보를 통합 수집하는 기능을 한다

표준교재 173쪽

정답 190 ⑤ 191 ④ 192 ④ 193 ① 194 ②

★★★

195 노화에 따른 시각의 변화에 대한 설명으로 옳은 것은?

① 눈물의 양이 늘어난다.
② 나이가 들어 지방은 늘어난다.
③ 결막은 두꺼워지고 누렇게 변한다.
④ 남자는 눈썹이 두꺼워지고 여자는 눈썹이 가늘어진다.
⑤ 눈꺼풀이 처지고 눈이 깊게 들어간다.

★★★

196 노화에 따른 눈(시각)의 변화에 대한 설명으로 옳은 것은?

① 공막에 검은 점이 생긴다.
② 각막주변에 누르스름해진 지방 침적물이 생긴다.
③ 먼 물체에 초점을 맞추는게 어려워지는 노안이 된다.
④ 황화현상으로 빨강, 주황, 분홍의 구분이 어려워진다.
⑤ 각막반사가 예민해져 손상이나 감염에 민감하게 반응한다.

197 황화현상에 대한 설명으로 옳은 것은?

① 공막이 갈색으로 변하는 것이다.
② 각막이 노란색으로 변하는 것이다.
③ 수정체가 갈색으로 변하는 것이다.
④ 보라색, 남색, 파란색의 구분에 어려움을 느낀다.
⑤ 망막과 신경계가 변하여 노란색이 안 보이는 것이다.

198 노인의 눈에 대한 설명으로 옳은 것은?

① 동공의 지름이 늘어난다.
② 어두운 것을 좋아하게 된다.
③ 20대보다 1/2 정도의 빛을 받아들인다.
④ 시력저하, 빛 순응의 어려움이 나타난다.
⑤ 안질환의 원인이 되는 눈부심이 감소된다.

199 노화에 따라 나타나는 청각의 변화로 옳은 것은?

① 중이에서는 고막이 얇아진다.
② 귓바퀴의 연골형성이 중지된다.
③ 건조한 귀지가 외이도를 폐쇄시킬 수 있다.
④ 이관은 내측에서 이완됨에 따라 넓어진다.
⑤ 외이도에 습기가 차서 염증이 생기기 쉽다.

+ 해설

195
노화에 따른 눈의 변화
· 나이가 들어 지방이 감소하면서 눈꺼풀이 처지게 되고 눈이 깊게 들어간다.
· 눈썹은 회색으로 변화하고, 눈썹은 가늘어지게 된다.
· 결막은 얇아지고 누렇게 변하며 눈이 건조해진다.
· 눈물 양이 감소하여 건조해지고 눈이 뻑뻑하여 불편감이 있다.

　표준교재　173쪽

196
① 공막에 갈색점이 생긴다.
③ 가까운 물체에 초점을 맞추는게 어려워지는 노안이 된다.
④ 황화현상으로 보라색, 남색, 파란색의 구분이 어려워진다.
⑤ 각막반사가 저하되어 손상이나 감염에 둔감해진다.

　표준교재　173쪽

197
황화현상
수정체가 노란색으로 변화는 현상으로 보라색, 남색, 파란색의 구분에 어려움을 느낌

　표준교재　173쪽

198

　표준교재　173쪽

199
① 고막이 두꺼워진다.
② 귓바퀴는 연골형성이 계속된다.
④ 이관이 내측으로 위축되어 좁아진다.
⑤ 외이도의 가려움과 건조증이 증가한다.

　표준교재　173~174쪽

정답 195 ⑤ 196 ② 197 ④ 198 ④ 199 ③

200 나이가 들면서 미각에 나타나는 변화로 옳은 것은?

① 돌기와 미뢰의 개수와 기능이 증가된다.
② 코의 후각까지 떨어져 식욕의 변화가 온다.
③ 혀 뒤쪽의 단맛과 짠맛을 감지하는 미뢰의 기능은 떨어진다.
④ 혀 앞쪽의 신맛과 쓴맛을 감지하는 미뢰의 기능은 발달한다.
⑤ 구강 점막의 재생이나 생성이 어렵고 침의 분비량을 증가한다.

201 노화로 인한 후각과 촉각의 변화로 옳은 것은?

① 후각세포가 증가한다.
② 후각의 변화가 나타나지 않는다.
③ 통증을 호소하는 정도가 감소한다.
④ 접촉의 강도가 낮아야 접촉감을 느낄 수 있다.
⑤ 통증에 대한 민감성이 감소되어 둔감한 반응을 보인다.

202 안압(눈의 압력)의 상승으로 시신경이 손상되어 시력이 점차 약해지는 질환은?

① 녹내장　　　　　　② 황반변성
③ 백내장　　　　　　④ 안구건조증
⑤ 각막염

203 녹내장에 대한 설명으로 옳은 것은?

① 밝은 빛에 적응장애가 있는 것이다.
② 안압의 상승으로 시신경이 손상된다.
③ 통증은 없지만 점차 시력이 약해진다.
④ 원인은 눈에 이물질이 들어간 것이다.
⑤ 안압이 정상인 20~25mmHg보다 높아진다.

★★★

204 녹내장의 증상으로 적절한 것은?

① 좁은시야와 안구통증
② 옆으로 퍼진 시야
③ 통증 벗이 흐펴진 시력
④ 불빛 주위에 무지개가 보임
⑤ 노란색으로 혼탁한 각막

200
미각의 변화
미각의 감소로 혀 뒤쪽의 신맛과 쓴맛을 감지하는 미뢰는 기능이 발달하고 앞쪽의 단맛과 짠맛을 감지하는 미뢰의 기능이 점차 떨어진다.

표준교재 **174쪽**

201
후각
연령 증가에 따라 후각세포의 감소로 후각의 변화가 나타난다.
촉각
노인은 접촉의 강도가 높아야 쉽게 접촉감을 느낄 수 있다.

표준교재 **174쪽**

202

표준교재 **175쪽**

203
녹내장
안압(눈의 압력)의 상승으로 인하여 시신경이 손상되어 시력이 점차적으로 약해지는 질환

표준교재 **175쪽**

204
녹내장의 증상
• 좁은 시야, 눈 이물감
• 어두움 적응 장애
• 색깔 변화 인식 어려움
• 뿌옇게 혼탁한 각막

표준교재 **175쪽**

정답 **200** ② **201** ⑤ **202** ① **203** ② **204** ①

해설

205 녹내장의 치료나 예방법으로 적절한 것은?

① 밝은 빛에 과도하게 노출하지 않아야 한다.
② 눈에 통증이 있으면 눈을 쉬도록 해야 한다.
③ 조기발견하여 안압을 높이고 유지해야 한다.
④ 어두운 곳에서 책을 보거나 일을 하지 않아야 한다.
⑤ 안경을 써도 얼마 지나지 않아 맞지 않으면 안경을 바꿔야 한다.

205
현재 녹내장의 완전한 치료방법은 없으나 조기 발견하여 안압을 정상 범위로 유지하고 시력의 약화를 방지하기 위해 약물요법을 하거나 수술을 한다.

표준교재 **175쪽**

★★★

206 다음 보기에 해당하는 질병은 무엇인가?

> 수정체가 혼탁해져 빛이 들어가지 못하여 시력장애가 발생하는 질환

① 노안   ② 녹내장
③ 백내장   ④ 황내장
⑤ 안구건조증

206
백내장
수정체가 혼탁해져서 빛이 들어가지 못하여 시력장애가 발생하는 질환

표준교재 **176쪽**

207 백내장의 원인으로 옳은 것은?

① 머리염색
② 과도한 수면
③ 어두운 곳에서의 작업
④ 스테로이드 약물의 부족
⑤ 과도한 자외선 노출 및 텔레비전 시청

207
백내장 관련 요인
• 노화
• 지나친 음주나 흡연
• 눈 주위의 부상
• 스테로이드 약물 복용
• 당뇨병, 고혈압 등의 합병증
• 과도한 자외선 노출 및 텔레비전 시청

표준교재 **176쪽**

208 백내장의 증상으로 옳은 것은?

① 색 구별 능력 발달
② 불빛 주위에 무지개가 보임
③ 동공에 흐린 검정 혼탁
④ 밤과 어둔 곳에서의 시력약화
⑤ 심한 통증을 동반한 시력 상실

208
백내장의 증상
• 색 구별 능력 상실
• 동공에 흐린 백색 혼탁
• 불빛 주위에 무지개가 보임
• 밤과 밝은 불빛에서의 눈부심
• 통증이 없이 점차 흐려지는 시력

표준교재 **177쪽**

209 백내장의 치료와 예방법으로 맞지 않는 것은?

① 점안액의 사용   ② 치료제의 복용
③ 썬글라스의 착용   ④ 백내장 유발요인의 억제
⑤ 인공수정체로 바꿔주는 수술

209
초기에는 치료제의 복용이나 점안액으로 진행속도를 늦출 수 있으나 증상이 심해지면 혼탁해진 수정체를 인공수정체로 바꾸어 주는 수술을 한다.

표준교재 **177쪽**

정답 205 ④ 206 ③ 207 ⑤ 208 ② 209 ③

★★★

210 노인성 난청에 대한 설명으로 틀린 것은?

① 감소된 청력을 복구시키는 치료가 최근 개발되었음
② 장기간의 소음 노출도 원인이 될 수 있음
③ '스, 츠, 트, 프, 크'와 같은 음에서의 난청
④ 원인은 대사 이상, 동맥경화증, 스트레스와 유전적 소인임
⑤ 연령 증가에 따른 고막과 내이의 퇴행성 변화에 의한 청력 감소

★★★

211 노인성 난청의 치료 및 예방에 대한 설명으로 옳은 것은?

① 의사소통할 때에는 천천히 또박또박 말한다.
② 난청은 조용히 사색할 수 있는 기회를 제공한다.
③ 보청기는 저음의 큰소리보다 고음의 높은 소리가 효과적이다.
④ 소음이나 이독성 약제 등 난청의 치료방법을 이용할 수 있다.
⑤ 난청이 심하면 보청기는 피하고 약물을 복용한다.

212 내분비계를 설명한 것으로 맞지 않는 것은?

① 호르몬을 분비하고 전달한다.
② 혈관이나 심장에 관여하여 피를 맑게 한다.
③ 혈압과 맥박, 근육, 뼈, 재생산 등을 유지한다.
④ 성장, 발달, 대사, 에너지의 생산을 지지하고 유지한다.
⑤ 상호작용을 통해 항상성을 유지한다.

★★★

213 노화에 따른 내분비계의 변화로 맞는 것은?

① 공복시에 혈당이 감소한다.
② 포도당의 대사능력이 증가한다.
③ 췌장에서 인슐린의 분비가 빨라진다.
④ 인슐린에 대한 민감성 증가로 쉽게 고혈당이 된다.
⑤ 근육질량이 감소되기 때문에 기초대사율이 감소된다.

214 당뇨병의 원인으로 맞는 것은?

① 신상염   ② 만성기관지염
③ 오랫동안 굶음   ④ 매우 심한 편식
⑤ 과식, 비만, 운동부족

＋ 해설

210
① 감소된 청력을 근본적으로 복구시키는 치료는 없다.

표준교재 **177쪽**

211

표준교재 **177쪽**

212
내분비계
호르몬을 분비, 전달하고, 상호작용을 통하여 항상성을 유지한다. 또한 성장, 발달, 대사, 에너지 생성으로 체액과 전해질, 혈압과 맥박, 근육, 지방, 뼈의 재생산 등을 유지하는 기능을 한다.

표준교재 **178쪽**

213
노화에 따른 내분비계 특성
• 뇌하수체, 부신 등은 노화에 따른 변화가 크지 않음
• 당대사 및 갑상선 분비호르몬, 에스트로겐 분비는 노화에 따라 감소
• 포도당 대사능력 감소, 인슐린에 대한 민감성 감소로 쉽게 고혈당이 됨
• 췌장에서 인슐린의 분비가 느리고 분비량이 불충분함
• 공복 시 혈당 증가
• 갑상선 크기가 줄어들고 갑상선 호르몬 분비량도 약간 감소
• 근육질량 감소로 인한 기초대사율 감소

표준교재 **178쪽**

214
당뇨병 관련요인
• 과식, 비만, 운동부족
• 스트레스
• 유전적 요인

표준교재 **179쪽**

정답 **210** ① **211** ① **212** ② **213** ⑤ **214** ⑤

★★★

215 아래의 설명에 해당하는 질병명으로 맞는 것은?

> 인슐린에 대한 신체의 저항성으로 인해 포도당이 세포 내로 들어가지 못해 혈중 포도당 수치가 올라가서 소변에 당이 섞여 나오는 질환

① 위염　　　　　　　　② 치질
③ 요실금　　　　　　　④ 당뇨병
⑤ 갑상선기능항진증

216 당뇨병의 증상으로 틀린 것은?

① 체중증가
② 상처 치유 지연
③ 감각 이상 및 저하
④ 질 분비물 및 질 감염의 증가
⑤ 다음증, 다식증, 다뇨증

217 당뇨병이 있을 때 나타날 수 있는 저혈당 증상으로 틀린 것은?

① 두통　　　　　　　　② 배뇨 증가
③ 배고픔　　　　　　　④ 시야몽롱
⑤ 땀을 많이 흘림

218 당뇨병인 대상자에게 식이요법을 할 때 그 방법으로 옳은 것은?

① 식이요법은 큰 도움이 안 된다.
② 반찬은 주로 저장식품을 제공한다.
③ 적당한 양과 균형된 영양을 맞춘다.
④ 꿀 등을 함유한 단음식과 술의 섭취를 권한다.
⑤ 당 조절을 위해 식사시간을 정해놓지 않고 필요할 때 섭취한다.

219 당뇨병 대상자의 운동요법은 어떤 기능을 하는가?

① 혈액순환을 방해한다.
② 포도당을 이산화시킨다.
③ 이완된 신체에 긴장을 준다.
④ 포도당을 산화시켜 혈당을 낮춘다.
⑤ 운동요법은 인슐린의 저항성을 증가시켜 준다.

+ 해설

215
당뇨병
인슐린에 대한 신체의 저항성으로 인해 포도당이 세포 내로 들어가지 못해 혈중 포도당 수치가 올라가서 소변에 당이 섞여 나오는 질환

표준교재 **179쪽**

216
당뇨병 증상
- 다음증, 다식증, 다뇨증
- 체중감소
- 흐릿한 시력과 두통
- 무기력
- 발기부전, 질 분비물 및 질 감염의 증가
- 감각 이상 및 저하

표준교재 **179쪽**

217
② 배뇨 증가는 고혈당의 증상이다.

표준교재 **179쪽**

218

표준교재 **179~180쪽**

219
운동은 인슐린의 저항성을 감소시키고, 포도당을 산화시켜 혈당을 낮추며 적당한 체중을 유지시켜 주며, 혈액순환을 촉진하고 정신적, 육체적 스트레스를 해소시킨다.

표준교재 **180쪽**

정답 **215** ④ **216** ① **217** ② **218** ③ **219** ④

220 당뇨병 대상자를 위한 약물요법에 대한 설명으로 틀린 것은?

① 인슐린은 입으로 복용해야 함
② 혈당조절이 잘 되지 않을 때 사용
③ 경구용 혈당강하제나 인슐린을 이용
④ 식이요법을 제대로 하지 못할 때 사용
⑤ 약물복용 중에 식사요법, 운동요법을 병행해야 함

221 당뇨병 대상자에 대한 요양보호사의 활동으로 옳은 것은?

① 대상자의 발톱을 동그랗게 잘라준다.
② 대상자가 약물에 거부반응이 있는 경우 약을 바꾸어야 할 것 같다고 가족에게 조언한다.
③ 요양보호사는 대상자의 발을 주의해서 관리한다.
④ 고혈당이나 저혈당 등이 관찰되면 즉시 의료기관으로 이송한다.
⑤ 당뇨병은 완치가 가능하므로 약물요법이 잘 이루어질 수 있도록 돕는다.

222 당뇨병을 치료하는 목적으로 가장 옳은 것은?

① 완치가 되도록 돕는 것이다.
② 혈압이 떨어지도록 돕는 것이다.
③ 혈당이 낮아지도록 돕는 것이다.
④ 합병증이 생기지 않도록 돕는 것이다.
⑤ 운동과 일상생활이 가능하도록 돕는 것이다.

223 노화에 따른 심리 및 정신계의 증상으로 옳은 것은?

① 조심성의 감소　　　② 경직성의 감소
③ 우울증 경향의 감소　④ 생에 대한 회고의 경향
⑤ 내향성 및 수동성의 감소

224 심리 및 정신계의 노화에 따른 특성으로 가장 옳은 것은?

① 의존성의 감소　　　② 시간 전망의 고착
③ 이름을 남기려는 경향　④ 생에 대한 희망의 경향
⑤ 친근한 사물에 대한 애착심

+ 해설

220
① 인슐린 주사약은 입으로 복용하면 위장관에서 파괴되므로 반드시 주사로 주입한다.

표준교재 180쪽

221
당뇨병 환자의 발 관리
• 주의 깊게 발 관찰하기
• 발 씻고 말리기
• 발 건조 예방
• 양말 착용
• 발톱 일자로 자르기
• 금연
• 차갑거나 뜨거운 곳 노출 금지

표준교재 180~181쪽

222
당뇨병은 완치가 어려우므로 치료의 목적은 완치가 아니라 합병증이 발생하지 않도록 돕는 것이다.

표준교재 181쪽

223
① 조심성의 증가
② 경직성의 증가
③ 우울증 경향의 증가
⑤ 내향성 및 수동성의 증가

표준교재 181쪽

224
① 의존성의 증가
② 시간 전망의 변화
③ 유산을 남기려는 경향
④ 생에 대한 회고의 경향

표준교재 181쪽

정답 **220** ① **221** ③ **222** ④ **223** ④ **224** ⑤

+ 해설

225 우울증 환자가 겪는 일에 대한 설명으로 맞는 것은?

① 혼자 거주하는 경우가 많아 방치되기가 쉽다.
② 본인 스스로 자각하므로 그나마 다행이다.
③ 노인에게서는 간혹 발생되는 정신질환이다.
④ 병원에 많이 가기 때문에 쉽게 치료할 수 있다.
⑤ 주변사람들이 쉽게 발견할 수 있는 질병이다.

225
우울증은 노인에게 흔히 발생하는 정신질환으로 본인 스스로 자각하기 어려워 병원을 찾는 경우가 드물다.

표준교재 181~182쪽

226 우울증의 원인이 아닌 것은?

① 치매
② 유전적 요인
③ 뇌의 신경전달물질의 변화
④ 질병, 수술 등 신체적인 원인
⑤ 노화에 따른 스트레스에 대한 저항력 증가

226
우울증 관련요인
• 뇌의 신경전달 물질의 변화
• 치매
• 부신 피질, 갑상선, 뇌하수체 등에서 분비되는 호르몬의 변화
• 노화에 따른 스트레스에 대한 저항력 감소
• 질병, 수술 등 신체적 원인

표준교재 182쪽

227 우울증에서 나타나는 증상으로 옳지 않은 것은?

① 불면 혹은 과도한 수면
② 기억력 장애의 호소가 심함
③ '모른다'고 대답하는 경우가 많음
④ 식욕 변화 또는 이로 인한 체중 변화
⑤ 단기기억이 먼저 저하되고 이어 장기기억이 저하됨

227
⑤ 단기기억과 장기기억이 동등하게 저하된다.

표준교재 182쪽

228 다음에서 설명하는 것은 어느 질병에 대한 것인가?

• 점진적 발병
• 일관된 인지기능의 저하
• 단기기억이 심하게 저하됨
• 기억력 저하가 먼저 나타남

① 섬망
② 치매
③ 파킨슨
④ 우울증
⑤ 조현병

228

표준교재 183쪽

229 우울증을 치료하는 방법으로 옳은 것은?

① 모임, 클럽, 사회활동을 중단한다.
② 정신과 외래를 방문하는 것은 제한한다.
③ 가족을 비롯한 주변인들이 모르는 척 하도록 한다.
④ 자살에 대한 이야기를 하면 웃으면서 자연스럽게 넘어간다.
⑤ 대상자의 느낌과 분노를 인정하고 수용하며 언어로 표현하도록 돕는다.

229

표준교재 183쪽

정답 225 ① 226 ⑤ 227 ⑤ 228 ② 229 ⑤

230 다음 중 우울증과 치매의 비교로 옳지 않은 것은?

	우울증	치매
①	급격히 발병함	서서히 발병함
②	짧은 기간	긴 기간
③	기억력 장애를 호소함	기억력에 문제가 없다고 주장하는 경우가 많음
④	모른다고 대답하는 경우가 많음	근사치의 대답을 함
⑤	일관된 인지기능의 저하	인지기능 저하 정도의 편차가 심함

230
우울증
• 급격히 발병함
• 짧은 기간
• 기억력 장애를 호소함
• 모른다고 대답하는 경우가 많음
• 인지기능 저하 정도의 편차가 심함
치매
• 서서히 발병함
• 긴 기간
• 기억력에 문제가 없다고 주장하는 경우가 많음
• 근사치의 대답을 함
• 일관된 인지기능의 저하
표준교재 183쪽

231 섬망에 대한 설명으로 틀린 것은?

① 의식장애이다.
② 증상의 기복이 없다.
③ 주의력 저하가 나타난다.
④ 수 시간 내지 수 일에 걸쳐 급격하게 발생한다.
⑤ 감정, 정서, 사고, 언어 등 인지기능 전반의 장애이다.

231
섬망
의식장애로 인해 주의력 저하뿐만 아니라 감정, 정서, 사고, 언어 등 인지기능전반의 장애와 정신병적 증상을 유발하는 것으로 수 시간 내지 수 일에 걸쳐 급격하게 발생함. 증상임
표준교재 184쪽

★★★
232 섬망의 관련 요인 중 소인적 요인과 촉진적 요인에 대한 것으로 옳은 것은?

① 소인적 요인 - 약물사용, 부동
② 소인적 요인 - 인지손상, 치매, 고령
③ 촉진적 요인 - 우울, 만성 신기능부전, 탈수
④ 소인적 요인 - 유치도뇨관 사용, 억제대 사용
⑤ 촉진적 요인 - 영양부족, 알코올 남용, 시력 손상 등

232
소인적 요인
인지 손상, 치매, 고령, 심한 뇌질환, 기능 손상, 우울, 만성 신기능 부전, 탈수, 영양 부족, 과다 음주, 시력 손상 등
촉진적 요인
약물 사용, 활동하지 않고 침상이나 실내에서만 지냄, 유치도뇨관 사용, 억제대 사용, 탈수, 영양 부족, 기동성 저하 등
표준교재 184쪽

233 섬망 대상자에게서 볼 수 있는 증상으로 옳은 것은?

① 인지의 변화
② 주의력은 변화가 없음
③ 의식변화와 증상이 서서히 시작됨
④ 수 시간이나 수 일에 걸쳐 일관되게 서서히 악화됨
⑤ 지남력 장애, 인지장애, 초조, 정서 불안정 등이 나타남

233

표준교재 184쪽

정답 230 ⑤ 231 ② 232 ② 233 ⑤

해설

234 섬망과 치매의 증상의 특성으로 맞게 연결된 것은?

① 치매 – 대체로 회복 가능
② 섬망 – 의식의 변화가 있음
③ 치매 – 주의집중이 매우 떨어짐
④ 섬망 – 나중에 사람을 못 알아봄
⑤ 치매 – 초기에 사람을 못 알아봄

234

섬망	치매
갑자기 나타남	서서히 나타남
급성질환	만성질환
대체로 회복됨	대부분 만성으로 진행됨
초기에 사람을 못 알아봄	나중에 사람을 못 알아봄
신체 생리적 변화가 심함	신체 생리적 변화는 적음
의식의 변화가 있음	말기까지 의식의 변화는 적음
주의 집중이 매우 떨어짐	주의 집중은 별로 떨어지지 않음
수면 양상이 매우 불규칙함	수면 양상은 개인별로 차이가 있음

표준교재 184쪽

235 섬망을 치료하고 예방하는 방법으로 옳은 것은?

① 원인 규명보다 치료가 더 중요하다.
② 섬망은 운동 균형이 깨진 경우에 발생한다.
③ 회복될 수 없다는 점을 보호자에게 알려줘야 한다.
④ 충분한 식사와 수분 섭취를 통해 전해질 불균형을 예방해야 한다.
⑤ 원인이 교정되어도 일정기간 지속될 수 있으므로 약물요법을 시행한다.

235
• 원인을 규명하는 것을 가장 우선적으로 해야 한다.
• 심각한 섬망이 발생한 경우는 반드시 의료기관을 방문하여 원인을 규명하고 교정한다.

표준교재 185~186쪽

236 섬망 대상자에게 지남력을 유지하도록 하기 위한 방법으로 옳은 것은?

① 밤에 불을 밝혀두기
② 대상자의 말을 경청하기
③ 밤, 낮에 맞추어 창문이나 커튼 열기
④ 현실을 확인할 수 있는 환경 조성하기
⑤ 항상 단호하고 부드러운 목소리로 말하기

236
지남력 유지를 돕는 방법
• 밤, 낮에 맞추어 창문열기
• 개인 사물, 사랑하는 사람의 사진, 달력, 시계 등을 가까이 두기
• 일상의 절차, 규칙, 도움을 요청할 사람 및 방법 등을 반복적으로 알려주기

표준교재 185쪽

237 섬망 대상자를 위한 비약물요법으로 서로 맞게 연결된 것은?

① 신체통합성 유지 – 밤에 불을 밝혀두기
② 야간의 혼돈 방지 – 현실을 확인할 수 있는 환경 조성하기
③ 개인의 정체성 유지 – 가족구성원이 자주 방문하도록 하기
④ 초조의 관리 – 대상자 스스로 할 수 있는 일을 말로 강화하기
⑤ 착각 및 환각 관리 – 대상자와 시선을 마주쳐서 위협을 느끼지 않도록 하기

237
• 신체통합성 유지 : 대상자 스스로 할 수 있는 일을 말로 강화하기
• 초조의 관리 : 항상 단호하고 부드러운 목소리로 말하기
• 착각 및 환각 관리 : 대상자의 말을 경청하기
• 야간의 혼돈 방지 : 밤에는 창문을 닫고 커튼을 치고 불을 켜 둔다.

표준교재 185쪽

정답 234 ② 235 ④ 236 ③ 237 ③

02 치매, 뇌졸중, 파킨슨질환

01 치매

1. 정의 및 관련 요인 표준교재 187쪽

1) 정의

정상적이던 사람이 나이가 들어가면서 뇌에 발생한 여러 가지 질환으로 인하여 인지기능을 상실하여 일상생활을 수행할 수 없게 되는 상태

2) 건망증과 치매의 차이

건망증	치매
생리적인 뇌의 현상	뇌의 질환
경험의 일부 중 사소하고 덜 중요한 일을 잊는다.	경험한 사건 전체나 중요한 일도 잊는다.
힌트를 주거나 시간이 지나 곰곰이 생각하면 기억이 난다.	힌트를 주거나 나중에 생각해도 거의 기억하지 못한다.
일상생활에 지장이 없다.	일상생활에 지장이 있고 수발이 필요하다.

3) 치매 관련 요인

① **노인성 치매인 알츠하이머병** : 뇌에 베타아밀로이드 단백이 침착하여 생긴 노인성 신경반과 타우 단백질이 과인산화되면서 결합한 신경섬유다발로 불리는 비정상 물질이 뇌에 축적되어 세포의 기능이 마비됨으로써 발생함

② **혈관성 치매** : 뇌혈관이 터지거나 막혀 산소와 영양분의 공급이 차단되어 뇌세포가 손상되면서 생김

③ **대뇌병변** : 우울증, 약물 및 알코올 중독, 갑상선기능저하증 등의 대사성질환, 비타민 B_{12} 또는 엽산 결핍 등의 질환, 정상압 뇌 수두증, 경막하혈종, 뇌염 등으로 인해 생김

2. 증상 표준교재 186쪽

단계	특징	증상
초기 (경도)	가족이나 동료들이 문제를 알아차리기 시작하나 혼자서 지낼 수 있는 수준	• 물건을 둔 장소를 기억하지 못하며 물건을 자주 잃어버린다. • 전화 통화 내용을 기억하지 못하고 반복해서 질문한다. • 자기 물건을 잃어버리고는 남이 훔쳐 갔다고 의심한다. • 공휴일, 납기일 등 연, 월, 일을 잊어버린다. • 요리, 빨래, 청소, 은행 가기, 병원 방문 등 하던 일의 수행기능이 뚜렷이 저하된다.
중기	최근 기억과 더불어 먼 과거 기억의 부분적 상실, 시간 및 장소 지남력 장애, 언어이해 및 표현력 장애, 실행증, 판단력 및 수행기능 저하, 각종 정신행동 증상이 빈번히 나타나며, 도움 없이는 혼자 지낼 수 없는 수준	• 주소, 전화번호, 가까운 가족의 이름 등을 잊어버린다. • 집 주변에서도 길을 잃거나 월, 요일에 대한 시간개념이 저하된다. • 엉뚱한 대답을 하거나 말수가 줄어든다. • 옷을 입거나 외모를 가꾸는 위생 상태를 유지하지 못한다. • 쓸모없는 물건을 모아 두거나 쌌다 풀었다 하며 배회행동과 안절부절못하는 모습을 보인다. • 혼자서는 집안일과 외출을 하지 못한다.
말기 (중증)	독립적인 생활이 불가능한 수준	• 의사소통이 거의 불가능하다. • 판단을 하거나 지시를 따르지 못한다. • 소리를 지르거나 심하게 화를 내는 등의 증세와 대변을 만지는 등의 심한 문제행동이 나타난다. • 보행 장애와 대소변 실금, 욕창, 낙상 등이 반복되면서 와상상태가 된다.

치매 증상

- 망상 : 병적 원인에 의해서 사실의 경험이나 논리에 따르지 않는 믿음을 고집함
- 환청 : 실제로 나지 않는 소리가 들리는 것처럼 느껴지는 환각 현상
- 환시 : 실제로 존재하지 않는 것을 마치 보이는 것처럼 느끼는 환각 현상

3. 합병증 표준교재 191쪽

1) 갑작스러운 행동 변화나 불면증, 환시, 주의력 장애 등을 보일 경우, 일단 섬망을 의심할 수 있음

2) 낙상 및 골절, 요실금, 변실금, 영양실조, 경련, 말기에 발작을 보이는 경우가 많음

3) **약물 부작용** : 인지기능 감퇴, 기립성 저혈압, 안절부절못함, 변비 등

4. 치료 표준교재 191쪽

1) 치매 대상자는 3~6개월 간격으로 병원에서 진료를 받는다.

2) 약물요법

① 인지기능개선제, 아세틸콜린 분해효소 억제 약물을 복용한다.

② 우울증, 망상, 배회, 수면장애 등의 정신 행동증상은 항정신병약물, 항우울병약물, 항불안병약물, 항경련약물을 복용한다.

3) 비약물요법

① 환경개선 : 가급적 단순하고 구조화되어 있으며 안정적인 환경을 제공

② 행동개입 : 행동 수정을 위해 강화, 필요 시 격리 등의 방법을 사용

③ 인지 및 활동 자극 : 수공예, 간단한 물건 만들기, 원예, 독서, 그림 그리기, 음악을 듣거나 노래
부르기 등 대상자에게 익숙하며 성공적으로 수행할 수 있는 활동

5. 예방   표준교재 192쪽

① 고혈압, 당뇨병, 심장병 등 성인병을 철저히 관리한다.

② 소량의 균형 잡힌 식사를 섭취하되 채소와 어류를 통해 항산화영양소를 섭취한다.

③ 적절한 운동을 꾸준히 규칙적으로 한다.

④ 독서 등 개인적인 취미활동을 꾸준히 한다.

⑤ 사교모임 등 사회활동을 지속한다.

⑥ 기억력 장애 증상를 보이는 경우 치매안심센터를 통해 조기 검진을 받게 한다.

> **기억력 장애 증상**
>
> • 가치 있는 물건을 잘 간수하지 못하고 잃어버린다.
> • 책이나 신문의 구절을 읽고 기억하는 것이 거의 없다.
> • 새로 소개받은 사람의 이름을 기억하는 것이 어렵다.
> • 기억력이 저하된 것을 주변 사람들이 알게 된다.
> • 익숙하지 않은 환경에 가면 길을 잃는다.

02 뇌졸중

1. 정의   표준교재 193쪽

① 뇌에 혈액을 공급하는 혈관이 막히거나 터져서 뇌 손상이 오고 그에 따른 신체장애가 나타나는
뇌혈관질환

② 뇌혈관이 막힌 뇌경색과 뇌혈관이 터진 뇌출혈로 구분

③ 흔히 중풍이라 부름

2. 관련 요인   표준교재 193쪽

① 흡연

② 스트레스

③ 고령

④ 뇌졸중 가족력

⑤ 고혈압, 당뇨병, 심장병, 뇌졸중 과거력

⑥ 비만, 혈액 내 콜레스테롤 수치가 높은 고지혈증

3. 증상 표준교재 193쪽

① **반신마비** : 손상된 뇌의 반대쪽 팔다리, 안면하부에 갑작스러운 마비가 옴

② **전신마비** : 뇌간 손상 시 전신마비와 함께 의식이 저하

③ **반신감각장애(감각이상·감각소실)** : 손상된 뇌의 반대쪽의 시각, 촉각, 청각 등의 장애, 남의 살 같거나 저리고 불쾌한 느낌, 얼얼한 느낌 호소

④ 언어장애

- 좌측뇌가 손상된 경우 우측마비와 함께 말을 못하거나 남의 말을 이해하지 못하는 실어증이 발생
- 뇌손상 부위에 따라 글을 못 쓰고 못 읽으며, 혀, 목구멍, 입술 등의 근육이 마비되어 발음이 부정확하고 마치 술 취한 사람처럼 어눌한 발음으로 말을 함

⑤ 두통 및 구토

- 극심한 두통과 반복적인 구토, 의식 소실 동반

⑥ 의식장애

- 뇌간 부위에 뇌졸중이 발생하면 의식이 저하됨
- 뇌졸중으로 인한 뇌손상 부위가 광범위할 때도 의식이 저하됨

⑦ 어지럼증 : 소뇌 손상 시 메스껍고 토하는 증상과 함께 몸의 불균형을 보임

⑧ 운동 실조증

- 소뇌에 뇌졸중이 발생하였을 때 술 취한 사람처럼 비틀거리고 한쪽으로 자꾸 쓰러지려 하고, 물건을 잡으려고 할 때 정확하게 잡지 못함

⑨ 시력장애

- 한 개의 물체를 보는데 두 개로 보이는 복시나 시야의 한 귀퉁이가 어둡게 보이는 시야장애가 발생한다.

⑩ **삼킴장애** : 음식이나 물을 삼키기 힘든 연하곤란이 옴

⑪ 치매

- 뇌졸중으로 인한 치매는 비교적 갑자기 발생함
- 혈관성 치매 의심 증상
  - 정상적으로 생활하던 사람이 갑자기 동작이 서툴러진다.
  - 대소변을 못 가린다.
  - 감정조절에 이상이 생긴다
  - 기억력, 계산력, 판단력 등 지적능력이 감소한다.

4. 치료 및 예방 표준교재 195쪽

① 약물요법

- 혈전용해제나 항응고제 등을 복용
- 뇌경색 발생 4시간 이내에는 주사제인 혈전용해제로 치료
- 뇌경색 약물을 복용하던 대상자는 재발 가능성이 크므로 갑자기 약을 끊으면 안 된다.

② 뇌부종 등으로 인해 생명이 위급할 때는 수술을 받는다.

③ 현기증, 팔다리 저림, 뒷골 통증 등과 같은 뇌출혈의 전구증상을 주의 깊게 관찰한다.

④ 반신마비 등의 증상이나 근육의 위축이나 허약을 방지하기 위해 발병 초기부터 재활요법을 병행한다.

⑤ 동맥경화증, 고혈압 등을 예방하고 치료한다.

⑥ 휴식을 취하면서 갑작스럽게 자세를 바꾸지 않는다.

⑦ 삼키는 것이 어렵거나 발음이 어눌해진 대상자가 음식을 삼킬 때 폐로 흡입되지 않도록 주의해야 한다.

⑧ 뇌졸중의 전구증상을 주의 깊게 살펴야 한다.

02 파킨슨질환

1. 정의 표준교재 196쪽

중추신경계에 서서히 진행되는 퇴행성 변화로 원인은 불명확하나 신경전달물질인 도파민을 만들어내는 신경세포가 파괴되는 질환

2. 관련 요인 표준교재 196쪽

① 중뇌의 이상으로 도파민이라는 물질의 분비 장애

② 염색체의 돌연변이

③ 뇌졸중, 중금속 중독 및 약물 중독, 다발성 신경계 위축증 등 기타 퇴행성 뇌질환

3. 증상 표준교재 196쪽

① 무표정, 동작이 느려짐, 근육경직 및 안정 시 떨림

② 굽은 자세, 일어붙는 현상, 자세 반사의 소실로 자주 넘어짐, 균형감각의 소실

③ 원인불명의 통증

④ 피로, 수면 장애, 변비, 방광과 다른 자율 신경의 장애, 감각적 불편감

⑤ 우울, 근심, 감정의 변화, 무감정, 사고의 느림, 인지능력의 감소 등

4. 치료 및 예방   표준교재 197쪽

① 지속적인 약물 복용

② 관절과 근육의 경직을 방지하기 위한 근육 스트레칭과 관절운동 실시

③ 많이 웃을 수 있고 적극적으로 질병에 대해 대처하도록 주변의 정신적인 지지가 필요

5. 요양보호사 활동 시 주의사항   표준교재 197쪽

① 부정, 설득, 지도보다는 따뜻한 분위기 속에서 보호, 수용, 지지해야 한다.

② 인내심을 가지고 부드럽게 대해야 한다.

③ 뇌졸중이나 파킨슨질환으로 발생한 마비는 체위 변경과 올바른 자세 유지, 관절운동 등 재활치료를 조기에 시작하는 것이 중요하다.

④ 신경계 질환은 옆에서 지켜보는 보호자도 매우 힘든 상황이므로 정서적으로 지지해준다.

치매, 뇌졸중, 파킨슨질환 실전 예상문제

1 치매

★★★

01 다음에서 설명하는 질환은 무엇인가?

> 정상적이던 사람이 나이가 들어가면서 뇌에 발생한 여러 가지 질환으로 인하여 인지기능을 상실하여 일상생활을 수행할 수 없게 되는 상태

① 녹내장　　　　　　② 백내장
③ 관절염　　　　　　④ 치매
⑤ 건망증

01

표준교재 187쪽

02 건망증과 치매에 대한 설명으로 올바른 것은?

① 건망증은 뇌의 질환이다.
② 치매는 노화로 인한 생리적인 뇌의 현상이다.
③ 건망증은 일상생활에 지장이 있다.
④ 치매는 힌트를 주거나 시간이 지나 곰곰이 생각하면 기억이 난다.
⑤ 치매는 경험한 사건 전체나 중요한 일도 잊는다.

02
① 건망증은 생리적인 뇌의 현상이다.
② 치매는 뇌의 질환이다.
③ 건망증은 일상생활에 지장이 없다.
④ 치매는 힌트를 주거나 나중에 생각해도 거의 기억하지 못한다.

표준교재 187쪽

03 뇌에 베타아밀로이드 단백이 침착하여 생긴 노인성 신경반과 타우 단백질이 과인산화되면서 결합한 신경섬유다발로 불리는 비정상 물질이 뇌에 축적되어 세포의 기능이 마비되어 발생하는 뇌의 질환은?

① 알츠하이머병　　　② 대뇌병변
③ 혈관성 치매　　　　④ 대사성 치매
⑤ 뇌경색

03

표준교재 187쪽

정답　**01** ④　**02** ⑤　**03** ①

04 노인치매의 원인으로 적당하지 않은 것은?

① 알츠하이머병   ② 혈관성 치매
③ 퇴행성 질환   ④ 소화기계 질환
⑤ 우울증

04

표준교재 **188쪽**

05 뇌혈관이 터지거나 막혀 산소와 영양분의 공급이 차단되어 뇌세포가 손상되면서 생기는 치매의 종류는?

① 혈관성 치매   ② 노인성 치매
③ 알츠하이머병   ④ 대뇌병변
⑤ 대사성 치매

05

표준교재 **188쪽**

06 인지장애의 증상과 그 내용이 바르게 연결된 것은?

① 기억력저하 – 말문이 자주 막힘
② 언어능력저하 – 물건을 자주 잃어버림
③ 지남력저하 – 요일과 날짜를 착각함
④ 언어능력저하 – 시간개념이 떨어짐
⑤ 지남력저하 – 단어가 생각이 나지 않음

06

표준교재 **188~189쪽**

07 다음 중 연결이 바르게 된 것은?

① 지남력저하– 옷매무새에 관심이 없음
② 실행기능저하 – 자녀의 얼굴을 못 알아 봄
③ 지남력저하 – 옷차림에 대한 관심이 줄어듦
④ 시공간파악능력 – 화장실과 안방을 구별하지 못함
⑤ 실행기능저하 – 낮과 밤을 구분하는 데 어려워 함

07
① 실행기능 저하 – 옷매무새에 관심이 없음
② 지남력 저하 – 자녀의 얼굴을 못 알아봄
③ 실행기능 저하 – 옷차림에 대한 관심이 줄어듦
⑤ 지남력 저하 – 낮과 밤을 구분하는 데 어려워함

표준교재 **188~189쪽**

08 치매에 따른 우울증 증상에 대한 설명으로 가장 잘 맞는 것은?

① 말이 많아진다.
② 식욕을 자제하지 못하고 과식을 한다.
③ 기분이 들떠 있으며 자꾸 일을 만들어내기도 한다.
④ 끊임없이 말을 하고 계획을 세우고 실패하지만 계속 시도한다.
⑤ 자살에 대한 생각이 증가되며 극단적인 경우에는 자살시도를 한다.

08
치매에 따른 정신행동증상
• 말수가 줄고 의욕이 없으며 우울한 기분을 표현한다.
• 식욕이 감소하며 수면 양상이 변화한다.
• 자살에 대한 생각 증가

표준교재 **188~189쪽**

정답 **04** ④ **05** ① **06** ③ **07** ④ **08** ⑤

09 치매의 증상 중 인지장애로 옳은 것은?

① 옷을 혼자서 입을 수 없어 속옷을 머리에 쓰거나 바지 위에 속옷을 입는다.
② 말수가 줄고 의욕이 없으며 우울한 기분을 표현한다.
③ 망상, 환청, 환시가 나타난다.
④ 얕은 잠을 자고 자주 깬다.
⑤ 한번 화를 내면 걷잡을 수없이 폭발적으로 나타나며 잠시 후에는 아무 일 없었다는 듯이 조용해진다.

09
① 실행기능저하로 인지장애에 해당한다.
② 우울증으로 정신행동증상에 해당한다.
③ 정신증으로 정신행동증상에 해당한다.
④ 수면장애로 정신행동증상에 해당한다.
⑤ 초조 및 공격성으로 정신행동증상에 해당한다.

표준교재 188~189쪽

10 치매의 정신행동증상으로 옳은 것은?

① 기억력저하
② 언어능력저하
③ 실행기능저하
④ 초조 및 공격성
⑤ 시공간파악능력저하

10
치매의 증상
• 정신행동증상 : 우울증, 정신증, 초조 및 공격성, 수면장애 등
• 인지장애 : 기억력 저하, 언어능력 저하, 지남력 저하, 시공간 파악 능력 저하, 실행기능 저하

표준교재 189~190쪽

11 치매의 정신행동증상이 아닌 것은?

① 우울증
② 정신증
③ 수면장애
④ 초조 및 공격성
⑤ 시공간파악능력저하

11

표준교재 189~190쪽

12 치매 대상자의 정신행동증상으로 옳은 것은?

① 옷매무새가 흐트러져 지저분한 인상을 준다.
② 매우 불안해하거나 공포에 휩싸여 예기치 못한 행동을 보인다.
③ 집 안에서 화장실과 안방을 구분하지 못한다.
④ 낮과 밤을 구분하는 것도 어려워한다.
⑤ 약속을 잊고, 물건을 잃어버리는 경우가 많다.

12
① 실행기능 저하로 인지장애에 해당한다.
③ 시공간 파악 능력 저하로 인지장애에 해당한다.
④ 지남력 저하로 인지장애에 해당한다.
⑤ 기억력 저하로 인지장애에 해당한다.

표준교재 189~189쪽

13 미국 정신의학협회에 따른 치매의 진단기준에 의해 치매에 해당되는 것은?

① 실어증 + 실인증
② 실어증 + 실소증
③ 실어증 + 실행증
④ 기억장애 + 실어증
⑤ 실어증 + 실행기능

13
기억장애를 포함하여 인지장애(실어증, 실행증, 실인증, 실행기능) 중 하나가 존재하는 경우

표준교재 190쪽

정답 **09** ① **10** ④ **11** ⑤ **12** ② **13** ④

★★★

14 치매 초기 증상에 대한 설명으로 바른 것은?

① 엉뚱한 대답을 하거나 말수가 준다.
② 혼자서는 집안일과 혼자 외출을 하지 못한다.
③ 물건을 둔 장소를 기억하지 못하며 자주 잃어버린다.
④ 주소, 전화번호, 가까운 가족의 이름 등을 잊어버린다.
⑤ 옷을 입거나 외모를 가꾸는 위생 상태를 유지하지 못한다.

15 치매 중기 증상에 대한 설명으로 바른 것은?

① 공휴일, 납세일 등 연, 월, 일을 잊어버린다.
② 전화통화 후 내용을 기억 못하고 반복 질문을 한다.
③ 물건을 둔 장소를 기억하지 못하며 자주 잃어버린다.
④ 주소, 전화번호, 가까운 가족의 이름 등을 잊어버린다.
⑤ 자신의 물건을 잊어버리고는 "남이 훔쳐갔다"고 의심한다.

16 치매 말기 증상에 대한 설명으로 바른 것은?

① 전화통화 후 내용을 기억 못하고 반복 질문을 한다.
② 혼자서는 집안일과 혼자서의 외출이 불가능하게 된다.
③ 옷을 입거나 외모를 가꾸는 위생상태를 유지하지 못한다.
④ 의사소통이 거의 불가능해지고 판단을 하거나 지시를 따르지 못한다.
⑤ 낯익은 집 주변에서도 길을 잃거나 월, 요일에 대한 시간개념이 저하된다.

17 다음 중 시기별 치매의 상태가 바르게 연결된 것은?

① 중기 – 문제를 알아차리는 수준
② 초기 – 과거 기억의 부분적 상실 수준
③ 말기 – 독립적인 생활이 불가능한 수준
④ 중기 – 어느 정도 혼자서 지낼 수 있는 수준
⑤ 초기 – 도움 없이는 혼자 지낼 수 없는 수준

해설

14
치매 초기(경도)
• 물건을 둔 장소를 기억하지 못하며 물건을 자주 잃어버린다.
• 전화 통화 내용을 기억하지 못하고 반복해서 질문한다.
• 자기 물건을 잃어버리고는 남이 훔쳐 갔다고 의심한다.
• 공휴일, 납기일 등 연, 월, 일을 잊어버린다.
• 요리, 빨래, 청소, 은행가기, 병원 방문 등 하던 일의 수행기능이 뚜렷이 저하된다.
> **표준교재** 190쪽

15
치매 중기
• 주소, 전화번호, 가까운 가족의 이름 등을 잊어버린다.
• 집 주변에서도 길을 잃거나 월, 요일에 대한 시간개념이 저하된다.
• 엉뚱한 대답을 하거나 말수가 줄어든다.
• 옷을 입거나 외모를 가꾸는 위생 상태를 유지하지 못한다.
• 쓸모없는 물건을 모아 두거나 썼다 풀었다 하며 배회행동과 안절부절못하는 모습을 보인다.
• 혼자서는 집안일과 외출을 하지 못한다.
> **표준교재** 191쪽

16
치매 말기(중증)
• 의사소통이 거의 불가능하다.
• 판단을 하거나 지시를 따르지 못한다.
• 소리를 지르거나 심하게 화를 내는 등의 증세와 대변을 만지는 등의 심한 문제행동이 나타난다.
• 보행 장애와 대소변 실금, 욕창, 낙상 등이 반복되면서 와상상태가 된다.
> **표준교재** 191쪽

17
> **표준교재** 190~191쪽

정답 14 ③ 15 ④ 16 ④ 17 ③

18 다음 중 치매 말기에 나타나는 특징에 해당하는 것은?

① 보행장애와 와상상태
② 판단력 및 수행기능 저하
③ 언어이해 및 표현력 장애
④ 과거 기억의 부분적 상실
⑤ 시간 및 장소 지남력 장애

18

표준교재 191쪽

19 치매의 합병증으로 섬망을 의심해 볼 수 있는 경우에 해당하는 것은?

① 적당한 수면을 취하는 경우
② 콩고르기를 잘 수행하는 경우
③ 정해진 시간에 식사를 하는 경우
④ 갑작스런 행동 변화를 보일 경우
⑤ 안정감을 보이고 기분이 좋을 경우

19
갑작스러운 행동 변화나 불면증, 환시, 주의력 장애 등을 보일 경우, 일단 섬망을 의심할 수 있다.

표준교재 191쪽

20 치매의 합병증으로 볼 수 없는 것은?

① 낙상 및 골절
② 발작
③ 영양실조
④ 약물 부작용으로 인한 고혈압
⑤ 섬망

20
④ 약물 부작용으로 인한 기립성 저혈압

표준교재 191쪽

21 치매의 약물 부작용이 아닌 것은?

① 변비
② 천식
③ 안절부절못함
④ 인지기능 감퇴
⑤ 기립성 저혈압

21
치매의 약물 부작용
인지기능 감퇴, 기립성 저혈압, 안절부절못함, 변비 등

표준교재 191쪽

22 치매 대상자의 치료 방법으로 바른 것은?

① 1년마다 병원에서 진료를 다시 받는다.
② 약물요법으로 안정적인 환경을 제공한다.
③ 인지 및 활동자극을 위한 활동을 제공한다.
④ 비약물요법으로 인지기능개선제를 제공한다.
⑤ 기억력 장애가 보이면 약물요법을 시행한다.

22

표준교재 191쪽

정답 **18** ① **19** ④ **20** ④ **21** ②

23 기억력 장애 증상으로 옳은 것은?

① 가치 있는 물건은 아주 깊이 꼼꼼하게 간수를 한다.
② 새로 소개받은 사람의 이름은 특징을 지어 기억한다.
③ 주변사람에게 기억력이 저하된 것이 분명하게 발견된다.
④ 책이나 신문의 구절을 읽고 숫자로 된 것의 기억이 탁월하다.
⑤ 익숙하지 않은 환경에 가면 자기세계의 지도를 만들어 기억한다.

23
① 가치 있는 물건을 잘 간수하지 못하고 잃어버린다.
② 새로 소개받은 사람의 이름을 기억하는 것이 어렵다.
④ 책이나 신문의 구절을 읽고 기억하는 것이 거의 없다.
⑤ 익숙하지 않은 환경에 가면 길을 잃는다.
표준교재 192쪽

24 기억력 장애 증상을 보이는 경우 조기 검진을 받을 수 있는 기관은?

① 치매예방센터
② 광역치매센터
③ 지역주민센터
④ 치매안심센터
⑤ 보건소

24
표준교재 192쪽

25 치매 예방 방법으로 옳지 않은 것은?

① 고혈압, 당뇨병, 심장병 등 성인병을 철저히 관리한다.
② 소량의 균형 잡힌 식사를 섭취하되 어류는 되도록 섭취하지 않도록 한다.
③ 적절한 운동을 꾸준히 규칙적으로 한다.
④ 독서 등 개인적인 취미활동을 꾸준히 한다.
⑤ 사교모임 등 사회활동을 지속한다.

25
② 채소와 어류를 통해 항산화영양소를 섭취한다.
표준교재 192쪽

2 뇌졸중

표준교재 193쪽

★★★

01 뇌에 혈액을 공급하는 혈관이 막히거나 터져서 뇌 손상이 오고 그에 따른 신체장애가 나타나는 뇌혈관질환은?

① 알츠하이머병　　　　　② 뇌졸중
③ 당뇨병　　　　　　　　④ 심부전
⑤ 동맥경화증

02 뇌졸중에 대한 설명으로 옳지 않은 것은?

① 흔히 중풍이라고 부른다.
② 뇌에 혈액을 공급하는 혈관이 막힌 경우를 뇌경색이라고 한다.
③ 뇌에 혈액을 공급하는 혈관이 터진 경우를 뇌출혈이라고 한다.
④ 뇌에 손상이 오고 그에 따른 신체장애가 나타난다.
⑤ 가족력과는 관계없다.

03 뇌졸중에 대한 설명으로 바른 것은?

① 뇌혈관이 막힌 것을 뇌출혈이라고 한다.
② 뇌졸중은 뇌경색과 뇌출혈로 구분된다.
③ 뇌혈관이 터지는 것을 뇌경색이라고 한다.
④ 뇌수술은 해서는 안된다.
⑤ 심장에 혈액을 공급하는 혈관이 막히거나 터진 것이다.

04 뇌졸중으로 반신마비가 왔을 경우 증상으로 옳은 것은?

① 의식이 저하된다.
② 손상된 뇌의 반대쪽 팔다리, 안면하부에 갑작스러운 마비가 온다.
③ 손상된 뇌의 반대쪽 감각기관에 장애가 발생한다.
④ 메스껍고 토하는 증상과 함께 몸의 불균형을 보인다.
⑤ 시야장애가 발생한다.

01

표준교재 193쪽

02
뇌졸중 관련 요인
흡연, 스트레스, 고령, 뇌졸중 가족력, 고혈압, 당뇨병, 심장병, 뇌졸중 과거력, 비만, 혈액 내 콜레스테롤 수치가 높은 고지혈증

표준교재 193쪽

03
① 뇌혈관이 막힌 것을 뇌경색이라 한다.
③ 뇌혈관이 터지는 것을 뇌출혈이라 한다.
④ 뇌부종 등으로 생명이 위험할 때는 수술을 받는다.
⑤ 뇌에 혈액을 공급하는 혈관이 막히거나 터진 것이다.

표준교재 193쪽

04

표준교재 194쪽

정답 01 ② 02 ⑤ 03 ② 04 ②

★★★

05 뇌졸중의 증상으로 옳지 않은 것은?

① 시야장애
② 언어장애
③ 두통 및 구토
④ 손상된 뇌쪽의 감각장애
⑤ 의식장애

05
④ 손상된 뇌의 반대쪽 감각이상

표준교재 **194쪽**

★★★

06 뇌졸중의 증상으로 옳은 것은?

① 대뇌 손상 시 메스껍고 토하는 증상과 함께 몸의 불균형을 보인다.
② 좌측뇌가 손상된 경우 좌측마비와 함께 실어증이 발생한다.
③ 소뇌 부위에 뇌졸중이 발생하면 의식이 저하된다.
④ 뇌졸중으로 인한 치매는 비교적 서서히 진행된다.
⑤ 손상된 뇌의 반대쪽 팔다리에 갑작스러운 마비가 온다.

06
① 소뇌 손상 시 메스껍고 토하는 증상과 함께 몸의 불균형을 보인다.
② 좌측뇌가 손상된 경우 우측마비와 함께 실어증이 발생한다.
③ 뇌간 부위에 뇌졸중이 발생하면 의식이 저하된다.
④ 뇌졸중으로 인한 치매는 비교적 갑자기 발생한다.

표준교재 **194쪽**

07 뇌간 손상 시 나타나는 주요증상으로 올바른 것은?

① 운동 실조증
② 전신마비
③ 반신마비
④ 반신감각장애
⑤ 어지럼증

07
뇌간 손상 시 전신마비와 함께 의식이 저하된다.

표준교재 **194쪽**

08 소뇌에 뇌졸중이 발생하였을 때 술 취한 사람처럼 비틀거리고 한쪽으로 자꾸 쓰러지려 하고, 물건을 잡으려고 할 때 정확하게 잡지 못하는 증상은?

① 복시
② 시야장애
③ 운동 실조증
④ 반신감각장애
⑤ 치매

08

표준교재 **194쪽**

09 뇌졸중의 증상에 대한 설명으로 바른 것은?

① 반신마비 – 손상된 뇌 반대쪽의 감각 저하
② 전신마비 – 손상된 뇌 반대쪽 팔다리의 마비증상
③ 반신감각장애 – 뇌간 손상 시 의식저하가 나타남
④ 언어장애 – 좌측뇌가 손상된 경우 우측마비와 함께 말을 못함
⑤ 언어장애 – 우측뇌가 손상된 경우 좌측마비와 함께 말을 못함

09
좌측뇌가 손상된 경우 우측마비와 함께 말을 못하거나 남의 말을 이해하지 못하는 실어증이 발생한다.

표준교재 **194쪽**

정답 **05** ④ **06** ⑤ **07** ② **08** ③ **09** ④

10 뇌 어느 부위에 뇌졸중이 발생했을 때 의식이 저하되는가?

① 뇌간부위   ② 소뇌부위
③ 좌측부위   ④ 우측부위
⑤ 안면부위

10

표준교재 194쪽

11 뇌졸중의 증상을 맞게 설명하고 있는 것은?

① 연하곤란 – 음식을 씹기 어려움
② 복시 – 시야의 한 귀퉁이가 어둡게 보이는 것
③ 시야장애 – 한 개의 물체가 두 개로 보이는 현상
④ 어지럼증 – 소뇌와 뇌간에 혈액공급이 부족할 때 나타남
⑤ 운동실조증 – 기억력이나 판단력 등의 인지장애가 나타남

11
④ 어지럼증–소뇌 손상 시 메스껍고 토하
는 증상과 함께 몸의 불균형을 보인다.

표준교재 194쪽

12 뇌졸중 치료에서 골든타임으로 불리우는 시간은?

① 30분 이내   ② 1시간 이내
③ 2시간 이내   ④ 3시간 이내
⑤ 4시간 이내

12
혈전용해제나 항응고제 등을 복용할 수 있
고, 뇌경색 발생 4시간 이내에는 주사제인
혈전용해제로 치료를 받을 수 있다.
표준교재 195쪽

13 뇌졸중 치료 및 예방에 대한 설명으로 옳은 것은?

① 위급할 때는 혈전용해제나 항응고제를 복용하도록 한다.
② 뇌부종 등으로 생명이 위급할 때는 휴식을 취하도록 해야 한다.
③ 뇌경색 약물을 복용하던 환자는 갑자기 약을 끊지 않도록 주의해야 한다.
④ 뇌경색 발생 6시간 이내에는 주사제인 혈전용해제로 치료를 받을 수 있다.
⑤ 자세를 바꿀 때는 갑작스럽게 바꾼다.

13
③ 뇌경색 약물을 복용하던 환자는 재발 가
능성이 높으므로 갑자기 약을 끊지 않도
록 주의해야 한다.

표준교재 195쪽

14 다음 중 뇌졸중의 전구증상으로 옳지 않은 것은?

① 옷매무새가 흐트러져 지저분한 인상을 준다.
② 한쪽 팔다리가 마비되거나 감각이 이상하다.
③ 말할 때 발음이 분명치 않거나 말을 잘 못 한다.
④ 주위가 뱅뱅 도는 것처럼 어지럽다.
⑤ 갑자기 눈이 안보이거나 둘로 보인다.

14

표준교재 195쪽

정답 10 ① 11 ④ 12 ⑤ 13 ③ 14 ①

➕ 해설

3 파킨슨질환

★★★

01 중추신경계에 서서히 진행되는 퇴행성 변화로 원인은 불명확하나 신경전달물질인 도파민을 만들어내는 신경세포가 파괴되는 질환은?

① 뇌경색   ② 뇌출혈
③ 파킨슨질환   ④ 혈관성 치매
⑤ 섬망

02 파킨슨 질환 대상자의 증상에 해당하는 것은 ?

① 무표정   ② 빠른 동작
③ 뻣뻣한 자세   ④ 예민한 균형감각
⑤ 흐느적거리는 현상

03 다음 중 요양보호사의 활동으로 옳지 않은 것은?

① 치매노인이 이상행동을 보이면 설득하고 지도하여 행동을 수정한다.
② 대상자마다 치매 정도가 다르므로 인내심을 가지고 부드럽게 대해야 한다.
③ 체위 변경과 올바른 자세 유지, 관절운동 등 재활치료를 조기에 시작하는 것이 중요하다.
④ 신경계 질환은 보호자도 매우 힘든 상황이므로 정서적으로 지지해 준다.
⑤ 요양보호사는 대상자에게 수술 혹은 약물 치료가 필요하다는 등의 말을 하면 안 된다.

01

표준교재 196쪽

02
파킨슨질환의 증상
• 무표정, 동작이 느려짐, 근육경직 및 안정 시 떨림
• 굽은 자세, 얼어붙는 현상, 자세 반사의 소실로 자주 넘어짐, 균형감각의 소실
• 원인불명의 통증
• 피로, 수면 장애, 변비, 방광과 다른 자율신경의 장애, 감각적 불편감
• 우울, 근심, 감정의 변화, 무감정, 사고의 느림, 인지능력의 감소 등

표준교재 196쪽

03
① 치매노인은 건망증이나 지남력장애로 일상생활을 할 수 없고, 적절한 의사소통이 불가능하고 이상행동을 보이므로 부정, 설득, 지도보다는 따뜻한 분위기 속에서 보호, 수용, 지지해야 한다.

표준교재 197쪽

정답 01 ③   02 ①   03 ①

03 노인의 건강증진 및 질병예방

01 영양

1. 영양 문제 표준교재 198쪽

① **미각과 후각 저하** : 양념을 많이 사용하게 되고 음식을 짜게 만들게 돼서 나트륨 과다 섭취로 고혈압, 심장병 등이 악화될 수 있음

② **시력 저하** : 유통기한을 읽기가 어려워 상한 음식을 먹을 수 있음

③ **청력 저하** : 사회활동에 문제가 생기고 고독감, 외로움으로 인해 음식섭취가 줄어들어 영양부족 문제가 나타날 수 있음

④ 침 분비 감소, 음식물을 씹고 삼키는 능력 저하

⑤ 포만감을 일찍 느끼고, 복부팽만감과 식욕부진이 생김

⑥ 위가 위축되고 소화액 분비 감소로 소화 및 흡수 기능이 떨어짐

⑦ 활동량 감소, 칼슘의 섭취 및 흡수 감소로 골다공증이 발생할 수 있음

⑧ 만성질환에 걸린 노인은 식이요법으로 식욕이 떨어져 영양부족이 나타날 수 있음

⑨ 치아가 없거나 의치가 맞지 않으면 음식을 씹기가 어려워 음식 섭취에 어려움이 생겨 영양 부족이 올 수 있음

⑩ **수분량 감소, 갈증에 대한 반응 저하** : 탈수가 발생할 수 있음

⑪ **치매로 인한 인지기능 저하** : 음식을 과도하게 섭취하거나, 반대로 식욕이 없어져 음식을 적게 섭취하는 영양상의 문제가 발생

⑫ 심리적인 이유로 식욕이 줄어들어 영양결핍을 초래할 수 있음

⑬ 독거노인이나 사회적으로 고립된 노인은 영양섭취가 불량할 수 있음

2. 영양 관리 　표준교재　199쪽

① 적절한 칼로리 섭취로 이상적인 체중 유지

② 균형 잡힌 영양소 섭취를 위한 규칙적인 하루 세 끼 식사

③ **1일 단백질 필요량** : 체중 1kg당 1g

④ **동물성 단백질** : 체중 1kg당 0.5~0.6g(1일 단백질 섭취량의 1/3~1/4은 동물성 단백질로 섭취하는 것이 좋음)

⑤ 식물성 위주로 단백질을 섭취할 때는 여러 음식과 함께 섭취(부족한 아미노산 보충)

⑥ 칼슘은 우유로 보충, 칼슘 흡수를 돕는 비타민 D 섭취

⑦ 고혈압, 심장병 등을 예방하기 위해 염분 섭취 줄이기

⑧ 물, 섬유소가 풍부한 야채나 과일 섭취로 변비 예방

⑨ 육류는 기름을 제거하여 동물성 지방 섭취 줄이기

⑩ 콩이나 유제품 매일 섭취하기

⑪ 무기질, 비타민, 항산화물질 섭취 : 해조류, 버섯류, 채소, 과일류 자주 먹기

⑫ 음식은 먹을 만큼만 준비하고, 만든 지 오래된 음식 먹지 않기

⑬ 금기가 아닐 시 물 충분히 마시기

1) 음식을 싱겁게 먹기 위한 조리법

- 식초, 겨자, 후추, 파, 마늘, 양파, 참깨 등 사용하기

- 간장, 고추장, 된장 등은 평소의 2/3만 사용하기

- 음식이 뜨거울 때 간 맞추지 않기(음식이 뜨거우면 짠맛을 제대로 느낄 수 없음)

- 국물을 만들 때 마른 새우, 멸치, 표고버섯 등을 사용하면 맛이 좋아져 된장, 고추장, 간장, 소금의 양을 줄일 수 있음

- 배추김치, 간장, 된장, 라면, 고추장, 총각김치 등은 염분이 많으므로 주의하기

2) 암 발생을 예방하는 식생활

- 다채로운 식단으로 균형 잡힌 식사하기

- 매끼 여섯 가지 식품군을 골고루 섭취하기(곡류, 채소류, 고기·생선·달걀·콩류, 과일류, 유제품류, 당류)

- 채소와 과일 충분히 섭취하기

- 채소와 과일에 들어있는 항산화비타민, 무기질, 섬유소 등으로 각종 암(대장암, 위암, 직장암) 발생 위험이 감소

- 짠 음식을 덜 먹는다.
  - 소금에 절인 음식(예 : 김치, 젓갈)을 자주 섭취하는 우리나라 사람들은 짠 음식을 좋아하지 않는 사람들에 비해 위암 발생률이 10% 높다.
  - 고농도의 소금은 위 점막의 세포를 자극하여 음식 속의 발암물질이 잘 흡수되게 하는 간접적인 발암물질이다. 위암을 예방하기 위하여 소금 섭취를 줄여야 한다.

- 탄 음식은 피한다.

- 쇠고기, 돼지고기 등과 같은 육류를 그릴이나 숯불에 구워 먹을 경우 고기가 탈 가능성이 높아 암 발생 위험이 높아진다.
- 붉은 고기와 육가공품은 대장암 및 직장암을 유발할 수 있으며, 햄, 소시지 등 육가공품에 사용되는 아질산염은 접촉하는 부위에 직접적으로 암을 유발한다(예 : 식도암, 위암, 간암, 폐암). 따라서 육가공품을 통한 아질산염의 섭취를 줄여야 한다.

3) 수분 섭취 방법

(1) 수분 섭취를 제한해야 하는 질병

① 간경화 : 간 기능이 떨어지면 수분이 각 장기에 고루 배분되지 못하고 혈액에 남아 혈액 속 수분 함량이 높아짐

② 심부전 : 심장에 들어온 혈액이 많으면 심장에 부담이 되므로 물을 하루 1L 이내로 마셔야 한다.

③ 신부전증 : 신장에 부담이 될 수 있으므로 갈증이 날 때만 의사가 권고한 양의 물을 마셔야 함

④ 부신기능저하증 : 수분과 염분의 원활한 배출이 어려워 수분을 많이 섭취하면 전신부종이 생길 수 있음

⑤ 갑상선기능저하증 : 물을 많이 마시면 수분 배출이 잘 안 됨

(2) 수분을 충분히 마셔야 하는 질병

① 염증성 비뇨기 질환 : 요로감염, 방광염, 전립선염 등이 있으면 수분을 많이 섭취해서 염증 유발 물질을 소변으로 배출해야 한다. 노폐물이 배출되지 못하고 농축되면 요로결석으로 변할 수 있다.

② 폐렴·기관지염 : 호흡기질환에 걸리면 열이 오르고 호흡이 가빠져서 피부와 호흡기를 통한 수분배출이 늘어나므로 물을 충분히 마셔야 한다.

③ 고혈압·협심증 : 혈액 속 수분이 부족하면 혈액 점도가 높아져서 혈액 흐름이 지장을 받는다. 이때 혈전이나 지방이 혈관 벽에 들러붙을 수 있으므로 하루에 최소 2L의 물을 마신다.

④ 당뇨병 : 신부전증 합병증이 없는 당뇨병 대상자는 물을 자주 마셔서 혈당이 올라가는 것을 막아야 한다.

02 운동

1. 운동 문제 　표준교재　 202쪽

① 심장근육이 두꺼워져 탄력성이 떨어지고, 심장근육의 수축하는 힘이 감소하여 활동할 때 쉽게 피곤해진다.

② 폐조직의 탄력성 감소, 흉곽의 경직으로 폐활량이 줄어들어 운동할 때 쉽게 숨이 찬다.

③ 관절이 뻣뻣해지고 관절이 움직이는 범위가 줄어들어 관절 움직임에 제한이 생긴다.

④ 자극에 대한 반응이 줄어들고 균형 및 조정 능력이 떨어져 잘 넘어진다.

⑤ 시력이 감퇴되어 걸려 넘어질 위험이 있어 운동을 꺼리게 된다.

⑥ 시간과 비용 낭비라는 생각, 운동에 대한 두려움, 낙상에 대한 두려움, 우울, 외로움과 같은 심리적 상태가 활동이나 운동을 방해한다.

2. 운동 관리　　표준교재　202쪽

① 현재 운동수준을 평가한다.

② 운동 금기 질환 및 투약 상황을 확인한다.

③ 즐거운 마음으로 운동을 하여 스트레스를 해소한다.

④ 시원하고 바람이 잘 통하고 땀을 흡수하는 옷을 입고 운동한다.

⑤ 낮은 수준으로 운동을 시작하여 상태를 보면서 점차 강도를 올린다.

⑥ 적어도 10분 이상 준비운동을 하여 유연성을 높이고 근육 손상을 방지한다.

⑦ 저강도 운동으로 시작하고, 근육피로, 호흡곤란, 협심증, 부정맥, 혈압 변화 등에 주의한다.

⑧ 운동의 강도, 기간, 빈도를 서서히 증가시킨다.

⑨ 안정 시의 심박동수로 돌아올 때까지 마무리 운동을 한다.

⑩ 운동하는 중간중간에 충분히 휴식한다.

⑪ 개인의 능력에 맞는 운동을 한다.

⑫ 빠르게 방향을 바꾸어야 하는 운동이나 동작은 금한다(태권도, 농구, 탁구, 배드민턴, 스쿼시, 테니스).

03 수면

1. 수면 문제　　표준교재　204쪽

① 수면 중에 자주 깸

② 수면량이 줄어듦

③ 잠들기까지 시간이 오래 걸림

④ 낮 시간 동안 졸림증이 많아짐

2. 수면 관리　　표준교재　204쪽

① 매일 아침 일정한 시간에 일어나기

② 커피 등 카페인이 함유된 음료를 줄이거나 오후에는 마시지 않기

③ 금주, 금연하기

④ 과식을 하면 숙면이 어려우므로 저녁에 과식하지 않기

⑤ 공복감으로 잠이 안 오는 경우 따뜻한 우유 마시기

⑥ 편한 잠옷 입고 자기

⑦ 침실의 온도와 소음 조절, 적합한 침구 마련 등으로 잠자리를 편안하게 하기

⑧ 취침시간이 너무 길면 오히려 불면증이 올 수 있으므로 일정한 시각에 잠자리에 들기

⑨ 늦게까지 텔레비전을 시청하는 등 지나치게 집중하는 일 하지 않기

⑩ 함께 자는 사람이 코를 골거나 수면에 방해가 될 정도로 뒤척임이 심하면 수면 문제가 해결될 때까지 다른 방 사용하기

⑪ 수면제나 진정제를 장기 복용 하지 않기

⑫ 매일 규칙적으로 적절한 운동하기

⑬ 밤잠을 설치게 되므로 낮잠 자지 않기

04 성생활

1. 성생활 문제 표준교재 205쪽

① 여성 노인

- 에스트로겐 분비 감소로 질 조직이 얇아지고 탄력성이 약해지며 분비물이 감소함
- 성교 시 불편감과 통증 증가

② 남성 노인

- 성적 자극에 반응이 늦어짐

③ 배우자 중 한 사람이나 부부 모두가 질병이 있을 때 성기능 감소가 나타남

④ 노인이 복용 중인 질병 치료제가 정상적인 성 활동을 방해할 수 있음

⑤ **당뇨병일 경우** : 발기부전을 경험할 수 있음

⑥ 관절염일 경우

- 통증이 성적 활동에 방해가 될 수 있음
- 통증을 완화하기 위한 항염증성 약물이 성적 욕구를 감소시킬 수 있음

⑦ 심장질환일 경우

- 모든 노인이 성교 시 심장마비가 오는 것은 아님
- 심장마비를 경험한 노인은 주치의와 상의해야 함

⑧ 뇌졸중일 경우

- 성생활은 뇌졸중 재발과 관련이 없으므로 뇌졸중 노인의 성생활을 막을 필요는 없음
- 체위 변화에 도움이 되는 기구로 취약점을 보완하여 성생활을 할 수 있음

⑨ 자궁적출술과 유방절제술을 했을 경우
  • 스스로 덜 여자 같다고 느끼거나 그렇게 보일까 봐 두려움을 느낌
  • 실제 성기능이 변화되는 것은 아님

⑩ 전립선 절제술은 발기하는 데 문제를 유발하지 않음

⑪ 과도한 알코올 섭취는 여성에게는 오르가슴 지연, 남성에게는 발기 지연이 나타남

⑫ 강심제, 이뇨제, 항고혈압제, 신경안정제, 항진정제 등은 남성과 여성 모두에게 성 문제를 유발할 수 있으므로 투여약물 변경 등을 통해 문제를 해결할 수 있음

⑬ 일부 항파킨슨 약물치료제는 성적 욕구를 높여주지만 성생활 수행능력까지 반드시 높여주는 것은 아님

2. 성생활 관리　표준교재 205쪽

① 노인의 성적 욕구 및 성적 표현은 기본 욕구임

② 평소에 운동을 꾸준히 하고 정기검진을 받으며 건강한 체력 유지하기

③ 여성노인은 질분비물이 줄어들므로 윤활제를 사용하는 것이 좋음

④ 성기능에 영향을 미치는 약물이 많으므로 몸에 꼭 필요한 약물만 복용하기

⑤ 약물 처방을 받을 때는 성기능에 어떤 영향을 주는지를 꼭 확인하기

⑥ 성에 대한 개념은 개인차가 있으므로 사생활을 존중해 주고 개인의 특성에 맞게 도와주기

⑦ 부부관계가 원활히 이뤄지지 않을 때 서로를 감싸주기

05 약물사용

1. 노인의 약물사용 주의사항　표준교재 207쪽

1) 노인의 약물 관련 특징

① 여러 만성질환으로 인한 과다 약물 사용

② 불편한 증상에 대한 인내심이 부족해져 약물에 의존해 질병을 치유하려는 성향이 강해짐

③ 위산 분비 감소로 약물 흡수가 줄어들며, 약물이 흡수되는 부위에 이르기까지 시간이 길어져 약물의 효과가 늦게 나타남

④ 신장으로 가는 혈류량 감소로 순환 혈류 내에 약물이 축적되어 약물중독 위험 증가

⑤ 약의 상표나 지시사항을 읽을 수 있는 능력과 지시사항을 이해하는 능력 감소, 약물에 대한 올바른 판단을 할 수 없어 약물을 부적절하게 사용할 수 있음

⑥ 투약에 대한 부적절한 지식은 노인에게 치명적인 문제를 초래할 수 있음

2) 약물사용 원칙

① 복용하는 약물 효과 알기

② 적합한 약, 정해진 양, 올바른 복용방법, 정해진 시간, 올바른 경로로 복용하는지 확인하기

③ 약물의 부작용 등이 있는지 확인하기

④ 비처방약도 복용하기 전에 의사와 상담하기

⑤ 다른 사람에게 처방된 약은 절대로 복용하지 않기

⑥ 쉽게 구입할 수 있는 비상약은 상시 구입이 가능하다는 것을 알려주기

⑦ 노인에게 자신의 신체적 문제, 주치의 약물 알레르기 반응, 현재의 복용 약물에 대한 최근 기록을 가지고 다니게 하기

⑧ 진료나 건강 상담을 받을 때마다 평소 복용 중인 약물을 적은 메모를 사전에 제시하여 적절히 처방받게 하기

2. 노인의 약물사용방법　표준교재 208쪽

① 복용하던 약을 의사 처방 없이 중단하면 안 된다.

② 처방을 무시하고 임의로 양을 조절하여 복용해서는 안 된다.

③ 약을 술과 함께 먹으면 효과가 떨어지거나 부작용이 있을 수 있다.

④ 다른 사람에게 처방된 약을 먹거나 자기 약을 남에게 주면 안 된다.

⑤ 가급적 단골 병원과 약국을 지정하여 다니는 것이 좋다.

- 다른 병원이나 약국을 방문할 경우 처방전을 보관하였다가 제시하여 약물의 효능 중복이나 부작용을 막아야 한다.

- 진료 전에 복용 중인 약물과 약물 알레르기에 대하여 반드시 알린다.

⑥ 진료 후 이전 처방약을 이어서 복용하지 않는다.

- 질병 상태에 맞추어 약을 조절했을 가능성이 높으므로 반드시 가장 최근의 처방약을 복용해야 한다.

- 이전 처방약이 많이 남은 경우 복용할 수 있는지 의사에게 확인받는다.

⑥ 약 복용시간을 준수해야 한다.

- **식후** : 위자장애를 줄이는 대부분의 약제

- **식전** : 일부당뇨약, 위장관 운동 조절제, 갑상선호르몬제

- **식사 중 또는 식사 직후** : 칼슘제, 철분제

⑦ 약이 쓰다고 다른 것과 함께 복용하면 안 된다.

⑧ 우유, 녹차, 커피 등 카페인 음료와 함께 복용하면 약의 흡수가 방해되므로 미지근한 물 한 컵과 함께 복용하는 것이 좋다.

⑨ 약을 자몽주스와 함께 복용하면 고혈압, 고지혈증의 부작용이 증가한다.

⑩ 철분제는 오렌지주스와 함께 복용하면 흡수가 잘된다.

⑪ 약 삼키는 것이 힘들다고 쪼개서 복용하면 안 된다.

- 분할선이 있는 약만 쪼개서 복용할 수 있다.
- 분할, 분쇄 불가 약제 : 장용 코팅제(약효 저하), 서방제(부작용 증가)
- 삼키기 힘든 대상자의 약이 분할, 분쇄할 수 없는 약이라면 처방을 변경해 달라고 요청해야 한다.

⑫ 약 복용을 잊어버렸다고 그 다음 복용 시간에 2배로 복용하면 안 된다.

- 약 복용을 잊었다가 생각난 즉시 복용한다.
- 다음 복용 시간에 가까워진 때는 다음 복용 시간에 복용한다.
- 절대로 2배 용량을 복용해서는 안 된다.

⑬ 건강기능식품도 의약품은 아니지만 의사, 약사와 충분히 상의한 후 복용한다.

- 건강기능식품은 복용약과 상호작용이 있으므로 복용 전에 주의 사항을 확인하고 적당량만 복용한다.
- 편의점에서 구입가능한 비상약 : 해열진통제, 감기약, 소화제, 파스

06 금연과 적정 음주

1. 금연　표준교재 210쪽

① 담배와 담배연기에는 60여 종의 발암물질과 4,000종의 유해화학물질이 포함되어 있음

② 흡연

- 폐암, 위암, 자궁경부암, 후두암, 췌장암 등 여러 암 발생의 주요 원인이 됨
- 동맥경화증, 뇌혈관질환 등 심혈관질환과 만성폐쇄성폐질환, 폐렴, 천식 등 호흡기계질환의 원인이 됨

③ 금연 후 시간 경과에 따른 신체적 변화

2분 뒤	• 혈압 수준이 좋아진다. • 맥박과 손발 체온이 정상으로 돌아온다.
8시간 뒤	• 혈중 일산화탄소와 산소량이 정상으로 회복되기 시작한다.
24시간 뒤	• 심장발작 위험이 줄어든다.
48시간 뒤	• 후각과 미각이 향상된다. • 기도 점막의 감각 끝부분이 되살아나기 시작한다.
2주~3개월	• 폐 기능의 30%가 회복된다. • 혈액순환이 좋아진다.
3개월 이상	• 정자 수가 증가하고 성기능이 향상된다.
1년 뒤	• 심장병 발병 위험이 절반으로 줄어든다.
5~10년 뒤	• 폐암으로 사망할 확률이 흡연자의 절반으로 감소한다.
10년 이상	• 기대 수명이 금연 전보다 10~15년 늘어난다.

2. 적정 음주 표준교재 211쪽

1) 음주 문제

① 현재까지 췌장염, 알코올성 간염, 간경변, 뇌졸중, 뇌출혈, 고혈압, 각종 암 등 60가지 이상의 질병이 음주와 직간접적으로 연관되어 있음

② 아세트알데히드

- 숙취를 일으키는 물질임
- 인두암, 후두암, 식도암, 간암, 대장·직장암, 여성 호르몬의 변화로 인한 유방암 등을 유발

③ 하루에 50g 정도의 알코올을 섭취하는 사람은 술을 마시지 않는 사람보다 암 발생의 위험이 2~3배 증가함

④ 음주와 흡연을 동시에 할 경우 위험은 배가 됨

2) 적정 음주

① 음주량과 음주습관을 감안하여 자신과 타인에게 해가 되지 않는 수준으로 음주하는 것

② 건강 음주, 안전 음주, 저위험 음주, 조절 음주 등과 같은 용어와 혼용되어 사용됨

③ 기준

- 남자는 하루 40g(약 소주 3잔) 미만, 여자는 하루 20g(약 소주 2잔) 미만으로 섭취하는 것을 저위험 음주라고 제시(WHO 기준)
- 암 예방을 위하여 하루 한두 잔의 소량 음주도 피하기(보건복지부 암 예방 지침)

3) 절주 방법

① 암 예방을 위해서는 한두 잔의 술도 피한다.

② 음주를 권하는 환경에 대비해 방안을 마련해 둔다.

③ 필요한 경우, 관할 보건소나 알코올 상담 전문가의 도움을 받는다.

④ 절주 환경을 조성한다.

⑤ 스트레스를 피한다.

⑥ 술자리에서의 대처 방안을 마련하고 실천한다.

⑦ 빈속에 술을 마시지 않는다.

⑧ 음주 대신 할 수 있는 일을 생각해 본다.

⑨ 음주 일지를 작성해 본다.

⑩ 과음하지 않고 술을 적당히 마시기 위한 권장사항을 지킨다.

- 술 대신 알코올이 안 들어 있는 음료 마시기
- 술을 마실 때는 알코올도수가 낮은 종류로 선택하기
- 작은 잔에 마시기
- 술을 알코올이 안 들어 있는 음료와 섞어 마시기
- 술을 마시면서 물도 함께 마시기
- 일주일에 술을 마시지 않는 날을 정하기
- 술자리에서 음식(안주)도 함께 먹기

07 예방접종

1. 예방접종   표준교재 214쪽

1) 필요성

① 만성질환자 및 면역저하자는 감염병에 걸리면 합병증 발생 위험이 높아 병원 입원 및 사망의 원인이 되기도 함

② 개인의 건강뿐만 아니라 지역사회 내 질병 부담을 감소시킬 수 있음

2) 접종 장소 및 문의

① **접종 장소** : 전국 보건소 및 지정 의료 기관

② **문의** : 관할 보건소

3) 예방접종 종류와 주기

대상 전염병	50~64세	65세 이상
파상풍 디프테리아 백일해	• 1차 기본접종 : 디프테리아, 파상풍, 백일해 • 이후 10년마다 파상풍, 디프테리아 추가 접종	
인플루엔자	매년 1회	
폐렴구균	위험군에 대해 1~2회 접종	1회
대상포진	1회	1회

4) 권장 사항

65세 이상 노인은 반드시 인플루엔자, 폐렴구균, 대상포진, 파상풍, 디프테리아 예방접종을 하도록 권장하고 있음

08 계절별 생활안전 수칙

1. 여름   표준교재 215쪽

1) 폭염에 따른 문제

① 노인은 땀샘의 감소로 땀 배출량이 적어 체온조절이나 탈수감지 능력이 떨어짐

② 만성질환을 가진 경우 무더위로 건강문제가 더 악화될 수 있음

③ 폭염특보 발령 기간(보통 6~8월)에는 사망자가 증가 → 과반수가 65세 이상 노인임

2) 폭염 대응 안전수칙

① 가급적 야외 활동이나 야외 작업 자제하기

• 한낮에는 외출이나 논밭일, 비닐하우스 작업 등을 삼간다.

• 부득이 외출할 때는 헐렁한 옷차림에 챙이 넓은 모자와 물을 휴대한다.

② 현기증, 메스꺼움, 두통, 근육 경련 등이 있을 때는 시원한 장소에서 쉬고 시원한 물이나 음료를 천천히 마시기

③ 식사는 가볍게, 물은 평소보다 자주 마시기

④ 선풍기는 환기가 잘되는 상태에서 사용하기

⑤ 커튼 등으로 햇빛 가리기

2. 겨울

① 뇌졸중과 낙상으로 인한 골절 예방이 필요

② 뇌졸중

• 우리나라 노인 사망 원인 1위 질환

• 겨울철에 뇌졸중 사망자 수가 증가하므로 주의가 필요

1) 뇌졸중 예방 안전수칙

① 고혈압 등 뇌졸중의 선행 질환 철저히 관리하기

② 실외 운동을 삼가고 실내 운동하기

③ 새벽보다는 낮에 운동하기

④ 운동 시 준비운동과 마무리운동을 평소보다 충분히 하기

⑤ 술을 많이 마신 다음 날 아침에는 가급적 외출하지 않기

⑥ 따뜻한 곳에 있다가 갑자기 찬 곳으로 나가지 말기

⑦ 따뜻한 곳에서 찬 곳으로 나갈 때는 양말과 신발, 장갑, 방한복, 방한모자, 마스크, 목도리 등을 착용해 몸을 따뜻하게 한 후 나가기

2) 골절 예방 안전수칙

① 눈이나 비가 오는 날에는 가급적 외출하지 않기

② 손을 주머니에 넣고 걷지 않기

③ 움직임이 둔한 옷은 피하고, 가볍고 따뜻한 옷입기

④ 평소에 근력강화운동 하기

03 노인의 건강증진 및 질병예방

1 영양

+ 해설

01 노인에게서 나타나는 영양문제의 특성으로 올바른 것은?

① 미각과 후각이 저하되어 음식이 싱거워진다.
② 침의 분비가 증가하여 사레에 걸릴 염려가 많다.
③ 위가 늘어지고 위 소화액도 증가되어 소화기능이 감소한다.
④ 시력저하로 유통기한을 읽기 어려워 상한 음식을 먹을 수 있다.
⑤ 청력 저하로 고독감과 외로움에 음식섭취가 많아져 비만의 문제가 있다.

02 노인의 영양문제를 관찰할 때 발견되는 특징으로 틀린 것은?

① 갈증에 대한 반응이 저하되어 탈수가 발생할 수 있다.
② 칼슘의 섭취 및 흡수의 감소로 치매가 발생할 수 있다.
③ 복용하는 약의 일부는 섭취, 대사, 배설에 영향을 줄 수 있다.
④ 치아의 문제로 음식섭취가 어려워지고 영양결핍이 생길 수 있다.
⑤ 고독, 우울 등 심리적인 이유로 식욕이 줄어 영양결핍이 생길 수 있다.

03 노인의 영양관리 방법으로 틀린 것은?

① 콩이나 유제품을 매일 섭취하도록 한다.
② 칼슘의 흡수를 돕기 위해 비타민 D를 섭취한다.
③ 1일 단백질 필요량은 체중 1kg당 3g으로 권장한다.
④ 고혈압, 심장병 등을 예방하기 위해 염분 섭취를 줄인다.
⑤ 1일 단백질 섭취량의 1/3~1/4은 동물성 단백질로 섭취하도록 한다.

01
① 미각과 후각이 저하되어 음식을 짜게 만들게 된다.
② 침의 분비가 줄어들고 음식물을 씹고 삼키는 능력이 저하된다.
③ 위가 위축되고 소화액 분비가 감소되어 소화 및 흡수 기능이 떨어진다.
⑤ 청력이 저하되어 고독감, 외로움으로 인해 음식섭취가 줄어들어 영양부족 문제가 나타날 수 있다.

표준교재 198쪽

02
② 활동 감소, 칼슘의 섭취 및 흡수의 감소로 골다공증이 발생할 수 있다.

표준교재 198~199쪽

03
③ 1일 단백질 필요량은 체중 1kg당 1g으로 권장한다.

표준교재 199쪽

정답 01 ④ 02 ② 03 ③

★ ★ ★

04 음식을 싱겁게 먹기 위한 조리법으로 적절한 것은?

① 음식은 뜨거울 때 간을 맞춘다.
② 국물은 조미료를 사용하여 맛을 낸다.
③ 간장, 고추장, 된장 등은 아예 먹지 않는다.
④ 음식에는 간을 안 하고 소금을 별도로 준비한다.
⑤ 식초, 겨자, 후추, 파, 마늘, 양파, 참깨 등을 사용한다.

04
싱겁게 먹기 위한 조리법
• 식초, 겨자, 후추, 파, 마늘, 양파, 참깨 등을 사용한다.
• 간장, 고추장, 된장 등은 평소의 2/3만 사용한다.
• 음식이 뜨거울 때 간을 맞추지 않는다. 음식이 뜨거우면 짠 맛을 제대로 느낄 수 없다.

_{표준교재} **200쪽**

05 암 발생을 예방하는 식생활로 올바르지 않은 것은?

① 여섯 가지 식품군을 골고루 섭취한다.
② 단백질이 풍부한 고기, 생선, 달걀, 콩류를 1~2종류 섭취한다.
③ 유제품류 및 과일류는 되도록 줄인다.
④ 육가공품을 통한 아질산염의 섭취를 줄인다.
⑤ 짠 음식을 덜 먹는다.

05
③ 유제품류 및 과일류는 하루 1회 이상 간식으로 섭취한다.

_{표준교재} **200쪽**

06 노인의 수분 섭취 방법에 대한 설명으로 알맞은 것은?

① 물은 마시는 방법보다 마시는 양이 중요하다.
② 녹차, 커피 등으로도 탈수를 방지할 수 있다.
③ 한 번에 500ml 이상 마시도록 한다.
④ 물 마시는 방법은 질환과 상관없다.
⑤ 합병증이 없는 당뇨병 대상자는 물을 자주 마셔서 혈당이 올라가는 것을 막아야 한다.

06
① 물은 마시는 양보다 마시는 방법이 중요하다.
② 녹차, 커피는 탈수를 유발한다.
③ 한두 모금씩 천천히 마신다.
④ 질환에 따라 물 마시는 방법을 달리해야 한다.

_{표준교재} **201쪽**

07 노인의 수분 섭취 방법과 질환에 대한 설명으로 올바른 것은?

① 심부전을 앓고 있는 노인은 물을 하루 2L 이내로 마셔야 한다.
② 심한 갑상선기능저하증을 앓고 있는 노인은 물을 많이 마셔야 한다.
③ 심부전증 환자는 갈증이 날 때만 의사가 권고한 양의 물을 마셔야 한다.
④ 호흡기질환을 갖고 있는 노인은 물을 많이 마시면 안 된다.
⑤ 간경화를 앓고 있는 경우, 간 기능이 떨어지면 수분이 각 장기에 고루 배분되지 못하므로 수분을 충분히 섭취한다.

07
① 심부전 환자는 물을 하루 1L 이내로 마셔야 한다.
② 심한 갑상선기능저하증을 앓고 있는 노인은 물을 많이 마시면 수분 배출이 잘 안 된다.
④ 호흡기질환에 걸리면 열이 오르고 호흡이 가빠져서 피부와 호흡기를 통한 수분 배출이 늘어나므로 물을 충분히 마셔야 한다.
⑤ 간 기능이 떨어지면 수분이 각 장기에 고루 배분되지 못하고 혈액에 남아 혈액 속 수분 함량이 높아지므로 수분을 제한하여야 한다.

_{표준교재} **201쪽**

정답 04 ⑤ 05 ③ 06 ⑤ 07 ③

＋ 해설

---

08 수분 섭취를 제한해야 하는 질병으로 알맞지 않은 것은?

① 간경화   ② 심부전

③ 신부전증   ④ 협심증

⑤ 부신기능저하증

08

협심증

혈액 속 수분이 부족하면 혈액 점도가 높아져서 혈액 흐름이 지장을 받는다. 이때 혈전이나 지방이 혈관 벽에 들러붙을 수 있으므로 하루에 최소 2L의 물을 마신다. **표준교재** 201쪽

---

09 수분을 충분히 마셔야 하는 질병으로 옳은 것은?

① 간경화   ② 염증성 비뇨기 질환

③ 심부전   ④ 신부전증

⑤ 심한 갑상선기능저하증

09

수분 섭취를 제한해야 하는 질병

간경화, 심부전, 신부전증, 부신기능저하능, 심한 갑상선기능저하증

수분을 충분히 마셔야 하는 질병

염증성 비뇨기 질환, 폐렴, 기관지염, 고혈압, 협심증, 당뇨병

표준교재 201쪽

---

2 운동

★★★

01 노인 대상자의 운동문제로 틀린 것은?

① 심장근육의 힘이 감소하여 쉽게 피곤해진다.

② 외로움 등의 심리적 상태가 운동을 하게 한다.

③ 일상생활에서 관절의 움직임에 제한이 생긴다.

④ 균형 및 조정 능력이 떨어져 활동이 제한된다.

⑤ 폐활량이 줄어들어 활동이나 운동 시 쉽게 숨이 찬다.

01

② 우울, 외로움 등의 심리적 상태가 활동이나 운동을 방해한다.

표준교재 202쪽

---

02 노인 대상자가 하기 적절한 운동으로 알맞은 것은?

① 테니스   ② 배드민턴

③ 태권도   ④ 게이트볼

⑤ 스쿼시

02

빠르게 방향을 바꾸어야 하는 운동이나 동작은 금하는 것이 좋다.(예 : 태권도,농구, 탁구, 배드민턴, 스쿼시, 테니스)

표준교재 203쪽

---

03 노인 대상자의 운동을 관리하고자 할 때의 사항으로 맞는 것은?

① 빠르게 방향을 바꾸어야 하는 운동을 권유한다.

② 준비운동은 생략해도 된다.

③ 운동 금기 질환 및 투약상황을 확인한다.

④ 최대 심박동수의 60~70% 수준으로 운동을 시작한다.

⑤ 고 강도 운동으로 근육피로, 혈압의 변화 등을 주의하면서 실시한다.

03

① 빠르게 방향을 바꾸어야 하는 운동은 금한다.

② 적어도 10분이상 준비운동을 하여 유연성을 높이고 근육 손상을 방지한다.

④, ⑤ 저강도 운동으로 시작한다.

표준교재 202~203쪽

정답 08 ④ 09 ② 01 ② 02 ④ 03 ③

3 수면

★★★

01 노인 대상자에게 나타나는 수면 문제로 맞지 않는 것은?

① 수면 양이 줄어든다.
② 기상시간이 일정하다.
③ 수면 중에 자주 깬다.
④ 잠들 때까지 오래 걸린다.
⑤ 낮 시간 동안 졸림증이 많아진다.

02 노인 대상자의 수면을 관리할 때의 사항으로 틀린 것은?

① 일정한 시각에 잠자리에 들게 한다.
② 낮잠을 자면 밤잠을 설치게 되므로 금한다.
③ 공복감으로 잠이 안 오는 경우 따뜻한 우유 등을 마신다.
④ 커피 등 카페인이 함유된 음료를 줄이거나 오후에는 금한다.
⑤ 저녁에 배가 고프면 숙면을 취하기가 어려우므로 음식을 많이 드시게 한다.

4 성생활

01 노인의 성 문제에 해당하지 않는 것은?

① 여성 노인은 호르몬과 관련된 변화를 경험한다.
② 과도한 알콜섭취는 성생활의 장애를 만든다.
③ 복용 중인 약들로 인해 성생활이 방해받는다.
④ 유방 및 전립선 절제는 성생활에 지장을 준다.
⑤ 성적 욕구 및 성적표현은 기본욕구의 하나이다.

02 노인의 질병과 성 문제에 대한 설명으로 옳지 않은 것은?

① 강심제는 남성에게만 성 문제를 유발할 수 있다.
② 관절염 대상자의 통증은 성적 활동에 방해가 된다
③ 당뇨병 노인은 발기부전을 경험할 수 있다.
④ 자궁적출술과 유방절제술은 실제 성기능에 변화를 주지 않는다.
⑤ 성생활은 뇌졸중 재발과 관련이 없으므로 뇌졸중 노인의 성생활을 막을 필요는 없다.

 해설

01
노인의 수면 문제
• 수면 중에 자주 깬다.
• 수면 양이 줄어든다.
• 잠들 때까지 오래 걸린다.
• 낮 시간 동안 졸림증이 많아진다.

표준교재 **204쪽**

02
⑤ 저녁에 과식을 하면 숙면을 취하기 어려우므로 과식하지 않는다.

표준교재 **204쪽**

01
• 자궁적출 또는 유방절제는 성기능을 변화시키지 않는다. 다만 스스로 덜 여자같다고 느끼거나 그렇게 보여질까 두려움을 느끼는 여성은 상담이 필요하다.
• 전립선 절제술은 발기하는 데 문제를 유발하지 않는다.

표준교재 **205~206쪽**

02
강심제, 이뇨제, 항고혈압제, 신경안정제, 항진정제 등은 남성과 여성 모두에게 성 문제를 유발할 수 있다.

표준교재 **205쪽**

정답 01 ② 02 ⑤ 01 ④ 02 ①

5 약물사용

01 노인의 약물문제로 옳지 않은 것은?

① 약물의 효과가 나타나는 시간이 지연된다.
② 노인들은 급성질환으로 다양한 약물을 요구한다.
③ 약물에 의존해 질병을 치유하려는 성향이 강해진다.
④ 신장으로 가는 혈류량 감소로 약물중독의 위험을 증가시킨다.
⑤ 투약에 대한 부적절한 지식으로 치명적 문제를 일으킬 수 있다.

01
노인들은 다양한 만성질환으로 고통받는 경우가 많아 젊은 사람에 비해 다양한 약물을 요구한다.

표준교재 207쪽

02 대상자에게 약물을 복용케 할 때 지켜야 하는 원칙은?

① 올바른 병원
② 올바른 약국
③ 올바른 의사
④ 올바른 시간
⑤ 올바른 약사

02
올바른 약, 올바른 양, 올바른 복용형태, 올바른 시간, 올바른 경로로 복용하는지 확인한다.

표준교재 207쪽

03 편의점에서 구입할 수 없는 비상약은?

① 해열진통제
② 감기약
③ 소화제
④ 지사제
⑤ 파스

03
편의점에서 구입 가능한 비상약
해열진통제, 감기약, 소화제, 파스

표준교재 208쪽

04 노인의 약물 복용 방법으로 올바른 것은?

① 약 삼키는 것이 힘들어 쪼개서 복용하였다.
② 약 복용 시간을 잊어버려 다음 복용 시간에 2배로 복용하였다.
③ 고혈압 약을 자몽주스와 함께 복용하였다.
④ 진료 후 이전 처방약이 남아있어 이어서 복용하였다.
⑤ 미지근한 물로 약을 복용하였다.

04
① 분할선이 있는 약만 쪼개서 복용할 수 있다.
② 약 복용 시간을 잊어버린 경우 생각난 즉시 복용하거나 다음 복용 시간이 가까워진 때는 다음 복용 시간에 복용한다. 절대 2배로 복용해서는 안 된다.
③ 고혈압 약을 자몽주스와 함께 복용하면 부작용이 증가한다.
④ 질병 상태에 맞추어 약을 조절했을 가능성이 높으므로 반드시 최근의 처방약을 복용해야 한다.

표준교재 208~209쪽

정답 01② 02④ 03④ 04⑤

6 금연과 적정 음주

01 금연 후 시간 경과에 따른 신체적 변화로 옳은 것은?

① 금연 1주 경과 시 폐 기능의 30%가 회복된다.
② 금연 48시간 뒤 혈중 일산화탄소와 산소량이 정상으로 회복되기 시작한다.
③ 금연 5~10년 뒤 폐암으로 사망할 확률이 흡연자의 1/4로 감소한다.
④ 금연 2분 뒤 혈압 수준이 좋아지고 맥박과 손발 체온이 정상으로 돌아온다.
⑤ 금연 10분 뒤 심장발작 위험이 줄어든다.

01
① 금연 2주~3개월 경과 시 폐 기능의 30%가 회복된다.
② 금연 8시간 뒤 혈중 일산화탄소와 산소량이 정상으로 회복되기 시작한다.
③ 금연 5~10년 뒤 폐암으로 사망할 확률이 흡연자의 절반으로 감소한다.
⑤ 금연 24시간 뒤 심장발작 위험이 줄어든다.
표준교재 211쪽

02 노인의 음주 문제에 대한 설명으로 옳은 것은?

① 음주가 질병의 직접적인 원인이 되지는 않는다.
② 하루 50g 정도의 알코올을 섭취하면 그렇지 않은 사람보다 암 발생 위험이 2~3배 높다.
③ 음주와 흡연을 동시에 하더라도 위험률은 높아지지 않는다.
④ 아세트알데히드는 뇌혈관질환을 유발한다.
⑤ 주로 노인여성에게 음주 문제가 빈번하게 일어난다.

02
① 60가지 이상의 질병이 음주와 직간접적으로 연관되어 있다.
③ 음주와 흡연을 동시에 할 경우 위험은 배가 된다.
④ 아세트알데히드는 인두암, 후두암, 식도암, 간암, 대장·직장암, 여성 호르몬의 변화로 인한 유방암 등을 유발한다.
⑤ 남자든 여자든 노인에게 음주 문제가 빈번하게 일어난다.
표준교재 211~212쪽

03 음주량과 음주습관을 감안하여 자신과 타인에게 해가 되지 않는 수준으로 음주하는 것을 일컫는 말이 아닌 것은?

① 적정 음주　　　　② 안전 음주
③ 저위험 음주　　　④ 과다 음주
⑤ 조절 음주

03
표준교재 212쪽

04 노인의 음주 문제에 대한 해결 방안으로 옳은 것은?

① 보건복지부는 암 예방 지침을 최근에 '술은 하루 2잔 이내로만 마시기'로 변경하였다.
② WHO에서 제시한 저위험 음주 기준은 남자의 경우 약 소주 5잔 미만이다.
③ 절주를 위해 집 안에 술은 조금만 구비한다.
④ WHO에서 제시한 저위험 음주 기준은 여자의 경우 약 소주 2잔 미만이다.
⑤ 과음하지 않고 술을 적당히 마시기 위해서는 알코올도수가 높은 종류로 조금만 마시는 것이 좋다.

04
① 보건복지부는 암 예방 지침을 최근에 '하루 한두 잔의 소량 음주도 피하기'로 변경하였다.
② WHO에서 남자는 약 소주 3잔 미만으로 섭취하는 것을 저위험 음주로 제시하였다.
③ 절주를 위해 집 안에 술은 두지 않는다.
⑤ 과음하지 않고 술을 적당히 마시기 위해서는 알코올도수가 낮은 종류를 선택한다.
표준교재 212쪽

정답 01 ④　02 ②　03 ④　04 ④

+ 해설

7 예방접종

01 노인의 예방접종에 대한 내용으로 틀린 것은?

① 인플루엔자 매년 1회 접종
② 폐렴구균은 60세, 대상포진은 65세 이상 접종
③ 폐렴구균 감염의 위험이 높은 경우 접종 가능
④ 보건소에서도 접종할 수 있다.
⑤ 감염병에 걸리면 합병증 발생위험도 올라간다.

01
노인의 예방접종
• 인플루엔자 : 모든 성인(매년 1회 접종)
• 파상풍 : 모든 성인(매 10년마다 접종)
• 폐렴구균 : 65세 이상 성인
• 대상포진 : 60세 이상 성인

표준교재 214쪽

02 65세 이상 노인이 반드시 접종하도록 권장하고 있는 예방접종이 아닌 것은?

① 대상포진   ② 디프테리아
③ 파상풍   ④ B형 간염
⑤ 백일해

02

표준교재 214쪽

03 노인의 건강증진을 위한 예방 접종 중 매년 1회 실시하는 예방 접종은?

① 인플루엔자   ② 폐렴구균
③ 백일해   ④ 디프테리아
⑤ 대상포진

03

표준교재 214쪽

04 파상풍과 디프테리아 접종 후, 다음 추가 접종 시기로 옳은 것은?

① 1년 후   ② 3년 후
③ 5년 후   ④ 7년 후
⑤ 10년 후

04

표준교재 214쪽

정답 01 ② 02 ④ 03 ① 04 ⑤

8 계절별 생활안전 수칙

01 여름의 폭염과 관련한 사항으로 틀린 것은?

① 한낮에는 외출이나 논밭 일을 삼간다.
② 외출 시 헐렁한 옷차림을 하고 넓은 모자를 쓴다.
③ 식사는 가볍게 하고 물은 평소보다 자주 마시도록 한다.
④ 선풍기는 막힌 장소에서 사용하고 커튼 등으로 햇빛을 가린다.
⑤ 땀샘의 감소로 땀 배출량이 적어 체온조절이나 탈수감지 능력이 저하된다.

01
④ 선풍기는 환기가 잘되는 상태에서 사용하고 커튼 등으로 햇빛을 가리도록 한다.

표준교재 **215쪽**

02 노인의 안전한 겨울나기를 위한 것으로 옳지 않은 것은?

① 실외운동은 삼가고 실내 운동으로 바꾼다.
② 운동시간은 새벽보다는 낮 시간을 이용한다.
③ 술을 소량 마시고 외출하는 것이 도움이 된다.
④ 기온이 급강하일 때는 뇌졸중과 낙상을 조심해야 한다.
⑤ 따뜻한 곳에 있다가 갑자기 찬 곳에 나가지 말아야 한다.

02
③ 술을 마신 다음 날 아침에는 가급적 외출을 삼간다.

표준교재 **216쪽**

03 노인을 위한 겨울철 골절예방을 위한 안전수칙으로 틀린 것은?

① 되도록 무게감이 있는 옷을 입는다.
② 움직임이 둔한 옷은 피하도록 한다.
③ 손을 주머니에 넣고 걷지 않도록 한다.
④ 평소에 근력강화운동을 한다.
⑤ 눈이나 비오는 날에는 가급적 외출을 삼가도록 한다.

03
① 옷은 가볍고 따뜻하게 입는다.

표준교재 **216쪽**

정답 **01** ④ **02** ③ **03** ①

memo

3

요양보호각론

01 신체활동 지원

01 대상자 중심 요양보호

1. 대상자를 대하는 원칙 　표준교재　 218쪽

① 무엇이든 강제로 하지 않는다.

> **좋지 않은 예**
>
> - "아침식사는 8시예요. 일어나서 식사를 하셔야 설거지하고 점심식사 준비하지요. 어서 일어나세요"
> - "화장실 가려면 어르신도 요양보호사인 저도 고생하니까 그냥 간이변기에 하세요. 다들 여기다 해요. 이제 습관을 들여야지요."
> - "어르신! 걸으려면 힘들고, 넘어지면 큰일 나니까 그냥 휠체어 타세요. 내가 밀어드릴게요. 편하게 다녀오면 좋지." 이렇게 휠체어만 태우고 걷지 못하게 하면 수 주일 내에 한 발자국도 못 걷게 될 것이다.
> - "지금 목욕 안 하면 다음 주까지 기다려야 해요. 냄새나니까 얼른 지금하세요." 하면서 옷을 벗기기 시작한다.

② 수면을 방해하지 않는다.

③ 억제대는 하지 않는다.

> **억제대의 피해**
>
> - 자세변환이 힘들어 욕창이 잘 생긴다.
> - 심장 기능이 저하된다.
> - 관절이 굳는다.
> - 근육을 움직이지 않아 근력이 떨어진다.
> - 인지 기능이 저하된다.
> - 골다공증이 생기거나 악화된다.

④ 겨드랑이를 잡아 올리지 않는다.

노인은 어깨 주변 근육과 인대가 약해서 겨드랑이를 잡아 올리면 어깨 관절이 탈구될 위험이 있기 때문이다.

2. 대상자 대면하기   표준교재 220쪽

1) 대면하기

① 상대방과 가까운 거리의 정면에서 같은 눈높이로 최소 1초 이상 눈을 맞추며 상대를 본다.

② 눈을 맞추고 나서 2초 이내에 인사하거나 말을 건넨다.

③ 대상자가 벽 쪽으로 돌아누워 시선을 피하면 침대와 벽 사이에 틈을 만들어서라도 눈을 맞추며 "제 눈을 봐주세요"라고 요청한다.

2) 대상자에게 말하기

① 대상자가 졸고 있거나 아직 잠에서 덜 깨었을 때는 침대판을 두드리고, 대답이 없으면 약 3초간 잠시 기다렸다가 다시 한 번 두드려 대상자를 깨운 뒤 말을 시작한다.

② 아무 말도 안 하는 대상자에게도 말을 건다.

③ 항상 긍정형 문장으로 이야기한다.

④ 무언가 이야기를 한 후 최소 3초 이상 기다려 줘야 한다.

⑤ 봐야 할 것을 눈높이에서 보여주며 말을 한다.

3) 대상자 만지기

① 상냥하게 웃으며, 천천히, 쓰다듬듯이, 감싸듯하여 대상자의 피부와 넓은 면적이 닿게 만져야 한다.

② 붙잡지 않고 천천히 밑에서부터 받쳐 살짝 힘을 주는 것이 좋다.

③ 손끝이 아니라 손바닥 전체를 이용해 접촉해야 한다.

④ 인지를 자극하기 위해서는 손이나 얼굴을 만지는 것이 효과적이다. 단, 놀랄 수 있으므로 주의가 필요하다.

4) 대상자를 일어서게 하기

① '일어서기'의 장점

- 골격근의 근력 유지에 좋다.
- 뼈와 관절에 힘을 가해 골다공증에 도움이 된다.
- 순환기를 자극하여 혈액 순환에 도움이 된다.
- 호흡기를 자극하여 폐활량에 도움이 된다.

5) 요양보호사 활동

① 최소 하루 20분 정도는 일부러라도 서있거나 일어서서 걷도록 도와야 한다.

② 걸을 수 있는 대상자를 낙상 위험이 있다는 이유로 휠체어에 태워서는 안 된다.

③ 잠깐이라도 서 있는 시간이 대상자에게 중요한 시간임을 알아야 한다.

④ 느리더라도 부축하지 말고 가급적 혼자 움직이게 해야 한다.

⑤ 손이 닿을 수 있는 만큼만 떨어져서 대상자가 혼자 하는 것을 지켜보며 기다리는 것이 좋다.

⑥ 서서 움직이고, 스스로 활동하는 동안 기분 좋은 이야기를 하며 격려한다.

02 식사 및 영양 관리

1. 섭취 요양보호의 일반적 원칙　표준교재 223쪽

① 식사 전·중·후 모든 과정에서 대상자에 대한 주의를 소홀히 하지 않는다. 사레, 구토, 청색증 등 이상이 나타나는지 주의 깊게 관찰하고 대처한다.

② 대상자가 스스로 할 수 있는 것들은 최대한 스스로 하게 한다.

③ 대상자가 좋아하는 음식과 식습관을 파악한다.

④ 대상자의 식사 시간, 섭취한 음식의 종류와 양을 24시간 동안 기록하게 한다.

→ 대상자의 식사문제뿐 아니라 건강문제와 사회경제적 문제를 파악하는 데도 도움이 된다.

2. 식이의 종류　표준교재 224쪽

일반식	치아에 문제가 없고 소화를 잘 시킬 수 있는 대상자에게 제공	
잘게 썬 음식	치아가 적어 씹기 어렵지만, 삼키는 데 문제가 없는 대상자에게 치아 상태에 따라 잘게 썰어 제공	
갈아서 만든 음식	아주 잘게 썰어도 삼키기 힘든 대상자에게 음식의 원래 모양을 알아볼 수 없을 정도로 갈아서 제공	
유동식	경구 유동식	• 입으로 먹는 미음 형태의 액체형 음식 • 대상자가 음식 맛을 느낄 수 있으므로 대상자의 입맛에 맞게 준비하고 너무 차거나 뜨겁지 않게 한다.
	경관 유동식	• 대상자가 연하 능력이 없고 의식장애가 있을 때 비위관을 통하여 경관 유동식을 제공한다. • 긴 관을 코에서 위로 넣어서 제공하는 액체형 음식

3. 식사 자세　표준교재 226쪽

1) 올바른 식사 자세

① 식탁 높이는 대상자가 의자에 앉았을 때 식탁의 윗부분이 대상자의 배꼽 높이에 와야 한다.

② 의자에 앉을 때는 안쪽 깊숙이 앉게 한다.

③ 의자 높이는 발바닥이 바닥에 닿을 수 있는 정도이어야 안전하다.

④ 팔받침, 등받이가 있는 의자는 안전하고 좌우균형을 잡는 데 도움이 된다.

⑤ 의자에 깊숙이 앉고 식탁에 팔꿈치를 올릴 수 있도록 의자를 충분히 당겨준다.

⑥ 휠체어를 식탁 가까이 붙이고 팔을 올렸을 때 편안한 자세를 취하게 해준다.

2) 침대에 걸터앉은 자세

① 발이 바닥에 완전히 닿아야 안전하다. 발이 바닥에 닿지 않으면 받침대를 받쳐 준다.

② 넘어지지 않도록 왼쪽이나 오른쪽 또는 앞뒤에 쿠션을 대준다.

3) 침대머리를 올린 자세

① 침대에서 일어나거나 앉을 수 없는 경우에는 침대를 약 30~60° 높인다.

② 머리를 앞으로 약간 숙이고 턱을 당기면 음식을 삼키기가 쉬워진다.

4) 편마비 대상자 식사 자세

① 식사 시 편마비 대상자의 건강한 쪽이 밑으로 하여 약간 옆으로 누운 자세를 취한다.

② 건강한 쪽이 밑으로 가야 안정감이 있고 지지가 된다.

③ 마비된 쪽을 베개나 쿠션으로 지지하고 안정된 자세를 취하게 한 후 음식을 제공한다.

4. 식사 돕기　표준교재 228쪽

① 대상자가 편안히 식사하도록 도와야 한다. 식사 전에 대상자가 균형 잡힌 식사를 하고 있는지, 적절한 양의 식사를 하고 있는지, 불편한 점이 있는지 살핀다.

② 식사 전에 몸을 움직이거나 잠시 밖에 나가서 맑은 공기를 마시면 기분이 좋아지고 식욕이 증진된다.

③ 입맛이 없는 경우에는 다양한 음식을 조금씩 준비하여 반찬의 색깔을 보기 좋게 담아내 식욕을 돋운다.

④ 노인요양시설에 입소한 대상자의 경우 요양보호사는 적절한 양을 섭취하도록 도와야 한다.

⑤ 재가요양보호 대상자는 음식 준비부터 섭취까지 모든 과정을 돕는다.

⑥ 대상자의 씹고 삼키는 능력을 고려하여 일반식, 잘게 썬 음식, 갈아서 만든 음식, 유동식 등의 식사를 준비한다.

⑦ 식사할 때 대상자가 사레들리거나 숨 쉬기가 어려울 경우에는 식사를 중단하고 즉시 시설장이나 관리책임자에게 알려야 한다.

⑧ 대상자가 식사 도중 사레에 들리지 않도록 예방해야 한다.

- 가능하면 앉아서 상체를 약간 앞으로 숙이고 턱을 당기는 자세로 식사한다.
- 의자에 앉을 수 없는 대상자는 몸의 윗부분을 높게 해 주고 턱을 당긴 자세를 취하게 한다.
- 배 부위와 가슴을 압박하지 않는 옷을 입힌다.
- 음식을 삼키기 쉽게 국이나 물, 차 등으로 먼저 목을 축이고 음식을 먹게 한다.
- 대상자가 충분히 삼킬 수 있을 정도의 적은 양을 입에 넣어준다.
- 완전히 삼켰는지 확인한 다음에 음식을 입에 넣어 준다.
- 음식을 먹고 있는 도중에는 대상자에게 질문을 하지 않는다.
- 수분이 적은 음식은 삼키기 어렵고 신맛이 강한 음식은 침을 많이 나오게 하여 사레들릴 수 있으니 주의한다.

⑨ 대상자가 천식이나 폐에 질병이 있는 경우에는 평소에도 숨쉬기 힘들므로 음식을 줄 때 더욱 주의해야 한다.

⑩ 시력이 저하된 대상자에게는 스스로 식사할 수 있도록 음식을 시계 방향으로 둔다.

⑪ 음식물을 삼키기 쉽게 식사 전에 물을 한 모금 마시게 한다. 식사하기 전에 음식의 온도를 확인한다.

⑫ 음식물을 다 삼킨 것을 확인한 후에 음식물을 다시 넣어준다.

⑬ 얼굴에 마비가 있는 대상자는 입에 남아 있는 음식은 삼키든지 뱉을 수 있게 도와준다.

⑭ 가능하다면 식사 후 30분 정도 앉아 있게 한다.

> **대상자가 스스로 식사할 수 있는 경우**
>
> - 식사하는 동안 사레, 질식, 불편한 점 등이 발생하지 않도록 관찰해야 한다.
> - 대상자가 음식을 먹을 때 한입에 너무 많이 넣는지 살펴본다.
> - 너무 빨리 먹거나 조급하게 먹는지 살펴보고 천천히 식사하도록 지지한다.
> - 편식하는 대상자는 반찬을 골고루 먹도록 격려한다.
> - 식사 중 옆에서 지켜보고 있다가 도와준다.

5. 경관영양 돕기 　표준교재 231쪽

1) 경관영양을 하는 경우

① 대상자가 의식이 없거나 혼수에 빠진 경우

② 얼굴, 목, 머리 부위에 음식을 먹기 힘들 정도로 부상(손상)이 있거나 수술했을 때 또는 마비가 있을 때

③ 삼키기 힘들 때

2) 기본 원칙

① 대상자가 의식이 없어도 식사 시작과 끝을 알린다. 청각기능이 남아 있어 들을 수 있기 때문이다.

② 판매되는 영양액을 사용하는 경우에는 유효기간 이내의 것만 사용한다.

③ 영양주머니는 매번 깨끗이 씻어서 말린 후 사용한다.

④ 대상자가 무의식적으로 빼려고 할 때 빠지지 않도록 비위관을 반창고 등으로 잘 고정한다.

⑤ 비위관이 새거나 영양액이 역류하는지 살펴본다. 새거나 역류하면 간호사에게 연락해야 한다. 임의로 비위관을 밀어 넣거나 빼면 안 된다.

⑥ 관이 막히지 않도록 해야 하며 위관영양액은 체온 정도의 온도로 데워 준비한다. 차가운 영양액이 주입되면 통증을 유발한다.

⑦ 너무 진한 농도의 영양을 주입하거나 너무 빠르게 주입하면, 설사나 탈수를 유발할 수 있다. 너무 천천히 주입하는 경우 음식이 상할 수 있으므로 주의해야 한다. 1분에 50mL 이상 주입하

지 않는다.

⑧ 경관영양을 하는 대상자는 입안 건조와 갈증을 예방하기 위해 입안을 자주 청결히 하고, 입술 보호제를 발라준다.

⑨ 콧속에 분비물이 축적되기 쉬우므로 비위관 주변을 청결히 하고 윤활제를 바른다.

⑩ 대상자에게 식사시간임을 알리고 앉게 하거나 침상머리를 올린다. 만약 일어나지 못하면 오른 쪽으로 눕힌다. 오른쪽으로 누우면 기도로 역류할 가능성이 줄고 중력에 의해 영양액이 잘 흘 러내려 간다.

⑪ 영양액이 중력에 의해 흘러 내려와 위장으로 들어가도록 위장보다 높은 위치에 건다.

03 투약 돕기

1. 기본원칙 표준교재 233쪽

① 정확한 약물, 정확한 대상자에게, 정확한 용량, 정확한 경로, 정확한 시간에 투약되도록 돕는다.

② 투약 후 평소와는 다른 이상반응이 나타나는지 관찰한다.

2. 돕는 방법 표준교재 233쪽

1) 공통사항

① 되도록 약국에서 가져온 상태로 투약되도록 돕는다.

② 대상자의 신체 상태로 인해 약을 삼키지 못할 경우 요양보호사가 임의로 약을 갈거나 쪼개서는 안 된다.

③ 유효기간이 지났거나 확실하지 않은 약은 절대 사용하지 않는다.

④ 처방된 이외의 약을 섞어 주지 않는다.

⑤ 잘못 복용했을 경우 시설장이나 관리책임자에게 보고한다.

⑥ 금식인 경우에도 혈압약 등 매일 투약해야 하는 약물은 반드시 투약해야 한다.

⑦ 약물을 만지기 전에는 반드시 비누로 손을 깨끗하게 씻는다.

2) 경구약 복용 시 주의점

(1) 가루약

① 숟가락을 사용하여 약간의 물에 녹인 후 투약한다.

② 숟가락에 이물질이나 물기가 있으면 변하기 쉬우므로 물기가 없는 숟가락을 사용한다.

③ 주사기에 바늘을 제거한 후 녹인 가루약을 흡인하여 입안으로 조금씩 주입한다.

(2) 알약

① 약병에서 약 뚜껑으로 옮긴 후에 손으로 옮긴다

② 손으로 만진 약은 약병에 다시 넣지 않는다.

③ 알약의 개수가 많은 경우에는 2~3번으로 나누어 투약한다.

④ 약을 삼키기 쉽게 해주고 위장관에서의 흡수가 잘되도록 충분히 물을 준다.

(3) 물약

① 약병 뚜껑을 열 때, 병뚜껑 안쪽이 위를 향하도록 놓고, 병 안쪽에 손이 닿지 않도록 해야 한다. 세균이 들어갈 수 있기 때문이다.

② 약을 따르기 전에 약물을 흔들어 섞고, 색이 변하거나 혼탁한 약물은 버린다.

③ 라벨이 젖지 않도록 용액병의 라벨이 붙은 쪽을 잡고, 라벨의 반대쪽 방향으로 용액을 따른다.

④ 병뚜껑을 닫기 전에 입구를 깨끗이 닦는다.

⑤ 약의 용량이 적을 때는 바늘을 제거한 주사기(무침 주사기)를 이용하여 정확한 양을 복용하게 한다.

⑥ 약용기째 빨아 먹으면 침이 약에 섞여 들어가 변질될 수 있으므로 반드시 깨끗한 플라스틱 계량컵이나 스푼에 덜어 먹여야 한다.

⑦ 꺼낸 시럽을 다시 병에 넣으면, 약이 변질되는 원인이 되므로 잘못 따른 약은 버려야 한다.

3) 안약 투여

(1) 안약 투여 시 주의 사항

① 멸균수나 생리식염수에 적신 멸균솜으로 눈 안쪽에서 바깥쪽으로 닦아준다

② 안약 투여 위치 : 아랫눈꺼풀(하안검)을 아래로 부드럽게 당겨서 결막낭을 노출하여 아랫눈꺼풀(하안검)의 중앙이나 외측으로 1~2cm 높이에서 안약용액을 투여한다.

③ 안약 투여 시 아랫눈꺼풀(하안검) 밑부분에 멸균솜이나 거즈를 댄다.

④ 점적이 끝난 후 비루관을 잠시 가볍게 눌러 안약이 코 안으로 흘러 내려가는 것을 막아준다.

⑤ 대상자의 한쪽 눈에만 감염이 있을 시 반대편 눈에 전염되지 않도록 멸균수나 생리식염수에 적신 멸균솜으로 눈의 안쪽에서 바깥쪽으로 닦아 준다.

⑥ 각막에 직접 점안하는 것보다 결막에 점안하면 점적기가 눈에 닿아서 오염되거나 눈을 다치게 할 위험이 줄어들어 각막이 보호된다.

(2) 안연고 투여 시 주의 사항

① 안연고를 사용할 때는 처음 나오는 것은 거즈로 닦아 버린다. 외부 공기에 오염되었을 수 있기 때문이다.

② 안연고 투여 위치 : 아랫눈꺼풀(하안검)을 잡아당겨 아래 결막낭 위에 튜브를 놓고 안쪽에서 바깥쪽으로 안연고를 2cm 정도 짜 넣는다.

③ 튜브를 멸균수나 생리식염수에 적신 멸균 솜으로 닦고 뚜껑을 닫는다.

④ 눈꺼풀 밖으로 나온 연고는 멸균 생리식염수에 적신 멸균 솜으로 닦아낸다.

4) 귀약 투여

① 귀약이 너무 차거나 뜨거우면 내이를 자극하여 오심, 구토, 어지러움을 일으킬 수 있다.

② 손으로 약병을 따뜻하게 하거나 약병을 잠깐 온수에 담근다.

③ 귀약 투여 후 대처

- 귀 입구를 잠깐 부드럽게 눌러주고 약 5분간 누워있도록 한다.
- 약물이 귀 안쪽으로 잘 들어가게 하도록 대상자의 귀 윗부분을 잡고 뒤쪽(후상방)으로 잡아당 겨야 한다.

④ 입구를 생리식염수 솜으로 잘 닦아 상온의 그늘진 곳에서 보관한다.

5) 주사주입 돕기

① 주사주입은 의료인의 고유 영역이므로 요양보호사는 주사주입을 하지 않는다.

② 의복을 갈아입거나 대상자가 이동할 때 수액세트가 당겨지거나 주사바늘이 빠지지 않도록 조심한다.

③ 수액 병은 항상 대상자의 심장보다 높게 유지한다.

④ 정맥주입 속도가 일정하게 유지되는지 수시로 확인한다.

⑤ 주사 부위가 붉게 되거나, 붓거나, 통증이 있는 경우 조절기를 잠근 후, 즉시 시설장이나 관리 책임자에게 보고한다.

⑥ 간호사가 바늘을 제거한 후에는 1~2분간 알코올 솜으로 지그시 누르고, 절대 비비지 않는다. 비비면 피멍이 든다.

6) 약 보관

① 유효기간이 지난 약물은 폐기한다.

② 치매 대상자의 약은 안전한 곳에 보관하고 가능하면 약상자에 잠금장치를 한다.

04 배설 돕기

1. 일반적 원칙   표준교재 240쪽

① 배설물을 치울 때 표정을 찡그리지 말고 대상자가 최대한 편안하게 배설하도록 배려해야 한다.

② 배설할 때는 배설하는 모습이 보이지 않게 가려 주어 프라이버시를 배려한다.

③ 배설물은 오래 두지 말고 바로 깨끗이 치운다. 대변이나 소변이 묻어 피부가 헐 수 있으므로 피부 상태도 살펴본다.

④ 대상자가 변의를 느낄 때 즉시 배설할 수 있게 돕는다. 대상자가 변의를 말로 표현하지 못하더라 도 대상자의 의도를 파악하여 배설할 수 있게 도와준다.

⑤ 대상자가 할 수 있는 부분은 스스로 하게 하는 것이 대상자의 자존감을 높여주고 자립심을 키워 줄 수 있다.

⑥ 항문은 앞에서 뒤로 닦아야 요로계 감염을 예방할 수 있다.

⑦ 대상자의 요구를 최대한 반영하고 존중한다.

- 배설 전 : 요의나 변의 유무, 하복부 팽만, 이전 배설과의 간격, 배설 억제
- 배설 중 : 통증, 불편함, 불안 정도, 배변 어려움, 배뇨 어려움
- 배설 후 : 색깔, 혼탁 여부, 배설 시간, 잔뇨감, 잔변감, 배설량

2. 화장실 이용 돕기 　표준교재　 240쪽

1) 기본원칙

① 대상자가 화장실에 가다가 주저앉거나 넘어지면 낙상이 발생할 수 있으므로 항상 대상자를 관찰하고, 손을 뻗으면 닿을 수 있는 위치에 있다가 필요하면 즉각 개입한다.

② 낙상 예방을 위한 환경을 조성한다.

- 화장실까지 가는 길에 불필요한 물건이나 발에 걸려 넘어질 우려가 있는 물건을 치워 넘어지지 않게 한다.
- 화장실은 밝고 바닥에 물기가 없게 하여 미끄러지지 않게 해야 한다.
- 밤에는 어두워 화장실을 찾기 어려우므로 화장실 표시등을 켜두어 잘 찾을 수 있게 한다.
- 변기 옆에 손잡이를 설치하여 필요 시 노인이 잡을 수 있게 한다.
- 응급상황을 알릴 수 있는 응급벨을 설치한다.

③ 휠체어를 사용하는 대상자 요양보호 시 주의 사항

- 휠체어에서 내릴 때, 휠체어에 앉아 있을 때 반드시 휠체어 잠금장치를 걸어 둔다.
- 휠체어 이동 중 바퀴나 팔걸이에 옷 등이 끼이거나 걸리지 않도록 주의한다.
- 편마비대상자의 경우
  - 건강한 쪽에 휠체어를 두고, 침대 난간에 빈틈없이 붙이거나, 30~45° 비스듬히 붙인다.

④ 요양보호사는 대상자에게 의향을 물어 옆에 있을지 나가 있을지를 확인한다. 요양보호사가 밖에서 기다려주기를 원한다면 대상자 옆에 호출기를 두고 도움이 필요할 시 요청하도록 알린다.

⑤ 배설물이 이상한 경우 시설장이나 간호사에게 보고한다.

⑥ 대상자를 갑자기 침대에서 일으키면 혈압이 떨어지고 어지러울 수 있다. 대상자의 안전을 위해 잠시 침대에 앉아 있게 한다.

⑦ 화장실까지 거리가 얼마 되지 않는다 하여 휠체어에 제대로 앉지 않고 걸터앉으면 미끄러져 넘어질 수 있으므로 매우 위험하다.

⑧ 화장실 밖에서 기다릴 때 요양보호사는 중간중간 대상자에게 말을 걸어 상태를 살핀다.

4. 침상 배설 돕기 　표준교재　 244쪽

1) 기본 원칙

① 화장실까지 가지 못하거나 침대에서 내려올 수 없는 대상자가 침상에서 편안하게 배설할 수 있도록 돕는 방법이다.

② 대상자가 스스로 배설할 수 있도록 돕고 배변, 배뇨 훈련에 적극적으로 참여하도록 격려한다. 규칙적으로 식사하고 섬유질도 적절히 섭취하며, 복부 마사지를 시행하여 장운동이 활발해질 수 있게 한다.

2) 주의 사항

① 차가운 변기가 피부에 바로 닿을 경우 대상자가 놀랄 수 있으며 피부와 근육이 수축하여 변의가 감소될 수 있다.

② 배변을 못 본 경우 변기를 대고 오래 있으면 피부가 손상될 수 있고 허리와 둔부 관절 부위에 무리가 올 수 있으므로 변의가 생길 때 다시 시도한다.

③ 여성대상자는 회음부 앞부분에 화장지를 대어주면 소변이 튀지 않고, 소리가 작게 난다.

④ 배설물에 특이사항이 있는 경우 시설장이나 간호사에게 보고한다. 배설물에 이상이 있는 것은 건강상의 이상 징후이므로 배설물을 버리지 말고 시설장이나 간호사에게 직접 보여주거나, 그 양상(색깔, 냄새, 특성 등)을 정확히 기록하여 보고해야 한다.

3) 시설장이나 간호사에게 배설물 상태를 보고해야 하는 경우

① 대상자의 소변이 탁하거나 뿌옇다.

② 거품이 많이 난다.

③ 소변의 색이 진하다.

④ 소변 냄새가 심하다.

⑤ 소변에 피가 섞여 나오거나 푸른 빛의 소변이 나온다.

⑥ 대변에 피가 섞여 나와 선홍빛이거나 검붉다.

⑦ 대변이 심하게 묽거나, 대변에 점액질이 섞여 나온다.

5. 이동변기 사용 돕기 　표준교재　247쪽

1) 기본 원칙

① 서거나 앉는 것은 가능하나 화장실까지 걷기는 어려운 대상자의 배설을 도울 때 사용한다.

② 배설이 어려울 때는 미지근한 물을 항문이나 요도에 끼얹어 변의를 자극한다. 미지근한 물을 항문이나 요도에 끼얹으면 괄약근과 주변 근육이 이완되면서 변의를 느낄 수 있다.

③ 이동변기는 매번 깨끗이 씻어 배설물이 남아 있거나 냄새가 나지 않게 한다.

④ 침대 높이와 이동변기의 높이가 같도록 맞춘다. 침대에서 이동변기로 이동할 때 넘어지거나 바닥으로 떨어지지 않게 주의한다.

⑤ 안전을 위해 변기 밑에 미끄럼방지매트를 깔아주어, 대상자가 변기에 앉을 때 흔들리지 않게 한다.

⑥ 변기가 너무 차가우면 피부에 닿았을 때 놀라게 되므로 미리 따뜻한 물(또는 따뜻한 수건)로 데워 둔다.

⑦ 대상자의 다리를 내려 두 발이 바닥에 닿게 한다. 다리가 바닥에 닿지 않으면 불안정하여 넘어질 수 있다.

⑧ 편마비의 경우 이동변기는 건강한 쪽으로 침대 난간에 빈틈없이 붙이거나, 30~45˚ 비스듬히 붙

인다. 움직이기 힘들어하는 대상자인 경우 안아서 옮겨야 하므로 힘이 덜 들도록 침대 난간에 이동변기를 빈틈없이 붙인다.

2) 스스로 배설하는 대상자를 지켜보는 방법

① 대상자가 불쾌해하지 않도록 배려하면서 배설 시 불편하지 않은지 살펴본다.

② 조급해하지 않고 느긋하게 편안히 배설할 수 있는 환경을 조성한다.

③ 배설 도중 혈압이 오르거나 쓰러지는 경우도 있으므로 잘 관찰한다.

④ 옆에서 대기하고 있다가 배설 중 대상자가 요구하는 것이 있으면 도와준다.

6. 기저귀 사용 돕기 `표준교재` 249쪽

1) 기본원칙

① 대상자가 몇 번 실금했다고 해서 기저귀를 바로 사용하는 것은 좋지 않다. 대소변을 전혀 가리지 못하는 경우, 배설 욕구를 느끼지 못하는 경우, 치매 등으로 실금이 빈번해서 부득이한 경우에만 기저귀를 사용한다.

② 대상자가 의식이 있는 경우 수치심을 느낄 수 있으므로 불쾌한 표정을 짓지 않는다. 마음이 상하거나 부끄럽지 않도록 신속하게 기저귀를 교환한다.

③ 배뇨, 배변 시간에 맞추어 자주 살펴보고 젖었으면 속히 갈아주어 피부에 문제가 생기지 않게 한다.

④ 대상자의 프라이버시 보호를 위해 불필요한 노출은 피한다.

⑤ 기저귀를 사용했던 대상자라고 해도 약간의 도움으로 대상자가 이동할 수 있으면 이동변기를, 허리를 들어 올릴 수 있다면 간이변기 사용을 시도해 본다. 가능하면 대상자가 화장실이나 변기에서 배설할 수 있도록 돕는다.

2) 기저귀 단점

① 기저귀를 사용하면 피부 손상과 욕창이 잘 생긴다.

② 기저귀에 의존하게 되어 스스로 배설하던 습관이 사라지고 치매 증상 및 와상 상태가 더욱 심해질 수 있다.

③ 냄새가 불쾌감을 줄 수 있다.

7. 유치도뇨관의 소변주머니 관리 `표준교재` 251쪽

1) 기본원칙

① 유치도뇨관을 삽입하고 있는 대상자는 유치도뇨관을 통한 감염증이 생기기 쉬우므로 감염 예방에 세심한 주의를 기울여야 한다.

② 소변주머니를 방광 위치보다 높게 두지 않는다. 소변주머니가 높이 있으면 소변이 역류하여 감염의 원인이 된다.

③ 유치도뇨관을 통해 소변이 제대로 나오는지 확인한다. 소변량과 색깔을 2~3시간마다 확인한다.

④ 소변주머니를 비울 때는 밑에 있는 배출구를 열어 소변기에 소변을 받은 후 배출구를 잠그고 알코올 솜으로 배출구를 소독한 후 제자리에 꽂는다.

⑤ 시설장이나 간호사에게 보고해야 하는 경우

- 소변색이 이상하거나 탁해진 경우, 소변량이 적어진 경우, 소변이 도뇨관 밖으로 새는 경우
- 지시가 있을 시 수분 섭취량과 배설량을 확인하고 기록한다.

⑥ 소변 이상 여부를 확인한 후 바로 비워 냄새가 나지 않게 한다.

⑦ 연결관이 꺾여 있거나 눌려 소변이 소변주머니로 제대로 배출되지 못하는지 살핀다.

⑧ 유치도뇨관을 삽입하고 있어도 침대에서 자유로이 움직일 수 있으며 보행도 할 수 있음을 대상자에게 알려준다.

⑨ 항상 주변을 청결하게 한다.

⑩ 금기 사항이 없는 한 수분 섭취를 권장한다.

⑪ 유치도뇨관을 강제로 빼면 요도점막이 손상되므로 심하게 당겨지지 않게 주의한다.

⑫ 소변주머니는 반드시 아랫배보다 밑으로 가도록 들어야 한다.

⑬ 유치도뇨관이 막히거나 꼬여서 소변이 제대로 배출되지 않으면 방광에 소변이 차서 아랫배에 팽만감과 불편감이 있고 아플 수 있다.

05 개인위생 및 환경관리

1. 구강 청결 돕기　표준교재 254쪽

1) 기본원칙

① 입안에 염증이 있는지 확인하고, 상처가 있다면 그 부분을 더 다치지 않도록 주의한다. 치료받아야 할 치아가 있는지, 잇몸, 입천장, 혀, 볼 안쪽 등이 헐었는지 세심하게 관찰하고 이상이 있으면 시설장이나 간호사에게 보고한다.

② 입안을 닦아낼 때 혀 안쪽이나 목젖을 자극하면 구토나 질식을 일으킬 수 있으므로 너무 깊숙이 닦지 않는다.

③ 누워있는 상태에서 양치질하는 것을 도와줄 때는 옆으로 누운 자세를 하게 해야 사레들리지 않고 안전하다.

④ 칫솔질의 효과

- 음식 찌꺼기, 프라그 및 세균이 있는 치아를 깨끗이 함
- 잇몸을 자극하여 순환을 촉진
- 불쾌한 냄새와 맛으로 인한 불쾌감 완화

2) 입안 닦아내기

① 치아가 없거나 연하장애가 있는 대상자, 의식이 없는 대상자, 사레들리기 쉬운 대상자의 입안을 깨끗이 닦아내는 방법이다.

② 거즈를 감은 설압자 또는 일회용 스펀지 브러시를 물에 적셔 사용한다.

③ 먼저 윗니와 잇몸을 닦고 거즈를 바꾸어 아래쪽 잇몸과 이를 닦는다. 다음으로 입천장, 혀, 볼 안쪽을 닦아낸다. 입안을 닦아내는 동안 치료를 받아야 하는 치아가 있는지 잇몸, 입천장, 혀, 볼 안쪽 등이 헐지는 않았는지 세심하게 관찰하고 이상이 있을 시 시설장이나 간호사에게 보고한다.

④ 필요한 경우 구강청정제를 사용한다.

⑤ 입안을 모두 닦아낸 뒤 수건으로 입 주변의 물기를 닦아내고 입술이 건조하지 않도록 입술보호제를 발라준다.

3) 입안 헹구기

① 식사 전과 후에 모두 할 수 있다.

② **식전 입안 헹구기** : 구강 건조를 막고, 타액이나 위액 분비를 촉진하여 식욕을 증진함

③ **식후 입안 헹구기** : 구강 내 음식물을 제거하여 구강을 청결히 하고, 음식물로 인한 질식을 예방함

4) 칫솔질하기

① 미지근한 물로 입안을 헹구어 적신다. 컵을 사용하는 것이 어려우면 빨대 달린 컵을 사용하게 한다.

② 치약을 묻힌 칫솔을 45° 각도로 치아에 대고 잇몸에서 치아 쪽으로 3분간 세심하게 닦는다. 칫솔질할 때에는 치아뿐만 아니라 혀도 닦는다.

③ 입안에 물을 머금기 힘들 경우에는 입을 반쯤 벌리게 하고 입안에 물을 부으면서 헹구고, 곡반의 오목한 면이 대상자의 턱밑에 가게 한 후 흘러내리는 물을 받아낸다.

④ 치약을 칫솔모 위에서 눌러 짜서 치약이 솔 사이에 끼어들어가게 한다.

⑤ 칫솔을 옆으로 강하게 문지르면 잇몸이 닳아져 시리게 되므로 잇몸에서 치아 쪽으로 부드럽게 회전하면서 쓸어내린다.

⑥ 가능한 한 대상자 스스로 구강관리를 하게 하여 독립성을 증진한다.

⑦ 혈액응고장애가 있는 대상자는 출혈 가능성이 있으므로 치실은 사용하지 않는다.

⑧ 칫솔질은 잠자기 전과 매 식사 후 30분 이내에 3분간 하도록 습관화한다.

⑨ 칫솔질의 방향이 잘못되면 치아 표면이 마모되고, 구강 점막이나 잇몸이 손상될 수 있고, 칫솔질의 자극 때문에 구토나 질식이 일어날 수 있다.

5) 의치 빼기

① 부분의치는 클래스프(의치가 구강 내에서 움직이지 않게 하기 위한 것)를 손톱으로 끌어 올려 빼낸다.

② 위쪽 의치를 먼저 빼서 의치 용기에 넣는다.

③ 아래 의치를 잡고 왼쪽을 오른쪽 보다 조금 낮게 하면서 돌려 빼서 의치 용기에 넣는다.

6) 의치 세척

① 칫솔이나 의치용솔에 의치세정제를 묻혀 미온수로 의치를 닦는다.

② 흐르는 미온수에 의치를 헹군다.

③ 인공치아와 인공치아의 사이, 인공치아와 의치바닥 사이 안쪽에 좁게 되어 있는 곳 등은 특히 주의하여 닦는다.

④ 잇몸 압박자극을 해소하기 위해 자기 전에는 의치를 빼서 보관한다.

⑤ 의치를 세척할 때는 의치세정제를 사용하고, 주방세제를 대신 사용할 수 있다.

⑥ 의치는 뜨거운 물에 삶거나 표백제에 담그면 안 된다. 변형될 수 있기 때문이다.

7) 의치 보관

① 잇몸에 대한 압박 자극을 해소하기 위해 자기 전에는 의치를 빼서 보관한다.

② 전체 의치인 경우 건조를 막기 위해서 위쪽과 아래쪽 의치를 맞추어서 뚜껑이 있고 물이 담긴 용기에 넣어 보관한다.

③ 의치세정제나 물이 담긴 용기에 보관하여 의치의 변형을 막는다.

④ 분실되지 않도록 일정한 장소와 용기에 보관한다.

⑤ 의치를 빼어 둘 때에는 찬물이 담긴 용기에 보관해야 의치의 변형을 막을 수 있다.

8) 의치 끼우기

① 대상자의 구강 점막에 상처나 염증이 있는지 확인한다.

② 의치 삽입 전에 구강세정제와 미온수로 입을 충분히 헹군다.

③ 윗니를 끼울 때는 엄지와 검지로 잡아 엄지가 입안으로 들어가게 하여 한 번에 끼운다.

④ 아랫니는 검지가 입안으로 향하게 하여 아래쪽으로 밀어넣는다. 잘못하여 삼키는 경우도 있으므로 인지 저하나 마비가 있는 경우 의치의 위치를 자주 확인한다.

⑤ 입술이 건조하고 트는 것을 막기 위해 입 주위를 닦은 후 입술보호제를 발라준다.

⑥ 대상자의 구강 점막 내 이상 증상이 발견되면 시설장이나 간호사에게 보고한다.

2. 두발 청결 돕기 표준교재 259쪽

1) 기본원칙

① 머리를 감기 전 기분, 안색, 통증 유무 등을 확인하고 머리를 감아도 되는지 먼저 확인한다.

② 공복, 식후는 피하고 추울 때는 비교적 덜 추운 낮 시간대에 감는다.

③ 머리를 감기 전에 대소변을 보게 한다.

④ 모든 절차에 대해 미리 설명하여 편안하게 해준다.

2) 통 목욕 시 머리 감기기

① 실내온도를 따뜻하게 유지한다.

② 목욕 의자에 앉히고 머리 장신구를 제거하고 이물질이 있는지 확인한다.

③ 머리를 감을 때는 귀에 물이 들어가지 않도록 귀막이솜으로 양쪽 귀를 막는다.

④ 따뜻한 물로 머리를 적신다.

⑤ 소량의 샴푸를 덜어 머리와 두피를 손톱이 아닌 손가락 끝으로 마사지한 후 헹군다.

3) 침대에서 머리 감기기

① 문과 창문을 닫고 실내온도를 따뜻하게 한다.

② 머리의 장신구를 제거하고 빗질한다.

③ 베개를 치우고 침대모서리에 머리가 오도록 몸을 비스듬히 한다.

④ 방수포를 어깨 밑까지 깐다.

⑤ 어깨 아래 수건을 놓아 어깨 아래에서 가슴 위까지 감싼다.

⑥ 목욕담요를 덮고, 이불은 허리까지 접어 내린다.

⑦ 머리 밑에 패드를 대고 패드 끝을 물받이 양동이에 넣는다.

⑧ 가정에 패드가 없는 경우 신문지 여러 장을 안에 넣고 비닐포로 말아서 사용할 수 있다.

4) 물 없이 두발 청결 돕기

① 물을 사용하기 어려운 상황이거나 신체적으로 힘든 상황에서 사용한다.

② 즉시 사용할 수 있고 물이 없어도 머리카락을 깨끗하게 할 수 있다.

5) 머리 손질하기

① 침대머리를 높이거나 가능하다면 대상자를 앉힌다.

② 대상자의 어깨에 수건을 덮고 안경과 머리핀 등은 제거한다.

③ 한 손은 모발을 잡고 다른 한 손으로 두피에서부터 모발 끝 쪽으로 빗는다.

④ 대상자의 기호에 따라 머리 모양을 정리해 준다.

⑤ 대상자에게 거울을 제공하여 자신의 머리 모양을 확인하게 한다.

⑥ 모발과 두피에 특이 사항이 있는 경우 시설장이나 간호사 등에게 보고한다.

3. 손발 청결 돕기 표준교재 262쪽

① 피부에 상처가 나지 않도록 조심해야 한다.

② 피부에 자극을 주는 침구나 모직의류 등은 피하고 면제품을 사용하는 것이 좋다.

③ 피부의 색이나 상처, 분비물 유무를 시설장이나 간호사 등에게 보고한다.

④ 노인의 피부는 건조하여 각질이 생기기 쉬우므로 오일이나 로션 등을 발라주어야 한다.

⑤ 따뜻한 물을 대야에 담은 후 손과 발을 10~15분간 담가 온기를 느끼게 한다. 혈액순환을 촉진하고, 이물질을 쉽게 제거할 수 있다.

⑥ 손톱깎이를 이용할 때는 손톱은 둥글게, 발톱은 일자로 자른다.

⑦ 손톱이나 발톱이 살 안쪽으로 심하게 파고들었거나 발톱 주위 염증이나 감염 등 이상이 있을 경우 시설장이나 간호사 등에게 보고한다.

4. 회음부 청결 돕기 표준교재 264쪽

① 회음부나 음경을 닦을 때는 전용수건, 거즈나 솜을 사용해야 한다.

② 회음부는 요도, 질, 항문 순서로 되어있어 뒤쪽에서 앞쪽으로 닦을 경우 감염을 일으킬 수 있으므로 앞쪽에서 뒤쪽으로 닦아낸다.

③ 회음부는 분비물과 배설물로 더러워지기 쉬워 악취가 나고, 여성은 방광염, 요로감염의 원인이 되므로 청결을 유지하는 것이 중요하다.

④ 커튼이나 스크린을 쳐서 개인 프라이버시가 보호되도록 한다.

⑤ 손 소독제로 손을 깨끗이 한 후 일회용 장갑을 착용한다.

⑥ 누워서 무릎을 세우게 하고 목욕담요를 마름모꼴로 펴서 대상자의 몸과 다리를 덮는다. 목욕 담요의 양쪽 아랫단 끝을 가까운 쪽 다리 안쪽으로 감고, 아랫단 가운데 부분은 회음부를 덮는다.

⑦ 둔부 밑에 방수포와 목욕수건을 겹쳐서 깔고 변기를 밀어 넣는다.

⑧ 따뜻한 물을 음부에 끼얹은 다음 물수건에 비눗물을 묻힌다. 피부에 비눗기가 남지 않도록 깨끗이 닦는다(물을 담을 용기는 생수병 등의 빈 용기를 이용하면 편리하다).

⑨ 가볍게 짠 물수건으로 여성의 회음부를 앞쪽에서부터 뒤쪽으로 닦아낸다. 남성은 음경을 수건으로 잡고, 겹치는 부분과 음낭의 뒷면도 잘 닦는다.

⑩ 마른 수건으로 물기를 닦아 내고 변기를 빼낸 후 변기가 닿았던 둔부에 남아있는 물기를 닦는다.

⑪ 바지를 입히고 편안한 자세가 되도록 돕는다.

⑫ 회음부에 악취나, 염증, 분비물 이상이 있으면 시설장이나 간호사 등에게 보고한다.

5. 세수 돕기   표준교재 265쪽

1) 기본원칙

눈	• 눈곱이 끼었다면 눈곱이 없는 쪽 눈부터 먼저 닦는다. • 안에서 밖으로 닦는다. • 한 번 사용한 수건의 면은 사용하지 않는다. • 대상자가 안경을 사용하는 경우에는 하루에 한 번 이상 안경 닦는 천으로 안경을 잘 닦거나 물로 씻어 깨끗하게 한다.
귀	• 귀지가 쌓여 중이염이나 난청을 일으키기도 한다. • 면봉이나 귀이개로 귀 입구의 귀지를 닦아내고, 귓바퀴나 귀의 뒷면도 따뜻한 물수건으로 닦아낸다.
코	• 세안 시 코안을 깨끗이 닦는다. • 콧방울을 세심히 닦아준다.
입, 이마, 볼, 목	• 수건에 비누를 묻혀 입술과 주변을 깨끗이 닦은 후, 이마와 볼, 목의 앞, 뒤를 골고루 세심하게 닦은 후, 깨끗한 수건으로 닦아준다.

2) 순서

눈 밑 → 코 → 뺨 → 입 주위 → 이마 → 귀의 뒷면 → 귓바퀴 → 목

6. 면도 돕기   표준교재 267쪽

① 대상자가 가지고 있는 면도기의 사용방법에 맞추어 사용하되, 상처가 나지 않게 주의한다.

② 면도 전 따뜻한 물수건으로 덮어 건조함을 완화하고 폼클렌징으로 충분히 거품을 내 면도한다.

③ 면도하기 전부터 상처가 있거나, 면도하면서 상처가 생겨 피가 날 경우 상처를 건드리지 않게 주의한다.

④ 면도날은 얼굴 피부와 45° 정도의 각도를 유지하며, 짧게 나누어 일정한 속도로 면도한다.

⑤ 피부가 주름져 있다면 아래 방향으로 부드럽게 잡아당겨 면도하고 귀밑에서 턱 쪽으로, 코밑에서 입 주위 순서로 진행한다.

⑥ 따뜻한 수건을 이용해 얼굴에 남아 있는 거품을 제거하고 피부유연제(로션이나 크림)를 바른다.

7. 목욕 돕기 `표준교재` 268쪽

1) 목욕의 효과

① 피부의 노폐물을 제거하여 몸을 청결하게 유지할 수 있다.

② 적당한 온도의 목욕물은 대상자의 긴장을 풀어주어, 심신을 편안하게 하고 숙면에도 도움이 된다.

③ 전신의 신진대사를 촉진하며, 혈액순환을 돕는다.

④ 근육 및 관절의 이완을 돕는다.

⑤ 피부 문제 등 대상자의 전신을 꼼꼼히 살필 수 있다.

2) 기본원칙

① 목욕 물 온도는 따뜻하게(40℃ 내외) 맞춘다. 샤워의 경우 샤워기를 틀어주고 대상자가 샤워기 밑에 서기 전에 물의 온도를 맞춘다.

② 식사 직전·직후에는 목욕을 피한다.

③ 목욕 전에 소변 또는 대변을 보도록 하고 대상자의 몸 상태(표정, 얼굴색, 열, 혈압상승 여부, 맥박, 체온, 피부, 설사, 콧물, 재채기, 기침)를 확인한다.

④ 욕조에 손잡이를 붙이거나 미끄럼방지매트를 깔아 안전사고를 예방한다.

⑤ 대상자가 할 수 있는 부분은 스스로 하도록 하여 성취감을 경험하게 한다.

⑥ 목욕 중에는 대상자의 상태를 자주 확인하며 20~30분 이내로 목욕을 끝낸다.

⑦ 체온이 떨어지지 않도록 목욕 중에는 자주 따뜻한 물을 뿌려준다.

⑧ 치매노인일 경우 목욕을 거부할 수 있다. 이때 강제로 목욕을 시키지 말고 부드러운 말로 유도한다.

⑨ 평소 좋아하는 것으로 화제를 돌려 목욕하도록 유도한다(세탁, 걸레 빨기, 손 씻기 등).

3) 돕는 방법

(1) 통 목욕 시

① 대상자를 목욕의자에 앉히고 후 발 끝에 물을 묻혀 미리 온도를 느껴보게 한 후 다리, 팔, 몸통의 순서로 물로 헹구고 회음부를 닦아낸다.

② 편마비대상자가 욕조에 들어가기 전에 욕조 턱 높이와 욕조 의자 높이를 맞추어 앉게 하고 건강한 쪽으로 손잡이나 보조도구를 잡게 한다.

③ 요양보호사는 대상자의 마비된 쪽 겨드랑이를 잡고 건강한 쪽 다리, 마비된 쪽 다리 순으로 옮겨 놓게 한다. 욕조에 있는 시간은 5분 정도로 한다.

④ 부력으로 불안정해지므로 등을 대고 안전하게 앉아 있도록 한다.

⑤ 욕조에서 나오게 하여 목욕의자에 앉히고 머리를 감긴다(두발 청결 참조).

⑥ 목욕수건에 비누를 묻혀 몸을 닦는다(말초에서 중심으로 닦고, 발가락 사이와 발바닥도 섬세하게 닦는다). 되도록 스스로 씻게 하고, 도움이 필요한 부분만 보조한다.

⑦ 샤워기의 물 온도를 확인한 후 비누거품을 닦아낸다.

⑧ 목욕 후 한기를 느끼지 않도록 물기를 빨리 닦고 귀 뒤의 물기도 제거한다. 귀 입구는 면봉으로 잘 닦아낸다(필요시 머리카락은 헤어드라이어를 사용하여 빠르게 말린다).

⑨ 의자에 앉혀서 오일 등 피부유연제를 전신에 바르고 옷 입는 것을 돕는다.

⑩ 어지러움, 피로감이 있는지 대상자의 상태를 확인하고 따뜻한 우유, 차 등으로 수분을 섭취하고 휴식을 취하게 한다.

(2) 샤워

서서하는 경우 몸에 무리가 가거나 낙상의 위험이 있으므로 목욕의자를 이용하여 안전하게 앉은 자세로 하는 것이 바람직하다.

(3) 침상 목욕

① 눈, 코, 뺨, 입 주위, 이마, 귀, 목의 순서로 닦는다.

② 양쪽 상지

- 손목 쪽에서 팔 쪽으로 닦는다.
- 손가락, 손바닥, 손등을 꼼꼼히 닦는다. 겨드랑이 밑이나 손가락 사이는 더러워지기 쉬운 부분이므로 철저하게 닦는다.

③ 흉부와 복부

- 유방은 원을 그리듯이 닦는다.
- 복부는 배꼽을 중심으로 시계방향으로 닦는다. 이는 장운동을 활발하게 하여 배변에 도움이 된다.

④ 양쪽 하지

- 무릎을 세워서 발꿈치나 무릎 뒤를 손으로 받치고 발끝에서 허벅지 쪽으로 닦는다.
- 고관절 부위나 무릎의 뒷면도 닦는다.

⑤ 등과 둔부는 옆으로 눕게 하여 목 뒤에서 둔부까지 닦는다. 둔부 사이와 항문 주위를 깨끗하게 하고, 뼈가 돌출된 등이나 둔부는 욕창이 생기기 쉬우므로 피부의 색상을 관찰하고 이상이 없을 시 복욕 후 능 마사지를 한다.

⑥ 회음부를 씻을 때에는 대상자가 수치심을 느끼지 않도록 주의하고 목욕 수건 등으로 씻을 부위 이외의 부위는 가려 준다.

⑦ 목욕수건과 물은 필요할 때마다 깨끗한 것으로 자주 교환한다.

8. 침상 청결 등 쾌적한 환경 유지하기　표준교재 273쪽

① 침구는 부드럽고 땀 흡수가 잘되는 면제품이 제일 좋고, 정기적으로 세탁하고 햇볕에 말려야 한다.

② 더러워진 침구는 즉시 교환하며 침대 주위의 물건을 잘 정리해 청결하고 안전한 환경을 유지한다.

9. 옷 갈아입히기　표준교재 275쪽

① 편마비나 장애가 있는 경우, 옷을 벗을 때는 건강한 쪽부터 벗고 옷을 입을 때는 불편한 쪽부터 입힌다.

② 옷의 색상, 개인의 생활 리듬을 고려하고 상·하의가 분리되어 입고 벗기 쉬우며 가볍고 신축성이 좋은 옷을 선택하는 것이 좋다.

③ 실내온도를 따뜻하게 유지하고 겨울에는 요양보호사의 손, 의복의 온도를 따뜻하게 유지한다.

06 체위변경과 이동 돕기

1. 신체정렬 표준교재 281쪽

1) 기본원칙

① 체위변경과 이동은 장기간 누워지내는 대상자에게 나타날 수 있는 관절의 굳어짐과 변형을 예방하고 편안함을 제공한다.

② 모든 과정은 상황에 적당한 방법과 속도로 안전하고 편안하게 실시해야 한다.

③ 돌아눕고, 앉고, 일어서는 등의 동작은 머리, 팔꿈치, 손과 발, 몸 등 자연스러운 동작에서 비롯된다. 정상적인 움직임을 거스르지 않아야 안전하다.

2) 올바른 신체정렬 방법

① 요양보호사의 허리와 가슴 사이의 높이로 몸 가까이에서 잡고 보조해야 한다. 대상자와 멀어질수록 요양보호사 신체 손상 위험이 증가한다.

② 안정성과 균형을 위하여 발을 적당히 벌리고 서서 한 발은 다른 발보다 약간 앞에 놓아 지지면을 넓힌다.

③ 양다리에 체중을 지지한 후 무릎을 굽히고 중심을 낮게 하여 골반을 안정시킨다.

④ 대상자 이동 시 다리와 몸통의 큰 근육을 사용하여 척추의 안정성을 유지한다.

⑤ 갑작스러운 동작은 피하고 보조 후 적절한 휴식을 취한다.

2. 침대 위에서의 이동 돕기 표준교재 282쪽

1) 침대 위에서의 이동 시 유의점

① 욕창, 상처, 마비 유무를 확인하고, 대상자에게 이동하고자 하는 동작을 설명한다.

② 대상자의 관절능력을 파악하고 스스로 움직여 협조할 수 있는 것은 협조하게 한다.

③ 이동 후 안면창백, 어지러움, 오심, 구토, 식은땀 등의 증상이 나타나면 원래 자세로 눕히고 시설장이나 간호사 등에게 보고한다.

④ 누워서 엉덩이를 들어 올리는 운동은 휴대용변기 사용과 침대 위에서의 이동, 보행 시 신체 안정에 도움이 된다.

2) 침대머리 쪽으로 이동하기

대상자가 침대 아래(발)쪽으로 미끄러져 내려가 있을 때 침대 위쪽으로 이동하여 체위를 안락하게 유지하기 위함이다.

① 침대 매트를 수평으로 하고 눕히고 베개를 머리 쪽으로 옮긴다.

② 대상자의 무릎을 세워 발바닥이 침대바닥에 닿게 한다.

③ 대상자가 협조 할 수 있는 경우

대상자가 침대머리 쪽 난간을 잡게 한 후 요양보호사는 대상자의 대퇴 아래에 한쪽 팔을 넣고 나머지 한팔은 침상면을 밀며 신호를 하여 대상자와 같이 침대머리 쪽 방향으로 움직인다.

④ 대상자가 협조 할 수 없는 경우

침상 양편에 한 사람씩 마주 서서 한쪽 팔은 머리 밑으로 넣어 어깨와 등 밑을, 다른 팔은 둔부와 대퇴를 지지하여 신호에 맞춰 두 사람이 동시에 대상자를 침대머리 쪽으로 옮긴다.

3) 침대 오른쪽 또는 왼쪽으로 이동하기

① 목적

- 오랜 시간 누워있는 대상자가 좌우 한쪽으로 쏠려있을 때 침대 중앙으로 이동하여 체위를 안락하게 유지하기 위함이다.

- 침상 목욕, 머리 감기기 등을 위해 침대 가장자리로 이동할 때 적용할 수 있다.

② 대상자를 이동하고자 하는 쪽에 선다.

③ 대상자의 두 팔을 가슴 위에 포갠다.

④ 상반신과 하반신을 나누어 이동시킨다.

⑤ 한 손은 대상자의 목에서 겨드랑이를 향해 넣어서 받치며, 다른 한 손은 허리 아래에 넣어서 상반신을 이동시킨다.

⑥ 하반신은 허리와 엉덩이 아래에 손을 깊숙이 넣고 이동시킨다.

4) 옆으로 눕히기

① 요양보호사가 돌려 눕히려고 하는 쪽에 선다.

② 돌려 눕히려고 하는 쪽으로 머리를 돌린다.

③ 옆으로 누웠을 때 팔이 몸에 눌리지 않도록 눕히려는 쪽의 손을 위로 올리거나 양손을 가슴에 포개놓는다.

④ 무릎을 굽히거나 돌려 눕는 방향과 반대쪽 발을 다른 쪽 발 위에 올려놓는다.

⑤ 반대쪽 어깨와 엉덩이에 손을 대고, 옆으로 돌려 눕힌다.

⑥ 엉덩이를 움직여 뒤로 이동시키고 어깨를 움직여 편안하게 하여 준다.

⑦ 필요하다면 베개를 등과 필요 부위에 받쳐준다.

⑧ 스스로 돌아누울 수 있는 대상자는 스스로 하게하며, 최소한만 돕는다.

⑨ 대상자를 움직일 때 요양보호사가 대상자의 앞에서 수행해야 한다.

- 한꺼번에 많이 이동하려고 하지 말고 조금씩 나누어 이동한다.

- 대상자를 끌어당길 경우 피부가 손상되거나 통증을 유발할 수 있으므로 조금씩 들어서 이동시킨다.

5) 일어나 앉기

(1) 편마비대상자인 경우

① 요양보호사는 대상자의 건강한 쪽에 선다.

② 대상자의 마비된 손을 가슴 위에 올려놓는다.

③ 대상자의 양쪽 무릎을 굽혀 세운 후 어깨와 엉덩이 또는 넙다리를 지지하여 요양보호사 쪽으로(마비측이 위로 오게) 돌려 눕힌다.

④ 요양보호사의 팔을 대상자의 목 밑에 깊숙하게 넣어 손바닥으로 등과 어깨를 지지하고, 반대 손은 엉덩이 또는 넙다리를 지지하여 일으켜 앉힌다.

⑤ 대상자가 건강한 손으로 짚고 일어날 수 있게 한다.

(2) 사지마비 대상자인 경우

① 요양보호사는 대상자를 향하여 가까이 선다.

② 대상자의 마비된 양손은 가슴 위에 올려 놓는다.

③ 요양보호사는 한쪽 팔을 대상자의 목 밑을 받쳐 깊숙하게 넣은 후 손바닥으로 반대쪽 어깨 밑을 받쳐준다.

④ 요양보호사의 다른 손은 대상자의 가슴 위에 올려진 손을 지지한다.

⑤ 대상자 어깨 밑에 위치한 손바닥으로 대상자의 상체를 밀어 올리면서 요양보호사 쪽으로 몸통을 돌려 일으켜 앉힌다(먼저 돌려 눕힌 후 앉힐 수도 있다).

(3) 하반신마비 대상자인 경우

① 요양보호사는 대상자를 향하여 가까이 선다.

② 대상자의 양쪽 무릎을 굽혀주거나 편안하게 놓아둔다.

③ 대상자가 일어나고자 하는 방향으로 상체를 돌려 손으로 짚고 일어날 수 있도록 어깨를 지지하여 준다.

④ 필요시 요양보호사는 한쪽 팔로 대상자의 어깨 밑을 받쳐준다.

⑤ 대상자가 적당하게 일어났을 때 무릎이 자연스럽게 굽혀질 수 있도록 해준다. 두 다리를 편 상태에서 무리하게 똑바로 앉히고자 시도하면 넙다리뼈가 골절될 수 있다.

⑥ 하반신마비는 이완성마비인 경우가 많으므로 갑자기 무릎이 꺾여 넘어지는 것을 주의해야 한다.

(4) 침대에 걸터앉기

① 요양보호사는 앉히고자 하는 쪽에서 대상자를 향하여 선다.

② 대상자 가까이 서서 돌려 눕히는 방법에 따라 돌려 눕힌다.

③ 대상자의 목 밑으로 팔을 깊숙이 넣고 다른 한 손은 다리를 지지한다.

④ 신체정렬을 유지한 상태에서 어깨쪽 팔에 힘을 주어 일으켜 앉힌다.

6) 일으켜 세우기

(1) 앞에서 보조하는 경우

① 대상자는 침대에 가볍게 걸터앉아 발을 무릎보다 살짝 안쪽으로 옮겨준다.

② 요양보호사는 자신의 무릎으로 대상자의 마비된 쪽 무릎 앞쪽에 대고 지지하여 준다.

③ 양손은 허리를 잡아 지지하고 대상자의 상체를 앞으로 숙이며 천천히 일으켜 세운다.

④ 대상자가 좀 더 많은 보조가 필요하다면 요양보호사의 어깨로 대상자의 가슴(어깨 앞쪽)을 지지하여 상체를 펴는 데 도움을 줄 수 있다.

⑤ 대상자가 완전하게 양 무릎을 펴고 선 자세를 취하면 요양보호사는 앞쪽으로 넘어지지 않도록 선 자세에서 균형을 잡을 수 있을 때까지 잡아준다.

(2) 옆에서 보조하는 경우

① 대상자를 침대 끝에 앉혀 양발을 무릎보다 조금 뒤쪽에 놓는다.

② 요양보호사는 대상자의 마비된 쪽 가까이에 서고, 발을 대상자의 마비된 발 바로 뒤에 놓는다.

③ 요양보호사는 한 손으로 대상자의 마비된 대퇴부를 지지하고, 다른 한 손은 대상자의 반대쪽 허리를 부축하여 천천히 일으켜 세운다.

④ 대상자가 양쪽 무릎을 펴서 일어서면 대퇴부에 있던 손을 대상자의 가슴 부위로 옮겨 대상자가 상체를 펴서 자세가 안정될 수 있게 한다.

⑤ 혼자 침대에 걸터앉아 중심을 잡는 것이 힘들어 낙상이 발생할 수 있으므로 특히 조심해야 한다.

3. 침대에서의 체위변경　[표준교재] 287쪽

1) 체위변경의 목적

① 호흡기능이 원활해지고 폐확장이 촉진된다.

② 관절의 움직임을 돕고 변형을 방지한다.

③ 부종과 혈전을 예방한다.

④ 혈액순환을 도와 욕창을 예방하고 피부괴사를 방지한다.

⑤ 허리와 다리의 통증 등 고정된 자세로 인한 불편감을 줄인다.

2) 체위변경 시 고려할 점

① 대상자의 몸을 잡고 체위변경을 할 경우 관절 밑 부분을 지지해야 한다.

② 체위에 따라 들어간 부분이나 다리 사이를 베개나 수건으로 지지해 주면 편안하다.

③ 보통 2시간마다 체위를 변경하며, 욕창이 이미 발생한 경우 더 자주 변경해야 한다.

3) 기본 체위의 형태

① **바로 누운 자세**(앙와위) : 휴식하거나 잠을 잘 때 자세

- 천장을 쳐다보며 똑바로 누운 자세이다.

- 대상자의 머리 밑에 작은 베개를 받쳐준다.

- 편안함을 위하여 무릎과 발목 밑에 동그랗게 말은 수건이나 작은 베개를 받쳐줄 수 있다. 그러나 고관절(엉덩관절)과 무릎관절의 굽힌 구축을 발생할 수 있으므로 장시간의 사용은 주의해야 한다.

② **반 앉은 자세**(반좌위) : 숨차거나 얼굴을 씻을 때, 식사 시나 위관 영양을 할 때 자세

- 천장을 보며 누운 상태에서 침상머리를 45° 정도 올린 자세이다.
- 등 뒤에 베개 두세 개를 사용하여 A자 형태로 받쳐 자세를 유지하거나, 베개 하나를 사용하여 목과 어깨 밑에 받쳐 바른 자세를 만들어 준다.
- 다리 쪽의 침대를 살짝 올려 주면 대상자가 미끄러져 내려가지 않고 편안하다

③ **엎드린 자세**(복위) : 등에 상처가 있거나 등 근육을 쉬게 해줄 때 자세

- 엎드린 상태에서 머리를 옆으로 돌린 자세를 하거나, 작은 베개 또는 수건 두 개를 말아서 얼굴 부위에 홈을 만들어 준다.
- 대상자의 아랫배에 낮은 베개를 놓아 허리 앞굽음을 감소시켜 편안한 자세가 된다.
- 아랫배와 발목 밑에 작은 배게 등을 받치면 허리와 넓다리의 긴장을 완화할 수 있다.

④ **옆으로 누운 자세**(측위) : 둔부의 압력을 피하거나 관장할 때 자세

- 대상자의 머리, 몸통, 엉덩이를 바르게 정렬한 자세로 침대 가운데에 눕힌다.
- 대상자의 엉덩관절과 무릎관절은 굽힘 자세가 되어야 한다.
- 엉덩이를 뒤로 많이 이동시켜 주면 자세는 더욱 편안해진다.
- 머리 아래 및 위에 있는 다리 밑에 베개를 받쳐 준다.
- 대상자의 가슴 앞에 베개를 놓아 위에 있는 팔이 지지되게 한다.

4. 휠체어 이동 돕기 표준교재 290쪽

1) 기본원칙

① 휠체어를 선택할 때는 신체 기능 및 사용 공간, 체형에 맞는 것을 선택한다.

② 휠체어 상태(타이어공기압, 잠금장치, 바퀴 손잡이, 팔걸이, 발 받침대, 안전벨트 등)를 확인한다.

③ **보조물품** : 의자, 지팡이, 보행 벨트(필요시)

④ **요양보호사 위치** : 항상 대상자 가까이에서 지지

⑤ 몸 상태를 확인하고, 마비, 장애, 통증 등을 고려하여 안전이나 안락에 주의를 기울인다.

⑥ 이동에 대한 설명을 하고 대상자에게 협조를 구한다.

⑦ 요양보호사 자신의 안전을 확보한 후 동작을 시작한다.

⑧ 이동 중에 바퀴에 옷이나 물체가 걸리지 않도록 유의한다.

⑨ 이동할 때 속도는 보통 걸음을 걷는 속도로 천천히 이동하는 것이 안전하다.

2) 휠체어 이동 시 작동법

(1) 문턱(도로 턱) 오를 때

① 요양보호사가 양팔에 힘을 주고 휠체어 뒤를 발로 조심스럽게 눌러 휠체어를 뒤쪽으로 기울이고 앞바퀴를 들어 문턱을 오른다.

(2) 문턱(도로 턱) 내려갈 때

① 휠체어를 뒤로 돌려 내려간다.

② 요양보호사가 뒤에 서서 뒷바퀴를 내려놓고, 앞바퀴를 들어 올린 상태로 뒷바퀴를 천천히 뒤로 빼면서 앞바퀴를 조심히 내려놓는다.

(3) 오르막길을 갈 때

① 가급적 자세를 낮추고 다리에 힘을 주어 밀고 올라간다.

② 대상자의 체중이 많이 나가거나 경사도가 큰 경우 지그재그로 밀고 올라가는 것도 방법이
될 수 있다.

(4) 내리막길을 갈 때

① 요양보호사는 지지면을 유지하면서 휠체어를 뒤로 돌려 뒷걸음으로 내려간다. 휠체어 네
바퀴가 모두 지면에 닿은 상태로 경사길을 앞으로 내려갈 경우 대상자가 앞으로 굴러 떨어
질 수 있다. 반드시 뒷걸음으로 내려가야 한다.

② 대상자의 체중이 많이 나가거나 경사도가 큰 경우 지그재그로 내려간다.

③ 요양보호사는 반드시 고개를 뒤로 돌려 가고자 하는 방향을 살펴야 한다.

(5) 울퉁불퉁한 길

① 휠체어 앞바퀴를 들어 올려 뒤로 젖힌 상태에서 이동한다.

② 크기가 작은 앞바퀴가 지면에 닿게 되면 휠체어를 앞으로 밀기가 힘들고, 대상자가 진동을
많이 느낀다.

(6) 엘리베이터 타고 내리기

① 탈 때는 뒤로 들어가서 내릴 때는 앞으로 밀고 나온다. 이는 엘리베이터 층 버튼에 쉽게 접근
할 수 있으며, 엘리베이터를 나갈 때 돌려야 하는 불편함을 피할 수 있기 때문이다.

② 엘리베이터에서 나갈 때 작은 바퀴가 엘리베이터와 복도 바닥 사이 틈에 끼일 수 있으므로
주의해야 한다.

③ 엘리베이터에서 완전히 나올 때 까지 복도 상황이 관찰되지 않을 수 있으므로 주의한다.

3) 침대에서 휠체어로 옮기기

① 대상자에게 휠체어로 옮겨 앉는 것에 대하여 설명한다.

② 대상자의 건강한 쪽을 침대난간에 붙인(또는 30~45° 비스듬히 놓은) 다음 반드시 잠금장치를 잠근다.

③ 발 받침대는 다리가 걸리지 않도록 젖혀 놓는다.

④ 대상자의 양발, 휠체어 앞쪽 바닥을 지지하게 한다.

⑤ 요양보호사의 무릎으로 대상자의 마비 측 무릎을 지지하여 준다.

⑥ 대상자를 옮길 때 휠체어 위치가 잘못되면, 낙상할 수 있으니 주의한다.

⑦ 요양보호사가 본인의 몸을 똑바로 일으켜 세우면 회전이 더 어려울 수 있으므로 움직임이 쉬운
수준의 굽힌 자세로 엉덩이와 몸을 회전해야 한다.

⑧ 대상자를 이동하면서 바지를 잡고 움직이면 하의가 엉덩이에 끼여서 불편을 호소할 수 있으므
로 반드시 살펴야 한다(근육긴장을 증가시키며, 안전과 편안함을 방해한다).

4) 휠체어에서 침대로 옮기기

① 대상자에게 휠체어에서 침대로 옮겨 앉는 방법에 대해 설명한다.

② 대상자의 건강한 쪽이 침대와 평행이 되도록(또는 30~45° 비스듬히) 휠체어를 두고 잠금장치를 잠
근다.

5) 바닥에서 휠체어로 옮기기

① 대상자에게 바닥에서 휠체어로 옮겨 앉는 방법에 대해 설명한다.

② 대상자 가까이에 휠체어를 가져와 잠금장치를 잠근다. 대상자에게 바닥에 무릎을 대고 앉아서 한 손으로 준비한 휠체어를 잡게 한다.

③ 대상자 양쪽 무릎을 바닥에 지지한 상태로 무릎을 꿇고 엉덩이를 들어 허리를 편다.

④ 요양보호사는 대상자 뒤에서 한 손으로 허리를 잡아주고 다른 한 손은 어깨를 지지하여 준다.

⑤ 대상자의 건강한 쪽 무릎을 세워 천천히 일어나도록 도와주어 휠체어에 앉힌다.

6) 휠체어에서 바닥으로 옮기기

① 대상자에게 휠체어에서 바닥으로 옮겨 앉는 방법에 대해 설명한다.

② 휠체어의 잠금장치를 잠그고 발 받침대를 올려 발을 바닥에 내려놓는다.

③ 요양보호사는 **대상자의 마비 측 옆에서 어깨와 몸통을 지지해 준다.**

④ 대상자는 건강한 손으로 바닥을 짚고 건강한 다리에 힘을 주어 바닥에 내려 앉는다.

⑤ 요양보호사는 대상자가 이동하는 동안 상체를 지지하여 준다.

7) 두 사람이 대상자를 옮기기

① 옮길 때 손상을 방지할 수 있는 특수한 장비를 사용하는 것을 권장한다.

② 어느 정도까지 도움이 필요한지를 파악해야 한다.

③ 대상자의 몸집과 몸무게를 고려해야 한다.

④ 대상자의 움직일 수 있는 능력과 협조 의지, 이해력 등을 고려해야 한다.

⑤ 대상자를 옮길 때 선택한 이동 기법이 병적 상태에 영향을 미치는지 고려해야 한다.

⑥ 양쪽 침대 높이를 같게 맞추고 미끄러짐이 좋은 자세변환 용 시트에 대상자를 올려 이동하고자 하는 침대로 밀어서 옮기는 것이 좀 더 안전하고 편리하다.

8) 휠체어에서 자동차로 옮기기

① 대상자에게 휠체어에서 자동차로 이동하는 방법에 대해 설명 한다.

② 자동차 주차 시 휠체어가 충분히 다가갈 수 있도록 공간을 확보한다.

③ 자동차의 뒷문을 열고 휠체어를 자동차와 평행하게 놓거나 약간 비스듬히 하여 놓는다. 이때 요양보호사는 본인이 안정된 자세를 취할 수 있도록 공간을 확보해야 한다.

④ 휠체어 잠금장치를 고정하고 발판을 접은 후 대상자의 양쪽 발이 바닥을 지지할 수 있도록 내려놓는다.

⑤ 요양보호사 무릎으로 대상자의 마비 측 무릎을 잘 지지하고 대상자를 일으켜 대상자의 엉덩이부터 자동차시트에 앉게 한다. 이때 대상자의 건강한 손으로 자동차 손잡이를 잡게 한다.

⑥ 대상자 다리를 한쪽씩 올려놓은 후 대상자의 엉덩이 또는 상체를 좌우로 이동시켜 자동차 시트에 깊숙이 앉게 한다.

⑦ 안전벨트를 채워준다.

⑧ 휠체어를 접어 자동차 트렁크에 싣는다.

⑨ 대상자와 동승하는 경우에는 반드시 대상자 옆자리에 앉아서 도와야 한다. 앞 또는 뒤에 앉으면 순간적인 대응이 어려울 수 있다. 승용차를 자주 이용하는 경우라면, 휠체어 손잡이는 접을 수 있는 것이 좋다.

5. 보행 돕기　표준교재 300쪽

1) 선 자세에서 균형 잡기

의자나 손잡이 등을 한 손으로 잡고 약 3분간 서 있을 수 있도록 연습시킨다. 이때 요양보호사는 대상자의 불편한 쪽의 몸을 받쳐 준다.

2) 보행 벨트 사용하기

① 보행 벨트의 안전 잠금을 위한 끈이나 패드의 상태, 벨트 손잡이의 바느질 상태를 확인한다.

② 대상자의 허리 부분(벨트 부분)에 맞춰 벨트를 묶는다.

③ 보행 전에 벨트나 끈이 풀리지 않았는지 확인한다.

④ 요양보호사는 대상자의 불편한 쪽 뒤에 서서 벨트 손잡이를 잡는다. 다른 한 손으로 반대편 벨트 손잡이를 잡는다.

3) 성인용 보행기 사용 돕기

(1) 보행기 점검

① 보행기 종류를 확인한다. 보행기의 손잡이, 고무 받침이 닳지 않았는지를 확인한다.

② 접이식 보행기라면 펼친 후 잠김 버튼이 완전히 채워졌는지 확인한다.

③ 미끄러지지 않는 양말과 신발을 신도록 돕는다.

④ 대상자 앞에 보행기를 두고, 바퀴를 잠그고 대상자가 일어서도록 돕는다.

⑤ 보행기는 대상자의 팔꿈치가 약 30°로 구부러지도록 대상자 둔부 높이로 조절한다

(2) 보행기 사용법

① 보행기 앞에 바른 자세로 선다.

② 보행기를 앞으로 한 걸음 정도 옮긴다.

③ 보행기 쪽으로 한쪽 발을 옮긴다.

④ 나머지 한쪽 발을 먼저 옮긴 발이 나간 지점까지 옮긴다

⑤ 요양보호사는 대상자의 뒤쪽에 서서 보행 벨트를 잡고 걷는다.

⑥ 돌아와 침대에 눕는 것을 돕는다.

⑦ 혼자 보행기를 사용할 수 있다면 대상자의 손이 닿는 곳에 보행기를 둔다. 보행 시에는 항상 미끄럼방지 양말, 미끄럼방지 신발을 신어야 한다.

⑧ 보행기를 한 번에 너무 멀리 이동하거나 앞쪽에 바퀴가 있는 보행기로 과도하게 이동하면 미끄러져 넘어질 수 있으니 주의해야 한다.

4) 지팡이 이용 보행 돕기

(1) 지팡이 길이 결정 방법

① 지팡이를 한 걸음 앞에 놓았을 때 팔꿈치가 약 30° 구부러지는 정도

② 지팡이의 손잡이가 대상자의 둔부 높이에 오는 것

③ 평소 신는 신발을 신고 똑바로 섰을 때 손목 높이에 오는 것

(2) 지팡이 보행 방법

① 지팡이 종류를 확인한다. 지팡이의 고무 받침이 닳지 않았는지, 손잡이가 안전한 지를 확인한다.

② 미끄러지지 않는 양말과 신발을 신도록 돕는다.

③ 낙상의 위험이 있는 물건을 치운다.

④ 대상자의 건강한 쪽 손으로 지팡이를 잡고 선다.

⑤ 지팡이를 사용하는 쪽 발의 새끼발가락으로부터 앞 15cm, 옆 15cm 지점에 지팡이 끝을 놓는다.

⑥ 마비 쪽 다리를 앞으로 옮겨 놓는다.

⑦ 건강한 쪽 다리를 옮겨 놓는다.

(3) 지팡이 이용 보행 돕기

① **옆에서 보조하기** : 요양보호사는 지팡이를 쥐지 않은 옆쪽에 위치하여 겨드랑이에 손을 넣어 대상자가 넘어지지 않도록 잡고 대상자와 호흡을 맞춰 보행한다.

② **뒤에서 보조하기** : 요양보호사는 대상자의 뒤쪽에 위치하여 한 손은 대상자의 허리 부위를 지지하고 다른 한 손은 대상자의 어깨 부위를 지지하며 대상자와 호흡을 맞춰 보행을 한다.

- 지팡이를 이용하여 계단을 오를 때 : 지팡이 → 건강한 다리 → 마비된 다리 순서로 이동한다.

- 지팡이를 이용하여 계단을 내려갈 때 : 지팡이 → 마비된 다리 → 건강한 다리 순서로 이동한다

6. 이송 돕기　표준교재 305쪽

① 빠른 응급처치와 이차 손상 및 상태 악화의 방지를 위하여 대상자를 안전하게 이송하는 것을 돕는다.

② 순환 평가, 기도 확보, 호흡 평가를 실시하고 들것이나 기타 응급장비를 사용한다.

③ 이차 손상과 기존 상태 악화를 방지하기 위해 이송 순서와 계획을 수립한다.

④ 대상자에게 설명하여, 가능하면 이송 시에 대상자가 협조하게 한다.

⑤ 무리하게, 혼자서 대상자를 옮기려 하지 말고, 필요시 주변 사람에게 요청하여 도움을 받는다.

⑥ 대상자의 움직임을 최소로 하여 이송한다.

07 감염성 질환 예방

1. 감염   표준교재 306쪽

① 미생물이 몸속에 침입해 수가 증식한 것

② **감염이 발생한 부위** : 후끈후끈한 열감, 발적, 통증, 부종(붓는 것), 삼출액 증가

③ **호흡기계 감염** : 인후통, 기침, 객담, 호흡 곤란 등

④ **요로감염** : 하부복통, 배뇨통, 빈뇨, 잔뇨감, 급박뇨, 야뇨, 소변색의 변화, 악취가 심하게 나는 소변, 요도 분비물, 요도 소양감(가려움증), 발열, 오한, 옆구리 부위의 통증, 오심, 구토, 간혹 설사

⑤ **전신 증상** : 안면홍조(얼굴이 빨갛게 달아오름), 발열, 발진, 피곤, 의욕 상실, 두통, 근육통, 빈맥(100회 이상/분), 식욕 저하, 탈수 등

⑥ **탈수증상** : 심한 갈증, 소변 횟수 감소, 피곤함과 무기력함, 마른 피부와 혀, 정신의 혼동 등

2. 감염 예방 방법   표준교재 307쪽

1) 손 씻기

① 흐르는 미온수로 손을 적시고, 일정량의 항균 액체 비누를 바른다.

② 일반적인 바 형태의 고체 비누는 세균으로 감염될 수 있다.

③ 흐르는 온수로 비누를 헹구어 낸다.

④ 일회용 수건 등으로 손의 물기를 제거한다. 젖은 수건에는 세균이 서식할 수 있으니, 사용한 수건은 세탁하여 건조한 후 다시 사용한다.

2) 분비물 처리

① 배설물을 만질 때는 반드시 장갑을 착용한다.

② 오염된 세탁물은 장갑을 끼고 격리 장소에 따로 배출한다.

③ 가정에서는 배설물이 묻은 의류나 물건을 따로 세탁하거나 씻는다.

④ 대상자가 사용하는 물품에 혈액이나 체액이 묻었을 때 찬물로 닦고 더운물로 헹구며 필요시 소독해야 한다. 요양보호사의 손이 분비물로 오염되지 않도록 주의한다.

⑤ 배설물 처리 후에는 장갑을 착용하였더라도 물과 비누로 손을 씻는다.

3) 요양보호사 위생관리

① 철저한 위생관리를 통해 감염 위험으로부터 자신을 보호하고 대상자에게 감염전파 위험도 줄일 수 있다.

② 손을 자주 씻는다.

③ 피부가 트거나 갈라지면 세균이 자라기 쉬우므로 로션을 발라 보습한다.

④ 손톱밑은 균이 많으므로 손톱은 짧게 깎고 손을 자주 씻는다.

⑤ 가운이나 신발을 깨끗하게 유지한다.

⑥ 대상자와 접촉할 때는 분비물이 묻지 않게 주의한다.

⑦ 분비물에 오염된 물품은 정해진 곳에 버린다.

⑧ 필요시 보호 장구(마스크, 가운, 장갑 등)를 착용하고, 사용한 후에는 일회용 보호 장구는 재사용하지 말고 버린다.

4) 흡인 물품 관리

① 흡인은 음압을 이용하여 가래를 제거하는 것으로 감염과 출혈의 위험이 있다.

② 흡인은 의료인이 실시하는 것이 원칙이다.

② 가래가 담긴 흡인병은 분비물을 버리고, 1일 1회 이상 깨끗이 닦는다.

③ 한 번 사용한 카테터는 분비물이 빠질 수 있게 물에 담가 놓는다.

④ 흐르는 물에 카테터를 비벼 씻는다. 소독할 컵은 깨끗하게 씻는다.

⑤ 전용 냄비에 소독할 컵과 카테터를 넣고 충분히 잠길 정도의 물을 붓고 15분 이상 끓여서 소독한다.

⑥ 소독한 컵은 냄비 뚜껑을 닫은 채 물을 버린 후 건져서 자연 건조한다.

⑦ 카테터 등 고무 제품은 15분 이상 끓인 후 쟁반에 널어서 그늘에서 말린다.

⑧ 고무 제품을 햇볕에 말리면 변색, 갈라짐이 발생할 수 있다. 최근에는 일회용 카테터를 많이 사용한다

⑨ 사용한 물품은 깨끗이 씻어 소독한다.

08 복지용구 사용

1. 수동휠체어 　표준교재　 311쪽

1) 선정 시 고려 사항

① 표면이 거칠고, 딱딱한 쿠션은 욕창을 유발할 수 있다.

② 불안정한 휠체어는 뒤집어지거나 대상자가 낙상할 위험이 있고 손상을 초래한다.

③ 휠체어 표면의 날카로운 부분에 다쳐 감염되어 상처가 악화될 수 있으므로 날카로운 부분이 없어야 한다.

④ 휠체어의 안장 양쪽 끝이나 바퀴부위에 대상자의 옷이나 손가락이 낄 염려가 없어야 한다.

2) 사용 시 주의 사항

① 휠체어를 사용하지 않을 때는 반드시 잠금장치를 잠가둔다.

② 적정 공기압을 유지한다.

　• 타이어 뒷바퀴 공기압이 너무 낮으면 잘 굴러가지 않고 잠금장치 기능이 약해진다.

　• 공기압이 너무 높으면 진동 흡수가 잘 안 된다.

3) 소독 방법

① 소독용 알코올을 적신 천으로 깨끗하게 닦아 청결한 상태를 유지한다.

② 바퀴, 구동장치, 다리지지대, 발판 등은 청결한 물로 닦거나 물걸레질을 한다.

③ 가동 부분은 말린 후에 윤활 처리한다.

2. 욕창예방 매트리스   표준교재 314쪽

① 매트리스의 교대부양을 통해 압력을 분산하고 통풍을 원활하게 하여 욕창을 예방한다.

② 모터에서 만들어진 공기를 정해진 간격으로 매트리스에 전달하여 매트리스의 교대부양을 통해 압력을 분산한다.

1) 주의 사항

① 보온성, 통기성, 탄력성, 흡습성 등이 뛰어나야 한다.

② 모터와 매트리스는 호스로 연결되고, 욕창예방 매트리스를 감싼 보호 덮개가 있어야 한다.

③ 정상 동작을 확인하기 위해 손을 대상자의 등과 엉덩이 밑에 넣어 매트리스가 대상자를 부양하는지 확인한다. 하루에 한 번은 기구의 정상 동작을 확인한다.

④ 공기가 일정 간격으로 교대 주입 되었다가 배기되는지 확인한다.

⑤ 날카로운 물건이나 열에 닿으면, 매트리스가 터져서 공기압이 새어 나오므로 조심해야 한다.

⑥ 사용 중에는 대상자 이외의 다른 사람이 매트리스에 올라가지 않는다.

⑦ 열을 발산하는 제품(찜질기 등)과 함께 사용하지 않는다.

2) 소독 방법

매트리스 셀은 공기를 빼고 흐르는 물로 씻고 말리고, 커버는 흐르는 물로 씻거나 세탁해서 말린다.

3. 욕창예방 방석   표준교재 315쪽

① 장기간 휠체어 등에 앉아 있을 경우 발생할 수 있는 욕창을 예방하기 위하여 깔아두는 특수방석이다.

② 통풍이 잘 되고 세탁이 용이한 것을 선택한다.

③ 소독 방법

• 공기를 빼고 흐르는 물로 씻고 건조시킨다.

• 커버는 자주 세탁한다.

4. 침대   표준교재 315쪽

1) 선정 시 고려 사항

① 프레임은 견고해야 하며 녹이 나지 않아야 한다.

② 등 부위 또는 다리 부분이 높낮이를 조절할 수 있어야 한다.

③ 낙상 방지를 위해 침대난간이 부착되어야 한다.

④ 침대는 고정장치가 달린 바퀴, 수액병 거치대, 매트리스, 식탁을 갖추고 있어야 한다.

⑤ 크랭크 손잡이는 침대의 다리판 쪽에 위치해야 하며, 사용하지 않을 경우에는 안전을 위하여 안으로 들어가는 수납 방식이어야 한다.

2) 안전한 침대 사용법

① 낙상을 예방하기 위해 대상자가 침대 위에 있을 때는 항상 침대난간은 올려놓아야 한다.

② 대상자가 침대난간에 기대지 않게 해야 한다.

③ 침대와 침대난간을 고정하는 볼트 등을 항상 확인하여 흔들리지 않게 해야 한다.

④ 침대바퀴는 항상 고정되어 있어야 침대가 흔들려서 발생하는 낙상사고를 예방할 수 있다.

⑤ 부착된 식탁을 사용하지 않을 때는 안전하게 접어놓는다.

⑥ 침대 가까이에 있는 가구 또는 생활용품을 잡으려고 대상자가 손을 뻗어 넘어지는 경우가 있으므로 자주 사용하는 물건은 가까이 둔다.

5. 지팡이　표준교재 317쪽

1) 지팡이 선정 시 고려 사항

① 지팡이를 사용하는 쪽 발의 새끼발가락으로부터 바깥쪽 15cm지점에 지팡이로 바닥을 짚은 상태에서 팔꿈치를 20~30° 정도 구부린 높이가 좋다.

② 등이 굽어 있는 등 대상자의 자세에 문제가 있다면 걷는 자세나 사용법을 치료사에게 상담해야 한다.

③ 지팡이는 조금만 짧거나 길어도 걷기가 매우 불편하기 때문에 길이를 적절하게 맞출 필요가 있다.

2) 지팡이의 종류

한발 지팡이(T자형 지팡이)	네발 지팡이
• 작고 간단하고 가볍다. • 다른 보조도구와 비교하여 균형감각 등을 향상하는 데 좋다. • 지팡이 중 안정성은 가장 떨어진다.	• 대상자가 설 수 있어야 사용할 수 있다. • 일반 지팡이보다 기저면이 넓다 • 손이나 팔을 이용해서 체중을 지지하는 데 도움을 준다.

3) 사용 시 주의사항

① 지팡이 바닥 끝 고무의 닳은 정도를 수시로 확인해야 한다. 고무가 닳았을 경우 미끄러져 넘어질 수 있다.

② 지팡이 높이를 조절하여 대상자가 바른 자세로 이동하게 한다.

③ 지팡이 높이 조절용 버튼과 고정 볼트가 잘 고정되어 있는지 확인하여야 한다.

6. 성인용 보행기　표준교재 319쪽

1) 선정 시 고려 사항

① 체중을 지탱할 수 있는 안전한 구조여야 한다.

② 키에 맞춰 높이를 조절할 수 있어야 한다.

③ 손잡이는 미끄럼방지를 위한 재질이어야 한다.

④ 바퀴가 부착된 보행보조기에는 몸 앞 또는 좌우에 잡을 수 있는 손잡이가 있어야 한다.

⑤ 바퀴가 부착된 보행보조기에는 경우 잠금장치가 있어야 한다.

⑥ 의자 기능이 추가된 보행보조기는 탈부착형 수납공간을 갖추고, 바퀴의 회전 각도를 조절할 수 있는 기능이 있어야 한다.

⑦ 성인용 보행기를 사용하기 전에는 볼트 고정 상태를 확인하고, 휴식 시에는 반드시 잠금장치를 잠가야 낙상을 예방할 수 있다.

2) 성인용 보행기의 종류

일반 보행기	보행보조차(실버카)	보행차
• 대체로 안정성이 높다. • 팔과 손을 이용하므로 다리의 체중부하 없이 이동할 수 있다. • 느린 걸음으로 걸어야 한다.	• 다른 보행기에 비해 빠르게 걸을 수 있다. • 쉴 수 있는 의자와 간단한 물건을 담을 수 있는 바구니가 있다. • 잠금장치 손잡이가 있다. • 가장 불안정한 보행기이므로 보행기에 기댈 필요가 없는 균형감각이 있는 대상자에게 적합하다. • 손과 팔 지지대는 체중 지지 기능이 거의 없다. • 잠시 휴식할 때 앉을 곳이 필요한 대상자에게 적합하다.	• 체중을 지지하고 균형을 잡아준다. • 지팡이보다 안정적으로 걸을 수 있다. • 뒤로 잘 넘어지는 사람이나 뇌졸중으로 반신마비가 된 사람은 오히려 사용하지 않거나 사용에 신중해야 한다. • 지팡이로 걷는 연습을 하기 바로 전 단계에서도 사용한다.

3) 사용 시 주의 사항

① 보행기가 갑자기 꺾이면서 넘어지는 사고가 있으므로 각 부분이 고정이 잘 되어 있는지 반드시 확인한다.

② 대상자의 보행이 불안정할 때는 도움을 주는 사람이 항상 손을 뻗으면 닿을 수 있는 위치에 있어야 한다.

7. 이동변기   표준교재 321쪽

① 화장실까지 이동하기 어려운 대상자가 편리한 장소에서 쉽게 배설할 수 있게 해준다.

② 대소변 받이(변기통)는 탈부착하여 청소할 수 있어야 한다.

③ 편안히 오랫동안 앉아있을 수 있도록 팔걸이와 등받이가 있어야 한다.

④ 대상자의 무게를 충분히 견딜 수 있도록 튼튼해야 한다.

⑤ 가벼우므로 미끄러지거나 넘어짐에 주의해야 한다.

⑥ 사용 전 네 개의 다리가 지면에 완전히 고정되어 있는지 확인한다.

⑦ 변기 한쪽 손잡이만 잡고 일어서지 말아야 하며, 덮개에 기대지 않는다.

⑧ 좌변기 시트에 올라서지 않는다.

⑨ 변기통이 있는지 확인하고 사용한다.

8. 간이변기   표준교재 322쪽

① 사용 후 덮개로 간이소변기 입구를 막았을 때 오염물이 간이변기 외부로 누출되지 않아야 한다.

② 열탕으로 소독할 수 있도록 충분한 내열성이 있어야 한다.

③ 소변기는 소변량을 측정할 수 있도록 눈금이 있어야 하며, 소변색을 볼 수 있도록 흰색이거나 투명해야 한다.

④ 이동이 불편한 대상자가 침대 등에서 용변을 해결하기 위해 반듯이 누운 자세에서 사용한다.

⑤ 가정에서 사용할 때에는 높이가 낮은 플라스틱재의 소형변기를 사용하는 것이 좋다.

9. 안전손잡이 ▨표준교재▨ 322쪽

1) 선정 시 고려 사항

① **미끄럼방지** : 안전손잡이의 표면에 도장이 되어 있어야 함

② **돌출부** : 표면에 모든 사람에게 잠재적 위험이 되는 날카로운 돌출부 및 가장자리가 없어야 하며, 특히 시각 손상이 있는 대상자를 고려해야 함

③ **편리성** : 대상자가 이용할 때 쉽게 잡을 수 있어야 함

④ **안전성** : 안전손잡이에 고정 장치가 있을 경우, 고정 장치에 대상자가 다치는 위험이 없도록 별도의 고정 장치 덮개가 있어야 함

2) 사용 시 주의 사항

① 안전손잡이가 빠져서 넘어질 수 있으므로 사용 전 점검해야 한다.

② 벽과 안전손잡이 사이에 팔이 끼이면서 넘어져 골절되는 사례가 있으므로 주의해야 한다.

10. 목욕의자 ▨표준교재▨ 323쪽

① 앉는 면이 높지 않은 것이 좋다. 또한 등받이가 높게 되어 있고 팔걸이가 있으며, 기대어 앉아도 넘어지지 않는 안정적인 것이 좋다.

② 물에 녹슬지 않은 소재로서 엉덩이 부위는 미끄러지지 않는 재질로 되어 있어야 한다.

③ 의자 부분에 구멍이 있거나 홈이 파여 있어 물이 흐를 수 있어야 하며, 대상자 스스로 움직이는 것이 불편하므로 앉은 상태에서 회음부를 씻길 수 있도록 된 것이 더 좋다.

④ 움직임이 불편한 대상자는 스스로 움직이기를 두려워하여 무언가를 잡으려고 하므로 등받이와 팔걸이가 있어야 한다.

⑤ 목욕의자의 다리 밑부분은 미끄러지지 않는 재질이어야 한다. 다만, 바퀴가 부착된 목욕의자에는 모든 바퀴에 잠금장치가 있어야 한다.

⑥ 소재는 금속 또는 목재로 하여 대상자의 무게를 충분히 견딜 수 있도록 튼튼하게 만들어야 한다.

11. 자세변환 용구 ▨표준교재▨ 325쪽

1) 자세변환용 시트

① 신체 아래에 쉽게 깔고, 쉽게 사용할 수 있어야 한다.

② 시트의 겉감과 안감은 대상자가 쉽게 자세를 바꿀 수 있도록 마찰이 적은 재료여야 한다.

③ 대상자의 몸 아래에 깔았을 때 자세가 불편하지 않은 정도의 높이여야 한다.

2) 자세변환용 쿠션

① 쿠션에 부착된 지퍼는 대상자의 신체와 접촉되지 않도록 감춰져 있어야 한다.

② 내부 충전재가 커버 밖으로 나오지 않아야 하며, 너무 딱딱하지 않아야 한다.

③ 너무 미끄럽지 않아야 한다.

④ 커버를 분리해서 세척, 소독할 수 있고, 변색되지 않는 것이어야 한다.

12. 목욕리프트   표준교재 326쪽

① 물속에서 사용되므로 녹이 슬지 않는 재질이어야 한다.

② 편안한 자세로 목욕할 수 있도록 등받이 각도가 조절되어야 한다.

③ 높낮이가 자동으로 조정되어야 한다.

④ 대상자의 무게를 지탱할 수 있어야 한다.

⑤ 사용 시에 인체 및 주위에 유해함이 없고 안전한 구조여야 한다.

⑥ 감전예방을 위해 충전용 배터리만 목욕리프트의 전원으로 사용해야 한다.

13. 이동욕조   표준교재 326쪽

① 침대 위나 거실 등에서 편리하게 목욕할 수 있는 이동형 욕조이다.

② 접거나 공기를 빼서 보관할 수 있어 편리하다.

③ 조작이 간편해야 하며, 사용 중 쉽게 풀리지 않는 구조이어야 한다.

④ 공기주입 및 조립은 간단하고, 팽창한 상태에서 변형이나 흠이 없어야 한다.

⑤ 표면은 시각적 손상이 있는 사람, 일반적인 움직임에 어려움이 있는 대상자를 위하여 미끄럼방지가 되어있어야 한다.

14. 미끄럼방지 용품   표준교재 327쪽

① 거동이 불편한 대상자가 실내에서 미끄러져 넘어지면 중상을 입을 가능성이 높으므로 미끄럼을 방지하기 위해 사용한다.

② 미끄럼방지매트, 미끄럼방지테이프, 미끄럼방지양말, 미끄럼방지액 등이 있다.

③ 미끄럼방지매트를 사용할 때는 걸려 넘어지지 않도록 주의하여야 한다.

④ 미끄럼방지액은 욕실의 바닥에 물기를 완전히 제거한 후 골고루 발라 주어야 한다.

15. 요실금 팬티

① 일반 섬유 팬티에 방수패드가 부착된 형태이다.

② 세탁 후 반복 사용이 가능해 경제적이다.

16. 배회감지기 표준교재 328쪽

1) 배회감지기 종류

위성항법장치형(GPS) 배회감지기	매트형 배회감지기
• 위치추적 서비스로 치매증상이 있는 대상자의 위치를 컴퓨터나 핸드폰으로 가족이나 보호자에게 알려주는 장치 • 분실의 위험이 있으며, 물에 젖으면 오작동될 수 있음	• 침대 또는 바닥에 설치하여 대상자가 영역을 벗어날 경우 가족이나 보호자에게 소리 또는 빛, 문자 등으로 알림을 보내어 사전에 대상자의 움직임을 확인하게 하는 장치 • 밟거나 센서를 통과할 때 작동이 잘 되는지 수시로 점검이 필요함 • 매트가 밀리거나 매트에 걸려서 넘어질 수 있음

17. 경사로 표준교재 328쪽

① 휠체어를 이용하는 대상자의 이동성을 확보하고, 안전사고를 미연에 예방하기 위해 사용하는 이동식 경사로이다.

② 휴대용경사로 사용 시 추락 사고 예방을 위해 균형이 잘 이루어졌는지, 잘 고정되어 있는지, 파손된 곳은 없는지 등을 확인한다.

09 안전 관리

1. 낙상 표준교재 329쪽

1) 낙상 유발 위험 요인

① 보행 장애가 있는 질환을 앓고 있는 경우

② 기립성 저혈압이 있는 경우

③ 4가지 이상 약물을 복용하는 경우

④ 발에 이상이 있거나 적절한 신발을 착용하지 않는 경우

⑤ 집안에 낙상 위험 요인이 있는 경우

⑥ 집안이 정리가 안 되어 어지럽거나 전등이 희미한 경우, 보조기구(지팡이, 목발 등)들의 크기나 형태가 맞지 않을 때, 공간들의 디자인이 손상을 유발하도록 디자인 된 경우

2) 가정에서 낙상 예방 주의 사항

① 화장실의 타일바닥, 방과 거실의 장판, 마룻바닥에서 미끄러지지 않도록 주의해야 한다.

② 화장실에서 나올 때 물기가 있으면 바로 닦아 제거한다.

③ 변기 옆과 욕조 벽에 손잡이를 설치한다.

④ 화장실 문 앞 카펫이나 깔개는 밑부분에 미끄럼방지가 되어 있는 것을 사용한다.

⑤ 방이나 거실, 주방의 물기나 기름기 등을 바로 닦아 제거한다.

⑥ 부엌싱크대나 가스레인지 근처의 바닥에는 미끄러지지 않도록 고무매트를 깔아 놓는다.

⑦ 바닥 타일과 장판은 미끄럼방지 처리가 되어 있는 제품만을 사용한다. 욕조와 샤워실에는 미끄럼방지 스티커를 붙이거나 바닥 미끄럼방지 매트를 사용할 수 있다.

⑧ 가능하면 모든 방과 현관의 문턱을 제거한다.

⑨ 바닥에 전선, 물체, 헝겊, 수건, 이불, 박스, 높이가 낮은 가구 등이 있으면, 보행 시 발에 걸리적거리지 않게 치운다.

⑩ 침실, 욕실, 모서리 등을 어둡지 않게 한다.

⑪ 조명이 어둡거나 전구가 나가면 바로 교체하며, LED 등의 밝은 조명으로 교체한다.

⑫ 가급적 계단보다는 엘리베이터를 이용한다.

⑬ 계단 주위에는 물체나 장해물이 없도록 깨끗이 치우고, 조명을 밝게 한다.

⑭ 취침 시 침대높이를 최대한 낮춘다.

⑮ 침대에서 취침할 때 바로 옆에 바로 조명을 켤 수 있도록 준비해 둔다.

⑯ 침대는 난간이 있는 노인용 침대를 이용하여 난간을 올리고 취침하게 한다.

⑰ 갑자기 자세를 바꾸거나 움직이지 말고 천천히 움직이는 것을 생활화한다.

⑱ 발에 꼭 맞는 신발, 바닥에 미끄럼방지 처리가 된 신발을 신게 한다.

⑲ 욕실에서 신발을 신게 하고, 샤워기, 욕조의 안팎, 화장실 근처에 손잡이를 설치한다.

⑳ 발에 맞는 낮고 넓은 굽과 고무바닥으로 된 신발을 신고, 헐겁게 늘어지거나 긴 옷은 가구나 문고리 등에 걸릴 수 있으므로 피한다.

㉑ 현기증이나 정신 혼란을 일으킬 수 있는 약물의 복용은 피한다.

㉒ 균형을 유지하고 근력을 강화할 수 있는 운동을 하고 고관절 보호대를 착용한다.

3) 낙상 발생 시 돕는 방법

(1) 낙상 발생 후 일어날 수 없는 경우

① 119에 전화한다.

② 절대 뼈를 맞추거나 이동시키거나 움직이지 않게 하고 의료진이 올 때까지 대상자를 지킨다.

(2) 낙상 발생 후 일어날 수 있는 경우

① 대상자가 스스로 일어나게 해서는 안 되며 우선 호흡을 가다듬게 하고 진정시킨다.

② 일어나기를 시도하기 전에 대상자에게 다친 곳과 아픈 곳이 있는지를 먼저 확인한다.

③ 다음 순서대로 일어나기를 시도할 수 있도록 돕는다.

- 1단계 : 옆쪽으로 눕고 위쪽에 있는 다리를 구부린 후, 양 팔꿈치나 양손으로 몸을 일으킨다.
- 2단계 : 의자나 다른 튼튼한 가구에 양손을 올려놓고 몸을 당겨 무릎을 꿇게 한다.
- 3단계 : 물체를 잡은 상태에서 힘이 있는 쪽 다리를 앞으로 놓게 한다.
- 4단계 : 천천히 일으킨다.
- 5단계 : 조심스럽게 돌려서 앉힌다

2. 화재 표준교재 332쪽

1) 화재예방을 위한 습관

① 진화 요령, 화재 시 본인의 역할을 명확히 숙지하고 있어야 한다.

② 전열기구와 화기를 사용할 때 반드시 안전수칙을 준수한다.

③ 콘센트 하나에 여러 개의 전열기구 플러그를 꽂지 않는다.

④ 음식을 조리하는 중에는 주방을 떠나지 않는다. 특히 기름(식용유 등)을 사용하여 조리할 때는 주방을 떠나지 않는다.

⑤ 성냥, 라이터, 양초 등은 노인과 어린이의 손이 닿지 않게 보관한다.

⑥ 난로 곁에는 불이 붙는 물건을 치우고 세탁물 등을 널어놓지 않는다.

⑦ 소화기가 비치된 장소를 알아 두고 사용법을 익힌다.

⑧ 자리를 떠날 때는 전기, 가스, 석유, 전기기구 등이 꺼졌는지 확인한다.

⑨ 안전을 위해 사전점검을 생활화하고, 대피훈련을 철저히 한다.

2) 대피훈련 시 챙겨야 할 내용

① 대피방법과 대피해서 만나는 장소를 사전에 약속한다.

② 대피할 때 가져가야 할 중요 물건 목록을 작성하고 챙길 사람을 정한다.

③ 비상연락 전화번호와 연락할 사람을 정한다.

④ 문틈을 막을 때 필요한 청테이프 또는 수건을 준비한다.

⑤ 외부 대피 시 사용할 수건 등 물품을 준비한다.

3) 화재 시 대처하는 방법

① 연기나 불이 난 것을 보면 '불이야'라고 소리치거나 비상벨을 눌러 주변에 알린다.

② 불을 끌 것인지 대피할 것인지 판단한다.

③ 불길이 천정까지 닿지 않은 불이라면 소화기나 물양동이를 활용하여 신속히 끈다.

- 소화기를 실내에서 사용할 때는 밖으로 대피 할 때를 대비하여 문을 등지고 소화기 분말을 쏜다.
- 옷에 불이 붙으면 하던 일을 멈추고, 얼굴에 화상을 막고 연기가 폐로 들어가지 않도록 얼굴(특히, 눈, 코, 입)을 가리고 바닥에 뒹굴며 불을 끈다.

④ 계단을 이용해 이동한다(엘리베이터 사용 금지).

⑤ 아래층으로 대피할 수 없는 경우 옥상으로 대피한다. 옥상 출입문은 항상 열려있어야 한다.

⑥ 불 속을 통과해야 하는 경우 젖은 수건 등으로 코와 입을 감싸 뜨거운 공기가 코와 폐로 들어가지 않게 한다.

⑦ 뜨거운 연기는 천장으로 올라가고 차가운 공기는 아래로 내려오므로 최대한 자세를 낮춘다. 또한, 방문을 열기 전에 문 손잡이가 뜨거운지 확인한 뒤 만진다. 방을 나간 다음에 문을 닫아 두면 불과 연기가 퍼지는 속도를 늦출 수 있다.

⑧ 대피한 경우에는 바람이 불어오는 쪽에서 구조를 기다린다.

⑨ 연기가 방 안에 들어오지 못하도록 문 틈을 물에 적신 옷이나 이불로 막는다.

⑩ 연기가 많은 경우 기어서 이동하되 배는 바닥에 닿지 않게 한다.

⑪ 야간 화재 시 실내가 컴컴하여 방향을 알기 힘들므로 한 쪽 손으로 벽을 짚고, 조심스럽게 발을 옮겨 밖으로 나간다. 벽을 짚은 손을 바꾸면 오히려 더 깊은 실내로 들어갈 수 있으므로 벽을 짚은 손을 바꾸지 않는다.

3. 수해와 태풍　표준교재 334쪽

1) 수해 발생 시 대처방법

① 평소에 유사시 대피 경로, 본인의 역할 등을 명확히 숙지하고 있어야 한다.

② 물이 집 안으로 흘러 들어오는 경우 모래주머니 등을 사용하여 막는다.

③ 상수도의 오염에 대비하여 욕조에 물을 받아 둔다.

④ 필요시 전기차단기를 내리고 가스 밸브를 잠근다.

⑤ 물이 빠진 후에는 새어 나온 가스가 집 안에 축적되어 있을 수 있으므로 성냥불이나 라이터를 사용하지 말고, 창문을 열어 환기를 한다.

⑥ 가스와 전기는 기술자의 안전조사가 끝난 후 사용한다.

⑦ 홍수로 밀려온 물에 몸이 젖었을 때는 비누를 이용하여 깨끗이 씻는다.

2) 태풍 발생 중 대처 방법

① 침수가 우려되는 경우 지하에서 나온다.

② 실내에서는 출입문과 창문을 모두 닫고 잠근다. 일단 창문을 모두 닫은 후에는 창문에서 최대한 떨어진 곳에 머문다.

③ 가스 누출 2차 피해가 생길 수 있으므로 가스는 잠가두고, 폭우가 심할 경우 감전 위험이 있으므로 전기 제품도 가급적 쓰지 않는다.

④ 차량 이동 중이라면 속도를 줄인다.

⑤ 하천변, 산길, 공사장, 가로등, 신호등, 전신주 근처, 방파제 옆으로 이동하지 않는다.

4. 지진　표준교재 336쪽

① 지진으로 흔들리는 동안은 탁자 아래로 들어가 몸을 보호하고, 탁자 다리를 꼭 잡는다.

② 흔들림이 멈추면 전기와 가스를 차단하고, 문을 열어 출구를 확보한다.

③ 건물 밖으로 나갈 때는 계단을 이용하여 신속하게 이동한다(엘리베이터 사용 금지).

④ 건물 밖에서는 가방이나 손으로 머리를 보호하며 건물과 거리를 두고 주위를 살피며 대피한다.

⑤ 떨어지는 물건에 유의하며 신속하게 운동장이나 공원 등 넓은 공간으로 대피한다.

⑥ 라디오나 공공기관의 안내 방송 등 올바른 정보에 따라 행동한다.

⑦ 지진 시에는 크고 견고한 구조물 옆이나 아래로 대피해야 생존 가능성이 높아진다.

5. 정전　표준교재 337쪽

① 정전에 대비해 손전등을 미리 준비해 둔다.

② 전기기기(전열기, 난방기, 에어컨 등)를 한 번에 많이 사용하면 정전과 화재의 원인이 될 수 있으므로 동시 사용을 자제하고 별도의 전용 콘센트를 사용한다.

③ 정전이 된 때는 누전차단기의 이상 유무를 확인한다.

④ 정전이 복구된 후에는 가전제품을 플러그에 하나하나 순서대로 꽂는다. 시간 간격을 조금씩 두고 실시해야 과전류에 위한 손상을 일으키지 않는다.

⑤ 냉동식품을 점검한다. 식품이 얼어있는 상태라면 재냉동이 가능하지만 고기 등의 빛깔이 변했거나 냄새가 난다고 판단되면 버린다.

6. 전기사고 　표준교재 338쪽

① 의료기기는 반드시 접지용 3핀 플러그를 사용한다.

② 물은 전기를 쉽게 전도시키므로 습기가 있는 곳에서는 가급적 전기 기구를 사용하지 않아야 안전하다. 단, 전기가 꼭 필요한 세면대, 욕조, 샤워장 등에서는 콘센트에 보호용 커버를 씌워 사용한다.

③ 전기기구 물품 세척 시나 수선 시에는 절대 전기를 연결하지 않는다.

④ 만일 전기 쇼크를 입으면 전류가 차단될 때까지 다른 사람이 닿지 않도록 해야 한다.

⑤ 장기요양기관에서 전기 사고를 줄이기 위하여 직원과 요양보호 대상자에게 안전교육을 해야 한다.

⑥ 인공호흡기나 흡인기를 사용하는 대상자가 있는 장기요양기관은 정전에 대비하여 보조전원장치를 마련해 두어야 한다.

01 신체활동 지원 실전 예상문제

+ 해설

1 대상자 중심 요양보호

01 다음에서 설명하는 요양보호의 방법으로 옳은 것은?

> 질병보다 사람을 중심으로 돌보아야 한다는 원칙하에 대상자의 존엄성을 지켜주고, 대상자의 선호도, 가치관에 맞는 개별화된 돌봄을 제공하며, 대상자의 시각을 존중하고, 대상자에 대한 부정적 인식을 갖지 않는 것이다.

① 요양사 중심 돌봄
② 인간 중심 돌봄
③ 치료 중심 돌봄
④ 효율 중심 돌봄
⑤ 보호자 중심 돌봄

01

표준교재 218쪽

02 대상자 중심 요양보호에서 대상자를 대하는 원칙으로 옳지 않은 것은?

① 무엇이든 강제로 하지 않는다.
② 수면을 방해하지 않는다.
③ 억제대를 사용하지 않는다.
④ 겨드랑이를 잡아 올리지 않는다.
⑤ 규칙적인 생활을 하도록 돕는다.

02

표준교재 218~219쪽

정답 01 ② 02 ⑤

03 대상자 중심의 요양보호로 적절한 것은?

① 대상자가 자는 동안 기저귀가 젖었는지 이불을 들춰 확인한다.
② 편한 이동을 위해 가능한 걷지 않고 휠체어로 이동한다.
③ 낙상 방지를 위해 억제대를 착용한다.
④ 자세를 바꿀 때는 겨드랑이를 잡아 올린다.
⑤ 힘들더라도 화장실에서 소변을 볼 수 있도록 유도한다.

03
⑤ 대상자의 잔여 능력을 최대한 사용할 수 있도록 서비스를 제공한다.

표준교재 219쪽

04 억제대를 하지 말아야 하는 이유로 적절하지 않은 것은?

① 자세변환이 힘들어 욕창이 잘 생긴다.
② 근육을 움직이지 않아 근력이 떨어진다.
③ 심장 기능이 저하된다.
④ 관절이 부드러워진다.
⑤ 골다공증이 생기거나 악화된다.

04
④ 관절이 굳는다. 그 외, 억제대를 하면 인지 기능도 저하된다.

표준교재 219쪽

05 대상자를 대면하는 방법으로 옳지 않은 것은?

① 상대방과 가까운 거리의 정면에서 같은 눈높이로 한참 동안 바라본다.
② 대상자가 돌아누워 시선을 피하면 침대와 벽 사이에 틈을 만들어서라도 눈을 맞추며 "제 눈을 봐주세요"라고 요청한다.
③ 상대방과 가까운 거리의 정면에서 같은 눈높이로 최소 1초 이상 눈을 맞추며 상대를 본다.
④ 대상자에게 서비스를 제공할 때 옳은 방법으로 눈을 맞추며 보아야 한다.
⑤ 말을 건네면 적대적으로 느낄 수 있으므로 2초 이상 대상자의 눈을 응시한다.

05
⑤ 쳐다보기만 하면 적대적으로 느낄 수 있으므로 눈을 맞추고 나서 2초 이내에 인사하거나 말을 건넨다.

표준교재 220쪽

06 다음 중 대상자에게 말하는 방법으로 옳은 것은?

① 대상자가 졸고 있을 때는 침대판을 두드려 대상자를 깨운 뒤 말을 시작한다.
② 아무 말도 안 하는 대상자에게는 말을 걸지 않는다.
③ 행동교정을 위해서는 부정형으로 이야기해야 한다.
④ 한 가지 표현을 이해하지 못하면 다시 한 번 똑같이 이야기한다.
⑤ 무언가 이야기를 한 후 바로 행동으로 옮기지 못하면 다시 이야기한다.

06
② 아무 말도 안 하는 대상자에게도 말을 건다.
③ 항상 긍정형 문장으로 이야기한다.
④ 한 가지 표현을 이해하지 못하면 표현을 바꾸어 다시 이야기한다.
⑤ 무언가 이야기를 한 후 최소 3초 이상 기다려줘야 한다.

표준교재 220~221쪽

정답 **03** ⑤ **04** ④ **05** ⑤ **06** ①

07 다음 중 대상자를 만지는 방법에 대한 설명으로 옳지 않은 것은?

① 손끝이 아니라 손바닥 전체를 이용해 접촉한다.
② 절대 급격한 행동으로 붙잡거나 하면 안 된다.
③ 밑에서 받치는 것이 아니라 꽉 붙잡아야 한다.
④ 상냥하게 웃으며 감싸듯하여 대상자의 피부와 넓은 면적이 닿게 만져야 한다.
⑤ 손가락만으로 잡으면 잡기 싫지만 어쩔 수 없이 잡고 있다는 느낌을 준다.

07
③ 대상자를 만질 때는 붙잡지 않고 천천히 밑에서부터 받쳐 살짝 힘을 주는 것이 좋다.

표준교재 221쪽

08 대상자를 일어서게 하는 것에 대한 설명으로 옳지 않은 것은?

① 하루 최소 20분 정도는 일부러라도 서있거나 일어서서 걷도록 도와야 한다.
② 일어서기는 뼈와 관절에 힘을 가해 골다공증에 도움이 된다.
③ 서서 움직이는 동안 기분 좋은 이야기를 하며 격려해야 한다.
④ 최대한 가까이에서 부축해서 일어서게 해야 한다.
⑤ 2~3분이라도 서 있을 수 있는 대상자라면 세수하는 동안이라도 서 있게 해야 한다.

08
느리더라도 부축하지 말고 가급적 혼자 움직이게 해야 한다. 부축하거나 도움을 줄수록 대상자의 몸은 그만큼의 근력과 신체 능력만 남기 때문이다. 손이 닿을 수 있는 만큼만 떨어져서 대상자가 혼자 하는 것을 지켜보며 기다리는 것이 가장 좋은 요양보호이다.

표준교재 222쪽

09 일어서기의 장점으로 옳은 것은?

① 폐활량 감소   ② 골격근의 근력 저하
③ 혈액순환 감소   ④ 골다공증 예방
⑤ 체력 저하

09
일어서기의 장점
• 골격근의 근력 유지에 좋다.
• 뼈와 관절에 힘을 가해 골다공증에 도움이 된다.
• 순환기를 자극하여 혈액 순환에 도움이 된다.
• 호흡기를 자극하여 폐활량에 도움이 된다.

표준교재 222쪽

정답 **07** ③ **08** ④ **09** ④

2 식사 및 영양 관리

★★★

01 섭취 요양을 도울 때 신경써야 할 것으로 가장 적절한 것은?

① 대상자의 소화능력을 고려해야 한다.
② 정확한 시간에 음식을 제공하여야 한다.
③ 대상자가 요구하는 음식만 제공해 주어야 한다.
④ 보호자가 제공하는 음식을 섭취하도록 해야 한다.
⑤ 대상자에게 바른 식사 습관을 가르쳐주어야 한다.

★★★

02 섭취 요양보호 시에 최우선적으로 주의 깊게 관찰할 내용은?

① 손을 씻었는지 관찰해야 한다.
② 얼마나 맛있게 드시는지 관찰해야 한다.
③ 선호 음식과 비선호 음식을 관찰해야 한다.
④ 방의 온도나 습도가 적절한지 관찰해야 한다.
⑤ 사레, 구토, 청색증 등이 나타나는지 관찰해야 한다.

03 노인의 영양상태를 관찰하는 이유로 가장 옳은 것은?

① 식사방법을 알기 위함이다.
② 질병의 진단을 돕기 위함이다.
③ 대상자의 요구를 파악하기 위함이다.
④ 좋아하는 음식을 제공하기 위함이다.
⑤ 건강 위험 요인을 파악하기 위함이다.

04 다음 중 영양부족 위험요인으로 알맞은 것은?

① 연하곤란　　　　② 상처회복
③ 배변양상변화　　④ 너무 적은 식사량
⑤ 마르고 약해 보임

05 영양부족의 지표로 알맞은 것은?

① 체중감소　　　　② 약물사용
③ 만성질환　　　　④ 사회적 고립
⑤ 알코올 중독

해설

01
- 대상자의 식사 습관과 소화능력을 고려한다.
- 즐겁고 편안한 식사가 되도록 한다.
- 환경을 청결히 정리한다.
- 대상자를 요구를 반영한다.

　　표준교재 **223쪽**

02
요양보호사는 대상자가 식사하는 동안 사례, 구토, 청색증 등 이상이 나타나는지 주의 깊게 관찰하고 대처해야 한다.

　　표준교재 **223쪽**

03
영양상태 관찰을 통해 대상자의 건강 위험 요인을 파악하고 균형잡힌 식사를 도울 수 있다.

　　표준교재 **223쪽**

04
영양부족의 위험요인
너무 적은 식사량, 영양적으로 불균형적인 식사, 약물사용, 고령, 급성 또는 만성질환, 사회적 고립, 빈곤, 우울, 알코올 중독
　　표준교재 **223쪽**

05
영양부족의 지표
체중감소, 신체기능저하, 마르고 약해 보임, 식욕부진, 오심, 연하곤란, 배변양상 변화, 피로, 무감동, 인지장애, 상처회복, 지연, 탈수
　　표준교재 **223쪽**

정답　**01** ①　**02** ⑤　**03** ⑤　**04** ④　**05** ①

➕ 해설

06 영양부족 위험요인과 영양부족 지표가 서로 틀리게 연결된 것은?

① 영양부족 지표 – 고령
② 영양부족 지표 – 상처회복
③ 영양부족 위험요인 – 사회적 고립
④ 영양부족 지표 – 마르고 약해 보임
⑤ 영양부족 위험요인 – 너무 적은 식사량

06

표준교재 **223쪽**

07 다음 중 식사관찰의 내용으로 옳은 것은?

① 24시간 금식을 해 보게 한다.
② 24시간 식사일지를 쓰게 한다.
③ 좋아하는 음식을 다 기록하라고 한다.
④ 싫어하는 음식을 다 기록하라고 한다.
⑤ 먹고 싶은 음식을 다 기록하라고 한다.

07
• 대상자가 좋아하는 음식과 식습관을 파악한다.
• 24시간 동안 대상자의 식사시간, 섭취한 음식의 종류와 양을 기록하게 한다.

표준교재 **224쪽**

08 다음 중 식사관찰의 내용으로 옳은 것은?

① 식재료를 잘 관찰해 보아야 한다.
② 잘 삼키는지 관찰한다.
③ 대상자 가족들에 대한 정보를 알아야 한다.
④ 혼자서도 잘 드실 수 있도록 해 주어야 한다.
⑤ 식사 시간에는 되도록 자리를 비켜주어야 한다.

08
잘 삼키는지, 식사 중 음식물이 호흡기로 넘어가는지, 기침을 하는지 등을 관찰해야 한다.

표준교재 **224쪽**

09 식이의 종류에 대한 설명이 바르게 연결된 것은?

① 잘게 썬 음식 – 잘게 썰어도 삼키기 힘든 대상자
② 경관유동식 – 의식이 없고 삼키는 능력이 없을 때
③ 일반식 – 삼키는데 문제가 없고 씹기는 어려울 때
④ 갈아서 만든 음식 – 삼키는 능력이 없고 의식장애가 있을 때
⑤ 경구유동식 – 치아에 문제가 없고 소화를 잘 시킬 수 있을 때

09
• 일반식은 치아에 문제가 없고 소화를 잘 시킬 수 있는 대상자에게 제공한다.
• 잘게 썬 음식은 치아가 적어 씹기가 어렵지만 삼키는 데 문제가 없는 대상자에게 제공한다.
• 갈아서 만든 음식은 잘게 썰어도 삼키기 힘든 대상자에게 제공한다.

표준교재 **224~225쪽**

10 수분이 많은 미음 형태의 음식이 아닌 것은?

① 유동식
② 경구유동식
③ 경관유동식
④ 일반식
⑤ 비위관영양식

10

표준교재 **224~225쪽**

정답 06 ① 07 ② 08 ② 09 ② 10 ④

★★★

11 식사지원 시의 대상자의 자세로 적절한 것은?

① 머리를 똑바로 세우도록 해야 한다.
② 입이 목보다 아래쪽에 있도록 해야 한다.
③ 의자에 앉을 때는 앞쪽으로 나와 앉게 한다.
④ 의자의 높이는 발바닥이 바닥에 닿을락 말락 할 수 있어야 한다.
⑤ 식탁의 높이는 의자에 앉았을 때 식탁의 윗부분이 대상자의 팔꿈치가 가장 좋다.

12 대상자의 턱을 앞으로 숙이게 하고 식사지원을 해야 하는 이유로 맞는 것은?

① 숨이 차는 것을 예방하기 위하여
② 식탁이 더럽혀지는 것을 막기 위하여
③ 음식물이 기도로 넘어가는 것을 방지하기 위해
④ 턱을 앞으로 숙여야 허리가 바로 펴지기 때문에
⑤ 머리를 들고 식사할 경우에 피곤함이 가중되기 때문에

13 의자에 앉아서 식사할 때의 올바른 식사는?

① 식탁의 높이는 횡경막에 두도록 한다.
② 일어나기 쉽게 의자 앞쪽으로 걸쳐 앉는다.
③ 팔을 올렸을 때 편안한 자세를 취하도록 해 준다.
④ 휠체어는 식탁에 부딪히지 않도록 멀찌감치 거리를 유지한다.
⑤ 의자는 식탁에 붙여 대상자가 꼭 끼일 수 있도록 하여 움직이지 않게 한다.

14 약간의 균형 잡기가 가능한 대상자를 침대에 걸쳐 앉혀 식사 돕기를 할 때의 방법으로 가장 옳은 것은?

① 반드시 허리를 반듯하게 하도록 한다.
② 엉덩이를 침대 끝에 걸쳐 앉도록 한다.
③ 왼쪽이나 오른쪽 또는 앞뒤에 쿠션을 대준다.
④ 될 수 있으면 긴 시간을 앉아 있을 수 있게 한다.
⑤ 자유롭게 일어날 수 있도록 보조테이블의 잠금장치를 풀어둔다.

 해설

11
• 의자에 앉을 때는 안쪽 깊숙이 앉게 한다.
• 의자의 높이는 발바닥이 바닥에 닿을 수 있는 정도여야 한다.
• 머리를 앞으로 숙여야 입이 목보다 아래쪽에 있어 음식물이 기도로 넘어가는 것을 막는다.

표준교재 **225쪽**

12
③ 머리를 앞으로 숙여야 입이 목보다 아래쪽에 있게 되어 음식물이 기도로 넘어가는 것을 막는다.

표준교재 **227쪽**

13
의자에 깊숙이 앉고 식탁에 팔꿈치를 올릴 수 있도록 의자를 충분히 당겨주어 자연스럽게 식사하도록 한다. 식탁의 높이는 대상자가 의자에 앉았을 때 식탁의 윗부분이 대상자의 배꼽 높이에 오는 것이 가장 좋다.

표준교재 **226쪽**

14
대상자가 어느 정도 균형을 잡을 수 있으면 침대에 걸쳐 앉아 식사할 수 있다. 이때 넘어지지 않도록 왼쪽이나 오른쪽 또는 앞뒤에 쿠션을 대준다.

표준교재 **227쪽**

정답 **11** ② **12** ③ **13** ③ **14** ③

＋ 해설

15 대상자를 침대에 걸쳐 앉힐 때 돕는 방법으로 옳지 않은 것은?

① 발이 완전히 바닥에 닿아야 안전하다.
② 발이 바닥에 닿지 않으면 받침대를 받쳐 준다.
③ 온전히 앉을 수 있는 사람만 침대에 걸쳐 앉힐 수 있다.
④ 넘어지지 않도록 왼쪽이나 오른쪽 또는 앞뒤에 쿠션을 대 준다.
⑤ 어느 정도 균형을 잡으면 침대에 걸쳐 앉아 식사할 수 있게 해 준다.

16 침대 머리를 올린 자세에서의 식사 돕기로 옳지 않은 것은?

① 침대를 약 30~60° 높인다.
② 머리를 약간 앞으로 숙인다.
③ 턱을 목 쪽으로 당기도록 한다.
④ 침대를 직각으로 세워서 식사하도록 한다.
⑤ 침대에서 일어나거나 앉을 수 없는 경우에 한다.

17 편마비 대상자의 식사 돕기로 옳지 않은 것은?

① 건강한 쪽을 밑으로 가게 한다.
② 약간 옆으로 누운 자세를 취한다.
③ 마비된 쪽이 밑으로 가게 한다.
④ 마비된 쪽을 베개나 쿠션으로 지지한다.
⑤ 안정된 자세를 취하게 한 후 음식을 제공한다.

18 식사 돕기의 기본원칙으로 옳지 않은 것은?

① 식사 전 움직이도록 한다.
② 불편한 점이 있는지 살핀다.
③ 식사 전 균형 잡힌 식사 여부를 확인한다.
④ 식사 전 밖에 나가 맑은 공기를 마시면 식욕이 좋아진다.
⑤ 입맛이 없는 경우엔 식사 제공을 멈추고 입맛이 돌기까지 기다려준다.

19 식사 돕기 시 사레를 예방하는 방법으로 옳지 않은 것은?

① 먼저 목을 축이고 음식을 먹도록 한다.
② 상체를 약간 숙이고 턱을 당기는 자세가 좋다.
③ 완전히 삼켰는지 확인한 다음에 음식을 넣어준다.
④ 앉을 수 없는 경우는 몸의 윗부분을 높게 해 주어야 한다.
⑤ 식사 중 불편한 것을 확인하기 위하여 질문을 하면서 돕는다.

15
③ 대상자가 어느 정도 균형을 잡을 수 있으면 침대에 걸쳐 앉아 식사할 수 있다.

표준교재 227쪽

16
침대에서 일어나거나 앉을 수 없는 경우에는 침대를 약 30~60° 높인다. 이때 머리를 앞으로 약간 숙이고 턱을 당기면 음식을 삼키기가 쉬워진다.

표준교재 227쪽

17
③ 편마비 대상자는 건강한 쪽을 밑으로 하여 약간 옆으로 누운 자세를 취한다. 건강한 쪽이 밑으로 가야 안정감이 있고 지지가 된다.

표준교재 227쪽

18
⑤ 입맛이 없는 경우에는 다양한 음식을 조금씩 준비하여 반찬의 색깔을 보기 좋게 담아내 식욕을 돋운다.

표준교재 228쪽

19
⑤ 음식을 먹고 있는 도중에는 대상자에게 질문을 하지 않는다.

표준교재 228쪽

정답 15 ③ 16 ④ 17 ③ 18 ⑤ 19 ⑤

20 사레를 예방하는 방법으로 옳은 것은?

① 상체를 뒤로 젖히도록 한다.
② 턱을 위쪽으로 드는 자세를 취하도록 한다.
③ 음식을 먹기 전에는 물을 먼저 주지 않도록 한다.
④ 의자에 앉을 수 없는 대상자는 몸의 윗부분을 높게 해 준다.
⑤ 음식을 먹는 도중에는 맛이 어떤지 물어보아 욕구를 맞춰준다.

21 식사 돕기 시 요양보호사의 업무로 맞지 않는 것은?

① 환기를 시키고 조명은 밝게 한다.
② 식사 전 배설여부를 확인해야 한다.
③ 최대한 스스로 먹을 수 있도록 격려한다.
④ 입맛을 돋우는 방법으로 음식의 종류를 알려주는 것도 좋다.
⑤ 누워있는 대상자들은 움직이지 않도록 하고 도와주도록 한다.

22 식사 돕기 전에 요양보호사의 준비로 적절한 것은?

① 환기를 시키고 조명을 약간 어둡도록 한다.
② 대상자가 직접 식사하지 않도록 도울 준비를 완벽하게 한다.
③ 식사 전에는 냄새가 날 수 있으므로 배설 돕기를 하지 않는다.
④ 대상자의 상태에 맞춰 최대한 스스로 음식을 먹을 수 있도록 격려한다.
⑤ 어떤 음식이 나올지 알면 호기심을 반감되므로 알려지지 않도록 주의한다.

23 식사를 돕는 방법으로 가장 적절한 것은?

① 음식물을 삼키기 전에 다음 음식물을 넣어준다.
② 머리를 올려야 하는 경우는 벽을 향해 눕도록 한다.
③ 누워있는 상태의 대상자는 자세를 변경하지 않는 것이 좋다.
④ 음식물을 삼키기 쉽게 식사 전에 물을 한 모금 마시게 한다.
⑤ 앉을 수 있는 대상자는 침대를 45°까지 올려서 비스듬히 앉도록 한다.

24 식사돕기의 준비물품으로 적절한 것은?

① 스크린   ② 혈압계
③ 체온계   ④ 스탠드
⑤ 앞치마

해설

20
• 가능한 앉은 자세를 취해준다. 이 때 상체를 약간 앞으로 숙이고 턱을 당기는 자세가 좋다.
• 의자에 앉을 수 없는 대상자는 몸의 윗부분을 높게 해 주고 턱을 당긴 자세를 취해 준다.

표준교재 **228쪽**

21
• 환기시키고 조명을 밝게 한다.
• 배설여부를 확인하고 적절하게 조처한다.
• 어떤 음식이 나왔는지 대상자에게 알려주어 입맛을 돋운다.

표준교재 **228~230쪽**

22

표준교재 **229쪽**

23
• 머리를 올리기 어려운 경우엔 옆으로 눕히고 얼굴은 요양보호사를 보게 한다.
• 음식물을 삼키기 쉽게 식사 전에 물을 한 모금 마시게 한다.

표준교재 **230쪽**

24
식사 돕기 준비물품
물수건 또는 휴지, 젓가락, 숟가락, 포크, 빨대, 꺾인 빨대, 그릇, 앞치마, 턱받침, 자세 지지를 위한 베개, 뚜껑달린 물컵, 칫솔, 기타 식사 보조도구 표준교재 **229쪽**

정답 **20** ④ **21** ⑤ **22** ④ **23** ④ **24** ⑤

+ 해설

25 편마비가 있는 대상자의 식사 돕기 중에 유의해야 할 사항은?

① 연하장애 여부를 관찰한다.
② 찹쌀떡이나 떡국으로 음식을 준비한다.
③ 상처 예방을 위해 빨대 사용은 금지한다.
④ 국물이 있는 음식은 될 수 있으면 금지한다.
⑤ 체력소모 방지를 위해 식후엔 재빨리 눕히도록 한다.

25
편마비가 있는 대상자는 연하장애를 일으키기 쉬우므로 식사 중 관찰을 소홀히 하지 않는다.

표준교재 230쪽

26 편마비 대상자의 식사 돕기 시에 요양보호사의 업무로 맞지 않는 것은?

① 빨리 삼키도록 대상자를 재촉해서는 안 된다.
② 숟가락 끝부분을 입술 옆쪽에 대고 음식을 제공한다.
③ 빨대를 사용해야 할 경우에는 손으로 컵을 들도록 한다.
④ 편마비가 있는 대상자는 연하장애를 일으키기 쉬우므로 잘 관찰한다.
⑤ 국물을 빨아 마실 수 있는 용기에 옮기거나 구부러지는 굵은 빨대를 이용한다.

26
빨대를 사용해야 할 경우 손가락 사이에 빨대를 고정시킨 후 대상자 입에 물린다. 국물은 빨아 마실 수 있는 용기에 옮기거나 구부러지는 굵은 빨대를 이용하여 스스로 마시게 한다.

표준교재 230쪽

27 편마비 대상자의 식사 돕기 시에 유의할 사항으로 옳지 않은 것은?

① 빨리 삼키도록 대상자를 재촉해서는 안 된다.
② 가능하다면 식사 후 30분 정도 앉아 있도록 한다.
③ 한 번 음식을 먹을 때마다 다 삼켰는지 입안을 확인한다.
④ 마비된 쪽의 입가에 흐르는 음식물은 자연스럽게 닦아준다.
⑤ 대상자가 요구하는 것이 있으면 옆에 지켜보고 있다 도와준다.

27

표준교재 229~231쪽

28 스스로 식사하는 대상자를 지켜보는 방법으로 옳은 것은?

① 천천히 식사할 수 있도록 환경을 조성해 주어야 한다.
② 자율성이 훼손될 수 있으므로 모든 것을 스스로 할 수 있도록 한다.
③ 물은 사레를 유발할 수 있으므로 요구하지 않으면 주지 않도록 한다.
④ 지켜보는 것은 부담스러울 수 있으므로 가능한 한 혼자 식사할 수 있도록 한다.
⑤ 편식으로 인해 영양부족 상태가 될 수 있으므로 좋아하는 반찬만 제공하도록 한다.

28
· 스스로 식사할 수 있는 대상자라도 식사하는 동안 사레가 들리지 않는지, 불편한 점은 없는지 관찰해야 한다.
· 편식하는 대상자는 반찬을 골고루 먹도록 격려한다.
· 식사 중 대상자가 요구하는 것이 있으면 옆에서 지켜보고 있다가 도와준다.

표준교재 231쪽

정답 **25** ① **26** ③ **27** ③ **28** ①

29 노인 대상자에게 찹쌀떡이나 떡국 같은 음식을 주면 안 되는 이유로 맞는 것은?

① 탄수화물이 높기 때문에
② 목에 걸릴 수 있기 때문에
③ 신선한 채소를 공급하기 위해서
④ 단백질 섭취를 높여야 하기 때문에
⑤ 치아가 좋지 않아 씹기 곤란하기 때문에

30 경관영양을 하는 경우로 맞지 않는 것은?

① 삼키기 힘든 경우
② 입으로 식사를 할 수 없는 경우
③ 의식이 없거나 혼수에 빠진 경우
④ 감기가 심하여 기침을 하는 경우
⑤ 음식을 먹기 힘들 정도로 부상이 있는 경우

31 구멍이 있는 긴 관을 한쪽 코를 통해 위까지 넣어 영양을 제공하는 것은?

① 경구영양   ② 유동영양
③ 경관영양   ④ 미음영양
⑤ 액체영양

32 의식이 없는 대상자에게 식사 전과 마친 후에 알려야 하는 이유로 가장 적절한 것은?

① 청각기능은 남아 있어 알아 들을 수 있기 때문에
② 대상자에게 일을 알려야 하는 의무가 있기 때문에
③ 정해진 업무를 수행했다는 것을 알려야 하기 때문에
④ 요양보호사의 업무가 시간을 지켜야 하는 업무이기 때문에
⑤ 일의 시작과 마침을 알려야 다른 요양보호사가 알 수 있기 때문에

33 경관영양의 대상에 해당하는 것은?

① 식사를 거부하는 경우
② 대상자가 원하는 경우
③ 기침이 심하고 목이 부은 경우
④ 보호자들이 영양액을 가져와서 요청하는 경우
⑤ 수술을 했거나 마비가 있어 음식을 삼킬 수 없는 경우

해설

29

표준교재 230쪽

30
경관영양을 하는 경우
• 대상자가 의식이 없거나 혼수에 빠진 경우
• 얼굴, 목, 머리부위에 음식을 먹기 힘들 정도로 부상(손상)이 있거나 수술했을 때 또는 마비가 있을 때
• 삼키기 힘들 때
표준교재 231쪽

31
경관영양
구멍이 있는 긴 관을 한쪽 코를 통해 위까지 넣어 영양을 제공하는 것으로, 입으로 식사를 할 수 없고 영양공급이 불충분할 때 영양을 공급하는 방식임
표준교재 231쪽

32

표준교재 231쪽

33

표준교재 231쪽

정답 29 ② 30 ④ 31 ③ 32 ① 33 ⑤

★★★

34 경관영양 돕기에 대한 설명으로 가장 적절한 것은?

① 영양주머니는 매번 삶아 소독해야 한다.
② 식사 시작은 알리고 마침은 조용히 물린다.
③ 비위관은 반창고 등으로 붙이면 상처가 날 수 있어 금한다.
④ 영양액은 유효기간이 하루 지난 것부터 빨리 사용해야 한다.
⑤ 의식이 없는 대상자라도 청각이 남아 있음을 기억하고 대해야 한다.

34

표준교재 **231쪽**

★★★

35 경관영양 돕기 시 유의해야 할 점으로 가장 옳은 것은?

① 입 안의 건조와 갈증을 예방해야 한다.
② 잠자기 전에 입술보호제를 발라 주어야 한다.
③ 하루에 한 번 입안을 청결하게 해 주어야 한다.
④ 입 안에 분비물이 축적되는지 살펴보아야 한다.
⑤ 아침 일찍 비위관 주변을 청결하게 해 주어야 한다.

35
• 경관영양을 하는 대상자는 입 안의 건조와 갈증을 예방하기 위해 입 안을 자주 청결히 하고, 입술보호제를 발라준다.
• 콧속에 분비물이 축적되기 쉬우므로 비위관 주변을 청결히 하고 윤활제를 바른다.

표준교재 **232쪽**

★★★

36 경관영양 돕기의 방법으로 옳은 것은?

① 천천히 주입해야 안전하다.
② 여름에는 차갑게 공급해야 한다.
③ 뜨거워야 상하는 것을 방지할 수 있다.
④ 너무 빠르게 주입하면 설사를 할 수 있다.
⑤ 진한 농도를 유지하여 영양을 공급해야 한다.

36
• 천천히 주입하면 음식이 상할 수 있다.
• 너무 뜨겁거나 차갑지 않도록 한다.
• 너무 진한 농도의 영양을 주입하면 설사나 탈수를 유발할 수 있다.

표준교재 **232쪽**

★★★

37 경관영양에 대한 내용으로 옳지 않은 것은?

① 음식을 먹기 거부할 때 사용하는 것이다.
② 수술이나 마비 등으로 삼킬 수가 없을 때 사용한다.
③ 대상자가 의식이 없거나 혼수에 빠진 경우 사용한다.
④ 입으로 식사할 수 없으면 관을 통해서 영양을 공급해야 한다.
⑤ 구멍이 있는 긴 관을 코에서 위까지 넣어 영양을 제공하는 것이다.

37

표준교재 **231~232쪽**

38 경관영양이 필요한 이유로 가장 적당한 것은?

① 주무시기만 할 때   ② 물만 달라고 할 때
③ 먹지 않으려고 할 때   ④ 씹지 않으려고 할 때
⑤ 입을 통해 삼키기 어려울 때

38

표준교재 **231쪽**

정답 **34** ⑤ **35** ① **36** ④ **37** ① **38** ⑤

39 경관영양 돕기 방법으로 옳은 것은?

① 대상자를 앉히도록 한다.
② 너무 차갑거나 뜨겁지 않도록 한다.
③ 대상자가 토하거나 청색증이 나타나면 바로 눕힌다.
④ 보호자가 가져온 영양액을 준비한다.
⑤ 비위관이 빠지면 재빨리 비위관을 밀어 넣는다.

40 경관영양 시 유의점으로 적절한 것은?

① 섭취량을 기록한다.
② 위장보다 낮은 위치에 건다.
③ 상체를 내리고 눕혀 두어 편안하게 해 준다.
④ 영양액이 역류되면 주입을 쉬었다가 다시 시작한다.
⑤ 토하거나 청색증이 나타나면 바로 시설장이나 간호사에게 알린다.

41 의식이 없는 대상자의 경관영양 돕기로 맞지 않는 것은?

① 침대의 머리쪽을 올려준다.
② 영양액은 식욕을 돋우기 위해 차갑게 준비한다.
③ 의식이 없어도 시작할 때와 마칠 때 알려준다.
④ 관찰하다가 이상징후가 나타나면 비위관을 잠그고 보고한다.
⑤ 의식이 없는 대상자라도 청각기능이 남아 있으므로 주의한다.

42 비위관이 빠지거나 영양액이 역류할 때 요양보호사는 어떻게 해야 하는가?

① 비위관을 밀어넣는다.
② 비위관을 다시 삽입한다.
③ 비위관을 빼어 씻어 놓는다.
④ 곧장 의료기관에 데리고 간다.
⑤ 비위관을 잠근 후 시설장이나 간호사에게 보고한다.

43 경관영양을 할 때의 유의사항으로 거리가 먼 것은?

① 영양액을 따뜻하게 준비한다.
② 영양액은 위장보다 높은 위치에 건다.
③ 대상자를 앉게 하거나 침상머리를 올린다.
④ 토하거나 청색증이 나타나면 곧바로 응급처치한다.
⑤ 경관영양 후에는 상체를 높이고 30분 정도 앉아있게 한다.

+ 해설

39

표준교재 232쪽

40
② 영양액은 위장보다 높은 위치에 건다.
③ 주입 후 상체를 높이고 30분 정도 앉아 있도록 돕는다.
④ 영양액이 역류하면 의료기관에 방문하거나 반드시 시설장 및 관리책임자, 간호사에게 연락해야 한다.
⑤ 토하거나 청색증이 나타나면 비위관을 잠근 후 바로 시설장이나 관리 책임자 등에게 알린다.

표준교재 232쪽

41
② 영양액은 따뜻하게 준비한다(너무 차갑거나 뜨겁지 않도록 한다).

표준교재 232쪽

42
비위관이 빠졌을 경우 요양보호사가 임의로 비위관을 밀어 넣거나 삽입하면 안 된다. 비위관이 새거나 영양액이 역류될 때도, 의료기관에 방문하게 하거나, 반드시 시설장 및 관리책임자, 간호사에게 연락하여야 한다.

표준교재 232쪽

43

표준교재 232쪽

정답 39 ② 40 ① 41 ② 42 ⑤ 43 ④

+ 해설

3 투약 돕기

01 투약 돕기의 기본원칙에 해당되지 않는 것은?

① 정확한 대상자
② 정확한 경로
③ 정확한 약물
④ 정확한 반응
⑤ 정확한 시간

★★★

02 투약 시 유의사항으로 적절한 것은?

① 임의로 약을 쪼개거나 갈지 않는다.
② 약이 조금 남으면 작은 병에 옮겨 담는다.
③ 유효기간이 하루 지난 약부터 먹도록 돕는다.
④ 대상자가 삼키지 못하면 갈아서 먹도록 돕는다.
⑤ 해열제 외의 약은 처방된 약과 같이 먹지 않도록 한다.

★★★

03 투약 돕기 시 돕는 방법과 거리가 먼 것은?

① 약국에서 가져온 대로 투약한다.
② 약은 임의로 갈거나 쪼개지 않는다.
③ 처방된 이외의 약을 섞어 주지 않는다.
④ 유효기간이 지난 약은 절대 사용하지 않는다.
⑤ 금식인 경우엔 어느 약이든 절대 투약하지 않는다.

04 투약 돕기 시 가장 보편적이고 좋은 자세는?

① 완전히 앉힌 고좌위
② 엎드려 뉘인 복위
③ 옆으로 뉘인 측위
④ 반듯하게 누운 앙와위
⑤ 침상머리를 높힌 반좌위

05 투약 시에 물을 충분히 공급하는 이유는?

① 탈수를 막기 위해서
② 물을 공급하기 위해서
③ 즐거운 투약을 위해서
④ 위장에서의 흡수를 돕기 위해서
⑤ 구토나 오심 등을 예방하기 위하여

01
투약 돕기의 기본원칙
정확한 약물, 정확한 대상자, 정확한 용량, 정확한 경로, 정확한 시간에 투약을 돕는다. 투약 후 평소와는 다른 이상반응이 나타나는지 관찰한다. 표준교재 233쪽

02
① 대상자의 신체 상태로 인해 약을 삼키지 못할 경우 요양보호사가 임의로 약을 갈거나 쪼개지 말고 의료진에게 문의하여 지시에 따른다.

표준교재 233쪽

03
⑤ 금식인 경우에도 혈압약 등 매일 투약해야 하는 약물은 반드시 투약해야 한다.

표준교재 233쪽

04
⑤ 투약 시에는 침상머리를 높이고 반좌위를 취해 준다.

표준교재 234쪽

05
④ 물을 충분히 제공하여 약을 잘 삼키고 위장관에서 잘 흡수하게 한다.

표준교재 234쪽

정답 **01** ④ **02** ① **03** ⑤ **04** ⑤ **05** ④

06 투약이 제대로 되었는지 확인하는 방법은?

① 물을 마시도록 한다.
② 약봉지를 확인해 본다.
③ 감춘 곳이 없나 확인해 본다.
④ 입을 벌리게 하거나 질문을 해 본다.
⑤ 등을 두드려 걸린 것이 없나 확인해 본다.

06
입을 벌리게 하거나 질문을 하여 전부 투약되었는지 확인한다.

표준교재 234쪽

07 알약 취급 방법으로 옳은 것은?

① 알약은 손에 먼저 따르도록 한다.
② 손을 약병에 넣어서 약을 꺼내야 한다.
③ 약을 먹을 때는 꼭 본인이 직접 입에 넣도록 한다.
④ 손으로 만진 약은 다시 병에 넣지 않는다.
⑤ 약의 개수가 많을 경우엔 한 시간 간격으로 먹도록 한다.

07
알약은 약병에서 약뚜껑으로 옮긴 후에 손으로 옮긴다. 손으로 만진 약은 약병에 다시 넣지 않는다.

표준교재 234쪽

★★★
08 투약 돕기 방법으로 옳은 것은?

① 물약은 뚜껑 안쪽이 밑으로 가도록 놓아야 한다.
② 녹인 가루약은 바늘을 제거한 주사기를 사용한다.
③ 약의 용량이 적을 때는 2회분을 한 번에 투약해야 한다.
④ 물약을 더 따랐을 경우엔 양을 맞추기 위해 부었다 다시 따른다.
⑤ 가루약과 물은 따로 주되 가루약 먼저, 다음에 물을 주도록 한다.

08
가루약은 숟가락을 사용하여 약간의 물에 녹인 후 투약하거나, 바늘을 제거한 주사기를 이용하여 녹인 가루약을 흡인하여 입 안으로 조금씩 주입한다.

표준교재 234~235쪽

09 물약 투약 돕기 방법으로 옳은 것은?

① 혼탁해 보이면 흔들어서 투약해야 한다.
② 라벨이 젖지 않도록 용액병의 라벨이 붙은 쪽을 잡는다.
③ 약물을 흔들면 섞이므로 흔들지 않도록 한다.
④ 라벨의 붙은 쪽 방향으로 용액을 따라야 한다.
⑤ 양이 적을 때는 물을 섞어 양을 맞추어야 한다.

09
약을 따르기 전에 약물을 흔들어 섞고, 색이 변하거나 혼탁한 약물은 버린다.

표준교재 234~235쪽

10 물약 투여 시 주의사항으로 적절한 것은?

① 병 안쪽에 손이 닿지 않도록 해야 한다.
② 정량보다 더 따른 것은 병에 다시 따라 넣는다.
③ 뚜껑이 먼지에 노출되지 않도록 엎어 놓아야 한다.
④ 뚜껑을 손에 쥐고 있어 바닥에 두지 않도록 한다.
⑤ 뚜껑을 닫기 전에 입구를 닦지 않는다.

10
물약을 사용하기 위해 약병 뚜껑을 열 때, 병뚜껑 안쪽이 위를 향하도록 놓고, 병 안쪽에 손이 닿지 않도록 해야 한다. 약병 안으로 세균이 들어갈 수 있기 때문이다.

표준교재 234~235쪽

정답 06 ④ 07 ④ 08 ② 09 ② 10 ①

+ 해설

11 투약 돕기 시 돕기 방법과 거리가 먼 것은?

① 물을 적게 제공한다.
② 삼킬 수 있는지 확인한다.
③ 침상머리를 높이고 반좌위를 취해준다.
④ 입을 벌리게 하여 약을 삼켰는지 확인한다.
⑤ 가루약, 알약, 물약의 투약방법에 따라 약을 준다.

11
① 위장관에서의 흡수가 잘 되도록 충분히 물을 준다.

표준교재 233~234쪽

12 약물을 투여할 때의 돕기 방법으로 거리가 먼 것은?

① 손을 약병에 넣지 않는다.
② 약은 한 번에 다 투여해야 효과가 있다.
③ 물약은 뚜껑 안쪽이 위로 가게 놓는다.
④ 손으로 만진 약은 약병에 다시 넣지 않는다.
⑤ 가루약은 숟가락에 약간의 물과 섞어 녹인 후 준다.

12
② 알약의 개수가 많은 경우에는 2~3번에 나누어 투약한다.

표준교재 234~235쪽

13 물약을 투여할 때의 돕기 방법으로 옳지 못한 것은?

① 계량컵은 눈높이로 들고 따른다.
② 뚜껑의 위가 바닥에 가도록 둔다.
③ 라벨이 있는 방향으로 약을 따른다.
④ 약을 따르기 전에 약물을 흔들어 섞는다.
⑤ 병 뚜껑을 씌우기 전에 종이 수건으로 입구를 닦는다.

13
③ 물약은 라벨이 붙은 쪽이 손바닥에 오도록 쥐고, 라벨의 반대쪽 방향으로 용액을 따른다.

표준교재 234~235쪽

14 안약을 투여할 때의 돕기 방법으로 옳지 못한 것은?

① 장갑을 착용하고 한다.
② 투약절차에 대한 설명은 하지 않는다.
③ 대상자에게 천장을 보도록 한다.
④ 멸균수에 적신 솜으로 눈을 닦아준다.
⑤ 안약 투여 후에는 비루관을 잠시 눌러준다.

14

표준교재 236쪽

★★★

15 안약을 투여할 때 약물을 떨어뜨리는 위치로 옳은 것은?

① 윗눈꺼풀(상안검) 내측으로 1~2cm
② 윗눈꺼풀(상안검) 중앙
③ 동공 중앙
④ 아랫눈꺼풀(하안검) 외측으로 1~2cm
⑤ 아랫눈꺼풀(하안검) 내측으로 1~2cm

15

표준교재 236쪽

정답 **11** ① **12** ② **13** ③ **14** ② **15** ④

16 안약 투여 방법으로 적절한 것은?

① 장갑을 사용하지 않도록 한다.
② 약품의 유효기간을 확인할 필요가 없다.
③ 안약 투여 시 대상자는 옆으로 눕도록 한다.
④ 눈을 닦을 때는 눈 안쪽에서 바깥쪽으로 닦아준다.
⑤ 투약 후는 코를 눌러주어 코로 흘러가는 것을 막도록 한다.

★★★

17 다음 중 안약 투여 시 올바른 위치는?

① ㄱ
② ㄴ
③ ㄷ
④ ㄹ
⑤ ㅁ

18 다음 중 안연고 투여 시 올바른 방법은?

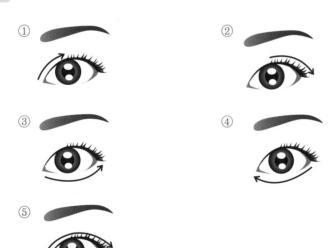

19 안연고 투여 방법으로 올바른 것은?

① 처음 나오는 것은 거스로 닦아 버린다.
② 안연고 뚜껑은 물휴지로 닦은 후 닫는다.
③ 눈꺼풀 밖으로 나온 남은 안연고는 알코올솜으로 닦아준다.
④ 안연고를 바른 후 눈을 감고 안구를 부드럽게 두드려 준다.
⑤ 하부 결막낭 위에 바깥쪽에서 안쪽으로 2cm 정도 짜 넣는다.

➕ 해설

16

표준교재 236쪽

17
안약 투여 시 눈의 측변에서 하부 결막낭의 바깥쪽 3분의 1 부위에 안약을 투여한다.

표준교재 236쪽

18
안연고 투여 시 하부 결막낭 위에 튜브를 놓고 안쪽에서 바깥쪽으로 안연고를 2cm 정도 짜 넣는다.

표준교재 237쪽

19
안연고 투여 방법
• 안연고 사용 시 처음 나오는 것은 거즈로 닦아 버린다.
• 대상자에게 눈을 감고 안구를 움직이게 한다.
• 튜브를 멸균 솜으로 닦고 뚜껑을 닫는다.
• 눈꺼풀 밖으로 나온 연고는 멸균 솜으로 닦아낸다.

표준교재 237쪽

정답 **16** ④ **17** ⑤ **18** ③ **19** ①

★★★

20 안연고 투여 위치와 방법으로 옳은 것은?

① 상부 결막낭 위 바깥쪽에서 안쪽으로 2cm 정도 짜 넣는다.
② 상부 결막낭 위 안쪽에서 바깥쪽으로 2cm 정도 짜 넣는다.
③ 하부 결막낭 위 바깥쪽에서 안쪽으로 2cm 정도 짜 넣는다.
④ 하부 결막낭 위 안쪽에서 바깥쪽으로 2cm 정도 짜 넣는다.
⑤ 하부 결막낭 위 위쪽에서 아래쪽으로 2cm 정도 짜 넣는다.

21 귀약을 투여할 때 대상자의 자세는 어떻게 해야 하는가?

① 바로 눕도록 한다.
② 치료할 귀를 위쪽으로 한다.
③ 치료할 귀를 옆쪽으로 한다.
④ 치료할 귀를 아래쪽으로 가도록 한다.
⑤ 엎드린 채 손으로 이마를 받치고 있도록 한다.

★★★

22 대상자에게 귀약을 투여할 때 약물이 귀 안쪽으로 잘 들어가도록 하기 위해서 귓바퀴는 잡아당기는 방향으로 옳은 것은?

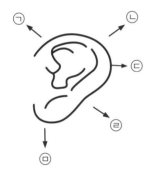

① ㉠
② ㉡
③ ㉢
④ ㉤
⑤ ㉣

★★★

23 귀약을 투여하고자 할 때의 방법으로 옳은 것은?

① 대상자가 치료할 귀를 아래쪽으로 한다.
② 엎드리는 자세를 취하도록 한다.
③ 귀약은 뜨겁게 준비해 놓는다.
④ 치료할 귀는 하상방으로 잡아당겨 점적하기 쉽도록 한다.
⑤ 측면을 따라 정확한 방울 수의 약물을 떨어뜨리도록 한다.

➕ 해설

20

안연고 투여 위치
아랫눈꺼풀(하안검)을 잡아당겨 아래 결막낭 위에 튜브를 놓고 안쪽에서 바깥쪽으로 안연고를 2cm 정도 짜 넣는다.

표준교재 **237쪽**

21
대상자가 치료할 귀를 위쪽으로 하여 귀약 투여에 편안한 자세를 취하도록 도와준다.

표준교재 **238쪽**

22
약물이 귀 안쪽으로 잘 들어가도록 하기 위해서 대상자의 귀 윗부분을 잡고 뒤쪽(후상방)으로 잡아당겨야 한다.

표준교재 **237쪽**

23

귀약 투여 방법
• 손으로 약병을 따뜻하게 하거나 약병을 잠깐 온수에 담근다.
• 귀 입구를 잠깐 누르고 약 5분간 누워있도록 한다.
• 귓바퀴를 후상방으로 잡아당겨 약물투여가 쉽게 한 후 측면을 따라 정확한 방울 수의 약물을 점적한다.

표준교재 **238쪽**

정답 **20** ④ **21** ② **22** ② **23** ⑤

24 귀약을 투여할 때의 방법으로 옳지 않은 것은?

① 잠깐동안 약병을 온수에 담근다.
② 약물을 중앙에 잘 맞춰 점적한다.
③ 귓바퀴를 후상방으로 잡아당긴다.
④ 귓바퀴와 외이도를 깨끗이 닦는다.
⑤ 투여 후에 약 5분간 누워있도록 한다.

24
귓바퀴를 후상방으로 잡아당겨 약물투여가 쉽도록 한 후 측면을 따라 정확한 방울 수의 약물을 점적한다.

표준교재 238쪽

25 귀약 투여 후에 조처해야 할 사항으로 옳은 것은?

① 30분 정도 움직이지 않도록 한다.
② 2시간 동안 작은 솜을 끼고 있도록 한다.
③ 살포시 뛰게 하여 약이 잘 흘러들어가도록 돕는다.
④ 귀 입구를 세게 눌러주어 약이 흘러나오지 않게 한다.
⑤ 작은 솜을 15~20분 동안 귀에 느슨하게 끼워 놓았다 제거한다.

25
귀약 투여 후에는 귀 입구를 잠깐 부드럽게 눌러주고 약 5분간 누워있도록 하고, 작은 솜을 15~20분 동안 귀에 느슨하게 끼워 놓았다 제거한다.

표준교재 238쪽

26 주사주입 돕기 시 옳지 않은 것은?

① 주사주입은 의료인의 고유영역이다.
② 주사가 끝났을 때는 조심스럽게 제거해 준다.
③ 요양보호사는 주사주입을 시행하지 않는다.
④ 이동시엔 수액세트가 당겨지지 않도록 주의한다.
⑤ 의복을 갈아입힐 때 주사바늘이 빠지지 않도록 조심한다.

26
주사주입은 의료인의 고유영역이므로 요양보호사는 주사주입 및 제거를 시행하지 않는다.

표준교재 238쪽

27 주사 돕기에서 요양보호사의 역할로 가장 적절한 것은?

① 약물 주입 속도를 조절한다.
② 이상증상이 나타나면 주사를 빼야 한다.
③ 주사부위가 부어오르면 조절기를 잠갔다가 붓기가 가라앉으면 다시 투여한다.
④ 수액 병은 대상자의 심장보다 높게 유지한다.
⑤ 주사부위가 붉어지면 찬물 주머니를 대어 준다.

27

표준교재 238쪽

28 주사주입 후 돕는 방법으로 알맞지 않은 것은?

① 바늘 제거 후엔 1~2분간 지그시 눌러준다.
② 주사 부위가 붉게 되거나 붓는지 확인한다.
③ 수액 병은 대상자의 심장보다 높게 유지한다.
④ 속도가 일정하게 유지되는지 수시로 확인한다.
⑤ 주사부위에 통증이 있는 경우 바늘을 제거한다.

28
주사 부위가 붉게 되거나, 붓거나, 통증이 있는 경우 조절기를 잠근 후, 즉시 시설장이나 관리책임자에게 보고한다.

표준교재 238쪽

정답 **24** ② **25** ⑤ **26** ② **27** ④ **28** ⑤

✛ 해설

29 주사 돕기 방법으로 옳은 것은?

① 주사 바늘을 제거한 자리는 세게 비벼 주도록 한다.
② 주사 바늘을 제거한 자리는 살살 비벼 주도록 한다.
③ 주사 바늘을 제거한 자리는 손을 대어서는 안 된다.
④ 주사 바늘을 제거한 자리는 1분 정도 비벼주다가 꼭 눌러준다.
⑤ 주사 바늘을 제거한 자리는 1~2분간 지그시 누르고, 절대 비비지 않는다.

29
간호사가 바늘을 제거한 후에는 1~2분간 알코올 솜으로 지그시 누르고, 절대 비비지 않는다. 비비면 피멍이 들기 때문이다.

표준교재 **238**쪽

30 약 보관 방법으로 적절하지 않은 것은?

① 햇빛에 두면 약성분이 변질된다.
② 유효기간을 확인해서 지난 약은 버린다.
③ 치매 대상자의 약은 침대 옆에 놓아준다.
④ 약병에 쓰인 보관방법을 반드시 따라야 한다.
⑤ 알약은 원래의 약 용기에 넣어 건조한 곳에 보관한다.

30
치매 대상자의 약은 안전한 곳에 보관하고 가능하면 약상자에 자물쇠를 채워놓는다.

표준교재 **238**

★★★
31 알약을 보관하기에 옳은 방법은?

① 햇빛을 피해 보관한다.
② 따뜻한 온도에서 보관하도록 한다.
③ 적정한 습도가 유지되도록 하여 보관한다.
④ 색이 없는 투명한 병에 넣어 보관하는 것이 더 좋다.
⑤ 원래의 약병에 보관하지 말고 적절한 병을 선택하여 옮겨 보관한다.

31
알약 보관 방법
• 원래의 약용기에 넣어 건조한 곳에 보관해야 습기가 차지 않는다.
• 햇빛을 피해 보관해야 약성분이 변질되지 않는다.

표준교재 **239**쪽

32 투약 시의 방법으로 적절한 것은?

① 잘못 따른 약은 넣지 말고 따로 두었다 먹도록 한다.
② 가루약을 먹일 때는 물기가 없는 숟가락을 사용한다.
③ 시럽제는 직사광선이 쪼이는 곳에서 보관하도록 한다.
④ 약이 적을 경우엔 약 용기에서 바로 빨아 먹도록 한다.
⑤ 색깔의 변색은 상관없으나 냄새가 나는 것은 버려야 한다.

32
가루약을 먹을 때 사용하는 숟가락에 이물질이나 물기가 있으면 변하기 쉬우므로 물기가 없는 숟가락을 사용한다.

표준교재 **239**쪽

정답 **29** ① **30** ③ **31** ① **32** ②

4 배설 돕기

01 다음 중 배설에 대한 설명으로 옳은 것은?

① 노인의 배설기능은 대체로 원활한 편이다.
② 배설이 건강에 미치는 영향은 그다지 크지 않다.
③ 대상자의 배설기능은 다른 기능보다는 덜 중요하다.
④ 대상자의 상태에 따라 적절한 방법으로 배설을 도와야 한다.
⑤ 배설은 몸에서 필요한 영양분을 소화, 흡수하는 것을 말한다.

01
배설
몸에서 필요한 영양분을 소화, 흡수한 후에 독소나 찌꺼기를 내보내는 것으로, 배설이 제대로 되지 않으면 몸에 독소가 쌓이고 신체 장기에 이상이 생긴다.

표준교재 240쪽

02 배설 돕기의 일반적 원칙으로 올바른 것은?

① 지시에 따라 협조할 수 있도록 교육한다.
② 배설물을 치울 때는 대상자와 함께 치우도록 한다.
③ 불편하지 않도록 될 수 있으면 눈길을 마주치지 않는다.
④ 스스로 배설을 시도할 수 있도록 약간의 수치감을 형성해 줘야 한다.
⑤ 처리할 수 있는 부분은 스스로 하게 하여 자존감과 자립심을 키워준다.

02
⑤ 노인이 배설을 스스로 해결하지 못하고 다른 사람의 도움을 받을 때는 수치스러움과 불안감, 절망감을 느낄 수 있으므로 대상자가 처리할 수 있는 부분은 스스로 하도록 하는 것이 대상자의 자존감을 높여주고 자립심을 키워준다.

표준교재 240쪽

03 배설 시에 대상자를 관찰하는 것의 중요성으로 가장 적절한 것은?

① 배설물의 색깔을 보는 기회
② 무엇을 먹었는지 관찰할 수 있는 기회
③ 대상자의 건강 이상을 관찰할 수 있는 기회
④ 배설요구가 있는지를 관찰할 수 있는 기회
⑤ 배설에 필요한 것이 무엇인지 관찰할 수 있는 기회

03
배설 시에 대상자를 관찰하는 것은 건강에 이상이 있는지 판단할 수 있는 좋은 기회이므로 배설 전·중·후 기간 동안 빠짐없이 관찰한다.

표준교재 240쪽

04 배설 돕기의 일반적 원칙으로 옳지 않은 것은?

① 배설하는 모습이 보이지 않게 가려주어야 한다.
② 배설물을 치울 때 표정을 찡그리지 않아야 한다.
③ 배설을 도울 때는 절망감을 느끼지 않도록 한다.
④ 배설을 하면 오래 두지 않고 바로 깨끗이 치운다.
⑤ 요의나 변의를 느끼기 전에 배설을 유도한다.

04

표준교재 240쪽

정답 **01** ④ **02** ⑤ **03** ③ **04** ⑤

＋ 해설

05 대상자가 본인이 할 수 있음에도 요양보호사에게 100% 배설도움을 요구할 때 어떻게 해야 하는가?

① 간호사에게 보고하여 처리하도록 한다.
② 아무 말 없이 웃으며 배설처리를 하여야 한다.
③ 대상자가 처리할 수 있는 것은 스스로 하도록 한다.
④ 혼자서 해야 할 이유를 설명하고 혼자 하도록 하고 두고 본다.
⑤ 이번 한 번만 해 준다고 하고 다음엔 혼자 해야 한다고 다짐을 받는다.

06 배설 상태 관찰에 대한 설명으로 옳지 않은 것은?

① 배설 요구가 있는지 본다.
② 식사량이 얼마나 되는지 본다.
③ 스스로 배설할 수 있는지 본다.
④ 건강의 이상여부를 판단할 수 있다.
⑤ 배설물의 상태는 어떤지 관찰해야 한다.

★★★

07 대상자가 배설요구를 비언어적으로 표현할 때의 내용으로 맞지 않는 것은?

① 끙끙거림　② 안절부절 못함
③ 허리를 들썩임　④ 표정이 일그러짐
⑤ 손으로 머리를 짚음

★★★

08 배설 전 관찰 내용에 해당하는 것은?

① 잔뇨감　② 불안 정도
③ 배설 시간　④ 혼탁의 유무
⑤ 하복부 팽만감

★★★

09 배설 후 관찰 내용에 해당되는 것은?

① 통증　② 배설량
③ 배변 어려움　④ 배뇨 어려움
⑤ 하복부 팽만감

05
대상자가 변의를 느낄 때 요양보호사는 도움이 필요한 부분만을 도와준다.
대상자가 할 수 있는 부분은 스스로 하게 하는 것이 대상자의 자존감을 높여주고 자립심을 키워줄 수 있다.

표준교재 240쪽

06
요양보호사는 대상자가 배설 요구가 있는지, 스스로 배설할 수 있는지, 배설물의 상태는 어떤지 관찰해야 한다. 배설 시에 대상자를 관찰하는 것은 건강에 이상이 있는지 판단할 좋은 기회이므로 배설 전·중·후를 빠짐없이 관찰한다.

표준교재 240~241쪽

07
배설 요구의 비언어적 표현
끙끙거림, 안절부절 못함, 손으로 배 또는 엉덩이를 가르킴, 얼굴 표정이 일그러짐, 허리를 들썩임 등

표준교재 241쪽

08
배설 전 관찰 내용
요의/변의 유무, 하복부 팽만감, 이전 배설과의 간격, 배설 억제 등

표준교재 241쪽

09
배설 후 관찰 내용
색깔, 혼탁의 유무, 배설 시간, 잔뇨감, 잔변감, 배설량 등

표준교재 241쪽

정답 05 ③　06 ②　07 ⑤　08 ⑤　09 ②

10 화장실 이용 돕기 시 안전한 환경조성을 위해 필요한 것은?

① 밤에는 기저귀를 착용하도록 한다.
② 물건에 걸려 넘어지지 않도록 한다.
③ 화장실의 바닥은 물을 뿌려두도록 한다.
④ 마비된 손 쪽에 손잡이를 설치하여 낙상을 예방하도록 한다.
⑤ 화장실 가는 것을 금하고 침상배설을 하도록 한다.

11 배설요구의 언어적 표현에 해당하는 것은?

① 허리를 들썩거림
② 얼굴표정이 일그러짐
③ 끙끙거리며 안절부절함
④ 화장실에 가고 싶다 말함
⑤ 손으로 배 또는 엉덩이를 가르킴

★★★
12 배설 중 관찰 내용에 해당되는 것은?

① 불편함   ② 잔변감
③ 배설억제   ④ 요의나 변의 유무
⑤ 이전 배설과의 간격

13 휠체어를 사용하는 대상자의 화장실 이용 돕기 방법으로 옳은 것은?

① 발 받침대는 항상 내려져 있어야 한다.
② 움직이지 않고 있을 때는 잠금장치를 걸어둔다.
③ 움직이지 않고 있을 때는 잠금장치를 풀어둔다.
④ 휠체어에서 타고 내릴 때는 잠금장치를 풀어둔다.
⑤ 휠체어 이동 중에는 발 받침대가 접혀 있어야 한다.

14 휠체어를 사용하는 대상자의 화장실 이용 돕기 방법으로 적절하지 않은 것은?

① 마비가 없는 대상자는 침대 가장자리에 걸터 앉힌다.
② 침대의 안전바는 안전하게 올려놓은 상대를 유지한다.
③ 편마비 대상자는 침대난간에 휠체어를 최대한 빈틈 없이 붙인다.
④ 침대에서 일으켜 앉힌 후에는 잠시 침대에 앉아있도록 한다.
⑤ 마비가 있는 대상자는 걸터앉히기 전 두 팔을 안전하게 모아 준다.

15 휠체어를 사용하는 대상자의 화장실 이용 돕기 방법으로 옳은 것은?

① 휠체어와 침상은 30cm 이상 떼어 놓는다.
② 휠체어는 침상에 비스듬히 놓되 90° 각도로 놓는다.
③ 편마비 대상자의 경우 마비된 쪽에 휠체어를 놓는다.
④ 발 받침대는 미리 내려놓아 바로 이용할 수 있도록 한다.
⑤ 옮기는 동안 대상자가 다치지 않도록 휠체어를 고정한다.

15
휠체어 사용 대상자의 화장실 이용 돕기
- 편마비대상자의 경우, 건강한 쪽에 휠체어를 두고, 침대 난간에 빈틈없이 붙이거나, 30~45° 비스듬히 붙인다.
- 침대 한쪽의 난간을 내려놓는다.
- 마비가 없는 대상자는 침대 가장자리에 걸터앉힌다.
- 마비가 있는 대상자는 대상자의 두 팔, 두 발을 안전하도록 모아 준다.
- 옮기는 동안 대상자가 다치지 않도록 잠금장치를 걸어 휠체어를 고정하고, 발 받침대는 올려 둔다.

표준교재 **242쪽**

16 대상자를 휠체어로 이동하기 전 준비로 적절한 것은?

① 마비가 없는 대상자는 양쪽 팔을 모두 가슴에 올리도록 한다.
② 마비가 있는 대상자는 마비가 있는 팔을 가슴에 올리도록 한다.
③ 마비가 있는 대상자는 마비가 없는 팔을 가슴에 올리도록 한다.
④ 오른쪽 마비가 있을 경우에는 왼쪽에 휠체어를 대어주도록 한다.
⑤ 오른쪽 마비가 있을 경우에는 오른쪽에 휠체어를 대어주도록 한다.

16

표준교재 **242쪽**

17 침대에 누워 있는 대상자를 일으켜 앉힐 때 유의할 사항으로 가장 적절한 것은?

① 다리를 구부려 일으키면 골절의 위험이 있다.
② 기저귀를 찬 상태에서 일으키면 불편할 수 있다.
③ 갑자기 일으키면 혈압이 떨어지고 어지러울 수 있다.
④ 이불을 걷은 상태에서 일으키면 감기에 걸릴 수 있다.
⑤ 침대에 잠시 앉아있게 하는 것은 피곤을 유발할 수 있다.

17
대상자를 갑자기 침대에서 일으키면 혈압이 떨어지고 어지러울 수 있다. 대상자의 안전을 위해 잠시 침대에 앉아 있도록 한다.

표준교재 **243쪽**

18 대상자를 휠체어에 앉히기 위해 침대에 걸터앉게 할 때의 방법으로 옳지 않은 것은?

① 마비가 없는 대상자는 침대 가장자리에 걸터앉힌다.
② 두 발이 바닥에 닿게 한다.
③ 어지러움을 호소하는지 살핀다.
④ 침대 한 쪽 난간은 내려놓는다.
⑤ 휠체어 잠금장치를 미리 풀어놓는다.

18

표준교재 **243쪽**

19 침대에 누워있던 대상자를 휠체어로 옮기기 전 침대에 걸터앉힐 때 유의사항으로 옳은 것은?

① 다리를 모으고 있도록 한다.
② 어지러움증이 없는지 살핀다.
③ 고개를 앞으로 숙이도록 한다.
④ 두 발이 바닥에 닿지 않도록 한다.
⑤ 두 손은 뒤로 하여 침대를 짚도록 한다.

20 마비가 있는 대상자를 침대에서 일으켜 세울 때 돕는 방법으로 옳은 것은?

① 마비된 쪽을 요양보호사의 무릎 안쪽으로 지지하면서 함께 일어난다.
② 건강한 쪽을 요양보호사의 무릎 안쪽으로 지지하면서 함께 일어난다.
③ 마비된 쪽을 요양보호사의 무릎 바깥쪽으로 지지하면서 함께 일어난다.
④ 건강한 쪽을 요양보호사의 무릎 바깥쪽으로 지지하면서 함께 일어난다.
⑤ 건강한 쪽을 요양보호사의 무릎으로 지지해주고 먼저 일어나도록 한다.

21 화장실 이용 돕기 시 요양보호사의 활동으로 옳지 않은 것은?

① 요양보호사는 무릎을 대상자의 다리 사이에 충분히 넣고 지지면을 확보한다.
② 요양보호사의 한쪽 팔은 대상자의 어깨를 지지하고 다른 한쪽은 대상자의 모아진 두 발의 무릎 쪽을 감싸 침대 끝으로 두 다리를 이동한다.
③ 대상자의 허리와 엉덩이 사이에 두 손을 지지하여 침대 가장자리로 옮겨 앉게 한다.
④ 휠체어 뒤쪽에 서서 대상자의 겨드랑이 사이로 두 팔을 넣고 대상자의 포개진 두 팔을 양손으로 감싸 휠체어 깊숙이 앉힌다.
⑤ 휠체어에 앉힐 때 요양보호사는 요통 방지를 위해 허리를 구부리지 않는다.

해설

19

표준교재 243쪽

20

표준교재 243~244쪽

21

표준교재 244쪽

정답 19 ② 20 ③ 21 ⑤

306 요양보호사

+ 해설

22 화장실 이용 돕기 방법으로 옳은 것은?

① 편마비 대상자는 손을 사용하지 않도록 해야 한다.
② 화장실로 이동하는 동안에는 발 받침대 사용은 하지 않도록 한다.
③ 배설하는 동안 요양보호사는 곁에 어 위험에 대비할 수 있도록 한다.
④ 배설하는 동안 요양보호사가 나가주길 원하면 설득하여 같이 있어준다.
⑤ 화장실로 이동 후엔 휠체어의 잠금장치를 걸고 발 받침대를 접어둔다.

22

표준교재 **244쪽**

23 휠체어에 앉힌 대상자를 화장실로 가서 배설 돕기하려고 한다. 다음 중 잘못된 것은?

① 휠체어에 걸터 앉지 말고 깊숙이 앉힌다.
② 변기에 앉힌 후 바지를 내리는 것은 반드시 대상자가 하도록 한다.
③ 나가 있을지 옆에 있을지를 대상자의 의향을 물어 결정한다.
④ 대상자 옆에 호출기를 두고 도움이 필요하면 요청하도록 한다.
⑤ 화장실 밖에서 기다릴 때 중간중간 말을 걸어 상태를 살펴야 한다.

23

표준교재 **244쪽**

★★★

24 배설 돕기의 방법으로 옳은 것은?

① 바지는 반드시 대상자가 내리거나 올리도록 한다.
② 배설물이 이상한 경우 신속하게 처리를 하도록 한다.
③ 스스로 뒤처리를 할 수 없는 경우에는 뒤처리를 해 준다.
④ 화장실 안에서 기다릴 때 대상자에게 말을 걸면 안 된다.
⑤ 배설시간이 늦어지는 경우에는 중단하고 다음에 하도록 해야 한다.

24
• 화장실 밖에서 기다릴 때 요양보호사는 중간중간 대상자에게 말을 걸어 상태를 살핀다.
• 배설물이 이상한 경우 시설장이나 간호사에게 보고한다.

표준교재 **244쪽**

25 대상자가 옷에 배설 실수를 했을 때 요양보호사의 태도로 틀린 것은?

① 자연스럽게 처리를 한다.
② 다른 불편한 것은 없는지 살펴준다.
③ 변의나 요의를 표현해야 함을 가르친다.
④ 대상자의 비언어적 요의나 변의를 파악하도록 한다.
⑤ 변의나 요의를 숨기지 말고 말할 수 있도록 격려한다.

25
대상자가 실수하면 다음 번 요의나 변의를 호소하기 꺼려 할 수 있다. 배설 실수 시에는 요의나 변의를 숨기지 않고 말할 수 있도록 격려한다.

표준교재 **245쪽**

정답 **22** ⑤ **23** ② **24** ③ **25** ③

26 대상자의 요의나 변의에 대한 비언어적 표현을 파악해야 하는 이유로 가장 옳은 것은?

① 대상자와의 비언어적 소통을 위하여
② 요양보호사의 업무부담을 줄이기 위하여
③ 요양보호사들이 해야 하는 기본업무이므로
④ 필요할 때 즉시 배설할 수 있도록 돕기 위하여
⑤ 침대에 배설했을 경우에 발생하는 경제적 손실 예방을 위하여

26

표준교재 244~245쪽

★★★

27 침상 배설 돕기 방법으로 옳은 것은?

① 밤에 사용하는 방법이다.
② 바지에 실수할 때 사용하는 방법이다.
③ 화장실에 자주 갈 때 사용하는 방법이다.
④ 화장실에 가기 싫어할 때 사용하는 방법이다.
⑤ 침상에서 내려올 수 없을 때 사용하는 방법이다.

27
침상 배설 돕기
화장실까지 가지 못하거나 침대에서 내려올 수 없는 대상자가 침상에서 편안하게 배설할 수 있도록 돕는 방법

표준교재 245쪽

28 침상 배설 돕기에 필요한 물품으로 적절한 것은?

① 기저귀　　　　　　　② 간이변기
③ 이동변기　　　　　　④ 휠체어
⑤ 유치도뇨관

28
간이변기

표준교재 245쪽

29 배변 후 뒤처리를 할 때 앞에서 뒤로 닦아주는 이유는?

① 감염을 예방하기 위해서　② 휴지를 절약하기 위해서
③ 쉽게 닦기 위해서　　　　④ 시간이 절약되어서
⑤ 깨끗하게 닦기 위해서

29

표준교재 245쪽

★★★

30 침상 배설 돕기 방법으로 옳은 것은?

① 배설에 관해 가능한 모든 것을 해 주어야 한다.
② 요의는 참아도 되지만 변의는 즉시 해결해 주어야 한다.
③ 배변, 배뇨훈련에 적극적으로 참여할 수 있도록 격려한다.
④ 요의를 호소하면 시간을 보아서 조금 참을 수 있도록 한다.
⑤ 답답해할 수 있으므로 창문은 열어두고 스크린 등도 치우도록 한다.

30

표준교재 245쪽

정답　26 ④　27 ⑤　28 ②　29 ①　30 ③

＋ 해설

31 침상 배설 돕기 방법으로 옳은 것은?

① 섬유질의 제공은 제한한다.
② 수분 섭취를 제한하도록 한다.
③ 식사를 원할 때만 제공하도록 한다.
④ 복부마사지를 하여 장운동을 돕는다.
⑤ 대상자가 실수할 경우에는 경고하도록 한다.

31
대상자가 스스로 배설할 수 있도록 돕고 배변, 배뇨 훈련에 적극적으로 참여하도록 격려한다. 규칙적으로 식사하고 섬유질도 적절히 섭취하도록 하며, 복부 마사지를 시행하여 장운동이 활발해질 수 있도록 한다.

표준교재 **245쪽**

32 침상 배설 돕기의 기본원칙으로 잘못된 것은?

① 배변시간 간격을 가늠해 둔다.
② 배변 시 불필요한 노출을 방지한다.
③ 대상자가 도움을 요청할 때만 돕도록 한다.
④ 규칙적으로 식사하고 섬유질도 섭취하도록 한다.
⑤ 실수할 경우 심리적으로 위축되지 않도록 주의한다.

32
요양보호사에게 도움을 요청하기를 꺼려하거나 스스로 몸을 움직이는 것이 어려워 요의나 변의를 참고 있을 수도 있으므로 배변시간 간격을 가늠해 둔다.

표준교재 **244~245쪽**

33 침상 배설 돕기 시에 차가운 변기를 대어주지 말아야 하는 이유로 적절한 것은?

① 피부와 근육이 수축하여 요의나 변의가 증가되기 때문
② 피부와 근육이 수축하여 요의나 변의가 감소되기 때문
③ 피부와 근육이 이완하여 요의나 변의가 증가되기 때문
④ 피부와 근육이 이완하여 요의나 변의가 감소되기 때문
⑤ 피부와 근육이 수축하여 요의나 변의를 느낄 수 없기 때문에

33
차가운 변기가 피부에 바로 닿을 경우 대상자가 놀랄 수 있으며, 피부와 근육이 수축하여 요의나 변의가 감소될 수 있기 때문에 따뜻한 물로 데워서 사용한다.

표준교재 **245쪽**

34 피부와 근육이 수축하여 요의나 변의가 감소되는 것을 방지하기 위한 방법은?

① 무릎덮개를 덮어준다.
② 방수포를 깔아주도록 한다.
③ 커튼이나 스크린으로 가려준다.
④ 변기 밑에 화장지를 깔아 놓는다.
⑤ 변기를 따뜻한 물로 데워 놓는다.

34

표준교재 **245쪽**

정답 **31** ④ **32** ③ **33** ② **34** ⑤

35 침상 배설 돕기 방법으로 옳은 것은?

① 변기는 뜨겁게 해 놓는다.
② 변기는 따뜻하게 데워 놓는다.
③ 커튼이나 스크린을 치워 놓는다.
④ TV나 음악은 꺼두는 것이 좋다.
⑤ 냄새가 날 것을 대비하여 먼저 방향제를 뿌린다.

35

표준교재 **245쪽**

36 침상 배설 돕기 시에 소리나는 것을 방지하기 위한 방법으로 적당한 것은?

① TV나 음악을 끈다.
② 변기 밑에 화장지를 깐다.
③ 조용한 환경을 만들어 준다.
④ 노래를 부르면서 지원한다.
⑤ 대상자의 손에 부스럭거리는 것을 쥐어준다.

36

배설 시 소리가 나는 것을 방지하기 위해 변기 밑에 화장지를 깔고 TV를 켜거나 음악을 틀어놓아 심리적으로 안정된 상태로 용변을 보게 한다.

표준교재 **245쪽**

37 침상 배설 시의 방수포 깔기 돕기 방법으로 옳은 것은?

① 대상자가 협조할 수 있는 경우, 반듯하게 눕힌 후 무릎을 세운다.
② 대상자가 협조할 수 없는 경우, 반듯하게 눕힌 후 무릎을 세운다.
③ 대상자가 협조할 수 있는 경우, 옆으로 눕힌 후 무릎을 세운다.
④ 대상자가 협조할 수 있는 경우, 옆으로 눕힌 후 무릎을 구부린다.
⑤ 대상자가 협조할 수 없는 경우, 옆으로 눕힌 후 무릎을 구부린다.

37

대상자가 협조할 수 있는 경우
대상자를 바로 눕힌 상태로 무릎을 세우고 발에 힘을 주게 한 후 둔부를 조금 들게 한다.
대상자가 협조할 수 없는 경우
옆으로 돌려 눕힌 후 한쪽(비교적 건강한 쪽)에 방수포를 반 정도 말아서 깔고 다른 쪽으로 돌려 눕힌 후 말아진 방수포를 펼쳐서 깐다.

표준교재 **245~246쪽**

38 침상 배설 돕기 중 변기를 대주는 방법으로 옳은 것은?

① 대상자가 협조할 수 없는 경우, 항문이 변기 중앙에 오도록 한다.
② 대상자가 협조할 수 없는 경우, 무릎을 세운 후 변기를 밀어 넣어준다.
③ 대상자가 협조할 수 있는 경우, 옆으로 돌려 눕혀 변기를 밀어 넣어준다.
④ 대상자가 협조할 수 없는 경우, 둔부를 들라고 하고 변기를 밀어 넣어준다.
⑤ 대상자가 협조할 수 있는 경우, 옆으로 돌려 항문이 변기 중앙에 오도록 한다.

38

대상자가 협조할 수 없으면 옆으로 돌려 눕힌 후 둔부에 변기를 대고 변기 위로 대상자를 돌려 눕혀 반듯한 자세에서 항문이 변기 중앙에 오도록 한다.

표준교재 **246쪽**

정답 **35** ② **36** ② **37** ① **38** ①

39 침상 배설 돕기 방법으로 옳은 것은?

① 절차설명은 생략하도록 한다.
② 반드시 혼자 있도록 배려한다.
③ 심리적 안정상태를 조성해준다.
④ 장갑은 끼지 말고 처리하도록 한다.
⑤ 바지를 내린 후 무릎덮개를 덮어준다.

★★★

40 다음 중 배설물 상태를 보고해야 하는 경우가 아닌 것은?

① 소변의 색이 진한 경우
② 거품이 많이 나는 경우
③ 소변이 맑고 노란색인 경우
④ 소변이 탁하거나 뿌연 경우
⑤ 소변 냄새가 심하게 나는 경우

41 대변에 피가 섞여 나왔을 때 요양보호사의 대처방법은?

① 시설장에게 보고한다.
② 병원에 가 볼 것을 권유한다.
③ 대상자에게 보여주고 확인한다.
④ 일단 치우고 다음 배설을 확인한다.
⑤ 보호자에게 전화하여 상태를 알린다.

★★★

42 배설물 상태를 보고해야 하는 경우에 해당하는 것은?

① 소변이 맑다.
② 소변이 노랗다.
③ 소변이 양이 많다.
④ 소변이 양이 적다.
⑤ 소변이 거품이 많이 난다.

43 다음 중 대변의 이상 징후가 아닌 것은?

① 대변이 선홍빛일 때
② 대변의 양이 적을 때
③ 대변이 검붉은 색일 때
④ 대변에 점액질이 섞여 나올 때
⑤ 대변이 심하게 묽은 상태일 때

해설

39 표준교재 245쪽

40 배설물 상태를 보고해야 하는 경우
- 소변이 탁하거나 뿌연 경우
- 거품이 많이 나는 경우
- 소변의 색이 진한 경우
- 소변 냄새가 심하게 나는 경우
- 소변에 피가 섞여 나오거나 푸른빛의 소변이 나오는 경우
표준교재 246쪽

41 표준교재 246쪽

42 표준교재 246쪽

43
- 대변에 피가 섞여 선홍빛이거나 검붉은 경우
- 대변이 심하게 묽거나, 대변에 점액질이 섞여 나오는 경우
표준교재 246쪽

정답 39 ③　40 ③　41 ①　42 ⑤　43 ②

44 침상 배설 돕기 시 뒤처리 방법으로 옳은 것은?

① 피부상태를 확인하며 닦아주어야 한다.
② 항문은 뒤에서 앞으로 닦아주어야 한다.
③ 피부가 짓물렀으면 연고를 발라주어야 한다.
④ 회음부와 둔부를 차가운 수건으로 닦아주어야 한다.
⑤ 배설물이 특이하면 지체하지 말고 빨리 처리해야 한다.

45 침상 배설 돕기 시 유의사항으로 옳은 것은?

① 침대를 반듯하게 해 주어야 한다.
② 배에 힘을 주지 않도록 해야 한다.
③ 대상자가 원하면 밖에서 기다려야 한다.
④ 변기는 가능한 한 오래 대어 주어야 한다.
⑤ 배설 도중 대상자에게 말을 걸어선 안 된다.

46 침상 배설이 끝나고 뒤처리할 때 돕는 방법으로 적절한 것은?

① 침내머리를 올려줘야 한다.
② 끝나기 전에 들어가서 기다려줘야 한다.
③ 적당한 물기가 남도록 닦아 주어야 한다.
④ 반드시 둔부를 들게 하고 변기를 빼야 한다.
⑤ 허리를 들지 못하면 옆으로 뉘어서 변기를 뺀다.

47 배설물에서 이상을 발견했을 때 요양보호사의 옳은 대처방법은?

① 배설물에 이상이 있으면 변기에 버린다.
② 양상을 정확히 기록하여 보고하여야 한다.
③ 색깔을 정확히 기록하여 보관하여야 한다.
④ 배설물에 이상이 있으면 한 쪽에 따로 보관한다.
⑤ 배설물에 이상이 있으면 어디가 불편한지 대상자에게 물어본다.

48 배설물을 관찰해야 하는 이유로 옳은 것은?

① 욕구를 알 수 있기 때문이다.
② 식이의 종류를 알 수 있기 때문이다.
③ 배설주기를 알아볼 수 있기 때문이다.
④ 배설의 불편정도를 알 수 있기 때문이다.
⑤ 건강상의 중요한 징후를 알 수 있기 때문이다.

해설

44
• 화장지로 회음부나 항문부위를 닦는다. 배설물로 인해 피부가 짓무르지 않았는지 등 대상자의 피부상태를 확인하며 닦는다.
• 회음부와 둔부를 따뜻한 수건이나 물티슈로 앞에서 뒤로 잘 닦아 준다. 물기가 남아있는 경우 대상자의 피부가 짓무르거나 피부 손상을 일으킬 수 있으므로, 마른 수건이나 티슈로 물기를 닦아 준다. 대상자가 허리를 들지 못하면 옆으로 뉘어서 한다.
> 표준교재 246쪽

45
> 표준교재 246쪽

46
> 표준교재 246쪽

47
배설물에 특이사항이 있는 경우
시설장이나 관리책임자, 간호사 등에게 보고한다. 배설물의 이상은 건강상의 중요한 이상 징후이므로 배설물을 버리지 말고 시설장이나 관리책임자, 간호사 등에게 직접 보여주거나, 그 양상(색깔, 냄새, 특성 등)을 정확히 기록하여 보고해야 한다.
> 표준교재 247쪽

48
> 표준교재 247쪽

정답 44 ① 45 ③ 46 ⑤ 47 ② 48 ⑤

+ 해설

49 여성 대상자의 배설 시 소변이 튀지 않고 소리가 작게 나도록 돕는 방법은?

① 화장지를 미리 잘라 손에 쥐어준다.
② 회음부 앞 부분에 화장지를 대어준다.
③ 회음부 아래 부분에 화장지를 대어준다.
④ 변기 아래에 두툼하게 화장지를 깔아준다.
⑤ 둔부 아래 부분에 화장지를 미리 깔아준다.

49

표준교재 **246쪽**

50 배설물에 피가 섞였을 때 올바른 대처방법은?

① 즉시 버린다.
② 대상자에게 알린다.
③ 시설장에게 보고한다.
④ 다른 요양보호사와 상의한다.
⑤ 보호자에게 연락하여 알려준다.

50

표준교재 **246쪽**

51 이동변기를 이용한 배설 대상자로 맞지 않는 것은?

① 설 수 있어야 한다.
② 앉는 것이 가능해야 한다.
③ 혼자서 모두 가능해야 한다.
④ 화장실까지 걸어가기는 어렵다.
⑤ 침대 아래로 내려올 수 있어야 한다.

51
이동변기를 이용한 배설은 서거나 앉는 것은 가능하나 화장실까지 걷기 어려운 대상자의 배설을 돕는 방법이다.

표준교재 **247쪽**

52 이동변기를 사용해야 하는 경우에 해당하는 것은?

① 걷는 데 지장이 없다.
② 기저귀를 착용하고 있다.
③ 이동변기를 사용하겠다고 한다.
④ 다리가 휘청거려 걷기가 힘들다.
⑤ 화장실을 가지 않겠다고 고집을 부린다.

52

표준교재 **247쪽**

53 대상자가 배설을 힘들어할 때 돕는 방법으로 적절한 것은?

① 찬물을 한 컵 마시도록 해준다.
② 미지근한 물로 둔부 마사지를 해 준다.
③ 말로 표현하도록 하여 변의를 강화해준다.
④ 미지근한 물을 항문이나 요도에 끼얹어준다.
⑤ 요의를 호소하면 즉시, 변의는 확실할 때 도와준다.

53
미지근한 물을 항문이나 요도에 끼얹으면 괄약근과 주변 근육이 이완되면서 요의나 변의를 느낄 수 있다.

표준교재 **247쪽**

정답 **49 ② 50 ③ 51 ③ 52 ④ 53 ④**

54 이동변기 사용의 기본원칙으로 가장 옳은 것은?

① 최대한으로 도와주어야 한다.
② 이동변기는 하루에 한 번 깨끗이 씻어야 한다.
③ 배변, 배뇨 훈련에 참여하도록 격려해야 한다.
④ 요의나 변의를 표현할 때까지 기다려야 한다.
⑤ 습관적으로 요의를 호소할 수 있으므로 참는 것을 가르쳐야 한다.

★★★

55 편마비 대상자에게 이동변기를 놓는 위치로 올바른 것은?

① 건강한 쪽으로 30~45° 각도로 놓는다.
② 마비된 쪽으로 30~45° 각도로 놓는다.
③ 침대에 붙여 30~45° 각도로 놓는다.
④ 요양보호사가 주로 사용하는 쪽에 30~45° 각도로 놓는다.
⑤ 요양보호사가 돕기 편한 쪽에 30~45° 각도로 놓는다.

★★★

56 이동변기에서 배설을 할 때 대상자를 돕는 방법으로 맞지 않는 것은?

① 배설 후에는 항상 뒤처리를 해 주도록 한다.
② 음악을 틀어주어 배설시 소리가 나는 것을 방지한다.
③ 대상자가 문제없이 배설을 하는지 신경을 써야 한다.
④ 소리 나는 것을 방지하기 위해 화장지를 변기 안에 깔아준다.
⑤ 대상자가 밖에 있기 원하면 호출 벨을 쥐어주고 밖에서 기다린다.

57 이동변기를 사용할 때에 안전을 위해서 하는 일로 맞지 않는 것은?

① 배설 시에는 음악을 틀어준다.
② 침대와 좌변기의 높이가 같도록 한다.
③ 침대에서 이동변기로 이동할 때 조심한다.
④ 대상자의 다리는 두 발이 바닥에 닿아야 한다.
⑤ 이동변기 밑에는 매트를 깔아준다.

58 침대 난간에 이동식 좌변기를 빈틈없이 붙여야 하는 이유로 가장 옳은 것은?

① 일의 진행을 좀 더 신속하게 하기 위해
② 지나다니는 사람들의 안전을 지켜주기 위해
③ 대상자의 이동에 따른 저항감을 해소하기 위해
④ 이동하는 동안 좌변기의 움직임을 적게 하기 위해
⑤ 요양보호사가 안아 옮길 때 힘이 덜 들게 하기 위해

➕ 해설

54

표준교재 247쪽

55

표준교재 248쪽

56
배설 후 대상자 스스로 뒤처리를 하게 한다(대상자 스스로 할 수 없는 경우에는 뒤처리를 해준다).

표준교재 248쪽

57

표준교재 248쪽

58
움직이기 힘들어하는 요양보호 대상자인 경우 안아서 옮겨야 하므로 힘이 덜 들 수 있도록 침대 난간에 이동식 좌변기를 빈틈없이 붙인다.

표준교재 248쪽

정답 **54** ③ **55** ① **56** ① **57** ① **58** ⑤

➕ 해설

59 다음 중 이동변기와 침대의 높이에 대한 설명으로 옳은 것은?

① 침대와 이동변기의 높이는 같아야 한다.
② 침대의 높이가 이동변기보다 높아야 한다.
③ 침대의 높이가 이동변기보다 낮아야 한다.
④ 침대의 높이와 이동변기의 높이는 별 상관이 없다.
⑤ 침대의 높이와 이동변기의 높이는 요양보호사가 돕기에 편한 높이로 맞추어야 한다.

59

표준교재 248쪽

60 이동변기 사용 시에 대상자의 안전을 위해 신경써야 하는 일로 옳은 것은?

① 변기를 따뜻한 물로 데워둔다.
② 변기가 너무 차가운지 확인한다.
③ 이동변기 밑에 미끄럼방지 매트를 깔아준다.
④ 이동변기의 높이는 침대보다 조금 낮게 둔다.
⑤ 대상자의 두 다리가 바닥에 닿지 않도록 한다.

60
안전을 위해 변기 밑에 미끄럼방지매트를 깔아주어, 대상자가 변기에 앉을 때 흔들리지 않게 한다.

표준교재 248쪽

61 스스로 배설하는 대상자를 지켜보는 방법으로 맞지 않는 것은?

① 대상자가 불쾌하지 않도록 배려한다.
② 시간이 오래 걸리면 중단하고 관장을 해 준다.
③ 요구하는 것이 있으면 옆에서 대기하고 있다 도와준다.
④ 배설 도중 혈압이 오르거나 쓰러질 수도 있으므로 잘 관찰한다
⑤ 조급하지 않고 느긋하게 편안히 배설할 수 있는 환경을 조성한다.

61

표준교재 249쪽

62 기저귀를 착용해야 하는 경우로 맞지 않는 것은?

① 배설욕구를 느끼지 못하는 경우
② 치매 등으로 실금이 빈번한 경우
③ 대소변을 전혀 가리지 못하는 경우
④ 걷기가 힘든 대상자가 요구하는 경우
⑤ 의식이 없이 장기간 누워 지내는 경우

62
대소변을 전혀 가리지 못하는 경우, 배설욕구를 느끼지 못하는 경우, 치매 등으로 실금이 빈번해서 부득이한 경우에만 기저귀를 사용한다.

표준교재 249쪽

정답 **59** ① **60** ③ **61** ② **62** ④

63 기저귀 착용에 관한 사항으로 유의해야 할 것은?

① 실금 전에 기저귀 착용을 하는 것이 좋다.
② 본인이 원하면 기저귀 착용을 하도록 한다.
③ 한 번 기저귀를 사용하면 계속 사용하도록 한다.
④ 실금할 우려가 있으면 기저귀를 사용하도록 한다.
⑤ 몇 번 실금했다고 기저귀를 사용하는 것은 좋지 않다.

64 기저귀를 착용하는 대상자에게 나타날 수 있는 현상으로 맞지 않는 것은?

① 피부가 손상될 수 있다.
② 안정감을 갖고 생활할 수 있다.
③ 욕창이 생길 가능성이 높아진다.
④ 와상상태가 더욱 심해질 수 있다.
⑤ 스스로 배설하던 경향이 사라진다.

65 기저귀를 착용하고 있는 대상자를 돌보는 방법으로 적절치 못한 것은?

① 시간을 정해 놓고 기저귀를 갈아주도록 한다.
② 이동할 수 있으면 이동식 변기를 사용하도록 한다.
③ 장기적으로 사용할 경우 피부가 붉어지는지 확인한다.
④ 가능하면 화장실이나 변기에서 배설할 수 있도록 한다.
⑤ 허리를 들어올릴 수 있으면 간이변기를 사용하도록 한다.

66 기저귀를 사용하는 대상자를 돌보는 방법으로 적절한 것은?

① 통증을 호소하는지 잘 살펴보아야 한다.
② 이동할 수 있더라도 기저귀를 사용하도록 한다.
③ 치매가 있으면 꼭 기저귀를 사용하도록 한다.
④ 이동할 수 있으면 침상에서 배설할 수 있게 한다.
⑤ 허리를 들을 수 있으면 이동용 변기를 이용할 수 있게 한다.

67 기저귀를 사용하는 대상자를 돌볼 때 유의사항으로 옳은 것은?

① 야간에는 기저귀를 사용하도록 한다.
② 욕창이 생길 수 있으므로 잘 관찰한다.
③ 실금을 할 경우 기저귀를 사용하도록 한다.
④ 기저귀 착용을 벗어나도록 수치감을 조성한다.
⑤ 시간을 정해 놓고 기저귀를 교환하도록 한다.

+ 해설

63
대상자가 몇 번 실금을 했다고 해서 기저귀를 바로 사용하는 것은 좋지 않다.

표준교재 **249쪽**

64

표준교재 **249쪽**

65
배뇨, 배변시간에 맞추어 기저귀를 자주 살펴보고, 젖었으면 속히 갈아주어 피부에 문제가 생기지 않도록 한다.

표준교재 **249쪽**

66

표준교재 **249쪽**

67

표준교재 **249쪽**

정답 **63** ⑤ **64** ② **65** ① **66** ① **67** ②

+ 해설

68 기저귀를 착용하는 대상자에게 기저귀 의존도를 낮추는 방법으로 맞지 않는 것은?

① 이동할 수 있으면 이동식 변기를 사용해 본다.
② 배설간격을 관찰하여 직접 배설을 권유해 본다.
③ 기저귀를 빼고 하루 정도 있도록 하고 관찰한다.
④ 허리를 들어올릴 수 있으면 침상용 변기를 시도해 본다.
⑤ 가능하면 화장실이나 변기에서 배설할 수 있도록 돕는다.

68

표준교재 **250쪽**

69 기저귀 사용에 대한 것으로 옳은 것은?

① 독립성을 증진시켜 준다.
② 자율성이 증진된다.
③ 와상상태를 가속시킬 수 있다.
④ 대상자의 프라이버시를 지켜줄 수 있다.
⑤ 치매증상을 완화시킬 수 있다.

69
기저귀를 쓰게 되면 대상자가 기저귀에 의존하게 되어 스스로 배설하던 경향이 사라지고 치매증상 및 와상상태가 더욱 심해질 수 있다.

표준교재 **249쪽**

★★★

70 기저귀를 사용할 때 생길 수 있는 부작용으로 적절하지 않은 것은?

① 자율성이 생긴다.
② 욕창이 생길 수 있다.
③ 피부손상이 생길 수 있다.
④ 와상상태가 빨리 진행될 수 있다.
⑤ 치매의 진행상태가 빨라질 수 있다.

70

표준교재 **249쪽**

71 기저귀를 착용한 대상자의 기저귀를 교환할 때에 할 일로 맞지 않는 것은?

① 마른 수건으로 물기를 닦는다.
② 잠시 동안 하의를 입히지 않는다.
③ 둔부 주변에 피부의 발적이 있는지 관찰한다.
④ 발적이나 상처가 없으면 가볍게 두드려 마사지한다.
⑤ 기저귀를 착용했던 부분에 상처가 있는지 관찰한다.

71

표준교재 **250~251쪽**

정답 **68** ③ **69** ③ **70** ① **71** ②

72 기저귀를 갈아주는 방법으로 옳은 것은?

① 젖은 수건으로 물기를 닦는다.
② 회음부는 뒤에서 앞으로 닦는다.
③ 기저귀의 배설물을 안으로 말아 넣는다.
④ 항문부위나 회음부를 찬 물티슈로 닦는다.
⑤ 기저귀의 안쪽이 보이도록 하여 말아 넣도록 한다.

73 기저귀가 젖거나 뭉쳐 있으면 안 되는 이유로 가장 중요한 것은?

① 보기에 좋지 않다.　　　　② 기능을 못할 수 있다.
③ 욕창이 발생하기 쉽다.　　④ 답답하게 느낄 수 있다.
⑤ 대상자가 기저귀를 뜯을 수 있다.

74 유치도뇨관의 소변주머니 관리에 대한 설명으로 옳지 않은 것은?

① 감염예방에 주의를 기울여야 한다.
② 소변이 제대로 나오는지 확인해야 한다.
③ 소변량과 색깔을 2~3시간마다 확인해야 한다.
④ 소변주머니는 방광위치보다 높게 두지 않는다.
⑤ 연결관이 꺾여 있으면 바로 교체해 주어야 한다.

75 유치도뇨관 삽입 대상자의 소변주머니의 위치로 올바른 것은?

① 방광보다 낮게 위치해야 한다.
② 방광보다 높이 위치해야 한다.
③ 어깨 정도의 높이에 위치해야 한다.
④ 방광과 같은 위치에 두어야 한다.
⑤ 어깨와 아랫배 사이에 위치해야 한다.

76 유치도뇨관 삽입 대상자를 돌보는 방법으로 옳은 것은?

① 보행하지 못하도록 한다.
② 소변량은 3~4시간마다 확인해야 한다.
③ 금기사항이 없는 한 수분섭취를 권장한다.
④ 소변주머니가 방광 위에 있는지 확인해야 한다.
⑤ 하루에 한 번씩 유치도뇨관을 교체해 주어야 한다.

＋해설

72
기저귀 교체 방법
배설물이 보이지 않도록 기저귀를 만다. 즉, 기저귀의 바깥 면(깨끗한 부분)이 보이도록 말아 넣는다. 둔부 및 항문 부위, 회음부를 따뜻한 물티슈로 닦아내고 회음부는 앞에서 뒤로 닦는다. 마른 수건으로 물기를 닦아 말린다.
표준교재 250~251쪽

73

표준교재 250~251쪽

74
요양보호사는 유치도뇨관의 교환 또는 삽입, 방광 세척 등은 절대로 하지 않는다. 방문간호사나 의료기관을 이용하도록 연계한다.
표준교재 252쪽

75
소변이 담긴 주머니를 방광 위치보다 높게 두지 않는다. 소변주머니가 방광보다 높이 있으면 감염의 원인이 된다.
표준교재 251쪽

76
유치도뇨관을 삽입하고 있어도 침대에서 자유로이 움직일 수 있으며 보행도 할 수 있음을 대상자에게 알려준다.
표준교재 252쪽

정답　72 ③　73 ③　74 ⑤　75 ①　76 ③

77 유치도뇨관을 강제로 빼면 안 되는 이유로 옳은 것은?

① 유치도뇨관이 상하기 때문에
② 요도 점막에 손상을 입히기 때문에
③ 유치도뇨관이 끊어질 수 있기 때문에
④ 유치도뇨관은 강제로 빼도 나오지 않기 때문에
⑤ 유치도뇨관이 늘어나면서 감염의 우려가 있기 때문에

77
유치도뇨관을 강제로 빼면 요도점막에 손상을 입히므로 심하게 당겨지지 않도록 주의한다.

표준교재 252쪽

★ ★ ★

78 유치도뇨관 삽입 대상자가 아랫배가 불편하고 아프다고 호소할 때 취해야 할 조치는?

① 소화제를 주도록 조치한다.
② 유치도뇨관을 제거한다.
③ 아랫배를 마사지한다.
④ 유치도뇨관이 꼬였는지 확인한다.
⑤ 화장실로 데려가 배설하도록 돕는다.

78
유치도뇨관이 막히거나 꼬여서 소변이 제대로 배출되지 않으면 방광에 소변이 차서 아랫배가 불편하고 아플 수 있다.

표준교재 252쪽

★ ★ ★

79 유치도뇨관의 관리로 옳은 것은?

① 소변주머니는 방광 위치보다 높게 둔다.
② 소변을 비운 주머니는 배출구를 열어둔다.
③ 소변주머니를 화장실에 가서 변기에 비운다.
④ 소변주머니를 비울 때는 배출구를 열어 비운다.
⑤ 소변주머니를 비울 때는 유치도뇨관과 분리하여 비운다.

79
소변주머니를 비울 때는 밑에 있는 배출구를 열어 소변기에 소변을 받은 후 배출구를 잠근다.

표준교재 252쪽

★ ★ ★

80 유치도뇨관 삽입 대상자의 이동 시 소변주머니의 위치로 옳은 것은?

① 심장보다 위에 있어야 한다.
② 아랫배보다 위에 있어야 한다.
③ 아랫배보다 밑에 있어야 한다.
④ 움직이지 않게 고정되어 있어야 한다.
⑤ 링거 폴대에 꽂아 이동하도록 해야 한다.

80
유치도뇨관 삽입 대상자가 이동할 때 소변주머니는 꼭 아랫배보다 밑에 들어야 한다.

표준교재 252쪽

81 시설장이나 간호사에게 보고해야 할 사항이 아닌 것은?

① 소변이 탁한 경우
② 소변량이 많은 경우
③ 소변에서 냄새가 나는 경우
④ 소변이 도뇨관 밖으로 새는 경우
⑤ 소변량이 현저히 적어진 경우

81
소변색이 이상하거나 탁해진 경우, 소변량이 적어진 경우, 소변이 도뇨관 밖으로 새는 경우에는 시설장이나 관리책임자, 간호사에게 보고한다. 표준교재 252쪽

정답 77 ② 78 ④ 79 ④ 80 ③ 81 ②

5 개인위생 및 환경관리

01 개인위생 활동에 해당하는 것은?

① 손톱관리
② 욕창예방
③ 시장보기
④ 화장실 청소
⑤ 세탁물 관리

01

개인위생

피부, 모발, 손톱, 치아, 구강 및 비강, 눈, 귀, 회음 및 생식기 등 신체의 위생과 외모 다듬기 활동

표준교재 254쪽

02 개인위생 돕기에 해당하지 않는 것은?

① 신체 위생
② 대소변 처리
③ 식사준비
④ 외모 다듬기 활동
⑤ 손톱관리

02

개인위생 돕기

목욕이나 샤워, 회음부, 구강, 손톱 및 모발관리 외에도 대소변처리 등의 서비스를 직접 제공하거나, 스스로 하도록 지켜보고 도와주는 것도 포함됨

표준교재 254쪽

03 칫솔질을 잘 해야 하는 이유로 맞지 않는 것은?

① 순환을 촉진한다.
② 잇몸을 자극해 준다.
③ 상쾌감을 완화해 준다.
④ 세균 번식을 억제해 준다.
⑤ 세균이 있는 치아를 깨끗이 한다.

03

칫솔질은 음식찌꺼기, 프라그 및 세균이 있는 치아를 깨끗이 하고 잇몸을 자극하여 순환을 촉진하고, 불쾌한 냄새와 맛으로 인한 불쾌감을 완화한다.

표준교재 254쪽

04 구강청결에 대한 설명으로 가장 옳은 것은?

① 구강에 염증이 있을 경우엔 중단하도록 한다.
② 구강청결은 잇몸을 자극하여 순환을 촉진한다.
③ 구강은 점막으로 덮여져 있어 비교적 튼튼하다.
④ 구강은 침이 있어 세균이 잘 번식하지 않는 장소이다.
⑤ 구강청결 시에 대상자가 거절하면 건너뛰도록 배려한다.

04

구강은 점막으로 덮여 있어 상처 입기가 쉽고 음식물 찌꺼기 등에 의해 세균이 번식하기 쉬운 장소이다.

표준교재 254쪽

05 구강청결의 기본원칙에 해당하지 않는 것은?

① 입안에 염증이 있는지 확인해야 한다.
② 치료를 받아야 할 치아는 있는지 봐야 한다.
③ 상처가 있는 부분은 더 다치지 않도록 주의한다.
④ 이상이 있으면 일단 구강청결을 멈추었다 다시 한다.
⑤ 잇몸, 입천장, 혀, 볼 안쪽 등이 헐었는지 관찰해야 한다.

05

입안에 염증이 있는지를 확인하고 상처가 있는 부분은 더 다치지 않도록 주의한다. 세심하게 관찰하고 이상이 있으면 시설장이나 관리책임자에게 보고한다.

표준교재 254쪽

정답 01 ① 02 ③ 03 ③ 04 ② 05 ④

+ 해설

06 구강청결 시 너무 깊이 닦으면 안 되는 이유로 가장 적절한 것은?

① 혓바닥을 자극할 수 있으므로
② 대상자가 싫어할 수 있으므로
③ 깊은 곳은 닦지 않으로 되므로
④ 구토나 질식을 일으킬 수 있으므로
⑤ 시간이 오래 걸리면 대상자가 피곤하므로

06
입안을 닦아낼 때 혀 안쪽이나 목젖을 자극하면 구토나 질식을 일으킬 수 있으므로 너무 깊숙이 닦지 않는다.

표준교재 254쪽

07 누워있는 상태인 대상자의 양치질을 돕는 방법으로 적절한 것은?

① 옆으로 누운 자세를 취해 주도록 한다.
② 반듯하게 누운 자세를 취해 주도록 한다.
③ 침상에서 내려와 양치질을 하도록 한다.
④ 반쯤 일어나 앉힌 후 양치질을 하도록 한다.
⑤ 누워있는 상태에서는 양치질을 해서는 안 된다.

07
누워있는 상태에서 양치질을 도와줄 때는 옆으로 누운 자세로 해야 사례가 걸리지 않고 안전하다.

표준교재 254쪽

★ ★ ★

08 입안 닦아내기를 해야 하는 대상자로 옳은 것은?

① 금식 중인 대상자
② 물만 먹는 대상자
③ 연하장애가 있는 대상자
④ 식사를 하지 않은 대상자
⑤ 양치질을 거부하는 대상자

08
입안 닦아내기
치아가 없거나 연하장애가 있는 대상자, 의식이 없는 대상자, 사례가 잘 드는 대상자의 입안을 깨끗이 닦아 내는 방법

표준교재 254쪽

★ ★ ★

09 입안 닦아내기를 해야 하는 대상자가 아닌 것은?

① 치아가 없는 대상자   ② 의식이 없는 대상자
③ 구토를 잘 하는 대상자   ④ 사례가 잘 드는 대상자
⑤ 연하장애가 있는 대상자

09

표준교재 254쪽

10 의치관리를 하는 방법으로 옳은 것은?

① 알코올로 닦아야 한다.
② 냉수로 닦아야 한다.
③ 미온수로 닦아야 한다.
④ 표백제로 닦아야 한다.
⑤ 뜨거운 물로 닦아야 한다.

10
의치를 표백제나 뜨거운 물을 사용하여 닦으면, 금이 가고 플라스틱 부분 모양이 변형되어 의치가 못쓰게 되므로 반드시 미온수로 닦아야 한다.

표준교재 255쪽

정답 06 ④ 07 ① 08 ③ 09 ③ 10 ③

11 입안 닦아내기를 할 때 필요한 물품이 아닌 것은?

① 칫솔
② 설압자
③ 입술보호제
④ 구강청결제
⑤ 물받이 그릇

12 입안 닦아내기 방법으로 가장 적절한 것은?

① 손가락에 거즈를 감아 닦아낸다.
② 칫솔을 이용하여 양치질하듯 닦아낸다.
③ 마른 일회용 스펀지 브러쉬로 닦아낸다.
④ 거즈를 감은 설압자를 물에 적셔 사용한다.
⑤ 일회용 장갑을 끼고 입안에 손을 넣어 닦아 낸다.

13 입안 닦아내기 순서로 옳은 것은?

① 윗니 – 잇몸 – 아랫니 – 아래잇몸 – 입천장 – 혀 – 볼안쪽
② 윗니 – 잇몸 – 아래잇몸 – 아랫니 – 입천장 – 혀 – 볼안쪽
③ 윗니 – 잇몸 – 아래잇몸 – 입천장 – 이랫니 – 혀 – 볼인쪽
④ 윗니 – 잇몸 – 아래잇몸 – 아랫니 – 입천장 – 볼안쪽 – 혀
⑤ 잇몸 – 윗니 – 아래잇몸 – 아랫니 – 입천장 – 혀 – 볼안쪽

14 입안 닦아내기를 할 때 물컵을 사용하기 어려울 경우 적절한 돕기 방법은?

① 거즈로 적셔준다.
② 빨대가 달린 컵을 사용한다.
③ 입안 닦아내기를 해서는 안 된다.
④ 단 한 번의 아주 적은 물을 사용한다.
⑤ 입안 닦아내기만 하고 헹구기는 하지 않는다.

15 입안 헹구기에 대한 내용으로 올바르지 않는 것은?

① 구강건조를 막는다.
② 타액분비를 촉진한다.
③ 위액분비를 촉진한다.
④ 식사 전에만 시행할 수 있다.
⑤ 구강 내 음식물 제거를 위해 시행한다.

해설

11
입안 닦아내기는 칫솔이 아닌 거즈를 감은 설압자 또는 일회용 스펀지 브러쉬를 사용한다.

표준교재 255쪽

12

표준교재 255쪽

13

표준교재 255쪽

14

표준교재 255쪽

15
입안 헹구기는 식사 전과 후에 모두 가능하다. 식전 입안 헹구기는 구강건조를 막고, 타액이나 위액 분비를 촉진하여 식욕을 증진한다. 식후 입안 헹구기는 구강 내 음식물 제거를 위해 시행한다.

표준교재 255쪽

정답 11 ① 12 ④ 13 ② 14 ② 15 ④

16 입안 헹구기를 할 때 유의사항으로 옳은 것은?

① 충분히 헹구도록 한다.
② 차가운 물로 입안을 적신다.
③ 휴지로 입 주위를 닦아 준다.
④ 구강청정제는 사용하지 않도록 한다.
⑤ 입술이 건조하지 않도록 알코올을 발라준다.

16
미지근한 물로 입안을 적시고 입안이 깨끗해질 때까지 충분히 헹군 후 물받이 그릇에 뱉게 한다. 마른 수건으로 입 주위를 닦은 후, 입술이 건조하지 않도록 입술보호제를 발라 준다.

표준교재 **256쪽**

17 입안 헹구기는 언제 하는 것이 좋은가?

① 아침에만 할 수 있다.   ② 식후에만 할 수 있다.
③ 식사 전에만 할 수 있다.   ④ 잠자기 전에만 할 수 있다.
⑤ 식전과 식후에 모두 할 수 있다.

17

표준교재 **255쪽**

18 입안 헹구기를 할 때 요양보호사의 할 일로 적당하지 않은 것은?

① 구강상태를 확인한다.
② 앉은 자세를 취하게 한다.
③ 미지근한 물로 입안을 적신다.
④ 필요에 따라 구강청정제를 사용한다.
⑤ 입안을 헹굴 때는 물을 최소한으로 사용한다.

18
입안이 깨끗해질 때까지 충분히 헹군다.

표준교재 **256쪽**

19 칫솔질을 잘못했을 때 치아에 나타나는 손상이 아닌 것은?

① 치아표면이 마모된다.
② 잇몸이 손상될 수 있다.
③ 치아가 벌어질 수 있다.
④ 구강점막이 손상될 수 있다.
⑤ 칫솔질의 자극으로 구토를 일으킬 수 있다.

19
칫솔질의 방향이 잘못되면 치아 표면이 마모되고, 구강 점막이나 잇몸이 손상될 수 있고, 칫솔질의 자극에 의해 구토나 질식이 일어날 수 있다.

표준교재 **257쪽**

20 칫솔질의 방향으로 옳은 것은?

① 치아에서부터 입술방향으로
② 잇몸에서부터 입술방향으로
③ 잇몸에서부터 치아방향으로
④ 치아에서부터 혀의 방향으로
⑤ 치아에서부터 목구멍 방향으로

20

표준교재 **257쪽**

정답 16 ① 17 ⑤ 18 ⑤ 19 ③ 20 ③

21 칫솔질을 할 때 요양보호사가 해야 할 일로 맞지 않는 것은?

① 대상자의 구강상태를 확인한다.
② 마비된 쪽을 아래로 누운 자세를 해 준다.
③ 머리 부분을 앞으로 숙인 자세로 해 준다.
④ 할 수 있는 동작과 할 수 없는 동작을 관찰한다.
⑤ 앉은 자세가 가능한 경우는 가능한 한 앉혀서 한다.

22 칫솔질을 할 때 요양보호사가 해야 할 일로 맞지 않는 것은?

① 미지근한 소금물로 입안을 헹군다.
② 소량의 물로 2~3회 나누어서 헹구게 한다.
③ 칫솔질을 할 때는 치아뿐만 아니라 혀도 닦도록 한다.
④ 잇몸에서 출혈은 없는지 확인하고 입술보호제를 바른다.
⑤ 컵을 사용하는 것이 어려울 경우 빨대 달린 컵으로 사용하도록 한다.

★★★
23 의치 빼기를 할 때의 방법으로 옳은 것은?

① 아래쪽 의치는 한 번에 빼야 한다
② 의치는 본인이 빼지 못하도록 해야 한다.
③ 위쪽 의치를 먼저 빼서 의치 용기에 넣는다.
④ 아래쪽 의치를 먼저 빼어 의치 용기에 넣는다.
⑤ 세면대에 의치를 놓을 때는 그대로 놓아야 한다.

24 의치 세척 방법으로 옳은 것은?

① 칫솔을 사용해서는 안 된다.
② 흐르는 얼음물에 의치를 헹군다.
③ 받아둔 얼음물에 의치를 헹군다.
④ 받아둔 미온수에 의치를 헹군다.
⑤ 흐르는 미온수에 의치를 헹군다.

★★★
25 의치를 보관하는 방법으로 적절한 것은?

① 투명한 용기에 보관해야 한다.
② 자기 전에는 의치를 빼서 보관한다.
③ 3시간 이상 의치를 빼고 있지 않도록 한다.
④ 뺀 의치는 면 손수건에 싸서 보관하도록 한다.
⑤ 전체 의치의 경우는 상·하를 분리하여 보관한다.

+ 해설

21
② 앉은 자세가 가능하지 않은 경우에는 마비된 쪽을 위로 한 후 옆으로 누운 자세로 칫솔질을 행한다.

표준교재 257쪽

22
미지근한 물로 입안을 헹구어 적신다.

표준교재 257쪽

23

표준교재 257쪽

24
의치 세척 방법
칫솔에 의치세정제를 묻혀 의치를 닦고 흐르는 미온수에 헹군다.

표준교재 258쪽

25
잇몸에 대한 압박자극을 해소하기 위해 자기 전에는 의치를 빼서 보관한다.

표준교재 258쪽

정답 21 ② 22 ① 23 ③ 24 ⑤ 25 ②

＋ 해설

26 의치를 보관할 때 유의해야 할 사항으로 가장 적절한 것은?

① 물이 담긴 용기에 보관한다.
② 투명한 유리용기에 보관해야 한다.
③ 뚜껑이 없는 용기에 보관해야 한다.
④ 물기가 없는 용기에 보관해야 한다.
⑤ 소독제가 담긴 용기에 보관해야 한다.

26
의치는 위쪽과 아래쪽 의치를 맞추어 뚜껑 있는 보관용기에 물(또는 의치세정제)을 넣어 보관한다.

표준교재 258쪽

27 의치를 찬물에 담긴 용기에 보관해야 하는 이유는?

① 새 것처럼 될 수 있다. ② 모양 변형을 막을 수 있다.
③ 세균이 완전 박멸될 수 있다. ④ 금 가는 것을 방지할 수 있다.
⑤ 모양을 반듯하게 잡을 수 있다.

27

표준교재 255쪽

28 의치 끼우기 방법으로 옳은 것은?

① 의치 삽입 전에 입을 헹군다.
② 의치를 삽입한 후에 입을 헹군다.
③ 윗니를 끼울 때는 상하로 움직여 끼운다.
④ 아랫니를 끼울 때는 상하로 움직여 끼운다.
⑤ 의치를 끼운 후엔 붕산수에 묻힌 솜으로 닦아준다.

28
• 의치 삽입 전에 구강세정제와 미온수로 입을 충분히 헹군다.
• 윗니를 끼울 때는 한 번에 끼운다.
• 아랫니는 검지가 입안으로 향하게 하여 아래쪽으로 밀어넣는다.

표준교재 258쪽

29 의치를 끼운 대상자를 돌보는 방법으로 옳은 것은?

① 마비가 있는 경우에는 의치를 해서는 안 된다.
② 인지 저하가 있는 경우에는 의치를 해서는 안 된다.
③ 마비가 있는 경우에는 의치의 위치를 바꾸지 않도록 한다.
④ 인지 저하가 있는 경우에는 의치의 위치를 바꾸면 안 된다.
⑤ 인지 저하가 있는 경우에는 의치의 위치를 자주 확인해야 한다.

29
아랫니는 잘못하여 삼키는 경우가 있으므로 인지 저하나 마비가 있는 경우 위치를 수시로 확인힌다.

표준교재 258쪽

30 의치를 끼운 대상자를 돌보는 방법으로 옳지 않은 것은?

① 구강세정제로 의치 삽입 전에 입을 헹군다.
② 구강 점막에 상처나 염증이 있는지 확인한다.
③ 의치를 끼운 후엔 입을 다물고 있도록 조처한다.
④ 구강 점막 내 이상이 발견되면 시설장에게 보고한다.
⑤ 입술이 건조하고 트는 것을 막기 위해 입술보호제를 바른다.

30

표준교재 258쪽

정답 **26** ① **27** ② **28** ① **29** ⑤ **30** ③

31 두발 청결 돕기의 효과로 맞지 않는 것은?

① 기분을 상쾌하게 한다.
② 질병을 치유할 수 있다.
③ 가려움, 비듬을 예방한다.
④ 두피, 머리카락의 청결을 유지한다.
⑤ 두피를 자극해 혈액을 순환을 촉진한다.

32 두발 청결 돕기를 할 때 주의해야 할 것으로 적절하지 않은 것은?

① 습관이나 기호를 확인한다.
② 기분, 안색, 통증 유무를 확인한다.
③ 모든 절차를 미리 설명한다.
④ 아침 식사 후에 머리 감기기를 실시한다.
⑤ 머리를 감아도 되는지 방법과 시간 등을 확인한다.

33 두발 청결 돕기를 할 때 유의할 사항으로 적절한 것은?

① 식사 후에 머리 감기기를 할 수 있도록 한다.
② 머리를 감기 전에 화장실에 가지 않도록 한다.
③ 두피상태를 관찰하여 맞는 머리 감기기를 한다.
④ 아침 식사 전에 머리 감기기를 할 수 있도록 한다.
⑤ 계획표에 머리 감기는 시간을 정해놓고 맞출 수 있도록 한다.

34 두발 청결 돕기를 할 때 유의해야 할 사항으로 적절한 것은?

① 공복에 하지 말고 추울 때는 낮 시간대를 이용한다.
② 공복에 주로 하고 추울 때는 낮 시간대를 이용한다.
③ 식후에 주로 하고 추울 때는 낮 시간대를 이용한다.
④ 공복에 주로 하고 추울 때는 오전 시간대를 이용한다.
⑤ 식후에 주로 하고 추울 때는 오전 시간대를 이용한다.

35 두발 청결 돕기를 할 때 돕는 방법으로 적절하지 않은 것은?

① 머리 감기 전에 안색을 살핀다.
② 머리 감기 전에 식사를 하도록 한다.
③ 머리 감기 전에 대·소변을 보게 한다.
④ 머리 감기 전에 통증이 있는지 확인한다.
⑤ 머리 감기 전에 혈압의 상승여부를 확인한다.

해설

31
두발 청결 돕기
두피, 머리카락의 청결을 유지하고, 가려움, 비듬, 냄새 등을 예방하고 두피를 자극해 혈액순환을 촉진하고 상쾌함을 준다.

표준교재 **259쪽**

32
④ 공복, 식후는 피하고 추울 때에는 따뜻한 낮 시간대를 이용한다.

표준교재 **259쪽**

33

표준교재 **259쪽**

34
공복, 식후는 피하고 추울 때에는 따뜻한 낮 시간대를 이용한다.

표준교재 **259쪽**

35

표준교재 **259쪽**

정답 **31** ② **32** ④ **33** ③ **34** ① **35** ②

+ 해설

★★★

36 통 목욕 시 머리 감기기 방법으로 적절한 것은?

① 린스 사용 후 찬물로 헹군다.
② 절차 설명은 생략해도 된다.
③ 두피를 손톱 끝으로 마사지한 후 헹군다.
④ 두피는 손가락 끝으로 마사지한 후 헹군다.
⑤ 마른 수건으로 물기만 제거한다.

36
• 소량의 샴푸를 덜어 머리와 두피를 손톱이 아닌 손가락 끝으로 마사지한 후 헹군다.
• 린스를 한 후 따뜻한 물로 머리를 충분히 헹군다.
• 마른 수건으로 물기를 제거한 후 헤어드라이어로 머리를 말린다.
• 찬물로 헹군다.
표준교재 259~260쪽

37 두발 청결 돕기 방법으로 가장 옳은 것은?

① 귀막이 솜으로 양쪽 귀를 막는다.
② 물휴지를 이용하여 양쪽 귀를 막는다.
③ 투명한 비닐을 이용하여 눈을 덮어주도록 한다.
④ 헹굴 때는 찬물로 헹군다.
⑤ 헤어드라이어를 사용하면 건조증을 유발하므로 사용하지 않는다.

37
표준교재 259~260쪽

38 침대에서 머리 감기기를 할 때 옳지 않은 것은?

① 솜으로 귀를 막는다.
② 머리의 장신구를 제거한다.
③ 방수포를 어깨 밑까지 깐다.
④ 눈은 수건으로 덮어 보호한다.
⑤ 실내 온도는 조금 쌀쌀한 정도를 유지한다.

38
⑤ 실내온도는 따뜻하게 유지한다.

표준교재 260쪽

★★★

39 침대에서 머리 감기는 방법으로 가장 적절한 것은?

① 머리 밑에 패드를 대어준다.
② 방수포를 허리까지 오게 깔아준다.
③ 뒷머리는 머리를 들고 헹구어준다.
④ 대상자를 침대 가장자리로 반듯하게 누인다.
⑤ 귀를 옆으로 하여 톡톡 쳐서 물이 빠지도록 한다.

39
• 방수포를 어깨 밑까지 깐다.
• 뒷머리는 머리를 좌우로 돌리면서 헹구거나 패드 밑에 수건을 넣어 물 빠짐을 조절하여 헹군다.
• 침대모서리에 머리가 오도록 대상자의 몸을 비스듬히 한다.
표준교재 260~261쪽

40 물을 사용하기 어려운 상황이거나 신체적으로 힘든 대상자가 사용하기에 적합한 두발 청결 용품은?

① 참빗   ② 꼬리빗
③ 트리트먼트   ④ 두발전용세정제
⑤ 헤어팩

40
두발전용세정제
• 물이 없어도 머리카락을 깨끗하게 할 수 있다.
• 머리에 발라 거품을 내고, 수건으로 닦고 빗겨준다.
표준교재 261쪽

정답 36 ④ 37 ① 38 ⑤ 39 ① 40 ④

41 머리 손질을 할 때 요양보호사가 할 일로 적당한 것은?

① 머리는 짧게 잘라주어야 한다.
② 겨울에는 모자를 쓰도록 해 주어야 한다.
③ 기호에 따라 머리 모양을 손질해 주도록 한다.
④ 머리카락이 엉켰을 경우에는 머리를 감겨 손질해 준다.
⑤ 빗질은 매일하면 머리가 빠질 수 있으므로 매일 하지 않는다.

41
머리 손질하기
- 대상자의 기호를 최대한 반영한다.
- 머리카락이 엉켰을 때는 물을 적신 후에 손질한다.
- 빗질은 매일 하는 것이 좋다.

표준교재 262쪽

42 머리 손질을 돕는 방법으로 적절한 것은?

① 모발 끝 쪽에서 두피 쪽으로 빗는다.
② 관리하기 쉽도록 짧게 자르도록 권한다.
③ 머리 손질 시에 거울을 통해 확인할 수 있게 한다.
④ 모발에 특이사항이 있는 경우에는 잘라주도록 한다.
⑤ 두피에 문제가 발견될 시에는 소독하고 연고를 발라주도록 한다.

42
한 손으로 모발을 잡고 다른 한 손으로 두피에서부터 모발 끝 쪽으로 빗는다.

표준교재 262쪽

★★★
43 손발 청결돕기 시 요양보호사가 유의할 사항으로 적절하지 않은 것은?

① 주기적으로 각질을 제거해 주어야 한다.
② 피부에 상처가 나지 않도록 조심해야 한다.
③ 보습을 고려한 클렌저나 비누를 선택해야 한다.
④ 피부에 자극을 주지 않는 면제품을 사용하도록 한다.
⑤ 각질이 생기기 쉬우므로 오일, 로션 등을 발라주어야 한다.

43
노인의 피부는 건조하여 각질이 생기기 쉬우므로 주기적으로 오일이나 로션 등을 발라주어야 한다.

표준교재 262쪽

44 손과 발을 닦아 청결을 유지할 때 대상자에게 유익한 것으로 맞지 않은 것은?

① 기분을 상쾌하게 한다.
② 상처를 치료할 수 있다.
③ 혈액순환을 증진시킨다.
④ 악취나 무좀을 예방한다.
⑤ 말초부위를 따뜻하게 한다.

44
손과 발을 닦아 청결을 유지함으로써 악취나 무좀을 예방하고 손·발의 말초부위를 따뜻하게 함으로써 혈액순환을 증진시키고 기분을 상쾌하게 한다.

표준교재 263쪽

정답 **41** ③ **42** ③ **43** ① **44** ②

★★★

다음 중 올바르게 깎은 손톱의 모양은?

①

②

③

④

⑤

★★★

다음 중 올바르게 깎은 발톱 모양은?

①

②

③

④

⑤

혈액순환을 촉진하고 이물질을 쉽게 제거할 수 있는 손발 청결 돕기의 방법은?

① 미지근한 물에 손과 발을 10~15분간 담근다.

② 따뜻한 물에 손과 발을 3~5분간 담근다.

③ 따뜻한 물에 손과 발을 3~5분간 담근다.

④ 찬물에 손과 발을 10~15분간 담근다.

⑤ 따뜻한 물에 손과 발을 10~15분간 담근다.

+ 해설

45

손톱은 손톱깎이를 이용하여 너무 길지 않게 둥근 모양으로 자른다.

표준교재 **263쪽**

46

발톱은 손톱깎이를 이용하여 너무 길지 않게 일자로 자른다.

표준교재 **263쪽**

47

따뜻한 물을 대야에 담은 후 손과 발을 10~15분간 담가 온기를 느껴볼 수 있게 한다. 혈액순환을 촉진하고, 이물질을 쉽게 제거할 수 있다.

표준교재 **263쪽**

정답 **45** ① **46** ② **47** ⑤

48 손톱과 발톱관리에서 보고해야 할 사항은?

① 손톱이 너무 길었을 때
② 발톱이 둥글게 잘라져 있을 때
③ 발톱이 일자로 잘라져 있을 때
④ 발톱이 살 안쪽으로 파고 들어갔을 때
⑤ 손과 발 씻기를 거부하며 하지 않으려 할 때

★★★

49 손발 청결 돕기의 옳은 방법은?

① 비누를 사용하지 않는다.
② 물의 온도는 41~43℃를 유지하도록 한다.
③ 손톱은 둥근 모양, 발톱은 일자로 자른다.
④ 각질제거기를 이용하여 각질을 제거해준다.
⑤ 가능하면 혈액순환을 위해 서서 씻도록 배려한다.

50 회음부 청결을 소홀히 하게 되었을 때 나타나는 상태로 맞지 않는 것은?

① 악취가 날 수 있다.
② 배설물로 더러워지기 쉽다.
③ 분비물로 더러워질 수 있다.
④ 여성은 요로감염의 원인이 된다.
⑤ 남성은 방광염의 원인이 될 수 있다.

★★★

51 회음부 청결 돕기 방법으로 옳은 것은?

① 전용수건을 사용한다.
② 닦을 때는 휴지를 사용한다.
③ 요도, 항문, 질 순서로 닦아야 한다.
④ 감염 예방을 위해 뒤쪽에서 앞쪽으로 닦도록 한다.
⑤ 수치심을 느낄 수 있으므로 최대한 도와주어야 한다.

★★★

52 회음부 청결 돕기 방법으로 적절한 것은?

① 물로만 닦는다.
② 37℃ 정도의 물에 둔부를 담근다.
③ 따뜻한 물을 음부에 끼얹어 준다.
④ 남성의 경우는 스스로 닦도록 해 주어야 한다.
⑤ 냄새가 나지 않으면 자주 하지 않는 것이 좋다.

➕ 해설

48
손톱이나 발톱이 살 안쪽으로 심하게 파고 들었거나 발톱 주위의 염증이나 피부 감염 등의 이상부위가 있을 경우 시설장이나 관리책임자 등에게 보고한다.

표준교재 263쪽

49
• 가능하면 대상자를 앉히거나 편안한 자세로 한다.
• 비누를 이용해 손가락, 발가락 사이를 씻은 뒤 헹군다.

표준교재 263쪽

50
목욕이나 샤워를 할 수 없는 경우 회음부는 분비물과 배설물로 더러워지기 쉽고, 악취가 나며 여성은 방광염, 요로감염의 원인이 되므로 청결을 유지하는 것이 중요하다.

표준교재 264쪽

51
② 전용수건, 거즈나 솜을 사용해야 한다.
③ 요도, 질, 항문 순서로 닦는다.
④ 감염 예방을 위해 뒤쪽에서 앞쪽으로 닦도록 한다.
⑤ 수치심을 느낄 수 있으므로 최대한 대상자 스스로 하도록 돕는다.

표준교재 264쪽

52

표준교재 264~265쪽

정답 48 ④ 49 ③ 50 ⑤ 51 ① 52 ③

53 세수 돕기 중에서 눈의 관리로 적절한 방법은?

① 아픈 쪽 눈부터 먼저 닦는다.
② 안경은 사용하지 않는 것이 좋다.
③ 눈곱이 없는 쪽 눈부터 먼저 닦는다.
④ 눈은 예민한 곳으로 간호사가 관리하도록 한다.
⑤ 침대 한 쪽 난간은 내려놓는다.

53
노인의 눈은 눈물이나 눈곱으로 염증이 잘 생긴다. 눈곱이 낀 경우 눈곱이 없는 쪽 눈부터 먼저 닦는다.

표준교재 **265쪽**

54 세수돕기 중에서 귀의 관리로 적절한 것은?

① 귀가 가려우면 귀뜸을 해 준다.
② 세수할 때는 비닐망으로 귀를 막아준다.
③ 귀지는 의료기관에 가서 제거하도록 한다.
④ 귓바퀴나 귀의 뒷면도 소독액으로 닦아내야 한다.
⑤ 귀지는 문제가 생기지 않는 한 제거하지 않는 것이 좋다.

54
귀지 제거는 의료행위에 해당되므로 의료기관에 가서 제거하도록 권하고, 요양보호사는 외이도만 닦아 준다.

표준교재 **266쪽**

★★★
55 세수 돕기 방법으로 적절한 것은?

① 귓바퀴나 귀의 뒷면도 따뜻한 물수건으로 닦아낸다.
② 안경 닦기는 요양보호사의 업무가 아니다.
③ 눈은 바깥에서 안쪽으로 닦는다.
④ 코털은 요양보호사가 깍지 않는다.
⑤ 노인은 콧물이 마르므로 닦아 내선 안 된다.

55
세수 돕기 방법
· 대상자가 안경을 사용하는 경우에는 하루에 한 번 이상 안경 닦는 천으로 안경을 잘 닦거나 물로 씻어 깨끗하게 한다.
· 세안 시 코 안쪽도 깨끗이 닦는다.
· 눈의 안쪽에서 바깥쪽으로 닦는다.
표준교재 **265~266쪽**

56 세수를 할 때의 순서로 옳은 것은?

① 눈 - 코 - 입 - 뺨 - 이마 - 귀 - 목
② 눈 - 코 - 뺨 - 입 - 이마 - 귀 - 목
③ 눈 - 코 - 뺨 - 이마 - 입 - 귀 - 목
④ 코 - 눈 - 뺨 - 입 - 이마 - 귀 - 목
⑤ 눈 - 코 - 뺨 - 입 - 이마 - 목 - 귀

56

표준교재 **266~267쪽**

★★★
57 면도 돕기 방법으로 옳은 것은?

① 면도 전에 건조함을 유지한다.
② 화장실에 가서 면도를 시행한다.
③ 면도 전 따뜻한 물수건으로 덮어준다.
④ 면도 후에 알코올을 이용해 소독을 한다.
⑤ 상처가 있으면 비누 대신 치약을 이용한다.

57
노인의 피부는 건조하여 상처가 나기 쉬우므로 면도 전 따뜻한 물수건으로 덮어 두어 건조함을 완화시키거나 충분한 거품을 낸 뒤 면도한다.

표준교재 **267쪽**

정답 **53** ③ **54** ③ **55** ① **56** ② **57** ③

58 면도 도중에 상처가 났을 때는 어떻게 해야 하는가?

① 물로 씻어주고 다시 면도한다.
② 휴지로 닦아 주고 다시 면도한다.
③ 손을 이용하여 훔쳐주도록 한다.
④ 직접 접촉하지 않도록 주의한다.
⑤ 알코올로 상처부위를 닦아주고 다시 면도한다.

59 면도 돕기를 하는 방법으로 옳은 것은?

① 턱 밑에서 귀 쪽으로 면도한다.
② 면도를 할 때는 한 번에 밀어야 한다.
③ 입 가장자리에서 코 쪽으로 면도한다.
④ 면도날은 45° 정도의 각도를 유지하도록 한다.
⑤ 피부가 주름져 있으면 옆으로 잡아당겨 면도한다.

60 목욕의 효과로 맞지 않는 것은?

① 긴장을 풀어줄 수 있다.
② 심신을 편안하게 해 준다.
③ 근육 및 관절의 수축을 돕는다.
④ 신진대사를 촉진하고 혈액순환을 돕는다.
⑤ 피부의 노폐물을 제거하여 몸의 청결을 유지할 수 있다.

61 대상자가 목욕을 해서는 안 될 때로 적절하지 않는 것은?

① 오후에
② 피로할 때
③ 열이 날 때
④ 혈압이 높을 때
⑤ 기분이 불쾌할 때

★★★
62 목욕 돕기의 기본원칙으로 올바른 것은?

① 열이 날 때는 냉수를 이용하도록 한다.
② 목욕시간은 한 시간 이내로 하도록 한다.
③ 욕소에 손잡이를 설치해 안전사고를 예방한다.
④ 혈압 상승 가능성이 있을 때는 빨리 끝내도록 한다.
⑤ 안전사고 예방을 위해 대상자 스스로 하는 것은 금지한다.

+ 해설

58
면도를 시행하기 전 상처가 있거나, 시행하면서 상처가 생겨 피가 날 경우 직접 접촉하지 않도록 주의한다.

표준교재 267쪽

59
① 귀 밑에서 턱 쪽으로 면도한다.
② 짧게 나누어 일정한 속도로 면도한다.
③ 코 밑에서 입 주위 순서로 진행한다.
⑤ 피부가 주름져 있다면 아래 방향으로 부드럽게 잡아 당겨 면도한다.

표준교재 268쪽

60
③ 목욕은 근육 및 관절의 이완을 돕는다.

표준교재 268쪽

61
목욕 전에 소변 또는 대변을 보도록 하고 대상자의 몸 상태(표정, 얼굴색, 열, 혈압상승 여부, 맥박, 체온, 피부, 설사, 콧물, 재채기, 기침)를 확인한다. 열이 나거나 혈압이 높을 때, 기분이 불쾌할 때, 몸이 피로할 때는 목욕하지 않는다.

표준교재 269쪽

62

표준교재 269쪽

정답 **58** ④ **59** ④ **60** ③ **61** ① **62** ③

목욕을 하기 싫어하는 대상자를 유도하는 방법으로 적절한 것은?

① 목욕시간임을 설명한다.
② 목욕탕에 데리고 가서 옷에 물을 뿌린다.
③ 함께 수건을 빨자고 하며 물에 손을 묻히도록 한다.
④ 목욕을 하지 않으면 서비스를 받을 수 없다고 알려준다.
⑤ 공동체 생활에서 냄새가 나면 함께 살 수 없음을 인지시킨다.

63
목욕하기를 싫어하는 대상자에게는 평소
좋아하는 것을 화제로 목욕을 촉구하거나
유도한다(세탁, 걸레 빨기, 손 씻기 등).

표준교재 269쪽

★★★

 통 목욕의 순서로 올바른 것은?

① 다리 – 팔 – 몸통 – 회음부   ② 팔 – 다리 – 몸통 – 회음부
③ 다리 – 팔 – 회음부 – 몸통   ④ 다리 – 몸통 – 팔 – 회음부
⑤ 팔 – 몸통 – 다리 – 회음부

64
통 목욕 시 몸의 중심에서 먼 쪽부터 가까
운 쪽으로 다리, 팔, 몸통의 순서로 물로 헹
구고 회음부를 닦아낸다.

표준교재 270쪽

★★★

통 목욕을 지원하는 방법으로 옳은 것은?

① 서서 발 끝에 물을 묻혀 미리 온도를 느껴보도록 한다.
② 편마비 대상자는 욕조 턱 높이와 목욕의자 높이를 맞추어 앉게 한다.
③ 마비된 쪽 다리, 건강한 다리 순으로 욕조에 들어간다.
④ 요양보호사는 대상자의 건강한 쪽 겨드랑이를 잡아주어야 한다.
⑤ 욕조에 있는 시간은 15분 정도로 한다.

65
① 대상자를 목욕의자에 앉히고 발 끝에
　물을 묻혀 미리 온도를 느껴보게 한다.
③,④ 요양보호사는 대상자의 마비된 쪽 겨
　드랑이를 잡고 건강한 쪽 다리, 마비된
　쪽 다리 순으로 옮겨 놓게 한다.
⑤ 욕조에 있는 시간은 5분 정도로 한다.

표준교재 270쪽

★★★

통 목욕 시 돕는 방법으로 옳은 것은?

① 귀 안은 건드리지 않도록 한다.
② 중심부에서 말초 쪽으로 닦는다.
③ 목욕 후에는 한기를 느끼지 않도록 물기를 빨리 닦는다.
④ 샤워기의 물 온도를 요양보호사의 팔 안쪽에 대어 확인해본다.
⑤ 마친 후 일으켜 세워 오일과 피부유연제를 전신에 바르고 옷 입는 것을
　돕는다.

66
목욕 후 한기를 느끼지 않도록 물기를 빨리
닦고, 귀 뒤도 물기를 제거한다. 귀 안은 면
봉으로 잘 닦아낸다. 필요시 머리카락은 헤
어드라이어를 사용하여 빠르게 말린다.

표준교재 270~271쪽

★★★

 통 목욕을 마치는 단계에서의 조처로 적절한 것은?

① 선풍기를 이용하여 머리를 말려주도록 한다.
② 효과의 극대화를 위해 목욕의자는 이용하지 않는다.
③ 어지러움, 피로감이 없는지 대상자의 상태를 확인한다.
④ 될 수 있으면 서서 하는 샤워로 간단히 마치도록 한다.
⑤ 마친 후엔 차가운 우유나 차 등으로 수분을 섭취한다.

67

표준교재 271쪽

정답 63 ③ 64 ① 65 ② 66 ③ 67 ③

68 침상 목욕 시 팔과 손을 닦는 방법으로 적절하지 못한 것은?

① 겨드랑이 밑은 철저하게 닦는다.
② 손끝에서 겨드랑이 쪽으로 닦는다.
③ 손가락, 손바닥, 손등도 꼼꼼하게 닦는다.
④ 팔 쪽에서 손목 쪽으로 닦는다.
⑤ 손가락 사이는 더러워지기 쉬운 곳이므로 잘 씻는다.

★★★

69 침상 목욕을 돕는 방법으로 옳은 것은?

① 유방은 원을 그리듯이 닦는다.
② 허벅지에서 발끝 쪽으로 닦는다.
③ 복부는 배꼽을 중심으로 시계 반대방향으로 닦는다.
④ 복부마사지는 위 운동을 활발하게 하여 변비에 도움이 된다.
⑤ 등과 둔부는 엎드린 자세로 눕게 하여 목 뒤에서 둔부까지 닦는다.

70 침상 목욕을 할 때 요양보호사의 활동으로 적절하지 않은 것은?

① 씻을 부위 이외는 가려주도록 한다.
② 목욕수건과 물은 필요할 때마다 깨끗한 것으로 자주 교환한다.
③ 시장할 수 있으므로 음식을 제공하도록 한다.
④ 목욕을 마친 다음에는 따뜻한 물을 마시게 한다.
⑤ 대상자가 수치심을 느끼지 않게 주의하도록 한다.

71 침상의 쾌적한 환경을 유지하는 방법으로 옳은 것은?

① 침구는 부드럽고 땀 흡수가 잘되는 면제품이 제일 좋다.
② 공기가 피부에 직접 닿도록 해주는 것이 좋다.
③ 복도, 화장실, 계단에는 눈에 무리가 가지 않는 간접 조명이 좋다.
④ 방, 복도와 화장실의 온도는 때에 따라 달리한다.
⑤ 스크린, 커튼을 이용하여 되도록 어둡게 있도록 한다.

+ 해설

68
④ 손목 쪽에서 팔 쪽, 발끝에서 허벅지 쪽으로 닦는다. 말초부위에서 몸의 중심부로 닦으면 정맥 혈액을 심장 쪽으로 밀어 올리는 데에 도움이 되기 때문이다.

표준교재 **272쪽**

69

표준교재 **272쪽**

70

표준교재 **272~273쪽**

71
② 공기가 피부에 직접 닿아 피로나 한기를 느끼지 않게 주의한다.
③ 복도, 화장실, 계단에는 밝은 조명을 사용하여 사고를 예방한다.
④ 방, 복도와 화장실의 온도는 일정하게 유지한다.
⑤ 스크린, 커튼을 이용하여 밝기를 조절한다.

표준교재 **273쪽**

정답 **68** ④ **69** ① **70** ③ **71** ①

＋ 해설

72 침상 청결 돕기 방법으로 옳지 않은 것은?

① 시트 중앙선이 침대 중앙에 오도록 시트를 편다.
② 머리 쪽의 시트 여분으로 각을 만든 후 매트리스 안으로 넣는다.
③ 옆에 늘어진 시트를 매트리스 밑으로 넣는다.
④ 다리 쪽에서 시트를 당겨 주름을 펴고 반대쪽도 정리한다.
⑤ 필요한 경우에는 방수포를 깔고 방수포 밑에 반시트를 덧깐다.

72
필요한 경우 방수포 위에 반시트를 덧깐다.

표준교재 **274쪽**

★★★

73 대상자의 옷을 갈아입힐 때 지켜야 할 태도로 적절하지 않은 것은?

① 기분상태나 안색을 확인한다.
② 실내 온도를 따뜻하게 유지하도록 한다.
③ 목욕수건을 걸쳐 수치심을 느끼지 않게 한다.
④ 겨울에는 요양보호사의 손과 의복의 보온을 유지한다.
⑤ 대상자는 의복을 선택하기 어려우므로 의복을 지정해 준다.

73
옷은 계절과 기온, 개인의 취향에 따라서 선택할 수 있도록 해야 하며 개성있는 착의는 자존심을 높이는 기회가 된다.

표준교재 **275쪽**

74 옷을 갈아입힐 때 대상자를 배려하는 방법으로 옳은 것은?

① 요양보호사는 항상 대상자의 건강한 쪽에 선다.
② 편마비가 있는 경우 불편한 쪽부터 벗고 건강한 쪽부터 입힌다.
③ 편마비가 있는 경우 건강한 쪽부터 벗고 불편한 쪽부터 입힌다.
④ 하의를 벗길 때 엉덩이를 들 수 없을 때는 좌우로 체위를 변경하며 벗긴다.
⑤ 단추없는 상의를 벗길 때는 마비된 쪽 어깨-팔꿈치-손목 순으로 옷을 벗긴다.

74
옷을 벗길 때는 건강한 쪽부터, 입힐 때는 마비된 쪽부터 입는다.

표준교재 **275쪽**

★★★

75 수액이 있는 대상자의 단추있는 옷 입히기 순서로 옳은 것은?

① 마비된 쪽 팔 – 수액 – 건강한 쪽 팔
② 건강한 쪽 팔 – 수액 – 마비된 쪽 팔
③ 수액 – 건강한 쪽 팔 – 마비된 쪽 팔
④ 마비된 쪽 팔 – 건강한 쪽 팔 – 수액
⑤ 건강한 쪽 팔 – 마비된 쪽 팔 – 수액

74

표준교재 **278쪽**

정답 **72** ⑤   **73** ⑤   **74** ③   **75** ①

6 체위변경과 이동 돕기

01 신체정렬의 기본원칙으로 맞지 않는 것은?

① 관절의 굳어짐과 변형을 예방한다.
② 대상자의 인지능력을 고려해야 한다.
③ 신속하고 빠른 속도로 진행되어야 한다.
④ 대상자에게 동작을 설명하고 동의를 구한다.
⑤ 대상자의 의지를 촉진하는 기회가 되기도 한다.

01

③ 신체상태에 따라 돕는 속도와 빈도를 적절하게 한다.

표준교재 281쪽

02 신체정렬의 기본원칙에 해당하지 않는 것은?

① 정해진 동작으로 고정해야 한다.
② 정상적인 움직임을 거스르지 않아야 한다.
③ 적절한 상황에 맞는 방법을 실시해야 한다.
④ 관절의 배열이나 각도 등이 자연스러워야 한다.
⑤ 정상적인 움직임이라도 해를 줄 수 있으므로 조심해야 한다.

02

신체정렬의 모든 과정은 적절한 신체사용법과 상황에 맞는 방법, 속도, 도움 빈도를 적절하게 하여 안전하고 편안하게 실시한다.

표준교재 281쪽

03 신체정렬을 할 때 요양보호사가 취할 행동으로 가장 적절한 것은?

① 대상자의 몸과 멀리 떨어져서 보조해야 한다.
② 요양보호사의 다리는 벌리고 서지 않도록 한다.
③ 가능한 무릎을 굽히지 않는다.
④ 요양보호사의 허리와 가슴 사이의 높이에서 보조해야 한다.
⑤ 요양보호사의 허벅지와 배꼽 사이의 높이에서 보조해야 한다.

03

요양보호사의 허리와 가슴 사이 높이로 몸 가까이에서 잡고 보조해야 한다. 대상자와 멀어질수록 요양보호사 신체 손상 위험이 증가한다.

표준교재 281쪽

04 신체정렬을 실시할 때 요양보호사의 태도로 바른 것은?

① 기지면은 좁을수록 좋다.
② 무릎을 구부리지 않도록 한다.
③ 허리에 체중이 실리도록 한다.
④ 한 발은 다른 발보다 앞에 놓는다.
⑤ 중심을 높게 해야 골반을 안정시킨다.

04

양다리에 체중을 지지한 후 무릎을 굽히고 중심을 낮게 하여 골반을 안정시킨다.

표준교재 281쪽

정답 **01** ③ **02** ① **03** ④ **04** ④

+ 해설

05 침대 위에서 할 수 있는 신체안정에 도움이 되는 운동으로 적절한 것은?

① 옆으로 돌아눕는 운동
② 누워서 윗몸을 일으키는 운동
③ 엎어져 다리를 들어 올리는 운동
④ 누워서 엉덩이를 들어 올리는 운동
⑤ 누워서 가슴에 손을 모아쥐고 다리만 올리는 운동

05
누워서 엉덩이를 들어 올리는 운동은 휴대용 변기 사용과 침대 위에서의 이동, 보행 시의 신체안정에 도움이 된다.

표준교재 **282쪽**

06 대상자가 침대 위에서 엉덩이 들어 올리기 운동을 할 때의 자세로 좋지 않은 것은?

① 엉덩이를 들어 올린다.
② 배와 허리에 힘을 주면서 버틴다.
③ 두 팔은 하늘을 향해 든 채로 털어준다.
④ 동작은 몇 번으로 나누어 천천히 시행한다.
⑤ 엉덩이 들어 올린 채로 버티면서 숫자를 센다.

06

표준교재 **282쪽**

★★★

07 대상자를 침대 위에서 이동할 때에 신경써야 하는 것으로 적절하지 못한 것은?

① 관절능력을 파악한다.
② 스스로 움직이지 못하게 한다.
③ 욕창, 상처, 마비유무를 확인한다.
④ 이동하고자 하는 동작을 설명한다.
⑤ 안면창백 등이 나타나면 원래 자세로 눕힌다.

07

표준교재 **282쪽**

★★★

08 대상자를 침대 머리쪽으로 이동할 때 방법으로 옳은 것은?

① 침대머리를 올려 준다.
② 침대다리 쪽을 올려준다.
③ 베게를 다리 쪽에 받쳐 놓는다.
④ 침대 매트를 수평으로 하고 눕힌다.
⑤ 대상자의 다리를 똑바로 펴게 하여 실시해야 한다.

08

표준교재 **282쪽**

정답 **05** ④ **06** ③ **07** ② **08** ④

09 대상자를 침대 머리쪽으로 이동하기를 실시할 때 돕는 방법으로 옳은 것은?

① 대상자가 협조할 수 있는 경우 – 두 사람이 돕도록 한다.
② 대상자가 협조할 수 있는 경우 – 침상 양편에서 마주서서 돕는다.
③ 대상자가 협조할 수 없는 경우 – 대상자가 침대머리 쪽 난간을 잡게 한다.
④ 대상자가 협조할 수 없는 경우 – 두 사람이 동시에 침대 머리쪽으로 옮긴다.
⑤ 대상자가 협조할 수 없는 경우 – 대상자와 함께 침상머리 쪽 방향으로 움직인다.

09

표준교재 282쪽

10 다음과 같이 대상자가 침대 아래(발) 쪽으로 미끄러져 내려가 있을 때 침대 머리 쪽으로 이동시키는 형태로 옳은 것은? (단, 대상자는 이동에 협조할 수 없다)

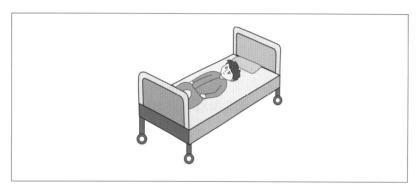

10

대상자가 협조를 할 수 없는 경우, 침상 양편에 한 사람씩 마주 서서 한쪽 팔은 머리 밑으로 넣어 어깨와 등 밑을, 다른 팔은 둔부와 대퇴를 지지하도록 하여 신호에 맞춰 두 사람이 동시에 대상자를 침대 머리 쪽으로 옮긴다.

표준교재 282쪽

①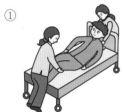

②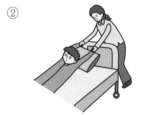

③

④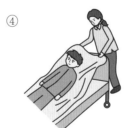

⑤

정답 **09** ④ **10** ③

11 침대 오른쪽이나 왼쪽으로 이동하는 경우로 맞는 것은?

① 휴식이 필요할 때
② TV 시청을 하려고 할 때
③ 휴대용 변기를 이용하고자 할 때
④ 침대 아래로 대상자가 내려가 있을 때
⑤ 대상자가 좌우로 쏠려 있을 때 중앙으로 이동할 때

11
침대 위에서 좌우로 이동하는 것은 오랜 시간 누워있는 대상자가 좌우한쪽으로 쏠려 있을 때 침대 중앙으로 이동하여 체위를 안락하게 유지하기 위함이다.

표준교재 282쪽

12 침대 오른쪽이나 왼쪽으로 이동하는 경우가 아닌 것은?

① 휴식이 필요할 때 　　　② 좌우 한쪽으로 쏠려 있을 때
③ 침대 중앙으로 이동할 때 　　④ 침상목욕 시에
⑤ 머리 감기기 할 때

12
침대 위에서 좌우로 이동하는 방법은 침상목욕, 머리 감기기 등을 위해 침대 가장자리로 이동할 때도 적용할 수 있다.

표준교재 282쪽

13 다음과 같이 대상자가 침대 오른쪽으로 쏠려있을 때 침대 중앙 쪽으로 이동시키는 형태로 옳은 것은?

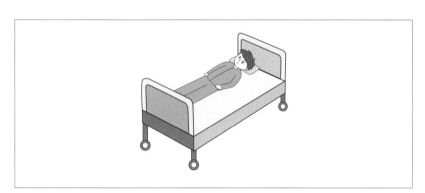

13
대상자가 침대에서 좌우한쪽으로 쏠려있을 때 침대 중앙으로 이동하기 위해서 요양보호사는 대상자를 이동하고자 하는 쪽에 서서 상반신 → 하반신 순서로 이동시킨다.

표준교재 282~283쪽

① 　　②

③ 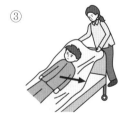　　④

⑤

정답 11 ⑤ 12 ① 13 ④

★★★

14 대상자를 침대 머리로 올리려고 할 때 가장 먼저 해야 하는 일로 옳은 것은?

① 무릎을 세운다.　　　　　② 침대 매트를 수평으로 한다.
③ 양손을 가슴에 포개 놓는다.　④ 대상자의 고개를 돌려 놓는다.
⑤ 베개를 침대 머리로 옮겨 놓는다.

14

표준교재 **282쪽**

15 대상자를 침대 오른쪽 또는 왼쪽으로 이동하는 방법으로 옳은 방법은?

① 머리에 베개를 받쳐주지 않는다.
② 상반신과 하반신을 동시에 이동한다.
③ 한 손은 겨드랑이 아래에 넣어 상반신을 이동한다.
④ 한 손은 대상자의 겨드랑이에서 목을 향해 넣어서 받친다.
⑤ 하반신은 허리와 엉덩이 밑에 손을 깊숙이 넣고 이동한다.

15

표준교재 **282~283쪽**

16 돌아눕기의 정상반응에 해당하는 것은?

① 고개가 가장 먼저 돌아간다.
② 어깨, 얼굴, 엉덩이 순으로 돌아눕게 된다.
③ 엉덩이가 뒤로 이동한다.
④ 엉덩관절이 굳어진다.
⑤ 무릎관절이 펴진다.

16
돌아누울 때에는 시선이 먼저 도는 방향으로 향하고 얼굴, 어깨, 엉덩이 순으로 돌아눕게 된다. 엉덩이는 뒤로 이동, 엉덩관절과 무릎관절이 모두 굽혀신나.

표준교재 **283쪽**

17 옆으로 눕히기 수행의 내용으로 적절한 것은?

① 한 시간마다 해 주어야 한다.
② 돌려 눕히려고 하는 쪽 뒤에 선다.
③ 끌어당길 경우 골절을 일으킬 수 있다.
④ 자세를 유지할 필요가 있을 때 시행한다.
⑤ 통증을 유발할 수 있으므로 조금씩 들어 이동한다.

17
대상자를 끌어당길 경우 피부가 손상되거나 통증을 유발할 수 있으므로 조금씩 들어서 이동시킨다.

표준교재 **283쪽**

18 대상자를 옆으로 돌려 눕히고자 할 때 적절한 것은?

① 눕히려는 반대 쪽의 손을 위로 올린다.
② 양손을 나란히 침대난산을 잡도록 해도 된다.
③ 한 손은 목 밑에, 한 손은 허벅지 아래에 넣어서 돌려 눕힌다.
④ 돌려눕는 방향과 반대쪽 발을 다른 쪽 발 위에 올려 놓는다.
⑤ 침대는 다리쪽을 올려서 좀 더 편안한 상태에서 옆으로 눕히기를 실시한다.

18
• 눕히려는 쪽의 손을 올린다.
• 양손을 가슴에 포개놓아도 된다.
• 반대쪽 어깨와 엉덩이에 손을 대고 옆으로 돌려 눕힌다.

표준교재 **283쪽**

정답　**14** ②　**15** ⑤　**16** ③　**17** ⑤　**18** ④

★★★

19 대상자를 침대 오른쪽이나 왼쪽으로 이동하는 방법으로 적절하지 않은 것은?

① 머리에 베개를 받쳐준다.
② 상반신과 하반신을 동시에 이동한다.
③ 한 손은 허리 아래에 넣어 상반신을 이동한다.
④ 하반신은 허리와 엉덩이 밑에 손을 깊숙이 넣고 이동한다.
⑤ 한 손은 대상자의 목에서 겨드랑이를 향해 넣어서 받친다.

20 대상자를 오른쪽으로 돌려 눕히려고 할 때 요양보호사의 위치로 바른 것은?

① 대상자의 왼쪽
② 대상자의 발쪽
③ 대상자의 오른쪽
④ 대상자의 머리쪽
⑤ 대상자의 허리쪽

21 대상자를 왼쪽으로 돌려 눕히려고 할 때 적절한 방법은?

① 오른쪽으로 고개를 돌린다.
② 오른쪽 발을 왼쪽 발 위에 올려놓는다.
③ 요양보호사는 대상자의 오른쪽에 선다.
④ 왼쪽 어깨와 허리에 손을 대고 옆으로 돌려 눕힌다.
⑤ 왼쪽 어깨와 엉덩이에 손을 대고 옆으로 돌려 눕힌다.

22 체위변경 시 유의사항으로 옳은 것은?

① 꼭 대상자의 앞쪽에서 체위변경을 해야 한다.
② 꼭 대상자의 뒤쪽에서 체위변경을 해야 한다.
③ 꼭 대상자의 옆쪽에서 체위변경을 해야 한다.
④ 어느 쪽에서 체위변경을 해도 상관없다.
⑤ 꼭 양쪽에서 둘이서 체위변경을 해야 한다.

23 대상자를 옆으로 눕힐 때 돕는 방법으로 적절한 것은?

① 엉덩이를 앞으로 이동시킨다.
② 무릎을 세우고 팔을 가슴 위에 놓는다.
③ 엉덩이와 허리를 지지하여 돌려 눕힌다.
④ 무릎을 세우고 팔을 가지런히 내려 놓는다.
⑤ 무릎을 반듯이 펴고 팔을 가슴 위에 놓는다.

🧰 해설

19
② 침대 좌우로 이동할 때 상반신과 하반신을 나누어 이동시킨다.

표준교재 283쪽

20
대상자를 옆으로 돌려 눕힐 때 요양보호사는 돌려 눕히려고 하는 쪽에 선다.

표준교재 283쪽

21

표준교재 283쪽

22
요양보호사는 꼭 대상자의 앞쪽에서 체위변경을 해야 한다. 뒤쪽에서 시도하게 되면 대상자는 낙상과 심리적 불안감을 가지게 되어 근육 긴장도가 증가하기 때문이다.

표준교재 284쪽

23

표준교재 283쪽

정답 **19** ② **20** ③ **21** ② **22** ① **23** ⑤

★★★

24 편마비 대상자를 일어나 앉히기를 할 때 돕는 방법으로 옳은 것은?

① 대상자의 마비된 쪽에 선다.
② 대상자가 건강한 손으로 짚고 일어서게 한다.
③ 마비된 손을 가지런히 내려놓는다.
④ 요양보호사 반대편으로 돌려 눕힌다.
⑤ 대상자의 한쪽 무릎을 굽혀 세우고 한쪽 무릎을 펴 둔다.

24

표준교재 **284쪽**

25 누운 상태에서 일어나기 할 때에 정상반응은?

① 배 근육이 이완된다.
② 배근육이 수축한다.
③ 무릎이 자동으로 펴진다.
④ 돌아눕는 동작과 함께 일어설 수 있다.
⑤ 상체를 일으켜 세울 때 다리에 힘이 생긴다.

25
몸통을 돌려 어깨와 상체를 일으켜 세울 때 배 근육이 수축하고 손을 짚어 팔은 펴고 무릎은 굽혀진다.

표준교재 **284쪽**

26 누워있는 대상자를 일으키려고 할 때 마비된 손은 어떻게 해야 하는가?

① 가슴 위에 올려 놓는다.
② 가지런히 옆으로 내리도록 한다.
③ 요양보호사의 어깨를 잡도록 한다.
④ 위로 올려 침대 난간을 잡도록 한다.
⑤ 양손을 깍지를 끼워 머리 위로 올리도록 한다.

26

표준교재 **284쪽**

★★★

27 사지마비 대상자를 일으켜 앉힐 때 돕는 방법으로 옳은 것은?

① 넙다리 뼈 골절에 주의해야 한다.
② 마비된 양손은 서로 꼭 잡도록 한다.
③ 먼저 돌아눕힌 후에 앉히면 안 된다.
④ 두 다리를 편 상태에서 시도해야 한다.
⑤ 대상자로부터 팔을 펼 수 있을 정도의 거리를 두고 선다.

27
두 다리를 편 상태에서 무리하게 똑바로 앉히고자 시도하면 넙다리뼈가 골절될 수 있다.

표준교재 **285쪽**

28 하반신마비 대상자를 일으켜 앉힐 때 돕는 방법으로 옳은 것은?

① 상체는 숙여지지 않도록 한다.
② 발목을 무릎보다 뒤로 가져간다.
③ 무릎을 발목보다 뒤로 가져간다.
④ 얼굴이 무릎보다 뒤로 가게 한다.
⑤ 얼굴이 어깨보다 뒤로 가게 한다.

28
앉아서 일어서기 위해서는 먼저 발목을 무릎보다 뒤쪽으로 가져가고 상체를 숙여 얼굴이 무릎보다 앞쪽으로 움직이며, 처음에는 상체가 숙여지지만 중간 이상에서는 펴진다. 요양보호사가 대상자를 도울 때도 이런 과정으로 도와야 한다.

표준교재 **285쪽**

정답 24 ② 25 ② 26 ① 27 ① 28 ②

29 하반신마비 대상자는 이완성 마비가 많다. 이에 주의해야 할 사항으로 옳은 것은?

① 갑자기 멈출 수 있으므로 주의해야 한다.
② 무릎이 꺾여 넘어지는 것을 주의해야 한다.
③ 허리가 뒤틀려 넘어지는 것을 주의해야 한다.
④ 관절의 경직성으로 인해 넘어지는 것을 주의해야 한다.
⑤ 골절의 위험성이 높으므로 넘어지는 것을 주의해야 한다.

29

표준교재 285쪽

30 대상자를 침대에 걸터앉히고자 할 때 지켜야 할 사항으로 적당한 것은?

① 일으켜 세움과 동시에 걸터앉힌다.
② 혼자 침대에 걸터앉아 중심을 잡도록 도와준다
③ 돌려눕힌 상태에서 목과 어깨, 무릎을 지지해서 일으킨다.
④ 신체정렬을 유지한 상태에서 다리에 힘을 주어 일으켜 앉힌다.
⑤ 양쪽 발이 바닥에 닿지 않도록 지지하여 자세가 안정되도록 한다.

30
신체정렬을 유지한 상태에서 어깨쪽 팔에 힘을 주어 일으켜 앉힌다. 혼자 침대에 걸터앉아 중심을 잡는 것이 힘들어 낙상이 발생할 수 있다.

표준교재 286쪽

31 앉았다가 일어서기 할 때 나타나는 정상반응이 아닌 것은?

① 처음에는 상체가 숙여진다.
② 중간쯤 일어나면 상체가 펴진다.
③ 다 일어나면 다시 상체가 숙여진다.
④ 발목을 무릎보다 뒤쪽으로 가져간다.
⑤ 상체를 숙여 얼굴이 무릎보다 앞쪽으로 움직인다.

31
③ 앉아서 일어설 때 처음에는 상체가 숙여지지만 중간 이상에서는 펴진다.

표준교재 286쪽

32 대상자를 앞에서 보조하여 일으켜 세울 때 옳은 방법은?

① 양손은 어깨를 잡아 지지해 준다.
② 침대 깊숙하게 앉혀 안전을 확보한다.
③ 대상자의 상체를 반듯하게 세워 천천히 일으켜 세운다.
④ 발을 무릎보다 앞으로 나오게 하여 일어나기 쉽게 한다.
⑤ 요양보호사의 무릎으로 대상자의 마비된 쪽 무릎 앞쪽에 대고 지지해 준다.

32
대상자는 침대에 가볍게 걸터앉아 발을 무릎보다 살짝 안쪽으로 옮겨준다. 양손은 허리를 잡아 지지하고 대상자의 상체를 앞으로 숙이며 천천히 일으켜 세운다.

표준교재 286쪽

정답 29 ② 30 ③ 31 ③ 32 ⑤

33 대상자를 일으켜 세울 때 옆에서 보조하는 방법으로 적절한 것은?

① 요양보호사는 대상자의 마비된 쪽 가까이에 위치한다.

② 최소한으로 도와주고 스스로 일어날 수 있도록 한다.

③ 침대 깊숙하게 앉혀서 일어나기 편하도록 해 주도록 한다.

④ 마비가 있을 경우에는 건강한 쪽 대퇴부를 지지해주도록 한다.

⑤ 일어날 때는 상체를 숙이도록 하되 할 수 있는 한 빨리 일어나도록 한다.

33

표준교재 **287쪽**

34 대상자를 일으켜 세운 직후에 요양보호사의 돕는 방법으로 가장 적절한 것은?

① 잠시 서 있으라고 한다.

② 서너 걸음 걸어 보라고 한다.

③ 지팡이를 의지하여 걷도록 한다.

④ 보행기를 가져다 주어 걷도록 한다.

⑤ 선 자세에서 균형을 잡을 때까지 잡아준다.

34

대상자가 완전하게 양 무릎을 펴고 선 자세를 취하면 요양보호사는 앞쪽으로 넘어지지 않도록 선 자세에서 균형을 잡을 수 있을 때까지 잡아준다.

표준교재 **287쪽**

35 대상자를 옆에서 보조해야 할 경우에 돕는 방법으로 적절한 것은?

① 대상자를 침대 끝에 앉혀 양발을 무릎보다 조금 뒤쪽에 놓는다.

② 요양보호사는 대상자의 건강한 편 옆쪽에서 보조한다.

③ 요양보호사의 두 발을 대상자의 양발 뒤에 나란히 두고 선다.

④ 요양보호사의 한 손은 건강한 쪽 팔을 잡고, 한 손은 어깨를 잡는다.

⑤ 대상자가 일어나면 요양보호사는 손을 떼고 마저 일어나도록 지켜본다.

35

요양보호사는 대상자의 마비된 쪽 가까이에 서고, 발을 대상자의 마비된 발 바로 뒤에 놓는다.

표준교재 **287쪽**

★★★

36 체위변경의 목적으로 가장 중요한 것은?

① 기분전환을 도와줄 수 있다.

② 압력을 집중시켜 줄 수 있다.

③ 욕창발생을 예방해 줄 수 있다.

④ 혈전이 생기는 것을 도와줄 수 있다.

⑤ 소화기능을 원활하게 도와줄 수 있다.

36

욕창은 지속적인 압력에 의한 문제가 가장 크기 때문에 체위변경을 함으로써 압력을 분산할 수 있다. 특히 노인들은 많은 시간을 누워 있으므로 체위를 자주 바꾸어 혈액순환을 돕고 불편감을 줄여야 한다.

표준교재 **287쪽**

정답 **33** ① **34** ⑤ **35** ① **36** ③

37 체위변경을 통해 대상자를 지원할 수 있는 내용으로 적절한 것은?

① 관절의 움직임이 제한된다.
② 피부욕창과 괴사를 일으킨다.
③ 몸이 붓고 혈전이 생길 수 있다.
④ 관절의 움직임을 돕고 변형을 가져온다.
⑤ 혈액순환을 도와 욕창을 예방하고 피부괴사를 방지한다.

37

표준교재 **287쪽**

38 다음 중 체위변경에 관한 내용으로 옳은 것은?

① 보통 1시간마다 체위를 변경한다.
② 욕창이 이미 발생한 경우엔 체위를 변경하지 않는다.
③ 체위변경은 허리와 다리의 자세를 고정적으로 만들어 준다.
④ 몸을 잡고 체위변경을 할 경우 관절 밑부분을 지지해야 한다.
⑤ 다리 사이나 빈 공간을 딱딱한 물건으로 지지해주면 편안하다.

38
체위변경 시 고려할 점
• 대상자의 몸을 잡고 체위변경을 할 경우 관절 밑 부분을 지지해야 한다.
• 체위에 따라 들어간 부분이나 다리 사이를 베개나 수건으로 지지해 주면 편안하다.
• 보통 2시간마다 체위를 변경하며, 욕창이 이미 발생한 경우 더 자주 변경해야 한다. 표준교재 **288쪽**

39 다음 중에서 체위변경의 목적으로 적절하지 않은 것은?

① 폐확장이 촉진된다.
② 피부 괴사를 방지한다.
③ 호흡기능이 원활해진다.
④ 부종과 혈전을 치료한다.
⑤ 고정된 자세로 인한 불편감을 줄인다.

39
체위변경은 부종과 혈전을 예방한다.

표준교재 **287~288쪽**

40 바로 누웠을 때 욕창예방을 특히 더 많이 해야 하는 부위는?

① 목뼈
② 엉치뼈
③ 허벅지
④ 팔꿈치
⑤ 겨드랑이

40
바로 누웠을 때(앙와위) 주의해야 하는 욕창 발생 부위는 어깨뼈 아래, 엉덩뼈 뒤 능선, 척추뼈 가시돌기, 엉치뼈, 발꿈치뼈 등이다.

표준교재 **288쪽**

41 바로 누운 자세(앙와위)를 해야 하는 경우에 해당하는 것은?

① 휴식하거나 잠을 잘 때
② 무릎에 화상을 입었을 때
③ 허리가 아파서 치료가 필요할 때
④ 어깨에 욕창이 발생하여 치료 때문에
⑤ 발목 골절로 인해 발목을 보호해야 할 때

41

표준교재 **288쪽**

정답 **37** ⑤ **38** ④ **39** ④ **40** ② **41** ①

42 다음 중 대상자의 등에 상처가 있거나 등의 근육을 쉬게 해줄 때의 자세로 옳은 것은?

①

②

③

④

⑤

43 기본 체위와 내용으로 바르게 연결된 것은?

① 앙와위 – 식사 시나 위관 영양을 할 때
② 반좌위 – 휴식하거나 잠을 잘 때
③ 복위 – 숨이 찰 때
④ 측위 – 둔부의 압력을 피할 때
⑤ 좌위 – 관장할 때

44 반 앉은 자세(반좌위)에서 욕창이 발생하기 쉬운 부위로 맞는 것은?

① 어깨죽지　　　　　② 넙다리 뒷면
③ 종아리 뒷면　　　　④ 발꿈치 뒷면
⑤ 팔꿈치 뒷면

★★★
45 반좌위(반 앉은 자세)에 해당되는 자세는?

① 베개를 안고 앉아 있도록 한 자세
② 다리 쪽의 침대를 90° 정도 올린 자세
③ 벽을 보게 하고 침상머리를 45° 정도 올린 자세
④ 천장을 보게 하고 침상머리를 45° 정도 올린 자세
⑤ 천장을 보게 하고 침상머리를 90° 정도 올린 자세

➕ 해설

42
① 옆으로 누운 자세(측위) : 둔부의 압력을 피하거나 관장할 때
② 엎드린 자세(복위) : 등에 상처가 있거나 등의 근육을 쉬게 해줄 때
③ 바로 누운 자세(앙와위) : 편안함을 위해 무릎 밑에 작은 베개를 받쳐줄 수 있으나 장시간 사용은 주의하여야 한다.
④ 바로 누운 자세(앙와위) : 휴식하거나 잠을 잘 때
⑤ 반 앉은 자세(반좌위) : 숨이 차거나 얼굴을 씻을 때, 식사 시나 위관 영양을 할 때

표준교재 288~290쪽

43

표준교재 288~290쪽

44
반 앉은 자세(반좌위)에서 주의해야 하는 욕창 발생 부위는 궁둥뼈 결절, 넙다리 뒷면, 척추뼈 가시돌기 등이다.

표준교재 289쪽

45

표준교재 289쪽

정답 42 ② 43 ④ 44 ② 45 ④

+ 해설

46 엎드려 있을 때 욕창이 발생하기 쉬운 부위로 맞는 것은?

① 무릎뼈
② 허벅지뼈
③ 발꿈치뼈
④ 종아리뼈
⑤ 엉덩이뼈

46
엎드린 자세(복위)에서 주의해야 하는 욕창 발생 부위는 위팔뼈 앞머리, 복장뼈, 위앞엉덩뼈 가시, 무릎뼈, 정강뼈 능선, 발등 등이다.

표준교재 **289쪽**

47 엎드린 자세(복위)의 내용에 해당하는 것은?

① 아랫배에 높은 베개로 받친 자세
② 등에 상처가 있으면 금지하는 자세
③ 등의 근육을 쉬게 해줄 때의 자세
④ 엎드린 상태에서 머리를 베개에 파묻은 자세
⑤ 발목 밑에 타월을 받쳐 넙다리와 허리를 긴장시키는 자세

47

표준교재 **289쪽**

48 옆으로 누운 자세를 취할 때 욕창이 발생하기 쉬운 부위로 맞는 것은?

① 엉치뼈
② 아래쪽 귀
③ 어깨뼈 아래
④ 엉덩뼈 뒤 능선
⑤ 척추뼈 가시돌기

48
옆으로 누운 자세(측위)에서 주의해야 하는 욕창 발생 부위는 아래쪽 귀, 봉우리돌기, 넙다리뼈 큰돌기, 넙다리뼈 안쪽 관절용기, 넙다리뼈 아래쪽 관절용기, 정강뼈 위쪽, 종아리뼈 아래

표준교재 **290쪽**

49 옆으로 누운 자세(측위)의 내용에 해당하는 것은?

① 머리, 몸통, 엉덩이를 바르게 정렬시킨다.
② 둔부에 압력이 필요할 때 취하는 자세이다.
③ 엉덩이를 뒤로 많이 이동시켜 주면 불편하게 된다.
④ 엉덩관절은 반듯하게 하고 무릎관절은 굽힘자세가 되어야 한다.
⑤ 가슴 앞에 베개를 놓게 되면 불편하므로 놓지 않도록 주의한다.

49

표준교재 **290쪽**

50 휠체어 각부의 명칭으로 바른 것은?

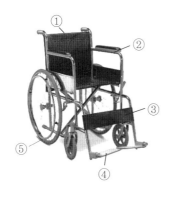

① 가드
② 받침쇠
③ 다리받침
④ 잠금장치
⑤ 발 받침대

50
① 등받침
② 팔걸이
④ 발 받침대
⑤ 바퀴 손잡이

표준교재 **290쪽**

정답 46 ① 47 ③ 48 ② 49 ① 50 ③

51 휠체어를 접는 법으로 맞는 것은?

① 가장 먼저 잠금장치를 잠근다.
② 가장 먼저 발 받침대를 올린다.
③ 휠체어의 앞에서 서서 접어 올린다.
④ 팔걸이는 양쪽에서 잡고 접어 넣는다.
⑤ 시트를 올릴 때는 바퀴를 양쪽에서 밀어 올린다.

표준교재 291쪽

52 휠체어를 접을 때의 방법으로 맞는 것은?

① 시트를 내린다.
② 잠금장치를 푼다.
③ 발 받침대를 올린다.
④ 발 받침대를 내린다.
⑤ 팔걸이를 잡아젖힌다.

53 휠체어를 사용할 때 관리방법으로 적절한 것은?

① 발 받침대는 항상 내려 있어야 한다.
② 잠금장치를 할 때는 앞에서 하도록 한다.
③ 보관 시에는 잠금장치를 열어 보관하도록 한다.
④ 펼 때는 잠금장치를 하고 팔걸이를 잡아 바깥쪽으로 편다.
⑤ 발 받침대를 내린 다음에 시트 양쪽 가장자리를 눌러 완전하게 편다.

54 휠체어를 사용하는 대상자를 돕는 방법으로 옳지 않은 것은?

① 항상 대상자 가까이에서 지지해야 한다.
② 자신의 안전을 확보한 후 동작을 전개한다.
③ 휠체어를 선택할 때는 체형에 맞는 것을 선택해야 한다.
④ 이동 중에 바퀴에 옷이나 물체가 걸리지 않도록 유의한다.
⑤ 이동 시의 속도는 보통 걸음보다 빠른 속도로 이동하는 것이 좋다.

55 휠체어 사용하는 대상자를 돕는 방법으로 가장 적절한 것은?

① 요양보호사 자신의 안전이 우선이다.
② 이동 중에는 말은 될 수 있으면 하지 않는다.
③ 휠체어를 선택할 때는 체형에 맞는 것을 선택한다.
④ 불편하지 않는 적당히 떨어진 거리에서 지지해야 한다.
⑤ 이동 시의 속도는 가능하면 빠른 속도로 이동하는 것이 좋다.

해설

51

표준교재 291쪽

52
휠체어 접는 법
- 잠금장치를 잠근다.
- 발 받침대를 올린다.
- 시트를 들어 올린다.
- 팔걸이를 접는다.

표준교재 291쪽

53

표준교재 291쪽

54
휠체어로 이동할 때 속도는 보통 걸음을 걷는 속도로 천천히 이동하는 것이 안전하다.

표준교재 291쪽

55
휠체어를 선택할 때는 신체 기능 및 사용 공간, 체형에 맞는 것을 선택한다.

표준교재 291쪽

정답 51 ① 52 ③ 53 ④ 54 ⑤ 55 ③

★★★

56 휠체어 이동 시 문턱을 만났을 경우에 올바른 대처방법은?

① 뒷바퀴를 들어 문턱을 넘어가도록 한다.
② 지그재그로 조심스럽게 넘어가도록 한다.
③ 앞바퀴에 힘을 주어 밀며 넘어가도록 한다.
④ 뒷바퀴를 있는 힘껏 밀어 넘어가도록 한다.
⑤ 뒤쪽으로 기울이고 앞바퀴를 들어 넘어가도록 한다.

56
문턱(도로 턱)을 오를 때는 요양보호사가 양팔에 힘을 주고 휠체어 뒤를 발로 조심스럽게 눌러 휠체어를 뒤쪽으로 기울이고 앞바퀴를 들어 문턱을 오른다.

표준교재 **292쪽**

★★★

57 휠체어로 문턱을 내려가고자 할 때 올바른 작동법은?

① 곧장 빨리 넘어가도록 한다.
② 힘을 주어 바퀴를 밀어 넘어가도록 한다.
③ 뒤로 돌려서 내려간다.
④ 뒷바퀴를 들어올린 상태에서 넘어가도록 한다.
⑤ 앞바퀴에 힘을 주어 밀어가며 넘어가도록 한다.

57
문턱(도로 턱)을 내려갈 때는 휠체어를 뒤로 돌려서 내려간다. 요양보호사가 뒤에 서서 뒷바퀴를 문턱 아래로 내려놓고, 앞바퀴를 들어 올린 상태로 뒷바퀴를 천천히 뒤로 빼면서 앞바퀴를 조심히 내려놓는다.

표준교재 **292쪽**

★★★

58 휠체어로 오르막길을 오를 때에 작동법으로 적절한 것은?

① 곧장 빨리 올라가도록 한다.
② 뒤로 뒷걸음질쳐 올라간다.
③ 쉬엄쉬엄 올라가도록 한다.
④ 경사가 심하면 지그재그로 밀고 올라간다.
⑤ 가급적 허리를 꼿꼿하게 세워서 밀도록 한다.

58
자세를 낮추고 다리에 힘을 주어 밀고 올라간다. 대상자의 체중이 많이 나가거나 경사도가 큰 경우 지그재그로 밀고 올라가는 것도 방법이 될 수 있다.

표준교재 **292쪽**

★★★

59 휠체어로 내리막길을 내려가고자 할 때 돕는 방법은?

① 뒷걸음으로 내려간다.
② 요양보호사는 뒤를 돌아보면 안 된다.
③ 잠금장치를 반드시 하고 있어야 한다.
④ 대상자는 아래를 향하도록 앉도록 한다.
⑤ 요양보호사의 한 손은 대상자의 어깨를 잡는다.

59
휠체어 네 바퀴가 모두 지면에 닿은 상태로 앞으로 내려갈 경우 대상자가 앞으로 굴러서 떨어질 수 있으므로, 요양보호사는 반드시 지지면을 유지하면서 휠체어를 뒤로 돌려 뒷걸음으로 내려간다.

표준교재 **293쪽**

60 울퉁불퉁한 길에서 휠체어로 이동할 때 돕는 방법은?

① 큰 바퀴를 들어주어야 한다.
② 작은 앞바퀴가 지면에 닿게 밀어야 한다.
③ 작은 앞바퀴가 지면에 닿으면 진동을 덜 느낀다.
④ 앞바퀴를 들어올려 뒤로 젖힌 상태에서 이동한다.
⑤ 작은 앞바퀴가 지면에 닿게 되면 밀기가 수월해진다.

60
크기가 작은 앞바퀴가 지면에 닿게 되면 휠체어를 앞으로 밀기 힘들고, 대상자가 진동을 많이 느끼기 때문에 앞바퀴를 들어 올려 뒤로 젖힌 상태에서 이동한다.

표준교재 **293쪽**

정답 **56** ⑤ **57** ③ **58** ④ **59** ① **60** ④

★★★

61 휠체어로 엘리베이터를 타고 내리기 할 때의 설명으로 맞는 것은?

① 앞으로 들어가서 뒤로 나온다.
② 뒤로 들어가서 앞으로 밀고 나온다.
③ 엘리베이터보다 나선형 계단을 이용한다.
④ 앞으로 들어가야 버튼에 쉽게 접근할 수 있다.
⑤ 앞으로 들어가야 돌려야 하는 불편함을 피할 수 있다.

61

뒤로 들어가서 앞으로 밀고 나오는 이유는 엘리베이터 층 버튼에 쉽게 접근할 수 있고, 엘리베이터를 나갈 때 돌려야 하는 불편함을 피할 수 있기 때문이다.

표준교재 293쪽

62 대상자를 침대에서 휠체어로 옮길 때의 돕는 방법으로 옳은 것은?

① 발 받침대는 내려 놓는다.
② 침대와는 적당한 거리를 두고 떨어지게 둔다.
③ 휠체어를 건강한 쪽에 붙여 놓는다.
④ 대상자의 양 발이 휠체어 옆쪽으로 비스듬하게 지지하도록 한다.
⑤ 요양보호사의 무릎으로 대상자의 건강한 측 무릎을 지지하여 준다.

62

침대에서 휠체어로 옮기기
· 건강한 쪽에 휠체어가 오도록 침대에 붙여 놓는다.
· 발 받침대는 다리가 걸리지 않도록 젖혀 놓는다.
· 대상자의 양발이 휠체어 앞쪽 바닥을 지지하게 한다.
· 요양보호사의 무릎으로 대상자의 마비 측 무릎을 지지하여 준다.

표준교재 294쪽

★★★

63 왼쪽 편마비 환자가 침상에서 휠체어로 옮겨 탈 때 휠체어 위치로 옳은 것은?

63

대상자를 침대에서 휠체어로 옮길 때 대상자의 건강한 쪽 침대난간에 붙도록 평행 또는 30~45° 비스듬히 휠체어를 두고 잠금장치를 잠그고 이동시킨다.

①

②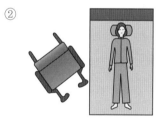

 ③

④

⑤

표준교재 294쪽

정답 **61** ② **62** ③ **63** ②

64 왼쪽 편마비 대상자를 휠체어에서 침대로 옮길 때 휠체어의 위치로 옳은 것은?

① ② ③ ④ ⑤

64
대상자의 건강한 쪽이 침대와 붙도록 평행 또는 30~45° 비스듬히 휠체어를 두고 잠금장치를 잠그고 이동시킨다.

 295쪽

65 오른쪽 편마비 대상자를 바닥에서 휠체어로 옮길 때 휠체어의 위치로 옳은 것은?

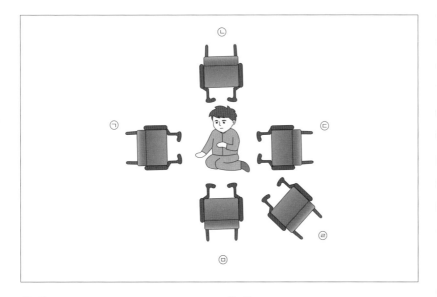

① ㉠ ② ㉡
③ ㉢ ④ ㉣
⑤ ㉤

65
대상자의 건강한 쪽 가까이에 휠체어를 가져와 잠금장치를 잠그고 대상자는 건강한 쪽 손으로 휠체어를 잡게 한다.

 296쪽

정답　64 ①　65 ③

66 대상자를 휠체어에서 침대로 옮길 때 돕는 방법으로 옳은 것은?

① 휠체어는 잠금장치를 풀어둔다.
② 요양보호사는 휠체어 발 받침대를 내려둔다.
③ 건강한 쪽이 침대와 붙어서 평행이 되도록 붙인다.
④ 요양보호사 무릎으로 대상자의 건강한 측 무릎을 지지한다.
⑤ 대상자가 허리를 굽혀서 마비된 손으로 침대를 지지하게 한다.

67 대상자를 휠체어에서 바닥으로 옮길 때 돕는 방법으로 맞는 것은?

① 휠체어의 잠금장치를 푼다.
② 마비된 쪽에서 어깨와 몸통을 지지해준다.
③ 발 받침대를 내려놓고 발을 바닥에 내려놓는다.
④ 요양보호사는 대상자가 이동하는 동안 상체를 지지하여 준다.
⑤ 대상자는 마비된 손으로 바닥을 짚고 건강한 다리에 힘을 주어 내려앉는다.

68 두 사람이 대상자를 휠체어에서 침대로 이동할 때의 방법으로 알맞은 것은?

① 대상자는 팔을 옆으로 늘어뜨린다.
② 키가 크고 힘센 사람이 앞쪽에 선다
③ 침대와 평행하게 놓고 잠금장치를 고정시킨다.
④ 앞쪽에 선 사람이 대상자 양쪽 겨드랑이 아래로 팔을 넣어 잡는다.
⑤ 뒤에 선 사람은 한 손은 대상자 종아리 아래, 한 손은 넙다리 아래에 넣는다.

69 다음 중 대상자를 옮길 때 고려해야 하는 것이 아닌 것은?

① 어느 정도까지 도움이 필요한지를 파악해야 한다.
② 대상자의 몸집과 몸무게를 고려해야 한다.
③ 대상자를 움직일 수 있는 능력과 협조 의지, 이해력 등을 고려해야 한다.
④ 대상자를 옮길 때 선택한 이동 기법이 병적 상태에 영향을 미치는지 고려해야 한다.
⑤ 대상자를 옮길 때 특수한 장비는 사용하지 않는 것을 권장한다.

+ 해설

66
요양보호사 무릎으로 대상자의 마비 측 무릎을 지지한 상태에서 대상자가 허리를 굽혀서 건강한 손으로 침대를 지지하게 한다.

표준교재 **295쪽**

67

표준교재 **296쪽**

68

표준교재 **297쪽**

69
대상자를 옮길 때 손상을 방지할 수 있는 특수한 장비를 사용하는 것을 권장한다.

표준교재 **298쪽**

정답 **66** ③ **67** ② **68** ③ **69** ⑤

★★★

70 오른쪽 편마비 대상자를 이동변기로 앉힐 때 이동변기의 위치로 옳은 것은?

①

②

③

④

⑤

70

이동변기를 대상자의 건강한 쪽에 오도록 하여, 휠체어와 약 30~45°로 비스듬히 놓는다.

표준교재 298쪽

---

71 휠체어로 자동차에 이동하여 승차할 때에 지켜야 할 것으로 적당하지 않은 것은?

① 자동차 시트 깊숙하게 앉도록 한다.
② 자동차 승차 시에는 다리부터 올려놓도록 한다.
③ 자동차에서는 반드시 대상자 옆에 앉아야 한다.
④ 휠체어가 충분히 다가갈 수 있는 공간을 확보한다.
⑤ 승용차를 자주 이용하면 휠체어 손잡이를 접을 수 있는 것이 좋다.

71

대상자의 엉덩이부터 자동차 시트에 앉을 수 있도록 한다.

표준교재 299쪽

---

72 선 자세에서 균형잡기 방법을 할 때 돕는 방법으로 옳은 것은?

① 앞에서 손을 잡아주어 바로 걸어보게 한다.
② 의자나 손잡이 등을 두 손으로 잡고 서게 한다.
③ 가볍게 제자리걸음을 해서 균형잡는 연습을 한다.
④ 서 있는 동작이 가능하면 앞뒤로 천천히 체중을 이동한다.
⑤ 의자나 손잡이를 두 손으로 잡은 채로 3분 정도 서 있게 한다.

72

표준교재 300쪽

정답 **70** ② **71** ② **72** ③

★★★

73 보행 벨트 사용 돕기의 방법으로 옳은 것은?

① 엉덩이 부분에 맞춰 벨트를 묶는다.
② 상복부 부분에 맞춰 벨트를 묶는다.
③ 요양보호사는 불편한 쪽의 뒤에 선다.
④ 한 손은 벨트를 잡고 한 손은 어깨를 잡는다.
⑤ 요양보호사는 대상자의 한 발자국 앞에서 리드한다.

74 보행 돕기 시의 요양보호사의 위치로 옳은 것은?

① 대상자의 기능이 안정된 쪽에 선다.
② 대상자의 기능이 불안정한 쪽에 선다.
③ 대상자의 기능과 관계없이 앞쪽에 선다.
④ 대상자의 기능과 관계없이 뒤쪽에 선다.
⑤ 대상자의 기능과 관계없이 좌우쪽에 선다.

75 보행기구를 선택할 시에 유의해야 할 사항으로 옳은 것은?

① 신체의 기능을 고려해야 한다.
② 고무의 제거를 확인해야 한다.
③ 컬러와 선호를 확인해야 한다.
④ 가격에 맞추어서 선택해야 한다.
⑤ 다른 물건들과 어울리는 것을 선택해야 한다.

76 보행기 사용에 대한 설명으로 적절한 것은?

① 버튼이 채워졌는지 확인 후 펼친다.
② 보조자에게 맞는 보행기를 선택해야 한다.
③ 미끄러지지 않는 양말과 신발을 신도록 돕는다.
④ 대상자의 팔꿈치가 약 60°로 구부러지도록 대상자 허리 높이로 조절한다.
⑤ 혼자 걷기는 가능하지만 보행은 힘든 대상자들의 보행을 보조해주는 도구이다.

73
보행 벨트
대상자의 허리 부분(벨트 부분)에 맞춰 벨트를 묶는다. 요양보호사는 대상자의 불편한 쪽 뒤에 서서 벨트 손잡이를 잡는다. 다른 한 손으로 반대편 벨트 손잡이를 잡는다.

표준교재 **300쪽**

74
요양보호사는 항상 대상자의 기능이 불안정한 쪽에 서서 돕는다.

표준교재 **301쪽**

75
보행기구는 신체 기능 및 사용 공간, 체형에 맞는 것을 선택하고, 기구의 기능(지팡이 끝, 보행기 다리의 고무 닳은 정도, 보행보조차의 바퀴와 잠금장치 등)을 확인한다.

표준교재 **301쪽**

76
보행기
혼자서는 걷기 힘든 대상자들의 실내 및 실외의 보행을 보조해 주는 도구로 대상자에게 맞는 보행기를 선택해야 하며 대상자의 팔꿈치가 약 30°로 구부러지도록 대상자 둔부 높이로 조절한다.

표준교재 **301쪽**

정답 **73** ③ **74** ② **75** ① **76** ③

77 다음 중 보행기 사용법으로 옳은 것은?

①

②

③

④

⑤

78 보행기 사용 돕기로 옳은 것은?

① 보행기는 될 수 있으면 한 번에 이동하도록 한다.
② 침대로 돌아와 눕는 것은 대상자 스스로 할 수 있도록 한다.
③ 요양보호사는 대상자의 옆쪽에 서서 보행 벨트를 잡고 걷는다.
④ 대상자의 팔꿈치가 약 30°로 구부러지도록 대상자 둔부 높이로 조절한다.
⑤ 앞쪽에 바퀴가 있는 보행기는 체중을 싣기에 안전하므로 기대어 쉬는 데 좋다.

 해설

77
보행기는 대상자가 허리를 펴고 바른 자세로 섰을 때 팔꿈치가 약 30°로 구부러지도록 둔부 높이로 조절한다.

표준교재 301쪽

78

표준교재 301쪽

정답 77 ③ 78 ④

79 한쪽 다리만 약한 대상자가 보행기를 사용할 때의 방법으로 바른 것은?

① 건강한 다리를 옮긴 다음에 보행기를 옮기고 그 후에 약한 다리를 옮긴다.
② 건강한 다리를 먼저 옮긴 다음에 보행기와 함께 약한 다리를 동시에 옮긴다.
③ 보행기와 함께 약한 다리를 한 걸음 앞으로 옮긴 다음에 건강한 다리를 옮긴다.
④ 건강한 다리를 먼저 옮긴 다음에 약한 다리를 옮기고 그 후에 보행기를 옮긴다.
⑤ 일단 체중을 보행기와 손상된 다리 쪽에 의지하면서 건강한 다리를 앞으로 옮긴다.

★ ★ ★

80 지팡이 길이를 결정하는 방법으로 옳은 것은?

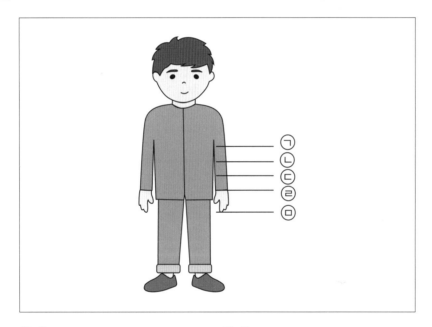

① ㉠   ② ㉡
③ ㉢   ④ ㉣
⑤ ㉤

+ 해설

79

표준교재 302쪽

80
지팡이 길이는 평소 신는 신발을 신고 똑바로 섰을 때 손목 높이 정도로 오는 것으로 결정한다.

표준교재 302쪽

정답 **79** ③   **80** ④

★★★
81 지팡이를 결정할 때 옳은 기준은 어느 것인가?

① 지팡이를 한 걸음 반 정도 앞에 놓였을 때를 기준으로 한다.
② 대상자가 잡기 편하고 미끄러짐 없는 지팡이가 좋다.
③ 지팡이의 높이는 서 있을 때 허리 정도의 높이가 적당하다.
④ 팔꿈치의 구부러짐 정도는 약 35° 정도 구부러지는 것이 좋다.
⑤ 평소 신는 신발을 신고 똑바로 섰을 때 손목시계 정도의 높이이다.

★★★
82 지팡이 보행 시 대상자 옆에서 보조할 때 요양보호사의 위치는?

① 지팡이를 쥐지 않은 옆쪽
② 지팡이를 쥔 앞쪽
③ 지팡이를 쥔 뒤쪽
④ 지팡이를 쥐지 않은 앞쪽
⑤ 지팡이를 쥔 옆쪽

★★★
83 편마비 대상자가 평지와 계단을 내려갈 때 지팡이 보행 순서로 바른 것은?

① 지팡이 → 마비된 다리 → 건강한 다리
② 지팡이 → 건강한 다리 → 마비된 다리
③ 건강한 다리 → 마비된 다리 → 지팡이
④ 건강한 다리 → 지팡이→ 마비된 다리
⑤ 마비된 다리 → 지팡이 → 건강한 다리

★★★
84 편마비 대상자가 계단을 오를 때의 지팡이 보행 순서로 바른 것은?

① 건강한 다리 → 지팡이 → 마비된 다리
② 마비된 다리 → 지팡이 → 건강한 다리
③ 건강한 다리 → 마비된 다리 → 지팡이
④ 지팡이 → 건강한 다리 → 마비된 다리
⑤ 지팡이 → 마비된 다리 → 건강한 다리

해설

81
지팡이 길이 결정 방법
• 지팡이를 한 걸음 앞에 놓았을 때 팔꿈치가 약 30° 구부러지는 정도
• 지팡이의 손잡이가 대상자의 둔부 높이
• 평소 신는 신발을 신고 똑바로 섰을 때 손목 높이
표준교재 303쪽

82
표준교재 302쪽

82
표준교재 304쪽

83
표준교재 304쪽

정답 81 ② 82 ① 83 ① 84 ④

85 이송 돕기 시 유의할 사항으로 옳은 것은?

① 대상자의 움직임을 최소로 하여 이송한다.
② 외상이 의심되면 이송계획을 세워서는 안 된다.
③ 다른 사람의 도움을 받지 않는 것이 안전을 위해 좋다.
④ 1인 부축하기는 대상자의 손상된 쪽에서 부축해야 한다.
⑤ 기도확보, 순환평가, 호흡평가의 순으로 확인을 해야 한다.

★★★

86 지팡이를 이용해 계단을 내려가는 우측 편마비 대상자를 보조할 때 요양보호사의 위치로 옳은 것은?

①

②

③

④

⑤

🧰 해설

85
• 순환 평가, 기도 확보, 호흡 평가를 실시한다.
• 필요 시 주변 사람에게 요청하여 도움을 받는다.
• 1인 부축하기는 대상자의 손상되지 않은 쪽에 서서 부축한다.
표준교재 **305쪽**

86
편마비 대상자가 계단을 내려갈 때 요양보호사는 대상자의 마비된 쪽에 위치하여 보조한다.

표준교재 **304쪽**

정답 **85** ② **86** ①

+ 해설

7 감염성 질환 예방

01 호흡기계 감염 시 나타나는 증상이 아닌 것은?

① 인후통
② 소변색의 변화
③ 기침
④ 객담
⑤ 호흡곤란

02 감염이 발생한 부위에서 나타나는 증상이 아닌 것은?

① 후끈후끈한 열감
② 통증
③ 부종(붓는 것)
④ 하얗게 질림
⑤ 삼출액 증가

03 탈수증상으로 옳지 않은 것은?

① 심한 갈증
② 피곤하고 무기력해진다.
③ 피부와 혀가 마른다.
④ 소변 횟수가 증가한다.
⑤ 정신의 혼동을 야기한다.

04 감염 예방 방법으로 옳은 것은?

① 대상자의 신체분비물을 만진 후 장갑을 착용했더라도 반드시 손을 씻어야 한다.
② 가정에서는 의류나 물건을 한꺼번에 세탁한다.
③ 목욕은 대상자의 체온을 낮추므로 자주 하지 않는 것이 좋다.
④ 샤워나 목욕은 매일 한 번이면 족하다.
⑤ 피부가 트거나 갈라지면 세균이 자라기 쉬우므로 너무 자주 손을 씻지 않는다.

01
② 소변색의 변화는 요로감염 시 나타나는 증상이다.

표준교재 **306쪽**

02
감염이 발생한 부위에서 나타나는 증상
후끈후끈한 열감, 빨간 발적, 부종(붓는 것), 삼출액(상처에서 나오는 액체 등) 증가 등이 있다.

표준교재 **306쪽**

03
탈수증상
심한 갈증, 소변 횟수 감소, 피곤함과 무기력함, 마른 피부와 혀, 정신의 혼동

표준교재 **306쪽**

04
감염 예방에 가장 기본적이고 효과적인 방법은 손 씻기이다. 식사 전, 화장실 사용 후, 객담이나 상처배액과 같은 대상지의 신체분비물을 만진 후에는 장갑을 착용했더라도 반드시 손을 씻어야 한다.

표준교재 **307~310쪽**

정답 **01** ② **02** ④ **03** ④ **04** ①

05 손 씻기의 방법으로 올바른 것은?

① 고체 비누로 씻는다.
② 비누와 물이 손바닥에 묻도록 한다.
③ 손바닥을 마주 대고 손깍지를 끼고 문질러 준다.
④ 찬물로 비누를 헹구어 낸다.
⑤ 한 번 사용한 수건을 계속 사용한다.

05
① 일반적인 바 형태의 고체 비누는 세균으로 감염될 수 있다.
② 비누와 물이 손의 모든 표면에 묻도록 한다.
④ 흐르는 온수로 비누를 헹구어 낸다.
⑤ 젖은 수건에는 세균이 서식할 수 있으므로 사용한 수건은 세탁하여 건조한다.
표준교재 307~308쪽

06 손을 꼭 씻어야 하는 경우가 아닌 것은?

① 날음식을 만지고 나서
② 애완동물을 만졌을 때
③ 설거지하고 나서
④ 컴퓨터를 사용했을 때
⑤ 씻지 않은 과일과 채소를 만질 때

06

표준교재 308쪽

07 대상자의 분비물 처리 시 유의사항으로 옳은 것은?

① 반드시 장갑을 착용하기 때문에 처리 후에는 물에 손만 헹구어도 된다.
② 다른 쓰레기들과 같이 쓰레기통에 버린다.
③ 가정에서는 배설물이 묻었을 경우 다른 의류와 같이 세탁해도 된다.
④ 혈액이 묻었을 경우 더운물로 닦고 찬물로 헹군다.
⑤ 혈액이나 체액이 묻었을 경우 필요 시 소독해야 한다.

07
① 반드시 장갑을 착용하고 처리 후에는 물과 비누로 손을 씻는다.
② 오염된 세탁물은 장갑을 끼고 격리 장소에 따로 배출한다.
③ 가정에서는 배설물이 묻었을 경우 따로 세탁하거나 씻는다.
④ 혈액이 묻었을 경우 찬물로 닦고 더운물로 헹구며 필요 시 소독해야 한다.
표준교재 309쪽

08 요양보호사의 위생관리 방법으로 옳은 것은?

① 샤워나 목욕은 대상자의 배설물 처리를 한 날만 한다.
② 분비물에 오염된 물품은 정해진 곳에 버린다.
③ 손은 집에 귀가해서 씻는다.
④ 일회용 마스크, 가운, 장갑은 아까우므로 여러 번 사용한다.
⑤ 로션을 바르면 미끄러울 수 있으므로 손이 트더라도 로션은 바르지 않는다.

08
① 샤워나 목욕은 매일 한다.
③ 손을 자주 씻는다.
④ 일회용 보호 장구는 재사용하지 말고 버린다.
⑤ 피부가 트거나 갈라지면 세균이 자라기 쉬우므로 로션을 발라 보습 한다.
표준교재 309쪽

정답 **05** ③ **06** ③ **07** ⑤ **08** ②

09 흡인에 대한 설명으로 옳지 않은 것은?

① 흡인이란 코와 입의 가래나 분비물을 제거하는 것을 말한다.
② 흡인은 원칙적으로 의료인이 실시해야 한다.
③ 가래가 담긴 흡인병은 분비물을 버리고, 1일 1회 이상 깨끗이 닦는다.
④ 사용한 물품은 깨끗이 씻어 놓은 후 소독한다.
⑤ 한 번 사용한 카테터는 바로 흐르는 물에 헹궈서 말린다.

09
⑤ 한 번 사용한 카테터는 분비물이 빠질 수 있도록 물에 담가 놓는다.

표준교재 310쪽

★ ★ ★

10 기도의 분비물을 배출하지 못하거나 연하를 못하여 생기는 코와 입의 가래나 분비물을 제거하는 것을 무엇이라고 하는가?

① 흡인   ② 기도세척
③ 투석   ④ 위관영양
⑤ 유치도뇨

10

표준교재 310쪽

11 다음 중 흡인을 실시할 수 있는 사람은?

① 대상자 본인   ② 요양보호사
③ 간호사   ④ 대상자 가족
⑤ 사회복지사

11
흡인은 의료인이 실시하는 것이 원칙이다.

표준교재 310쪽

정답 09 ⑤ 10 ① 11 ③

8 복지용구 사용

★★★

01 다음 복지용구 중에서 구입품목에 해당하는 복지용구는?

① 전동침대 ② 수동침대
③ 목욕의자 ④ 이동욕조
⑤ 배회감지기

★★★

02 다음 복지용구 중에서 대여품목에 해당하는 복지용구는?

① 이동변기 ② 목욕의자
③ 간이변기 ④ 안전손잡이
⑤ 목욕리프트

03 휠체어 선정 시 고려사항으로 옳지 않은 것은?

① 표면이 거칠어야 한다.
② 휠체어 표면에 날카로운 부분이 없어야 한다.
③ 휠체어의 안장 양쪽 끝이나 바퀴부위에 대상자의 옷이나 손가락이 낄 염려가 없어야 한다.
④ 불안정한 휠체어는 뒤집어지거나 대상자가 낙상할 위험이 있고 손상을 초래한다.
⑤ 쿠션은 딱딱하지 않은 것이 좋다.

04 휠체어 사용 시 주의사항으로 옳지 않은 것은?

① 접은 상태에서 보관한다.
② 반드시 잠금장치를 잠가둔다.
③ 2단 잠금장치는 경사로를 내려갈 때나 미끄러운 바닥을 이용할 때 사용한다.
④ 휠체어는 비를 맞아도 상관없다.
⑤ 각종 볼트가 헐겁지 않은지 수시로 점검한다.

01

복지용구 구입품목(11종)
이동변기, 목욕의자, 성인용 보행기, 안전손잡이, 미끄럼방지용품, 간이변기, 지팡이, 욕창예방 방석, 자세변환 용구, 요실금팬티, 욕창 예방 매트리스

표준교재 **311쪽**

02

복지용구 대여품목(8종)
수동휠체어, 전동침대, 수동침대, 욕창예방 매트리스, 이동욕조, 목욕리프트, 배회감지기, 경사로

표준교재 **311쪽**

03

표준교재 **312쪽**

04

비를 맞으면 녹이 슬거나 휠체어 수명이 단축되므로 비를 맞지 않게 한다.

표준교재 **312쪽**

정답 **01** ③ **02** ⑤ **03** ① **04** ④

＋ 해설

05 휠체어 타이어와 공기압에 대한 설명으로 옳은 것은?

① 타이어 뒷바퀴 공기압이 너무 높으면 잠금장치 기능이 약해진다.
② 휠체어 타이어의 적정공기압은 엄지손가락으로 힘껏 눌렀을 때 1.5cm 정도 들어가는 상태이다.
③ 타이어 공기압과 잠금장치는 밀접한 관계가 없다.
④ 타이어 뒷바퀴 공기압이 낮으면 진동 흡수가 잘 되지 않는다.
⑤ 적정 공기압을 유지해야 한다.

05
① 타이어 뒷바퀴 공기압이 너무 낮으면 잠금장치 기능이 약해진다.
② 휠체어 타이어의 적정공기압은 엄지손가락으로 힘껏 눌렀을 때 0.5cm 정도 들어가는 상태이다.
③ 타이어 공기압과 잠금장치는 밀접한 관계가 있으므로 항상 적당한 공기압을 유지해야 한다.
④ 타이어 뒷바퀴 공기압이 높으면 진동 흡수가 잘 되지 않는다.

표준교재 312쪽

06 압력을 분산하고 통풍을 원활하게 하여 욕창을 예방하기 위해 사용하는 것은?

① 경사로   ② 이동욕조
③ 목욕리프트   ④ 배회감지기
⑤ 욕창예방 매트리스

06

표준교재 314쪽

07 욕창예방 매트리스 선정 및 관리에 대한 설명으로 옳지 않은 것은?

① 공기가 일정 간격으로 교대 주입 되었다가 배기되는지 확인한다.
② 겨울철에는 매트리스 위에 전기요를 깔아서 사용한다.
③ 손을 대상자의 등과 엉덩이 밑에 넣어 매트리스가 대상자를 부양하는지 확인한다.
④ 매트리스를 감싼 보호 덮개가 있어야 한다.
⑤ 하루에 한 번은 기구의 정상 동작을 확인한다.

07
욕창예방 매트리스는 열을 발산하는 제품(찜질기 등)과 함께 사용하지 않는다.

표준교재 314쪽

08 침대 선정에 대한 설명으로 옳은 것은?

① 수동침대는 전동침대보다 내구연한이 짧다.
② 전동침대는 수동침대보다 내구연한이 짧다.
③ 크랭크 손잡이는 침대의 다리판 쪽에 잘 보이게 나와 있어야 한다.
④ 프레임은 부드러워야 하며 플라스틱 재질이 좋다.
⑤ 낙상 방지를 위해 침대난간이 부착되어야 한다.

08
①, ② 수동침대, 전동침대 모두 내구연한이 10년이다.
③ 크랭크 손잡이는 사용하지 않을 경우에는 안전을 위하여 안으로 들어가는 수납 방식이어야 한다.
④ 프레임은 견고해야 하며 녹이 나지 않아야 한다.

표준교재 315쪽

정답 **05** ⑤ **06** ⑤ **07** ② **08** ⑤

09 침대 사용 시 주의사항으로 옳은 것은?

① 잠금장치는 열어두어도 괜찮다.
② 침대난간은 필요할 때만 고정시킨다.
③ 크랭크 손잡이를 펴서 오른쪽으로 회전시키면 다리판이 내려간다.
④ 등판, 다리판 상승 시 이불이 끼이지 않도록 정리한다.
⑤ 이동할 때도 잠금장치를 잠궈두어야 한다.

10 안전한 침대 사용을 위해 지켜야 할 것으로 옳지 않은 것은?

① 부착된 식탁은 사용하지 않을 때는 안전하게 접어놓는다.
② 자주 쓰는 물건은 침대에서 멀리 놓는다.
③ 매트리스 커버는 흐르는 물로 씻거나 세탁하여 말린다.
④ 대상자가 침대난간에 기대지 않게 해야 한다.
⑤ 대상자가 침대 위에 있을 때는 항상 침대난간은 올려놓아야 한다.

11 다음 중 가장 많이 사용되는 지팡이는?

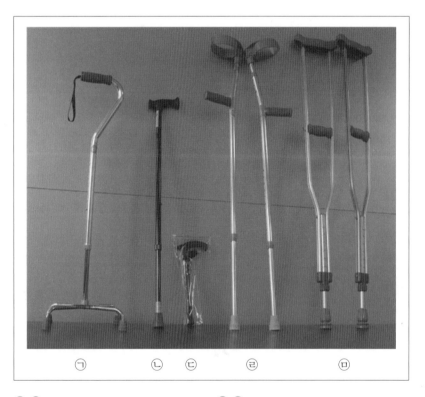

① ㄱ
② ㄴ
③ ㄷ
④ ㄹ
⑤ ㅁ

➕ 해설

09
① 잠금장치는 항상 잠궈둬야 한다.
② 대상자가 침대에서 떨어지지 않도록 침대난간을 세워 고정시킨다.
③ 크랭크 손잡이를 펴서 왼쪽으로 회전시키면 다리판이 내려간다.
⑤ 잠금장치를 잠근 상태에서 강제로 이동하지 않는다.
표준교재 **316쪽**

10
침대 가까이에 있는 가구 또는 생활용품을 잡으려고 대상자가 손을 뻗어 넘어지는 경우가 있으므로 자주 사용하는 물건은 가까이 둔다.
표준교재 **317쪽**

11
지팡이는 보행이 불편한 대상자가 사용하는 보행보조도구로, 길이는 대상자의 키에 맞춰야 하며, 가장 많이 사용되는 지팡이는 T자형 한발 지팡이이다.
㉠ 사각형 지팡이(네발 지팡이), ㉡ T자형 한발 지팡이, ㉢ 접이형 지팡이, ㉣ 캐나디안 팔꿈치 신전목발, ㉤ 겨드랑이목발
표준교재 **317~318쪽**

정답 **09** ④ **10** ② **11** ②

➕ 해설

12 다음 중 한발 지팡이에 대한 설명으로 옳지 않은 것은?

① 작고 간단하고 가볍다.
② 다른 보조도구와 비교하여 균형감각 등을 향상하는 데 좋다.
③ 지팡이 중 안정성은 가장 떨어진다.
④ 기저면이 넓어 체중을 지지하는 데에 도움을 줄 수 있다.
⑤ 생긴 모양에 따라 T자형 지팡이라고도 부른다.

12

표준교재 318쪽

13 대상자가 설 수 있어야 사용할 수 있으며 일반 지팡이보다 기저면이 넓어 손이나 팔을 이용해서 체중을 지지하는 데 도움을 주는 지팡이는?

① 한발 지팡이
② 겨드랑이 목발
③ 네발 지팡이
④ 한손 지팡이
⑤ 사점 지팡이

13
네발 지팡이는 일반 지팡이보다 기저면이 넓어 손이나 팔을 이용해서 체중을 지지하는 데에 도움을 줄 수 있다.

표준교재 318쪽

14 지팡이 사용 시 주의사항으로 올바른 것은?

① 지팡이 높이는 조절할 필요가 없다.
② 지팡이 길이는 대상자의 몸무게에 맞춰야 한다.
③ 지팡이를 사용하는 쪽 발의 새끼발가락으로부터 안쪽 15cm지점에 지팡이로 바닥을 짚는 것이 좋다.
④ 팔꿈치를 50~60° 정도 구부린 자세가 좋다.
⑤ 지팡이 바닥 끝 고무의 닳은 정도를 수시로 확인해야 한다.

14
① 지팡이 높이를 조절하여 대상자가 바른 자세로 이동하게 한다.
② 지팡이 길이는 대상자의 키에 맞춰야 한다.
③ 지팡이를 사용하는 쪽 발의 새끼발가락으로부터 바깥쪽 15cm지점에 지팡이로 바닥을 짚는 것이 좋다.
④ 팔꿈치를 20~30° 정도 구부린 자세가 좋다.

표준교재 318쪽

15 대체로 안정성이 높으며 다리의 체중부하 없이 이동할 수 있는 성인용 보행기는?

① 일반 보행기
② 보행보조차
③ 보행차
④ 실버카
⑤ 지팡이

15

표준교재 320쪽

16 성인용 보행기 사용 시에 유의해야 할 사항으로 맞는 것은?

① 빠른 걸음으로 걸어야 한다.
② 휴식 시에는 잠금장치를 잠가놓는다.
③ 체중에 맞춰 높이 조절이 가능해야 한다.
④ 실버카는 균형능력이 나쁜 대상자에게 적합하다.
⑤ 보행차는 뒤로 잘 넘어지는 사람이 사용하는 것이 좋다.

16
• 보행보조차(실버카)는 어느 정도의 균형감각과 보행 능력이 있는 대상자에게 적합하다.
• 느린 걸음으로 걸어야 하며, 휴식 시에는 반드시 잠금장치를 잠가놓는다.
• 키에 맞춰 높이 조절이 가능해야 한다.

표준교재 319~320쪽

정답 **12** ④ **13** ③ **14** ⑤ **15** ① **16** ②

17 다음 중 실버카라고도 불리며, 어느 정도 균형감각과 보행 능력이 있는 사람이 사용해야 하는 것은?

①

②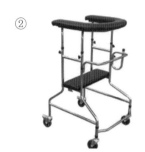

③

④

⑤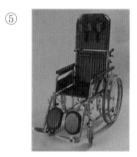

17

보행보조차는 실버카라고도 불리며, 쉴 수 있는 의자와 간단한 물건을 담을 수 있는 바구니가 달린 것이 특징이다. 가장 불안정한 보행기이므로 어느 정도 균형감각과 보행 능력이 있는 사람이 사용해야 한다.
① 일반 보행기
②, ③ 보행차
⑤ 침대형 휠체어

표준교재 **320**쪽

18 이동변기 선정 시에 고려해야 할 사항으로 가장 적절한 것은?

① 대소변 받이는 붙어있는 것이 좋다.
② 나무의 재질로 만든 것이어야 한다.
③ 팔걸이와 등받이는 없는 것으로 선택한다.
④ 무거우면 안 되므로 가볍게 제작되어야 한다.
⑤ 물로 세척을 하거나 소독할 수 있는 것이 좋다.

18
• 대소변 받이(변기통)는 탈부착하여 청소할 수 있어야 한다.
• 팔걸이와 등받이가 있어야 한다.
• 대상자의 무게를 충분히 견딜 수 있도록 튼튼해야 한다.
표준교재 **321**쪽

19 간이변기 사용 시에 고려해야 할 사항으로 가장 적절한 것은?

① 앉은 상태에서 사용한다.   ② 침대에서 내려와 사용한다.
③ 소변색이 보이지 않아야 한다.   ④ 열탕소독을 할 수 있어야 한다.
⑤ 모든 대상자가 사용할 수 있도록 한다.

19
• 열탕으로 소독할 수 있도록 충분한 내열성이 있어야 한다.
• 소변기는 소변량을 측정할 수 있도록 눈금이 있어야 하며, 소변색을 볼 수 있도록 흰색이거나 투명해야 한다.
• 이동이 불편한 대상자가 침대 등에서 반듯이 누운 자세에서 사용한다.
표준교재 **321**쪽

정답 **17** ④ **18** ⑤ **19** ④

20 안전손잡이에 대한 설명으로 옳지 않은 것은?

① 대상자의 자립성을 높여주는 도구이다.
② 거동이 불편한 대상자가 자주 왕래하는 장소에 설치한다.
③ 매끄러운 철제 재질이 좋다.
④ 낙상 예방을 위한 용품이다.
⑤ 표면은 날카로운 돌출부 및 가장자리가 없어야 한다.

20
③ 녹이 슬지 않고 미끄러지지 않는 재질이 좋다.

표준교재 322~323쪽

21 목욕의자 선정 시에 고려해야 할 사항으로 가장 적절한 것은?

① 가벼운 것이어야 한다.
② 등받이가 낮아야 한다.
③ 팔걸이가 없어야 한다.
④ 앉은 면이 높아야 한다.
⑤ 녹슬지 않는 소재여야 한다.

21
목욕의자는 앉는 면이 높지 않고, 등받이가 높고, 팔걸이가 있으며, 기대어 앉아도 넘어지지 않는 안정적인 것이 좋다. 물에 녹슬지 않는 소재로서 엉덩이 부위는 미끄러지지 않는 재질로 되어 있어야 한다.

표준교재 323~324쪽

22 자세변환용 쿠션 선정 시에 고려해야 할 사항으로 옳지 않은 것은?

① 지퍼는 대상자의 신체와 접촉되지 않도록 감춰져 있어야 한다.
② 충전재가 커버 밖으로 나오지 않아야 한다.
③ 너무 딱딱해서 아프지 않아야 한다.
④ 커버를 분리해서 세척 및 소독이 가능하고, 변색되어서는 안 된다.
⑤ 미끄러운 소재여야 한다.

22
⑤ 너무 미끄럽지 않아야 한다.

표준교재 325쪽

23 목욕리프트에 대한 설명으로 옳은 것은?

① 높낮이를 조절할 수 없다.
② 허리가 불편한 대상자가 목욕할 때 편리하다.
③ 등받이 각도는 고정되어 있는 것이 좋다.
④ 전원콘센트에 연결할 때는 물에 젖은 손으로 만지지 않도록 해야 한다.
⑤ 물속에서 사용하므로 녹이 슬지 않는 재질이어야 한다.

23
① 높낮이를 조절하여 안전하고 편리하게 목욕시킬 수 있다.
② 다리가 불편한 대상자가 목욕할 때 편리하다.
③ 편안한 자세로 목욕할 수 있도록 등받이 각도가 조절되어야 한다.
④ 감전예방을 위해 충전용배터리만 목욕리프트 전원으로 사용해야 한다.

표준교재 326쪽

24 이동욕조에 대한 설명으로 옳은 것은?

① 침대 위에서는 사용할 수 없다.
② 응급상황 발생 시에는 배수밸브를 열어 즉시 물을 뺀다.
③ 일어날 때에는 욕조를 잡고 일어난다.
④ 미끄럼방지는 필요 없다.
⑤ 사용한 후에는 세제 또는 소독제를 물에 풀어 담아놓는다.

24
① 침대 위나 거실 등에서 목욕할 때 사용한다.
③ 욕조를 잡고 일어나거나 앉지 않는다.
④ 시각적 손상이 있는 사람이나 일반적인 움직임이 어려운 대상자를 위해 미끄럼방지가 되어있어야 한다.
⑤ 사용한 후에는 세제 또는 소독제를 사용하여 흐르는 물로 깨끗이 씻어 말린다.

표준교재 326~327쪽

정답 **20** ③ **21** ⑤ **22** ⑤ **23** ⑤ **24** ②

★★★

25 치매증상이 있거나 배회 또는 길 잃음 등 문제행동을 보이는 대상자의 실종을 미연에 방지하는 장치는?

① 비상벨
② 배회감지기
③ 핸드폰
④ 치매팔찌
⑤ 실버카

26 배회감지기에 대한 설명으로 옳은 것은?

① GPS 배회감지기는 침대 또는 바닥에 설치하여 대상자가 영역을 벗어날 경우 가족에게 문자 등의 알림을 보낼 수 있다.
② 매트형 배회감지기는 위치추적 서비스로 대상자의 위치를 컴퓨터나 핸드폰으로 가족에게 알려주는 장치이다.
③ 매트형의 경우 걸려서 넘어질 수 있으므로 주의해야 한다.
④ GPS의 경우 센서를 통과할 때 작동이 잘 되는지 수시로 점검해야 한다.
⑤ 매트형의 경우 분실의 위험이 있으며 물에 젖으면 오작동할 수 있다.

27 다음 중 보행보조차에서 가장 먼저 점검해야 하는 것은?

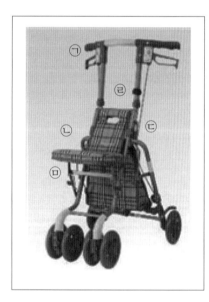

① ㉠
② ㉡
③ ㉢
④ ㉣
⑤ ㉤

➕ 해설

25

표준교재 328쪽

26
① 매트형 배회감지기에 대한 설명이다.
② GPS 배회감지기에 대한 설명이다.
④ 매트형 배회감지기에 대한 설명이다.
⑤ GPS 배회감지기에 대한 설명이다.

표준교재 328쪽

27
보행보조차는 사용 전에 가장 먼저 잠금장치(손잡이 브레이크)를 점검해야 한다.

표준교재 320쪽

정답 25 ② 26 ③ 27 ①

9 안전 관리

01 낙상에 대한 설명으로 옳은 것은?

① 평균수명 연장으로 낙상 발생은 점점 감소할 것으로 예상된다.
② 노인의 낙상으로 인한 사망률은 다른 연령대에 비해 다소 낮은 편이다.
③ 낙상은 삶의 질과는 관계가 없다.
④ 높은 곳에서 떨어지는 추락도 낙상에 포함된다.
⑤ 낙상으로 병원치료를 받는 경우는 50% 미만이다.

02 균형을 잃으면서 몸의 위치보다 낮은 곳으로 넘어지거나 주저앉거나 바닥에 눕는 것을 무엇이라 하는가?

① 욕창　　　　　　　② 와상
③ 낙상　　　　　　　④ 뇌졸증
⑤ 뇌전증

03 다음 중 낙상 발생 시 돕는 방법으로 옳지 않은 것은?

① 전화기가 있다면 119에 전화한다.
② 전화기가 없다면 목소리와 주변의 물체를 이용하여 소리를 내어 큰 소리로 도움을 요청한다.
③ 대상자가 스스로 일어나게 해서는 안 되며 우선 호흡을 가다듬게 하고 진정시킨다.
④ 일어나기를 시도하기 전에 대상자에게 다친 곳과 아픈 곳이 있는지를 먼저 확인한다.
⑤ 의료진이 올 때까지 대상자를 침대로 옮겨 안정을 취하게 한다.

★★★

04 낙상 유발 위험 요인이 아닌 것은?

① 고혈압 약을 복용하고 있는 경우
② 보행 장애가 있는 질환을 앓고 있는 경우
③ 시력이 현저히 떨어진 경우
④ 4가지 이상 약물을 복용하고 있는 경우
⑤ 기립성 저혈압이 있는 경우

01
① 평균수명 연장으로 낙상 발생은 점점 증가할 것으로 예상된다.
② 노인의 낙상으로 인한 사망률은 다른 연령대의 10배이다.
③ 낙상은 삶의 질을 현저하게 감소시킨다.
⑤ 병원치료를 받는 경우는 64.9%이다.

표준교재 329쪽

02

표준교재 329쪽

03
⑤ 절대 뼈를 맞추거나 이동시키거나 움직이지 않게 하고 의료진이 올 때까지 대상자를 지킨다.

표준교재 329쪽

04

표준교재 330쪽

정답 01 ④　02 ③　03 ⑤　04 ①

★★★

05 낙상을 일으키는 신체적 요인은?

① 희미한 전등　　　　② 지나친 음주
③ 활동량 저하　　　　④ 빈혈
⑤ 정리가 안 된 집안

★★★

06 낙상을 일으키는 환경적 요인은?

① 희미한 전등　　　　② 운동장애
③ 심장 질환　　　　　④ 과음
⑤ 빈혈

★★★

07 낙상을 예방하는 방법으로 옳지 않은 것은?

① 하지 근력 강화를 위해 꾸준히 운동한다.
② 조명은 눈에 무리가 가므로 밝기를 약간 어두운 정도로 조절한다.
③ 바닥에 물건을 두지 않도록 한다.
④ 약물 복용에 대해 의사에게 확인받는다.
⑤ 과음하지 않는다.

★★★

08 가정에서의 낙상 예방 주의사항으로 옳은 것은?

① 침대에서 취침 시 침대높이를 최대한 올린다.
② 살짝 여유 있는 신발을 신게 한다.
③ 가급적 엘리베이터보다는 계단을 이용한다.
④ 취침 시 가급적 침대를 이용하지 않는다.
⑤ 화장실 바닥은 자주 물로 청소한다.

09 화재예방을 위한 습관으로 옳은 것은?

① 화재 시 본인의 역할을 명확히 숙지해야 한다.
② 전열기구와 화기는 취급 시 주의사항은 읽어만 본다.
③ 전열기구는 바로 사용할 수 있게 플러그를 항상 꽂아 놓는다.
④ 요양보호사는 화재 진화보다는 대상자의 대피에 더 집중해야 한다.
⑤ 화재는 특별한 경우에 일어나는 것이므로 평소에는 화재에 대한 준비는 하지 않는다.

05
낙상을 일으키는 요인
• 신체적 요인 : 운동장애나 심장 질환, 빈혈, 시력 저하 등
• 환경적 요인 : 집 안 환경이나 외부 환경 등
• 행동적 요인 : 지나친 음주나 개인의 활동량 저하 등

`표준교재` **330쪽**

06

`표준교재` **330쪽**

07
② 어두운 조명은 낙상의 원인이 된다.

`표준교재` **330쪽**

08

`표준교재` **331쪽**

09

`표준교재` **332쪽**

`정답` **05** ④ **06** ① **07** ② **08** ④ **09** ①

10 화재예방을 위한 요양보호사의 활동으로 옳은 것은?

① 난로 곁에 세탁물을 넣어서 습도를 조절한다.
② 성냥이나 라이터는 쉽게 찾을 수 있는 곳에 보관한다.
③ 음식을 조리하는 중에는 가급적 주방을 떠나지 않는다.
④ 기름을 사용하여 조리할 때는 주방을 비워도 상관은 없다.
⑤ 전열기구는 편리하게 사용하도록 여러 개의 전기기구를 함께 연결하여 사용한다.

10
음식을 조리하는 중에는 가급적 주방을 떠나지 않는다. 특히 기름 종류(식용유 등)를 사용하여 음식을 할 때는 주방을 떠나지 않는다.

표준교재 **332쪽**

11 화재예방을 위한 요양보호사의 활동으로 옳은 것은?

① 난로 곁에 젖은 빨래를 넣어놓아 화재를 예방한다.
② 콘센트 하나에 여러 개의 전열기구 플러그를 꽂아둔다.
③ 소화기 사용법을 요양보호사가 알아야 할 필요는 없다.
④ 일을 마치고 떠날 때는 전기, 가스 등이 꺼졌는지 확인한다.
⑤ 일을 마치고 떠날 때는 다음 날 사용을 위해 전기플러그를 꽂아둔다.

11

표준교재 **332쪽**

12 대피 훈련 시 챙겨야 할 내용으로 옳지 않은 것은?

① 대피해서 만나는 장소
② 대피할 때 가져갈 물건 목록
③ 비상연락망
④ 외부 대피 시 사용할 수건
⑤ 이웃연락처

12

표준교재 **332쪽**

13
① 불이 나면 대피할 것인지 끌 것인지 판단해야 한다.
② 옷에 불이 붙으면 얼굴을 가리고 바닥에 뒹굴며 불을 끈다.
③ 밖으로 대피할 때를 대비하여 문을 등지고 분말을 쏜다.
⑤ 불이 나면 소리치거나 비상벨을 눌러 주변에 알린다.

표준교재 **333쪽**

13 화재 시 대처하는 방법으로 옳은 것은?

① 불이 나면 대피하기 전에 먼저 진화부터 해야 한다.
② 옷에 불이 붙으면 얼굴을 가리고 화장실로 가서 물을 뿌린다.
③ 소화기를 실내에서 사용할 때는 문을 향하여 소화기 분말을 쏜다.
④ 불길이 커져 불을 끄기 어려운 경우 신속히 대피한다.
⑤ 불이 나면 119에 신고하고 주변에 알릴 필요는 없다.

14
① 계단을 이용해 이동한다.
③ 연기가 많은 경우 기어서 이동하되 배는 바닥에 닿지 않게 한다.
④ 벽을 짚은 손을 바꾸면 오히려 더 깊은 실내로 들어갈 수 있으므로 벽을 짚은 손을 바꾸지 않는다.
⑤ 연기가 방 안에 들어오지 못하도록 문틈은 물에 적신 옷이나 이불로 막는다.

표준교재 **334쪽**

14 화재 시 대피요령으로 옳은 것은?

① 엘리베이터로 이동한다.
② 밑으로 이동할 수 없는 경우 옥상으로 대피한다.
③ 연기가 많은 경우 바닥에 배를 대고 기어서 이동한다.
④ 야간 화재 시에는 한 쪽 손씩 손을 바꾸어가며 벽을 짚고 이동한다.
⑤ 문틈을 마른 수건 등으로 막는다.

정답 **10** ③ **11** ④ **12** ⑤ **13** ④ **14** ②

15 수해 발생 시 요양보호사의 활동으로 옳은 것은?

① 필요시 전기 차단기를 내린다.
② 가스 밸브는 만약의 사고를 방지하게 위해 열어둔다.
③ 홍수 시 집안으로 물이 들어올 경우 재빨리 대피한다.
④ 홍수 시에도 상수도는 안전하므로 식수로 사용해도 된다.
⑤ 수해는 잘 일어나지 않는 사고이므로 평소에 준비할 필요는 없다.

16 수해 발생 시 요양보호사의 활동으로 옳은 것은?

① 가스와 전기는 복구 후 바로 사용한다.
② 가스와 전기는 기술자의 안전점검 후에 사용한다.
③ 물이 빠진 후에는 바로 가스 불을 사용해도 된다.
④ 홍수로 밀려온 물에 몸이 젖었을 때는 재빨리 몸을 말린다.
⑤ 홍수로 밀려온 물에 몸이 젖었을 때는 우선 옷을 갈아입어야 한다.

17 태풍 오기 전 대비 방법으로 옳지 않은 것은?

① 가족들이 각각 이동할 수 있으므로 만날 장소를 사전에 정해둔다.
② 태풍 시 물은 충분하므로 미리 물을 받아둘 필요는 없다.
③ 해안가의 경우 선박을 미리 결박해 둔다.
④ 비상용품은 유효기간 내의 물품으로 교체해 둔다.
⑤ 미리 빗물받이와 배수구에 쌓인 쓰레기를 청소해 둔다.

18 태풍 발생 중 대처 방법으로 옳은 것은?

① 실내에서는 출입문과 창문을 조금씩 열어둔다.
② 차량 이동 시에는 빠른 속도로 이동한다.
③ 차량 이동 시 이동을 멈추고 가로등 근처로 대피한다.
④ 대피를 위해 창문이나 출입문 옆에 있는다.
⑤ 감전 위험이 있으므로 전기 제품은 가급적 쓰지 않는다.

19 지진발생 전 대비 방법으로 옳은 것은?

① 깨지기 쉬운 유리그릇 등은 선반 위에 보관한다.
② 응급처치보다는 대피에 더 중점을 두고 활동한다.
③ 비상시 사용할 식품은 지진이 난 직후에 즉시 구입한다.
④ 가스, 전기, 수도는 차단하지 말고 대피해야 피해를 줄일 수 있다.
⑤ 크고 무거운 물건이나 높은 곳에서 떨어질 수 있는 물건을 치운다.

 해설

15
- 평소에 유사시 대피 경로, 본인의 역할 등을 명확히 숙지하고 있어야 한다.
- 물이 집 안으로 흘러 들어오는 경우 모래주머니 등을 사용하여 막는다.
- 상수도의 오염에 대비하여 욕조에 물을 받아 둔다.
- 필요시 전기차단기를 내리고 가스 밸브를 잠근다.
  표준교재 334~335쪽

16
- 물이 빠진 후에는 새어 나온 가스가 집 안에 축적되어 있을 수 있으므로 성냥불이나 라이터를 사용하지 말고, 창문을 열어 환기를 한다.
- 홍수로 밀려온 물에 몸이 젖었을 때는 비누를 이용하여 깨끗이 씻는다.
  표준교재 334~335쪽

17
② 상수도 공급 중단을 대비해 욕실 등에 미리 물을 받아둔다.

  표준교재 335쪽

18
- 실내에서는 출입문과 창문을 모두 닫고 잠그고 창문에서 최대한 떨어진 곳에 머문다.
- 차량 이동 중에는 속도를 줄이고 하천변, 산길, 공사장, 가로등, 신호등, 전신주 근처, 방파제 옆으로 이동하지 않는다.
  표준교재 336쪽

19
- 깨지기 쉬운 유리그릇 등은 잠글 수 있는 곳에 보관한다.
- 응급처치법을 알아 두어 비상시에 대처한다.
- 비상시 사용할 식품의 위치와 사용법은 미리 알아둔다.
- 가스·전기·수도를 차단하는 방법을 미리 익혀 둔다.
  표준교재 334~335쪽

정답 15 ① 16 ② 17 ② 18 ⑤ 19 ⑤

✚ 해설

20 지진발생 시 대비 방법으로 옳은 것은?

① 흔들리는 동안은 탁자 아래로 들어가 몸을 보호하되, 탁자 다리는 잡지 않도록 한다.
② 흔들리기 시작하면 일단 밖으로 대피한다.
③ 건물 밖으로 나갈 때는 엘리베이터를 이용한다.
④ 크고 견고한 구조물의 아래 또는 옆으로 대피하여 몸을 웅크린다.
⑤ 건물 밖에서는 최대한 건물과 가깝게 붙어서 대피한다.

20
① 흔들리는 동안은 탁자 아래로 들어가 몸을 보호하고 탁자 다리를 꼭 잡는다.
② 흔들림이 멈추면 문을 열어 출구를 확보한다.
③ 건물 밖으로 나갈 때는 엘리베이터를 이용해서는 안 된다.
⑤ 건물 밖에서는 가방이나 손으로 머리를 보호하며 건물과 거리를 두고 대피한다.
표준교재 336~337쪽

21 정전이 일어났을 때 요양보호사의 활동으로 옳은 것은?

① 정전에 대비해 양초 등을 미리 준비해 둔다.
② 전기기기는 동시에 사용하여 효율을 높인다.
③ 정전이 되었을 때는 누전차단기의 이상 유무를 확인한다.
④ 정전이 복구된 후에는 가전제품 플러그를 모두 꽂아 사용해야 안전하다.
⑤ 냉동되었던 식품이 정전으로 녹았을 경우 급냉으로 다시 얼려 보관한다.

21

표준교재 337쪽

22 정전이 복구된 후에 냉동식품 점검 방법으로 옳은 것은?

① 냉동식품은 모두 버린다.
② 모든 냉동식품은 재냉동을 한다.
③ 식품이 색이 변했다면 급속 냉동을 한다.
④ 식품이 얼어있는 상태라면 재냉동을 한다.
⑤ 고기 등이 빛깔이 변했다면 급속 냉동을 한다.

22
정전이 복구된 후에는 냉동식품을 점검한다. 식품이 얼어있는 상태라면 재 냉동이 가능하지만, 고기 등의 빛깔이 변했거나 냄새가 난다고 판단되면 버린다.

표준교재 337쪽

23 전기사고를 예방하는 방법으로 옳은 것은?

① 의료기기는 반드시 접지용 3핀 플러그를 사용한다.
② 전기기구 사용설명서는 구매 시 함께 파기한다.
③ 장기요양기관은 보조전원장치를 마련해 둘 필요가 없다.
④ 전기사고 안전교육은 직원에게만 실시한다.
⑤ 코드를 사용하기 전에 파손이 있는지 살펴보고 이상이 있으면 조심해서 사용한다.

23
② 전기기구 사용설명서는 사용하기 전에 잘 읽어 조작법을 읽힌다.
③ 인공호흡기나 흡인기를 사용하는 대상자에 대비해 보조전원장치를 마련해 두어야 한다.
④ 전기사고 안전교육은 직원과 대상자 모두에게 실시한다.
⑤ 이상이 있으면 사용을 멈춘다.
표준교재 338쪽

정답 **20** ④ **21** ③ **22** ④ **23** ①

O2 일상생활 및 개인활동 지원

01 일상생활 지원의 원칙

1. 기본원칙

① 대상자의 질환 및 특성을 이해하고, 대상자의 욕구를 충분히 파악하여 지원한다.

② 대상자의 생활방식과 가치관을 존중하며 요양보호사의 방식을 따르도록 강요해서는 안 된다.

③ 대상자와 신뢰관계를 형성하고, 대상자의 안전을 최우선하여 배려한다.

④ 대상자의 잔존 능력을 파악하여 스스로 할 수 있는 것은 최대한 스스로 하도록 격려하고 스스로 할 수 없는 것은 요양보호사가 지원한다.

⑤ 서비스에 대해서는 요양보호사의 판단으로 결정하지 않으며 반드시 대상자에게 충분히 설명하고 동의를 얻는다.

⑥ 인지능력이 없는 대상자에게는 요양보호사의 판단에 따라 수행할 수 있으나, 가급적 보호자에게 설명하고 동의를 얻는다.

⑦ 물품은 대상자의 동의를 얻어 사용하고, 함부로 옮기거나 버리지 않는다.

⑧ 서비스 제공에 대해 상세하게 기록한다.

⑨ 모든 자원은 계획성 있게 필요한 만큼만 사용하고 환경오염을 최소화하기 위해 일회용품 사용을 가급적 자제한다.

02 식사 준비와 영양관리

1. 식사 준비 　표준교재　341쪽

1) 기본원칙

① 식단은 대상자와 함께 정한다.

② 대상자가 좋아하는 음식, 잘 먹지 않는 음식, 소화하기 어려운 음식 등 식사와 관련된 특이사항
에 대해 기록해 둔다.

③ 혼자 사는 대상자의 경우 한 번에 섭취할 수 있는 양만큼씩 나누어 준비해 둔다.

④ 식재료나 관련 물품의 구매내역은 대상자와 충분히 상의한 후 결정한다.

⑤ 식재료를 구입한 영수증과 잔돈을 대상자에게 전달하고, 구매한 식재료의 적절한 보관 및 관
리를 지원한다.

⑥ 저작능력이 저하된 대상자는 부드러운 재료를 선택하고 작은 크기로 잘게 썰어서 준비한다.

⑦ 연하능력이 저하된 대상자는 부드럽게 삼킬 수 있도록 재료를 푹 끓이거나, 다지거나 믹서에
갈아서 준비한다

2) 조리 방법

① 볶기
  • 고온에서 단시간에 조리하므로 수용성 성분의 용출이 적으며 비타민의 파괴도 적다.
  • 채소는 살짝 데쳐서 볶으면 기름도 적게 들고 색깔도 선명하게 유지할 수 있다.

② 삶기
  • **목적** : 조직의 연화, 단백질의 응고, 감칠맛 성분의 증가, 불필요한 지방 및 맛 성분의 제거
  • 최대한 수용성 성분의 손실을 막도록 조리한다.
  • 채소는 삶으면 부드러워져 먹기 쉽다.
  • 육류는 오래 삶으면 부드러워진다.
  • 생선은 반대로 오래 삶으면 질기고 딱딱해진다.

③ 튀기기
  • 단시간에 조리할 수 있고 영양소의 파괴가 적다.
  • 노인은 지방질의 소화력이 낮기 때문에 기름기가 적은 조리 방법을 선택하는 것이 좋다.

④ 무침
  식욕을 돋우기 위해 식초나 소스로 무침을 하면 미각에 변화를 주어 입맛을 찾는 데 도움이 된다.

⑤ 찜
  • **단점** : 시간이 오래 걸림
  • 수용성 물질의 용출이 끓이기보다 적어 영양소의 손실이 적고 온도의 분포가 골고루 이루어
  진다.
  • 재료를 부드럽게 하여 노인에게 자주 사용되는 조리 방법의 하나다.

- 처음에는 센 불에 가열하다가 약한 불로 오래 가열하면 담백하고 부드러운 맛을 느낄 수 있다.

⑥ 굽기
- 기름이나 물을 사용하지 않고 높은 열로 빠른 시간 내에 조리한다.
- 수용성 영양소의 손실이 적고 식품 자체의 성분이 용출되지 않으므로 식품 고유의 맛을 살릴 수 있다.
- 오래 구우면 수분이 모두 빠져나가 딱딱해지기 때문에 적당히 굽는다.

2. 노인의 영양관리와 식사관리 표준교재 343쪽

1) 영양관리 시 고려해야 할 노인의 특성과 영양소

① **에너지 요구량 감소** : 에너지 과잉 섭취를 피하고 건강체중을 유지하도록 적정한 식사량을 제공, 소화가 잘되는 양질의 단백질 식품 선택(두부, 생선, 지방을 제거한 육류, 우유 등)

② **소화능력 감소 및 식욕저하** : 조금씩 자주 섭취하는 것이 좋음

③ **치아 손실 및 씹기 장애** : 식재료를 부드럽게 조리하고 크기를 작게 하여 섭취를 도움

④ **감각기능 저하** : 싱겁게 조리하고 다양한 향신료를 사용

⑤ **침 분비 감소** : 재료가 촉촉하도록 약간의 국물이 있는 조리법 선택

⑥ **장 운동성 감소** : 식이섬유가 풍부한 잡곡이나 채소를 적정량 섭취

⑦ **당질 대사능력 저하** : 단순당이 많은 음식을 피하고 식이섬유, 복합당질을 이용

⑧ **지방의 소화기능 저하**
- 필수지방산이 부족하지 않게 하고, 지용성 비타민 흡수를 돕기 위한 적당량의 지질 섭취
- 동물성 포화지방산이나 콜레스테롤 함량이 많은 식품 제한
- 콜레스테롤이 적은 식품, 식이섬유, 식물성기름, 적당한 운동
- 콜레스테롤이 많은 식품 : 삼겹살, 갈비, 새우, 명란젓, 곱창, 달걀노른자, 간

⑨ 다양한 색의 식품(컬러푸드)을 골고루 섭취

⑩ **갈증감각 둔화와 체수분량의 감소** : 수분을 충분히 섭취

2) 식사관리의 기본원칙

① 각 개인에게 맞게 영양을 섭취할 수 있게 한다.

② 기름진 음식보다 담백한 음식을 제공하고, 지나치게 맵거나 자극적이지 않도록 순한 맛으로 부드럽게 조리하여 제공한다.

③ 새로운 맛이나 식단을 시도할 때 우리 전통음식의 양념과 조리법을 활용하는 것도 도움이 된다.

④ 약물의 종류에 따라 부족한 영양소가 없도록 주의한다.
- 대부분 약물은 영양소 흡수를 방해하고 체내 대사작용에 영향을 미쳐 영양소 효율을 감소시킨다.
- 고혈압 약(예: hydrazine 하이드라진) : 비타민 B6 결핍을 초래할 수 있음
- 이뇨제 : 칼슘, 아연, 마그네슘 등의 무기질 흡수를 방해하여 결핍을 일으킬 수 있음

3) 식사계획의 원칙

(1) 노인을 위한 영양소섭취기준

① 에너지 필요추정량을 기준으로 한 기준 에너지에 따라 세끼 식사를 계획하고 점심 식사만 제공하는 경우에는 기준 에너지의 1/3을 기준으로 한다.

② **탄수화물** : 에너지 섭취비율은 55~65% 범위 내에서 계획하고 당류를 과잉 섭취하지 않게 하며 식이섬유는 노인에 대한 충분섭취량으로 남성은 1일 25g, 여성은 20g 섭취하게 한다.

③ **단백질** : 노인의 체세포수 감소에 따른 필요량이 감소하지만 체중당 단백질 필요량은 성인 과 동일하므로 1일 단백질 평균필요량인 남성 45g, 여성 40g을 제공한다.

④ **지질** : 에너지 섭취비율은 15~30% 범위 내에서 필수지방산이 부족하지 않게 하고, 오메가-3 지방산 섭취를 위해서 등푸른생선을 주 2회 정도 섭취하며 음식을 조리할 때 들깨나 들기 름을 이용하면 도움이 된다.

⑤ **비타민과 무기질** : 필요량을 충분히 섭취하되 상한섭취량이 정해진 영양소의 경우 음식으 로 섭취하는 경우를 제외하고 보충제를 섭취할 때 과잉 복용하지 않도록 주의해야 한다.

4) 어르신을 위한 식생활지침

① 각 식품군을 매일 골고루 먹자.

② 짠 음식을 피하고 싱겁게 먹자.

③ 식사는 규칙적이고 안전하게 하자.

④ 물은 많이 마시고 술은 적게 마시자.

⑤ 활동량을 늘리고 건강한 체중을 갖자.

5) 주요 질환별 식사관리

(1) 당뇨병 대상자의 식사관리

① 과식하지 않는다. 일정한 시간에 식사를 규칙적으로 한다.

② 단순당질 섭취를 피하고 복합당질 식품을 선택한다. 흰밥보다는 잡곡밥, 과일주스보다는 생과일이나 생채소, 조리 시 설탕, 물엿, 케첩 등의 양념을 줄인다.

③ 혈당지수를 고려하여 식품을 선택한다.

④ 지방 섭취를 줄인다.

⑤ 비타민과 무기질을 충분히 섭취한다.

⑥ 술을 제한한다.

(2) 당뇨병 식사관리의 기본목표

① 정상에 가까운 혈당 유지

② 적절한 혈중 지질농도 유지

③ 적정체중 유지

④ 합병증을 예방하거나 최대한 지연

⑤ 적절한 영양상태 유지

(3) 저혈당 대처방법

① 저혈당은 당뇨병 치료 중 제시간에 식사를 못하거나 당질이 부족하면 나타날 수 있다.

② 혈당이 급격히 낮아져 힘이 빠지고, 어지럽고, 식은땀이 나고, 심장박동이 빨라진다.

③ 증세가 나타나면 즉시 과일, 주스, 우유 1컵 또는 설탕이나 꿀 1~2 수저를 섭취한다.

(4) 고혈압 대상자의 식사관리

① 소금섭취를 줄인다.

- 젓갈류, 장아찌, 소금에 절인 생선, 햄, 소시지 등을 되도록 적게 섭취한다.

- 국이나 찌개 양을 적게 하고 국물은 되도록 적게 섭취한다.

- 소금 대신 저염간장, 식초, 겨자, 레몬, 후추 등을 사용하여 맛을 낸다.

② 칼륨을 충분히 섭취한다.

- 칼륨은 나트륨을 체외로 배설하게 하여 혈압을 낮추는 효과가 있다.

- 칼륨이 많은 식품 : 통밀, 고구마, 돼지고기, 고등어, 바나나, 오렌지, 사과, 시금치, 버섯, 우유, 땅콩, 호두 등

③ 동물성지방 섭취를 줄인다.

④ 가능한 한 복합당질을 섭취하고 섬유소를 충분히 섭취한다.

⑤ 지나친 단백질의 섭취는 피하고 양질의 단백질을 섭취한다.

⑥ 카페인 함유 음료, 알코올 섭취를 제한한다.

⑦ 적정 체중을 유지한다.

⑧ 피토케미컬이 함유된 채소, 과일 섭취를 증가시킨다.

(5) 씹기장애와 삼킴장애 대상자의 식사관리

① 밥 : 국이나 물에 말아 먹지 않는다.

② 국수류 : 적당한 크기로 잘라서 먹는다.

③ 떡류 : 잘게 잘라 천천히 먹는다.

④ 과일류 : 부드러운 과육을 잘게 잘라 먹거나 숟가락으로 긁어 먹는다.

⑤ 유제품류 : 마시는 형태보다 떠먹는 형태를 선택한다.

⑥ 바른 식사자세로 앉아 머리는 정면을 보고 턱은 몸쪽으로 약간 당긴다.

⑦ 한 번에 조금씩 먹고 여러 번 삼키는 연습을 한다.

⑧ 작은 숟가락을 사용하여 천천히 식사하고 식사 도중에 이야기하지 않는다.

⑨ 식사 후 바로 눕지 말고 약 30분 정도 똑바로 앉는다.

(6) 변비 대상자의 식사관리

① 식이섬유를 충분히 섭취한다.

- 해조류, 견과류의 섭취를 증가시킨다.

- 식이섬유의 흡수가 잘 되도록 충분한 물(하루 8잔 이상)을 마신다.

② 규칙적인 식사와 배변습관을 갖는다.

③ 매일 적절한 운동을 한다.

④ 변비 완화에 도움이 되는 식품

- **곡류** : 현미, 보리, 고구마, 감자, 통밀 등
- **콩류** : 검정콩, 강낭콩, 된장, 완두콩 등
- **채소류** : 무청, 양배추, 배추, 상추, 오이, 부추 등
- **과일류** : 참외, 자두, 무화과, 배, 사과 등
- **해조류** : 미역, 김, 미역줄기, 파래 등
- **견과류** : 호두, 땅콩, 해바라기씨 등

(7) 골다공증 대상자의 식사관리

① 골다공증 예방을 위하여 칼슘을 충분히 섭취한다.

② 우유 및 유제품은 하루 1회 이상 섭취한다.

③ 콩이나 두부요리(두부구이, 두부샐러드, 두부채소무침 등)를 섭취한다.

④ 색이 진한 녹색채소와 해조류를 충분히 섭취한다(무청, 시금치, 미역, 다시마 등).

⑤ 커피나 탄산음료는 체내에서 칼슘의 흡수를 방해하므로 섭취를 줄인다.

03 식품, 식기 등의 위생관리

1. 식품의 위생관리   표준교재 368쪽

1) 기본원칙

① 모든 식품은 유통기한을 확인하고, 설명서에 쓰인 보관방법에 따라 보관한다.

② 유통기한이 지난 식품이나 부패·변질된 음식은 발견 즉시 대상자나 가족에게 설명한 후 폐기한다.

③ 잘못된 보관 및 처리로 식중독이 발생하지 않도록 위생관리를 철저히 한다.

④ 냉동식품을 해동했을 경우는 다시 냉동하지 않으며, 뚜껑 또는 포장을 개봉한 식품이 남았을 경우는 다른 용기에 담아 냉장 또는 냉동보관하고 가급적 빠른 시간 내에 사용한다.

⑤ 조리된 음식이 남았을 경우는 냉장보관 하되 가급적 빨리 먹는다.

⑥ 식품을 다루기 전과 후에는 반드시 손을 깨끗하게 씻는다.

2) 식품의 보관방법

(1) 식품별 보관방법

① 생선과 조개류

㉠ 생선

- 내장과 머리를 제거한 뒤 흐르는 찬물로 씻어 소금물에 담근 후 물기를 제거하여 한 끼 먹을 분량씩 싸서 밀폐봉투에 넣어 냉동보관 한다.

   ⓛ 조개류
    • 바로 사용하지 않을 때는 물에 담가두는 것보다 신문지에 싸서 냉동보관하거나 냉장 보관하는 것이 좋다.
    • 하루 이상 보관하지 않으며, 그 이상 보관하려면 사오자마자 냉동보관 한다.
 ② 채소
   ㉠ 시금치 등 잎채소 : 눕혀 놓으면 빨리 시들므로 세워서 보관한다.
   ⓛ 흙이 묻은 채로 보관하려면 물을 뿌린 신문지에 싸두고, 씻은 것은 밀폐봉투에 넣어 채소실에 보관한다.
   ⓒ 감자
    • 냉장고에 보관하면 색이 검게 변하거나 전분이 변질되어 맛이 떨어지기 때문에 신문지에 하나씩 포장하여 서늘하고 그늘진 곳에 둔다.
    • 껍질을 벗긴 감자는 식초물에 담가 냉장실에 보관하면 누렇게 변하지 않는다.
   ⓔ 고구마
    • 냉장보관을 피하고, 신문지와 고구마를 층층이 쌓아올려 통풍이 잘 되도록 서늘하고 어두운 곳에 두어야 세균번식을 막는다.
    • 미리 찐 고구마를 밀폐봉투에 담아 냉동보관 하면 간편하게 먹을 수 있다.
   ⓜ 토마토
    • 깨끗하게 세척하여 물기를 제거한 후 용기에 키친타월을 깔고 그 위에 보관한다.
    • 너무 잘 익은 토마토는 십(+)자로 칼집을 내고 끓는 물에 30초 정도 익힌 후 껍질을 벗겨 밀폐봉투에 넣어 냉동보관한다.
 ③ 육류
   ㉠ 하루 정도만 보관할 경우는 저온실에, 오래 두려면 냉동실에 보관한다.
   ⓛ 잘게 썰면 표면적이 커져 세균이 증식하기 쉬우므로 오래 두고 먹으려면 덩어리째로 보관한다.
   ⓒ 한 번 녹인 고기는 다시 얼리지 않는 것이 좋으므로 한 번 먹을 만큼씩 나누어 냉동보관한다.
   ⓔ 표면에 식용유를 살짝 바르면 색이 변하거나 맛이 떨어지는 것을 방지할 수 있다.
   ⓜ 구입한 날짜가 적힌 라벨지를 고기를 보관하는 용기에 붙이거나 구입일을 적어둔다.
   ⓗ 냉동보관할 때는 냉동실의 냉기가 내려오는 제일 위 칸이나 온도변화가 적은 냉동실 안쪽에 넣어둔다.
   ⓢ 닭고기는 육류 중에서 가장 상하기 쉬우므로 냉장보관 시 술과 소금으로 밑간을 해두면 좀 더 오래 보관할 수 있다.
 ④ 달걀
   ㉠ 둥근 부분이 위로, 뾰족한 부분이 아래로 향하게 놓는다.
   ⓛ 물로 비벼 씻으면 표면의 보호막이 제거되어 오염물질이 기공을 통해 내부로 침투되어 변질되기 쉬우므로 비비면서 씻지 않는다.

ⓒ 달걀 껍데기는 행주로 살살 닦거나 조리 직전에 씻어서 사용한다.

(2) 냉장보관

① 식품은 미생물의 증식이 억제되는 0~10℃의 저온에서 보관, 냉장실 온도는 5℃ 이하로 유지하는 것이 좋다.

② 냉장실 문을 자주 열면, 내부 온도가 상승하기 때문에 되도록 문을 적게 연다.

③ 냉장실에 음식을 보관할 때는 냉기의 순환을 방해하지 않도록 용기 사이를 띄워 놓는다.

④ 조리한 음식과 날음식은 구분하고, 밀폐용기에 넣거나 포장하여 세균의 오염을 막는다.

(3) 냉동보관

① 냉동실의 내부온도는 -15℃ 이하로 유지하는 것이 좋다.

② 냉동실에 음식을 보관할 때도 냉장실과 마찬가지로 냉기의 순환을 방해하지 않도록 음식 간에 공간을 두어야 한다.

③ 냉동이 필요한 제품은 배달 즉시 냉동실에 넣어야 하며, 꺼낼 때는 사용할 만큼만 꺼내 사용한다.

④ 냉동보관 시에는 수분을 차단할 수 있는 용기에 넣어야 하며, 냉동식품은 원래의 포장상태로 저장하는 것이 좋다.

(4) 실온보관이 좋은 식품

① **야채** : 양파, 파, 감자, 고구마, 마늘, 생강, 무, 토마토, 바질 등

② **과일** : 토마토, 복숭아, 무화과, 황금향, 바나나, 망고, 키위, 아보카도 등 후숙과일

③ **유제품** : 마요네즈

④ **기타** : 빵, 꿀, 커피, 올리브유

3) 안전한 식품 섭취를 위한 5가지 방법

① 청결 유지

② 익히지 않은 음식과 익힌 음식의 분리

③ 완전히 익히기

- 식품, 특히 육류, 닭이나 오리, 계란, 해산물은 완전히 익힌다.
- 죽이나 미음 같은 식품은 반드시 75℃ 이상 온도까지 가열한다.
- 육류나 가금류의 경우에는 육즙이 분홍색을 띠지 않고 맑게 될 때까지 가열한다.
- 조리되었던 식품은 완전하게 재가열한다.

④ 안전한 온도에서 보관하기

- 조리한 식품을 실온에 2시간 이상 방치하지 않는다.
- 조리한 식품 및 부패하기 쉬운 식품은 즉시 냉장고에 보관한다(5℃ 이하).
- 조리한 식품은 먹기 전에 뜨겁게 데운다.
- 냉장고 안이라도 식품을 장기간 보관하지 않는다.
- 냉동식품은 실온에서 해동하지 않는다.

⑤ 안전한 물과 원재료 사용하기

2. 식기 및 주방의 위생관리　표준교재 375쪽

1) 싱크대 배수구

① 조리 후 찌꺼기 거름망을 비우고, 주방용 세정제와 솔로 닦는다.

② 소다와 식초를 배수구에 부어놓으면 악취가 사라진다.

2) 찬장 또는 싱크대

① 싱크대는 자주 건조하는 것이 좋다.

② 냄새나 곰팡이가 발생한 경우에는 희석한 알코올로 닦는다.

③ 세척 후에는 곰팡이가 선반 사이에 끼지 않도록 선반을 완전히 말린다.

④ 찬장을 자주 환기한다.

3) 냉장실

① **채소박스, 선반** : 주방용 세정제로 닦고, 소다나 식초를 따뜻한 물에 타서 닦아낸다.

② **고무패킹** : 헌 칫솔에 세제를 묻혀 꼼꼼히 닦은 후 더운물로 한 번 더 닦아내고 알코올을 솜에 묻혀 닦는다.

③ 소독용 알코올이나 맥주를 헝겊에 묻혀 닦아주면 더러움은 물론 악취도 없어진다.

④ 숯이나 탄 빵 조각, 커피, 녹차 티백을 냉장실에 두면 탈취제 역할을 한다.

4) 수세미와 행주

① 수세미는 스펀지형보다 그물형이 위생적이다.

② 행주는 자주 삶는 것이 가장 위생적이며 삶을 수 없는 스펀지 등은 소독제를 희석한 물에 담가 두었다가 꼭 짜서 말려 사용한다.

③ 행주는 젖은 행주와 마른 행주를 구분해서 용도에 맞게 사용하고, 사용하지 않을 때는 바짝 말려 둔다.

5) 그릇 및 조리기구

① 씻은 식기는 행주로 닦지 말고 물기가 건조되도록 어긋나게 엎어 놓는다.

② 유리그릇은 뜨거운 상태에서 찬물에 담그면 깨질 위험이 있으므로 주의한다.

6) 고무장갑

① 조리용과 비조리용을 구분하여 사용한다.

② 사용 후에는 뒤집어 세제로 깨끗이 씻고 손가락 부분 사이사이까지 씻어서 말린다.

③ 습기 찬 장갑을 끼면 습진이 생길 수 있고 세균이 번식하게 되므로 주의한다.

7) 플라스틱 용기

① 밀폐용기에서 냄새가 날 경우, 사용한 녹차티백을 2~3개 넣고 뜨거운 물을 부어 하루 정도 두었다기 닦으면 냄새는 물론 끈적거림까지 없어진다.

② 기름기가 많은 음식물을 넣었던 용기는 녹차티백이나 쌀뜨물에 담가 두었다가 닦으면 냄새가 없어진다.

8) 설거지

① 기름기가 적고 음식물이 덜 묻은 그릇부터 설거지한다.

② 기름기가 많은 그릇은 휴지로 기름기를 제거한 후 설거지한다.

③ 유리컵 → 수저 → 기름기가 적은 밥그릇, 국그릇 → 반찬 그릇 → 기름 두른 프라이팬 등의 순서로 설거지한다.

04 의복 및 침상 청결관리

1. 의복관리

1) 기본원칙   표준교재 378쪽

① 속옷은 매일 갈아입는 것이 좋다.

② 얼룩이나 더러움이 심한 것은 즉시 세탁한다.

③ 새로 구입한 의류는 한 번 세탁한 후 입는다.

④ 세탁 시에는 충분히 헹군다.

⑤ 감염이 의심되는 대상자의 의류는 다른 사람의 의류와 구분하여 세탁한다.

⑥ 의류를 버릴 때에는 대상자에게 반드시 동의를 구한다.

⑦ 평소에 늘 입는 옷은 바로 찾을 수 있게 수납하고, 대상자에게 장소를 명확히 알려 주고 꺼내기 쉽도록 서랍 앞쪽에 정리해 둔다.

⑧ 단추가 떨어졌거나 옷이 뜯긴 자리가 없는지 점검하고, 필요한 경우에는 수선해 두고 모직물에는 방충제를 넣는다.

2) 의복의 선택 및 관리

① 가볍고 느슨하며 보온성이 좋아야 한다.

② 입고 벗는 것이 쉬워야 한다.

③ 노인의 체형에 맞는 디자인이어야 한다.

④ 움직이는 데 불편하지 않고, 장식은 과도하지 않아야 한다.

⑤ 외출 시 특히 저녁때는 교통사고를 방지하기 위해 부분적이라도 밝은색이 들어간 옷이 좋다.

⑥ **신발** : 굽이 낮고 폭이 좁지 않은 것, 뒤가 막혀있는 것, 미끄럼방지 처리가 되어있는 것

⑦ **양말** : 미끄럼방지 처리가 되어있는 것

2. 침상 청결관리   표준교재 379쪽

1) 이불

① 두껍고 무거운 것은 피하고, 따뜻하고, 가볍고, 부드러우며 보습성이 있는 것을 선택한다.

② 이불커버는 감촉이 좋은 면제품이 좋다.

③ 햇볕에 말리면 자외선에 의한 살균 효과가 있다. 이불을 걷을 때는 가볍게 두드려 솜을 펴준다.

④ 이불을 건조시키면 면이 팽창하여 보온성이 증가한다.

⑤ 건조시간은 오전 10시~오후 2시가 좋고, 양모, 오리털 등의 이불은 그늘에서 말린다.

⑥ 담요나 이불 등은 적어도 한 달에 한 번씩은 세탁·교체한다.

2) 요(매트리스)

① 단단하고, 탄력성과 지지력이 뛰어나며 습기를 배출할 수 있는 것이 적합하다.

② 너무 푹신하면 자세가 나빠지고 피로해지기 쉽다.

③ 땀이 흘러 눅눅해지거나 전기장판 등으로 인해 따뜻한 온도가 직접적으로 닿아서 각종 유해한 세균이나 집진드기가 발생하기 쉽기 때문에 최소한 한 달에 한 번씩은 말린다.

3) 리넨류(시트, 베개커버 등)

① 시트는 주름이 생기지 않고 한 장으로 요(매트리스)를 덮을 수 있는 크기가 적합하다.

② 시트의 소재는 튼튼하고 흡습성이 좋은 옅은 색의 면이 좋다.

③ 시트는 길이, 폭 모두 요(매트리스) 밑에 접어 넣을 수 있는 크기를 사용한다.

④ 소재가 두껍고 풀을 먹이거나 재봉선이 있는 것은 욕창의 원인이 되므로 피한다.

⑤ 와상 대상자는 침구를 반듯하고 팽팽하게 펴주고, 3~5일에 한 번은 세탁하여 햇볕에 말린다.

⑥ 더러워진 시트는 수시로 교환하고, 교환 중에는 먼지가 발생하므로 환기한다.

4) 베개

① 습기를 흡수하지 않고, 열에 강하며 촉감이 좋은 재질을 사용한다.

② 깃털이나 솜처럼 너무 푹신한 베개는 머리와 목이 파묻혀 경추의 곡선을 유지하는 도움이 안 된다.

③ 목침이나 돌처럼 딱딱한 베개는 목 근육과 골격에 무리를 주고 혈액순환에 방해가 된다.

④ 메밀껍질이나 식물의 종자로 만들어진 베개가 좋다.

⑤ 베개는 2~3개 정도를 준비하면 머리 외에도 체위변경 시 신체를 지지하는 데에 이용할 수 있다.

⑥ 베개는 척추와 머리가 수평이 되는 높이가 좋다. 폭은 어깨 폭에 20~30cm를 더하고, 딱딱한 정도는 기호에 따라 조정한다.

⑦ 감염대상자는 모포와 베개에 커버를 씌워 커버만 매일 교환한다.

05 세탁하기

1. 세탁 방법 표준교재 381쪽

1) 불리기

오염이 심한 경우는 분해 효소나 바이오 세정 성분이 들어있는 세제나 고형비누로 가볍게 문지른 후에 불린다.

2) 애벌빨래

(1) 주의 사항

① 얼룩이 묻었을 때 비비는 것은 좋지 않다. 잘못 비비면 오히려 얼룩의 범위를 넓게 퍼지게 하고 옷감의 손상을 일으킬 수 있다.

② 얼룩이 생긴 즉시 빨리 처리하는 것이 좋으며, 이때 옷감이 상하지 않는지, 다른 결과가 생기지 않는지 주의한다.

③ 간단한 방법으로 얼룩을 빼보고 안되면 마지막 수단으로 약품을 사용한다.

④ 얼룩을 뺄 때는 얼룩 밑에 무명천을 2~3장 깔고 위에서부터 얼룩 제거제를 묻힌 천이나 브러시로 두드려 얼룩이 밑에 받친 천에 배어들게 한다.

⑤ 약제를 사용하여 얼룩을 뺀 후에는 깨끗한 헝겊으로 반복하여 두드린다.

⑥ 얼룩을 뺀 후에는 얼룩 뺀 부분을 다른 곳과 같게 하기 위하여 얼룩을 뺀 주위에 분무기로 물을 뿌려 둔다.

(2) 의복과 옷감에 생긴 얼룩을 제거하는 방법

① **커피** : 식초와 주방세제를 1 : 1 비율로 섞어서 칫솔로 얼룩부분을 살살 문질러 제거한 후 충분히 헹구거나 탄산수에 10분 정도 담가둔 후 세탁한다.

② **땀** : 재빨리 처리하는 것이 좋다. 땀이 묻은 부위를 두 장의 수건 사이에 끼우고 두드려 땀이 수건으로 옮겨 가게 한 다음 세제로 세탁한다. 겨드랑이와 같이 얼룩이 심한 부위는 온수에 과탄산소다와 주방세제를 1:1로 넣어 2~3시간 담가둔 후 헹군다.

③ **립스틱** : 클렌징폼으로 얼룩 부분을 살살 문질러 따뜻한 물로 헹구거나, 립스틱 자국 위에 버터를 살짝 묻혀 톡톡 두드린 후 화장솜에 아세톤을 묻혀서 버터와 얼룩을 지운 후 중성세제로 세탁한다.

④ **파운데이션** : 알코올이 함유된 화장수 또는 스킨을 화장솜에 적셔 얼룩을 톡톡 두드려 준다.비눗물로 씻으면 얼룩이 번져서 깨끗하게 지워지지 않기 때문에 반드시 알코올이 함유된 화장수로 지운다.

⑤ **튀김기름** : 얼룩이 묻은 부위에 주방용 세제를 몇 방울 떨어뜨리고 비벼서 제거한다.

⑥ **혈액이나 체액** : 찬물로 닦고 더운물로 헹군다.

3) 본 세탁

4) 삶기

① 면직물 속옷이나 행주, 걸레 등을 삶으면, 때도 잘 빠지고 살균 효과도 있다.

② 세탁 후 합성세제나 비눗물에 세탁물이 반쯤 잠길 정도로 넣고 삶는다.

③ 삶을 때는 뚜껑을 덮고 세탁물이 직접 공기층에 노출되지 않게 한다.

④ 삶는 제품의 종류가 다르거나 삶는 도중 색이 빠질 우려가 있는 의류
  • 비닐 봉투에 각각 넣어 묶은 후 다른 제품과 함께 용기에 넣어 삶는다.
  • 삶는 동안 비닐 봉투가 용기 바닥이나 옆에 닿지 않게 한다.

5) 탈수하기

6) 헹구기

① 시간과 물을 절약하기 위해 헹구기 전에 세탁물의 비눗기를 먼저 탈수하는 것이 중요하다.

② 2~3회 헹구며, 마지막 헹굼에서 섬유유연제로 헹구면 감촉이 부드럽게 된다.

③ 냄새가 심한 세탁물은 헹군 다음 붕산수에 담가두었다가 헹구지 않고 탈수하여 말리면 냄새가 없어진다.

7) 건조하기

① **흰색 면직물** : 햇볕에 건조하는 것이 살균효과가 있어 좋다.

② **합성섬유 의류, 색상·무늬가 있는 의류** : 햇볕에 말리면 변색될 수 있으므로 그늘에서 말린다.

③ **니트류(스웨터 등)** : 통기성이 좋은 곳에서 채반 등에 펴서 말린다.

④ **청바지류** : 주머니 부분이 잘 마르고 색이 바래지 않게 뒤집어서 말린다. 이때 지퍼는 열어둔다.

8) 세탁 후 관리

(1) 의복 정리

① 건조가 끝난 의복류는 용도별, 가족별로 분류해 놓으면 편리하다.

② 사용빈도가 적은 의복은 수납해 두는 것이 좋다.

③ 수납장소를 기록해 두거나 겉에서 봐도 알기 쉽게 해둔다.

④ 옷상에는 내의나 수선을 정리하여 이름표를 붙여둔다.

⑤ 매일 사용하는 의복류나 물건은 바퀴가 있는 끌차에 정돈해 두어 침대 옆에 두면 편리하다.

(2) 다림질

① 다림질 표시기호를 따라야 한다.

② 다리미가 앞으로 나갈 때는 뒤에 힘을 주고 뒤로 보낼 때는 앞에 힘을 준다.

③ 다림질 후 습기가 남아 있으면 구김, 변형이 되므로 완전히 말린다.

④ 수분이 필요한 다림질에는 먼저 분무기로 전체적으로 고르게 물을 뿌린다.

⑤ 풀 먹인 천이나 스프레이식 풀을 사용하여 다림질할 때는 천을 깔고 다린다.

(3) 보관하기

① **의복** : 해충의 피해나 곰팡이에 의해 손상되고 보관 중 변질, 변색될 수 있으므로 2시간 이상 직사광선을 쏘인다.

② **눅눅해진 의류나 침구** : 건조하고 맑게 갠 날 바람이 잘 통하는 그늘에서 바람을 쏘인다.

③ 맑은 날이라도 비가 막 그친 후에는 지면에서 습기가 올라오므로 바람을 쏘이는 데에는 적합하지 않다.

④ 양복장이나 서랍장에 방습제를 넣으면 습기 차는 것을 방지할 수 있다.

⑤ 방습제는 실리카겔이나 염화칼슘을 주로 사용한다. 실리카겔은 흡습하면 분홍색으로 바꾸고 다시 건조시키면 청색으로 변하므로 말려 재사용한다. 염화칼슘은 의류용으로 시판된다.

⑥ 모섬유나 견섬유와 같이 흡습성이 큰 천연섬유는 높은 온도와 습도에서 해충의 피해를 받기 쉬우므로 보관할 때는 방충제를 넣어 둔다.

⑦ 방충제에는 장뇌, 나프탈렌, 파라디클로로벤젠 등이 있는데, 종류가 다른 방충제를 함께 넣으면 화학변화를 일으켜 옷감이 변색, 변질되므로 한 가지씩만 사용한다.

⑧ 방충제는 공기보다 무거우므로 보관용기의 위쪽 구석에 넣어 둔다. 방충제의 포장지를 벗긴 다음 천이나 신문지에 싸서 넣는다.

06 외출동행 및 일상업무 대행

1. 외출동행 　표준교재 387쪽

① 대상자의 욕구를 확인하여 사전에 외출계획을 세운다.

② 외출 시 목적지에 대한 정보를 충분히 파악하여 교통정보 및 교통수단, 준비물 등을 사전에 점검한다.

③ 대상자의 건강상태를 고려하여 계획을 조정하고, 외출 후에는 대상자의 만족 정도를 확인한다.

④ 대상자 및 가족의 지나친 요구는 시설장 및 관리책임자에게 보고하여 조절한다.

⑤ 대상자의 개인물품이 분실되지 않도록 유의한다.

⑥ 대상자의 안전에 각별히 유의한다.

⑦ 예기치 못한 외부 요인이 있는 경우는 대상자 및 가족과 상의하여 대처한다.

⑧ 도보 시 보폭을 작게, 계단을 오를 때는 몇 걸음에 한 번씩 혹은 걸음마다 두 다리를 한 곳에 모아 쉬면서 천천히 이동한다.

⑨ 차량을 이용할 때는 대상자의 몸을 요양보호사와 밀착시켜 안전하게 오르내리게 하고, 승차를 지원하되 무릎과 허리에 부담이 가지 않게 한다.

2. 일상업무 대행 및 제공 　표준교재 388~389쪽

① 대상자의 업무 대행 목적을 확인한다.

② 요양보호사가 해당 업무를 대행할 수 있는지 먼저 확인하고, 업무 대행 전 준비해야 할 정보나 자료, 경비를 점검한다.

③ 업무 대행과 관련하여 대상자에게 충분한 정보를 제공하고, 필요한 사항에 대해 협조를 구한다.

④ 대상자의 업무 대행이 원활하게 이루어지고 있음을 수시로 확인시켜 신뢰감을 형성한다.

⑤ 대상자의 요구가 있을 경우에는 대상자와 업무 담당자를 연계한다.

⑥ 업무 대행 중 요양보호사는 자신의 사적인 업무를 병행하지 않는다.

⑦ 대상자의 개인소지품을 분실하지 않게 유의한다.

⑧ 업무 대행에 관련된 자료를 정확하게 확인한다.

⑨ 대상자에게 진행과정 및 처리결과를 알기 쉽게 전달하고, 만족스러운지를 확인한다.

⑩ 불만족하여 재요청할 때에는 충분히 상의하여 진행한다.

⑪ 정보를 제공할 때는 충분히 인지할 수 있도록 시간적 여유를 가진다.

07 안전하고 쾌적한 주거환경 관리

1. 안전한 주거환경 조성　표준교재 390쪽

1) 현관

① **입구** : 계단이나 문턱이 있으면 경사로를 설치하고, 휠체어가 쉽게 통과할 수 있게 입구의 폭을 넓힌다.

② **조명** : 현관 밖과 발밑을 비출 수 있게 설치한다.

③ **현관 바닥** : 미끄럽지 않은 소재를 사용한다.

④ **문고리** : 열고 닫기가 용이하도록 막대형으로 설치한다.

⑤ **현관** : 안전하게 신발을 신고 벗을 수 있도록 의자를 놓아둔다.

⑥ **복도** : 짐이나 신문 등 장애물을 두지 않고, 야간에는 조명을 켜둔다.

2) 거실

① 출입구의 문턱을 없앤다.

② 햇볕이 잘 들고 가족들의 모습과 목소리를 들을 수 있는 곳이 좋다.

③ 거실의 넓이는 휠체어, 보행기, 지팡이 등 이동에 불편함이 없도록 확보한다.

④ 전기코드 등은 벽쪽으로 고정시켜 통행에 불편하지 않게 한다.

⑤ 거실 바닥은 평편하게 하고, 가능한 한 물건을 두지 않는다.

⑥ 비상시를 대비하여 응급호출기와 화재경보기 등을 설치한다.

3) 대상자의 방

① 습기가 차지 않고 공기가 깨끗하며, 조용하고 햇빛이 잘 비치는 남향 또는 남동향이 좋다.

② 화장실이나 욕실은 가깝게 하고, 출입구의 문턱을 없앤다.

③ 대상자가 자주 쓰는 물품, 요양보호에 필요한 물품은 항상 손이 닿는 위치에 둔다.

④ 그림이나 사진이 떨어져 다치는 일이 없도록 안전하게 걸어둔다.

⑤ 가구를 진열할 때는 모서리에 부딪힐 염려가 없도록 배치하고, 필요하면 모서리에 덧대기를 한다.

⑥ 햇빛을 차단하지 않도록 창가에 물건을 두지 말고 커튼은 얇은 것과 두꺼운 것을 병용하여 온도, 채광, 소음 등을 조절한다.

⑦ 인터폰, 전화, 비상벨 등을 설치하여 사고나 재해 시 호출이 용이하도록 한다.

4) 부엌과 식당

① **출입구** : 문턱을 없애고, 미끄럽지 않은 바닥 소재를 사용한다.

② **싱크대 및 가스레인지** : 대상자의 손이 닿는 높이로 조정하고, 일상생활에 자주 사용하는 물건은 손이 쉽게 닿는 곳에 정돈한다.

③ 화상 및 화재에 주의하고, 깨지지 않는 그릇, 손잡이가 있는 그릇 등을 사용한다.

④ 식탁

- 휠체어에 앉아서도 이용할 수 있는 것으로 하고, 높이는 대상자의 앉은키와 휠체어의 높이를 고려한다.
- 식사하기 편하도록 다리간격이 넓은 것을 선택하고 높이는 앉아서 다리를 충분히 움직일 수 있는 공간이 확보될 수 있을 정도가 좋다.

⑤ **식탁보** : 빨기 쉽고, 더러움이 눈에 띄는 밝은색으로 하며, 발에 밟히지 않는 길이로 조절한다.

5) 화장실, 욕실

① 출입문

- 문턱을 없애고 넘어질 경우에 대비하여 문은 깨지지 않는 재질로 한다.
- 휠체어를 사용하는 대상자의 경우 휠체어가 충분히 들어갈 수 있게 출입문을 넓힌다.

② 안전손잡이

- 대상자가 쓰기 편한 쪽이나 마비가 없는 쪽, 양변기 옆과 세면대 옆 등에 설치한다.
- 굵기는 직경 35~40mm 정도, 촉감이 좋은 소재가 좋다.

③ **바닥소재** : 미끄러지지 않는 소재를 사용하고 미끄럼방지매트를 깐다.

④ **욕조** : 높이가 낮은 욕조가 사용하기 편하며, 욕조 바닥에 미끄럼방지매트를 깔면 낙상을 예방할 수 있다.

⑥ 냉·온수를 사용할 수 있어야 하고, 습기가 많은 장소이므로 사용하지 않는 낮에는 환기한다.

⑦ 화장실 및 욕실 사용 후에는 바닥의 물기를 닦아 나중에 사용할 때나 다른 사람이 사용할 때 넘어지지 않게 한다.

6) 계단

① **가장자리** : 미끄러지지 않게 고무 등으로 대고, 계단과 복도에 안전손잡이를 설치한다.

② 안전손잡이 사이에 의복이 끼거나 걸리지 않게 한다.

③ 일직선의 계단은 오르고 내리는데에 부담이 크므로 한 번 쉴 수 있는 장소가 있으면 좋다.

④ 계단을 내려갈 때 그림자가 생기지 않게 발밑에 조명을 설치한다.

2. 쾌적한 주거환경 조성 표준교재 393쪽

1) 환기

① 대상자가 사용하는 방은 대상자의 건강상태에 따라 창문이나 문을 열어 공기를 자주 환기하여 심신을 상쾌하게 한다.

② 하루에 2~3시간 간격으로 3번, 최소한 10~30분 창문을 열어 환기한다.

③ 환기할 때는 바람이 대상자에게 직접 닿지 않도록 주의한다.

④ 환기를 위하여 창문이나 문을 열어 놓고 잊어버리지 않도록 하고, 환기하기 전에 대상자의 건강상태, 계절, 날씨 등을 반드시 확인한다.

2) 실내온도

① 실내온도를 적정수준으로 유지해 바깥과의 온도차가 크지 않게 한다.

② 대상자의 땀 배출 여부와 손발의 온도를 확인하여 의복과 실내온도를 병행하여 조절한다.

③ 국소난방보다는 전체난방이 바람직하며, 화장실이나 기타 휴식공간의 냉·난방도 고려한다.

④ 목욕 전·후에는 외풍이 없게 하고, 실내 기온을 따뜻하게 유지한다.

⑤ 겨울에는 실내 난방이 필요하며, 실내온도를 유지하기 위하여 보조 난방 기구를 갖추면 좋다.

3) 실내습도

① 습도는 40~60%가 적합하다. 습도가 너무 낮으면 호흡기 점막과 피부를 건조시키고 땀 증발을 가속시켜 오한이 생기고, 습도가 너무 높으면 불쾌감을 느끼게 한다.

② 습도를 조절하기 위해서는 적정온도로 설정하고 습기가 많은 곳에는 환풍기를 작동한다. 여름에는 제습기, 겨울에는 가습기를 사용한다.

4) 조명

① 조명이 공간 전체로 고루 퍼지도록 용도에 맞는 조명등을 설치한다.

② 계단높이를 잘 볼 수 있도록 천장에 조명을 설치하고, 이동 시 발의 움직임을 볼 수 있게 무릎 아래쪽에 보조등을 달면 안전사고 예방에 도움이 된다.

③ 배설물 등을 치울 때는 간접 조명보다는 배설물 확인이 쉬운 직접 조명으로 전체를 환하게 한다.

④ 노인 주택에서는 싱크대뿐 아니라 신발장 등 각종 가구에 문을 여닫을 때에 작동하는 점멸등을 다는 것도 좋다.

⑤ 야간에는 화장실, 계단, 복도 등 넘어질 위험이 있는 장소에는 조명을 켜둔다.

3. 청결한 주거환경 조성　표준교재 395쪽

1) 침실

① 실내 청소를 할 때는 진공청소기나 젖은 걸레로 먼지를 제거한다.

② 쓰레기가 많은 경우 빗자루에 물을 묻혀 조심스럽게 쓸거나, 유리창 청소기의 고무로 밀어낸 후 걸레로 닦아낸다.

③ 침상 시트나 침구는 아침에 정리하고, 낮에는 활동할 수 있는 환경을 만든다.

④ 와상노인의 침상은 습기가 차고 눅눅해지기 쉬워 오염될 가능성이 크다.

⑤ 가족이나 대상자에게 동의를 구한 후 창문이나 문을 열어서 자주 환기를 시킨다.

2) 화장실

① 습기가 많은 장소이므로 사용하지 않는 낮 시간은 충분히 환기를 시킨다.

② 바닥은 물때나 미생물이 발생하기 쉽고, 미끄러우므로 일주일에 한 번 이상 소독제와 솔을 이용하여 닦아준다.

③ 양변기에 물때가 끼었을 때는 솔에 식초를 묻혀 변기 안쪽을 닦는다.

④ 화장실 배수구는 뚜껑을 솔로 씻고 물때를 씻어낸 뒤 소독제를 희석한 물을 부어준다.

⑤ 화장실 바닥은 물기 없이 건조하게 유지하여 미생물의 번식을 예방한다.

3) 쓰레기관리

① 쓰레기는 분리배출 후 정리한다.

② 쓰레기통은 비울 때마다 물로 씻어 잘 건조시키고, 냄새가 나는 경우에는 식초를 수세미에 살짝 묻혀서 닦아낸 후 물로 헹군다.

③ 음식물 쓰레기는 발생한 당일에 치운다.

4) 주방

개수대와 수납장, 배수구, 식기선반, 냉장고, 용기는 정리 후 깨끗이 닦아내고 잘 말린다.

5) 물품 및 주변 정돈

① 물건의 위치를 옮기거나 주변을 정돈할 때는 반드시 대상자나 가족의 동의를 얻는다.

② 귀중품은 대상자나 가족의 책임하에 정리 정돈 한다.

③ 불필요한 물품을 버리거나 정리할 때도 대상자나 가족의 의사를 분명하게 파악한다.

④ 계절과 기온의 변화에 따라 필요한 물건을 정리하여 이용하기 편하게 한다.

O2 일상생활 및 개인활동 지원 실전 예상문제

1 일상생활 지원의 원칙

★★★

01 일상생활의 지원의 목적에 대한 설명으로 옳은 것은?

① 생활이 불편하더라도 대상자가 잔존능력을 최대한 활용할 수 있도록 돕는다.
② 생활이 불편하더라도 자립생활이 가능하도록 돕는다.
③ 보호자가 기본적인 권리와 욕구를 해소시킬 수 있도록 돕는다.
④ 보호자가 자신의 삶을 독립적으로 유지할 수 있도록 돕는다.
⑤ 생활의 불편을 최소화하여 대상자 스스로 일상생활을 할 수 있도록 돕는다.

★★★

02 일상생활지원의 기본원칙으로 옳은 것은?

① 대상자의 생활방식과 가치관보다 요양보호사의 생활방식을 우선한다.
② 대상자와의 신뢰관계 형성이 중요하며, 대상자의 욕구를 우선 배려하도록 한다.
③ 대상자의 잔존 능력을 파악하여 스스로 할 수 있는 것은 요양보호사가 제공한다.
④ 대상자의 질환 및 특성에 대해 이해하고, 대상자의 욕구를 충분히 파악하여 서비스를 제공한다.
⑤ 요양보호사의 판단으로 결정하지 않으며 반드시 보호자에게 충분히 설명하고 동의를 얻도록 한다.

해설

01
대상자에게 가사 및 일상 생활을 지원하는 목적은 생활의 불편을 최소화하여 대상자 스스로 일상 생활을 할 수 있도록 돕는데 있다.

표준교재 **339쪽**

02
① 대상자의 생활방식과 가치관을 존중한다.
② 대상자의 안전을 우선적으로 배려한다.
③ 할 수 있는 것은 스스로 하도록 격려하고 유도한다.
⑤ 대상자에게 충분히 설명하고 동의를 얻도록 한다.

표준교재 **339~340쪽**

정답 **01** ⑤ **02** ④

03 대상자의 신체에 대한 직접적인 서비스 활동을 무엇이라 하는가?

① 개인활동 지원   ② 일상생활 지원
③ 정서활동 지원   ④ 신체활동 지원
⑤ 기능회복 지원

03

표준교재 340쪽

04 신체활동을 지원하는데 필요한 조건이나 수단을 마련하기 위한 간접 서비스는 무엇인가?

① 개인활동 지원   ② 일상생활 지원
③ 정서활동 지원   ④ 신체활동 지원
⑤ 기능회복 지원

04
일상생활 지원
신체활동을 지원하는데 필요한 조건이나 수단을 마련하기 위한 간접적인 서비스 활동이다.

표준교재 340쪽

05 일상생활 지원의 중요성에 대한 설명으로 옳은 것은?

① 일상생활 지원은 요양보호사의 전문성을 저하시킨다.
② 신체활동 지원과 일상생활 지원은 밀접한 관련이 없다.
③ 일상생활 지원은 대상자의 자립적 생활 기반을 마련한다.
④ 신체활동 지원을 필요로 하는 대상자에게는 신체활동 지원만 제공한다.
⑤ 신체활동 지원이 적절하게 이루어져야 일상생활 지원이 안정적으로 유지된다.

05
취사, 세탁, 청소 등의 일상생활 지원이 요양 보호사의 전문성을 저하시키는 것처럼 인식되지만, 일상생활 지원은 대상자의 자립적 생활의 기반을 마련하는 중요한 역할을 한다.

표준교재 340쪽

정답   03 ④   04 ②   05 ③

2 식사준비와 영양관리

01 식사준비의 기본원칙으로 옳은 것은?

① 식단은 보호자와 함께 정한다.
② 대상자의 식사와 관련된 특이사항을 항상 기록한다.
③ 혼자 사는 대상자의 하루에 섭취할 수 있는 양만큼씩 나누어 준비해 둔다.
④ 식재료나 관련 물품의 구매 내역은 보호자와 충분히 상의 한 후 결정하도록 한다.
⑤ 식재료를 구입한 영수증과 잔돈을 보호자에게 주고 구매한 식재료의 적절한 보관 관리를 도와준다.

01
- 식단은 대상자와 함께 한 번에 섭취할 수 있는 양 만큼씩 나누어 준비한다.
- 물품의 구매내역은 대상자와 충분히 상의한 후 결정하고 식재료를 구입한 영수증과 잔돈을 대상자에게 준다.

표준교재 341쪽

02 식재료 구매에 대한 설명으로 옳은 것은?

① 필요량보다 조금 더 예비용으로 구매한다.
② 식재료 구매 시 반드시 생산기한을 확인한다.
③ 식재료 구매 후 식단을 작성한다.
④ 식재료 구매 시 보관방법 및 보관 상태를 확인한다.
⑤ 장을 본 물품은 모두 실온에 둔다.

02
식재료 구매 수칙
- 필요량만 구매한다.
- 유통기한을 확인한다.
- 영양표시를 확인한다.
- 보관방법 및 보관상태를 확인한다.

표준교재 341~342쪽

03 다음 보기가 설명하는 것은 무엇인가?

> 음식물을 입안에서 잘게 씹어 소화액과 접촉하는 면적을 크게 하고 침과 잘 섞이게 하여 소화기관에서 소화흡수를 돕는 작용

① 흡수능력 　　　② 소화능력
③ 연하능력 　　　④ 배설능력
⑤ 저작능력

03

표준교재 342쪽

04 다음 보기가 설명하는 것은 무엇인가?

> 입속 음식을 삼키는 기능, 즉 음식물이 인두와 식도를 통과해서 입에서 위로 보내는 기능

① 흡수능력 　　　② 소화능력
③ 연하능력 　　　④ 배설능력
⑤ 저작능력

04

표준교재 342쪽

정답 01 ② 02 ④ 03 ⑤ 04 ③

+ 해설

05 저작능력이 저하된 대상자를 위한 조리방법으로 가장 적절한 것은?

① 찜을 해서 준다.
② 기름에 튀겨서 준다.
③ 딱딱한 재료를 선택한다.
④ 푹 끓여서 믹서에 갈아서 삼키기 쉽도록 한다.
⑤ 부드러운 재료를 선택하고 잘게 썰어서 준다.

05
저작능력이 저하된 대상자
부드러운 재료를 선택하고 작은 크기로 잘게 썰어서 준비한다.
연하능력이 저하된 대상자
부드럽게 삼킬 수 있도록 재료를 푹 끓이거나, 다지거나 믹서에 갈아서 준비한다.

표준교재 **342쪽**

06 미뢰에 대한 설명으로 옳은 것은?

① 혀 점막에 존재한다.
② 혀 앞쪽은 신맛과 쓴맛을 감지한다.
③ 혀 뒤쪽은 단맛과 짠맛을 감지한다.
④ 맛을 느끼는 감각세포는 혀 중간에 분포되어 있다.
⑤ 나이가 들면 짠맛을 잘 느끼고 쓴맛은 잘 못 느낀다.

06
혀 점막에 존재하며 맛을 느끼는 감각세포가 분포되어 있는 곳으로 나이가 들수록 혀 뒤쪽의 신맛과 쓴맛을 감지하는 기능은 더 잘하게 되고 혀 앞쪽의 단맛과 짠맛을 감지하는 기능은 점차 떨어진다.

표준교재 **342쪽**

07 다음에서 설명하고 있는 조리 방법은?

- 고온에서 단시간에 조리가 가능하다.
- 수용성 성분의 용출이 적다.
- 비타민의 파괴가 적다.
- 기름이 흡수되어 풍미를 증가시킨다.

① 볶기   ② 삶기
③ 무침   ④ 찜
⑤ 굽기

07

표준교재 **342쪽**

★★★

08 다음 중 노인 대상자를 위한 식사조리 방법으로 옳은 것은?

① 생선은 오래 삶는다.
② 육류는 오래 삶지 않는다.
③ 야채는 센 불에 오래 데친다.
④ 기름기가 많은 음식을 조리한다.
⑤ 식초나 소스로 무침을 하여 식욕을 찾게 한다.

08
- 야채는 삶으면 부드러워져 먹기 쉽다.
- 육류는 오래 삶으면 부드러워진다.
- 생선은 너무 오래 삶으면 질기고 딱딱해진다.

표준교재 **342~343쪽**

정답 **05** ⑤ **06** ① **07** ① **08** ⑤

09 음식을 조리할 때 고려할 사항으로 옳지 않은 것은?

① 가능한 짜지 않게 조리한다.
② 딱딱하고 자극적인 음식은 피한다.
③ 매운 음식은 식욕을 자극하므로 자주 준비한다.
④ 찌거나 데치거나 끓이거나 삶아서 부드럽게 조리한다.
⑤ 질환상 허용되는 범위 내에서 가능한 다양한 식품과 조리법을 사용한다.

★★★

10 일상생활 지원 중 식사준비에서 조리방법에 대한 설명으로 옳은 것은?

① 야채는 삶으면 부드러워져 먹기 쉽다.
② 찜은 재료가 딱딱해지기 때문에 노인이나 환자식에는 적합하지 않다.
③ 노인은 기름이 많은 음식을 선택하는 것이 바람직하다.
④ 야채는 센 불에 데쳐서 볶으면 기름이 많이 든다.
⑤ 육류는 삶으면 질기고 딱딱해지나, 생선은 오래 삶으면 부드러워 진다.

11 일상생활 지원 중 식사준비에서 조리방법에 대한 설명으로 옳은 것은?

① 찜 – 찜은 재료를 딱딱하게 하여 노인이나 환자식에 자주 사용하는 것이 적합하지 않다.
② 찜 – 처음에는 약한 불에 가열하다 센 불로 짧게 가열하면 담백하고 부드러운 맛을 느낄 수 있다.
③ 굽기 – 오래 구우면 수분이 모두 빠져나가 딱딱해지기 때문에 적당히 굽는다.
④ 무침 – 노인의 식욕을 돋우기 위해 소금이나 간장으로 무침을 하면 미각에 변화를 주어 입맛을 찾는데 도움이 된다.
⑤ 튀기기 – 노인은 기름이 적은 음식보다는 기름기가 많은 조리 방법을 선택하는 것이 바람직하다.

12 재료를 부드럽게 해서 노인에게 자주 사용되는 조리방법은?

① 튀기기   ② 찜
③ 굽기   ④ 볶기
⑤ 무침

+ 해설

09
③ 맵고 자극적인 음식은 피한다.

[표준교재] 343쪽

10

[표준교재] 342~343쪽

11
찜
재료를 부드럽게 조리함. 처음에는 센 불에 가열하다가 약한 불로 오래 가열함
무침
노인의 식욕을 돋우기 위해 식초나 소스로 무침
튀기기
노인은 기름이 많은 음식보다는 기름기가 적은 조리 방법이 좋음

[표준교재] 342~343쪽

12
딱딱하고 자극적인 음식은 피한다.

[표준교재] 343쪽

[정답] 09 ③ 10 ① 11 ③ 12 ②

+ 해설

13 영양관리 시 고려해야 할 노인의 특성이 아닌 것은?

① 에너지 요구량 감소
② 소화능력 감소
③ 감각기능 저하
④ 장 운동성 증가
⑤ 침 분비 감소

13
장 운동성 감소로 변비가 생기기 쉬우므로 식이섬유가 풍부한 잡곡이나 채소를 적정량 섭취하게 한다.

표준교재 344~345쪽

14 다음 중 노인의 특성을 고려한 영양관리로 올바른 것은?

① 소화능력이 감소하므로 식사는 한 번에 몰아서 섭취하는 것이 좋다.
② 식재료는 부드럽게 조리해야 하므로 바삭하거나 아삭한 질감은 지양한다.
③ 짠맛을 잘 느끼기 어려우므로 간은 되도록 세게 한다.
④ 육류 중심의 식단으로 준비하고 가급적 식이섬유는 뺀다.
⑤ 재료가 촉촉하도록 약간의 국물이 있는 조리법을 선택한다.

14
① 식사를 조금씩 자주 섭취하는 것이 좋다.
② 부드러우면서도 바삭하거나 아삭한 질감을 활용한다.
③ 싱겁게 조리하고 대신 다양한 향신료를 사용하여 입맛을 잃지 않게 한다.
④ 식이섬유가 풍부한 잡곡이나 채소를 적정량 섭취하게 한다.

표준교재 345쪽

15 다음 중 노인의 영양문제가 아닌 것은?

① 노인 결식률이 높다.
② 혈청지질 수준이 낮아지고 있다.
③ 만성퇴행성질환과 활동제한이 있다.
④ 열량 과잉 또는 영양부족 노인들이 많다.
⑤ 체중과다 및 저체중 노인의 비율이 높다.

15
② 혈청지질 수준이 높아지고 있다.

표준교재 346쪽

16 노인의 영양관리 시 영양소를 고려한 식사 준비로 적절한 것은?

① 에너지 요구량이 증가하므로 열량이 부족하지 않도록 준비한다.
② 소화가 잘되는 양질의 단백질 식품을 선택해야 한다.
③ 당질 대사능력이 저하되므로 복합당질보다는 단순당을 선택한다.
④ 수용성비타민 흡수를 돕기 위한 적당량의 지질을 섭취하게 한다.
⑤ 콜레스테롤이 많은 식품이 도움이 된다.

16
① 에너지 요구량이 감소하므로 열량은 과잉으로 섭취되지 않도록 한다.
③ 식이섬유나 진분이 풍부한 채소와 잡곡밥 등의 복합당질을 이용한다.
④ 지용성비타민 흡수를 돕기 위한 적당량의 지질을 섭취하게 한다.
⑤ 동물성 포화지방산이나 콜레스테롤 함량이 많은 식품은 제한한다.

표준교재 346쪽

17 다음에서 설명하고 있는 영양성분은?

- 세포막, 신경조직 등의 구성성분으로 우리 몸에 꼭 필요한 물질
- 혈관 벽에 쌓여 동맥경화증 및 심혈관질환의 위험인자가 될 수도 있음
- 삼겹살, 갈비, 새우, 명란젓, 곱창, 달걀노른자, 간 등에 많음

① 필수지방산
② 아미노산
③ 식물성 포화지방산
④ 콜레스테롤
⑤ 복합당질

17

표준교재 346쪽

정답 13 ④ 14 ⑤ 15 ② 16 ② 17 ④

18 노인의 식사관리의 중요성에 대한 설명으로 옳지 않은 것은?

① 영양상태 유지가 우선이므로 먹는 즐거움은 고려하지 않아도 된다.
② 노인의 질병의 다수가 식생활과 관련이 있다.
③ 체지방이 증가하고 근육량이 감소하여 기초대사량이 낮아진다.
④ 대장의 운동성 감소는 변비를 유발한다.
⑤ 골격 내 무기질 함량이 감소하여 골다공증 위험이 증가한다.

18
① 영양상태 유지와 함께 먹는 즐거움을 느낄 수 있는 배려도 필요하다.

표준교재 347~348쪽

19 우리나라 노인에게 부족하기 쉬운 영양소가 아닌 것은?

① 칼슘
② 리보플라빈
③ 나트륨
④ 비타민 A
⑤ 비타민 C

19
③ 나트륨은 과잉으로 섭취하고 있다.

표준교재 348쪽

20 노인에게 나타나는 일반적인 식생활 문제로 적절하지 않은 것은?

① 밥과 김치 또는 한두 가지 반찬으로 끼니를 해결한다.
② 조금씩 자주 먹는다.
③ 제때 식사를 하지 않으며 아침을 거른다.
④ 짜게 먹는다.
⑤ 오래된 식품을 먹고 음식보관의 안전성이 떨어진다.

20
② 한두 끼에 몰아서 과식을 하게 된다.

표준교재 349쪽

21 노인을 위한 식사관리의 기본원칙으로 옳지 않은 것은?

① 식품구매 시에는 영양가가 높고 조리하기 쉬운 식품을 선택한다.
② 가급적 신선한 제철 식재료를 구매한다.
③ 한 번에 충분한 식사량을 섭취하지 못하는 경우에는 간식으로 보충한다.
④ 조리가 쉬운 가공식품을 구매한다.
⑤ 수시로 물을 충분히 마실 수 있게 한다.

21
④ 가능한 가공식품은 제외한다.

표준교재 349쪽

22 노인을 위한 식사관리 시 고려해야 할 사항으로 옳은 것은?

① 개인의 건강상태보다 연령을 우선시한 식단을 제공한다.
② 담백한 음식보다는 기름진 음식을 제공한다.
③ 식습관을 변화시키기 위해 새로운 맛이나 식단을 새로운 조리법으로 제공한다.
④ 이뇨제를 복용하고 있는 대상자에게는 칼슘이 풍부한 식단을 제공한다.
⑤ 입맛이 돌도록 자극적인 맛으로 제공한다.

22
① 연령도 중요하지만 각 개인에게 맞게 영양을 섭취할 수 있게 한다.
② 기름진 음식보다 담백한 음식을 제공한다.
③ 새로운 맛이나 식단을 시도할 때는 거부감이 들지 않도록 우리 전통음식의 양념과 조리법을 활용하는 것도 도움이 된다.
⑤ 순한 맛으로 부드럽게 조리하여 제공한다.

표준교재 349~350쪽

정답 18 ① 19 ③ 20 ② 21 ④ 22 ④

23 노인을 위한 영양소 섭취 기준에 대한 설명으로 옳은 것은?

① 점심 식사만 제공하는 경우에는 기준 에너지의 1/4을 기준으로 한다.
② 남성 노인의 경우, 식이섬유는 1일 10g 정도 섭취하게 한다.
③ 1일 단백질 평균필요량은 여성 노인의 경우 25g을 제공한다.
④ 오메가-3 지방산 섭취를 위해 음식을 조리할 때 들기름을 이용한다.
⑤ 비타민과 무기질은 보충제 섭취와 상관없이 필요량을 충분히 제공한다.

23
① 점심 식사만 제공하는 경우에는 기준 에너지의 1/3을 기준으로 한다.
② 남성 노인의 경우, 식이섬유는 1일 25g 정도 섭취하게 한다.
③ 1일 단백질 평균필요량은 여성 노인의 경우 40g을 제공한다.
⑤ 비타민과 무기질은 보충제를 섭취할 때 과잉 복용되지 않도록 주의해야 한다.
표준교재 350~351쪽

24 식사구성안을 이용한 식사계획 원칙에 대한 설명으로 옳지 않은 것은?

① 곡류는 매일 2~4회 섭취하여 에너지를 공급한다.
② 채소류는 매 끼니 두 가지 이상 섭취한다.
③ 물은 매일 8잔 이상 마시도록 한다.
④ 우유, 유제품은 설사를 유발하므로 가급적 마시지 않는다.
⑤ 과일류는 매일 1~2개 섭취하여 기능을 조절한다.

24
④ 우유, 유제품류는 매일 1~2잔 섭취하여 뼈와 치아를 튼튼하게 한다.
표준교재 353쪽

25 노인을 위한 권장식사패턴과 식사계획에 대한 설명으로 옳지 않은 것은?

① 식사계획을 위해 먼저 정해진 권장식사패턴을 세끼와 간식으로 배분한다.
② 섭취횟수 배분은 활동 정도를 고려하여 끼니별로 다소 차이를 둘 수 있다.
③ 유지·당류는 조리 시 첨가되므로 별도로 선택하여 섭취하지 않아도 된다.
④ 채소류는 매 끼니마다 섭취하지 않아도 된다.
⑤ 먼저 주식을 정하고 부식을 정한다.

25
④ 채소류는 비타민과 무기질 및 식이섬유 섭취를 위해 매 끼니 2회 이상 섭취하는 것이 좋다.
표준교재 353쪽

26 노인의 식사계획에 대한 설명으로 옳지 않은 것은?

① 과잉의 지방 섭취에 주의한다.
② 싱겁고 담백한 음식을 섭취한다.
③ 짠맛보다는 단맛을 주로 내야 하므로 첨가당을 많이 사용한다.
④ 제때에 규칙적으로 식사한다.
⑤ 신체에 필요한 양만큼 알맞게 섭취한다.

26
③ 첨가당(설탕, 물엿 등)은 되도록 적게 섭취한다.
표준교재 357쪽

27 '어르신을 위한 식생활지침'에 대한 내용으로 옳지 않은 것은?

① 국과 찌개의 국물을 적게 먹습니다.
② 식사할 때 소금이나 간장을 더 넣습니다.
③ 다양한 우유 제품이나 두유를 매일 먹습니다.
④ 고기, 생선, 달걀, 콩 중 하나 이상을 매일 먹습니다.
⑤ 음식을 싱겁게 먹습니다.

27
② 식사할 때 소금이나 간장을 더 넣지 않습니다.
표준교재 359쪽

정답 **23** ④   **24** ④   **25** ④   **26** ③   **27** ②

28 '어르신을 위한 식생활지침'에 대한 내용으로 옳지 않은 것은?

① 각 식품군을 매일 골고루 먹자.
② 짠 음식을 피하고 싱겁게 먹자.
③ 식사는 먹고 싶을 때 먹고 싶은 만큼만 먹자.
④ 물을 많이 마시고 술은 적게 마시자.
⑤ 활동량을 늘리고 건강한 체중을 갖자.

28
③ 식사는 규칙적이고 안전하게 하자.

표준교재 359~360쪽

29 다음 중 소금 1g에 해당하는 양념의 양이 아닌 것은?

① 된장 1/2 큰술
② 진간장 1큰술
③ 토마토케첩 2큰술
④ 단무지 3쪽
⑤ 고추장 1/2 큰술

29
소금 1g에 해당하는 양념의 양
• 소금 1/2작은술
• 된장, 고추장 1/2큰술
• 진간장 1작은술
• 토마토케첩 2큰술
• 단무지 3쪽

표준교재 359쪽

30 다음 중 나트륨에 대한 설명으로 옳은 것은?

① 1일 나트륨 목표섭취량은 1g이다.
② 고추장아찌보다 풋고추가 나트륨이 더 많다.
③ 보건복지부의 실현가능한 1단계 목표는 소금 5g이다.
④ 풋고추 70g에는 나트륨 1345mg이 들어있다.
⑤ 75세 이상 노인의 나트륨 충분섭취량은 1.1g이다.

30
① 1일 나트륨 목표섭취량은 2g이다.
② 고추장아찌는 풋고추보다 나트륨이 약 640배 더 많다.
③ 보건복지부의 실현가능한 1단계 목표는 소금 10g이다.
④ 풋고추 70g에는 나트륨 2.1mg이 들어 있다.

표준교재 359쪽

31 다음 보기가 설명하는 '어르신을 위한 식생활지침'은?

• 고기, 생선, 계란, 콩 등의 반찬을 먹는다.
• 다양한 채소 반찬을 먹는다.
• 신선한 제철 과일을 먹는다.

① 각 식품군을 매일 골고루 먹자.
② 짠 음식을 피하고 싱겁게 먹자.
③ 식사는 규칙적이고 안전하게 하자.
④ 물은 많이 마시고 술은 적게 마시자.
⑤ 활동량을 늘리고 건강한 체중을 갖자.

31

표준교재 359쪽

정답 28 ③ 29 ② 30 ⑤ 31 ①

해설

32 다음 보기가 설명하는 '어르신을 위한 식생활지침'은?

>
> • 세 끼 식사를 꼭 한다.
> • 외식할 때 영양과 위생을 고려하여 선택한다.
> • 오래된 음식은 먹지 않고 신선하고 청결한 음식을 먹는다.

① 각 식품군을 매일 골고루 먹자.
② 짠 음식을 피하고 싱겁게 먹자.
③ 식사는 규칙적이고 안전하게 하자.
④ 물은 많이 마시고 술은 적게 마시자.
⑤ 활동량을 늘리고 건강한 체중을 갖자.

32

표준교재 360쪽

33 다음 보기가 설명하는 '어르신을 위한 식생활지침'은?

> • 나를 위한 건강 체중을 알고 이를 지키도록 노력한다.
> • 매일 30분 이상 유산소 운동을 한다.
> • 일주일에 최소 2회, 20분 이상 근력운동을 한다.

① 각 식품군을 매일 골고루 먹자.
② 짠 음식을 피하고 싱겁게 먹자.
③ 식사는 규칙적이고 안전하게 하자.
④ 물은 많이 마시고 술은 적게 마시자.
⑤ 활동량을 늘리고 건강한 체중을 갖자.

33

표준교재 360쪽

34 다음 중 국민공통 식생활지침의 내용이 아닌 것은?

① 활동량을 늘리자.
② 단 음료 대신 물을 충분히 마시자.
③ 술자리를 피하자.
④ 담배를 피우지 말자.
⑤ 아침밥을 꼭 먹자.

34
국민공통 식생활지침(2016)
1. 쌀, 잡곡, 채소, 과일, 우유·유제품, 육류, 생선, 달걀, 콩류 등 다양한 식품을 섭취하자.
2. 아침밥을 꼭 먹자.
3. 과식을 피하고 활동량을 늘리자.
4. 덜 짜게, 덜 달게, 덜 기름지게 먹자.
5. 단 음료 대신 물을 충분히 마시자.
6. 술자리를 피하자.
7. 음식은 위생적으로, 필요한 만큼만 마련하자.
8. 우리 식재료를 활용한 식생활을 즐기자.
9. 가족과 함께 하는 식사 횟수를 늘리자.

표준교재 360쪽

★★★

35 정상혈당 유지, 적정체중 유지, 합병증 예방 및 지연을 목표로 한 식사 원칙을 지켜야 하는 질환은?

① 고혈압　　　　　② 당뇨병
③ 변비　　　　　　④ 골다공증
⑤ 연하장애

35

표준교재 361쪽

정답　**32** ③　**33** ⑤　**34** ④　**35** ②

36 당뇨병 대상자 식사관리의 기본목표로 옳지 않은 것은?

① 정상에 가까운 혈당 유지
② 적정체중 유지
③ 해당 질환 완치
④ 적절한 혈중 지질농도 유지
⑤ 적절한 영양상태 유지

★ ★ ★

37 당뇨병 대상자의 식사원칙으로 옳은 것은?

① 식사는 무조건 어떤 음식을 줄이거나 제한해서는 안 된다.
② 식사관리를 통해 궁극적으로 당뇨병으로 인한 합병증을 치료할 수 있다.
③ 복합당질의 섭취를 피하고, 단순당질의 식품을 선택한다.
④ 생과일이나 생채소보다 흡수가 빠른 과일주스가 좋다.
⑤ 구이나 찌는 것을 자주 하지 않고 기름에 튀기거나 볶는 조리법을 이용한다.

38 당뇨병 대상자의 식사관리에 대한 설명으로 옳은 것은?

① 닭고기 조리 시 껍질은 벗기지 않고 조리한다.
② 잡곡밥보다는 흰밥이 좋다.
③ 보리밥, 우유, 사과, 당면 등의 음식은 되도록 피한다.
④ 푸른 채소와 해조류를 충분히 섭취한다.
⑤ 술은 제한하지 않아도 괜찮다.

39 당뇨병 대상자에게 제공하는 간식으로 적절한 것은?

① 과일주스
② 오렌지
③ 수박
④ 고구마
⑤ 우동

40 저혈당에 대한 설명으로 옳지 않은 것은?

① 당뇨병 치료 중 제시간에 식사를 못하면 나타난다.
② 혈당이 급격히 낮아져 힘이 빠지고 심장박동이 늦어진다.
③ 증상이 나타나면 즉시 과일, 주스, 우유 1컵을 섭취한다.
④ 증상이 나타나면 설탕이나 꿀을 1~2수저 섭취한다.
⑤ 당질이 부족하면 나타나기도 한다.

36
③ 합병증을 예방하거나 최대한 지연시키는 것이 목표이다.

표준교재 362쪽

37
② 식사관리를 통해 당뇨병으로 인한 합병증을 지연시키거나 예방할 수 있다.
③ 복합당질이 많은 식품을 섭취한다.
④ 과일주스보다 생과일이나 생채소가 좋다.
⑤ 기름에 튀기거나 볶는 것을 자주 하지 않고 구이나 찌는 조리법을 이용한다.

표준교재 361~362쪽

38
① 닭고기는 껍질을 벗기고 조리한다.
② 흰밥보다는 잡곡밥을 선택한다.
③ 보리밥, 우유, 사과, 당면 등의 혈당지수가 낮은 식품을 선택하여 섭취한다.
⑤ 술을 제한한다.

표준교재 362쪽

39
혈당지수가 낮은 식품을 섭취하는 것이 당뇨병 대상자의 혈당 조절과 비만의 치료와 예방에 도움이 된다.

표준교재 362쪽

40
저혈당 증상
혈당이 급격히 낮아져 힘이 빠지고, 어지럽고, 식은땀이 나고, 심장박동이 빨라진다.

표준교재 362쪽

정답 36 ③ 37 ① 38 ④ 39 ② 40 ②

41 다음 중 혈당지수가 높은 식품은?

① 바게트빵　　　　　② 현미밥
③ 바나나　　　　　　④ 오렌지
⑤ 우유

42 다음에서 설명하는 질병명으로 옳은 것은?

- 평균 혈압이 140/90mmHg 이상일 경우
- 가족력, 흡연, 음주, 비만, 짜게 먹는 습관, 스트레스 등이 있는 경우 잘 발생한다.

① 고혈압　　　　　　② 저혈압
③ 고지혈증　　　　　④ 동맥경화
⑤ 뇌졸중

43 다음 중 고혈압 대상자의 식사관리로 옳은 것은?

① 소금 섭취를 늘린다.
② 칼슘을 충분히 섭취한다.
③ 식물성지방 섭취를 줄인다.
④ 가능한 한 복합당질을 섭취하고 섬유소를 충분히 섭취한다.
⑤ 피토케미컬이 함유된 채소, 과일 섭취를 줄인다.

44 다음과 같은 역할을 하는 영양소로 옳은 것은?

- 나트륨을 체외로 배설하게 하여 혈압을 낮추는 효과가 있다.
- 통밀, 고구마, 돼지고기, 고등어, 바나나, 오렌지, 사과, 시금치, 버섯 등에 많이 함유되어 있다.

① 칼슘　　　　　　　② 마그네슘
③ 칼륨　　　　　　　④ 비타민 A
⑤ 비타민 C

+ 해설

41
혈당지수가 높은 식품
바게트빵, 찹쌀밥, 흰밥, 도넛, 떡, 감자, 우동, 늙은호박, 수박, 빵, 고구마 등
표준교재 **362쪽**

42

표준교재 **363쪽**

43
① 소금섭취를 줄인다.
② 칼륨을 충분히 섭취한다.
③ 동물성지방 섭취를 줄인다.
⑤ 피토케미컬이 함유된 채소, 과일 섭취를 늘린다.
표준교재 **363쪽**

44
칼륨은 나트륨을 체외로 배설하게 하여 혈압을 낮추는 효과가 있으므로 고혈압 대상자가 충분히 섭취하도록 한다. 칼륨이 많은 식품은 통밀, 고구마, 돼지고기, 고등어, 바나나, 오렌지, 사과, 시금치, 버섯, 우유, 땅콩, 호두 등이다.

표준교재 **363쪽**

정답　**41** ①　**42** ①　**43** ④　**44** ③

403

★★★

45 고혈압 대상자의 식사관리에 대한 설명으로 옳은 것은?

① 밥을 삼키기 어려우므로 국이나 찌개 양을 늘려 국물을 되도록 많이 섭취하게 한다.
② 젓갈류, 장아찌 등을 되도록 많이 섭취한다.
③ 식초, 겨자, 레몬 대신 소금을 사용하여 맛을 낸다.
④ 기름 사용량을 가급적 적게 한다.
⑤ 염장한 생선을 되도록 많이 섭취한다.

45
① 국이나 찌개 양을 적게 하고 국물은 되도록 적게 섭취한다.
②, ⑤ 젓갈류, 장아찌, 소금에 절인 생선, 햄, 소시지 등을 되도록 적게 섭취한다.
③ 소금 대신 저염간장, 식초, 겨자, 레몬, 후추 등을 사용하여 맛을 낸다.

표준교재 366쪽

★★★

46 고혈압 대상자를 위한 저염식사 조리 방법으로 옳은 것은?

① 채소 조리 시 생으로 먹는 것보다는 무침이나 겉절이로 만들어서 먹는다.
② 생선 조리 시 소금 대신 카레가루를 사용한다.
③ 젓갈, 장아찌 등의 반찬을 섭취한다.
④ 국, 찌개 등 국물을 되도록 많이 섭취한다.
⑤ 식초, 레몬즙, 오렌지즙 등의 신맛 소스는 가급적 사용하지 않는다.

46
① 채소는 생으로 먹는 것이 좋다.
③ 젓갈, 장아찌 등은 가급적 먹지 않는 것이 좋다.
④ 국, 찌개 등 국물은 되도록 적게 먹는다.
⑤ 식초, 레몬즙, 오렌지즙 등 신맛 소스를 이용한다.

표준교재 364쪽

★★★

47 다음 중 고혈압 대상자가 가급적 먹지 않는 것이 좋은 식품은?

① 보리밥, 현미밥, 잡곡밥
② 생선, 콩류, 두부
③ 사과, 감자, 호박, 무
④ 식이섬유 함유 식품
⑤ 조개류, 새우, 오징어

47
고혈압 대상자가 가급적 먹지 않는 것이 좋은 식품
• 젓갈류, 장아찌류, 된장, 간장류
• 기름이 많은 쇠고기, 돼지고기, 동물내장
• 가공식품(햄, 베이컨)
• 조개류, 새우, 오징어, 정어리
• 카페인 음료, 술

표준교재 364쪽

48 다음에서 설명하는 장애로 옳은 것은?

음식을 입에 넣고 윗니와 아랫니를 움직여 잘게 자르거나 부드럽게 가는데 문제가 생긴 경우

① 씹기장애　　　　　② 삼킴장애
③ 연하장애　　　　　④ 소화장애
⑤ 구음장애

48
씹기장애(저작장애)
음식을 입에 넣고 윗니와 아랫니를 움직여 잘게 자르거나 부드럽게 가는데 문제가 생긴 경우

표준교재 365쪽

정답　**45** ④　**46** ②　**47** ⑤　**48** ①

+ 해설

49 다음에서 설명하는 장애로 옳은 것은?

 음식물을 입에서 식도로 통과시켜 삼키는 기능에 문제가 생긴 것으로 뇌졸중 환자에서 많이 발생하고 노화과정에서도 흔하다.

① 씹기장애
② 저작장애
③ 삼킴장애
④ 소화장애
⑤ 구음장애

49

삼킴장애(연하장애)

음식물을 입에서 식도로 통과시켜 삼키는 기능에 문제가 생긴 것으로 뇌졸중 환자에서 많이 발생하고 노화과정에서도 흔하다.

표준교재 365쪽

★★★

50 다음 중 씹고 삼키기 어려운 노인을 위한 식생활지침으로 옳지 않은 것은?

① 고기나 생선, 콩 반찬은 자제한다.
② 채소 반찬을 매일 먹는다.
③ 음식을 부드럽게 조리해서 먹는다.
④ 식사하기 전에 튼튼 체조를 한다.
⑤ 바른 자세로 식사한다.

50

① 고기나 생선, 콩 반찬을 매일 먹는다.

표준교재 365쪽

★★★

51 씹기장애와 삼킴장애가 있는 대상자의 식사 시 주의사항으로 옳은 것은?

① 밥을 국이나 물에 말아 먹는다.
② 국수류는 적당한 크기로 잘라서 먹는다.
③ 떡류는 잘게 잘라 꼭꼭 씹어 빠르게 먹는다.
④ 과일류는 과육을 크게 잘라 베어 먹는다.
⑤ 유제품류는 떠먹는 형태보다 마시는 형태를 선택한다.

51

① 밥을 국이나 물에 말아 먹지 않는다.
③ 떡류는 잘게 잘라 천천히 먹는다.
④ 과일류는 부드러운 과육을 잘게 잘라 먹거나 숟가락으로 긁어 먹는다.
⑤ 유제품류는 마시는 형태보다 떠먹는 형태를 선택한다.

표준교재 365쪽

★★★

52 씹기장애와 삼킴장애가 있는 대상자의 식사 시 주의사항으로 옳지 않은 것은?

① 바른 식사자세로 앉아 머리는 정면을 보고 턱은 약간 집어넣는다.
② 한 번에 조금씩 먹고 여러 번 삼키는 연습을 한다.
③ 작은 숟가락을 사용하고 천천히 식사한다.
④ 식사 시 대화하며 천천히 식사한다.
⑤ 식사 후 바로 눕지 말고 약 30분 정도 똑바로 앉는다.

52

씹기장애나 삼킴장애가 있는 경우 작은 숟가락을 사용하여 천천히 식사하며, 식사 도중에 이야기하지 않는다.

표준교재 365쪽

정답 49 ③ 50 ① 51 ② 52 ④

53 변비에 도움이 되는 식사원칙으로 옳지 않은 것은?

① 통곡류 및 감자류 섭취를 증가시킨다.
② 칼슘보충제를 복용한다.
③ 충분한 물(하루 8잔 이상)을 마신다.
④ 규칙적인 식사와 배변습관을 갖는다.
⑤ 매일 적절한 운동을 한다.

53

칼슘보충제를 복용하면 식품으로 같은 양의 칼슘을 섭취할 때보다 변비가 되기 쉬우므로 적당량의 식이섬유를 섭취하고 충분한 수분과 함께 복용해야 한다. 우유나 요구르트와 같은 유제품을 함께 먹으면 도움이 된다.

표준교재 **366쪽**

★★★

54 변비가 있는 대상자에게 제공하면 좋은 간식은?

① 과일 통조림 　　② 커피, 초콜릿
③ 호두, 고구마 　　④ 탄산음료
⑤ 홍차, 식빵

54

표준교재 **366쪽**

55 골다공증 대상자의 식사관리에 대한 설명으로 옳지 않은 것은?

① 칼슘을 충분히 섭취한다.
② 칼슘은 우유, 요구르트, 치즈, 멸치 등에 많이 함유되어 있다.
③ 우유 및 유제품은 하루 1회 이상 섭취한다.
④ 걷기, 산책, 등산 등의 체중이 실리는 운동은 자제하는 것이 좋다.
⑤ 골다공증 대상자의 식사관리는 골다공증 예방을 위한 식사와 동일하다.

55

골다공증 예방을 위해서는 걷기, 산책, 등산 등의 체중이 실리는 운동 등 적절한 신체활동이 도움이 된다.

표준교재 **367쪽**

56 다음 중 골다공증 대상자의 식사관리로 옳은 것은?

① 골다공증 예방을 위해 비타민 D를 충분히 섭취한다.
② 커피는 체내에서 칼슘의 흡수를 돕는다.
③ 색이 진한 녹색채소와 해조류를 충분히 섭취한다.
④ 콩이나 두부요리를 피한다.
⑤ 우유는 설사를 유발하므로 자제한다.

56

표준교재 **367쪽**

정답 **53** ② **54** ③ **55** ④ **56** ③

3 식품, 식기 등의 위생관리

★★★

01 식품의 위생관리에 대한 설명으로 옳은 것은?

① 조리된 음식은 냉동 보관한다.
② 식품을 다루기 전에만 손을 씻는다.
③ 유통기한이 지난 식품은 냉동 보관한다.
④ 냉동식품을 해동한 후 다시 냉동시키지 않는다.
⑤ 유통기한이 하루 정도 지난 재료는 빨리 조리한다.

01
① 조리된 음식은 냉장 보관한다.
② 식품을 다루기 전과 후에 손을 씻는다.
③, ⑤ 유통기한이 지난 식품은 폐기한다.

표준교재 **368쪽**

★★★

02 식품의 위생관리에 대한 설명으로 옳은 것은?

① 부패되거나 변질된 음식은 대상자에게 설명한 후 폐기한다.
② 모든 식품의 유통기한을 확인할 필요는 없다.
③ 조리된 음식이 남은 경우 빨리 폐기한다.
④ 뚜껑을 개봉한 음식이 남은 경우 폐기한다.
⑤ 포장을 개봉한 식품이 남은 경우 폐기한다.

02
② 모든 식품은 유통기한을 확인한다.
③ 조리된 음식이 남았을 경우는 냉장보관하되 가급적 빨리 먹는다.
④, ⑤ 뚜껑 또는 포장을 개봉한 식품이 남았을 경우는 다른 용기에 담아 냉장 또는 냉동보관하고 가급적 빠른 시간 내에 사용한다.

표준교재 **368쪽**

03 요양보호사가 부패, 변질된 음식을 발견했을 경우 적절한 대처 방법은?

① 직접 폐기하지 않고 보호자가 폐기할 수 있도록 한 곳에 모아둔다.
② 부패, 변질된 음식을 발견하는 즉시 직접 폐기한다.
③ 보호자에게 먼저 알린 후 폐기해야 한다.
④ 대상자에게 먼저 설명한 후 폐기해야 한다.
⑤ 폐기하지 않고 관리자에게 보고한다.

03
④ 부패·변질된 음식을 폐기할 때는 반드시 대상자에게 설명한 후 폐기해야 한다.

표준교재 **368쪽**

★★★

04 식품의 보관 방법에 대한 설명으로 옳은 것은?

① 열대 과일은 냉장실의 야채실에 보관한다.
② 잎채소는 세워 놓으면 빨리 시들므로 눕혀서 보관한다.
③ 육류는 구입한 후 하루 정도 보관할 경우 냉동실에 넣어둔다.
④ 껍질을 벗긴 감자는 밀폐봉투에 넣어 채소실에 보관한다.
⑤ 달걀은 둥근 부분이 위로, 뾰족한 부분이 아래로 향하게 놓는다.

04
① 열대과일은 실온 보관한다.
② 잎채소는 세워서 보관한다.
③ 육류는 하루 정도 보관할 경우 저온실에 보관한다.
④ 껍질을 벗긴 감자는 식초물에 담가 냉장보관한다.

표준교재 **369~370쪽**

정답 **01** ④ **02** ① **03** ④ **04** ⑤

★★★

05 식품의 보관 방법에 대한 설명으로 옳은 것은?

① 과일은 대부분 실온 보관한다.
② 씻은 채소는 밀폐봉투에 넣어 냉동실에 보관한다.
③ 수박은 랩을 씌워 냉동실에 보관한다.
④ 포도는 상한 알을 떼어내고 깨끗하게 씻어 냉동실에 넣는다.
⑤ 채소를 흙이 묻은 채로 보관하려면 물을 뿌린 신문지에 싸둔다.

05
① 대부분의 과일은 냉장실의 채소실에 보관한다.
② 씻은 채소는 밀폐봉투에 넣어 채소실에 보관한다.
③ 수박은 적당한 크기로 잘라서 밀폐용기에 넣어 냉장보관 한다.
④ 포도는 상한 알을 떼어낸 다음 깨끗이 씻어 남은 물기를 제거한 후 신문지 등으로 싸서 밀폐용기에 넣어 냉장보관 한다.
표준교재 369~370쪽

06 육류의 보관방법으로 옳은 것은?

① 하루 정도만 보관할 경우는 냉동실에 보관한다.
② 오래두고 먹으려면 잘게 썰어서 냉동 보관한다.
③ 표면에 식초를 살짝 바르면 색이 변하거나 맛이 떨어지는 것을 방지할 수 있다.
④ 닭고기는 잘 상하지 않으므로 일주일 정도 냉장실에 보관해도 된다.
⑤ 냉동보관할 때는 냉동실 제일 위 칸에 보관한다.

06
① 하루 정도만 보관할 경우는 저온실에 보관한다.
② 오래 두고 먹으려면 덩어리째로 보관한다.
③ 표면에 식용유를 살짝 바르면 색이 변하거나 맛이 떨어지는 것을 방지할 수 있다.
④ 닭고기는 잘 상하므로 술과 소금으로 밑간을 해서 냉장보관한다.
표준교재 370쪽

07 다음 중 실온보관이 좋은 식품으로 적절하지 않은 것은?

① 감자, 고구마, 마늘
② 토마토, 복숭아, 키위 등의 후숙과일
③ 빵, 꿀, 커피, 올리브유
④ 마요네즈
⑤ 포도, 블루베리

07

표준교재 371쪽

08 식품의 냉장보관에 대한 설명으로 옳은 것은?

① 냉장실의 온도는 1℃ 이하를 유지하는 것이 좋다.
② 남은 음식은 밀봉하지 않은 용기에 넣어 보관한다.
③ 냉장실 문을 자주 열어 환기를 시켜주어 신선도를 높인다.
④ 식품은 미생물의 증식이 억제되는 0~10℃의 저온에서 보관한다.
⑤ 냉장실에 음식을 보관할 때 간격이 없도록 놓아야 냉기 순환이 잘 된다.

08
냉장보관
• 식품은 미생물의 증식이 억제되는 0~10℃의 저온에서 보관한다.
• 냉장실 온도는 5℃ 이하로 유지한다.
• 냉장실 문을 자주 열면, 내부 온도가 상승하기 때문에 되도록 문을 적게 연다.
• 음식을 보관할 때는 냉기의 순환을 방해하지 않도록 용기 사이를 띄워 놓는다.
표준교재 371쪽

09 식품의 냉동보관에 대한 설명으로 옳은 것은?

① 냉동식품은 포장을 뜯어서 깨끗하게 저장한다.
② 냉기의 순환을 방해하지 않도록 공간 없이 두어야 한다.
③ 냉동이 필요한 제품은 배달 즉시 냉장실에 넣어야 한다.
④ 냉동실의 내부온도는 −10℃ 이하로 유지하는 것이 좋다.
⑤ 냉동 저장해야 하는 식품은 수분을 차단할 수 있는 용기에 넣어 보관한다.

09
냉동보관
• 냉동실의 내부온도는 -15℃ 이하로 유지한다.
• 냉기의 순환을 방해하지 않도록 음식 간에 공간을 두어 보관한다.
• 냉동이 필요한 제품은 배달 즉시 냉동실에 넣는다,
• 냉동식품은 원래의 포장상태로 저장한다.
표준교재 371쪽

정답 **05** ⑤ **06** ⑤ **07** ⑤ **08** ④ **09** ⑤

★★★

 안전한 식품 섭취를 위한 5가지 방법 중 보기가 설명하는 방법으로 옳은 것은?

> • 식품을 다루기 전과 조리하는 중간 중간에 손을 자주 씻는다.
> • 조리장소와 식품을 곤충, 해충 및 기타 동물로부터 보호한다.

① 청결 유지
② 익히지 않은 음식과 익힌 음식의 분리
③ 완전히 익히기
④ 안전한 온도에서 보관하기
⑤ 안전한 물과 원재료 사용하기

10

표준교재 372쪽

★★★

 안전한 식품 섭취를 위한 5가지 방법 중 보기가 설명하는 방법으로 옳은 것은?

> • 수프 및 스튜와 같은 식품은 반드시 70℃ 이상 온도까지 가열한다.
> • 조리되었던 식품은 완전하게 재가열한다.

① 손을 깨끗이 씻는다.
② 식품을 안전하게 조리한다.
③ 식품을 완전히 익힌다.
④ 안전한 물과 식품을 선택한다.
⑤ 조리도구는 항상 청결하게 유지한다.

11

표준교재 373쪽

도마와 칼이 하나일 때 사용 순서로 옳은 것은?

① 생선류 – 닭고기 – 채소, 과일 – 육류
② 육류 – 생선류 – 닭고기 – 채소, 과일
③ 채소, 과일 – 육류 – 생선류 – 닭고기
④ 닭고기 – 채소, 과일 – 육류 – 생선류
⑤ 채소, 과일 – 육류 – 닭고기 – 생선류

12
도마와 칼이 1개씩 밖에 없는 경우에는 채소·과일 → 육류 → 생선류 → 닭고기 등의 순서로 사용하되, 재료가 바뀔 때마다 세제와 찬물로 깨끗이 씻어서 사용한다.

표준교재 373쪽

정답 **10** ① **11** ③ **12** ③ **13** ⑤

13

13 보기가 설명하는 안전한 식품섭취를 위한 원칙으로 옳은 것은?

- 유통기한을 확인하고 구매한다.
- 식품을 구매할 때 신선하고 질 좋은 것을 선택한다.
- 살균 우유와 같은 안전하게 가공된 식품을 선택한다.

① 청결 유지
② 익히지 않은 음식과 익힌 음식의 분리
③ 완전히 익히기
④ 안전한 온도에서 보관하기
⑤ 안전한 물과 원재료 사용하기

표준교재 **374쪽**

14 안전한 식품 섭취를 위한 보관 방법으로 옳은 것은?

① 조리한 식품은 실온에 하루 정도 두어도 된다.
② 부패하기 쉬운 식품은 즉시 냉동한다.
③ 조리한 식품은 먹기 전에 뜨겁게 데운다.
④ 생선은 냉장고 안에서 일주일 정도 보관 가능하다.
⑤ 육류는 냉동실에 보관할 경우 1개월까지 보관 가능하다.

14
① 조리한 식품은 실온에 2시간 이상 방치하지 않는다.
② 부패하기 쉬운 식품은 즉시 냉장고에 보관한다(5℃ 이하).
④ 생선은 냉장고 안에서 1~2일 정도 보관할 수 있다.
⑤ 육류는 냉동 보관할 경우 6개월 이내로 보관한다.
표준교재 **374쪽**

15 식중독 예방 방법으로 옳은 것은?

① 목욕을 자주하여 개인위생을 철저히 한다.
② 육류는 핏기가 없어질 정도로만 가열 조리한다.
③ 조리된 음식은 4시간 이상 실온에 방치해도 된다.
④ 생선류는 오래 익히면 질기므로 살짝 가열 조리한다.
⑤ 조리에 사용된 기구는 세척, 소독하여 2차 오염을 피한다.

15
- 손 씻기를 철저히 한다.
- 고기, 생선류는 충분히 가열, 조리한다.
- 조리된 음식은 장시간 실온에서 방치하지 않는다.

표준교재 **375쪽**

16 주방의 위생관리 방법으로 옳은 것은?

① 싱크대는 행주로 자주 닦아 깨끗하게 한다.
② 냉장실 채소 박스는 물로 닦아 준다.
③ 싱크대 배수구는 조리 전 찌꺼기 거름망 비운다.
④ 유리그릇은 뜨거운 상태에서 바로 찬물에 헹군다.
⑤ 수세미는 스펀지형보다 그물형으로 된 것이 위생적이다.

16
- 싱크대는 주방용 세정제로 닦는다.
- 채소박스는 주방용 세정제로 닦는다.
- 조리 후 찌꺼기 거름망을 비운다.

표준교재 **375~377쪽**

정답 **14** ③ **15** ⑤ **16** ⑤

17 주방의 위생관리 방법으로 옳은 것은?

① 행주는 자주 빨아서 사용한다.
② 찬장에 곰팡이가 발생한 경우 식초로 닦아준다.
③ 알코올을 배수구에 부어 놓으면 악취가 사라진다.
④ 씻은 식기류는 물기가 건조되도록 어긋나게 엎어 놓는다.
⑤ 냉장고 고무패킹은 칫솔에 소다를 묻혀 닦고 더운물로 헹군다.

18 주방의 위생관리 방법으로 옳은 것은?

① 고무장갑은 뒤집어 놓지 않는다.
② 행주는 사용하지 않을 때는 늘 빨아서 둔다.
③ 고무장갑은 외부용과 내부용으로 구분하여 사용한다.
④ 설거지는 기름기가 적거나 음식이 덜 묻은 그릇부터 닦는다.
⑤ 밀폐용기에서 냄새가 날 경우 커피 찌꺼기를 이용하여 닦는다.

★ ★ ★

19 다음과 같은 식기류를 설거지 하는 순서로 옳은 것은?

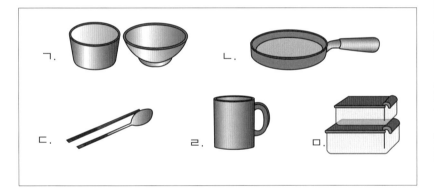

ㄱ.   ㄴ.

ㄷ.   ㄹ.   ㅁ.

① ㄱ→ㄴ→ㄷ→ㄹ→ㅁ
② ㄱ→ㄹ→ㅁ→ㄴ→ㄷ
③ ㄷ→ㄹ→ㅁ→ㄴ→ㄱ
④ ㄹ→ㄷ→ㄱ→ㅁ→ㄴ
⑤ ㄹ→ㄱ→ㄴ→ㄷ→ㅁ

해설

17
① 행주는 자주 삶는다.
② 곰팡이는 희석한 알코올로 닦는다.
③ 소다와 식초를 부으면 악취가 사라진다.
⑤ 고무패킹은 헌 칫솔에 세제를 묻혀 닦은 후 더운물로 한 번 더 닦아내고 알코올을 솜에 묻혀 닦는다.

표준교재 375~377쪽

18
• 행주는 사용하지 않을 때는 바짝 말려둔다.
• 고무장갑은 조리용과 비조리용을 구분하여 사용한다.
• 밀폐용기에서 냄새가 날 경우, 사용한 녹차티백에 뜨거운 물을 부어 하루 정도 두었다가 닦는다.

표준교재 375~377쪽

19
설거지의 순서
• 기름기가 적거나 음식물이 덜 묻은 그릇부터 설거지 한다.
• 유리컵 → 수저류 → 기름기가 적은 밥그릇, 국 그릇 → 반찬그릇 → 기름을 두른 후라이팬 등의 순서로 설거지한다.

표준교재 375쪽

정답 **17** ④ **18** ④ **19** ④

4 의복 및 침상 청결관리

01 의복관리의 기본원칙으로 옳은 것은?

① 세탁 시 한 번만 헹군다.
② 속옷은 2일에 한번 갈아입는 것이 좋다.
③ 새로 구입한 의류는 한 번 입고 세탁한다.
④ 얼룩이나 더러움이 심한 것은 즉시 폐기한다.
⑤ 더러워진 의류는 애벌빨래하여 세탁물 주머니에 넣고 세탁한다.

02 의복관리의 기본원칙으로 옳은 것은?

① 단추가 떨어진 옷은 세탁소로 보낸다.
② 의류를 버릴 때는 대상자의 동의를 구한다.
③ 평소 늘 입는 옷은 밖에다 두어 바로 입도록 한다.
④ 늘 입던 옷은 보호자에게 보관된 장소를 명확히 알린다.
⑤ 감염이 의심되는 대상자의 의류는 세탁기에서 세탁한다.

03 노인의 의복을 선택할 때 주의사항으로 옳은 것은?

① 입고 벗는 것이 쉬워야 한다.
② 두꺼워서 보온성이 좋아야 한다.
③ 저녁에 외출할 경우 어두운 옷을 입는다.
④ 멋을 내기 위해 장식을 많이 해야 한다.
⑤ 노인의 외모에 맞는 디자인이어야 한다.

04 노인의 의복을 선택할 때 주의사항으로 옳은 것은?

① 신발은 굽이 높아야 한다.
② 신발은 폭이 좁지 않아야 한다.
③ 양말은 매끄러워야 한다.
④ 신발은 뒤가 막혀있지 않아야 한다.
⑤ 교통사고를 방지하기 위해 회색이 들어가야 한다.

01
① 세탁 시 충분히 헹군다.
② 속옷은 매일 갈아입는다.
③ 새로 구입한 의류는 한 번 세탁한 후 입는다.
④ 얼룩이나 더러움이 심한 것은 즉시 세탁한다.

표준교재 378쪽

02
의복관리 기본원칙
• 단추가 떨어진 옷은 수선해 둔다.
• 평소에 입는 옷은 바로 찾을 수 있도록 수납하고 대상자에게 장소를 명확히 알린다.
• 감염이 의심되는 대상자의 의류는 다른 사람의 의류와 구분하여 세탁한다.

표준교재 378쪽

03
노인의 의복
• 가볍고 느슨하며 보온성이 좋아야 한다.
• 움직이는 데 불편하지 않고 과도한 장식은 피한다.
• 노인의 체형에 맞는 디자인이어야 한다.
• 외출 시 특히 저녁때는 부분적이라도 밝은색이 들어간 옷이 좋다(교통사고 방지).

표준교재 378~379쪽

04
①, ④ 신발은 굽이 낮고, 폭이 좁지 않으며, 뒤가 막혀있는 것으로 미끄럼방지가 붙어 있어야 한다.
③ 양말도 미끄럼방지 처리가 되어 있어야 한다.
⑤ 교통사고 예방을 위해 가급적 밝은색 옷을 입는다.

표준교재 378~379쪽

정답 **01** ⑤ **02** ② **03** ① **04** ②

05 침상의 청결관리에 대한 설명으로 옳은 것은?

① 침상 주변을 말끔하게 정리 정돈할 것
② 보호자의 동의를 얻어 정리 정돈할 것
③ 요양보호사의 발에 걸리는 물건은 다 치울 것
④ 물건을 크기순으로 정리하여 찾기 쉽게 할 것
⑤ 쌓여 있는 물건은 손이 닿지 않는 높이로 정리할 것

05
② 대상자의 동의를 얻어 정리한다.
③ 대상자의 발에 걸리는 물건을 치운다.
④ 물건을 찾기 쉽게 정리한다.
⑤ 손이 닿는 높이로 정리한다.

표준교재 379쪽

06 침구의 선택 및 정리방법으로 옳은 것은?

① 담요나 이불은 두 달에 한 번 이상은 세탁한다.
② 요는 푹신해야 자세가 교정되고 피곤이 해소된다.
③ 시트는 무명을 주로 사용하고 풀을 먹여 사용한다.
④ 베개는 습기를 흡수하고 촉감이 좋은 재질을 사용한다.
⑤ 이불은 따뜻하고 가볍고 보습성이 있는 것이 적합하다.

06
① 한 달에 한 번씩은 세탁한다.
② 너무 푹신하면 자세가 나빠지고 피로해지기 쉽다.
③ 풀을 먹여 사용하면 욕창의 위험이 있다.
④ 습기와 열을 흡수하지 않고 촉감이 좋은 재질을 사용한다.

표준교재 379~380쪽

07 이불을 정리할 때 주의 사항으로 옳은 것은?

① 건조는 오전 9시~오후 5시가 좋다.
② 이불을 건조시키면 보온성이 증가한다.
③ 이불 커버는 감촉이 좋은 나일론 제품이 좋다.
④ 양모와 오리털 등의 이불은 햇볕에서 말린다.
⑤ 자주 그늘에 말리면 자외선에 의한 살균 효과가 있다.

07
① 건조시간은 오전 10시~오후 2시가 좋다.
③ 이불 커버는 면 제품이 좋다.
④ 양모 이불은 그늘에서 말린다.
⑤ 햇볕에 말리면 살균 효과가 있다.

표준교재 379~380쪽

08 요의 선택방법으로 옳은 것은?

① 자세가 편안해지도록 푹신해야 한다.
② 습기를 흡수할 수 있는 것이 좋다.
③ 두껍고 무거워서 안정감이 있어야 한다.
④ 단단하고 탄력성과 지지력이 뛰어나야 한다.
⑤ 푹신해서 혈액순환과 피로회복에 도움이 되어야 한다.

08
• 단단하고, 탄력성과 지지력이 뛰어나며 습기를 배출할 수 있는 것이 적합하다.
• 너무 푹신하면 자세가 나빠지고 피로해지기 쉽다.

표준교재 380쪽

정답 **05** ① **06** ⑤ **07** ② **08** ④

413

09 베개의 선택방법으로 옳은 것은?

① 습기와 열을 흡수하고 촉감이 좋은 재질을 사용한다.
② 베개 높이는 척추와 머리가 수평이 되는 것이 좋다
③ 베개는 머리 외에도 다리를 지지하는데 도움이 된다.
④ 플라스틱 알맹이나 화학 제품으로 만들어진 베개가 좋다.
⑤ 감염대상자는 이불에 커버를 씌우고 베개는 자주 교체한다.

10 침구의 선택 및 정리에 대한 설명을 옳은 것은?

① 더러워진 시트는 즉시 폐기 처분한다.
② 시트의 소재가 얇으면 욕창의 원인이 된다.
③ 시트의 재봉선이 없는 경우에 욕창의 원인이 된다.
④ 침구는 3~5일에 한 번은 건조하고 청결한 시트로 바꾼다.
⑤ 와상대상자의 침구는 욕창 위험이 있으므로 건드리지 않는다.

09
① 습기와 열을 흡수하지 않는 재질을 사용한다.
③ 2~3개 정도 있으면 체위변경 시 신체를 지지하는 데 도움을 준다.
④ 메밀껍질이나 식물의 종자로 만들어진 베개가 좋다.
⑤ 베개에 커버를 씌워 커버만 매일 교환한다.

표준교재 380쪽

10
• 더러워진 시트는 수시로 교환한다.
• 소재가 두껍고 풀을 먹이거나 재봉선이 있는 것은 욕창의 원인이 된다.

표준교재 379~380쪽

정답 09 ② 10 ④

+ 해설

5 세탁하기

★★★

01 세탁하기의 기본원칙으로 옳은 것은?

① 세탁시간은 세탁표시에 따라 조절한다.
② 세탁물은 대상자의 기호에 따라 세탁방법을 결정한다.
③ 세탁방법은 보호자의 습관과 결정을 존중하여 선택한다.
④ 세탁물의 상태를 확인하여 수선이 필요한 경우 수선 후 세탁한다.
⑤ 세탁물을 통해 실금이나 하혈 등 건강상태를 확인하여 보호자에게 알린다.

01
① 세탁시간은 섬유의 종류나 오염의 정도에 따라 조절한다.
② 세탁표시에 따른 세탁방법을 확인한다.
③ 세탁방법은 대상자의 습관과 결정을 존중하여 선택한다.
⑤ 건강상태를 확인하고 이상이 있는 경우는 관리책임자에게 보고한다.

[표준교재] 381쪽

★★★

02 의복과 옷감에 생긴 얼룩을 제거하는 방법으로 옳지 않은 것은?

① 커피 : 탄산수에 10분 정도 담가둔 후 세탁한다.
② 땀 : 얼룩이 심한 경우 과탄산소다와 주방세제를 넣어 2~3시간 담가둔 후 헹군다.
③ 혈액 : 더운물로 닦고 찬물로 헹군다.
④ 파운데이션 : 알코올이 함유된 화장수를 화장솜에 적셔 얼룩을 톡톡 두드려 준다.
⑤ 튀김기름 : 얼룩이 묻은 부위에 주방용 세제를 몇 방울 떨어뜨리고 비벼서 제거한다.

02
③ 혈액이나 체액은 찬물로 닦고 더운물로 헹군다.

[표준교재] 382쪽

03 다음 세탁기호에 대한 설명으로 옳은 것은?

95℃

① 손세탁 안됨
② 삶을 수 없음
③ 95℃ 물로 세탁
④ 세탁기 사용불가
⑤ 세제종류 제한 있음

03
①, ④ 세탁기, 손세탁 가능
② 삶을 수 있음
⑤ 세제 종류 제한 없음

[표준교재] 383쪽

04 다음 세탁기호에 대한 설명으로 옳지 않은 것은?

약 30℃
중성

① 손세탁 가능
② 삶을 수 없음
③ 중성세제 사용
④ 30℃ 물로 세탁
⑤ 세탁기로 약하게 세탁

04
• 30℃ 물로 세탁
• 세탁기로 약하게 세탁 또는 약하게 손세탁 가능
• 중성세제 사용

[표준교재] 383쪽

정답 **01** ④ **02** ③ **03** ③ **04** ②

05 다음 세탁기호에 대한 설명으로 옳지 않은 것은?

① 세제 사용 불가
② 중성세제 사용
③ 30℃ 물로 세탁
④ 세탁기 사용 불가
⑤ 약하게 손세탁 가능

★★★

06 다음의 건조 표시가 있는 옷의 종류로 옳은 것은?

① 흰색 면 티셔츠
② 니트 스웨터
③ 청바지
④ 합성섬유 블라우스
⑤ 울 머플러

★★★

07 다음 중 기호와 설명이 바르게 연결된 것은?

①
중성세제만 사용

②
세탁기 사용 가능

③ 세탁기에서는
단시간에 탈수

④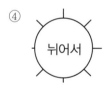
뉘어서
그늘에 건조

⑤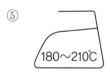
원단 위에
천을 덮고 다림질

08 탈수하기에 대한 설명으로 옳은 것은?

① 빨래의 양에 따라 시간을 선택한다.
② 오래 탈수해도 주름이 생기지 않는다.
③ 지나친 탈수는 의류손상의 원인이 된다.
④ 제품에 붙어 있는 탈수표시는 참고만 한다.
⑤ 탈수시간은 오염의 정도에 따라 조절해야 한다.

+ 해설

05
- 30℃ 물로 세탁
- 세탁기 사용 불가
- 약하게 손세탁 가능
- 중성세제 사용

표준교재 383쪽

06
해당 건조 표시는 옷걸이에 걸어서 그늘 건조해야 하는 옷에 사용된다. 합성섬유 의류나 색상·무늬가 있는 의류 등은 햇볕에서 말리는 색이 변할 수 있으므로 그늘에서 건조한다.

표준교재 385쪽

07
① 40℃ 물에 세탁기로 약하게 또는 약하게 손세탁 가능, 세제 종류 제한 없음
② 30℃ 물로 약하게 손세탁, 세탁기 사용 불가, 중성세제 사용
③ 손으로 약하게 짬, 세탁기에서는 단시간에 탈수
④ 뉘어서 햇빛에 건조
⑤ 180~210℃로 다림질

표준교재 381~384쪽

08
탈수시간은 의류에 따라 조절해야 하며, 지나친 탈수는 주름이나 의류손상의 원인이 되므로 소재나 의류에 따라 시간을 선택한다.

표준교재 384쪽

정답 05 ① 06 ④ 07 ③ 08 ③

09 삶기에 대한 설명으로 옳은 것은?

① 삶고난 후 다시 세탁한다.
② 삶을 때는 뚜껑을 열어 두어야 넘치지 않는다.
③ 제품의 종류가 다른 제품도 함께 넣어 삶는다.
④ 행주를 삶으면 때도 더 잘 빠지고 살균효과도 있다.
⑤ 비눗물을 세탁물이 2/3 정도 잠길 정도로 넣고 삶는다.

09
① 삶을 때는 세탁한 후 삶는다.
② 뚜껑을 열고 삶으면 옷감이 상할 수 있으므로 반드시 뚜껑을 덮고 삶는다.
③ 삶는 제품의 종류가 다른 제품은 비닐봉투에 각각 넣어 묶은 후 넣는다.
⑤ 비눗물에 세탁물이 반쯤 잠길 정도로 넣고 삶는다.
표준교재 384쪽

10 헹구기에 대한 설명으로 옳은 것은?

① 헹굼은 1~2회가 적당하다.
② 헹구기 전에 세탁물의 비눗기를 탈수시킨다.
③ 마지막 헹굼에서 비눗물을 탈수시킨다.
④ 냄새가 심한 세탁물은 여러 번 헹구어 깨끗하게 세탁한다.
⑤ 냄새가 심한 세탁물은 알코올에 담가 두었다가 헹구고 탈수하여 건조한다.

10
• 헹구기 전에 세탁물의 비눗기를 먼저 탈수시킨다. 헹굼은 시간과 물의 절약을 위해 2~3회가 적당하며, 마지막 헹굼에서 섬유유연제로 헹구면 감촉이 부드럽게 된다.
• 냄새가 심한 세탁물은 헹군 다음 붕산수에 담가두었다가 헹구지 않고 탈수하여 말리면 냄새가 없어진다.
표준교재 384쪽

11 건조하기에 대한 설명으로 옳은 것은?

① 탈수가 끝나면 곧바로 말린다.
② 합성섬유 의류는 햇볕에서 건조한다.
③ 흰색 면직물은 그늘에서 건조하는 것이 좋다.
④ 품질표시에 제시한 건조방법을 확인하여 지시에 따른다.
⑤ 니트류는 통기성이 좋은 곳에서 옷걸이에 걸어서 말린다.

11
• 흰색 면직물은 햇볕에서 건조한다.
• 합성섬유 의류는 그늘에서 건조한다.
• 니트류는 채반 등에 펴서 말린다.
• 탈수가 끝나면 주름을 펴서 형태를 바로 잡아 곧바로 말린다.
표준교재 384~385쪽

12 건조하기에 대한 설명으로 옳은 것은?

① 청바지류 – 색이 바래지 않게 말리고 지퍼는 닫아둔다.
② 무늬가 있는 의류 – 햇볕에서 건조한다.
③ 청바지류 – 엉덩이 부분을 빨리 마르게 한다.
④ 합성섬유 – 그늘에서 말리면 색이 변할 수 있다.
⑤ 스웨터 – 통기성이 좋은 곳에서 채반 등에 펴서 말린다.

12
• 색상·무늬가 있는 의류는 햇볕에 말리면 변색될 수 있으므로 그늘에서 말린다.
• 청바지류는 주머니 부분이 잘 마르고 색이 바래지 않게 뒤집어서 말린다. 이때 지퍼는 열어둔다.
표준교재 384~385쪽

13 의복정리에 대한 설명으로 옳지 않은 것은?

① 수납장소를 기록해 둔다.
② 건조가 끝난 의류는 용도별로 분류해 놓는다.
③ 사용빈도가 적은 의복은 침대 옆에 둔다.
④ 옷장에는 내의나 타월을 정리하여 이름표를 붙여둔다.
⑤ 매일 사용하는 물건은 바퀴가 붙어있는 끌차에 올려 침대 옆에 둔다.

13
사용빈도가 적은 의복은 수납해 두는 것이 좋다.

표준교재 385쪽

정답 09 ④ 10 ② 11 ④ 12 ⑤ 13 ③

14 의복을 보관하는 방법으로 옳은 것은?

① 방습제는 실리카겔을 사용한다.
② 의복은 30분 정도 직사광선을 쏘인다.
③ 실리카겔은 흡수하면 청색으로 바뀐다.
④ 눅눅한 의류는 맑게 갠 날 햇볕에서 바람을 쏘인다.
⑤ 비가 막 그친 맑은 날은 의복을 건조하는데 적합하다.

14
② 2시간 이상 직사광선에 쏘인다.
③ 실리카겔은 흡수하면 분홍색으로 바뀐다.
④ 눅눅해진 의류나 침구는 건조하고 맑게 갠 날 바람이 잘 통하는 그늘에서 바람을 쏘인다.
⑤ 비가 막 그친 맑은 날은 습기가 올라오므로 바람을 쏘이는 데에는 적합하지 않다. `표준교재` **386쪽**

15 다림질 방법으로 옳은 것은?

① 다림질 표시기준은 참고만 한다.
② 다리미가 앞으로 나갈 때는 앞에 힘을 준다.
③ 다림질 후 습기가 남아 있으면 구김, 변형의 원인이 된다.
④ 스프레이식 풀을 사용할 때는 신문지를 깔고 다린다.
⑤ 수분이 필요한 다림질은 다림질 후 즉시 물을 뿌린다.

15
① 다림질 표시기호를 따라야 한다.
② 다리미가 앞으로 나갈 때는 뒤에 힘을 준다.
④ 스프레이식 풀을 사용할 때는 천을 깔고 다린다.
⑤ 수분이 필요한 다림질에는 먼저 분무기로 고르게 물을 뿌린다. `표준교재` **385쪽**

16 의복을 보관하는 방법으로 옳은 것은?

① 천연섬유를 보관할 때는 살충제를 넣어둔다.
② 방충제의 포장지를 벗긴 다음 신문지에 싸서 넣는다.
③ 흡수성이 큰 천연섬유는 낮은 온도와 습도에서 해충의 피해를 받기 쉽다.
④ 방충제는 공기보다 가벼우므로 보관용기의 아래쪽에 넣어둔다.
⑤ 방충제는 화학변화를 일으켜 옷감을 변색시키므로 두 가지 제품을 함께 사용하여 화학변화를 예방한다.

16
① 천연섬유는 방충제를 넣어 둔다.
③ 흡수성이 큰 천연섬유는 높은 온도와 습도에서 해충의 피해를 받기 쉽다.
④ 방충제는 공기보다 무거우므로 보관용기의 위쪽 구석에 넣어 둔다.

`표준교재` **386쪽**

17 의복을 보관하는 방법으로 옳지 않은 것은?

① 의류나 침구가 눅눅해졌으면 건조하고 맑게 갠 날 바람이 잘 통하는 그늘에서 바람을 쏘인다.
② 비가 막 그친 맑은 날은 공기가 맑아 의류에 바람을 쏘이기 가장 적합하다.
③ 양복장이나 서랍장에 방습제를 넣으면 습기 차는 것을 방지할 수 있다.
④ 방습제는 실리카겔이나 염화칼슘을 주로 사용한다.
⑤ 종류가 다른 방충제를 함께 넣으면 옷감이 변색, 변질되므로 한 가지씩만 사용한다.

17
① 천연섬유는 방충제를 넣어 둔다.
③ 흡수성이 큰 천연섬유는 높은 온도와 습도에서 해충의 피해를 받기 쉽다.
④ 방충제는 공기보다 무거우므로 보관용기의 위쪽 구석에 넣어 둔다.

`표준교재` **386쪽**

`정답` **14** ① **15** ③ **16** ② **17** ②

6 외출동행 및 일상업무 대행

★★★

01 외출동행의 기본원칙으로 옳지 않은 것은?

① 외출 후에는 대상자의 만족여부를 점검한다.
② 외출 시 목적지에 대한 상황을 충분히 파악한다.
③ 대상자의 건강상태 및 주변상황을 충분히 고려한다.
④ 대상자의 컨디션을 충분히 고려하여 계획을 조정한다.
⑤ 보호자의 의견을 확인하여 외출 및 일상 업무 지원계획을 세운다.

01
• 대상자의 만족여부를 점검한다.
• 외출 시 목적지에 대한 사전정보를 충분히 파악한다.
• 대상자의 건강상태를 고려하여 계획을 조정한다.
• 대상자의 의견을 확인하여 계획을 세운다.

표준교재 387쪽

02 장보기, 병원, 은행 나들이 물품구매 등을 목적으로 대상자와 함께 외출하는 것은 어떤 서비스인가?

① 외출동행
② 일상업무대행
③ 신체기능훈련
④ 신체기능유지증진
⑤ 신체활동지원서비스

02

표준교재 387쪽

03 외출동행에서 동행 전 대상자를 돕는 방법으로 옳은 것은?

① 병원 방문 시 보호자와 동행한다.
② 외출 시 필요한 준비물과 개인소지품을 점검한다.
③ 항상 다니는 병원과 건강상태를 대상자에게 확인한다.
④ 외출 장소를 정확하게 파악하고 이용할 차량을 제공한다.
⑤ 외출 장소까지의 교통수단은 나가면서 같이 정한다.

03
• 대상자의 외출목적을 파악하고 상황에 맞는 외출을 준비하도록 지원한다.
• 병원과 대상자의 건강상태, 복약상태를 보호자에게 확인한다.

표준교재 387쪽

★★★

04 외출동행에서 동행 중 대상자를 돕는 방법으로 옳은 것은?

① 도보 시 보폭을 크게 하여 안전하게 이동한다.
② 예기치 못한 요인이 있는 경우 요양보호사가 속히 결정한다.
③ 차량 이용 시 대상자가 안전하게 탑승하도록 대상자 뒤에서 계속 말을 걸어준다.
④ 계단을 오를 때는 걸음마다 혹은 몇 걸음에 한 번씩 두 다리를 한 곳에 모아 쉬면서 이동한다.
⑤ 요양보호사의 몸을 굽혀 승차를 지원하되 무릎과 허리에 부담이 가지 않도록 한다.

04
• 도보 시 보폭을 작게 하여 이동한다.
• 차량 이용 시 대상자의 몸을 요양보호사와 밀착시켜 안전하게 탑승하도록 한다.
• 예기치 못한 요인이 있는 경우는 상의한다.

표준교재 388쪽

정답 01 ⑤ 02 ① 03 ② 04 ④

05 외출동행에서 동행 중 대상자를 돕는 방법으로 옳지 않은 것은?

① 대상자의 몸을 굽혀 승차를 지원한다.
② 무릎과 허리에 무리가 가지 않게 부축한다.
③ 대상자가 필요로 하는 것은 뭐든지 신속하게 제공한다.
④ 계단을 오를 때 몇 걸음에 한 번씩 두 다리를 한 곳에 모아 쉬게 한다.
⑤ 차량 이용 시 대상자의 몸을 요양보호사와 밀착시켜 안전하게 탑승하도록 한다.

06 일상 업무 대행에 대한 설명으로 옳은 것은?

① 대행 후 대상자의 업무 대행 기관을 확인한다.
② 필요한 모든 사항들에 대하여 요양보호사가 협조를 한다.
③ 업무대행 전 준비해야 할 자료나 경비를 점검한다.
④ 대상자를 대신하여 해야 할 업무인지는 확인하지 않아도 된다.
⑤ 업무대행과 관련하여 보호자에게 충분한 정보를 제공 받는다.

07 일상 업무 대행 중에 대한 설명으로 옳지 않은 것은?

① 업무 대행에 관련된 자료를 정확하게 확인한다.
② 대상자의 개인소지품을 분실하지 않게 유의한다.
③ 대행 중에 업무 대행이 원활하게 이루어지고 있음을 수시로 확인시킨다.
④ 대상자의 요구가 있을 경우 대상자와 업무 담당자를 연계한다.
⑤ 업무 대행 중 요양보호사는 자신의 개인 업무를 병행한다.

08 일상 업무 대행 후에 대한 설명으로 옳지 않은 것은?

① 대행 후 업무처리 결과를 설명한다.
② 업무 대행에 만족하였는지 확인한다.
③ 불만족하여 재요청 시는 충분히 상의한다.
④ 대행 후 수고한 것에 대한 보상을 기대한다.
⑤ 대행 후 대상자에게 진행 과정을 쉽게 전달한다.

09 정보 제공에 대한 설명으로 옳지 않은 것은?

① 개인특성을 고려하여 정보를 전달한다.
② 대상자가 어떤 정보에 대해 관심이 있는지 파악한다.
③ 대상자의 인지능력에 맞춰 설명한다.
④ 정보를 충분히 인지가 가능하도록 알기 쉽게 설명한다.
⑤ 추가로 더 알고 싶은 정보는 스스로 알아보게 한다.

 해설

05
차량 이용 시 대상자의 몸을 요양보호사와 밀착시켜 안전하게 탑승하도록 하고, 대상자의 몸을 굽혀 승차를 지원하되 무릎과 허리에 부담이 가지 않도록 한다.

표준교재 388쪽

06
• 대상자의 업무 대행 목적을 확인한다.
• 업무 대행과 관련하여 대상자에게 충분한 정보를 제공하고, 필요한 사항들에 대한 협조를 구한다.

표준교재 388~389쪽

07

표준교재 388~389쪽

08
대상자에게 진행과정 및 처리결과를 알기 쉽게 전달하고, 만족스러운지를 확인한다.

표준교재 388~389쪽

09

표준교재 389쪽

정답 05 ③ 06 ③ 07 ⑤ 08 ④ 09 ⑤

7 안전하고 쾌적한 주거환경 관리

★★★

01 안전한 주거환경을 조성하기 위한 기본원칙으로 옳은 것은?

① 비상사태에 대한 대응책을 고려한다.
② 대상자보다 가족의 희망사항을 고려한다.
③ 주택 보수는 경제적인 형편을 고려하지 않아도 된다.
④ 요양보호사 활동에 효과적인 환경이 되도록 고려한다.
⑤ 개보수는 보호자가 안전하게 생활할 수 있도록 하는 것이다.

01
• 대상자와 가족의 희망사항을 고려한다.
• 일상생활동작에 맞게 기능적이고 자립성을 높일 수 있는 환경을 조성한다.
• 비상사태에 대비하여 안전한 환경을 만든다.
• 사생활을 존중하면서 사람들과 교류를 할 수 있는 공간을 만든다.
• 개·보수를 할 때는 경제적인 상황을 포함해 대상자가 더 편안하게 지낼 수 있도록 한다.
표준교재 390쪽

02 안전한 주거환경 조성을 위한 현관의 모습으로 옳은 것은?

① 현관 입구의 폭은 좁게 설정한다.
② 현관 바닥은 매끄러운 소재를 사용한다.
③ 현관에는 아무것도 두지 않는다.
④ 복도에는 장애물을 두지 않는다.
⑤ 조명은 현관 안쪽을 비출 수 있게 설치한다.

02
① 휠체어가 쉽게 통과할 수 있게 입구의 폭을 넓힌다.
② 현관 바닥은 미끄럽지 않은 소재를 사용한다.
③ 현관에서 안전하게 신발을 신고 벗을 수 있도록 의자를 둔다.
⑤ 조명은 현관 밖과 발밑을 비출 수 있게 설치한다.
표준교재 390쪽

03 안전한 주거환경 조성하기에서 거실에 대한 설명으로 옳은 것은?

① 출입구의 문턱은 그대로 두어도 된다.
② 응급호출기와 화재경보기를 설치한다.
③ 어르신 방과 멀리 떨어져야 조용히 지낼 수 있다.
④ 거실의 넓이는 어르신이 많이 이동하지 않도록 작을수록 좋다.
⑤ 거실 바닥에는 물건을 많이 놓아두어 대상자가 조심하게 한다.

03
① 출입구의 문턱을 없앤다.
③ 가족들의 모습을 보고 목소리를 들을 수 있는 곳이 좋다.
④ 거실의 넓이는 이동에 불편함이 없도록 확보한다.
⑤ 물건을 놓아두지 않도록 한다.
표준교재 391쪽

04 대상자의 방을 안전하게 조성하기 위한 설명으로 옳은 것은?

① 출입구의 문턱을 없앤다.
② 화장실은 위생상 두지 않는다.
③ 필요한 물품은 창가에 둔다.
④ 그림이나 사진은 위험하므로 걸지 않는다.
⑤ 오후 햇빛이 잘 비치는 동향 또는 남서향이 좋다.

04
② 화장실 가깝게 위치한다.
③ 필요한 물품은 항상 손이 닿을 수 있는 위치에 둔다.
④ 그림이나 사진이 떨어지지 않도록 안전하게 걸어둔다.
⑤ 햇빛이 잘 비치는 남향 또는 남동향이 좋다.
표준교재 391쪽

정답 **01** ① **02** ④ **03** ② **04** ①

05 대상자의 방을 안전하게 조성하기 위한 설명으로 옳은 것은?

① 가족과의 소통을 위해 방문을 떼어 둔다.
② 재해에 대비하여 인터폰이나 비상벨을 설치한다.
③ 창가에 물건을 두면 햇빛을 차단하는데 용이하다.
④ 가구는 모서리에 부딪히지 않도록 모서리를 제거한다.
⑤ 두꺼운 커튼을 이용하여 온도, 채광, 소음 등을 조절한다.

06 안전한 주거환경을 조성하기 위한 설명으로 옳은 것은?

① 현관에 문턱을 없앤다.
② 거실은 출입구에 경사로를 설치한다.
③ 비상시를 대비하여 비상연락망을 게시한다.
④ 대상자의 방은 햇빛이 잘 비치는 남향 또는 남동향이 좋다.
⑤ 현관문의 손잡이는 열고 닫기가 용이한 둥근 손잡이로 설치한다.

07 식당을 안전하게 조성하기 위한 설명으로 옳은 것은?

① 유리로 된 그릇을 사용한다.
② 출입구의 문턱에 경사로를 둔다.
③ 식탁보는 빨리 마르는 것으로 한다.
④ 식탁은 휠체어 사용 시에도 가능한 것으로 한다.
⑤ 싱크대는 요양보호사의 손이 닿는 높이로 조정한다.

08 식당을 안전하게 조성하기 위한 설명으로 옳은 것은?

① 손잡이가 있는 그릇을 사용한다.
② 바닥은 매끄러운 소재를 사용한다.
③ 자주 사용하는 물건은 편리하도록 거실에 정돈한다.
④ 식탁보는 더러움이 눈에 띄지 않는 어두운 색으로 한다.
⑤ 식탁높이는 요양보호사의 키를 고려한다.

09 화장실을 안전하게 조성하기 위한 설명으로 옳은 것은?

① 출입문에 경사로를 설치한다.
② 욕조 내부 바닥에 경사로를 설치한다.
③ 안전손잡이는 쓰기 불편한 쪽에 설치한다.
④ 사용하지 않는 낮 시간 동안에 환기를 시킨다.
⑤ 높이가 높은 욕조를 설치한다.

 해설

05
• 창가에 물건을 두지 않는다.
• 재해에 대비하여 인터폰, 전화, 비상벨 등으로 호출이 용이하도록 한다.
• 커튼은 얇은 것과 두꺼운 것을 병용한다.
• 모서리에는 필요 시 덧대기를 한다.

표준교재 **391쪽**

06
• 거실 출입구의 문턱을 없앤다.
• 현관의 문턱에는 경사로를 설치한다.
• 비상시에 대비해 응급호출기와 화재경보기 등을 설치한다.
• 손잡이는 막대형 손잡이로 설치한다.

표준교재 **390~391쪽**

07
• 깨지지 않는 그릇을 사용한다.
• 출입구의 문턱을 없앤다.
• 식탁보는 빨기 쉽고, 더러움이 눈에 띄는 밝은 색으로 한다.

표준교재 **391쪽**

08
• 미끄럽지 않은 바닥소재를 사용한다.
• 자주 사용하는 물건은 손이 쉽게 닿는 곳에 정돈한다.
• 식탁보는 더러움이 눈에 띄는 밝은 색으로 한다.

표준교재 **391쪽**

09
• 출입문의 문턱을 없애고 욕조 내부의 바닥에 미끄럼방지용 깔판을 깔아놓는다.
• 안전손잡이는 쓰기 편한 쪽에 설치한다.
• 높이가 낮은 욕조가 사용하기 편하다.

표준교재 **392쪽**

정답 **05** ② **06** ④ **07** ④ **08** ① **09** ④

＋ 해설

10 계단을 안전하게 조성하기 위한 설명으로 옳은 것은?

① 안전손잡이를 계단에만 설치한다.
② 일직선의 계단은 오르고 내리는데에 좋다.
③ 계단 중간에 한 번 쉬는 장소가 있는 계단이 좋다.
④ 그림자가 생기지 않게 조명은 설치하지 않는다.
⑤ 계단의 가장자리는 나무로 대어 미끄러지지 않게 한다.

10
- 안저손잡이를 계단과 복도에 설치한다.
- 일직선의 계단은 오르고 내리는데에 부담이 크다.
- 계단의 가장자리는 미끄러지지 않게 고무 등으로 단다.
- 조명은 발밑에 설치한다.
  표준교재 392쪽

11 쾌적한 주거환경 조성을 위한 기본 원칙으로 옳은 것은?

① 대상자의 사생활을 존중한다.
② 화려한 인테리어를 하여 분위기를 바꾼다.
③ 요양보호사의 희망사항, 조건을 충분히 고려한다.
④ 대상자의 기분을 전환하도록 쾌적한 환경을 만든다.
⑤ 쾌적한 실내 환경을 조성하여 정신의 조화를 유지한다.

11
- 쾌적한 실내 환경을 조성한다.
- 대상자와 가족의 희망사항 고려한다.
- 대상자의 건강을 유지할 수 있는 쾌적한 환경을 만든다.
  표준교재 393쪽

12 쾌적한 실내환경 조성을 위한 설명으로 옳은 것은?

① 창문을 활짝 열어 자주 환기시킨다.
② 환기할 때는 바람이 대상자에게 직접 닿지 않도록 주의한다.
③ 환기를 시킬 때 계절 날씨만 고려한다.
④ 겨울에는 창문을 오래 열어놓아야 한다.
⑤ 공기가 피부에 직접 닿도록 하여 기분을 전환하게 한다.

12
- 창문을 조금 열거나 문을 열어서 공기를 자주 환기시킨다.
- 환기를 시킬 때에 대상자의 건강상태 및 계절, 날씨 등을 고려해야 한다.
  표준교재 393쪽

13 실내온도에 대한 설명으로 옳은 것은?

① 겨울철 보조 난방 기구 사용은 화재의 위험이 있으므로 사용하지 않는 것이 좋다.
② 목욕 전·후에는 외풍이 없게 하고, 실내 기온을 따뜻하게 유지한다.
③ 화장실의 냉·난방은 고려하지 않아도 된다.
④ 실내온도는 여름철은 일반적으로 18~22℃가 적당하다.
⑤ 겨울철 실내온도는 일반적으로 22~25℃가 적당하다.

13
① 겨울철에는 실내온도 유지를 유해 보조 난방 기구를 갖추면 좋다.
③ 화장실이나 기타 휴식공간의 의 냉·난방도 고려한다.
④ 여름철 실내온도는 일반적으로 22~25℃가 적당하다.
⑤ 겨울철 실내온도는 일반적으로 18~22℃가 적당하다.
  표준교재 393쪽

정답 10③ 11① 12② 13②

14 습도에 대한 설명으로 옳은 것은?

① 습도는 40~60%가 적합하다.
② 습도가 낮으면 불쾌감을 느낀다.
③ 장마철 습기는 가습기로 제거한다.
④ 겨울에는 건조하므로 제습기를 사용한다.
⑤ 습도가 높으면 땀 증발을 가속시켜 오한이 생긴다.

14
• 습도가 너무 낮으면 호흡기 점막과 피부를 건조시키고 땀 증발을 가속시켜 오한이 생긴다.
• 장마철 습도가 높으면 제습기로 습기를 제거한다.

표준교재 **394쪽**

15 쾌적한 실내 환경 조성을 위한 설명으로 옳은 것은?

① 조명은 대상자의 요구에 따라 설치한다.
② 계단높이가 잘 보이도록 벽에 조명을 설치하는 것이 좋다.
③ 배설물을 치울 때는 간접조명을 사용한다.
④ 계단은 무릎 위쪽에 보조등을 다는 것이 안전하다.
⑤ 싱크대를 여닫을 때 점멸되는 등을 다는 것이 좋다.

15
• 조명은 용도에 따라 조명 등을 설치한다.
• 천장에 조명을 설치하는 것이 좋다.
• 무릎 아래쪽에 별도의 보조등을 다는 것이 안전하다.

표준교재 **394쪽**

16 조명을 한 곳만 지나치게 밝게 할 때의 설명으로 옳지 않은 것은?

① 낙상의 위험이 높다.
② 어두운 곳이 더욱 어둡게 느껴진다.
③ 낙상을 예방할 수 있다.
④ 어두운 곳에서 밝은 곳으로 이동할 때도 눈부심 현상이 있다.
⑤ 밝은 곳에서 어두운 곳으로 이동할 때 눈동자가 적응하지 못한다.

16
• 밝은 곳에서 어두운 곳으로 이동할 때 눈동자가 조명의 밝기에 적응하지 못해 어두운 곳이 더욱 어둡게 느껴져 낙상위험도가 높다.
• 어두운 곳에서 밝은 곳으로 이동할 때도 눈부심 현상으로 낙상 위험이 높다.

표준교재 **394쪽**

17 청결한 주거환경 조성을 위한 청소방법으로 옳은 것은?

① 창틀이나 문턱에 기름칠을 한다.
② 발끝에 걸리는 물건을 잘 치운다.
③ 청소도구는 쓰기 편하게 사용 후 아무데나 둔다.
④ 삐걱거리는 문은 폐기한다.
⑤ 대상자의 필요 없는 물건은 요양보호사가 임의로 처분한다.

17
• 화재가 나지 않도록 창틀이나 문턱 등 먼지가 쌓이기 쉬운 곳을 주의한다.
• 청소도구는 사용 후 본래의 자리에 둔다.
• 삐걱거리는 문은 기름칠을 해서 잘 여닫히도록 한다.

표준교재 **395쪽**

정답 **14** ① **15** ③ **16** ⑤ **17** ②

18 침실을 청소할 때 옳은 방법은?

① 오후시간에 청소를 한다.
② 마른 걸레로 먼지를 제거한다.
③ 침상 침구는 오후에 정리한다.
④ 낮 시간에 활동할 수 있는 환경을 만든다.
⑤ 쓰레기가 많은 경우 빗자루에 기름을 묻혀 쓸어 낸다.

18
• 침상 시트나 침구는 아침에 정리한다.
• 젖은 걸레로 먼지를 제거한다.
• 쓰레기가 많은 경우 빗자루에 물을 묻혀 사용한다.

표준교재 **395쪽**

19 쓰레기 관리에 대한 설명으로 옳은 것은?

① 쓰레기통에서 냄새가 나면 물로 닦아낸다.
② 음식물 쓰레기는 매일 치운다.
③ 쓰레기는 정리 후 분리수거 한다.
④ 쓰레기통은 주기적으로 물로 씻어 건조시킨다.
⑤ 분리수거의 방법은 각 지자체마다 동일하다.

19
• 냄새가 나는 경우에는 알코올로 닦아낸다.
• 쓰레기는 분리수거 후 정리한다.
• 쓰레기통은 비울 때마다 물로 씻어 잘 건조한다.

표준교재 **396쪽**

20 물품 및 주변정돈에 대한 설명으로 옳지 않은 것은?

① 기온의 변화에 따라 필요한 물건을 정리한다.
② 귀중품은 보호자의 책임 하에 정리 정돈한다.
③ 계절의 변화에 따라 필요한 물건을 정리한다.
④ 물건을 옮길 때는 반드시 대상자의 동의를 구한다.
⑤ 불필요한 물품을 정리할 때 대상자의 동의를 구한다.

20
② 귀중품은 대상자의 책임 하에 정리 정돈한다.

표준교재 **396쪽**

21 청소하기에 대한 설명으로 옳은 것은?

① 쓰레기는 정리 후 분리수거한다.
② 음식물 쓰레기는 2일 간격으로 치운다.
③ 화장실 바닥은 2주에 한 번은 청소한다.
④ 양변기 물때는 솔에 설탕을 묻혀 안쪽을 닦는다.
⑤ 배수구는 뚜껑을 솔로 씻고 락스를 희석한 물을 부어준다.

21
• 쓰레기는 분리수거 후 정리한다.
• 음식물 쓰레기는 매일 치운다.
• 화장실 바닥은 일주일에 한 번 정도는 락스와 솔을 이용하여 닦아준다.
• 양변기 물때는 솔에 식초를 묻혀 안쪽을 닦는다.

표준교재 **396쪽**

정답 **18**④ **19**② **20**② **21**⑤

03 의사소통과 정서지원

01 효과적인 의사소통과 정서 지원

1. 의사소통의 필요성 [표준교재] 397쪽

① 대상자 및 가족과의 신뢰관계 형성에 도움을 준다.

② 요양보호서비스에 필요한 정보를 원활하게 수집할 수 있다.

③ 대상자를 깊이 이해하고, 서비스의 질을 향상할 수 있다.

④ 자신의 생각과 감정을 효과적으로 표현하여 좋은 관계를 형성할 수 있다.

⑤ 타 전문직과의 원활한 업무 협조에 도움이 된다.

2. 의사소통의 유형 [표준교재] 399쪽

① 모든 의사소통에는 비언어적 의사소통이 존재하며 감정적, 정서적 부분이 크게 작용한다.

	바람직한 태도	바람직하지 않은 태도
얼굴 표정	• 따뜻하고 배려하는 표정 • 다양하며 생기있고 적절한 표정 • 자연스럽고 여유있는 입모양 • 간간히 적절하게 짓는 미소	• 눈썹 치켜세우기 • 하품 • 입술을 깨물거나 꼭 다문 입 • 부적절하고 희미한 미소 • 지나친 머리 끄덕임
자세	• 팔과 손을 자연스럽게 놓고 상황에 따라 적절한 자세 • 대상자를 향해 약간 기울인 자세 • 관심을 보이며 편안한 자세	• 팔짱끼기 • 대상자로부터 비껴 앉는 자세 • 계속해서 손을 움직이는 태도 • 의자에서 몸을 흔드는 태도 • 몸을 앞으로 구부리는 태도 • 입에 손이나 손가락을 대는 것 • 손가락으로 지적하는 행위
눈맞춤	• 눈맞춤 • 대상자와 같은 눈높이 • 적절한 시선의 움직임	• 눈을 마주하기를 피하는 것 • 대상자보다 높거나 낮은 눈높이 • 시선을 한 곳에 고정하는 것

어조	• 크지 않는 목소리 • 분명한 발음 • 온화한 목소리 • 대상자의 느낌과 정서에 반응하는 어조 • 적절한 말속도	• 우물대거나 너무 작은 목소리 • 주저하는 어조 • 너무 잦은 문법적 실수 • 너무 긴 침묵 • 들뜬 듯한 목소리 • 너무 높은 목소리 • 너무 빠르거나 느린 목소리 • 신경질적인 웃음 • 잦은 헛기침 • 큰 소리로 말하기

출처: 김용일외(2002) 「사회사업실천론」 재정리

3. 효과적인 의사소통 방법 표준교재 406쪽

1) 라포 형성

① 라포 : '마음의 유대'라는 뜻으로 서로의 마음이 연결된 상태, 즉 두 사람 사이의 상호신뢰 관계를 나타내며, 의사소통의 기본이다.

2) 경청

좋은 경청	경청을 방해하는 것
• 혼자서 대화를 독점하지 않고, 말하는 순서를 지킨다. • 상대방의 말을 가로채거나 이야기를 가로막지 않는다. • 의견이 다르더라도 일단 수용한다. • 논쟁에서는 먼저 상대방의 주장을 들어준다. • 시선을 맞추며, 귀로만 듣지 말고 오감을 동원해 적극적으로 듣는다. • 흥분하지 않고, 비판적 태도를 버린다. • 상대방이 말하는 의미를 이해한다. • 단어 이외의 보이는 표현에도 신경을 쓴다. • 상대방이 말하는 동안 경청하고 있다는 것을 표현한다.	• 대충 미루어 짐작하고, 충분히 듣지 않은 상태에서 조언한다. • 끊임없이 비교한다. • 미리 대답을 준비한다. • 듣고 싶지 않은 말을 걸러낸다. • 상대방의 말을 반박하고 논쟁하기 위해서 듣는다. • 상대방의 말을 나 자신의 경험에 맞춘다. • 마음에 들지 않을 경우 슬쩍 넘어가며 대화의 본질을 회피한다.

3) 공감

① 상대방의 말에 충분히 귀를 기울이고 그 말을 자신의 말로 요약해서 다시 반복한다.

② 문제의 상황에서 대화를 지속시키고 문제를 지닌 당사자가 스스로 해결책을 찾아나가도록 하는 데 아주 효과적이다.

4) 말하기

(1) 나-전달법과 너-전달법

나-전달법	너-전달법
• 상대방을 비난하지 않고 상대방의 행동이 나에게 미친 영향에 초점을 맞추어 이야기하는 표현법 • 문제를 해결하기 위해서는 나-전달법이 바람직하다.	• 상대방의 행동에 초점을 두고 행동에 대한 비난, 비평, 평가의 의미를 전하며, 상대방에게 잘못이 있다고 공격하는 표현법 • 문제의 원인을 상대방에게 둔다.

(2) 나-전달법의 내용

① 나의 생각이나 감정을 전달할 때는 나를 주어로 말한다.

② 상대방의 행동과 상황을 그대로 비난없이 그대로 말한다.

③ 상대방의 행동이 나에게 미치는 영향을 구체적으로 말한다.

④ 그 상황에 대해 내가 느끼는 바를 솔직하게 말한다.

⑤ 원하는 바를 명확하게 말한다.

⑥ 전달할 말을 건넨 후 상대방의 말을 잘 듣는다.

⑦ 부정적 정서를 강조하지 않는다.

⑧ 상대방에게 교훈을 주는 데 열중하여 말하는 사람의 본심을 전달할 기회를 놓치지 말아야 한다.

⑨ 감정을 폭발적으로 드러내지 않는다.

⑩ 상대를 평가하지 않는 태도가 필요하다.

⑪ 나-전달법으로 말하고 나서 다시 수용적 태도(경청)를 취한다.

5) 침묵

① 긍정적이고 수용적인 침묵

• 가치있는 치료적 도구로 작용하여 대상자로 하여금 말할 수 있는 용기를 준다.

• 요양보호시와 대상지 모두에게 생각을 정리할 시간을 준다.

② 대상자가 침묵을 어떻게 받아들이느냐에 따라 효과가 달라지므로 조심스럽게 사용해야 한다.

6) 수용

① 상대방의 표현을 비판없이 있는 그대로 받아들이는 것으로 단순한 동의나 칭찬과는 다르다.

② 요양보호사는 대상자의 강점과 약점, 긍정적인 감정과 부정적인 감정, 태도 등을 포함하여 있는 그대로 이해해야 한다.

4. 말벗하기　표준교재 408쪽

① 대상자의 신체적, 심리적, 사회적 특성을 이해한다.

② 대상자의 개인적 특성, 질병, 생활력 등을 이해하고 존중한다.

③ 대상자의 삶을 '옳고 그름'이나 '좋고 싫음'으로 판단하지 않고, '차이와 다양성'으로 수용하는 마음이 필요하다.

④ 대상자와 과도한 의존관계를 형성하지 않도록 한다.

⑤ 대상자를 아이처럼 대하거나 친밀하다는 이유로 반말이나 명령조의 언어를 사용해서는 안 된다.

02 상황별 의사소통

1. 의사소통장애가 없는 경우 [표준교재] 410쪽

① 대상자는 이름으로 호칭하는 것이 원칙이나 대상자의 동의하에 어르신 등으로 부른다.

② 가족과 의견이 상충될 때는 시설장에게 보고한다.

③ 대상자의 부정적인 행동이나 그에 대한 느낌을 전달할 때는 직설적으로 하지 않는다.

④ 대상자의 이상 상태는 시설장 혹은 관리책임자에게 즉시 정확하게 보고한다.

2. 의사소통장애가 있는 경우 [표준교재] 410쪽

1) 노인성 난청 대상자와 이야기하는 방법

① 대상자의 눈을 보며 정면에서 이야기한다.

② 어깨를 다독이거나 눈짓으로 신호를 주면서 이야기를 시작한다.

③ 입 모양으로 이야기를 알 수 있도록 입을 크게 벌리며 정확하게 말한다.

④ 몸짓, 얼굴 표정 등으로 의미 전달을 돕는다.

⑤ 말의 의미를 이해할 때까지 되풀이하고 이해했는지 확인한다.

⑥ 말을 알아듣기 쉽도록 천천히 차분하게 이야기한다.

⑦ 보청기를 착용할 때는 입력은 크게, 출력은 낮게 조절한다.

⑧ 보청기를 사용할 때는 건전지와 전원 스위치가 작동하는지 확인한다.

⑨ 밝은 방에서 입 모양을 볼 수 있도록 시선을 맞추며 말한다.

⑩ 원활한 의사소통이 되도록 정보를 충분히 제공한다.

⑪ 청각상실에 대한 체험을 통하여 대상자를 더 많이 이해하고자 노력한다.

2) 시각장애 대상자와 이야기하는 방법

① 대상자의 정면에서 이야기한다.

② 여기, 이쪽 등 지시대명사를 사용하지 않고 사물의 위치를 정확히 시계방향으로 설명한다.

③ 대상자를 중심으로 오른쪽, 왼쪽을 설명하여 원칙을 정하여 두는 것이 좋다.

④ 대상자를 만나면 신체 접촉을 하기 전에 먼저 말을 건네어 알게 한다.

⑤ 대상자를 이해하기 쉬운 언어를 사용하고 천천히 정확하게 말한다.

⑥ 이미지가 전달하기 어려운 형태나 사물 등은 촉각으로 이해시킨다.

⑦ 대상자와 보행할 때에는 요양보호사가 반 보 앞으로 나와 대상자의 팔을 끄는 듯한 자세가 좋다.

⑧ 대상자가 읽고 싶어 하는 것을 읽어주고 고유명사 등은 자세히 설명한다.

⑨ 대필하게 되는 경우에는 정확하게 받아 쓰고 내용을 다시 확인한다.

3) 언어장애 대상자와 이야기하는 방법

① 대상자와 이야기할 때는 얼굴과 눈을 응시하며 천천히 말한다.

② 대화에 주의를 기울이고, 소음이 있는 곳을 피한다.

③ 면담을 할 때는 앉아서 하고, 질문에 대한 답변이 끝나기 전에 다음 질문을 하지 않는다.

④ 대상자의 말이 끝날 때까지 기다리면서 고개를 끄덕여 듣고 있음을 알린다.

⑤ 알아듣고 이해가 된 경우에는 예, 아니요 등으로 짧게 대답한다.

⑥ 눈을 깜빡이거나 손짓, 손에 힘을 주거나 고개를 끄덕이는 등으로 의사표현하게 한다.

⑦ 실물, 그림판, 문자판 등을 이용한다.

⑧ 잘 표현하였을 때는 칭찬과 더불어 긍정적 공감을 비언어적으로 표현해 준다.

4) 판단력, 이해력 장애 대상자와 이야기 하는 방법

① 어려운 표현을 사용하지 않고 짧은 문장으로 천천히 이야기한다.

② 몸짓, 손짓을 이용해 상대의 말하는 속도에 맞추어 천천히 이야기한다.

③ 실물, 그림판, 문자판 등을 이용하여 이해를 돕는다.

④ 불쾌감을 주는 언어를 쓰거나 아이처럼 취급하여 반말을 하지 않는다.

5) 주의력결핍장애 대상자와 이야기 하는 방법

① 대상자와 눈을 맞춘다.

② 명확하고 간단하게 단계적으로 제시한다.

③ 구체적이고 익숙한 사물에 대하여 대화한다.

④ 목표를 인식하고 단순한 활동을 먼저 제시한다.

⑤ 주의력에 영향을 주는 환경적 자극을 최대한 줄인다.

⑥ 주변사람들에게 주의력결핍장애에 대한 이해를 구한다.

⑦ 메시지를 천천히, 조용히 반복한다.

6) 지남력장애 대상자와 이야기하는 방법

① 대상자의 이름과 존칭을 함께 사용한다.

② 대상자를 일관성 있게 대하도록 노력한다.

③ 시간, 장소, 사람, 날짜, 달력, 시계 등을 자주 인식시킨다.

④ 모든 물품에 이름표를 붙이고 주의사항을 그림이나 문자로 적어서 제시한다.

03 여가활동 돕기

1. 여가활동의 필요성 표준교재 414쪽

① 신체적 기능 감소를 예방한다.

② 노후 적응, 심리적 안정감, 생활만족도를 높인다.

③ 시간을 효율적으로 활용하여 자기 효능감을 높이고 긍정적 영향을 준다.

④ 자기발전에 도움이 되며 정신적 건강에 좋다.

2. 여가활동의 유형   표준교재 414쪽

유형	내용
자기계발 활동	책읽기, 독서교실, 그림그리기, 서예교실, 시낭송, 악기연주, 백일장, 민요교실, 창작활동
가족중심 활동	가족 소풍, 가족과의 대화, 외식나들이
종교참여 활동	교회, 사찰, 성당 가기
사교오락 활동	영화, 연극, 음악회, 전시회
운동 활동	체조, 가벼운 산책
소일 활동	텃밭 야채 가꾸기, 식물가꾸기, 신문 보기, 텔레비전 시청, 종이접기, 퍼즐놀이

3. 노인의 여가활동 돕기   표준교재 414쪽

① 거동이 불편하거나 인지기능이 저하된 대상자를 위한 여가활동 프로그램은 어렵지 않고 흥미를 느낄 수 있는 것이어야 한다.

② 대상자 스스로가 적극적으로 여가활동에 참여할 수 있도록 동기를 부여한다.

③ 대상자의 욕구에 맞는 여가활동을 지원한다.

④ 주야간보호센터 및 요양시설에서도 가능한 한 단체보다는 개인의 욕구에 맞게 프로그램을 선택할 수 있도록 배려한다.

⑤ 대상자의 신체적 기능이나 상태에 맞는 개별적인 프로그램을 지원한다.

⑥ 대상자의 성격, 선호 등에 따라 개인적 차이를 고려하여 지원한다.

⑦ 대상자에게 여가활동에 대해 충분히 설명하고 동의를 얻어야 한다.

03 의사소통과 정서지원 실전 예상문제

1 효과적인 의사소통과 정서지원

01 요양보호 업무를 수행하는 과정에서 의사소통이 필요한 이유로 적절하지 않은 것은?

① 대상자 및 가족과의 신뢰관계 형성에 도움을 준다.
② 요양보호서비스에 필요한 정보를 원활하게 수집할 수 있다.
③ 보호자를 깊이 이해할 수 있다.
④ 자신의 생각과 감정을 효과적으로 표현할 수 있다.
⑤ 타 전문직과의 원활한 업무 협조에 도움이 된다.

★★★

02 상대방과의 의사소통에 영향을 많이 미치는 순서대로 나열한 것은?

① 얼굴 – 말의 내용 – 목소리
② 목소리 – 말의 내용 – 얼굴
③ 얼굴 – 목소리 – 말의 내용
④ 목소리 – 얼굴 –말의 내용
⑤ 말 – 얼굴 – 목소리

01
③ 대상자를 깊이 이해하고 서비스의 질을 향상할 수 있나.

표준교재 **398쪽**

02
메라비언의 법칙
상대방과의 의사소통에 영향을 미치는 요소 중 가장 중요한 것은 비언어적 요소(시각적 요소)이며, 그 다음은 음성(청각적 요소), 언어적 요소(말의 내용)이다.

표준교재 **399쪽**

정답 **01** ③ **02** ③

03 언어적 의사소통에 대한 설명으로 옳은 것은?

① 요양보호사는 대상자와 가족에게 명확하고 이해하기 쉬운 용어를 사용한다.
② 요양보호사는 언어적 의사소통을 할 때 비언어적 표현은 가급적 삼간다.
③ 언어적 의사소통은 오해를 일으킬 수 있어 가장 불편한 의사소통 방법이다.
④ 개인차이로 인한 편차가 적으므로 어느 요양보호사가 사용해도 결과가 똑같다.
⑤ 사람의 생각이나 감정을 전달하는 데 효과적이지 못하다.

03
② 비언어적표현을 적절히 병행하여 사용한다.
③ 가장 간편하고 만족스러운 의사소통의 방법이다.
④ 개인차이로 인한 편차가 크다.
⑤ 사람의 생각이나 감정을 효과적으로 전달할 수 있다.

표준교재 **399쪽**

04 다음 중 비언어적 의사소통에 해당하는 것이 아닌 것은?

① 용모   ② 자세
③ 말투   ④ 손짓
⑤ 말하기

04
⑤ 말하기는 언어적 의사소통에 속한다.

표준교재 **398쪽**

05 다음 중 비언어적 의사소통에 대한 설명으로 옳은 것은?

① 대상자의 얼굴표정이나 손짓, 몸짓만으로는 말하려는 메시지를 빨리 파악하지 못한다.
② 대상자를 정면으로 직시하면 대상자에게 불만이 있다는 메시지를 전달할 수 있다.
③ 얼굴표정은 대화에 영향을 미치는 요소 중 가장 중요한 시각적 요소이다.
④ 손과 팔의 움직임은 그다지 중요한 의사소통의 수단이 아니다.
⑤ 옷차림과 외양은 관계형성에 영향을 주지 않는다.

05
① 대상자의 얼굴표정이나 손짓, 몸짓만으로도 말하려는 메시지를 빨리 파악할 수 있다.
② 대상자를 정면으로 직시하면 대상자에게 대화에 적극적으로 임하고 있다는 메시지를 전달할 수 있다.
④ 손과 팔의 움직임도 중요한 의사소통 수단이다.
⑤ 옷차림이나 외양이 대상자 및 가족과의 관계에 영향을 미친다.

표준교재 **400쪽**

06 다음 중 비언어적 의사소통기법에서 바람직한 태도는?

① 팔짱을 끼고 이야기를 듣는다.
② 상대로부터 비껴 앉는다.
③ 상대를 향해 약간 기울여 이야기를 듣는다.
④ 들뜬 듯한 목소리로 이야기한다.
⑤ 계속 손을 움직이며 말한다.

06

표준교재 **401쪽**

정답   **03** ①   **04** ⑤   **05** ③   **06** ③

07 비언어적 의사소통기법에서 바람직하지 않은 얼굴표정은?

① 따뜻하고 배려하는 표정 ② 눈썹 치켜세우기
③ 간간히 짓는 미소 ④ 다양하며 생기있는 표정
⑤ 자연스러운 입모양

★★★

08 대상자와 의사소통 시 적절하지 않은 태도는?

① 대상자와 같은 눈높이
② 대상자를 향해 약간 기울인 자세
③ 적절한 시선의 움직임
④ 온화한 목소리
⑤ 너무 큰 목소리

09 비언어적 의사소통 기법에서 바람직한 어조로 옳은 것은?

① 대상자의 느낌과 정서에 반응하는 어조
② 잦은 문법적 실수
③ 긴 침묵
④ 너무 빠른 목소리
⑤ 주저하는 어조

10 라포를 형성하기 위한 태도로 거리가 먼 것은?

① 몸이 상대를 향해 앞쪽으로 기울여진다.
② 눈은 안쪽을 향한다.
③ 몸을 뒤로 젖힌다.
④ 호흡의 리듬을 맞춘다.
⑤ 눈을 맞춘다.

11 좋은 경청에 대한 설명으로 옳은 것은?

① 경청을 잘 하는 것은 비판적 태도로 듣는 것이다.
② 상대방의 말에 항상 동의한다.
③ 대충 미루어 짐작하고 미리 대답을 준비한다.
④ 마음에 들지 않을 경우 슬쩍 회피한다.
⑤ 논쟁에서는 먼저 상대방의 주장을 들어준다.

해설

07
바람직하지 않은 얼굴표정
• 하품
• 입술을 깨물거나 꼭 다문 입
• 부적절하고 희미한 미소
• 지나친 머리 끄덕임
표준교재 **401쪽**

08
표준교재 **401쪽**

09
바람직한 어조
• 크지 않은 목소리
• 분명한 발음
• 온화한 목소리
• 대상자의 느낌과 정서에 반응하는 어조
• 적절한 말속도
표준교재 **401쪽**

10
라포를 형성하기 위해서는 신체언어를 맞추고, 눈을 맞추며, 호흡의 리듬을 맞추고, 언어를 맞추는 것이 필요하다.
표준교재 **402쪽**

11
① 비판적 태도를 버린다.
② 항상 동의하지 않더라도 이해하기 위해 마음을 열어둔다.
③, ④ 경청을 방해하는 태도이다.
표준교재 **403쪽**

정답 **07** ② **08** ⑤ **09** ① **10** ③ **11** ⑤

+ 해설

12 올바른 경청의 방법은?

① 귀로만 듣지 않고 오감을 동원해 듣는다.
② 끊임없이 비교한다.
③ 듣고 싶지 않은 말은 걸러낸다.
④ 상대방의 말을 나 자신의 경험에 맞춘다.
⑤ 충분히 듣지 않고 짐작하여 조언한다.

12

표준교재 **403쪽**

★★★

13 상대방이 하는 말을 상대방의 관점에서 이해하고 감정을 함께 느끼며 자신이 느낀 바를 전달하는 것을 의미하는 의사소통 방법은?

① 라포 형성   ② 경청
③ 공감   ④ 수용
⑤ 너−전달법

13
공감
상대방이 하는 말을 상대방의 관점에서 이해하고 감정을 함께 느끼며 자신이 느낀 바를 전달하는 것

표준교재 **403쪽**

★★★

14 다음 대화 중 공감적 반응보이기로 옳은 것은?

> 대상자 : "요양보호사님은 나를 어린애 취급하는 것 같은데 나를 성인으로 대해주세요. 양치질하라, 속옷 갈아입어라, 머리 빗어라 명령하고, 하지 않으면 신경질 내잖아요."
> 요양보호사 : (   )

① 저도 그러긴 싫은데 제 일이라 어쩔 수가 없어요. 할머니가 이해해주세요.
② 제가 할머니의 개인위생에 대해 일일이 간섭하는 듯해서 성가시고 화나셨군요.
③ 그런 식으로 말하지 마세요. 할머니는 어린아이처럼 스스로 못 챙기고 계시잖아요.
④ 할머니가 스스로 잘 하시면 이런 소리도 안 하잖아요. 빨리 건강해지셔서 스스로 알아서 하세요.
⑤ 할머니가 말씀하시는게 옳을지도 몰라요. 사실 저도 할머니를 성인으로 인정하고 그런 일들은 신경 쓰고 싶지 않거든요.

14

표준교재 **404쪽**

정답 **12** ① **13** ③ **14** ②

15 다음 대화 중 공감적 반응보이기로 옳은 것은?

> 📎 대상자 : "지난번 요양보호사가 더 잘했는데....."
> 요양보호사 : (   )

① 저도 열심히 할게요. 지켜봐 주세요.

② 처음이라 그래요. 지켜보시면 마음에 드실거예요.

③ 그렇게 그 요양보호사가 잘 했으면 그 분 모셔다 드릴까요? 전 그 요양보호사와는 달라요.

④ 지난번 요양보호사님이 일을 참 잘하셨나 봐요. 마음에 안드시는게 있으시면 말씀해 주세요.

⑤ 할머니께서 그렇게 말씀하시니 기분이 안좋네요. 그런 말씀은 되도록 하지 않으셨으면 좋겠어요.

16 다음 대화 중 공감적 반응보이기로 옳은 것은?

> 📎 대상자 : "아이고 여기 저기 너무 아파. 갈수록 더 아픈 것 같아."
> 요양보호사 : (   )

① 많이 아프세요? 병원에 모시고 갈게요.

② 건강하게 사시고 싶은데 아프시니까 많이 힘드시죠?

③ 나이가 있으니 당연히 아프시죠. 엄살 부리지 마세요.

④ 연세가 있으신데 아픈 것은 당연하지요. 그동안 잘 참으셨잖아요.

⑤ 아프시면 병원에 가서 검사받고 치료해야 돼요. 얼른 저와 병원가세요.

17 자신의 느낌과 생각을 효과적으로 표현함으로써 상대방과 원활한 대화를 하는 의사소통방법은?

① 침묵
② 말하기
③ 공감하기
④ 라포 형성
⑤ 경청하기

18 효과적인 말하기에 대한 설명으로 옳은 것은?

① 부족하고 자신감 없는 태도를 보인다.

② 자신은 보호받아야 한다고 생각한다.

③ 나에게는 잘못이 없다고 설명한다.

④ 상대방을 감정적으로 공격하지 않는다.

⑤ 모든 일에 전문가임을 강하게 주장한다.

➕ 해설

15

표준교재 404쪽

16

표준교재 404쪽

17
말하기
자신의 느낌과 생각을 효과적으로 표현함으로써 상대방과 원활한 대화를 하는 것

표준교재 405쪽

18

표준교재 405쪽

정답 15 ④ 16 ② 17 ② 18 ④

19 효과적인 말하기를 방해하는 경우로 알맞은 것은?

① 부정적인 비교를 하지 않는다.
② 자신은 비난을 받지 않아야 한다고 생각한다.
③ 의사전달을 분명하게 한다.
④ 상대방의 말을 수용하고 자신의 생각을 정리한다.
⑤ 편안하고 이완된 자세를 취한다.

19

표준교재 405쪽

20 상대방을 비난하지 않고 상대방의 행동이 나에게 미친 영향에 초점을 맞추어 이야기하는 표현법은?

① 너-전달법   ② 나-전달법
③ 경청   ④ 수용
⑤ 공감

20

표준교재 405쪽

21 상대방의 행동에 초점을 두고 행동에 대한 비난, 비평, 평가의 의미를 전하며, 상대방에게 잘못이 있다고 공격하는 표현은?

① 너-전달법   ② 나-전달법
③ 경청   ④ 수용
⑤ 공감

21

표준교재 405쪽

★★★

22 나-전달법에 대한 내용으로 옳지 않은 것은?

① 본인의 의사를 진솔하고 명확하게 전달할 수 있다.
② 부정적 정서를 강조하지 않는다.
③ 문제의 원인을 상대방에게서 찾으려 한다.
④ 상대를 평가하지 않는 태도가 필요하다.
⑤ 감정을 폭발적으로 드러내지 않는다.

22
문제의 원인을 상대방에게 두는 표현법은 너-전달법으로 문제해결을 위해서는 나-전달법이 바람직하다.

표준교재 405~406쪽

★★★

23 나-전달법의 주의사항으로 옳지 않은 것은?

① 나-전달법으로 말하고 나서 다시 수용적 태도를 취한다.
② 상대방에게 교훈을 주기 위해 열중한다.
③ 사람의 본심을 전달할 기회를 놓치지 말아야 한다.
④ 상대를 평가하지 않는 태도가 필요하다.
⑤ 감정을 폭발적으로 드러내지 않는다.

23
상대방에게 교훈을 주는 데 열중하면 본심을 전달할 기회를 놓칠 수 있다.

표준교재 406쪽

정답 **19** ② **20** ② **21** ① **22** ③ **23** ②

★★★

24 나–전달법의 내용으로 옳은 것은?

① 나의 생각이나 감정을 전달할 때는 입장을 바꾸어 너를 주어로 말한다.
② 상대방의 행동과 상황을 비난하듯 말한다.
③ 그 상황에 대해 내가 느끼는 바를 솔직하게 말한다.
④ 원하는 바는 상대가 느낄 수 있을 정도로 돌려 말한다.
⑤ 전달할 말을 건넨 후엔 되도록 빨리 자리를 뜬다.

25 다음과 같은 상황에서 나–전달법의 활용으로 옳게 연결된 것은?

함께 홍보물을 배포하기 위해 만나기로 한 동료가 약속시간에 늦을 때

① 행동 : 약속시간을 이렇게 어기면 어떡해요?
② 영향 : 기다리다 지쳤어요.
③ 느낌 : 기다리는 동안 정말이지 짜증나 죽는 줄 알았어요.
④ 바람 : 약속시간을 잘 지켜주기 바랍니다.
⑤ 행동 : 약속을 했으면 지켜야죠?

★★★

26 다음 상황에서 나–전달법을 올바르게 사용한 것은?

중요한 전화를 기다리고 있는데 동료 요양보호사가 통화를 길게 한다.

① 통화를 짧게 해줬으면 좋겠어요.
② 통화를 이렇게 오래하다니 정말 무례하군요.
③ 사적인 통화를 이렇게 오래하면 못 써요.
④ 기다리기 정말 짜증나요.
⑤ 도대체 언제까지 기다려야 하나요?

★★★

27 다음 상황에서 나–전달법을 활용한 표현으로 알맞은 것은?

대상자가 식탁 위에 밥 먹은 그릇을 그대로 두어 밥풀이 말라붙어 있을 때

① 다 잡수신 그릇은 싱크대에 담가두셨음 좋겠어요.
② 애도 아니고 이런 것까지 말해줘야 하나요?
③ 다음부터 이러면 설거지하지 않겠어요.
④ 진짜 뭘 모르시는군요.
⑤ 이러면 일하기 정말 짜증나요.

24

나–전달법(I–Message전달법)의 내용

• 나의 생각이나 감정을 전달할 때는 나를 주어로 말한다.
• 상대방의 행동과 상황을 비난 없이 그대로 말한다.
• 상대방의 행동이 나에게 미치는 영향을 구체적으로 말한다.
• 그 상황에 대해 내가 느끼는 바를 솔직하게 말한다.
• 원하는 바를 명확하게 말한다.
• 전달할 말을 건넨 후 상대방의 말을 잘 듣는다.

표준교재 406쪽

25

상황을 있는 그대로 비난 없이 느끼는 바를 솔직하게 전달하고 그 행동이 나에게 미치는 영향과 원하는 바를 구체적으로 말한다.

표준교재 406쪽

26

상황을 있는 그대로 비난 없이 느끼는 바를 솔직하게 전달하고 그 행동이 나에게 미치는 영향과 원하는 바를 구체적으로 말한다.

표준교재 406쪽

27

나–전달법의 유의사항

• 부정적 정서를 강조하지 않는다.
• 상대방에게 교훈을 주는 데 열중하여 말하는 사람의 본심을 전달할 기회를 놓치지 말아야 한다.
• 감정을 폭발적으로 드러내지 않는다.
• 상대를 평가하지 않는 태도가 필요하다.

표준교재 406쪽

정답 **24** ③ **25** ④ **26** ① **27** ①

28 다음 상황에서 나-전달법을 활용한 표현으로 알맞지 않은 것은?

> 대화를 나누는데 나의 말에 반응이 없는 동료 요양보호사에게

① 당신이 내 이야기를 어디까지 들었는지 알 수가 없어서 답답해요.
② 당신과 더 친밀하게 이야기 나누고 싶어요.
③ 내가 말할 때 다른 곳을 보고 있으면 속상해요.
④ 지금 제 말을 무시하다니 너무하네요.
⑤ 당신이 나의 이야기를 들어주면 좋겠어요.

29 대상자로 하여금 말할 수 있는 용기를 주며 치료자와 대상자 모두에게 생각을 정리할 시간을 주는 의사소통 방법은?

① 침묵   ② 말하기
③ 경청하기   ④ 공감하기
⑤ 수용하기

30 상대방의 표현을 비평 없이 있는 그대로 받아들이는 의사소통 방법으로 옳은 것은?

① 침묵   ② 경청
③ 수용   ④ 말하기
⑤ 공감하기

31 다음 중 수용에 대한 설명으로 옳지 않은 것은?

① 요양보호사는 대상자를 있는 그대로의 한 인간으로 받아들여야 한다.
② 요양보호사는 대상자의 감정, 태도를 수용하면서 지지한다.
③ 요양보호사는 대상자의 의견에 무조건 동의하고 칭찬해주어야 한다.
④ 요양보호사는 대상자의 부정적인 감정을 그대로 이해해야 한다.
⑤ 수용은 대상자의 자신감을 증진시킨다.

➕ 해설

28
나-전달법의 유의사항
· 부정적 정서를 강조하지 않는다.
· 감정을 폭발적으로 드러내지 않는다.
· 상대를 평가하지 않는 태도가 필요하다.

표준교재 **407쪽**

29
침묵
대상자로 하여금 말할 수 있는 용기를 주며, 치료자와 대상자 모두에게 생각을 정리할 시간을 준다.

표준교재 **407쪽**

30
수용
상대방의 표현을 비평 없이 있는 그대로 받아들이는 것으로 대상자를 있는 그대로의 한 인간으로 인정하고 존중하는 태도

표준교재 **408쪽**

31
③ 수용은 단순한 동의나 칭찬과는 다르다.

표준교재 **408쪽**

정답 **28** ④ **29** ① **30** ③ **31** ③

32 대상자와 효과적인 말벗하기를 위한 방법으로 옳은 것은?

① 대상자를 아이처럼 대한다.
② 대상자가 요양보호사와 의존관계를 형성해야 한다.
③ 대상자에게 반말을 해서 친밀감을 형성하도록 한다.
④ 대상자 삶을 '옳고 그름'으로 이해하는 마음자세가 요구된다.
⑤ 대상자의 개인적 특성에 대한 이해와 존중하는 태도가 중요하다.

33 대상자가 느끼는 감정을 있는 그대로 이해하고 존중하는 의사소통 방법은?

① 수용
② 침묵
③ 공감
④ 동감
⑤ 인정

34 대상자에게 심리, 정서적 안정감을 제공하며, 요양보호사와 대상자 간의 신뢰를 형성하는데 기여하는 요양보호사의 활동으로 옳은 것은?

① 공감하기
② 말벗하기
③ 신뢰하기
④ 친교하기
⑤ 수용하기

35 다음 대화에 들어갈 내용으로 옳은 것은?

> 요양보호사 : "어르신! 오늘은 날씨가 아주 좋아요."
> 대상자 : "그런가 보네…"
> 요양보호사 : (   )

① 기분이 안 좋아 보여요. 저랑 산책하러 가세요.
② 날씨가 따뜻하지만 아직 나가시면 안 되요. 감기 걸려요.
③ 날씨가 따뜻하니 밖에 나가 보세요. 기분이 좋아지실 거예요.
④ 어디 편찮으세요? 안색이 안 좋아 보여요. 저랑 병원에 가시죠.
⑤ 네, 날씨가 따뜻하고 바람도 없어요. 바람도 없고 햇살도 좋은데 밖에 나가서 걸어보실래요?

32
대상자와 말벗하는 방법
- 대상자의 신체적, 심리적, 사회적 특성을 이해한다.
- 대상자의 개인적 특성, 질병, 생활력 등을 이해하고 존중한다.
- 대상자의 삶을 '옳고 그름'이나 '좋고 싫음'으로 판단하지 않는다.
- 대상자의 삶을 '차이와 다양성'으로 수용한다.
- 대상자와 과도한 의존관계를 형성하지 않는다.
- 대상자에게 반말이나 명령조의 언어를 사용해서는 안 된다.
- 대상자의 기분이나 감정에 주의를 기울이고 공감한다.
표준교재 **408쪽**

33
공감
대상자가 느끼는 감정을 있는 그대로 이해하고 존중하는 것
표준교재 **408쪽**

34
말벗하기
대상자에게 심리, 정서적 안정감을 제공하며, 대상자와 신뢰를 형성하는데도 크게 기여한다.
표준교재 **408쪽**

35
대상자의 기분이나 감정에 주의를 기울이고 공감해준다.
표준교재 **409쪽**

정답 **32** ⑤ **33** ③ **34** ② **35** ⑤

★★★

다음 대화에서 요양보호사의 반응에 해당하는 것은?

> 어르신 : "영감이 돌아가시기 전까지는 늘 문단속을 하고 잠자리를 살펴주었거든."
>
> 요양보호사 : "할아버지를 한번 뵙고 싶어요. 사진 가지고 계시면 보여주실 수 있나요?

① 공감하기 ② 적극적인 청취
③ 증상완화 보조 ④ 라포 형성하기
⑤ 정보제공

★★★

다음 대화에서 요양보호사의 반응에 해당하는 것은?

> 어르신 : "영감님 기일도 다가오고 요 며칠 잠을 설치고 있어."
>
> 요양보호사 : "잠을 못 주무셔서 몸이 무거우시죠? 제가 따뜻한 물로 발을 씻겨 드릴게요.",

① 공감하기 ② 적극적인 청취
③ 증상완화 보조 ④ 라포 형성하기
⑤ 정보제공

대상자가 열이 있음에도 불구하고 손자의 선물을 사러 외출을 하겠다고 고집하실 때 대상자에게 존중의 뜻을 전하고 신뢰감을 줄 수 있는 대응으로 적절한 것은?

① 열이 있으시니까 가족에게 연락하고 제가 대신 선물을 사러 다녀오는 것은 어떠세요?
② 지금 열이 있는데 무슨 말씀이세요? 오늘은 집에서 쉬셔야 해요.
③ 안 돼요. 그냥 가족에게 사오라고 하세요.
④ 지금 나가시면 감기 걸려서 큰일 나요.
⑤ 열이 있으시니 병원부터 가셔야 해요.

36

영감님의 사진을 보고 싶다고 적극적인 청취를 하면서 반복해서 관심과 공감을 표현한다.

표준교재 409쪽

37

표준교재 409쪽

38

어르신이 무리한 요구를 한다고 해서 바로 거절하지 말고, 먼저 공감을 표시한다. 열이 있음을 전달하여 관심을 표현하고, 대신 다녀오겠다고 전함으로써 어르신의 뜻을 존중하고 안심과 신뢰감을 줄 수 있다.

표준교재 409쪽

정답 36 ② 37 ③ 38 ①

2 상황별 의사소통

01 의사소통의 장애가 없는 대상자와의 의사소통 방법으로 옳은 것은?

① 말은 빠르게 한다.
② 대상자의 이름은 부르지 않는다.
③ 본인을 소개할 때는 이름만 알린다.
④ 어르신이 들을 수 있게 큰소리로 말한다.
⑤ 대상자의 호칭은 보호자의 허락 하에 어르신 등으로 부른다.

02 다음 중 대상자 가족과의 의사소통 방법으로 옳은 것은?

① 가족을 존중하는 태도를 가진다.
② 대상자에 대한 정보는 시설장과 주고받는다.
③ 가족과 의견이 상충될 때는 대화를 통해 해결점을 찾는다.
④ 대상자의 부정적인 행동은 직설적으로 전달한다.
⑤ 대상자만 존중하면 된다.

★★★
03 노인성 난청 대상자와 이야기하는 방법으로 옳지 않은 것은?

① 대상자의 눈을 보며 측면에서 이야기한다.
② 어깨를 다독이거나 눈짓으로 신호를 주면서 이야기를 시작한다.
③ 입 모양으로 이야기를 알 수 있도록 입을 크게 벌리며 정확하게 말한다.
④ 몸짓, 얼굴 표정 등으로 의미 전달을 돕는다.
⑤ 말의 의미를 이해할 때까지 되풀이하고 이해했는지 확인한다.

★★★
04 노인성 난청 대상자와 이야기하는 방법으로 옳은 것은?

① 말을 알아듣기 쉽게 빨리 여러 번 말한다.
② 보청기를 착용할 때는 입력은 낮게, 출력은 크게 조절한다.
③ 대상자를 더 많이 이해하고자 노력한다.
④ 눈에 무리가 가지 않도록 조명이 어두운 방에서 시선을 맞추며 말한다.
⑤ 몸짓, 얼굴 표정 등은 최대한 자제한다.

01
- 대상자의말하는 속도에 맞춘다.
- 작거나 크게 말하지 않는다.
- 본인을 소개할 때 이름과 연락처, 소속 단체와 역할을 알린다.
- 대상자의 허락 하에 어르신 등으로 부른다.
- 대상자는 이름으로 호칭하는 것이 원칙이다.
  표준교재 410쪽

02
가족과의 의사소통
- 가족을 존중하는 태도를 가진다.
- 대상자에 대한 정보는 수시로 주고받는다.
- 가족과 의견이 상충될 때는 시설장에게 보고한다.
- 대상자의 부정적인 행동이나 그에 대한 느낌을 전달할 때는 직설적으로 하지 않는다.
  표준교재 410쪽

03
대상자의 눈을 보며 정면에서 이야기한다.

  표준교재 411쪽

04
① 천천히 차분하게 이야기한다.
② 입력은 크게, 출력은 낮게 조절한다.
③ 난청이 있는 대상자는 본인이 잘 듣지 못하기 때문에 다른 사람이 자신을 속인다고 의심하는 경향이 있다.
④ 밝은 방에서 입 모양을 볼 수 있도록 시선을 맞추며 말한다.
⑤ 몸짓, 얼굴 표정 등으로 의미 전달을 돕는다.
  표준교재 411쪽

정답 01 ① 02 ① 03 ① 04 ③

05 시각장애 대상자와 의사소통 방법으로 옳은 것은?

① 대상자의 옆에서 이야기한다.
② 여기, 이쪽 등 지시대명사를 사용한다.
③ 사물의 위치를 정확히 반시계방향으로 설명한다.
④ 자립생활이 가능하도록 교육과 훈련을 반복한다.
⑤ 요양보호사를 중심으로 오른쪽, 왼쪽을 설명한다.

06 시각장애 대상자와 의사소통 방법으로 옳지 않은 것은?

① 대상자가 읽고 싶어 하는 것을 읽어준다.
② 대상자가 이해할 수 있는 언어를 사용한다.
③ 대필하게 되는 경우에는 정확하게 받아쓴다.
④ 대상자와 보행 시에는 요양보호사가 반 보 뒤에서 따라간다.
⑤ 이미지가 잘 떠오르지 않는 형태나 의류 등은 촉각으로 이해시킨다.

07 언어장애 대상자와 의사소통 방법으로 옳은 것은?

① 소음이 있을 때 의사소통이 더 잘된다.
② 여러 질문을 한꺼번에 한다.
③ 면담을 할 때는 반드시 서서 이야기 한다.
④ 대상자의 말에 고개를 끄덕여 듣고 있음을 알린다.
⑤ 언어장애가 있으므로 질문에 답변을 기다리지 않아도 된다.

08 판단력, 이해력장애를 가진 대상자와 의사소통 방법으로 옳은 것은?

① 아이처럼 취급하여 친밀감을 높인다.
② 그림과 사진 등을 이용해 이야기한다.
③ 상대의 속도에 맞추어 빠르게 이야기한다.
④ 어려운 단어를 사용하여 인지를 자극시킨다.
⑤ 긴 문장으로 이야기하여 인지기능을 활용하게 한다.

+ 해설

05
① 대상자의 정면에서 이야기한다.
② 여기, 이쪽 등 지시대명사를 사용하지 않는다.
③ 사물의 위치를 정확히 시계방향으로 설명한다.
⑤ 대상자를 중심으로 오른쪽, 왼쪽을 설명하여 원칙을 정해둔다..

> 표준교재 411쪽

06
대상자와 보행 시에는 요양보호사가 반 보 앞으로 나와 대상자의 팔을 끄는 듯한 자세가 좋다.

> 표준교재 411쪽

07
① 대화에 주의를 기울이고 소음이 있는 곳을 피한다.
② 질문에 대한 답변이 끝나기 전에 다음 질문을 하지 않는다.
③ 면담을 할 때는 앉아서 한다.
⑤ 대상자의 말이 끝날 때까지 기다린다.

> 표준교재 412쪽

08
판단력, 이해력장애 대상자와 이야기하는 방법
• 어려운 표현을 사용하지 않고 짧은 문장으로 천천히 이야기한다.
• 몸짓, 손짓을 이용해 상대의 말하는 속도에 맞추어 천천히 이야기한다.
• 실물, 그림판, 문자판 등을 이용하여 이해를 돕는다.
• 불쾌감을 주는 언어를 쓰거나 아이처럼 취급하여 반말을 하지 않는다.

> 표준교재 412쪽

정답 05 ④ **06** ④ **07** ④ **08** ②

★★★

09 주의력결핍장애를 가진 대상자와 의사소통 방법으로 옳은 것은?

① 대상자와 눈을 맞춘다.
② 명확하고 간단하게 한꺼 번에 이야기한다.
③ 환경을 자주 변화시켜 주의력을 향상시킨다.
④ 새로운 사물에 대한 대화를 해서 인지를 자극한다.
⑤ 복잡한 활동으로 시작해서 단순한 활동으로 마친다.

10 지남력 장애를 가진 대상자와 의사소통 방법으로 옳은 것은?

① 대상자의 이름만 사용한다.
② 대상자를 대하는 데 변화를 주어 인지기능을 향상시킨다.
③ 모든 물품에 이름표를 붙이고 주의사항을 그림이나 문자로 제시한다.
④ 밤에 기본적인 정보를 알려주어 낮 시간에 활용하게 한다.
⑤ 시간, 장소, 사람, 날자, 달력, 시계 등을 자주 암기하게 한다.

11 지남력 장애를 가진 대상자와 의사소통 방법으로 옳지 않은 것은?

① 대상자의 과거 직함을 사용한다.
② 대상자의 이름과 존칭을 함께 사용한다.
③ 대상자를 일관성을 갖고 대하도록 최대한 노력한다.
④ 모든 물품에 이름표를 붙이고 주의 사항을 문서화한다.
⑤ 시간, 장소, 사람, 날짜, 달력, 시계 등을 자주 인식시킨다.

12 언어장애 대상자와 의사소통 방법으로 옳지 않은 것은?

① 잘 표현하였을 때는 칭찬한다.
② 실물, 그림판, 문자판 등을 이용한다.
③ 비언어적 긍정적 공감을 표현해 준다.
④ 눈을 깜빡이거나 고개를 끄덕이는 등 표현하게 한다.
⑤ 이해가 된 경우에는 길게 말을 해서 인지를 자극한다.

09
주의력결핍장애 대상자와 이야기하는 방법
• 대상자와 눈을 맞춘다.
• 명확하고 간단하게 단계적으로 제시한다.
• 구체적이고 익숙한 사물에 대하여 대화한다.
• 목표를 인식하고 단순한 활동을 먼저 제시한다.
• 주의력에 영향을 주는 환경적 자극을 최대한 줄인다.
• 메시지를 천천히, 조용히 반복한다.
표준교재 413쪽

10
지남력장애 대상자와 이야기하는 방법
• 대상자의 이름과 존칭을 함께 사용한다.
• 대상자를 일관성 있게 대하도록 노력한다.
• 시간, 장소, 사람, 날짜, 달력, 시계 등을 자주 인식시킨다.
• 모든 물품에 이름표를 붙이고 주의사항을 그림이나 문자로 적어서 제시한다.
표준교재 413쪽

11

표준교재 413쪽

12
⑤ 알아듣고 이해가 된 경우에는 예, 아니오 라고 짧게 대답한다.

표준교재 412쪽

정답 **09** ① **10** ③ **11** ① **12** ⑤

＋ 해설

3 여가활동 돕기

01
신체적 기능 감소를 예방하고 노후 적응, 심리적 안정감, 생활만족도에 영향을 주는 노인의 활동은 무엇인가?

① 노후 활동
② 여가 활동
③ 자원 봉사
④ 사회 활동
⑤ 소일 활동

01
노인의 여가 활동
신체적 기능 감소를 예방하고 노후 적응, 심리적 안정감, 생활만족도, 삶의 질에 영향을 준다.

표준교재 414쪽

02
노인의 여가활동이 미치는 영향에 대한 설명 중 옳은 것은?

① 노후 삶의 질을 낮춰준다.
② 노후 생활만족도를 낮춘다.
③ 신체적 기능을 증진시킨다.
④ 노후 생활의 적응력을 낮춘다.
⑤ 노후에 심리적인 안정감을 갖게 한다.

02
노인의 여가활동이 미치는 영향
• 신체적 기능 감소를 예방한다.
• 노후 적응, 심리적 안정감, 생활만족도를 높인다.
• 시간을 효율적으로 활용하여 자기 효능감을 높이고 긍정적 영향을 준다.
• 자기발전에 도움이 되며 정신적 건강에 좋다.

표준교재 414쪽

03
여가활동 유형에서 자기계발 활동에 해당하는 것은?

① 사찰가기
② 가족소풍
③ 노래교실
④ 독서교실
⑤ 가족과의 대화

03
자기계발 활동
책 읽기, 독서교실, 그림그리기, 서예교실, 시낭송, 악기연주, 백일장, 판소리교실, 창작활동 등

표준교재 414쪽

04
자기계발 활동으로 옳은 것은?

① 교회가기
② 창작활동
③ 연극보기
④ 식물 가꾸기
⑤ 전시회 가기

04
① 종교 참여 활동
③, ⑤ 사교 오락 활동
④ 소일 활동

표준교재 414쪽

05
소일 활동으로 옳은 것은?

① 서예교실
② 악기연주
③ 그림 그리기
④ 전시회 가기
⑤ 식물 가꾸기

05
소일 활동
텃밭 야채 가꾸기, 식물 가꾸기, 신문 보기, 텔레비전 시청, 산책, 종이접기, 퍼즐놀이 등

표준교재 414쪽

정답　01 ②　02 ⑤　03 ④　04 ②　05 ⑤

06 사교 오락 활동으로 옳은 것은?

① 교회 가기
② 창작 활동
③ 연극보기
④ 식물 가꾸기
⑤ 텔레비전 시청

06
사교 오락 활동
영화, 연극, 음악회, 전시회, 노래교실 등

표준교재 414쪽

07 가족중심 활동으로 옳은 것은?

① 외식나들이
② 노래교실
③ 성당가기
④ 식물 가꾸기
⑤ 텃밭 가꾸기

07
가족 중심 활동
가족 소풍, 가족과의 대화, 외식나들이 등

표준교재 414쪽

★★★
08 노인의 여가활동 유형과 내용을 바르게 짝지어 진 것은?

① 소일 활동 – 종이접기
② 운동 활동 – 외식나들이
③ 사교 오락 활동 – 산책
④ 가족 중심 활동 – 연극보기
⑤ 사기계발 활동 – 노래교실

08

표준교재 414쪽

★★★
09 노인의 여가활동 유형과 내용을 바르게 짝지어 진 것은?

① 운동 활동 – 퍼즐놀이
② 소일 활동 – 서예교실
③ 사교 오락 활동 – 걷기
④ 자기계발 활동 – 백일장
⑤ 가족 중심 활동 – 음악회

09

표준교재 414쪽

10 다음 보기의 여가활동 유형으로 옳은 것은?

> 식물 가꾸기, 텔레비전 시청, 종이접기, 퍼즐놀이

① 자기계발 활동
② 가족 중심 활동
③ 종교 참여 활동
④ 사교 오락 활동
⑤ 소일 활동

10

표준교재 414쪽

정답 **06** ③ **07** ① **08** ① **09** ④ **10** ⑤

11 다음 보기의 여가활동 유형으로 옳은 것은?

> 영화, 연극, 음악회, 노래교실

① 자기계발 활동   ② 가족 중심 활동
③ 종교 참여 활동   ④ 사교 오락 활동
⑤ 소일 활동

11

표준교재 414쪽

12 거동이 불편한 장기요양 대상자들에게 알맞은 여가활동은?

① 외식나들이   ② 가족 소풍
③ 전시회 가기   ④ 종이접기
⑤ 텃밭 야채 가꾸기

12
장기요양 대상자들의 여가활동은 정적인 자기계발 활동이나 소일활동 등이 많다.

표준교재 414쪽

13 은퇴를 한 노부부가 동창 부부모임에서 영화나 연극을 보러가는 것은 여가활동 중 어디에 해당하는가?

① 자기계발 활동   ② 사교오락 활동
③ 소일 활동   ④ 가족 중심 활동
⑤ 종교참여 활동

13

표준교재 414쪽

14 노인의 여가활동을 돕는 방법으로 옳은 것은?

① 대상자의 욕구보다는 정형화된 프로그램이 좋다.
② 시설에서는 개인보다는 단체의 효율성에 맞는 프로그램이 운영하기 좋다.
③ 시설에서는 개별적인 프로그램을 지원하기 어렵다.
④ 대상자에게 여가활동에 대해 충분히 설명한다.
⑤ 프로그램은 어려울수록 흥미를 느낀다.

14

표준교재 415쪽

정답   **11** ④   **12** ④   **13** ②   **14** ④

04 요양보호 기록 및 업무보고

01 요양보호 기록

1. 요양보호 기록의 목적　표준교재 416쪽

① 질 높은 서비스를 제공하는 데 도움이 된다.

② 요양보호사의 활동을 입증할 수 있다.

③ 요양보호서비스의 연속성을 유지할 수 있다.

④ 시설장 및 관련 전문가에게 중요한 정보를 제공한다.

⑤ 요양보호서비스의 내용과 방법에 대한 지도 및 관리에 도움이 된다.

⑥ 가족과 정보공유를 통해 의사소통을 원활하게 한다.

⑦ 요양보호서비스의 표준화와 요양보호사의 책임성을 높인다.

> **요양보호사가 기록을 어려워하는 이유**
>
> • 글을 쓰는 것 자체에 대한 부담
> • 업무 부담
> • 기록할 시간의 부족
> • 기록하는 방법에 대한 이해 부족

2. 요양보호 기록 방법　표준교재 418쪽

1) 요양보호 기록의 종류

① 장기요양급여 제공기록지

• 대상자에게 제공한 서비스의 내용과 시간, 특이사항을 기입한 것이다.

- 수기로 작성하는 방법과 무선주파수 인식기술(RFID)을 이용한 재가급여전자관리시스템을 이용하는 방법이 있다.
- **재가급여전자관리시스템** : 장기요양요원이 수급자의 가정을 방문하여 제공하는 방문요양, 방문목욕, 방문간호의 급여제공내용을 RFID를 이용하여 국민건강보험공단에 실시간으로 전송하고 이를 급여제공 내용으로 인정하여 급여비용 청구와 자동으로 연계하는 관리체계

② **상태기록지**

배설, 목욕, 식사섭취, 수분섭취, 체위변경, 외출 등의 상태 및 제공 내용을 기록하는 것으로 장기요양기관에 따라 양식과 명칭, 내용은 조금씩 다르다.

③ **사고보고서**

- 관리책임자가 작성하는 경우도 있지만 요양보호사가 작성할 수도 있다.
- 사고가 발생한 시점에서 시간의 흐름에 따라 사고의 내용, 경과, 결과에 대해 정확하게 기록하여야 한다.

④ **인수인계서**

- 퇴직, 휴직 등으로 인하여 업무를 그만둘 때는 직원 간의 업무인수인계가 이루어진다.
- 관리책임자가 작성하는 경우도 있지만 요양보호사가 작성할 수도 있다.
- 수급자명, 급여제공내용, 유의 사항 등이 포함된다.

2) 요양보호 기록의 원칙

① 사실을 있는 그대로 기록한다.

② 육하원칙을 바탕으로 기록한다.

③ 서비스의 과정과 결과를 정확하게 기록한다.

④ 기록을 미루지 않고, 그때그때 신속하게 작성한다.

⑤ 공식화된 용어를 사용한다.

⑥ 간단명료하게 기록한다.

⑦ 기록자를 명확하게 한다.

⑧ 애매한 표현은 피하고 구체적으로 기록한다.

3) 요양보호 기록 시 주의 사항

① 회의 등을 위해 자료를 배포할 경우에는 회의 종료 후 반드시 회수한다.

② 기록은 반드시 잠금장치가 되어 있는 장소에 보관하고 관리책임자를 정해 둔다.

③ 업무상 알게 된 정보에 대해서는 외부에 유출하지 않도록 특별히 조심해야 한다.

④ 대상자에 관한 정보를 수집할 때는 반드시 대상자의 동의를 얻어야 한다.

⑤ 문제해결을 위한 목적이라도 대상자나 가족이 승인하지 않은 정보는 기록해서는 안 된다.

⑥ 요양보호서비스와 직접 관련이 없는 정보는 요양보호사 마음대로 기록해서는 안 된다.

⑦ 요양보호사는 기록이 공개될 수 있다는 것을 염두에 두고 기록해야 한다.

⑧ 불필요한 개인정보는 기록하지 않는다.

02 업무보고

1. 업무보고의 중요성 표준교재 436쪽

① 요양보호서비스의 질을 높일 수 있다

② 타 전문직과의 업무협조 및 의사소통을 원활하게 할 수 있다.

③ 사고에 신속하게 대응할 수 있으며, 피해를 최소화할 수 있다.

2. 업무보고 방법 표준교재 437쪽

1) 업무보고 원칙

① 객관적인 사실을 보고한다.

② 육하원칙에 따라 보고한다.

③ 신속하게 보고한다.

④ 보고내용이 중복되지 않게 한다.

2) 업무보고 시기

① 대상자의 상태에 변화가 있을 때

② 서비스를 추가하거나 변경할 필요가 있을 때

③ 새로운 정보를 파악했을 때

④ 새로운 업무방법을 찾았을 때

⑤ 업무를 잘못 수행했을 때

⑥ 사고가 발생했을 때

3) 업무보고 형식

① 구두보고

- 상황이 급하거나 사안이 가벼울 때 많이 이용한다.
- 결론부터 보고하고, 경과와 상태, 원인 등을 보고한다.
- **장점** : 신속하게 보고할 수 있다.
- **단점** : 정확한 기록을 남길 수 없다.
- 상황이 급한 경우에는 반드시 구두보고를 먼저 한 후 서면보고를 한다.

② 서면보고

- 보고내용이 복잡하거나 숫자나 지표가 필요한 경우, 정확히 보고할 필요가 있거나 자료를 보존할 필요가 있을 때 이용한다.
- **대표적인 서면보고** : 정기 업무보고, 사건보고 등
- **장점** : 정확한 기록을 남길 수 있다.
- **단점** : 신속하게 보고할 수 없다.

③ 전산망 보고

• 장점

- 능숙하게 사용할 수 있으면 시간을 절약할 수 있고 편리하다.

- 구두보고와 같이 실시간으로 확인할 수 있다.

- 서면보고와 같이 기록으로 남길 수 있다.

03 업무회의

1. 사례회의   표준교재 440쪽

1) 사례회의 목적

① 대상자에게 제공되는 서비스의 질을 지속적으로 관리한다.

② 대상자에 대한 정보를 교환하고 요양보호의 목표를 공유하여 서비스의 질을 높인다.

③ 대상자에 대한 서비스제공 계획의 타당성을 검토하여 서비스 내용을 조정한다.

④ 대상자와 관계된 직종들의 역할 분담을 명확히 한다.

2) 사례회의 절차

① 사전에 사례회의의 일자, 장소, 주제에 대해 공지한다.

② 당일 사례회의 참가자를 소개한다(사회:관리책임자).

③ 사례회의 목적을 밝히고, 소요시간을 정한다.

④ 발표자(관리책임자, 요양보호사)가 해결해야 할 문제에 초점을 맞추어 사례개요를 설명한다.

⑤ 해결해야 할 문제에 대해 참가자의 의견을 듣는다.

⑥ 회의 결과 및 향후 계획을 논의한다.

⑦ 회의록을 작성하고 참가자들로부터 서명을 받는다.

2. 월례회의 특징   표준교재 441쪽

① 관리자가 요양보호사의 업무와 관련된 정보와 업무 준수사항 등을 전달한다. 출퇴근 시간 엄수, 급여제공기록지 사용에 대한 설명, 사고 등 응급상황에 대한 대처, 가족요양을 하고 있는 요양보호사의 입원 및 해외출국에 대한 철저한 보고 필요성 등을 전달한다.

② 요양보호사가 대상자에 대한 요양보호와 관련된 정보, 대상자의 건강, 사고 등에 대한 정보를 전달한다.

③ 관리자가 요양보호사로부터 기관운영, 인사, 복리후생에 대해 의견 및 애로사항을 듣고, 월례회의에서 제안된 의견이나 애로사항에 대해 어떻게 조치하였는지 다음 월례회의 때 보고한다.

04 요양보호 기록 및 업무보고 실전 예상문제

1 요양보호 기록

★★★

01 다음 중 요양보호 기록의 목적으로 올바른 것은?

① 동료 요양보호사와 정보를 공유할 수 있다.
② 대상자 가족에게 급여비용을 청구할 수 있다.
③ 기록하는 습관을 만들 수 있다.
④ 평가의 지표를 만들 수 있다.
⑤ 요양보호사의 활동을 입증할 수 있다.

02 요양보호사가 기록을 어려워하는 이유로 옳지 않은 것은?

① 글 쓰는 것 자체가 부담스러워서
② 업무가 가중되는 것이 부담스러워서
③ 기록할 시간이 부족해서
④ 기록하는 방법을 몰라서
⑤ 대상자의 정보가 새어 나갈까봐

해설

03 다음 보기가 설명하는 요양보호 기록의 목적으로 옳은 것은?

> • 요양보호사의 활동을 객관적으로 점검해 볼 수 있는 자료이다.
> • 요양보호 기록은 제공된 서비스를 점검하고 평가하는데 중요한 역할을 한다.

① 지도, 관리를 받는데 도움이 된다.
② 서비스의 연속성을 유지할 수 있다.
③ 요양보호사의 활동을 입증할 수 있다.
④ 질 높은 서비스를 제공하는데 도움이 된다.
⑤ 전문가와의 업무협조 및 의사소통을 원활히 할 수 있다.

03

표준교재 416쪽

04 다음 보기가 설명하는 요양보호 기록의 목적으로 옳은 것은?

> 담당 요양보호사의 휴가, 부서 재배치, 사직 등으로 대상자를 다른 요양보호사에게 인계하거나 다른 기관에 의뢰할 경우 연계한다.

① 지도, 관리를 받는데 도움이 된다.
② 서비스의 연속성을 유지할 수 있다.
③ 요양보호서비스의 표준화에 기여한다.
④ 요양보호사의 활동을 입증할 수 있다.
⑤ 전문가와의 업무협조 및 의사소통을 원활히 할 수 있다.

04
담당 요양보호사가 휴가, 부서 재배치, 사직 등으로 대상자를 다른 요양보호사에게 인수·인계하거나, 또는 다른 기관에 의뢰할 경우 그동안의 요양보호 기록이 있으면 원활하게 연계할 수 있어서 서비스의 연속성을 보장할 수 있다.

표준교재 417쪽

05 요양보호기록의 목적으로 옳지 않은 것은?

① 요양보호사의 책임성을 낮춘다.
② 지도, 관리를 받는데 도움이 된다.
③ 대상자 및 가족과의 정보를 공유한다.
④ 요양보호서비스의 표준화에 기여한다.
⑤ 질 높은 서비스를 제공하는 데 도움이 된다.

05

표준교재 417쪽

06 요양보호사가 어떤 서비스를 어떻게 제공했는지 과정과 결과를 기록하는 목적은?

① 요양보호사의 책임성을 제고한다.
② 지도, 관리를 받는데 도움이 된다.
③ 서비스의 연속성을 유지할 수 있다.
④ 요양보호서비스의 표준화에 기여한다.
⑤ 요양보호사의 활동을 입증할 수 있다.

06
요양보호서비스의 과정과 결과를 기록해 두면 요양보호사가 어떤 서비스를 어떻게 제공했는지 알 수 있다. 요양보호 기록은 요양보호사의 활동을 입증할 수 있는 자료이기 때문에 법적 문제가 발생했을 때 중요한 자료로 활용된다.

표준교재 417쪽

정답 **03** ④ **04** ② **05** ① **06** ⑤

07 사회복지사, 간호사, 물리치료사 등 다수의 전문가와 팀을 이루어 협조체제를 가능하게 하고 의사소통을 원활하게 하는 기록의 목적으로 옳은 것은?

① 지도, 관리를 받는데 도움이 된다.
② 서비스의 연속성을 유지할 수 있다.
③ 요양보호서비스의 표준화에 기여한다.
④ 요양보호사의 활동을 입증할 수 있다.
⑤ 전문가와의 업무협조 및 의사소통을 원활히 할 수 있다.

08 다음 중 요양보호사가 기록해야 할 것은?

① 상담일지 　　　　　② 방문일지
③ 인수인계서 　　　　④ 사례회의록
⑤ 욕구평가 사정

★★★

09 대상자에게 제공한 서비스의 내용과 시간, 특이사항을 기입한 것은?

① 방문일지 　　　　　② 장기요양급여제공기록지
③ 간호일지 　　　　　④ 욕구평가 사정
⑤ 급여제공 계획서

10 다음 중 장기요양급여 제공기록지에 대한 설명으로 옳은 것은?

① 대상자의 배설, 식사에 관한 것을 기입한다.
② 재가급여전자관리시스템을 이용하여 작성해야만 한다.
③ 재가급여전자관리시스템은 급여제공 내용을 지자체에 전송한다.
④ 수기로는 작성할 수 없다.
⑤ 서비스 시작시간과 종료시간을 적는다.

11 다음 중 요양보호사가 작성해야 할 서식이 아닌 것은?

① 상담일지
② 장기요양급여제공기록지
③ 상태기록지
④ 사고보고서
⑤ 인수인계서

 해설

07
재가 및 시설에는 요양보호사뿐만 아니라 사회복지사, 간호사, 물리치료사 등 다수의 전문가들과 팀을 이루어 서비스를 제공하는 경우가 많다. 이러한 팀에서의 요양보호기록은 전문가와의 협조체제를 가능하게 하고 의사소통을 원활하게 하여 서비스의 질을 높이는 데 중요한 역할을 한다.

표준교재 **417쪽**

08
요양보호사가 기록해야 하는 것
• 장기요양급여제공기록지
• 상태기록지(체크표)
• 사고보고서
• 인수인계서

표준교재 **418쪽**

09

표준교재 **418쪽**

10
장기요양급여제공기록지
• 서비스의 내용과 시간, 특이사항을 기입한다.
• 수기로 작성하는 방법과 재가급여전자관리시스템을 이용하는 방법이 있다.
재가급여전자관리시스템
• 방문요양, 방문목욕, 방문간호의 급여제공 내용을 실시간 공단으로 전송할 수 있다.
• 급여비용 청구와 자동으로 연계하는 관리체계이다.

표준교재 **416쪽**

11

표준교재 **418쪽**

정답 **07** ⑤　**08** ③　**09** ②　**10** ⑤　**11** ①

12 배설, 목욕, 식사섭취, 수분섭취, 체위변경, 외출 등의 상태 및 제공 내용을 기록하는 서식은?

① 업무일지
② 상태기록지
③ 사고보고서
④ 인수인계서
⑤ 장기요양급여제공기록지

12
상태기록지
배설, 목욕, 식사섭취, 수분섭취, 체위변경, 외출 등의 상태 및 제공 내용을 기록

표준교재 **424쪽**

13 요양보호사가 퇴직, 휴직 등으로 인해 업무를 그만둘 때 작성하는 서류로 옳은 것은?

① 업무일지
② 상태기록지
③ 사고보고서
④ 인수인계서
⑤ 장기요양급여제공기록지

13
인수인계서
요양보호사가 퇴직, 휴직 등으로 인하여 업무를 그만둘 때는 직원 간의 업무인수인계가 이루어진다.

표준교재 **424쪽**

14 다음 보기가 설명하는 요양보호 기록의 원칙으로 옳은 것은?

- 요양보호사의 주관적인 것은 피해야 한다.
- 요양보호사의 판단과 사실을 혼동하지 않도록 주의해야 한다.

① 공식화된 용어를 사용한다.
② 사실을 있는 그대로 기록한다.
③ 육하원칙을 바탕으로 기록한다.
④ 기록을 미루지 말고 신속하게 작성한다.
⑤ 서비스의 과정과 결과를 정확하게 기록한다.

14
기록은 객관적인 사실을 토대로 해야 하며, 요양보호사의 생각이나 의견 등의 주관적인 것은 피해야 한다. 상황묘사에 있어서도 요양보호사의 주관은 피하고 있는 사실 그대로 작성한다. 요양보호사의 판단과 사실을 혼동하지 않도록 주의해야 한다.

표준교재 **424쪽**

★ ★ ★

15 요양보호 기록의 원칙으로 옳지 않은 것은?

① 공식화된 용어를 사용한다.
② 보호사의 생각을 기록한다.
③ 육하원칙을 바탕으로 기록한다.
④ 서비스의 과정과 결과를 정확하게 기록한다.
⑤ 기록을 미루지 않고 그때그때 신속하게 작성한다.

15
요양보호 기록의 원칙
- 사실을 있는 그대로 기록한다.
- 육하원칙을 바탕으로 기록한다.
- 서비스의 과정과 결과를 정확하게 기록한다.
- 공식화된 용어를 사용한다.
- 간단명료하게 기록한다.
- 기록자를 명확하게 한다.
- 애매한 표현은 피하고 구체적으로 기록한다.

표준교재 **424~425쪽**

정답 **12** ② **13** ④ **14** ② **15** ②

16 요양보호 기록의 원칙으로 옳지 않은 것은?

① 요양보호사의 주관적 견해를 기록한다.
② 간단명료하게 기록한다.
③ 기록자를 명확하게 한다.
④ 사실을 있는 그대로 기록한다.
⑤ 애매한 표현은 피하고 구체적으로 기록한다.

16

표준교재 424~425쪽

17 문장은 의미가 분명하게 전달될 수 있도록 해야 하며, 사투리나 맞춤법에 어긋나는 표현이 없도록 해야 하는 기록의 원칙으로 옳은 것은?

① 공식화된 용어를 사용한다.
② 사실을 있는 그대로 기록한다.
③ 육하원칙을 바탕으로 기록한다.
④ 기록을 미루지 말고 신속하게 작성한다.
⑤ 서비스의 과정과 결과를 정확하게 기록한다.

17

표준교재 425쪽

18 장황하고 우회적으로 표현하지 말고 초점이 분명하고 간결하며 알기 쉽게 작성해야 하는 기록의 원칙으로 옳은 것은?

① 기록자를 명확하게 한다.
② 간단명료하게 기록한다.
③ 기록을 미루지 말고 신속하게 작성한다.
④ 서비스의 과정과 결과를 정확하게 기록한다.
⑤ 애매한 표현은 피하고 구체적으로 기록한다.

18

표준교재 425쪽

19 기록 자료는 감사 자료로 활용되며 책임소재를 확실히 할 필요가 있을 때 증거자료로 활용된다. 이에 관련된 기록의 원칙으로 옳은 것은?

① 간단명료하게 기록한다.
② 기록자를 명확하게 한다.
③ 기록을 미루지 말고 신속하게 작성한다.
④ 서비스의 과정과 결과를 정확하게 기록 한다.
⑤ 애매한 표현은 피하고 구체적으로 기록 한다.

19

표준교재 425쪽

정답 16 ① 17 ① 18 ② 19 ②

★★★

요양보호 기록 시 주의사항으로 옳은 것은?

① 대상자의 개인정보는 직원끼리만 공유한다.
② 대상자기록을 가족과 직원들이 공유해야 한다.
③ 대상자나 가족이 승인하지 않은 정보는 기록하지 않는다.
④ 문제 해결을 위한 정보의 수집은 대상자의 동의가 필요 없다.
⑤ 요양보호서비스와 직접 관련이 없는 정보는 마음대로 기록한다.

다음 중 방문요양서비스 제공기록지에 대한 설명으로 옳은 것은?

① 보호자의 서명만 기록한다.
② 이용 가능한 급여의 종류를 기록한다.
③ 정서지원서비스는 상황에 따라 인정한다.
④ 서비스별 제공시간은 '시간' 단위로 기록한다.
⑤ 서비스를 시작한 시간과 종료한 시간을 각각 기재한다.

다음 중 방문요양서비스 제공기록지에 포함되는 것으로 옳은 것은?

① 본인부담금
② 월 이용시간
③ 보호자 성명
④ 장기요양등급
⑤ 대상자의 욕구

다음 중 방문요양서비스 제공기록지에 포함되지 않는 것은?

① 생년월일
② 장기요양 유효기간
③ 장기요양인정번호
④ 서비스를 시작한 시간
⑤ 서비스총급여제공시간

방문요양서비스를 제공할 때 단독으로 실시할 경우 수가로 산정 받지 못하는 것은?

① 말벗
② 주변정돈
③ 목욕도움
④ 세면도움
⑤ 신체기능유지증진

+ 해설

20
• 문제해결을 위한 목적이라고 할지라도 대상자나 가족이 승인하지 않은 정보는 기록해서는 안 된다.
• 대상자에 관한 정보를 수집할 때는 반드시 대상자의 동의를 얻어야 한다.

표준교재 **426쪽**

21

표준교재 **427쪽**

22
장기요양기관기호, 장기요양기관명, 장기요양등급, 수급자 성명, 생년월일, 장기요양인정번호를 기재한다.

표준교재 **427쪽**

23

표준교재 **427쪽**

24
정서지원서비스(말벗·격려 및 위로, 생활상담, 의사소통도움)만을 단독으로 실시한 경우에는 수가를 산정하지 아니한다.

표준교재 **429쪽**

정답 **20** ③ **21** ⑤ **22** ④ **23** ② **24** ①

25 다음 중 방문목욕서비스 제공기록지에 대한 설명으로 옳은 것은?

① 서비스 제공시간을 '시간'으로 기재한다.
② 차량목욕 시 차량번호는 기재하지 않는다.
③ 수급자 또는 보호자의 성명을 적고 서명한다.
④ 장기요양요원 한 명만 성명을 적고 서명한다.
⑤ 목욕제공과 관련하여 발생된 특이사항은 보고하지 않는다.

25
장기요양요원 2명의 성명, 수급자 또는 보호자의 성명을 적고 서명 또는 날인한다.

표준교재 **429쪽**

26 다음 중 주야간보호서비스 제공기록지에 대한 설명으로 옳은 것은?

① 보호자의 성명과 서명만 받는다.
② 특이사항은 기재하지 않아도 된다.
③ 장기요양기관기호는 생략해도 된다.
④ 세부서비스 제공여부를 ○로 표시한다.
⑤ 기록지를 작성한 사람과 보호자의 성명을 적고 서명한다.

26
• 서비스 제공과 관련하여 발생된 특이사항을 기재한다.
• 기록지를 작성한 사람의 성명을 적고 서명 또는 날인한다.

표준교재 **429쪽**

27 다음 중 시설급여 및 단기보호서비스 제공기록지에 대한 설명으로 옳은 것은?

① 기록지는 모든 직원이 작성한다.
② 장기요양기관기호는 생략해도 된다.
③ 세부서비스 제공시간은 '분'으로 기재한다.
④ 서비스는 제공일자별로 구분하여 기재한다.
⑤ 기록지를 작성한 사람과 보호자의 성명을 적고 서명한다.

27
• 세부 서비스별 제공여부를 ○ 또는 ∨로 표기한다.
• 기록지를 작성한 사람의 성명을 적고 서명 또는 날인 한다.

표준교재 **433쪽**

정답 **25 ③ 26 ④ 27 ④**

+ 해설

2 업무보고

01 다음 중 업무보고의 중요성으로 옳은 것은?

① 주관적으로 보고한다.
② 사고 시 신속하게 출동할 수 있다.
③ 타 전문직과 경쟁에 유리할 수 있다.
④ 사고 시 피해를 적절하게 줄일 수 있다.
⑤ 보다 나은 요양보호서비스를 제공할 수 있다.

01
업무보고의 중요성
• 요양보호서비스의 질을 높일 수 있다.
• 타 전문직과의 업무협조 및 의사소통을 원활하게 할 수 있다.
• 사고에 신속하게 대응할 수 있으며, 피해를 최소화할 수 있다.

표준교재 **436쪽**

02 다음 보기가 설명하는 업무보고의 중요성으로 옳은 것은?

> 적절한 업무보고는 전문적인 업무협조 체제를 가능하게 한다.

① 사고대응을 신속하게 할 수 있다.
② 타 전문직과 협조를 원활하게 할 수 있다
③ 업무보고가 기관의 사고피해를 줄일 수 있다.
④ 타전문직과 의사소통을 원활하게 할 수 있다.
⑤ 보다 나은 요양보호서비스를 제공 받을 수 있다.

02

표준교재 **436쪽**

★★★

03 요양보호사의 업무보고 원칙으로 옳은 것은?

① 객관적인 사실을 보고한다.
② 보고는 시간을 두고 정확하게 보고한다.
③ 정확히 보고하기 위해서는 중복되게 보고한다.
④ 보호사의 주관적 의견도 함께 보고되어야 한다.
⑤ 긴급한 경우에는 육하원칙에 따라 보고하지 않아도 된다.

03
업무보고의 원칙
• 객관적인 사실을 보고한다.
• 육하원칙에 따라 보고한다.
• 신속하게 보고한다.
• 보고내용이 중복되지 않게 한다.

표준교재 **437쪽**

04 객관적인 사실을 보고하기 위한 설명으로 옳은 것은?

① 개인적인 의견이 첨부되어야 한다.
② 보고는 사실과 다름이 없어야 한다.
③ 요양보호사의 감정이 포함되어야 한다.
④ 요양보호사의 주관적인 판단이 들어가야 한다.
⑤ 객관적인 사실을 확인하기 위해 정보를 수집한다.

04
보고는 사실과 다름이 없어야 한다. 요양보호사의 주관적 판단이 아닌 객관적 사항을 정확하게 보고해야 한다.

표준교재 **437쪽**

정답 **01** ⑤ **02** ② **03** ① **04** ②

05 육하원칙에 따라 보고하기 위한 설명으로 옳은 것은?

① 보고할 때 천천히 정확하게 보고한다.
② 필요한 사항을 빠뜨리지 않아야 한다.
③ 보고는 육하원칙에 따라 보고하지 않는다.
④ 보고서는 육하원칙에 따라 쓰지 않아도 된다.
⑤ 언제, 어디서, 누가, 무엇을, 왜, 얼만큼 등이 육하원칙이다.

05
보고는 필요한 사항을 빠뜨리지 않는 것이 중요하기 때문에 보고할 때는 육하원칙에 따라 보고한다.

표준교재 **437쪽**

06 보고가 간결하고 논리적이어야 하는 업무보고 원칙으로 옳은 것은?

① 신속하게 보고한다.
② 육하원칙에 따라 보고한다.
③ 객관적인 사실을 보고한다.
④ 사고대응에 더 신속해야 한다.
⑤ 보고내용이 중복되지 않도록 한다.

06
보고하고자 하는 내용이 간결하고 논리적이어야 한다. 간결하고 논리적이면 보고를 준비하는 시간과 보고하는 시간을 절약할 수 있다.

표준교재 **437쪽**

★ ★ ★
07 요양보호사가 기관에 보고해야 할 때로 옳은 것은?

① 업무를 잘 수행했을 때
② 새로운 정보를 입수했을 때
③ 대상자의 상태가 평상시와 같을 때
④ 업무상 새로운 방법을 찾지 못했을 때
⑤ 서비스의 추가 및 변경이 필요 없을 때

07
요양보호사는 대상자 및 가족에 대한 새로운 정보를 얻게 되었을 때는 관리책임자에게 그 사실을 보고한다.

표준교재 **437~438쪽**

08 다음 중 업무보고 시 구두보고를 하는 경우로 옳은 것은?

① 정기보고
② 지시받았을 때
③ 서면보고의 사전보고
④ 정확성이 필요할 때
⑤ 자료를 보존할 필요가 있을 때

08
구두보고
• 급할 때
• 사안이 가벼울 때
• 일상업무의 사전보고
• 서면보고의 사전보고
• 장기를 요하는 업무의 중간경과 보고

표준교재 **437~438쪽**

정답 **05** ② **06** ⑤ **07** ② **08** ③

+ 해설

09 서면보고를 하는 경우로 옳은 것은?

① 급할 때
② 사안이 가벼울 때
③ 일상업무의 사전보고
④ 정확성을 필요로 할 때
⑤ 장기를 요하는 업무의 중간경과 보고

09
서면보고
• 정확성을 필요로 할 때
• 자료를 보존할 필요가 있을 때
• 서면보고를 지시받았을 때
• 정기보고
표준교재 439쪽

10 능숙하게 사용할 수 있으면 시간을 절약하고 편리한 장점이 있는 보고 형식은?

① 구두보고   ② 서면보고
③ 전산망보고   ④ 팩스보고
⑤ 유선보고

10
전산망 보고
능숙하게 사용할 수만 있으면 시간을 절약할 수 있고 편리하다는 장점이 있다. 전산망을 능숙하게 사용하기 위해서는 시간과 노력이 필요하다.
표준교재 439쪽

★★★

11 어르신이 사고가 나서 급하게 병원으로 이송하여야 할 때 보고 방법으로 옳은 것은?

① 구두보고   ② 서면보고
③ 전산망보고   ④ 팩스보고
⑤ 유선보고

11
상황이 급한 경우는 구두보고를 먼저 한다.

표준교재 438~439쪽

12 요양보호사가 사표를 내서 다른 요양보호사에게 인수인계를 할 때 필요한 업무보고 방법은?

① 구두보고   ② 서면보고
③ 전산망보고   ④ 팩스보고
⑤ 유선보고

12
서면보고
• 정확성, 신속성, 경제성을 갖추어야 한다.
• 업무보고, 사고보고서 등을 들 수 있다.
표준교재 439쪽

13 요양보호사가 업무수행 시 서면보고를 해야 하는 경우가 아닌 것은?

① 상황이 급하거나 사안이 가벼울 때
② 정확히 보고할 필요가 있을 때
③ 정기 업무보고를 할 때
④ 자료를 보관할 필요가 있을 때
⑤ 보고내용이 복잡할 때

13

표준교재 439쪽

정답 09 ④   10 ③   11 ①   12 ②   13 ①

3　업무회의

01 대상자의 상황과 제공되는 서비스의 질에 대해 점검하고 평가하여 대상자의 욕구에 맞는 서비스를 제공하기 위한 회의는?

① 간담회　　　　　　　　② 월례회
③ 사례회의　　　　　　　④ 보고회의
⑤ 직원회의

02 사례회의의 목적으로 옳지 않은 것은?

① 관리책임자와 사회복지사만 참여하는 회의이다.
② 대상자의 관계된 직종들의 역할분담을 명확하게 할 수 있다
③ 대상자에게 제공되는 서비스의 질을 지속적으로 관리할 수 있다.
④ 대상자의 서비스 제공 계획서의 타당성을 검토하여 서비스 내용을 조정할 수 있다.
⑤ 대상자에 대한 정보교환 및 과제, 지원목표를 공유하여 질 높은 서비스를 제공할 수 있다.

03 사례회의 절차에 대한 설명으로 옳은 것은?

① 사전에 사례회의 참가자를 소개한다.
② 해결해야 할 문제에 대해 발표자의 의견을 듣는다.
③ 당일에 사례회의의 일자, 장소, 주제에 대해 공지한다.
④ 사례회의의 목적을 밝히고 시간 할당에 대해 결정한다.
⑤ 사례발표자가 대상자의 욕구에 초점을 맞추어 설명한다.

★★★

04 요양보호사들이 서로 정보와 경험을 공유하고 장기요양기관이 요양보호사들로부터 애로사항을 듣기 위한 회의는?

① 월례회의　　　　　　　② 세미나
③ 사례회의　　　　　　　④ 보고회의
⑤ 직원회의

01
사례회의
대상자의 상황과 제공되는 서비스를 점검하고 평가하여 대상자의 욕구에 맞는 서비스를 제공하기 위한 회의

표준교재 **440쪽**

02
재가장기요양기관에서의 사례회의는 기관장 또는 관리책임자와 요양보호사를 중심으로 개최된다.

표준교재 **440쪽**

03
사례회의 절차
① 당일 사례회의 참가자를 소개한다.
② 해결해야 할 문제에 대해 참가자의 의견을 듣는다.
③ 사전에 사례회의의 일자, 장소, 주제에 대해 공지한다.
⑤ 발표자(관리책임자, 요양보호사)가 해결해야 할 문제에 초점을 맞추어 사례개요를 설명한다.

표준교재 **440쪽**

04
월례회의
• 요양보호사들이 정보와 경험을 서로 공유하고, 장기요양기관이 요양보호사들에게 업무에 관련된 정보를 전달하거나 요양보호사들로부터 애로사항을 듣기 위해 개최하는 회의
• 주로 월 단위로 이루어지며 간담회라는 명칭으로 불리기도 함

표준교재 **441쪽**

정답 **01** ③ **02** ① **03** ④ **04** ①

05 치매 요양보호

1. 약물요법 표준교재 442쪽

1) 투여 약물의 종류

① **인지기능개선제** : 인지증상을 개선할 목적으로 투여하며, 병의 완치라기보다는 악화를 지연하기 위해 투여한다.

② **정신행동증상 개선제** : 망상, 환각, 우울, 공격성 등 다양한 정신행동 증상을 개선하기 위해 처방된 약물을 투여

2. 일상생활 돕기 기본 원칙 표준교재 443쪽

1) 일상생활지원의 목적

① 대상자 상태를 정확히 파악한다.

② 남아있는 정신기능을 최대한 활용한다.

③ 정상적인 신체기능으로 최대한 복귀한다.

④ 대상자에게 의미있는 환경을 조성한다.

2) 기본 원칙

① 따뜻하게 응대하고 치매 대상자를 존중한다.

② 규칙적인 생활을 하게 한다.

③ 대상자에게 남아있는 기능을 최대한 살린다.

④ 상황에 맞는 요양보호를 한다.

⑤ 항상 안전에 주의한다.

3) 치매 대상자에게 일상생활 사고가 많이 발생하는 이유

① 상황을 분석하거나 평가할 수 없다.

② 금방 잊어버린다.

③ 치매가 진행된 후에도 예전 방식대로 하려고 고집한다.

④ 새로운 일을 배우는 능력에 문제가 있어 변화에 대처하지 못한다.

3. 식사돕기 　표준교재 444쪽

1) 기본 원칙

① 의치가 잘 맞지 않으면 식사 도중 음식을 삼킬 때 의치가 식도로 같이 넘어가거나 기도를 막을 수 있기 때문에 잘 고정되어 있는지 확인하고 느슨한 경우에는 끼지 못하게 한다.

② 당뇨병이나 고혈압 등으로 음식을 가려 먹어야 경우에는 치매 대상자가 접근할 수 없는 장소에 해당 음식을 둔다.

③ 그릇은 접시보다는 사발을 사용하여 덜 흘리게 한다.

④ 투명한 유리제품보다는 색깔이 있는 플라스틱 제품을 사용하는 것이 좋다.

⑤ 소금이나 간장과 같은 양념은 식탁 위에 두지 않는다.

⑥ 씹는 행위를 잊어버린 치매 대상자에게는 질식의 위험성이 있는 작고 딱딱한 사탕이나 땅콩, 팝콘 등은 삼가고 잘 저민 고기, 반숙된 계란, 과일 통조림 등을 갈아서 제공한다.

⑦ 치매 대상자가 물과 같은 묽은 음식에 사레가 자주 걸리면 좀 더 걸죽한 액체음식을 제공한다.

⑧ 치매 대상자가 졸려하거나 초조해하는 경우 식사를 제공하지 않는다.

2) 치매 대상자가 식사를 하지 않으려고 할 때 확인할 사항

① 입안의 상처가 있는가?

② 틀니가 잘 맞지 않는 가?

③ 복용하는 약의 부작용으로 식욕이 떨어진 것인가?

④ 대상자가 수저의 사용법을 잊었는가?

⑤ 시력에 문제가 있어 음식에 혼란을 느끼는가?

⑥ 음식에 대한 인식이 불가능한 상태인가?

3) 치매 대상자의 식사 시 고려할 점

① 대상자의 식사 습관과 음식에 대한 기호를 최대한 반영하기 　예 즐겨먹던 반찬과 간식 제공하기

② 안정된 식사분위기를 조성하기 　예 조용한 음악 틀기, 텔레비전 끄기

③ 규칙적인 일과에 따라 식사하기 　예 같은 장소, 같은 시간, 같은 식사 도구

④ 식탁에 앉으면, 바로 식사하도록 준비하기 　예 컵에 미리 물을 담아 놓기, 생선 등의 가시, 뼈는 미리 제거해주기

4. 배설돕기 　표준교재 446쪽

1) 기본 원칙

① 요의나 변의를 느끼지 못하면 배설기록지를 기록하여 배설시간과 양 등의 습관을 파악한다.

② 치매 대상자의 방을 화장실에서 가까운 곳에 배정한다.

③ 화장실 위치를 알기 쉽게 표시해 둔다.

④ 화장실에서 옷을 쉽게 벗을 수 있도록 벨트나 단추 대신 조이지 않는 고무줄 바지를 입도록 하고 세탁하기 편하고 빨리 마르는 옷감이 좋다.

⑤ 낮에는 가능하면 기저귀를 사용하지 않는 것이 좋다.

⑥ 야간에 화장실 이용이 위험할 때는 쿠션이 있고 시트나 등받이가 있는 이동변기를 사용하게 한다.

⑦ 대소변을 잘 가렸을 때는 칭찬을 해주고, 실금한 경우에도 괜찮다고 말한다.

2) 실금했을 경우

① 민감하게 반응하지 않고, 비난하거나 화를 내지 않는다.

② 가능한 한 빨리 더러워진 옷을 갈아입힌다.

③ 실금으로 젖은 신체부위는 씻기고 말려 피부를 깨끗이 유지하게 한다.

④ 환기를 자주 시키고 요와 이불을 잘 말려서 실금 후 냄새를 관리한다.

⑤ 실금사건, 매일의 수분과 음식물 섭취 내용 배변에 대한 치매 대상자의 요구 등과 배설상황을 기록하여 배설리듬을 확인한다.

⑥ 배뇨관리로는 소변을 볼 때 방광을 확실히 비우게 하기 위해 배뇨 후, 몸을 앞으로 구부리도록 도와주거나 치골상부를 눌러준다.

⑦ 요실금이 있으면 배뇨 스케줄에 따라 계획된 배뇨 훈련을 시행해 본다. 초기에는 매 2시간마다 배뇨하게 하고, 점차 시간을 늘려 가면서 낮에는 2시간, 밤에는 4시간 간격으로 배뇨하게 한다.

5. 개인위생 돕기   표준교재 449쪽

1) 목욕

① 치매 대상자에게 목욕을 강요하지 말고 목욕과정을 단순화한다.

② 치매 대상자는 뜨겁거나 차가운 것에 대한 판단력이 떨어지기 때문에 요양보호사가 미리 목욕물의 온도를 확인한다.

③ 욕조바닥과 욕실바닥에는 미끄럼방지매트를 깔아준다.

④ 치매 대상자를 욕실 내에 혼자 머무르게 하지 않는다. 치매 대상자를 혼자 두지 않기 위하여, 목욕에 필요한 모든 물품을 준비한 후 목욕을 시작한다.

⑤ 치매 대상자가 욕조에 들어갈 때는 반드시 옆에서 부축을 한다.

⑥ 목욕준비를 하면서 치매 대상자가 해야 할 일을 한 가지씩 제시하고 정중하게 대한다.

⑦ 욕조 내에 적당량의 물을 받아 둔다. 발목 정도 높이의 물을 미리 받은 후, 대상자를 욕조에 들어가게 하고, 조금씩 채운다.

⑧ 운동실조증이 있는 치매 대상자는 넘어져 다칠 수가 있기 때문에 샤워 보다는 욕조에서 목욕하는 것이 안전하다.

⑨ 피부가 접혀지는 부위가 잘 씻겼는지 확인한다.

⑩ 목욕을 한 후에는 물기를 잘 닦아주고 말린다.

⑪ 목욕 후 피부상태를 관찰한다.

2) 구강위생

(1) 기본 원칙

① 부드러운 칫솔을 사용하여 잇몸 출혈을 방지한다.

② 치약은 삼켜도 상관없는 어린이용을 사용한다.

③ 의치는 하루에 6~7시간 정도 제거하여 잇몸에 무리를 주지 않게 한다.

④ 의치가 잘 맞지 않으면 치과의사에게 교정을 의뢰해야 하며, 치주에 염증이 생겼는지 자주 확인한다.

⑤ 편마비가 있는 치매 대상자는 음식물이 한쪽에 모여 있지 않도록 신경을 써야 한다.

(2) 누워서 지내는 치매 대상자의 구강위생관리

① 칫솔 또는 면봉으로 이와 이 사이, 잇몸을 닦는다.

② 부리가 긴 주전자로 입 아래쪽으로 50~60cc의 따뜻한 물을 넣어준다.

③ 입안의 물을 받아 낼 그릇을 대상자의 볼에 대고 밀착시켜, 입안의 물이 흘러내리도록 해 뱉어내게 한다.

3) 옷 입기

① 혼란을 예방하기 위해 **색깔이 요란하지 않고 장식이 없는 옷을 선택**한다.

② 시간이 걸려도 혼자 입도록 격려한다.

③ 치매 대상자의 안전을 위해 옆에서 지켜보고, 앉아서 입게 한다.

④ 치매 대상자가 옷을 순서대로 입지 못하는 경우 속옷부터 입는 순서대로 옷을 정리해 놓아준다.

⑤ 부득이하게 옷을 입혀줄 경우, 치매 대상자도 옷 갈아입는 데 참여하고 있음을 인식시킨다.

⑥ 치매 대상자가 옷 입는 것을 거부하면 다투지 말고 잠시 기다린 뒤 다시 시도하거나 목욕시간을 이용하여 갈아입힌다.

⑦ 단추를 제대로 채우지 못하는 경우에는 단추 대신 부착용 접착천으로 여미는 옷을 이용한다.

⑧ 앞뒤를 구분하지 못하는 경우에는 뒤바꿔 입어도 무방한 옷을 입게 한다.

⑨ 자신의 옷이 아니라고 하면, 옷 라벨에 이름을 써 둔다.

6. 운동 돕기 표준교재 **452쪽**

1) 치매 대상자에게 운동이 중요한 이유

① 규칙적으로 운동하는 치매 대상자는 운동하지 않는 치매 대상자보다 안정적이며, 운동기능이 더 오래 보존된다.

② 치매가 진행되면 근육이 굳어져 관절의 움직임이 둔해진다. 손발관절을 가능한 범위에서 천천히 움직이게 하여 관절이 굳는 것을 예방한다.

2) 돕는 방법

① 대상자가 즐거워하는 운동을 한다. 일반적으로 산책이 가장 간편하고 효과적인 운동이다.

② 굽이 낮고 편안한 신발과 부드럽고 흡수성이 좋은 양말을 신고, 서서히 걷는 시간을 늘리는 것이 좋다.

③ 매일 같은 시간대에 같은 길을 걸으면서 일정한 순서대로 풍경들을 말해주면 혼란을 막고 초조감을 줄일 수 있다.

④ 균형을 잡을 수 있으면 앉은 자세보다 선 자세에서 운동하는 것이 효과적이다.

⑤ 가능하면, 치매 대상자 스스로 운동하도록 유도한다.

⑥ 모든 운동은 머리 쪽에서 시작하여 다리 쪽으로 진행한다.

⑦ 운동량은 점차 늘린다.

7. 안전과 사고예방   표준교재 453쪽

1) 방과 주변

① 위생적이고 안전성을 우선적으로 고려하여 배치하되, 2층보다는 1층이 좋다.

② 가족이나 요양보호사가 잘 관찰할 수 있는 곳에 위치하는 것이 좋다.

③ 치매 대상자는 시력이 약화되어 있고 비슷한 색깔을 구분하기 힘들기 때문에 난간, 출입구 및 난로 주변에는 밝은색 야광테이프를 붙이는 것이 좋다.

④ 다리미, 칼, 헤어드라이어, 재봉틀, 난로, 약, 살충제, 페인트, 세제, 단추, 성냥, 라이터 등 위험한 물건은 치매 대상자가 발견할 수 없는 곳에 보관한다.

2) 화장실

① 치매 대상자의 방을 화장실 가까운 곳으로 정한다.

② 밤에 갑자기 잠에서 깨서 화장실을 갈 수 있으므로 화장실 전등은 밤에도 켜둔다.

③ 치매 대상자의 눈높이에 맞추어 '화장실' 표시를 한다.

④ 화장실에 들어가서 문을 잠그고 나올 때 잠긴 문을 여는 방법을 모르는 경우가 있으므로 화장실 문은 밖에서도 열 수 있는 것으로 설치한다.

3) 욕실

① 욕실의 문턱을 없애 걸려 넘어지지 않게 한다.

② 목욕탕에 난간이나 손잡이를 설치한다.

③ 미끄럼방지매트를 욕조와 샤워 장소 등 바닥에 설치한다.

④ 치매 대상자는 뜨거운 것을 잘 느끼지 못하므로 온수기의 온도를 낮춘다.

⑤ 온수가 나오는 수도꼭지는 빨간색으로 표시한다.

⑥ 화상예방을 위하여 노출된 온수파이프는 절연체로 감싸준다.

⑦ 욕실에서 사용하는 세제는 치매 대상자의 눈에 띄지 않는 곳에 보관 한다.

⑧ 치매 대상자가 놀라지 않도록 거울이나 비치는 물건은 없애거나 덮개를 씌운다.

4) 부엌

① 깨지기 쉽거나 위험한 물건은 보관장에 넣고 자물쇠로 채워둔다.

② 가스선은 밖에서 잠가둔다.

③ 냉장고에 부착하는 과일이나 채소 모양의 자석은 치매 대상자가 먹을 수 있으므로 사용하지 않는다.

④ 음식물 쓰레기는 치매 대상자가 꺼내 먹을 수 있기 때문에 부엌 안에 두지 않는다.

5) 차 안

① 반드시 안전띠를 착용하게 한다.

② 차가 달리는 도중에 안에서 문을 열지 못하도록 잠금장치를 한다.

02 치매 대상자의 문제행동 대처

1. 반복적 질문이나 행동　표준교재 456쪽

① 치매 대상자의 주의를 환기한다.

② 반복적인 행동이 해가 되지 않으면 무리하게 중단시키지 말고 그냥 놔두어도 된다.

③ 치매 대상자가 심리적 안정과 자신감을 갖게 도와준다.

④ 질문에 답을 해주는 것보다 치매 대상자를 다독거리며 안심시켜 주는 것이 중요하다.

⑤ 반복되는 행동을 억지로 고치려고 하지 않는다.

⑥ 크게 손뼉을 치는 등 관심을 바꾸는 소음을 낸다.

⑦ 치매 대상자가 좋아하는 음식을 준다.

⑧ 좋아하는 노래를 함께 부른다.

⑨ 과거의 경험 또는 고향과 관련된 이야기를 나눈다.

⑩ 콩 고르기, 나물 다듬기, 빨래개기 등 단순하게 할 수 있는 일거리를 제공한다.

2. 음식섭취 관련 문제행동　표준교재 457쪽

① 치매 대상자의 식사시간과 식사량을 점검한다.

② 체중을 측정하여 평상시 체중과 비교한다.

③ 치매 대상자의 영양실조와 비만을 예방한다.

④ 화를 내거나 대립하지 않는다.

⑤ 그릇의 크기를 조정하여 식사량을 조정한다.

⑥ 치매 대상자가 좋아하는 대체식품을 이용한다.

⑦ 식사하는 방법을 자세히 가르쳐 준다.

⑧ 식사 도구를 사용하지 못할 경우 손으로 집어 먹을 수 있는 식사를 만들어 준다.

⑨ 음식을 잘게 썰어 목이 막히지 않게 하고, 치매 말기에는 음식을 으깨거나 갈아서 걸죽하게 만들어 준다.

⑩ 위험한 물건을 먹지 못하도록 치운다.

⑪ 치매 대상자가 위험한 물건을 빼앗기지 않으려고 하는 경우, 치매 대상자가 좋아하는 다른 간식과 교환한다.

⑫ 금방 식사한 것을 알 수 있도록 먹고 난 식기를 그대로 두거나 매 식사 후 달력에 표시하게 한다.

> **치매 대상자가 아무 때나 밥을 달라고 하는 경우**
>
> "방금 드셨는데 무슨 말씀이세요?" (×)
> "지금 준비하고 있으니까 조금만 기다리세요." (○)

3. 수면장애 표준교재 459쪽

① 혈관성 치매에 걸리면, 뇌순환 장애로 인해 수면각성 리듬이 깨져 수면장애가 자주 나타난다.

② 낮에 졸게 되면 밤에 수면장애가 심해지므로, 산책과 같은 야외활동을 통해 신선한 공기를 접하며 운동하도록 돕는다.

③ 밤낮이 바뀌어 낮에 꾸벅꾸벅 조는 경우 말을 걸어 자극을 준다.

④ 소음을 최대한 없애고 적정 실내온도를 유지한다.

⑤ 오후와 저녁에는 커피나 술과 같은 음료를 주지 않는다.

⑥ 잠에서 깨어나 외출하려고 하면 요양보호사가 함께 동행한다.

4. 배회 표준교재 460쪽

1) 기본 원칙

① 치매 대상자가 초조한 표정으로 집 안을 이리저리 돌아다니는 경우, 곧 밖으로 나가려고 하는 것임을 염두에 둔다.

② 신체적 손상을 방지하기 위해 안전한 환경을 제공한다.

③ 규칙적으로 시간과 장소를 알려주어 현실감을 유지하게 한다.

④ 치매 대상자가 활기차게 활동하며 바쁘게 생활하게 한다.

⑤ 안전한 환경을 조성하며 소음을 차단한다.

⑥ 배회 가능성이 있는 치매 대상자는 관련 기관에 미리 협조를 구한다.

2) 돕는 방법

① 낙상 방지를 위해 안전한 주변 환경을 조성한다.

② 치매 대상자의 신체적 욕구를 우선적으로 해결해 준다.

③ 단순한 일거리를 주어 배회 증상을 줄인다.

④ 집 안에서 배회하는 경우 배회코스를 만들어 둔다.

⑤ 치매 대상자가 신분증을 소지하도록 한다.

⑥ 배회 예방을 위해 현관이나 출입문에 벨을 달아 놓아 대상자가 출입하는 것을 관찰한다. 창문 등 출입이 가능한 모든 곳의 문을 잠근다.

⑦ 텔레비전이나 라디오를 크게 틀어 놓지 않으며, 집 안을 어둡게 하지 않는다.

⑧ 상실감이나 욕구와 관련된 배회일 때는 치매 대상자 주변을 친숙한 것으로 채워주고 가족과 다과 등을 함께 하는 시간을 갖는다.

5. 의심, 망상, 환각 　표준교재　461쪽

① 치매 대상자의 감정을 이해하고 수용한다.

② 치매 대상자가 보고 들은 것에 대해 아니라고 부정하거나 다투지 않는다.

③ 치매 대상자 앞에서 다른 사람들에게 치매 대상자의 의심이나 행동, 치매 대상자가 잃어버렸다고 의심하는 물건을 이야기하지 않는다. 또한 조롱하는 말투를 사용하지 않으며, 특히 귓속말을 하지 않도록 주의한다.

④ 잃어버렸다거나 훔쳐 갔다고 주장하는 물건을 찾은 경우, 치매 대상자를 비난하거나 훈계하지 않는다. 물건을 발견했을 때도 아무 일도 아닌 것처럼 행동하는 것이 중요하다.

⑤ 규칙적으로 시간과 장소를 알려주어 현실감을 유지하게 한다.

⑥ 치매 대상자가 다른 것에 신경을 쓰도록 계속 관심을 돌린다.

⑦ 치매 대상자에게 하는 모든 행위에 대해 간단히 설명해 준다.

⑧ 요양보호사가 치매 대상자에게 도움을 주려고 한다는 확신을 갖게 한다.

6. 파괴적 행동 　표준교재　462쪽

1) 치매 대상자의 파괴적 행동의 특징

① 난폭한 행동이 자주 일어나지 않는다.

② 난폭한 행동이 오래 지속되지 않는다.

③ 일반적으로 초기에 분노로 시작하며 에너지가 소모되면 지쳐서 파괴적 행동을 중지한다.

④ 치매 대상자의 난폭한 행동은 질병 초기에 나타나서 수개월 내에 사라진다.

2) 돕는 방법

① 파괴적 행동반응을 유발하는 사건을 사전에 예방한다.

② 규칙적인 일상생활을 하도록 활동을 구성하여 대상자가 자신의 활동을 예측할 수 있게 한다.

③ 치매 대상자의 수준에 맞는 의사결정권을 준다.

④ 치매 대상자가 혼돈하지 않도록 한 번에 한 가지씩 제시하거나 단순한 말로 설명한다.

⑤ 이해하지 못한 말은 다른 형태로 설명하지 말고 같은 말로 반복한다.

⑥ 천천히 치매 대상자의 관심 변화를 유도한다.

⑦ 행동이 진정된 후에는 왜 그랬는지 질문하거나 이상행동에 대해 상기시키지 않는다.

⑧ 치매 대상자가 활동에 참여하고 있는 중이면, 활동을 중지시키고 가능한 한 다른 자극을 주지 않는다.

⑨ 모든 신체 언어는 위협적으로 느끼지 않게 한다.

⑩ 불필요한 신체적 구속은 피한다.

⑪ 파괴적 행동은 고집스러움이나 심술을 부리려는 의도가 아니라 치매에 의한 증상임을 이해하여야 한다.

⑫ 이상행동 반응을 보이면 질문하거나 일을 시키는 등의 자극을 주지 말고 조용한 장소에서 쉬게 한다.

7. 석양증후군   표준교재 463쪽

1) 석양증후군

① 치매 대상자가 해 질 녘이 되면 더욱 혼란해지고 불안정하게 의심 및 우울 증상을 보이는 것을 말한다.

② 대상자의 생활에 변화가 생긴 후 더 자주 발생하고, 주의집중 기간이 더욱 짧아지며, 현실이 자신을 고통 속에 처하게 만든다고 생각하여 더욱 충동적으로 행동한다.

③ 낮에는 유순하다가도 저녁 8~9시만 되면 갑자기 침대 밖으로 뛰쳐나오거나, 옷을 벗고, 방을 서성이다 문을 덜거덕거리거나, 바닥을 뒹굴고 침대 위로 뛰어 오르는 등의 행동을 한다.

2) 돕는 방법

① 해질녘에는 요양보호사가 충분한 시간을 가지고 치매 대상자와 함께 있는다.

② 낮 시간 동안 움직이거나 활동하게 한다.

③ 신체적 제한은 치매 대상자가 소리를 지르거나, 몸부림치거나, 화내고, 고집부리는 행동을 더욱 악화시키므로 하지 않는다.

8. 부적절한 성적 행동   표준교재 465쪽

1) 기본 원칙

① 치매 대상자는 보통 성 자체에는 관심이 없다는 것을 인식한다.

② 부적절한 성적 행동관련 요인을 관찰한다.

③ 때때로 행동교정이 도움이 된다.

④ 이상한 성행위가 복용 중인 약물 때문에 유발될 수 있음을 이해한다.

2) 돕는 방법

① 의복으로 인한 불편감이나 대소변을 보고 싶은 욕구가 있는지 확인하고 도와준다.

② 옷을 벗거나 성기를 노출한 경우, 당황하지 말고 옷을 입혀준다.

③ 치매 대상자가 성적으로 부적절한 행동을 할 때, 즉각 멈추지 않으면 치매 대상자가 좋아하는 것을 가져간다고 경고하는 것도 도움이 될 수 있다.

④ 치매 대상자가 성적으로 관심을 보이면, 공공장소에 가는 것을 삼가고, 방문객을 제한하여 사고를 예방한다.

⑤ 심한 경우 시설장이나 간호사 등에게 알리고 상의한다.

03 치매 대상자와의 의사소통

1. 의사소통의 기본 원칙 표준교재 468쪽

언어적인 의사소통	비언어적인 의사소통
• 대상자의 신체적 상태를 파악한다. • 대상자를 존중하는 태도와 관심을 갖는다. • 대상자가 이해할 수 있도록 말한다. • 대상자의 속도에 맞춘다. • 어린아이 대하듯 하지 않는다. • 반복적으로 설명한다. • 대상자를 인격적으로 대한다. • 간단한 단어 및 이해할 수 있는 표현을 사용한다. • 대상자에게는 한 번에 한 가지씩 설명한다. • 가까운 곳에서 얼굴을 마주보고 말한다. • 항상 현실을 알려준다. • 일상적인 어휘를 사용한다. • 과거를 회상하게 유도한다.	• 손짓, 발짓 또는 소리를 사용한다. • 언어적인 표현 방법과 적절한 비언어적인 표현 방법을 같이 사용 한다. • 신체적인 접촉을 사용한다. • 치매 대상자의 비언어적인 표현 방법을 관찰한다. • 필요하면 글을 써서 의사소통한다. • 언어 이외의 다른 신호를 말과 함께 사용한다. • 대상자의 행동을 복잡하게 해석하지 않는다.

치매 대상자가 의사 표현을 하도록 돕는 방법

- 대상자를 편하게 한다.
- 대상자를 산만하게 하는 요인을 최대한 줄인다.
- 여러 사람이 있으면, 대상자와 조용한 장소로 가서 대화 한다.
- 대상자의 말을 잘 이해했음을 확인시켜 준다.
- 의사소통에 도움을 주는 보조수단을 사용한다.

2. 치매 단계별 의사소통 문제 표준교재 473쪽

1) 초기

① 대상자는 일관성 및 연결성이 손상되어 자주 확인하고 설명을 요구한다.

② 대화의 주제가 자주 바뀐다.

③ 사용하는 어휘의 수가 점차적으로 줄어든다.

④ 물건이나 사람의 이름을 부르는 것이 어렵다.

⑤ 과거, 현재, 미래 시제를 올바르게 사용하는 것을 어려워한다.

2) 중기

① 애매모호한 내용을 이야기한다.

② 일관성이 없어지고, 혼동이 증가한다.

③ 대화의 주제가 제한된다.

④ 불특정 다수를 지칭하는 용어(이것, 그들, 그것)의 사용이 증가한다.

⑤ 사용하는 어휘의 수가 초기 치매 단계보다 줄어든다.

⑥ 올바른 이름을 지칭하지 못하는 '명칭 실어증'을 보인다.

3) 말기

① 의사소통을 유지하는 데 어려움이 있다.

② 말이 없어진다(무언증).

③ 대화할 때 시선을 맞추는 것을 어려워한다.

④ 사용하는 어휘의 수가 현저하게 적다.

⑤ 올바른 이름을 사용하는 것이 더욱 어려워진다.

⑥ 자발적인 언어표현이 감소되어 말수가 크게 줄어든다. 심하면 스스로는 말을 안 하고 앵무새처럼 상대방의 말을 그대로 따라한다.

⑦ 발음이 부정확하여 치매 대상자의 말을 이해하기 어렵고, 치매 대상자는 다른 사람들이 이야기한 것을 제대로 이해하지 못한다.

04 인지자극 훈련

1. 인지자극 훈련의 개요 표준교재 478쪽

① 대상자의 전반적인 인지기능 개선, 우울감을 포함한 정신행동 증상 개선, 일상생활 능력 유지 및 향상, 삶의 질 향상을 기대할 수 있으며, 가족의 수발부담을 줄이는 데도 도움이 된다.

② 우리나라에서는 현재 보건복지부, 중앙치매센터, 국민건강보험공단 등에서 치매 인지자극 훈련 프로그램을 개발하여 보급하고 있다.

③ 프로그램은 노화나 치매로 인해 쉽게 손상될 수 있는 기억력, 지남력, 판단력, 집중력, 억제력, 계산력, 시공간능력, 언어능력 등의 인지 기능을 훈련하도록 만들어진 인지훈련 프로그램 및 도구이다.

④ 몇 가지 인지자극 훈련 프로그램이 제시되어 있지만 프로그램의 예시일 뿐 정형화된 틀이 아니다.

⑤ 기억력, 지남력, 판단력, 집중력, 억제력, 계산력, 시공간능력, 언어능력을 사용하게 하는 프로그램이라면 어떤 것이라도 인지자극 훈련 프로그램이 될 수 있다.

⑥ 아무리 좋은 프로그램이라도 대상자의 인지나 정서상태에 적합한 것을 선정하여 활용해야 한다.

⑦ 같은 대상자라고 하더라도 그날그날의 기분이나 인지상태에 따라 프로그램의 종류 및 난이도를 조절해야 한다.

1 치매 대상자의 일상생활 지원

01 치매 대상자의 약물복용에 대한 설명으로 옳지 않은 것은?

① 약물을 규칙적으로 복용하면 완치가 가능하다.
② 약물을 복용하면 증상을 늦출 수 있다.
③ 치매증상으로 고생하는 기간을 줄일 수 있다.
④ 대상자를 돌보는 가족들의 수발 부담이 줄어든다.
⑤ 약물을 바꿨을 때는 특히 부작용이 나타나는지 면밀히 관찰한다.

02 치매 약물의 종류와 목적이 바르게 연결된 것은?

① 항정신병약물 – 우울증상
② 항정신병약물 – 조증 유사증상
③ 항우울제 – 조증 유사증상
④ 항우울제 – 망상, 환각
⑤ 항경련제 – 초조, 공격성

★★★

03 치매 대상자의 일상생활 지원의 목적으로 옳은 것은?

① 대상자 욕구를 대충 파악한다.
② 발병 전의 상태로 회복을 유도한다.
③ 남아 있는 신체기능을 최대한 자제시킨다.
④ 대상자에게 자극적인 환경을 조성한다.
⑤ 정상적인 신체기능으로 최대한 복귀한다.

01

치매 대상자의 약물복용은 증상이 악화되는 것을 지연하는 데 그 목적이 있다.

표준교재 **442쪽**

02

정신행동증상 개선제

• 항정신병 약물 : 망상, 환각, 공격성, 초조, 수면-각성주기 장애가 있을 때
• 항우울제 : 수면-각성주기 장애, 초조, 공격성, 불안, 우울증상이 있을 때
• 항경련제 : 초조, 공격성, 조증 유사증상, 수면장애가 있을 때

표준교재 **443쪽**

03

치매 대상자의 일상생활 지원 목적

• 대상자 상태의 정확한 파악
• 남아있는 정신기능 활동
• 대상자에게 의미 있는 환경 조성
• 정상적인 신체기능으로 최대한 복귀

표준교재 **443쪽**

정답 **01** ① **02** ⑤ **03** ⑤

★★★

04 치매 대상자에게 일상생활 사고가 많은 이유로 옳은 것은?

① 금방 잊어버린다.
② 상황 변화에 적절하게 대처한다.
③ 새로운 일을 시작하는 데 문제가 있다.
④ 병으로 할 수 없음을 알고 쉽게 포기한다.
⑤ 상황을 분석하거나 평가하려 한다.

★★★

05 치매 대상자를 대하는 기본 원칙으로 옳은 것은?

① 규칙적인 생활을 하게 한다.
② 치매 대상자의 생활을 개선해 준다.
③ 대상자가 요구하는 대로 요양보호를 한다.
④ 대상자가 안정된 생활을 하도록 주의한다.
⑤ 요양보호사가 대상자의 모든 시중을 들어준다.

06 치매 대상자의 규칙적인 생활에 대한 설명으로 옳은 것은?

① 규칙적인 생활은 대상자의 혼란을 경감시킨다.
② 규칙적인 생활은 병을 조기 발견하는 데 도움이 안 된다.
③ 규칙적인 생활은 대상자의 신체적 안정에 도움이 안 된다.
④ 대상자의 인지수준과 관계없이 규칙적인 일정을 만든다.
⑤ 상황과 관계없이 항상 규칙적인 생활을 하도록 해야 한다.

07 대상자에게 남아 있는 기능을 살리기 위한 설명으로 옳은 것은?

① 새로운 기능을 발전시키도록 한다.
② 할 수 있는 일은 스스로 하도록 한다.
③ 습관적으로 해오던 일들도 점차 할 수 없음을 알린다.
④ 남아 있는 기능을 유지하도록 요양보호사가 모두 수발해 준다.
⑤ 치매가 있으면 못하는 것이 점점 늘어남을 안내하고 위로한다.

08 치매 대상자가 식사를 하지 않으려고 할 때 확인할 사항으로 옳지 않은 것은?

① 입안의 상처를 확인한다.
② 틀니가 잘 맞지 않는지 확인한다.
③ 수저의 사용법을 잊었는지 확인한다.
④ 간식을 많이 먹었는지 확인한다.
⑤ 음식에 대한 인식이 불가능한 상태인지 확인한다.

+ 해설

04
• 상황을 분석하거나 평가할 수 없음
• 금방 잊어버림
• 예전 방식대로 하려고 고집함
• 상황 변화에 대처하지 못함

표준교재 444쪽

05
• 따뜻하게 응대하고 치매 대상자를 존중한다.
• 상황에 맞는 요양보호를 한다.
• 항상 안전에 주의한다.
• 규칙적인 생활을 하게 한다.
• 대상자에게 남아있는 기능을 살린다.

표준교재 443~444쪽

06
• 규칙적인 생활은 병을 조기 발견하는데 도움이 된다.
• 대상자에게 맞는 일정을 만들어 규칙적인 생활을 하게 한다.
• 규칙적인 생활은 대상자의 혼란을 경감시키고 정신적 안정에 도움이 된다.

표준교재 443쪽

07
• 치매가 있다고 모든 것을 못하는 것은 아니라고 안내한다.
• 습관적으로 해오던 일들은 할 수 있다.

표준교재 443쪽

08

표준교재 444쪽

정답 **04** ① **05** ① **06** ① **07** ② **08** ④

09 치매 대상자의 식사 돕기를 위한 기본 원칙으로 옳은 것은?

① 그릇은 사발보다 접시를 사용한다.
② 음식을 가려 먹어야 하는 경우 냉장고에 음식을 보관한다.
③ 의치가 기도로 넘어가지 않도록 잘 고정되어 있는지 확인한다.
④ 플라스틱 제품보다 투명한 유리 제품 제품을 사용하는 것이 좋다.
⑤ 소금이나 간장과 같은 양념은 식탁 위에 두어 쉽게 사용하게 한다.

★★★

10 치매 대상자의 식사 돕기를 위한 기본 원칙으로 옳은 것은?

① 치매 대상자가 졸려하는 경우 깨워서 식사를 제공한다.
② 식사시간을 규칙적으로 하고 조용한 분위기를 유지한다.
③ 씹는 행위를 잃어버린 대상자는 사탕이나 땅콩, 팝콘을 준다.
④ 씹는 행위를 잃어버린 대상자는 반숙된 계란, 과일 통조림은 피한다.
⑤ 묽은 음식에 사레가 자주 걸리면 좀 더 맑은 액체음식을 제공한다.

★★★

11 치매 대상자의 식사 돕기 방법으로 옳은 것은?

① 음식의 온도를 식사 중에 확인한다.
② 대상자가 스스로 컵에 물을 따라 마시게 한다.
③ 비닐로 된 식탁보보다 천으로 된 식탁보를 사용한다.
④ 음식을 크게 잘라서 부드럽게 조리하여 쉽게 먹을 수 있게 한다.
⑤ 의복의 깔끔함을 유지하기 위해 턱받이 보다는 앞치마를 입힌다.

12 치매 대상자의 식사 돕기 시 요양보호사의 대처법으로 옳은 것은?

① 식사에 집중하시도록 텔레비전을 껐다.
② 매일 다른 시간에 식사를 하도록 준비하였다.
③ 빠른 음악을 틀어 식사 분위기를 즐겁게 하였다.
④ 끼니 때마다 식사 장소를 바꾸어 자극을 주었다
⑤ 자립성 증진을 위해 생선은 직접 뼈를 발라 드시도록 했다.

13 치매 대상자의 식사 돕기 방법으로 옳은 것은?

① 한 번에 조금씩 먹이고 충분히 기다린다.
② 물을 마실 때 플라스틱 컵을 사용한다.
③ 음식을 크게 잘라서 부드럽게 조리한다.
④ 음식을 한 상에 다 내어 놓아 골라서 드시게 한다.
⑤ 약간 가벼운 숟가락을 주어 숟가락을 들고 있음을 인식시킨다.

+ 해설

10
• 소금이나 간장과 같은 양념은 식탁 위에 두지 않는다.
• 접시보다는 사발을 사용한다.
• 음식을 가려 먹어야 하는 경우 대상자가 접근할 수 없는 장소에 해당 음식을 둔다.
• 투명한 유리 제품보다는 색깔이 있는 플라스틱 제품을 사용한다.
표준교재 444~445쪽

11
• 치매 대상자가 졸려하거나 초조해하는 경우 식사를 제공하지 않는다.
• 씹는 행위를 잊어버린 치매 대상자에게는 잘 저민 고기, 반숙된 계란, 과일 통조림 등을 갈아서 제공한다.
• 묽은 음식에 사레가 자주 걸리면 좀 더 걸쭉한 음식을 제공한다.
표준교재 444~445쪽

12
• 음식의 온도를 식사 전에 미리 확인한다.
• 비닐로 된 식탁보나 식탁용 매트를 깔아 준다.
• 음식을 잘게 잘라서 부드럽게 조리한다.
표준교재 445쪽

13
치매 대상자의 식사 시 고려할 점
• 대상자의 식사 습관과 음식에 대한 기호 반영
• 안정된 식사분위기 조성
• 규칙적인 일과에 따른 식사
• 식탁에 앉으면, 바로 식사하도록 준비하기
표준교재 445쪽

14
• 빨대와 플라스틱 덮개가 부착된 컵을 사용한다.
• 음식을 잘게 잘라서 부드럽게 조리한다.
• 한 가지 음식을 먹고 난 후 다른 음식을 내어 놓는다.
표준교재 445쪽

정답 **09 ③ 10 ② 11 ⑤ 12 ① 13 ①**

+ 해설

14 치매 대상자가 화장실에 가고 싶을 때 보이는 비언어적 신호로 옳은 것은?

① 옷을 바로 입는다.
② 밝은 곳을 찾아 나온다.
③ 서성이면서 안절부절 못한다.
④ 바지의 앞부분을 움켜잡고 있다.
⑤ 대중 앞에서 단정한 자세를 취한다.

14
비언어적 신호
· 옷을 올린다.
· 구석진 곳을 찾는다.
· 대중 앞에서 옷을 벗으려고 한다.

표준교재 446쪽

15 치매 대상자에게 흔한 배설문제의 원인으로 옳지 않은 것은?

① 소화기능 장애로 배설할 수 없거나 느끼지 못하는 경우
② 화장실을 찾지 못하거나, 화장실을 가는 데 시간이 많이 걸리는 경우
③ 배설 방법을 잊은 경우
④ 행동이 느려진 경우
⑤ 옷을 벗고 입는 데 시간이 걸리는 경우

15
① 배설할 수 없거나 느끼지 못하는 것은 뇌기능 장애 때문이다.

표준교재 446쪽

16 치매 대상자가 변을 만지는 이유로 옳은 것은?

① 변을 가지고 놀고 싶어서
② 적절한 처리방법을 몰라서
③ 상대를 놀리고 싶어서
④ 배설물을 확인하고 싶어서
⑤ 잘 처리했는지 궁금해서

16
② 변을 가지고 놀거나, 놀리기 위해서 하는 행위가 아니라 적절한 처리방법을 모르기 때문에 나타나는 행동이다.

표준교재 446쪽

★★★

17 치매 대상자의 배설을 돕기 위한 기본원칙으로 옳은 것은?

① 세탁하기 편하고 빨리 마르는 옷감이 좋다.
② 화장실 위치를 찾기 어렵게 해서 인지기능을 자극시킨다.
③ 치매 대상자의 방을 화장실에서 먼 곳으로 곳에 배정한다.
④ 고무줄 바지 대신 벨트나 단추가 있는 바지를 입도록 한다.
⑤ 요의를 느끼지 못하면 배설을 할 때까지 화장실에 앉혀놓는다.

17
② 화장실 위치를 알기 쉽게 표시해 둔다.
③ 대상자의 방을 화장실에서 가까운 곳에 배정한다.
④ 고무줄 바지를 입도록 한다.
⑤ 요의를 느끼지 못하면 배설기록지를 기록하여 습관을 파악한다.

표준교재 447쪽

18 치매 대상자의 배설을 돕기 위한 기본원칙으로 옳은 것은?

① 바퀴가 달린 변기를 자주 사용한다.
② 대소변을 잘 가렸을 때는 칭찬을 해준다.
③ 밤에는 기저귀를 사용하지 않는 것이 좋다.
④ 낮에는 기저귀를 사용한다.
⑤ 실금한 경우 실수를 지적해서 행동을 수정하게 한다.

18

표준교재 447쪽

정답 **14** ③ **15** ① **16** ② **17** ① **18** ②

19 치매 대상자의 배설을 돕는 방법으로 옳은 것은?

① 치매 대상자의 뒤처리를 항상 대신해 준다.
② 정해진 시간에 화장실 이용을 하도록 강요한다.
③ 배뇨곤란이 있는 경우 낮에 수분섭취를 제한한다.
④ 하루 식사량과 수분은 적당량보다 더 많이 섭취한다.
⑤ 항상 부드러운 말로 손동작을 보이면서 뒤처리 방법을 설명한다.

20 치매 대상자가 실금한 경우의 대처 방법으로 옳은 것은?

① 실금으로 젖은 신체부위는 씻기지 않고 잘 말린다.
② 1일 2회 환기를 시켜서 냄새를 관리한다.
③ 비난하고 화를 내서 행동을 수정하게 한다.
④ 가능한 한 빨리 더러워진 옷을 갈아입힌다.
⑤ 민감하게 반응하여 다시는 실수하지 않도록 한다.

21 치매 대상자가 실금한 경우의 대처 방법으로 옳은 것은?

① 배설상황과 배설리듬을 기록할 필요는 없다.
② 배뇨 훈련은 초기는 매 1시간마다 배뇨하도록 한다.
③ 낮에는 1시간, 밤에는 2시간 간격으로 배뇨하게 한다.
④ 소변을 볼 때 방광을 확실히 비우지 않도록 한다.
⑤ 요실금이 있으면 배뇨 스케줄에 따라 배뇨훈련을 시작한다.

★ ★ ★
22 변비가 있는 치매 대상자를 돕는 방법으로 옳은 것은?

① 필요하면 요양보호사의 판단 하에 변비약을 먹인다.
② 지방질이 많은 음식을 섭취한다.
③ 2000~3000cc 정도의 충분한 수분을 섭취한다.
④ 일정한 시간 간격으로 변기에 앉혀 배변을 유도한다.
⑤ 요양보호사는 대상자의 요구가 있으면 관장을 해준다.

23 변비 해소에 좋은 식품이 아닌 것은?

① 식초에 담근 양배추   ② 푸른 잎 채소
③ 자두   ④ 감
⑤ 옥수수

19
① 뒤처리 방법을 설명하며 치매 대상자 자신이 행동에 옮기도록 한다.
② 적절한 시기에 화장실 이용을 유도한다.
③ 야간에 수분섭취를 제한한다.
④ 하루 식사량과 수분 섭취는 적당량을 유지한다.
표준교재 **447쪽**

20
치매 대상자 실금 대처법
• 실금으로 젖은 신체부위는 씻기고 말려 피부를 깨끗이 유지하게 한다.
• 환기를 자주 시킨다.
• 비난하거나 화를 내지 않는다.
• 배설상황을 기록하여 배설리듬을 확인한다.
표준교재 **448쪽**

21
• 요실금이 있으면 기능한 지정된 배뇨 스케줄에 따라 배뇨훈련을 시행한다.
• 초기에는 매 2시간마다 배뇨하도록 한다.
표준교재 **448쪽**

22
변비인 대상자 돕기
• 섬유질이 많은 음식과 하루 1500~2000cc 정도의 충분한 수분 섭취 돕기
• 일정한 시간 간격으로 변기에 앉혀 배변 유도
• 손바닥을 이용한 배 마사지
• 의료인과 상의하여 변비약을 먹이거나 관장을 하기도 함
• 관장은 의료행위이므로 간호사가 수행할 것
표준교재 **448쪽**

23
표준교재 **448쪽**

정답 **19** ⑤ **20** ④ **21** ⑤ **22** ④ **23** ④

해설

★★★

24 치매 대상자의 목욕 돕기 기본원칙으로 옳은 것은?

① 미리 목욕물의 온도를 확인한다.
② 치매 대상자가 목욕을 하도록 강요한다.
③ 목욕 과정의 단계를 세분화하여 순서대로 시행한다.
④ 치매 대상자의 목욕을 도와줄 때 큰 소리로 강권한다.
⑤ 욕조 바닥과 욕실 바닥에는 비닐을 깔아 미끄럼을 방지한다.

★★★

25 치매 대상자의 목욕 돕기 기본원칙으로 옳은 것은?

① 목욕에 필요한 모든 물품을 준비한 후 목욕을 시작한다.
② 치매 대상자가 욕실 내에 혼자 머물게 하여 자립심을 키운다.
③ 치매 대상자는 뜨겁거나 차가운 것에 대한 판단력이 남아있다.
④ 스스로 할 수 있도록 대상자가 혼자 욕조에 들어 들어가게 한다.
⑤ 임의의 시간에 상황에 따라 목욕을 하여 치매 대상자의 거부감을 줄인다.

26 치매 대상자의 목욕을 돕기 위한 방법으로 옳은 것은?

① 욕조에서 미끄러지지 않도록 물기를 제거한다.
② 치매 대상자가 해야 할 일을 순서대로 한꺼번에 제시한다.
③ 물에 대한 거부반응을 보이는 경우 물에 들어가지 않게 한다.
④ 운동실조증이 있는 치매 대상자는 욕조에서 목욕하기 보다는 샤워가 더 좋다.
⑤ 발목 정도의 물을 미리 받은 후 대상자가 욕조에 들어가게 한 후 조금씩 채운다.

★★★

27 치매 대상자의 목욕을 돕기 위한 방법으로 옳은 것은?

① 목욕 후 심리상태를 관찰한다.
② 대상자가 수치심을 느낄 수 있으므로 피부가 접히는 부위 등은 잘 씻었는지 확인하지 않는다.
③ 운동실조증 대상자는 샤워를 자주 하게 한다.
④ 운동실조증 대상자의 방 안에 샤워실을 설치한다.
⑤ 목욕을 한 후에는 물기를 잘 닦아주고 건조시킨다.

24
목욕 돕기 기본 원칙
• 조용히 부드럽게 대한다.
• 목욕을 강요하지 말고 목욕과정을 단순화한다.
• 일정한 시간에 정해진 방법에 따라 목욕을 한다.
• 요양보호사가 미리 목욕 물의 온도를 확인한다.
• 욕조바닥과 욕실바닥에는 미끄럼방지매트를 깔아준다.
• 욕실 내에 치매 대상자가 혼자 머무르게 하지 않는다.
• 목욕에 필요한 모든 물품을 준비한 후 목욕을 시작한다.
• 치매 대상자가 욕조에 들어갈 때는 반드시 옆에서 부축을 한다.
표준교재 449쪽

25
표준교재 449쪽

26
① 욕조에서 미끄러지지 않도록 욕조 내에 적당량의 물을 받아둔다.
② 대상자가 해야 할 일을 한 가지씩 제시하고 정중하게 대한다.
③ 물에 대한 거부반응을 보이면 작은 그릇에 물을 떠서 장난을 하게 할 수 있다.
④ 운동실조증이 있는 경우 샤워보다는 욕조에서 목욕하는 것이 안전하다.
표준교재 449~450쪽

27
① 목욕 후 피부상태를 관찰한다.
② 피부가 접혀지는 부위를 잘 씻었는지 확인한다.
③, ④ 운동실조증이 있는 치매 대상자는 욕조에서 목욕하는 것이 안전하다.
표준교재 449~450쪽

정답 **24** ① **25** ① **26** ⑤ **27** ⑤

28 치매 대상자의 구강위생 기본 원칙으로 옳은 것은?

① 치약보다는 가글액을 사용한다.
② 의치가 잘 맞지 않으면 새로 맞춘다.
③ 전동칫솔을 사용하여 잇몸출혈을 방지한다.
④ 의치는 10시간 정도 제거하여 잇몸에 무리를 주지 않는다.
⑤ 편마비를 가진 치매 대상자는 음식물이 한 쪽으로 모여 있지 않도록 신경을 써야 한다.

29 누워서 지내는 치매 대상자의 구강위생관리 방법으로 옳은 것은?

① 칫솔을 사용하고 면봉은 사용해서는 안 된다.
② 부리가 긴 주전자로 입천장에 닿게 물을 넣어준다.
③ 입안의 물을 받아 낼 그릇을 대상자의 입술에 대고 밀착시킨다.
④ 그릇에 입안의 물이 흘러내리도록 해 뱉어내게 한다.
⑤ 부리가 긴 주전자로 입 아래쪽으로 찬물을 넣어준다.

30 치매 대상자의 옷 입기에 대한 기본 원칙으로 옳은 것은?

① 몸에 꼭 끼는 편한 옷을 제공한다.
② 색깔이 요란하고 장식이 많은 옷을 선택한다.
③ 평소 습관대로 깨끗하고 계절에 맞는 옷을 제공한다.
④ 시간이 걸리므로 안전하게 요양보호사가 입혀주도록 한다.
⑤ 치매 대상자의 안전을 위해 옆에서 지켜보고 서서 입도록 한다.

31 치매 대상자의 옷 입기를 돕기 위한 방법으로 옳은 것은?

① 속옷부터 순서대로 옷을 정리해 놓아둔다.
② 앞뒤를 구분하지 못하는 경우는 요양보호사가 입혀준다.
③ 옷 입는 것을 거부하면 옷을 입히지 않는다.
④ 단추를 채우지 못하는 경우 지퍼로 된 옷을 이용한다.
⑤ 옷을 입혀줄 때 보호사가 옷을 다 입을 때까지 도움을 준다.

+ 해설

28
구강위생 기본 원칙
• 부드러운 칫솔 사용으로 잇몸 출혈을 방지한다.
• 치약은 삼켜도 상관없는 어린이용을 사용한다.
• 의치는 하루에 6~7시간 정도 제거하여 잇몸에 무리를 주지 않게 한다.
• 의치가 잘 맞지 않으면 치과의사에게 교정을 의뢰한다.
• 치주에 염증이 생겼는지 자주 확인한다.
• 편마비가 있는 치매 대상자는 음식물이 한쪽에 모여 있지 않도록 한다.

표준교재 **450쪽**

29
누워서 지내는 치매 대상자의 구강위생관리
• 칫솔 또는 면봉으로 이와 이 사이, 잇몸을 닦는다.
• 부리가 긴 주전자로 입 아래쪽으로 50~60cc의 따뜻한 물을 넣어준다.
• 입안의 물을 받아 낼 그릇을 대상자의 볼에 대고 밀착시켜, 입안의 물이 흘러내리도록 뱉어내게 한다

표준교재 **450쪽**

30
① 몸에 꼭 끼지 않아야 한다.
② 색깔이 요란하지 않고 장식이 없는 옷을 선택한다.
④ 시간이 걸려도 혼자 입도록 격려한다.
⑤ 안전을 위해 앉아서 입도록 한다.

표준교재 **451쪽**

31
② 앞뒤를 구분하지 못할 때는 뒤바꿔 입어도 무방한 옷을 입게 한다.
③ 옷 입는 것을 거부하면 시간을 두고 다시 시도하거나 목욕시간을 이용하여 갈아입힌다.
④ 단추를 제대로 채우지 못할 때는 단추 대신 부착용 접착 천으로 여미는 옷을 이용한다.
⑤ 치매 대상자도 옷 갈아입는 데 참여하고 있음을 인식시킨다.

표준교재 **451쪽**

정답 28 ⑤ 29 ④ 30 ③ 31 ①

32 치매 대상자의 옷 입기를 돕기 위한 방법으로 옳은 것은?

① 앞뒤 구분이 안 되는 옷은 입히지 않는다.
② 옷을 입혀줄 때 대상자가 도움을 받고 있음을 인식시킨다.
③ 자신의 옷이 아니라고 할 때를 대비하여 옷 입은 사진을 찍어둔다.
④ 치매 대상자가 옷 입는 것을 거부하면 기다린 뒤에 다시 시도한다.
⑤ 대상자가 옷을 순서에 따라 입지 못할 경우 겉옷부터 차례대로 옷을 정리해 놓아둔다.

33 치매 대상자의 운동을 돕기 위한 기본 원칙으로 옳은 것은?

① 운동량은 점차 줄여 나간다.
② 목표 운동량을 기록한다.
③ 대상자와 친숙해 진 뒤 운동을 시켜야한다.
④ 모든 운동은 다리 쪽에서 머리 쪽으로 진행한다.
⑤ 심장병이 있는 경우 운동을 더 열심히 하게 한다.

34 치매 대상자의 운동을 돕기 위한 방법으로 옳은 것은?

① 요양보호사의 건강에 도움이 되는 종류의 운동을 우선적으로 선택한다.
② 가볍게 달리는 것이 가장 간편하고 효과적인 운동이다.
③ 굽이 높은 신발과 부드럽고 흡수성이 좋은 양말을 신는다.
④ 시간과 장소를 변경해 가면서 운동을 하면 혼란을 막을 수 있다.
⑤ 균형을 잡을 수 있는 대상자는 선 상태에서 운동을 하는 것이 좋다.

35 치매 대상자의 안전에 대한 기본원칙으로 옳은 것은?

① 완전히 어두워지면 희미한 불을 켜둔다.
② 안내를 위해서 시계, 달력, 신문 등 이름을 써 붙인다.
③ 치매 대상자가 지나친 자극을 받지 않도록 환경을 변화시킨다.
④ 감각 및 기능적인 손상을 고려하여 치매 대상자의 환경을 바꾼다.
⑤ 언어에 대한 이해가 떨어지면 그림보다는 글로 쓰여진 단서를 이용한다.

해설

32
- 치매 대상자가 옷 갈아입는데 참여하고 있음을 인식시킨다.
- 치매 대상자가 자신의 옷이 아니라고 하는 경우, 옷 라벨에 이름을 써 둔다.

표준교재 451쪽

33
① 운동량은 점차 늘린다.
② 현재의 운동기능을 평가한다.
④ 모든 운동은 머리쪽에서 시작하여 다리쪽으로 진행해야 한다.
⑤ 심장병이 있는 경우는 의사에게 사전검진을 받아야 한다.

표준교재 452쪽

34
① 대상자가 즐길 수 있는 종류의 운동을 선택한다
② 산책이 가장 간편하고 효과적인 운동이다.
③ 굽이 낮고 편안한 신발을 신는다.
④ 매일 같은 시간대에 같은 길을 걸으면서 운동을 하면 혼란을 막을 수 있다.

표준교재 452쪽

35
① 어두워지기 전에 희미한 불을 켜둔다.
② 치매 대상자에게 안내를 위해서 시계, 달력, 신문 등과 같은 단순한 단서를 이용한다.
③ 치매 대상자가 지나친 자극을 받지 않도록 환경을 단순화한다.
⑤ 언어에 대한 이해가 떨어지면, 글로 쓰인 단서보다는 그림을 사용한다.

표준교재 453쪽

정답 32 ④ 33 ③ 34 ⑤ 35 ④

36 치매 대상자의 안전을 돕기 위한 방법으로 옳은 것은?

① 치매 대상자의 방은 1층보다는 2층이 좋다.
② 치매 대상자의 방은 전망을 고려하여 배치한다.
③ 난간 출입구 등에 밝은 색의 야광 테이프를 붙인다.
④ 위험한 물건들은 대상자가 잘 볼 수 있게 해서 위험을 예방한다.
⑤ 대상자의 방은 동떨어져 있는 곳에 위치하도록 한다.

36
① 치매 대상자의 방은 2층보다는 1층이 좋다.
② 치매 대상자의 방은 위생적이고 안전성을 우선적으로 고려하여 배치한다.
④ 위험한 물건은 대상자가 발견할 수 없는 곳에 보관한다.
⑤ 가족이나 요양보호사가 잘 관찰할 수 있는 곳이 좋다.
表준교재 453쪽

37 치매 대상자의 안전을 돕기 위한 방법으로 옳은 것은?

① 모서리가 날카로운 가구는 방 한쪽으로 치워놓는다.
② 계단의 난간이나 안전바는 3년에 1회 점검하여야 한다.
③ 유리창은 항상 깨끗하게 닦아서 쾌적한 환경을 조성한다.
④ 계단의 아랫부분에는 간이문을 달아 대상자가 접근할 수 없게 한다.
⑤ 난간은 대상자의 체중을 감당할 수 있도록 단단히 벽에 고정되어 있어야 한다.

37
① 모서리가 날카로운 가구는 대상자가 닿을 수 없는 곳에 보관한다.
② 난간은 주기적으로 점검한다.
③ 유리라는 것을 알 수 있도록 유리창에는 그림을 붙여 놓는다.
④ 계단의 윗부분에는 간이문을 달아놓는다.
表준교재 454쪽

38 치매 대상자의 안전을 돕기 위한 방법으로 옳은 것은?

① 난방 기구를 켜놓았을 때는 대상자를 혼자 있게 한다.
② 대상자가 밖에서 출입문을 열지 못하도록 자물쇠를 제거한다.
③ 미끄러운 바닥재는 피하고, 카펫은 잘 고정되어 있는지 살핀다.
④ 시간을 잘 인식하도록 낮에는 방을 밝게 하고, 밤에도 전등을 밝게 한다.
⑤ 침대에서 떨어지지 않도록 두꺼운 요나 긴 의자를 침대 위에 놓고 침대를 방 중앙에 놓는다.

38
① 방 안에 난방 기구를 켜 놓았을 때 치매 대상자를 혼자 있게 해서는 안 된다.
② 치매 대상자가 안에서 출입문을 잠그지 못하도록 자물쇠를 제거하거나 손잡이를 교체한다.
④ 낮에는 밝게하고 밤에는 밝지 않게 한다.
⑤ 침대를 방구석에 놓는다.
表준교재 454쪽

39 화장실에서 대상자의 안전을 돕기 위한 방법으로 옳은 것은?

① 화장실 전등은 밤에는 꺼둔다.
② 화장실은 낮에도 항상 전등을 켜둔다.
③ 화장실 문은 안에서 열 수 있는 것으로 바꾼다.
④ 화장실 가까운 곳에 대상자의 방을 위치하게 한다.
⑤ 치매 대상자의 키 높이에 맞추어 화장실 표시를 한다.

39
① 화장실 전등은 밤에도 켜둔다.
③ 화장실 문은 밖에서도 열수 있는 것으로 바꾼다.
⑤ 치매 대상자의 눈높이에 맞추어 화장실 표시를 한다.
表준교재 454쪽

정답 36 ③ 37 ⑤ 38 ③ 39 ④

40 욕실에서 대상자의 안전을 돕기 위한 방법으로 옳은 것은?

① 목욕탕에 난간이나 손잡이를 설치한다.
② 온수가 나오는 수도꼭지는 파란색으로 표시한다.
③ 미끄럼 방지를 위한 매트를 욕실 입구에 설치한다.
④ 온수기의 온도를 높여서 언제든지 온수를 이용하게 한다.
⑤ 바닥은 문턱을 약간 높게 해서 물이 역류하는 것을 막는다.

41 욕실에서 대상자의 안전을 돕기 위한 방법으로 옳은 것은?

① 욕실에서 사용하는 세제는 잘 보이는 곳에 놓는다.
② 화상 예방을 위하여 노출된 온수파이프는 절단한다.
③ 치매 대상자가 놀라지 않도록 비치는 물건을 없앤다.
④ 욕실 문턱을 만들어 대상자가 욕실의 입구를 알게 한다.
⑤ 미끄럼 방지매트는 샤워 장소에만 설치하여 낙상을 예방한다.

42 부엌에서 대상자의 안전을 돕기 위한 방법으로 옳은 것은?

① 가스선은 안에서 잠가둔다.
② 위험한 물건은 싱크대 안에 보관한다.
③ 과일 모양의 자석은 냉장고 위쪽부분에 부착한다.
④ 깨지기 쉬운 물건은 보관장에 넣고 자물쇠로 채운다.
⑤ 음식물 쓰레기는 부엌에서 뚜껑이 있는 통 속에 모은다.

43 대상자의 안전을 돕는 요양보호사의 활동으로 옳은 것은?

① 현관 유리문을 깨끗하게 닦았다.
② 음식물 쓰레기는 주방의 통속에 넣어두었다.
③ 차 안에서 치매 대상자에게 안전띠를 메주었다.
④ 깨지기 쉬운 유리병을 거실 탁자 위에 올려놓았다.
⑤ 세제는 쉽게 찾을 수 있도록 욕실 선반에 올려두었다.

＋ 해설

40
② 온수가 나오는 수도꼭지는 빨간색으로 표시한다.
③ 미끄럼 방지를 위한 매트를 욕조와 샤워 장소에 설치한다.
④ 온수기의 온도를 낮춘다.
⑤ 욕실의 문턱을 없애 걸려 넘어지지 않게 한다.
표준교재 454~455쪽

41
① 욕실에서 사용하는 세제는 치매 대상자의 눈에 띄지 않는 곳에 보관한다.
② 화상예방을 위하여 노출된 온수파이프는 절연체로 감싸준다.
④ 욕실의 문턱을 없애 걸려 넘어지지 않게 한다.
⑤ 미끄럼방지매트를 욕조와 샤워 장소 등 바닥에 설치한다.
표준교재 454~455쪽

42
① 가스선은 밖에서 잠가둔다.
② 위험한 물건은 보관장에 넣고 자물쇠로 채워둔다.
③ 과일이나 야채 모양의 자석은 치매 대상자가 먹을 수 있으므로 사용하지 않는다.
⑤ 음식물 쓰레기는 부엌 안에 두지 않는다.
표준교재 455쪽

43
표준교재 453~455쪽

정답 **40** ① **41** ③ **42** ④ **43** ③

2 치매 대상자의 문제행동 대처

해설

★★★

01 반복적 질문이나 행동을 하는 치매 대상자를 대처하는 기본원칙으로 옳은 것은?

① 치매 대상자의 주의를 환기시킨다.
② 반복되는 행동은 행동 교정을 통해 고치도록 한다.
③ 가능한 한 반복적인 행동을 고쳐서 안정된 생활을 하게 한다.
④ 똑같은 질문에 확실한 답변을 주어 추가 질문을 하지 않도록 한다.
⑤ 치매 대상자 자신이 스스로 할 수 없다는 것을 인식시켜 도움을 요청하도록 한다.

★★★

02 반복적 질문이나 행동을 하는 치매 대상자를 돕는 방법으로 옳은 것은?

① 요양보호사의 즐거웠던 경험을 들려준다.
② 치매 대상자가 좋아하는 음식을 제공한다.
③ 치매 대상자가 싫어하는 운동을 함께 한다.
④ 집중할 수 있는 복잡한 일거리를 준다.
⑤ 소리를 크게 질러 치매 대상자를 조용히 시킨다.

★★★

03 치매 대상자가 반복적인 질문이나 행동을 하는 이유로 옳지 않은 것은?

① 무료해서 나오는 행동일수도 있다.
② 관심을 얻기 위한 행동일수도 있다.
③ 치매 대상자 자신의 안전을 확인하고 싶어 한다.
④ 논리적으로 생각하는데 문제가 있어서 나타나는 행동이다.
⑤ 인지기능 저하로 자신이 가진 문제에 답을 찾지 못해서이다.

04 음식섭취와 관련된 문제행동을 하는 치매 대상자를 돕는 기본 원칙으로 옳은 것은?

① 화를 내서라도 문제행동을 수정한다.
② 평상시 체중보다 조금 낮게 관리한다.
③ 식사시간과 식사량을 조금씩 변화를 준다.
④ 치매 대상자의 영양실조와 비만을 예방한다.
⑤ 문제행동이 일어나기 전에 빨리 먹도록 한다.

01
기본 원칙
· 치매 대상자의 주의를 환기한다.
· 반복적인 행동이 해가 되지 않으면 무리하게 중단시키지 않는다.
· 치매 대상자가 심리적 안정과 자신감을 갖게 도와준다.
· 치매 대상자를 다독거리며 안심시켜 준다.
· 반복되는 행동을 억지로 고치려고 하지 않는다.
표준교재 456쪽

02
돕는 방법
· 크게 손뼉을 치는 등 관심을 바꾸는 소음 내기
· 치매 대상자가 좋아하는 음식 주기
· 좋아하는 노래를 함께 부르기
· 과거의 경험 또는 고향과 관련된 이야기 하기
· 단순하게 할 수 있는 일거리 제공하기
표준교재 456~457쪽

03
· 치매 대상자 자신의 안전을 확인하고 싶어서
· 자신이 가진 의문에 대한 답을 구하지 못했다고 생각해서
· 관심을 얻고 싶어서
표준교재 456쪽

04
① 화를 내거나 대립하지 않는다.
② 체중을 측정하여 평상시 체중과 비교한다.
③ 치매 대상자의 식사시간과 식사량을 점검한다.
⑤ 서두르지 않고 천천히 먹게 한다.
표준교재 457~458쪽

정답 01 ① 02 ② 03 ① 04 ④

해설

05 음식섭취와 관련된 문제행동을 하는 치매 대상자를 돕는 기본 원칙으로 옳은 것은?

① 식사시간과 식사량을 점검한다.
② 음식을 빨리 먹고, 빨리 치운다.
③ 체중을 감량하도록 음식을 제한한다.
④ 장기적인 식사 거부는 보호자에게 보고한다.
⑤ 대상자의 문제행동과 대립해서 행동을 교정한다.

05
② 서두르지 않고 천천히 먹도록 한다.
④ 장기적인 식사거부는 의료인에게 알린다.

표준교재 457~458쪽

★★★

06 치매 대상자가 식사를 했음에도 밥을 달라고 할 때 요양보호사의 올바른 반응은?

① "안돼요! 방금 드셨잖아요."라고 화를 낸다.
② "오늘은 드셨으니 내일 드릴게요."라고 달랜다.
③ "방금 설거지 한 거 안 보이세요?"라고 짜증을 낸다.
④ "방금 드셨는데 무슨 말씀이세요?"라고 대상자의 말을 부정한다.
⑤ "지금 준비하고 있으니 조금만 기다리세요."라고 친절하게 얘기한다.

06
"방금 드셨는데 무슨 말씀이세요?"라며 대상자의 말을 부정하면 혼란스러워하므로 "지금 준비하고 있으니까 조금만 기다리세요."라고 친절하게 얘기한다.

표준교재 457쪽

07 음식섭취와 관련된 문제행동을 하는 치매 대상자를 돕기 위한 방법으로 옳은 것은?

① 식사 예절을 다시 가르쳐 준다.
② 음식을 크게 썰어 먹음직스럽게 조리한다.
③ 치매 대상자가 좋아하는 대체 식품을 이용한다.
④ 숟가락을 작은 것으로 주어 식사량을 조정한다.
⑤ 젓가락은 피하고 숟가락으로 먹기 편한 음식을 만들어 준다.

07
① 식사하는 방법을 자세히 가르쳐준다.
② 음식을 잘게 썰어 목이 막히지 않도록 한다.
④, ⑤ 손으로 집어 먹을 수 있는 식사를 만들어 준다.

표준교재 458쪽

08 음식섭취와 관련된 문제행동을 하는 치매 대상자를 돕기 위한 방법으로 옳은 것은?

① 식사하고 난 후 수첩에 식사기록을 남긴다.
② 치매 말기환자는 음식을 으깨거나 주스로 만들어 준다.
③ 위험한 물건은 주방 구석에 모아 두어 만지지 못하게 한다.
④ 식사한 것을 알 수 있도록 설거지를 한 후 식탁에 올려놓는다.
⑤ 대상자가 위험한 물건을 빼앗기지 않으려고 하는 경우 억지로라도 뺏어야 한다.

08
• 금방 식사한 것을 알 수 있도록, 먹고 난 식기를 그대로 두거나 매 식사 후 달력에 표시하도록 한다.
• 치매 대상자가 위험한 물건을 빼앗기지 않으려고 하는 경우, 치매 대상자가 좋아하는 다른 간식과 교환한다.
• 위험한 물건은 먹지 못하도록 치운다.

표준교재 458쪽

정답 05 ① 06 ⑤ 07 ③ 08 ②

09 수면 장애가 있는 대상자를 돕는 기본 원칙으로 옳은 것은?

① 수면 환경을 만든다.
② 가능하면 집 안에만 있도록 한다.
③ 치매 대상자의 음식섭취 상태를 관찰한다.
④ 규칙적으로 일어나고 수면에 들도록 배려한다.
⑤ 치매 대상자가 피곤해 할 만한 일정을 만든다.

10 수면 장애가 있는 대상자를 돕는 방법으로 옳은 것은?

① 소음을 줄이고 실내온도를 차갑게 유지한다.
② 저녁에 술을 마시게 하여 잠을 잘 자도록 한다.
③ 잠에서 깨어나 외출하려고 하면 못하게 말린다.
④ 밤낮이 바뀌어 낮에 꾸벅꾸벅 조는 경우 잠을 재운다.
⑤ 산책을 통해 신선한 공기를 접하면서 운동을 하도록 한다.

11 수면 장애가 있는 대상자를 돕는 방법으로 옳은 것은?

① 소음을 없애고 실내온도는 28℃로 유지한다.
② 낮에 꾸벅꾸벅 조는 경우 말을 걸어 자극을 준다.
③ 오후에 커피를 마시게 하여 안정감을 찾도록 한다.
④ 잠에서 깨어나 외출하려고 하면 혼자 나가서 산책을 하게 한다.
⑤ 낮에 방 안에서 졸면 거실에 나와서 운동을 하도록 한다.

12 다음 중 배회의 원인으로 옳지 않은 것은?

① 기억력 상실
② 방향감각의 저하
③ 낙상
④ 정서적인 불안
⑤ 배고픔

13 아무런 계획도, 목적지도 없이 돌아다니는 문제 행위는?

① 배회
② 가출
③ 외출
④ 망상
⑤ 환각

+ 해설

09
• 가능하면 집 밖에서의 운동을 포함시킨다.
• 치매 대상자의 수면상태를 관찰한다.
• 알맞은 하루 일정을 만들어 규칙적으로 생활한다.

표준교재 **459쪽**

10
• 소음을 최대한 없애고 적정 실내온도를 유지한다.
• 오후와 저녁에는 커피나 술과 같은 음료를 주지 않는다.
• 잠에서 깨어나 외출하려고 하면 요양보호사가 함께 동행한다.
• 낮에 조는 경우 말을 걸어 자극을 준다.

표준교재 **459쪽**

11
잠에서 깨어나 외출하려고 하면 요양보호사는 같이 함께 걷는다.

표준교재 **459쪽**

12
배회의 원인
기억력 상실이나 시간과 방향감각의 저하로 인한 혼란, 정서적인 불안, 배고픔 등

표준교재 **460쪽**

13
배회
• 아무런 계획도 목적지도 없이 돌아다니는 행위
• 대다수의 치매 대상자에게서 나타남
• 낙상이나 신체적 손상을 입을 수 있으므로 주의 깊은 관찰과 관리가 필요

표준교재 **460쪽**

정답 **09** ① **10** ⑤ **11** ② **12** ③ **13** ①

+ 해설

14 배회 증상이 있는 대상자를 돕는 기본 원칙으로 옳은 것은?

① 가끔씩 장소를 알려주어 현실감을 유지하게 한다.
② 텔레비전을 크게 틀어 놓아 사람이 있다고 느끼게 한다.
③ 치매 대상자가 활기찬 활동으로 바쁘게 생활하도록 한다.
④ 신체적 손상을 방지하게 위해 방에서 나가지 못하게 한다.
⑤ 배회 가능성이 있는 대상자는 보호자에게 미리 협조를 구한다.

14
- 규칙적으로 시간과 장소를 알려주어 현실감을 유지하도록 한다.
- 배회 가능성이 있는 치매 대상자는 관련 기관에 미리 협조를 구한다.
- 안전한 환경을 조성하며 소음을 차단한다.
- 신체적 손상을 방지하기 위해 안전한 환경을 제공한다.

표준교재 460쪽

15 배회 증상이 있는 대상자를 돕는 기본 원칙으로 옳은 것은?

① 치매 대상자가 집중할 수 있는 복잡한 일거리를 준다.
② 안전한 환경을 만들어 조성하여 소음이 없도록 유지한다.
③ 신체적 손상을 방지하게 위해 방에서 나가지 못하게 한다.
④ 가끔씩 시간을 알려주어서 현실감을 유지할 수 있게 한다.
⑤ 배회 가능성이 있는 대상자를 감시하기 위해 CCTV를 설치한다.

15
- 치매 대상자가 활기찬 활동으로 바쁘게 생활하도록 한다.
- 신체적 손상을 방지하기 위해 안전한 환경을 제공한다.
- 단순한 일거리를 주어 배회 증상을 줄인다.

표준교재 460쪽

16 배회 증상이 있는 대상자를 돕는 방법으로 옳은 것은?

① 집 밖에 산책코스를 만들어 준다.
② 복잡한 일거리를 주어 배회증상을 줄인다.
③ 낙상 방지를 위해 안전한 주변 환경을 조성한다.
④ 대상자의 심리적 욕구를 우선적으로 해결해 준다.
⑤ 치매 대상자가 보호자의 신분증을 소지하도록 한다.

16
- 집 안에서 배회하는 경우 배회코스를 만들어 준다.
- 단순한 일거리를 주어 배회 증상을 줄인다.
- 치매 대상자의 신체적 욕구를 우선적으로 해결해 준다.
- 치매 대상자가 신분증을 소지하도록 한다.

표준교재 460~461쪽

17 배회 증상이 있는 대상자를 돕는 방법으로 옳은 것은?

① 집 안을 어둡게 해서 잠을 자도록 유도한다.
② 현관이나 출입문에 잠금장치를 달아 놓는다.
③ 피곤한 일거리를 주어 배회증상을 줄이도록 한다.
④ TV나 라디오를 크게 틀어 놓아 혼란을 방지한다.
⑤ 낮 시간에 일거리를 주어 에너지 소모를 하도록 한다.

17
- 집 안을 어둡게 하지 않는다.
- 현관이나 출입문에 벨을 달아 놓는다.
- TV나 라디오를 크게 틀어 놓지 않는다.

표준교재 460~461쪽

18 배회 증상이 있는 대상자를 돕는 방법으로 옳은 것은?

① 치매 대상자 주변을 새로운 것으로 채워준다.
② 밖에 나가거나 쇼핑을 하는 것은 활력제가 되며 수면의 질도 향상한다.
③ 창문 등 출입이 가능한 모든 곳에 벨을 달아 놓는다.
④ 침대 옆에 매달려 있는 옷은 애착을 갖게 하여 배회를 예방한다.
⑤ 과거 힘들었던 때의 이야기를 하게 함으로 배회의 관심을 다른 곳으로 돌린다.

18
- 대상자 주변을 친숙한 것으로 채워준다.
- 창문 등 출입이 가능한 모든 곳에 주의하여 문을 잠근다.

표준교재 460~461쪽

정답 14 ③　15 ②　16 ③　17 ⑤　18 ②

19 치매 대상자에게 자주 발생하는 증상으로 사실에 근거를 두지 않는 잘못된 고정된 믿음을 무엇이라 하는가?

① 의심　　　　　　　　　② 망상
③ 환청　　　　　　　　　④ 환각
⑤ 우울

표준교재 461쪽

19

20 다음 보기가 설명하는 치매 대상자의 이상행동으로 옳은 것은?

- 실제로 존재하지 않는데 존재하는 것처럼 느낀다.
- 주위에 아무도 없는데 소리를 듣거나, 음식이 없는데 고기 굽는 냄새를 맡는다.

① 의심　　　　　　　　　② 환각
③ 망상　　　　　　　　　④ 야간 섬망
⑤ 석양 증후군

표준교재 461쪽

20

21 의심, 망상, 환각 증상의 대상자를 돕는 기본원칙으로 옳은 것은?

① 훈계하고 야단쳐서 행동을 교정한다.
② 치매 대상자의 감정을 이해하고 수용한다.
③ 물건을 발견했을 때는 눈에 잘 보이는 곳에 보관한다.
④ 잃어버렸다고 하는 물건을 찾은 경우 대상자를 비난한다.
⑤ 대상자가 보고 들은 것에 대해 아니라고 현실을 알려준다.

21
③, ④ 물건을 발견했을 때, 아무 일도 아닌 것처럼 행동하는 것이 중요하다.
⑤ 치매 대상자가 보고 들은 것에 대해 아니라고 부정하거나 다투지 않는다.

표준교재 461~462쪽

22 의심, 망상, 환각 증상의 대상자를 돕는 기본원칙으로 옳은 것은?

① 귓속말을 하지 않도록 주의한다.
② 치매 대상자가 다른 곳에 신경을 쓰지 않도록 한다.
③ 가끔씩 장소를 알려주어 현실감을 유지하게 한다.
④ 치매 대상자에게 하는 모든 행위에 대해 동의를 구한다.
⑤ 요양보호사가 치매 대상자에게 도움을 받는다는 확신을 갖게 한다.

22
② 치매 대상자가 다른 곳에 신경을 쓰도록 유지한다.
③ 규칙적으로 시간과 장소를 알려주어 현실감을 유지하도록 한다.
④ 치매 대상자에게 하는 모든 행위에 대해 간단히 설명해 준다
⑤ 요양보호사가 치매 대상자에게 도움을 주려고 한다는 확신을 갖게 한다.

표준교재 461~462쪽

23 무의미한 사건으로 보이는 것에 대해 자신뿐 아니라 주위사람들에게 정서적으로 난폭하게 반응을 보이는 문제행동은?

① 야간 섬망　　　　　　　② 야간 망상
③ 석양증후군　　　　　　④ 파괴적 행동
⑤ 파괴적 망상

23

표준교재 462쪽

정답 **19** ② **20** ② **21** ② **22** ① **23** ④

해설

24 파괴적 행동을 하는 대상자를 돕기 위한 기본원칙으로 옳은 것은?

① 정신없는 일상생활을 하도록 활동을 구성한다.
② 대상자가 자신의 활동을 예측할 수 있게 한다.
③ 치매 대상자의 욕구에 맞는 의사결정권을 준다.
④ 파괴적 행동 반응을 유발하는 사건을 사전에 알린다.
⑤ 혼돈하지 않고 선택을 하도록 한 번에 여러 가지를 제시한다.

24
· 규칙적인 일상생활을 하도록 활동을 구성한다.
· 치매 대상자의 수준에 맞는 의사결정권을 준다.
· 파괴적 행동반응을 유발하는 사건을 사전에 예방한다.

표준교재 463쪽

25 치매 대상자의 파괴적 행동의 특징으로 옳은 것은?

① 난폭한 행동이 자주 일어난다.
② 난폭한 행동이 오래 지속된다.
③ 일반적으로 초기에는 증상이 심하게 나타나지 않는다.
④ 질병 초기에 나타나서 갈수록 심해진다.
⑤ 에너지가 소모되면 지쳐서 파괴적 행동을 중지한다.

25
치매 대상자의 파괴적 행동의 특징
· 난폭한 행동이 자주 일어나지 않는다.
· 난폭한 행동이 오래 지속되지 않는다.
· 일반적으로 초기에 분노로 시작하며 에너지가 소모되면 지쳐서 파괴적 행동을 중지한다.
· 질병 초기에 나타나서 수개월 내에 사라진다.

표준교재 463쪽

★★★

26 다음 보기가 설명하는 치매 대상자의 이상행동으로 옳은 것은?

> 낮에는 유순하지만 저녁 8~9시만 되면 갑자기 침대 밖으로 뛰쳐나오거나, 옷을 벗고, 방을 왔다 갔다 하며, 문을 덜거덕 거리거나, 바닥을 뒹굴고, 침대 위로 뛰어 오르는 행동을 한다.

① 야간망상   ② 야간 섬망
③ 야간증후군   ④ 석양증후군
⑤ 저녁증후군

26
석양증후군이란 치매 대상자가 해질녘이 되면 더욱 혼란해지고 불안정하게 의심 및 우울 증상을 보이는 것을 의미한다.

표준교재 464쪽

★★★

27 석양증후군이 있는 대상자를 돕기 위한 기본원칙으로 옳은 것은?

① 저녁시간동안 움직이거나 활동하게 한다.
② 애완동물과 함께 즐거운 시간을 갖게 한다.
③ 새벽에는 치매 대상자와 함께 있도록 한다.
④ 치매 대상자가 싫어하는 음식을 만들어 준다.
⑤ 신체적인 제한을 해서 난폭하게 굴지 못하도록 달랜다.

27
① 낮 시간동안 움직이거나 활동하게 한다.
③ 해질녘에는 요양보호사가 충분한 시간을 가지고 치매 대상자와 함께 있도록 한다.
④ 치매 대상자가 좋아하는 소일거리를 준다.
⑤ 신체적 제한은 치매 대상자의 행동을 악화시킨다.

표준교재 464쪽

★★★

28 석양증후군이 있는 대상자를 돕기 위한 방법으로 옳은 것은?

① 대상자를 밖으로 데려가 운동을 시킨다.
② 따뜻한 커피나 차는 잠 드는데 도움이 된다.
③ TV를 끄고 조명을 어둡게 하여 잠을 들도록 한다.
④ 요양보호사는 치매 대상자를 관찰할 수 있는 곳에서 활동을 한다.
⑤ 대상자들은 옛날에 매우 힘들었던 일을 이야기할 때 위로를 받을 수 있으므로 이를 돕는다.

28
• 대상자를 밖으로 데려가 산책을 한다.
• 따뜻한 음료수는 잠 드는데 도움이 된다.
• TV를 켜놓거나 밝은 조명이 도움이 된다.

표준교재 **464~465쪽**

★★★

29 부적절한 성적 행동을 하는 대상자를 돕기 위한 기본원칙으로 옳은 것은?

① 부적절한 성적 행동관련 요인을 관찰한다.
② 노출증을 감소시키기 위한 벌을 자주 사용한다.
③ 때때로 큰소리로 책망을 하는 것이 도움이 된다.
④ 치매 대상자는 성 자체에만 관심이 있음을 인식한다.
⑤ 이상한 성행위가 정신적인 문제로 유발될 수 있음을 이해한다.

29
• 때때로 행동교정이 도움이 된다.
• 이상한 성행위가 약물복용 때문에 유발될 수 있음을 이해한다.

표준교재 **465쪽**

★★★

30 부적절한 성적 행동을 하는 대상자를 돕기 위한 기본원칙으로 옳은 것은?

① 때때로 행동교정이 도움이 된다.
② 부적절한 성적 행동의 원인을 파악한다.
③ 노출증을 감소시키기 위한 적절한 칭찬을 한다.
④ 치매 대상자는 성에 대해 억눌렸음을 인식한다.
⑤ 이상한 성행위가 치매의 문제행동임을 인식한다.

30
• 부적절한 성적 행동관련 요인을 관찰한다.
• 노출증을 감소시키기 위해 벌과 보상을 적절히 사용한다.

표준교재 **465쪽**

★★★

31 부적절한 성적 행동을 하는 대상자를 돕기 위한 방법으로 옳은 것은?

① 심한 경우 가족에게 알리고 상의한다.
② 대소변을 보고 싶은 욕구가 있는지 확인한다.
③ 성기를 노출할 경우 단호하게 대응하면서 옷을 입혀준다.
④ 대상자가 성적으로 관심을 보이면 공공장소에 가서 행동을 멈추게 한다.
⑤ 대상자가 성적으로 부적절한 행동을 할 때 요양보호사는 그러한 활동을 즉각 멈추지 않으면 경찰에 고발할 것이라고 말한다.

31
① 심한 경우 의료인에게 알리고 상의한다.
③ 성기를 노출한 경우, 당황하는 태도를 보이지 않고 옷을 입혀준다.
④ 공공장소에 가는 것을 삼가고, 방문객을 제한하여 사고를 예방한다.

표준교재 **465쪽**

정답 **28** ④ **29** ① **30** ① **31** ②

★★★

32 부적절한 성적 행동을 하는 대상자를 돕기 위한 방법으로 옳은 것은?

① 대상자가 성적인 관심을 보이면 방문객에게 알린다.
② 의복이 불편해서 나온 행동일 수 있으므로 이해한다.
③ 가족과 주위사람들에게 미리 알려서 사고를 예방한다.
④ 옷을 벗을 때 처음부터 단호하게 대해서 행동을 교정한다.
⑤ 즉각 멈추지 않으면 대상자가 좋아하는 것을 가져간다고 경고한다.

★★★

33 82세 한씨 할머니는 자신의 물건이 없어졌다고 다른 노인에게 "도둑이다"라고 소리를 질렀다. 이에 대한 대응으로 옳은 것은?

① 동일한 물건을 사다가 주었다.
② 큰소리를 내고 싸워서 행동을 교정해 주었다.
③ 요양보호사는 노인과 함께 물건을 찾아 보았다.
④ 주변 분들이 물건을 가져갈 분들이 아니라고 설득했다.
⑤ 처음부터 물건이 없어진 것이 아니라는 사실을 일깨워 주었다.

34 다음 보기와 같은 상황에서 올바르게 대처한 것은?

> 치매 진단을 받고 요양시설에 입소해 있는 77세 할머니는 하루 종일 허리끈을 가늘게 꼬아서 묶는 일을 하면서 보내고 있다. 저녁 무렵이 되면 할머니는 "오늘은 이 정도로 하고 돌아가겠습니다" 하면서 인사를 하고 집에 가려고 한다.

① 시설 내를 한 바퀴 돌고 방을 모셔다 드렸다.
② 밖으로 모시고 나가 산책을 하고 다시 시설로 돌아왔다.
③ 집에 가도 자녀들이 없으니 내일 가자고 어르신을 달랬다.
④ 시설에 오셔서 생활한지 1년이 넘었다고 현실을 인식시킨다.
⑤ 어깨를 감싸고 안아주면서 이곳에서 살아야 된다고 달래드렸다.

★★★

35 80세 강씨 할아버지는 조금 전에 음식을 먹고도 금방 또 먹으려고 한다. 배가 부른데도 계속 먹으려고 한다, 이에 대한 대응으로 옳지 않은 것은?

① 먹은 그릇은 깨끗하게 설거지를 해 놓았다.
② 칼로리가 적은 간식을 작은 접시에 담아 주었다.
③ 규칙적인 시간에 스스로 먹을 수 있도록 도와주었다.
④ 식사 후 달력에 스스로 식사를 했다는 표시를 하게 하였다.
⑤ 대상자를 따뜻하게 대하고 식사가 끝날 때까지 도와주었다.

+ 해설

32
• 방문객을 제한하여 사고를 예방한다.
• 의복으로 인한 불편감이나 대소변을 보고 싶은 욕구가 있는지 확인한다.

표준교재 465쪽

33

표준교재 466쪽

34

표준교재 466쪽

35

표준교재 467쪽

정답 **32** ⑤   **33** ③   **34** ②   **35** ①

3 치매 대상자와의 의사소통

+ 해설

★★★

01 치매 대상자와 언어적 의사소통의 기본원칙으로 옳은 것은?

① 단어를 바꾸어 가면서 설명한다.
② 대상자의 신체적 상태를 파악한다.
③ 대상자가 알아 들을 수 있게 전문용어를 사용한다.
④ 대상자에게 한 번에 여러 일을 하도록 설명한다.
⑤ 항상 시간과 장소를 알려주어 현실감을 유지하게 한다.

01

표준교재 468~471쪽

02 치매 대상자의 신체적 상태를 파악하기 위한 대화로 옳은 것은?

① "여기가 아프세요?"
② "어디 불편하세요?"
③ "아픈 곳이 있으세요?"
④ "아프시면 말씀하세요."
⑤ "말씀하지 않으면 모르니 아픈 곳을 말씀해 주세요."

02
대상자의 요구를 알기 위해서는 막연하게 "어디 불편한 곳이 있으세요?"보다는 신체 부위를 짚어가며 "여기가 아프세요?"와 같이 구체적으로 질문하여야 한다.

표준교재 468쪽

★★★

03 치매 대상자와 의사소통 시 대상자를 존중하는 태도에 대한 설명으로 옳은 것은?

① 비협조적인 행동을 할 경우 화를 낸다.
② 엉뚱한 행동을 한 경우는 참고 넘어간다.
③ 협조적으로 일을 잘 수행하면 격려의 말을 해 준다.
④ 대상자가 실수했을 때 야단을 쳐서 행동을 교정하게 한다.
⑤ 자존심이 상하는 말을 해서 자극을 받아 행동을 교정하게 한다.

03
치매 대상자가 실수를 했을 때 화를 내거나, 야단을 치거나, 비웃으면 대상자가 상처를 입으므로 자존심이 상하는 말이나 표현은 하지 않도록 한다. 비협조적인 행동이나 엉뚱한 행동을 하면 '부탁합니다' 등의 따뜻한 말로 존중하는 태도를 유지하면서 협조를 요청한다.

표준교재 468~469쪽

04 치매 대상자와 의사소통 시 대상자를 존중하는 대화로 옳은 것은?

① "참 잘하셨어요. 힘내세요"
② "왜 이런 실수를 하셨어요?"
③ "다음에는 실수하지 마세요"
④ "살 좀 해보세요. 실수를 하셨잖아요."
⑤ "조금만 잘해 보세요. 잘 하실 수 있잖아요?"

04
대상자가 협조적으로 일을 잘 수행했을 경우는 '잘 했어요', '맞아요' 등과 같은 격려의 말을 해준다.

표준교재 468~469쪽

정답 01 ② 02 ① 03 ③ 04 ①

05 치매 대상자가 물건을 잃어버렸다고 요양보호사를 의심할 때 이해할 수 있도록 말하는 것으로 옳은 것은?

① "서랍 속은 찾아보셨어요?"
② "내가 왜 도둑이에요? 말씀 조심하세요."
③ "아니 왜 또 이러세요. 힘들어 죽겠어요."
④ "제가 찾아 볼 테니 어르신은 가만히 계세요."
⑤ "물건 잃어버린 것이 아닙니다. 어르신이 착각하신 거예요."

05
대상자가 주변사람들을 의심하면 부정하거나 설득하려 하지 말고 함께 찾아보도록 하여 문제를 인정하고 이해할 수 있도록 돕는다.

표준교재 **469쪽**

06 치매 대상자와 의사소통 시 대상자의 속도에 맞추는 것에 대한 설명으로 옳은 것은?

① 대상자의 반응의 반응을 참고한다.
② 대상자가 반응할 때까지 기다린다.
③ 대상자의 속도에 맞추어 천천히 말한다.
④ 목소리는 약간 높은 음조로 이야기한다.
⑤ 보호자에게는 상냥하고 예의바르게 대한다.

06
• 대상자의 속도에 맞추어 천천히 대해 주고 대상자가 반응할 때까지 기다린다.
• 목소리는 낮은 음조로 천천히, 차분히, 상냥하고 예의바르게 한다.

표준교재 **469쪽**

★★★

07 다음의 보기가 설명하는 의사소통의 원칙으로 옳은 것은?

> • 명령하는 투로 말하지 않는다.
> • 부정형 문장보다 긍정형 문장을 사용한다.
> • 할 수 있는 것이 어떤 것인가를 정확히 이야기해준다.

① 반복적으로 설명한다.
② 일상적인 어휘를 사용한다.
③ 대상자를 인격적으로 대한다.
④ 어린아이 대하듯 하지 않는다.
⑤ 대상자가 이해할 수 있도록 말한다.

07

표준교재 **469쪽**

08 다음의 보기가 설명하는 의사소통의 원칙으로 옳은 것은?

> • '네', '아니오'로 답할 수 있도록 질문을 한다.
> • 대명사보다는 명사를 이용하여 의사소통을 한다.

① 반복적으로 설명한다.   ② 일상적인 어휘를 사용한다.
③ 대상자를 인격적으로 대한다.   ④ 어린아이 대하듯 하지 않는다.
⑤ 대상자가 이해할 수 있도록 말한다.

08

표준교재 **470쪽**

정답 **05** ① **06** ② **07** ④ **08** ①

09 대상자에게는 한 번에 한 가지씩 일을 하도록 설명한다는 원칙에 대한 대화로 옳은 것은?

① "양치질 하세요."
② "식당으로 오셔서 식사를 하세요."
③ "식사를 하신 후 옷을 갈아입으세요"
④ "세수하시고 옷을 입으시고 식당으로 오세요."
⑤ "양치질 하시고 식사를 하신 후 외출하세요."

09
한 번에 한 가지씩 설명한다.

표준교재 471쪽

10 가까운 곳에서 얼굴을 마주보고 말한다는 원칙에 대한 설명으로 옳은 것은?

① 2m 이내에서 말하는 것이 좋다.
② 눈을 보지 않고 말하는 것이 좋다.
③ 대상자를 뒤에서 불러서 운동신경을 자극한다.
④ 앉아 있을 때 말을 걸면 신체의 균형을 잃어 넘어질 수 있다.
⑤ 청력 장애가 있는 경우가 많으니 가까운 곳에서 말하는 것이 좋다.

10
• 가까운 곳(1m 이내)에서 말하는 것이 좋다.
• 얼굴을 마주보고 말하는 것이 좋다.

표준교재 471쪽

11 현실을 알려주도록 한다는 원칙에 대한 대화로 옳은 것은?

① "해가 떴어요. 일어나세요."
② "8시예요. 아침식사하세요."
③ "밤이 깊어지네요. 주무세요."
④ "배가 고픈 시간이네요. 식사하세요."
⑤ "벌써 시간이 이렇게 되었네요. 이리오세요."

11
항상 현재 상황을 알려 주도록 한다.

표준교재 471쪽

12 일상적인 어휘를 사용하는 원칙에 대한 설명으로 옳은 것은?

① 고향 사투리로 말을 걸어본다.
② 전문용어를 사용하여 전문성을 강조한다.
③ 유행어나 외래어를 사용해서 친밀감을 형성한다.
④ 인지를 자극하기 위해 전문용어를 가끔 사용한다.
⑤ 낯선 단어나 어휘를 사용하여 인지기능을 자극한다.

12
치매 대상자와 말할 때는 유행어나 외래어의 사용을 하지 말고, 일상적인 어휘를 사용한다.

표준교재 471쪽

정답 09 ① 10 ⑤ 11 ② 12 ①

13 비언어적 의사소통의 원칙으로 옳은 것은?

① 책을 써서 의사소통한다.
② 신체적인 접촉을 제한한다.
③ 목소리, 말 또는 소리를 사용한다.
④ 치매 대상자의 비언어적인 표현방법을 관찰한다.
⑤ 언어적인 방법 대신 비언어적인 방법을 주로 사용한다.

14 비언어적 의사소통의 원칙으로 옳은 것은?

① 그림을 그려서 의사소통을 한다.
② 손짓, 발짓 또는 소리를 사용한다.
③ 언어 이외의 다른 기계를 사용한다.
④ 신체적인 접촉은 가능한 한 피한다.
⑤ 대상자의 행동을 의미 있는 것으로 해석한다.

15 치매 대상자에게 신체적 언어 사용 시 주의사항으로 옳은 것은?

① 눈을 마주보며 이야기 한다.
② 치매 대상자에게 관심을 보인다.
③ 치매 대상자의 옆에서 먼저 다가간다.
④ 치매 대상자가 위협적으로 느끼는 자세를 취한다.
⑤ 눈높이는 대상자보다 높게 하여 내려다보면서 이야기한다.

16 초기 치매 대상자의 의사소통 문제로 옳은 것은?

① 대화의 주제가 일관된다.
② 사용하는 어휘의 수가 점차적으로 늘어난다.
③ 물건이나 사람의 이름을 부르는 기능이 회복된다.
④ 과거, 현재, 미래 시제의 올바른 사용이 점차 확대된다.
⑤ 일관성 및 연결성이 손상되어 자주 확인하고 설명을 요청한다.

17 중기 치매 대상자의 의사소통 문제로 옳은 것은?

① 대화의 주제가 다양해진다.
② 일관성의 결여와 혼동이 감소한다.
③ 대상자가 명확한 내용을 이야기한다.
④ 불특정 다수를 지칭하는 용어의 사용이 감소한다.
⑤ 사용하는 어휘의 수가 초기 치매 단계보다 줄어든다.

13
비언어적인 의사소통의 기본 원칙
• 손짓, 발짓 또는 소리를 사용한다.
• 언어적인 표현 방법과 적절한 비언어적인 표현 방법을 같이 사용한다.
• 신체적인 접촉을 사용한다.
• 치매 대상자의 비언어적인 표현 방법을 관찰한다.
• 필요하면 글을 써서 의사소통한다.
• 언어 이외의 다른 신호를 말과 함께 사용한다.
• 대상자의 행동을 복잡하게 해석하지 않는다.
표준교재 472~473쪽

14
표준교재 472~473쪽

15
• 정면에서 이야기한다.
• 눈높이를 맞춘다.
• 위협적으로 느끼는 자세를 취하지 않는다.
• 앞에서 다가간다.
• 치매 대상자에게 관심을 가진다.
표준교재 472쪽

16
① 대화의 주제가 자주 바뀐다.
② 사용하는 어휘의 수가 점차적으로 제한된다.
③ 물건이나 사람의 이름을 부르는 것이 어렵다.
④ 과거, 현재, 미래 시제의 올바른 사용이 어렵다.
표준교재 473쪽

17
① 대화의 주제가 제한된다.
② 일관성의 결여와 혼동이 증가한다.
③ 애매모호한 내용을 이야기한다.
④ 불특정 다수를 지칭하는 용어의 사용이 늘어난다.
표준교재 473쪽

정답 13 ④ 14 ② 15 ② 16 ⑤ 17 ⑤

18 중기 치매 대상자의 의사소통 문제로 옳은 것은?

① 정확한 시제를 사용한다.
② 적절한 명사를 선택해서 사용한다.
③ 대화 중에 말이 끊기는 횟수가 감소한다.
④ 적절한 어구를 사용하는 횟수가 점차 증가한다.
⑤ 올바른 이름을 지칭하지 못하는 '명칭실어증'을 보인다.

★★★
19 말기 치매 대상자의 의사소통 문제로 옳은 것은?

① 말이 다시 많아진다.
② 의사소통에 어려움은 없다.
③ 올바른 이름을 사용하는 횟수가 증가한다.
④ 대화 시 시선을 맞추는 데 어려움이 있다.
⑤ 사용하는 어휘의 수가 점차 늘어나게 된다.

20 초기 치매 단계의 대상자와 의사소통 방법으로 옳은 것은?

① 중요한 내용은 강조해서 한 번만 설명한다.
② 대상자가 집중할 수 있는 시간을 파악한다.
③ 다른 의미의 다른 언어에 대한 정보를 제공한다.
④ 대상자가 응답할 시간을 조금 준 뒤 다음 대화를 한다.
⑤ 대상자가 요청하면 구체적인 방법을 제공한다.

21 중기 치매 단계의 대상자와 의사소통 방법으로 옳은 것은?

① 새로운 활동을 통해 관심을 유도한다.
② 불특정 인칭 명사를 사용하여 인지력을 향상시킨다.
③ 같은 표현을 반복하여 질문해서 잘 이해하도록 한다.
④ 대상자가 자주 사용하는 단어와 문구는 사용을 제한한다.
⑤ 대상자가 반응하지 않을 경우 한 번 더 반복하여 질문한다.

★★★
22 말기 치매 단계의 대상자와 의사소통 방법으로 옳은 것은?

① 대상자가 마주 볼 때 이야기한다.
② 요양보호사 자신의 이름은 알리지 않는다.
③ 대상자의 애칭을 부르면서 이야기를 시작한다.
④ 약간 높은 톤으로 다정하고 차분하게 대화한다.
⑤ 긴장된 모습으로 대상자를 존경하는 마음을 표현한다.

18
① 부정확한 시제를 사용한다.
② 부적절한 명사를 선택한다.
③ 대화 중에 말이 끊기는 횟수가 증가한다.
④ 적절한 어구를 사용하지 못하는 경우가 늘어난다.

표준교재 **473쪽**

19
① 말이 없어진다(무언증).
② 의사소통을 유지하는 데 어려움이 있다.
③ 올바른 이름을 사용하는 것이 더욱 어려워진다.
⑤ 사용하는 어휘의 수가 현저히 작다.

표준교재 **473~474쪽**

20
① 중요한 내용은 반복한다.
③ 유사한 의미의 다른 언어에 대한 정보를 제공한다.
④ 대상자가 응답할 시간을 충분히 준다.
⑤ 대상자가 요청하기 전에 구체적인 방법을 제공한다.

표준교재 **474쪽**

21
① 친숙한 활동을 통해 대화를 시도한다.
② 대상자의 이름을 사용한다.
③ 같은 의미의 다른 용어와 좀 더 단순한 표현을 사용한다.
④ 자주 쓰는 단어와 문구를 사용한다.

표준교재 **474~475쪽**

22
② 요양보호사 자신의 이름을 말한다.
③ 대상자의 이름을 부르면서 이야기를 시작한다.
④ 낮은 톤으로 다정하고 차분하게 대화한다.
⑤ 편안하고 부드러운 모습으로 이야기한다.

표준교재 **475쪽**

정답 **18⑤ 19④ 20② 21⑤ 22①**

23 말기 치매 단계의 대상자와 의사소통 방법으로 옳은 것은?

① 빠르면서 정확하게 말한다.
② 말기 단계는 신체적 접촉은 하면 안 된다.
③ 방 안에 아무도 없는 것처럼 이야기하지 않는다.
④ 대상자가 응답하지 않으면 이야기를 중단해야 한다.
⑤ 말기 치매 대상자는 모든 것을 다 듣고 있지는 않는다.

23
① 천천히 분명하게 말한다.
② 신체적 접촉을 적절하게 활용한다.
④ 대상자가 응답하지 않더라도 계속해서 이야기한다.
⑤ 대상자가 모든 것을 듣고 있다고 가정한다.

표준교재 **475쪽**

24 다음 보기의 사례에서 요양보호사의 대처 방법으로 옳은 것은?

> 80세 김 할머니는 금방 식사를 하였는데 먹지 않았다고 몇 번이고 재촉을 한다. 며느리는 할머니에게 "한 시간 전에 드시지 않았어요?" 라고 말했지만 할머니는 막무가내로 밥을 주지 않는다고 밥을 달라고 재촉한다.

① "점심을 준비하고 있으니 잠시 기다려 주세요."
② "저쪽으로 가셔서 기다리시면 저녁 때 드릴게요."
③ "또 그리시네. 식사한 거 아직 치우지도 않았어요."
④ "식사를 잘하시고 이러시면 어떻게 해요? 식사하셨거든요!"
⑤ "한 시간 전에 식사하지 않으셨어요? 도대체 왜 그래요?"

24
대상자 입장에서 납득이 가는 언행이 무엇일지 생각해 본다.

표준교재 **476쪽**

25 다음 보기의 사례에서 알 수 있는 요양보호사의 의사소통 유의사항으로 옳은 것은?

> 86세의 시어머니와 며느리가 산책을 하고 있었다. 반대편의 이웃사람이 걸어오면서 "할머니 안녕하세요?"라고 큰 소리로 인사를 하자 할머니가 갑자기 길을 건너려고 해서 사고를 당할 뻔하였다.

① 대상자의 얼굴을 보면서 말을 걸었다.
② 요양보호사의 입장에서 편하게 대화를 하였다.
③ 대상자의 치매 정도를 고려하지 않고 대화를 하였다.
④ 치매 대상자와는 1m 이내 가까이 다가서서 대화를 했다.
⑤ 의사소통의 장애가 있는지를 파악하지 않고 대화를 했다.

25

표준교재 **476쪽**

정답 **23** ③ **24** ① **25** ④

26 다음 보기의 사례에서 요양보호사의 대처 방법으로 옳은 것은?

> 72세 김 할머니는 남편과 딸과 셋이서 살고 있다. 할머니는 젊을 때부터 요리를 잘하여 치매로 판단 받은 이후에도 부엌에서 간단한 요리나 된장국을 만들어 왔다. 어느 날 딸이 "엄마 된장국 맛이 없으니 이제 음식하지 마세요"라고 말하였다. 이후에 김 할머니는 화가 나서 문을 닫고 식사를 전혀 하지 않게 되었다.

① 설득해서 음식을 만들지 않도록 해야 한다.
② 잘못을 했더라도 비난하거나 부정하지 않는다.
③ 부엌에 들어오지 못하도록 강력하게 경고한다.
④ 음식을 만들게 하되 나중에 다시 간을 맞춘다.
⑤ 음식을 잘못 만들었으니 잘못을 정정하도록 지적한다.

26
대상자는 잘못된 행동에 대해 꾸중을 듣거나 질책을 받으면 그 원인은 잊어버려도 굴욕감은 남아 우울한 상태가 유발되고 때로는 공격적으로 변할 수 있다. 사소한 언동이 대상자의 자존심을 상하게 할 수 있으므로 유연하고 임기응변적인 태도로 대상자에게 맞춰가는 것이 바람직하다.

표준교재 477쪽

---

27 다음 보기의 사례에서 할머니의 올바른 화법으로 옳은 것은?

> 70세 할머니가 74세의 박 할아버지를 집에서 간호하고 있었다. 할머니는 할아버지에게 옷을 입히면서 "10시가 되면 병원에 갈 것이니까 양말을 벗으면 안돼요"라고 말하였다. 그런데 할머니가 아침 설거지를 하는 잠깐 사이에 박 할아버지는 병원에 간다고 집을 나가서 미아가 되었다.

① 옷을 갈아입으세요.
② 10시에 병원 갈 테니 여기서 기다리세요.
③ 10시에 병원 갈 테니 양말 벗지 말고 있어요.
④ 옷 갈아입고 병원 갈 거예요. 어서 식사하세요.
⑤ 옷을 입고 양말을 신고 기다리세요. 10시에 병원 갈 거예요.

27
한꺼번에 여러 가지 이야기를 하면 혼란이 오기 때문에 정보를 전달할 때는 단순한 내용으로 분리하여 하나씩 전달해야 한다. 당장 해야 할 일만 간결하게 전하고 앞으로의 계획은 전하지 않는 것이 좋다.

표준교재 477쪽

정답 26 ② 27 ①

➕ 해설

4 인지자극 훈련

01 치매의 진행을 늦추고 증상을 완화하려는 방법 중 비약물요법에 해당하지 않는 것은?

① 약물 복용
② 인지훈련
③ 신체적 운동
④ 광선요법
⑤ 인정요법

01

표준교재 478쪽

02 인지훈련 프로그램과 그 대상이 알맞게 연결된 것은?

① 경도인지장애 – 나답게 하루하루 프로그램
② 중고도 치매 대상자 – 두근두근 뇌운동
③ 장기요양보험 수급자 – 반짝활짝 뇌운동
④ 중고도 치매 대상자 – 나답게 하루하루 프로그램
⑤ 초기 치매대상자 – 인지활동형 프로그램

02
- 경도인지장애, 초기치매대상자 - 반짝활짝 뇌운동
- 중고도 치매대상자 - 나답게 하루하루 프로그램
- 장기요양보험 수급자(치매특별등급 포함) - 인지활동형 프로그램
- 장기요양보험 수급자 및 일반 노인 - 두근두근 뇌운동

표준교재 478쪽

03 인지기능에 문제가 없는 대상자의 인지자극 훈련의 목적으로 옳은 것은?

① 신체기능의 유지향상을 돕는다.
② 성취감, 만족감을 느낄 수 있도록 돕는다.
③ 인지기능 훈련을 통해 뇌졸중을 예방한다.
④ 대상자의 잔존기능의 활용에 초점을 맞춘다.
⑤ 뇌졸중 등 신체질환을 치료하는데 도움을 준다.

03
- 뇌졸중 등 신체 질환으로 인지기능이 약화되는 것을 예방하고, 인지 기능을 유지 향상하도록 돕는다.
- 인지기능 훈련을 통해 신체장애도 일부 극복하거나 유지할 수 있다.

표준교재 480쪽

04 경증 인지기능 장애 대상자의 인지자극 훈련의 목적으로 옳은 것은?

① 일상생활 능력 손상을 회복시킨다.
② 인지기능 개선에 간접적으로 도움을 준다.
③ 인지장애와 동반되는 문제를 해결해 준다.
④ 인지기능을 정상 수준으로 회복하는데 도움을 준다.
⑤ 보호자가 대상자문제 행동으로부터 벗어나는데 도움을 준다.

04
경한 인지기능 장애로 발생한 일상생활능력 손상을 호전시키거나 유지하는 것을 목적으로 하며, 인지기능 장애와 동반되는 문제행동을 줄여준다.

표준교재 485쪽

05 경증 인지기능 장애 대상자가 할 수 있는 프로그램으로 옳은 것은?

① 시장보기
② 글자 주의력
③ 빈 곳 채우기
④ 여러 가지 단어 말하기
⑤ 인사말 연결하기

05

표준교재 486쪽

정답 01 ① 02 ④ 03 ② 04 ② 05 ④

06 다음 보기의 인지자극 훈련 대상자로 옳은 것은?

- 혼자서 움직이기 힘든 장애를 가진 대상자로 경도의 인지장애가 있다.
- 일상적인 대화에 문제가 없이 인지기능 장애가 경도로 있다.
- 제시된 프로그램 수행이 가능하다.

① 중증 인지기능 장애 대상자
② 경증 인지기능 장애 대상자
③ 인지기능에 문제가 없는 대상자
④ 신체기능에 문제가 있고 경증 치매 대상자
⑤ 신체기능에 문제가 있고 중증 치매 대상자

06

표준교재 **486쪽**

07 중증 인지기능 장애 대상자의 인지자극 훈련의 목적으로 옳은 것은?

① 요양보호사와 좋은 관계를 유지하게 한다.
② 타인의 도움을 받지 않고 생활이 가능하도록 돕는다.
③ 인지장애가 심해 훈련의 의미가 없어 훈련을 하지 않는다.
④ 규칙적인 훈련을 통해 인지기능을 개선하여 자립이 가능하도록 돕는다.
⑤ 불안, 우울, 초조 등 정서문제를 치유하여 일상의 삶이 가능하도록 한다.

07
- 중증 인지기능 장애로 인한 일상생활능력 장애를 개선하여 보다 타인의 도움을 줄이는 것을 목적으로 한다.
- 불안, 우울, 초조, 소외감 등 문제행동이나 정서 등의 문제를 경감시키고, 현실인식 능력 강화, 사회생활 규범 유지, 대화 기법 등을 보전, 향상하도록 한다.

표준교재 **492쪽**

08 다음 보기의 인지자극 훈련 대상자로 옳은 것은?

- 의사소통에 어느 정도 장애가 있다.
- 프로그램을 이해하지 못한다.
- 주의 집중을 잘못한다.

① 중증 인지기능 장애 대상자
② 경증 인지기능 장애 대상자
③ 인지기능에 문제가 없는 대상자
④ 신체기능에 문제가 있고 경증 치매 대상자
⑤ 신체기능에 문제가 있고 중증 치매 대상자

08

표준교재 **492쪽**

09 중증 인지기능 장애 대상자가 할 수 있는 프로그램으로 옳은 것은?

① 이름 맞추기
② 글자 주의력
③ 흩어진 낱 글자로 단어 만들기
④ 시장보기
⑤ 손 모양 똑같이 만들기

09

표준교재 **493쪽**

정답 **06** ② **07** ① **08** ① **09** ③

06 임종 요양보호

01 임종 전 단계

1. 사전연명의료의향서 `표준교재` 500쪽

① 누가 : 말기환자 또는 19세 이상 성인 본인이 스스로

② 무엇을 : '임종과정에 있는 환자에게 하는 심폐소생술, 혈액 투석, 항암제 투여, 인 공호흡기 착용 등 치료효과 없이 임종과정의 기간만을 연장하는 의학적 시술'에 대한 의향

③ 작성 후 등록 : 사전연명의료 의향서 등록기관

④ 근거법 : 호스피스·완화의료 및 임종과정에 있는 환자의 연명의료결정에 관한 법률(약칭 연명의료결정법

⑤ '사전연명의료의향서'에 연명의료를 중단하다는 의향을 명시해도 통증완화를 위한 의료행위와 영양분 공급, 물 공급, 산소의 단순 공급은 보류하거나 중단할 수 없다.

⑥ 안락사와의 비교

- 연명의료 중단은 회복 불가능한 말기 환자가 무의미한 치료를 중단하고 자연적인 죽음을 받아 들임. 존엄사, 소극적 안락사와 유사함.
- 말기 환자가 고통을 이겨낼 방법이 없을 경우에 한해 의사 도움을 받아 죽도록 하는 안락사와 는 다름

⑦ 의료기관에 연동되는 것은 아니므로 가족들에게 미리 의향을 전달해 두도록 한다.

⑧ 연명의 료정보처리시스템을 확인하면 사전연명의료의향서 작성여부를 열람할 수 있다.

1. 임종 징후 　표준교재 503쪽

① 대부분 누워 있게 되며 음식 및 음료섭취에 무관심해진다.

② 의식이 점차 흐려지고 혼수상태에 빠진다.

③ 맥박이 약해지고 혈압이 떨어진다.

④ 숨을 가쁘고 깊게 몰아쉬며 가래가 끓다가 점차 숨을 깊고 천천히 쉬게 된다.

⑤ 손발이 차가워지고 식은땀을 흘리며, 점차 피부색이 파랗게 변한다.

⑥ 대소변을 의식하지 못하고 실금하게 되며 항문이 열린다.

2. 임종 적응 단계 　표준교재 503쪽

① 부정, 분노, 타협, 우울, 수용의 다섯 단계로 구성된다.

② 모든 사람이 반드시 이 단계를 순서대로 거치는 것은 아니다.

1) 부정

　① "아니야. 나는 믿을 수 없어" 라는 표현을 자주 한다.

　② 대상자는 치명적으로 진행되는 자신의 병을 인식 하면서도 이를 사실로 받아들이려 하지 않고, 다시 회복될 수 있다고 믿고 싶어 한다.

2) 분노

　① 자신의 감정을 반항과 분노로 표출한다.

　② 자신 또는 사랑하는 사람, 혹은 의료진이나 하느님에게까지 간접적으로 표현된다.

　③ "나는 아니야. 왜 하필이면 나야" 혹은 "왜 지금이야" 등으로 말한다.

　④ 어디에서나 누구에게나 불만스러운 면을 찾으려고 한다.

　⑤ 목소리를 높여 불평을 하면서 주위로부터 관심을 끌려고 한다.

3) 타협

　① 타협을 시도한다.

　② "그래, 내게 이런 일이 벌어졌어. 인정해. 그래도 우리 아이가 시집갈 때까지만 살게 해 주세요." 등으로 말한다.

　③ 삶이 얼마간이라도 연장되기를 바란다.

4) 우울

　① 자신이 더 이상 회복 가능성이 없다고 느끼면서 침울해진다.

　② 자신의 근심과 슬픔을 더 이상 말로 표현하지 않고 조용히 있거나 울기도 한다.

　③ 대상자가 자신의 감정을 표현하도록 그냥 두어야 한다.

　④ 말보다는 손동작이나 접촉이 훨씬 더 필요하다.

⑤ 대상자는 자기와 같이 느끼고 슬퍼하고 자기 곁에 있어 줄 사람을 필요로 한다.

5) 수용

① 죽는다는 사실을 체념하고 받아들인다.

② "나는 지쳤어"라고 표현할 수도 있다.

03 임종 대상자 지원 및 가족에 대한 요양보호

1. 신체·정신적 변화에 대한 요양보호   표준교재 505쪽

1) 호흡양상의 변화

① **증상** : 호흡수와 깊이가 불규칙하고 무호흡과 깊고 빠른 호흡이 교대로 나타난다.

② 돕는 방법

- 숨 쉬는 것을 돕기 위해 상체와 머리를 높여 주고 대상자의 손을 잡아주며, 부드럽게 이야기하여 대상자를 편하게 해준다.
- 연하게 가습기를 켜둔다.

2) 체온의 변화

① 증상

- 대상자의 손, 발부터 시작해서 팔, 다리로 점차 싸늘해지면서 피부의 색깔도 하얗게 혹은 파랗게 변하게 된다.
- 혈액순환의 저하로 점차 몸의 중요 기관에도 같은 현상이 나타난다.

② 돕는 방법

- 대상자에게 담요를 덮어서 따뜻하게 해주는 것은 좋다.
- 보온을 위해서 전기기구는 사용하지 않는다.

3) 수면양상의 변화

① **증상** : 점점 잠자는 시간이 길어지며, 의사소통이 어렵고 적절하게 반응하지 못한다.

② 돕는 방법

- 대상자 옆에서 손을 잡은 채 흔들거나 큰 소리로 말하지 않는다.
- 부드럽고 자연스럽게 이야기한다.
- 대상자가 반응하지 못한다 하더라도 정상인에게 말하는 것과 같이 이야기한다.

4) 정신기능의 변화(혼돈)

① **증상** : 시간, 장소, 자기 주위에 있는 사람이 누구인가에 대해 혼돈을 일으키게 된다.

② 돕는 방법

- 대상자에게 말하기 전에 내가 누구냐고 묻기보다는 내가 누구라고 밝혀 주는 것이 좋다.

• 부드러우면서도 분명한 어조로 말하는 것이 대상자를 편안하게 한다.

5) 배설기능의 변화

① **증상** : 근력이 무기력해져서 실금 또는 실변을 하게 된다.

② 돕는 방법

- 침상의 청결 유지
- 홑이불 밑에 방수포를 깐다.
- 대상자에게 기저귀를 채워준다.

6) 배액기능의 변화

① 증상

- 돌 구르는 것 같은 가래 끓는 소리가 들린다.
- 수분 섭취가 적어지고 정상적인 분비물을 기침으로 내보내는 능력이 저하되어 나타난다.

② 돕는 방법

- 대상자의 고개를 옆으로 부드럽게 돌려주어 배액이 잘 되도록 한다.
- 젖은 헝겊으로 입안을 닦아준다.
- 분비물 배출을 위해 옆에 가습기를 켜둔다.

7) 정신기능의 변화(불안정)

① 증상

- 같은 동작을 반복하게 된다.
- **원인** : 뇌의 산소공급 부족, 신진대사 변화

② 돕는 방법

- 대상자의 이마를 가볍게 문질러 주거나 책을 읽어 준다.
- 진정시킬 수 있는 음악을 들려주면 차분해지기도 한다.
- 움직이지 못하게 억제하는 것은 좋지 않다.

8) 소화기능의 변화

① 증상

- 음식이나 수분을 잘 섭취하려 하지 않는다.
- **원인** : 대상자의 몸이 소화보다는 다른 기능을 하는 데에 에너지를 소모하려고 하기 때문임

② 돕는 방법

- 억지로 먹이려고 하지 않는다.
- 작은 얼음 조각이나 주스 얼린 것 등을 입에 넣어 주어서 입안을 상쾌하게 한다.
- 글리세린에 적신 솜으로 입안을 닦아 주거나 이마에 찬 수건을 얹어 주는 것, 스프레이에 차가운 생수를 담아 조금씩 입안에 뿌려주는 것도 좋다.

9) 신장기능의 변화

① 증상

- 소변량이 줄어들게 된다.
- **원인** : 수분 섭취 감소, 수분 순환 감소

② 돕는 방법

- 소변배출을 목적으로 소변줄 삽입 여부를 결정해야 한다.

2. 심리변화에 대한 요양보호   표준교재 508쪽

1) 증상

① 통증, 자신의 몸이나 배설물로 인한 악취, 주변인에게 신체적, 정신적, 경제적인 부담을 주는 것에 대한 걱정으로 불안해한다.

② 죽음이라는 미지의 세계에 대한 두려움을 느낀다.

③ 누군가에게 필요한 사람이길 원하고 주변인에게 짐이나 부담이 되고 싶어 하지 않으며, 정서적으로 고립되고 싶어 하지 않는다.

④ 의사 결정에 참여하고, 자신의 도움이 필요한 하는 사람을 돕고 싶어 한다.

2) 돕는 방법

① 함께 있으면서 대상자의 곁을 떠나지 않을 것임을 이야기하고, 손을 잡아주는 등의 접촉을 통해 불안과 두려움을 덜어주어 편안한 마음으로 임종을 맞도록 돕는다.

② 대상자가 의사결정에 참여하고, 타인을 도울 수 있는 기회를 갖도록 하여 대상자의 자존감을 존중해 준다.

3. 임종 시기별 요양보호   표준교재 509쪽

① 침상머리를 높이고 대상자의 머리를 옆으로 돌려 침 등의 분비물 배출을 용이하게 하여 질식을 예방한다.

② 대상자가 용변을 보는 즉시 따뜻한 물로 닦아주고 기저귀를 갈아주어 편안한 가운데 죽음을 맞을 수 있게 돕는다.

③ 대상자가 혼수상태인 경우에도 청각은 마지막까지 남아 있으므로, 평상시와 같이 보고 듣는 것이 가능하다고 생각하면서 대상자에게 요양보호를 제공한다.

4. 가족에 대한 요양보호   표준교재 511쪽

① 돕는 자로서 도움을 제공한다.

- 임종 시 가족이 임종 대상자를 직접 돕게 한다.

② 가족들과 관계를 형성하면서 함께 있는다.

- 가족과 함께 있는 것만으로도 가족에게는 도움이 된다.
- 장례식이나 장지에 가는 일에는 참석하지 않는다.

③ 여러 가지 방법으로 가족을 지지한다.

- 안아 주거나 손을 잡는 등 적절한 신체 접촉을 통하여 가족들에게 혼자가 아니라는 느낌을 준다.
- 가족이 대상자에게 한 일에 대해 "참 잘 했네요", "좋습니다"라고 하면서 지지한다.
- 감정에 초점을 맞춘 경청 등은 정서적으로 큰 지지가 된다.
- 격려하되 "곧 괜찮아질 거예요", "아무 염려하지 마세요"와 같은 상투적인 말은 도움이 되지 않으므로 하지 않는다.
- "힘드시지요", "수고 많으셨어요"와 같이 가족을 공감하고 위로해 준다.

④ 가족이 자신의 감정을 표현할 수 있게 돕는다.

⑤ 가족의 태도와 행동을 판단하지 말고 중립적 자세를 유지한다.

06 임종 요양보호 실전 예상문제

+ 해설

1 임종 전 단계

★★★

01 다음 중 연명의료에 해당하지 않는 것은?

① 심폐소생술 ② 혈액 투석
③ 항암제 투여 ④ 인공호흡기 착용
⑤ 산소의 단순 공급

01
연명의료
임종과정에 있는 환자에게 하는 치료효과 없이 임종과정의 기간만을 연장하는 의학적 시술

표준교재 500쪽

02 '사전연명의료의향서'에 대한 설명으로 옳은 것은?

① 연명의료를 중단한다는 의향을 명시하면 통증완화를 위한 의료행위도 중단할 수 있다.
② 작성과 동시에 효력을 지닌다.
③ 19세 이상 성인이면 누구나 사전연명의료의향서를 작성할 수 있다.
④ 한 번 작성하면 내용을 변경하거나 철회할 수 없다.
⑤ 의료기관에 연동되므로 가족에게 미리 알려 둘 필요는 없다.

02
① 연명의료를 중단한다는 의향을 명시하더라도 통증완화를 위한 의료행위는 중단할 수 없다.
② 반드시 사전연명의료의향서 등록기관에 등록해야만 효력을 가진다.
④ 언제든지 내용을 변경하거나 철회할 수 있다.
⑤ 의료기관에 연동되는 것은 아니므로 가족에게 미리 전달해 두는 것이 좋다.

표준교재 500~501쪽

★★★

03 다음 중 연명의료에 해당하는 것은?

① 통증 완화 ② 물 공급
③ 산소의 단순 공급 ④ 인공호흡기 착용
⑤ 영양 공급

03

표준교재 500~501쪽

정답 01 ⑤ 02 ③ 03 ④

2 임종기 단계

01 임종기 대상자의 임종 징후로 옳은 것은?

① 맥박이 빨라지고 혈압이 올라간다.
② 대부분 누워 있게 되며 음료만 섭취한다.
③ 의식이 순간 또렷해진다.
④ 손발이 차가워지고 피부색이 점차 파랗게 변한다.
⑤ 대소변을 의식하지 못하게 되고 항문이 닫힌다.

★★★

02 임종 적응 단계의 순서로 옳은 것은?

① 분노-부정-타협-우울-수용
② 부정-타협-분노-우울-수용
③ 부정-우울-타협-분노-수용
④ 부정-분노-타협-우울-수용
⑤ 부정-분노-우울-타협-수용

03 임종 적응 단계 중 자신의 병을 충격적으로 반응하며 이를 사실로 받아들이지 않으려는 단계는?

① 타협   ② 수용
③ 부정   ④ 우울
⑤ 분노

04 다음 보기의 설명으로 옳은 임종 적응 단계는?

> • 어디서나 누구에게나 불만스러운 면만을 찾으려고 한다.
> • 목소리를 높여 불평을 하면서 주위로부터 관심을 끌려고 한다.

① 분노   ② 타협
③ 수용   ④ 부정
④ 우울

해설

01
임종 징후
• 대부분 누워 있게 되며 음식 및 음료섭취에 무관심해진다.
• 의식이 점차 흐려지고 혼수상태에 빠진다.
• 맥박이 약해지고 혈압이 떨어진다.
• 숨을 가쁘고 깊게 몰아쉬며 가래가 끓다가 점차 숨을 깊고 천천히 쉬게 된다.
• 손발이 차가워지고 식은땀을 흘리며, 점차 피부색이 파랗게 변한다.
• 대소변을 의식하지 못하고 실금하게 되며 항문이 열린다.
> 표준교재 507쪽

02
> 표준교재 503쪽

03
> 표준교재 503쪽

04
> 표준교재 504쪽

정답 01 ④ 02 ④ 03 ③ 04 ①

05 다음 보기의 설명으로 옳은 임종 적응 단계는?

> • 죽음을 부정하고 부인해도 피할 수 없는 상황에 처해 있음을 알게 된다.
> • 삶이 얼마간이라도 연장되기를 바란다.

① 분노 　　　　　　　② 타협
③ 수용 　　　　　　　④ 부정
⑤ 우울

05

표준교재 504쪽

06 자신의 근심과 슬픔을 더 이상 말로 표현하지 않으려는 임종 적응 단계는?

① 분노 　　　　　　　② 타협
③ 수용 　　　　　　　④ 부정
⑤ 우울

06

표준교재 504쪽

07 죽는다는 사실을 체념하고 받아들이는 임종 적응 단계는?

① 분노 　　　　　　　② 타협
③ 수용 　　　　　　　④ 부정
⑤ 우울

07

표준교재 504쪽

08 "나는 아니야. 왜 하필이면 나야." 라고 말하는 대상자의 임종 적응 단계는?

① 분노 　　　　　　　② 타협
③ 수용 　　　　　　　④ 부정
⑤ 우울

08

표준교재 504쪽

09 임종 적응 단계 중 우울 단계에 대한 설명으로 옳은 것은?

① 혼자 있고 싶어 한다.
② 제 3의 길을 찾으려고 한다.
③ 조용히 마지막 정리의 시간을 갖는다.
④ 다시 회복될 것이라고 믿고 싶어 한다.
⑤ 근심과 슬픔을 더 이상 말로 표현하지 않는다.

09
대상자는 자신의 근심과 슬픔을 더 이상 말로 표현하지 않는다. 조용히 있거나, 울기도 한다. 이때에는 대상자가 자신의 감정을 표현하도록 그냥 두어야 한다.

표준교재 504쪽

정답 05 ② 06 ⑤ 07 ③ 08 ① 09 ⑤

10 임종 적응 단계 중 부정 단계에 대한 설명으로 옳은 것은?

① "왜 지금이야"라고 말한다.
② 충격적으로 반응하며 사실로 받아들이지 않는다.
③ 자신의 병이 심각함을 알고 수용하고 받아들인다.
④ 목소리를 높이고 주위로부터 관심을 받으려고 한다.
⑤ 같이 느끼고 슬퍼하고 곁에 있어줄 사람이 필요하다.

11 임종 적응 단계 중 타협 단계에 대한 설명으로 옳은 것은?

① 조용히 있거나 울기도 한다.
② 이성적인 요구가 늘어난다.
③ "아니야 나는 믿을 수 없어"라고 말한다.
④ 삶이 얼마간이라도 연장되기를 바란다.
⑤ 자신의 죽음을 인정하고 정리할 시간을 갖는다.

 해설

10
대상자는 치명적으로 진행되는 자신의 병을 인식하면서도 이러한 사실에 충격적으로 반응하며 이를 사실로 받아들이려 하지 않는다.

표준교재 503쪽

11
자신이 아무리 죽음을 부정하고 부인해도 피할 수 없는 상황에 처해 있음을 알고, 제3의 길을 선택한다.

표준교재 504쪽

정답 **10** ② **11** ④

3 임종대상자 지원 및 가족에 대한 요양보호

01 임종을 앞둔 대상자의 호흡양상의 변화 증상으로 옳은 것은?

① 무호흡을 한다.
② 정상적인 호흡을 한다.
③ 호흡수와 깊이가 불규칙하다.
④ 호흡을 가쁘게 몰아쉰다.
⑤ 내부기관의 순환감소로 인해 나타나는 특별한 현상이다.

01
호흡수와 깊이가 불규칙하고 무호흡과 깊고 빠른 호흡이 교대로 나타난다.

표준교재 505쪽

02 임종을 앞둔 대상자의 호흡 변화를 돕는 방법으로 옳은 것은?

① 가습기를 세게 켜둔다.
② 숨 쉬는 것을 돕기 위해 상체와 머리를 높여 준다.
③ 숨 쉬는 것을 돕기 위해 상체와 머리를 낮춰 준다.
④ 숨 쉬는 것을 돕기 위해 대상자의 가슴을 마사지해준다.
⑤ 큰 소리로 이야기를 하여 대상자가 임종을 준비하게 한다.

02
숨 쉬는 것을 돕기 위해 상체와 머리를 높여 주고 대상자의 손을 잡아 주며, 부드럽게 이야기하여 대상자를 편하게 해준다. 연하게 가습기를 켜둔다.

표준교재 505쪽

03 임종을 앞둔 대상자의 체온 변화 증상으로 옳은 것은?

① 체온의 변화는 없다.
② 피부의 색깔이 검거나 붉게 변한다.
③ 혈액순환의 저하로 점차 몸의 중요기관으로 체온이 올라간다.
④ 대상자의 팔, 다리부터 시작해서 손, 발로 점차 싸늘해져 간다.
⑤ 대상자의 손, 발부터 시작해서 팔, 다리로 점차 싸늘해져 간다.

03
대상자의 손·발부터 시작해서 팔·다리로 점차 싸늘해지면서 피부의 색깔도 하얗게 혹은 파랗게 변하게 된다.

표준교재 505쪽

04 임종을 앞두고 체온이 변화되는 대상자를 돕는 방법으로 옳은 것은?

① 방의 온도를 높여 준다.
② 두꺼운 이불을 덮어준다.
③ 따뜻하게 옷을 입혀준다.
④ 담요를 덮어서 따뜻하게 해준다.
⑤ 보온을 위해 전기기구를 사용한다.

04
대상자에게 담요를 덮어서 따뜻하게 해주는 것은 좋으나, 보온을 위해서 전기기구를 사용하지 않는다.

표준교재 505쪽

정답 01 ③ 02 ② 03 ⑤ 04 ④

05 임종을 앞둔 대상자의 수면양상의 변화 증상으로 옳은 것은?

① 적절한 반응을 한다.
② 의사소통이 가능하다.
③ 대상자는 평상시처럼 잠을 잔다.
④ 대상자가 잠자는 시간이 점차 짧아진다.
⑤ 대상자가 잠자는 시간이 점차 길어진다.

06 임종을 앞둔 대상자의 수면양상 변화를 돕는 방법으로 옳은 것은?

① 손을 잡고 흔들어서 깨운다.
② 큰 소리로 말해서 잠을 들지 못하게 한다.
③ 약간 큰 소리로 말해서 잠에서 깨도록 한다.
④ 대상자가 없는 것처럼 말해서 잠자는 것을 돕는다.
⑤ 대상자가 반응하지 못한다 하더라도 정상인에게 말하듯 이야기한다.

07 임종을 앞둔 대상자의 정신기능의 혼돈에 대한 설명으로 옳은 것은?

① 시간에 대한 혼돈만 일으킨다.
② 장소에 대한 혼돈만 일으킨다.
③ 자기주위에 있는 사람은 잘 구별할 수 있다.
④ 시간과 장소 주위사람에 대한 혼돈을 일으킨다.
⑤ 자기 주위에 있는 사람에 대한 혼돈만 일으킨다.

08 임종을 앞두고 정신기능이 변화되어 혼돈상태인 대상자를 돕는 방법으로 옳은 것은?

① 내가 누구인지 먼저 밝힌다.
② 보온을 위해 전기담요를 덮어준다.
③ 대상자를 편하게 해주기 위해 최대한 말을 아낀다.
④ 대상자에게 내가 누구냐고 물어서 정신을 집중하게 한다.
⑤ 분명하고 단호하게 명령조로 말을 해서 정신을 차리게 한다.

➕ 해설

05
대상자는 점점 잠자는 시간이 길어지며, 의사소통이 어렵고 적절하게 반응하지 못한다.

표준교재 505쪽

06
대상자 옆에서 손을 잡은 채 흔들거나 큰 소리로 말하지 말고 부드럽고 자연스럽게 이야기하는 것이 바람직하다.

표준교재 506쪽

07
대상자는 시간, 장소, 자기 주위에 있는 사람이 누구인가에 대해 혼돈을 일으키게 된다.

표준교재 506쪽

08
대상자에게 말하기 전에 내가 누구냐고 묻기보다는 내가 누구라고 이름을 밝혀 주는 것이 좋다. 무언가 의사소통이 필요한 때는 부드러우면서도 분명하고 확신에 찬 어조로 말하는 것이 대상자를 편안하게 한다.

표준교재 506쪽

정답 **05** ⑤ **06** ⑤ **07** ④ **08** ①

＋ 해설

09 임종을 앞둔 대상자의 배설기능의 변화로 옳은 것은?

① 근육이 무기력해져서 대변은 조절을 못한다.
② 근육이 무기력해져서 소변은 조절을 못한다.
③ 근육이 무기력해져서 대소변을 조절하지 못한다.
④ 근육이 무기력해져도 대소변 조절을 할 수 있다.
⑤ 근육이 무기력해져도 소변기능은 조절할 수 있다.

09
대상자의 근육이 무기력해져서 대소변을 조절하지 못하고 실금 또는 실변 하게 된다.

표준교재 506쪽

10 임종을 앞둔 대상자의 배설기능 변화를 돕는 방법으로 옳은 것은?

① 대상자는 밤에만 기저귀를 채워준다.
② 대상자의 침상을 주 1회 이상 청소한다.
③ 침상에는 홑이불 위에 방수포를 씌운다.
④ 침상에는 홑이불 밑에 방수포를 씌운다.
⑤ 침상에는 두꺼운 이불을 깔아 실변에 대비한다.

10
대상자와 침상을 청결하게 유지한다. 침상에는 홑이불 밑에 방수포를 씌우고 대상자에게는 기저귀를 채워준다.

표준교재 506쪽

11 임종을 앞둔 대상자의 배액기능 변화로 옳은 것은?

① 가래 끓는 소리는 새로운 증상이 나타났다는 신호이다.
② 가슴에서 돌 구르는 것 같은 가래 끓는 소리가 들린다.
③ 기관지에서 돌 구르는 것 같은 가래 끓는 소리가 들린다.
④ 임종을 앞둔 대상자 중 일부에게서 나타나는 비정상적인 변화이다.
⑤ 분비물을 기침으로 내보내는 능력이 회복되는 과정에서 나는 소리이다.

11
대상자의 가슴에서 돌 구르는 것 같은 가래 끓는 소리가 들린다.

표준교재 506~507쪽

12 임종을 앞둔 대상자의 배액기능 변화를 돕는 방법으로 옳은 것은?

① 마른 거즈로 입술 주위를 닦아준다.
② 분비물 배출을 돕기 위해 수분을 공급해 준다.
③ 고개를 옆으로 돌려주어 배액이 잘 되도록 해준다.
④ 대상자의 상체를 세워서 배액이 잘 되도록 해준다.
⑤ 대상자의 상체를 하체보다 낮춰서 배액이 잘 되도록 해준다.

12
대상자의 고개를 옆으로 부드럽게 돌려주어 배액이 잘 되도록 해주고, 젖은 헝겊으로 입안을 닦아준다. 분비물 배출을 위해 옆에 가습기를 켜둔다.

표준교재 507쪽

13 임종을 앞둔 대상자의 정신기능이 불안정해지는 증상으로 옳은 것은?

① 성격이 난폭하게 변한다.
② 같은 말을 반복하게 된다.
③ 같은 질문을 반복하게 된다.
④ 같은 동작을 반복하게 된다.
⑤ 산소 공급이 늘면서 신진대사가 변화하여 생기는 현상이다.

13
대상자는 불안정하기 때문에, 같은 동작을 반복하게 된다. 이러한 현상은 뇌에 산소 공급이 부족하고, 신진대사가 변화하여 생긴다.

표준교재 507쪽

정답 **09** ③ **10** ④ **11** ② **12** ③ **13** ④

14 임종을 앞두고 정신기능이 불안정해지는 대상자를 돕는 방법으로 옳은 것은?

① 동작을 하지 못하도록 억제제를 사용한다.
② 이마를 가볍게 문질러 주거나 책을 읽어준다.
③ 빠른 템포의 음악을 틀어주어 진정시키게 한다.
④ 동작을 하지 못하도록 강한 말로 단호하게 말한다.
⑤ 대상자의 가슴을 마사지 해주어서 안정을 취하도록 한다.

14
동작을 하지 못하게 억제하는 것은 좋지 않다. 대상자의 이마를 가볍게 문질러 주거나 책을 읽어 주며, 혹은 진정시킬 수 있는 음악을 들려주면 차분해지기도 한다.

표준교재 507쪽

15 임종을 앞둔 대상자의 소화기능의 변화 증상으로 옳은 것은?

① 수분은 거부하고 음식을 섭취하려고 한다.
② 음식은 거부하고 수분은 섭취하려고 한다.
③ 다른 기능을 활성화하기 위해 수분섭취를 하는 것이다.
④ 음식을 소화하는 일보다 다른 기능에 에너지를 소모한다.
⑤ 음식을 소화하는 일에 집중하기 위해 수분을 거부하는 것이다.

15
대상자는 음식이나 수분을 잘 먹지 않으려고 한다.

표준교재 507쪽

16 임종을 앞둔 대상자의 소화기능 변화를 돕는 방법으로 옳은 것은?

① 억지로라도 먹을 수 있게 도와주어야 한다.
② 구강건조를 위해 생수를 입술에 조금씩 넣어준다.
③ 스프레이에 생수를 담아 조금씩 입 안에 뿌려준다
④ 작은 티스푼으로 생수를 조금씩 입 안으로 넣어준다.
⑤ 구강건조를 위해 알코올을 적신 솜으로 입술을 닦아준다.

16
억지로 먹이려고 하지 말아야 한다.

표준교재 507쪽

17 임종을 앞둔 대상자의 신장 기능의 변화 증상으로 옳은 것은?

① 수분 섭취가 늘어나서 소변량이 늘어난다.
② 수분의 순환이 감소하므로 소변량이 줄어들게 된다.
③ 수분섭취의 양이 개인마다 다르므로 변화 증상도 개인별로 차이가 있다.
④ 신장을 통해 이루어지는 수분의 순환이 증가해서 소변량이 늘어난다.
⑤ 수분을 섭취해도 다른 곳에 에너지를 공급하느라 수분을 배출하지 않는다.

17
수분 섭취가 적어지고 신장을 통해 이루어지는 수분의 순환도 감소되므로 자연히 소변량이 줄어들게 된다.

표준교재 508쪽

정답 14 ② 15 ④ 16 ③ 17 ②

18 임종을 앞둔 대상자의 신장기능 변화를 돕는 방법으로 옳은 것은?

① 항상 기저귀를 채워놓는다.
② 필요한 경우를 위해 의료진을 대기하도록 한다.
③ 소변 배출을 목적으로 병원에 입원하여 치료를 받게 한다.
④ 소변 배출을 목적으로 소변줄 삽입 여부를 결정해야 한다.
⑤ 수분을 공급하지 않도록 하여 신장 기능의 이상에 대비한다.

18
소변배출을 목적으로 소변줄 삽입 여부 결정해야 하며, 필요시에는 의료팀에게 의뢰한다.

표준교재 **508쪽**

19 임종을 앞둔 대상자의 불안 및 두려움의 증상으로 옳은 것은?

① 대상자에게 통증은 익숙한 것으로 불안해하지 않는다.
② 죽음이란 미지의 세계에 대한 호기심과 기대감이 있다.
③ 배설물로 인한 악취가 나는 것에 대해서는 불안해하지 않는다.
④ 자녀들에게 경제적 부담을 주는 것에 대해서 불안해하지 않는다.
⑤ 사랑하는 사람과 소유물 모두를 잃는다는 것에 대해 두려움을 가진다.

19
임종 대상자는 통증, 자신의 몸이나 배설물로 인한 악취, 주변인들에게 신체적, 정신적, 경제적인 부담을 주는 것에 대한 걱정으로 불안해한다.

표준교재 **508쪽**

20 임종을 앞두고 불안 및 두려움을 느끼는 대상자를 돕는 방법으로 옳은 것은?

① 대상자가 홀로 있는 시간을 줌으로써 임종을 준비할 시간을 준다.
② 친구들을 초대하여 함께 있게 함으로 두려움을 덜어주도록 한다.
③ 손을 잡아주거나 접촉을 통해 불안과 두려움을 덜어주도록 한다.
④ 가족들을 불러서 함께 시간을 갖도록 해 줌으로써 평안하도록 해준다.
⑤ 인간은 언젠가 이 세상을 떠날 것임을 상기시킴으로 임종을 준비하게 한다.

20
임종 대상자와 함께 있으면서 대상자의 곁을 떠나지 않을 것임을 이야기하고, 손을 잡아 주는 등의 접촉을 통해 불안과 두려움을 덜어 주어 편안한 마음으로 임종을 맞도록 돕는다.

표준교재 **508쪽**

21 임종을 앞둔 대상자의 정서적 고립의 증상으로 옳은 것은?

① 정서적으로 혼자 있고 싶어 한다.
② 누군가에게 필요한 사람이라는 것을 거부한다.
③ 마지막까지 누군가를 도와주고 싶은 마음이 있다.
④ 죽음을 앞둔 이 시간에 자신이 쓸모없는 사람임을 자각한다.
⑤ 주변인에게 짐이나 부담스런 존재이고 싶지 않은 마음이 있다.

21
대상자는 누구나 죽는 순간까지 자신이 누군가에게 필요한 사람이길 원하고 주변인에게 짐이나 부담이 되고 싶어 하지 않으며, 정서적으로 고립되고 싶어 하지 않는다.

표준교재 **508쪽**

정답 18 ④ 19 ⑤ 20 ③ 21 ⑤

22 임종을 앞두고 정서적 고립을 느끼는 대상자를 돕는 방법으로 옳은 것은?

① 대상자에게 항상 관심을 가진다.

② 대상자가 만나고 싶은 사람을 제한하여 만나게 한다.

③ 혼자 있는 시간을 통해 자신의 인생을 돌이켜 보게 한다.

④ 정서적으로 고립감을 느끼도록 하여 자신을 돌아보게 한다.

⑤ 대상자가 보고 싶어 하지 않는 사람도 인생을 정리하도록 만나게 해준다.

23 임종을 앞둔 대상자의 의사결정 참여에 대한 설명으로 옳은 것은?

① 의사결정에 참여하지 않는 것이 좋다.

② 의사결정은 요양보호사가 대신해 주도록 한다.

③ 자신의 도움을 필요로 하는 사람을 돕고 싶어 한다.

④ 가족이나 주변인이 의사결정을 할 수 있도록 돕는다.

⑤ 의사결정은 가족이 하도록 하고 대상자는 따르게 한다.

24 임종 대상자 요양보호 시 고려할 점으로 옳지 않은 것은?

① 임종 대상자를 존중한다.

② 대상자에게 관심을 가진다.

③ 임종이 임박한 대상자의 곁에 계속 머무른다.

④ 고통이 없는 가운데 편안히 임종을 맞이할 수 있도록 돕는다.

⑤ 대상자가 만나고 싶은 사람은 선별해서 만날 수 있도록 돕는다.

25 임종 대상자 요양보호 시 고려할 점으로 옳은 것은?

① 임종 대상자를 존중한다.

② 고통을 못 느끼도록 진통주사를 놓아 준다.

③ 대상자보다는 가족의 아픔에 관심을 가진다.

④ 임종이 임박한 대상자를 조용히 혼자 있게 한다.

⑤ 대상자가 만나고 싶은 사람을 제한하여 만나게 한다.

해설

22
대상자에게 항상 관심을 갖고, 대상자가 만나고 싶어 하는 사람을 만날 수 있도록 하여 정서적으로 고립되지 않도록 돕는다.

표준교재 508쪽

23
가족이나 주변인에게 도움을 받아야 하는 상황에서도 대상자는 의사 결정에 참여하고, 자신의 도움을 필요로 하는 사람을 돕고 싶어 한다.

표준교재 509쪽

24
대상자가 만나고 싶은 사람을 만날 수 있도록 돕는다.

표준교재 509쪽

25
• 고통이 없는 가운데 편안히 임종을 맞이할 수 있도록 돕는다.
• 대상자에게 관심을 가진다.
• 대상자가 만나고 싶은 사람을 만날 수 있도록 돕는다.

표준교재 509쪽

정답 **22** ① **23** ③ **24** ⑤ **25** ①

26 임종이 가까운 대상자의 요양보호 방법으로 옳지 않은 것은?

① 침상의 머리를 높인다.
② 임종하기를 원했던 장소를 알아본다.
③ 용변을 보는 즉시 따뜻한 물로 닦아준다.
④ 대상자의 머리를 옆으로 돌려 분비물에 의한 질식을 예방한다.
⑤ 청각은 마지막까지 남아있으므로 평상시와 같이 보고 듣는 것이 가능하다는 생각으로 요양보호를 제공한다.

26

표준교재 509~510쪽

27 임종이 가까운 대상자의 요양보호 방법으로 옳은 것은?

① 평상시와 같이 보고 듣는 것이 불가능하다.
② 대상자가 혼수상태인 경우에 청각의 기능은 상실된다.
③ 호스피스 대상자의 죽음은 응급상황이므로 신속하게 병원으로 이송한다.
④ 대상자가 용변을 보더라도 마지막이라 기저귀를 갈지 않아도 된다.
⑤ 침상 머리를 높이고 대상자의 머리를 옆으로 돌려 분비물 배출을 용이하게 한다.

27
• 호스피스 대상자의 죽음은 응급상황이 아니다.
• 대상자가 용변을 보는 즉시 따뜻한 물로 닦아주고 기저귀를 갈아준다.
• 대상자가 혼수상태인 경우에도 청각은 마지막까지 남아 있다.

표준교재 509~510쪽

★★★
28 대상자의 임종 후 요양보호사의 돕기 방법으로 옳지 않은 것은?

① 손을 씻고 일회용 장갑을 낀다.
② 존중하는 태도로 일을 수행한다.
③ 모든 사후 처리 과정은 경건하게 수행한다.
④ 사후강직이 시작된 후에 바른 자세를 취하여 준다.
⑤ 대상자를 확인하고 대상자의 사생활을 보호해 준다.

28
사후강직은 사망 2~4시간 후부터 시작되므로 사후강직이 시작되기 전에 바른 자세를 취하여 준다.

표준교재 510쪽

★★★
29 대상자의 임종 후 요양보호사의 돕기 방법으로 옳은 것은?

① 존중하는 태도로 일을 수행한다.
② 맨손으로 임종 대상자를 접촉한다.
③ 대상자를 확인하고 대상자의 사생활을 발표한다.
④ 사후강직이 시작된 후에 바른 자세를 취하여 준다.
⑤ 모든 사후 처리 과정은 신속하고 정확하게 수행한다.

29
• 손을 씻고 일회용 장갑을 낀다.
• 모든 사후 처리 과정은 경건하게 수행한다.
• 대상자를 확인하고, 대상자의 사생활을 보호해 준다.

표준교재 510쪽

정답 26 ② 27 ⑤ 28 ④ 29 ①

★★★

30 대상자의 임종 후 요양보호사의 돕기 방법으로 옳은 것은?

① 대상자를 바로 눕힌다.
② 튜브나 장치가 부착되어 있는 경우 가족에게 제거를 부탁한다.
③ 눈이 감기지 않을 경우 휴지에 마른 휴지를 눈 위에 5분 이상 올려놓는다.
④ 의치를 그대로 둘지, 빼내어 의치용기에 보관할지를 요양보호사가 결정한다.
⑤ 대상자를 옆으로 눕히고 어깨와 머리를 올려 입이 벌어지는 것을 예방한다.

30
• 튜브나 장치가 부착되어 있는 경우 간호사 등의 의료인에게 제거해 줄 것을 의뢰한다.
• 대상자의 눈을 감기고, 눈이 감기지 않을 경우 솜을 적셔 양쪽 눈 위에 올려 놓는다.

표준교재 **510쪽**

31 대상자의 임종 후 가족의 임종에 대한 정상적인 반응으로 옳지 않은 것은?

① 목이 조이거나 가슴이 답답함을 느낀다.
② 속이 텅 빈 것처럼 느끼고 식욕을 잃는다.
③ 죄의식을 느끼고 자기 자신에게 분노를 느낀다.
④ 사랑하는 사람이 바로 눈앞에 있는 것처럼 느낀다.
⑤ 안절부절 못하고 일에 몰두하지 못하고 건성으로 하게 된다.

31
때때로 죄의식을 느끼고 다른 사람에게 분노를 느낀다.

표준교재 **511쪽**

★★★

32 대상자의 임종 후 가족의 임종에 대한 정상적인 반응으로 옳은 것은?

① 눈물을 흘리지 않는다.
② 너무 슬퍼서 장례식장에 가지 않는다.
③ 지나치게 오랜 시간을 슬픔에 잠겨있다.
④ 임종에 대하여 지나친 죄책감 사로잡힌다.
⑤ 불면증에 시달리며, 임종 대상자의 꿈을 자주 꾼다.

32

표준교재 **511쪽**

33 대상자의 임종 후 가족의 임종에 대한 정상적인 반응으로 옳지 않은 것은?

① 사소한 일에도 기분이 쉽게 변한다.
② 예상하지 못한 시기에 울음을 터뜨린다.
③ 임종 대상자의 행동이나 버릇을 흉내 낸다.
④ 집중력이 향상되어 일에 몰두한다.
⑤ 불면증에 시달리며 임종 대상자의 꿈을 자주 꾼다.

33

표준교재 **511쪽**

정답 **30** ① **31** ③ **32** ⑤ **33** ④

34 임종 후 임종 대상자의 가족 요양보호 시 요양보호사가 지녀야 할 자세로 옳은 것은?

① 가족보다는 요양보호사를 중심으로 생각한다.
② 임종 대상자 및 가족의 반응을 주의 깊게 살핀다.
③ 요양보호사 자신의 슬픈 감정을 가족들과 공유한다.
④ 가족보다는 임종 대상자를 중심으로 의사소통을 한다.
⑤ 가족들과는 일정한 거리를 두고 행동하며 경직된 태도로 취한다.

34
· 임종 대상자 및 가족 중심으로 생각한다.
· 자신의 감정을 조절하여 자신의 감정이 타인에게 전해지지 않게 한다.

표준교재 512쪽

35 임종 후 임종 대상자의 가족 요양보호 시 요양보호사가 지녀야 할 자세로 옳은 것은?

① 전문가적인 자세를 취한다.
② 경건하고 진지한 자세를 취한다.
③ 인격적인 관계를 형성하도록 노력한다.
④ 가족과의 의사소통에 더 관심을 가진다.
⑤ 가족중심으로 생각하고 요양보호를 한다.

35
· 겸손한 자세를 취한다.
· 마음을 열고 개방적인 자세를 취한다.
· 임종 대상자 또는 가족들과의 의사소통에 주의를 집중한다.

표준교재 512쪽

36 임종 후 임종 대상자의 가족에 대한 요양보호로 옳은 것은?

① 여러 가지 방법으로 가족을 지지한다.
② 임종 후 모든 절차를 지도하고 진행한다.
③ 가족들과 상하관계를 형성하여 도움을 준다.
④ 가족이 자신의 감정을 절제할 수 있도록 돕는다.
⑤ 가족의 태도와 행동을 판단하여 올바른 결정을 돕는다.

36
· 필요한 경우 도움을 요청할 수 있음을 알린다.
· 가족들과 관계를 형성하면서 함께 있는다.
· 가족이 자신의 감정을 표현할 수 있도록 돕는다.

표준교재 512쪽

37 다음 보기의 임종 대상자 가족에 대한 요양보호의 내용으로 올바른 것은?

> · 요양보호사는 가족을 이해하는 태도로 가족 곁에 함께 있어준다.
> · 가족과 함께 있는 것만으로도 가족에게는 도움이 된다.
> · 장례식이나 장지에 가는 일에는 참여하지 않는다.

① 돕는 자로서 도움을 제공한다.
② 여러 가지 방법으로 가족을 지지한다.
③ 가족들과 관계를 형성하면서 함께 있는다.
④ 가족이 자신의 감정을 표현할 수 있도록 돕는다.
⑤ 가족의 태도와 행동을 판단하지 말고 중립적 자세를 유지한다.

37

표준교재 512쪽

정답 34 ② 35 ③ 36 ① 37 ③

38 임종 후 임종 대상자의 가족을 지지하는 요양보호 방법으로 옳은 것은?

① 힘껏 안아주어 위로의 마음을 전한다.
② 가족이 대상자에게 잘못했던 일에 대하여 지적한다.
③ "곧 괜찮아질 거예요." "아무 염려마세요."라고 격려한다.
④ "힘드시지요?", "수고 많으셨어요."라고 공감하고 위로한다.
⑤ 어르신과 함께 했던 일에 대한 말을 많이 해서 가족을 위로해준다.

38
- 적절한 신체 접촉을 통하여 가족들에게 혼자가 아니라는 느낌을 준다.
- 가족이 대상자에게 한 일에 대해 "참 잘 했네요", "좋습니다"라고 하면서 지지한다.
- 피상적인 표현은 도움이 되지 않으므로 하지 않는다.

표준교재 512쪽

39 임종 후 임종 대상자의 가족이 자신의 감정을 표현하도록 돕는 방법으로 옳은 것은?

① 가족이 자신의 감정을 숨기도록 격려한다.
② 타인에게 피해가 가니 슬픔을 참도록 지도한다.
③ 가족이 힘들어 할 때 혼자 있게 하여 슬픔을 이겨내게 한다.
④ 타인이 있을 때 눈물을 흘리게 하여 슬픔을 표현하도록 지도한다.
⑤ 가족이 눈물을 흘릴 때 휴지를 주는 등, 슬픔을 충분히 표현하게 한다.

39
- 가족이 자신의 감정을 표현할 수 있도록 돕는다.
- 가족이 자신의 감정을 숨기지 않고 슬픔을 표현하도록 돕는다.
- 힘들어 할 때, 외면하지 않고 휴지를 주는 등 슬픔을 충분히 표현하도록 한다.

표준교재 512쪽

40 임종 후 임종 대상자의 가족에 대한 요양보호로 옳은 것은?

① 장례식장과 장지에 따라가서 도움을 준다.
② 피상적인 표현은 도움이 되지 않으므로 하지 않는다.
③ 가족에게 장례 절차를 지도하고 점검한다.
④ 슬픔의 감정을 빨리 정리하라고 한다.
⑤ 가족이 대상자에게 잘못했던 일들을 이야기하여 죄책감을 느끼게 한다.

40
- 장례식이나 장지에 가는 일에는 참석하지 않는다.
- 임종 시 가족이 임종 대상자에게 직접적인 도움을 주도록 한다.
- 가족이 자신의 감정을 표현할 수 있도록 돕는다.

표준교재 512쪽

정답 **38** ④ **39** ⑤ **40** ②

07 응급상황 대처

01 응급처치

1. 돕는 방법

① 대상자 상태를 파악하고, 119 등에 신속히 신고한다.

② 대상자에게 처치를 하고자 시간을 소비해서는 안 된다.

③ 대상자 주위에 여러 사람이 있을 때는 응급처치 교육을 가장 많이 받은 사람의 지시에 따라 응급처치를 한다.

④ 본인과 주위 사람의 안전에 주의를 기울인다.

⑤ 긴급을 요하는 대상자 순으로 처치한다.

⑥ 대상자를 가급적 옮기지 말고, 옮긴 때는 119등의 안내를 받아 적절한 운반법을 따른다.

⑦ 요양보호사는 의약품을 사용할 수 없다. 다만, 외용약품 또는 대상자가 평소에 사용하는 상비약품의 경우에만 줄 수 있다. 전문의료인에게 인계할 때까지 절대 응급처치를 중단해서는 안 된다.

⑧ 대상자에게 손상을 입힌 화학약품, 약물, 잘못 먹은 음식과 구토물도 병원으로 함께 가져간다.

⑨ 대상자의 증거물이나 소지품을 보존한다.

⑩ 침착하고 신속하게 대처한다.

2. 질식 　표준교재　515쪽

1) 관찰

이물의 종류와 위치를 확인하고 갑작스러운 기침, 구역질, 호흡곤란, 청색증 등이 있는지 관찰한다.

2) 돕는 방법

(1) 이물이 육안으로 보이는 경우

• 큰 기침을 하여서 이물을 뱉어내게 한다.

• 요양보호사의 손가락을 넣어 빼려고 하거나 구토를 유발하려고 하는 행위는 이물을 배출하는 데에 시간이 지체되고, 이물이 기관지로 더 내려가도록 할 위험이 있으므로 시도하지 않는다.

(2) 의식이 있는 경우

하임리히법을 실시한다.

(3) 의식이 없는 경우

119에 신고하고 즉시 심폐소생술을 실시하면서 입안에 이물이 있는지 확인하고 제거한다.

3. 경련 표준교재 517쪽

1) 관찰

① 몸이 뻣뻣해지고, 호흡곤란 및 의식변화가 있을 수 있다.

② 침을 흘리거나 괄약근이 이완되어 대소변이 새어 나올 수도 있다.

2) 돕는 방법

① 대상자의 머리 아래에 부드러운 것을 대주고 위험한 물건을 치운다.

② 몸에 꽉 끼는 옷의 단추나 넥타이를 풀고, 편하게 호흡하게 한다.

③ 침이나 거품 혹은 구토 등으로 숨을 쉴 수 없을 경우에는 대상자의 얼굴을 옆으로 돌리거나 돌려 눕혀 기도를 유지한다.

④ 입에 손수건 등 이물질을 넣어서는 안 된다. 이물질은 혀나 입안에 상처를 내거나 호흡곤란을 일으킬 수 있기 때문이다.

⑤ 경련은 1~2분 후면 끝나므로 대상자를 꽉 붙잡거나 억지로 발작을 멈추게 하려고 하지 말고 조용히 기다리고, 대상자를 주의 깊게 관찰 한다.

⑥ 경련성 질환이 없던 대상자가 경련을 일으키거나 5분 이상 발작이 지속되면, 즉시 119에 신고하고 시설장, 간호사 등에게 보고한다.

4. 화상 표준교재 518쪽

1) 관찰

① 화상 시 1차 관찰내용

• **기도확보 확인** : 열손상이나 흡입손상을 확인한다.

• 기도부종으로 호흡곤란이 있는 경우에는 119 등을 통하여 병원으로 바로 이송한다.

② 화상 시 2차 관찰내용

• 의식과 반응수준을 평가한다.

• 신체 주요 부위 화상(얼굴, 손, 발, 관절, 생식기 등)을 확인한다.

2) 돕는 방법

① 화상을 입은 즉시 화상 부위의 통증이 없어질 때까지 15분 이상 찬물 (5~12℃)에 담가 화상면의 확대와 염증을 억제하고 통증을 줄여 준다. 흐르는 수돗물을 환부에 직접 대면 물의 압력으로 인해 화상 입은 피부가 손상을 입을 수 있으므로 찬물에 담그거나 화상 부위를 깨끗한 물수건

으로 감싸 세균의 감염을 예방한다.

② 몸에 붙어 있는 옷은 옷 위로 찬물을 부어 식히며 벗기기 힘든 의복은 벗기지 말고 잘라내고 반지, 팔찌, 귀고리와 같은 장신구는 최대한 빨리 뺀다. 시간이 지체될수록 부종이 심해져 빼기 힘들기 때문이다.

③ 화상 부위에 간장, 기름, 된장, 핸드크림, 치약 등을 바르면 세균감염의 위험이 있고 열기를 내보내지 못하여 상처를 악화시키므로 절대 바르면 안 된다.

④ 감염의 위험이 있기 때문에 화상 부위를 만지거나 물집을 터뜨리면 안 된다.

⑤ 화상이 어느 정도 심한지 모르는 경우에는 반드시 진료를 받아야 한다.

⑥ 얼굴이나 입술에 화상을 입었을 때는 손상된 조직이 부어서 기도를 막아 호흡곤란이 오므로 즉시 병원 치료를 받아야 한다.

⑦ 가스를 마신 경우에도 병원 치료가 필요하다.

5. 골절   표준교재 521쪽

1) 관찰

외형상 변형이 있는지, 손상 부위에 심한 통증이 있는지, 손상 부위를 움직일 수 있는지, 손상 부위가 부어 있거나 출혈이 있는지, 노출된 골편이 있거나 손상된 피부에서 뼈 조각이 보이는지 잘 관찰해야 한다.

2) 돕는 방법

① 대상자를 안정시키고 절대로 스스로 움직이게 해서는 안 된다.

② 손상 부위의 장신구를 제거한다. 예를 들어 팔을 다친 경우 붓기 전에 반지, 팔찌 등을 뺀다.

③ 담요 등을 덮어 주어 대상자를 따뜻하게 한다.

④ 상처 부위에 냉찜질을 하면 부풀어 오르거나 염증이 생기는 것을 줄일 수 있다.

⑤ 개방된 상처가 있거나 출혈이 있는 경우 멸균거즈를 이용하여 상처를 덮어준다.

⑥ 덮어준 상처 부위를 지혈한다. 이때 튀어나온 뼈는 직접 압박하지 않는다.

⑦ 시설장, 간호사에게 보고한 후 병원으로 이송한다. 필요하면 손상부 위에 부목을 맬 수도 있다.

6. 출혈   표준교재 522쪽

1) 돕는 방법

① 장갑을 착용하고 출혈 부위를 노출한다.

② 출혈부위에 멸균거즈를 이용하여 직접 압박한다.

③ 멸균거즈 위에 압박붕대를 감는다. 이때 너무 꽉 조이지 않게 하여 혈액순환이 유지되게 한다.

④ 출혈부위를 압박하면서 출혈 부위를 심장보다 높게 위치하도록 한다.

7. 약물오남용 표준교재 523쪽

1) 돕는 방법

① 대상자가 의식을 잃었을 때는 호흡과 맥박을 확인하고 구급차를 부른 다. 의료진이 도착할 때까지 응급처치를 계속한다.

② 겉으로 드러난 증상이 없고 복용량이 적더라도 반드시 병원에 방문해야 한다.

③ 대상자가 먹고 남은 물질과 용기를 들고 병원에 간다.

④ 구토를 했을 경우에는 토사물을 모아 두었다가 의료진이 분석할 수 있게 한다.

⑤ 대상자가 의식을 잃었거나 말을 안 하려고 하면 요양보호사가 의료진에게 설명한다.

⑥ 의식이 없는 대상자에게는 마실 것을 주지 않는다.

⑦ 복용한 약물의 설명서에 구토를 유도하라는 지시사항이 없을 경우엔 구토시키지 않는다.

02 심폐소생술

1. 심폐소생술의 목적 표준교재 526쪽

① **심폐소생술** : 심장마비가 발생했을 때 인공적으로 혈액을 순환시키고 호흡을 돕는 응급치료법

② 심장이 마비된 상태에서도 혈액을 순환시켜, 뇌의 손상을 지연시키고 심장이 마비 상태로부터 회복하는 데 결정적인 도움을 준다.

③ 폐와 혈관 내에는 심폐기능이 멈춘 후 약 6분 정도까지 생명을 유지할 수 있는 산소의 여분이 있으나 4~6분 이상 혈액순환이 되지 않는 경우 뇌 손상이 온다.

2. 심폐소생술의 단계 표준교재 527쪽

1) 반응 확인

① 대상자에게 접근하기 전에 현장이 안전한지 확인한다.

② 대상자의 양쪽 어깨를 가볍게 두드리면서 "괜찮으세요"라고 질문하면서 반응을 확인한다.

2) 도움 요청(119 신고 및 자동심장충격기 준비)

(1) 구조자가 한 명 일 때

① 주위에 도와줄 사람이 있다면 119에 신고하고 자동심장충격기를 가져다달라고 요청한다.

② 주위에 도와줄 사람이 없고 연락할 수 있는 매체(예: 휴대폰)가 없다면 잠시 현장을 이탈하더라도 도움을 요청한 후 심폐소생술을 시작한다. 주위에 이용할 수 있는 자동심장충격기가 있다면 가져와 사용한다.

(2) 구조자가 두 명일 때

① 한 명은 즉시 심폐소생술을 시작하고 다른 한 명은 119에 신고한 후 주위에 있는 자동심장

충격기를 가지고 온다.

② 주위에 자동심장충격기가 없다면 119가 올 때까지 한 명은 심장압박, 다른 한 명은 인공호흡으로 나누어 같이 심폐소생술을 시행한다.

3) 가슴압박

① 정확한 압박 지점을 찾기 위해 대상자 가슴의 피부가 눈에 보이도록 옷 을 풀어 놓는다.

② 대상자의 가슴 중앙인 가슴뼈(흉골)의 아래쪽 절반 부위에 구조자의 한 손의 손꿈치를 놓고 그 위에 다른 한 손을 놓고 평행하게 겹친다. 손가락은 깍지를 끼거나 펼 수 있다.

③ 구조자의 체중을 이용하여 압박하기 위해, 양팔의 팔꿈치를 곧게 펴서 어깨와 일직선을 이루게 하고 구조자의 어깨와 대상자의 가슴이 수직이 되게 한다.

④ 100~120회/분의 속도로 대상자의 가슴이 약 5cm 눌릴 수 있게 체중을 실어 '깊고', '강하게' 압박한다. 매 압박 시 압박위치가 바뀌지 않게 한다.

⑤ 매번 압박한 직후 압박된 가슴은 원래 상태로 완전히 이완되게 한다. 압박 : 이완의 시간비율이 50 : 50이 되게 한다. 단 손바닥이 가슴에서 떨어지면 안 된다.

가슴압박 유의점 ★★★

가슴을 적절히 압박하더라도 늑골 골절이 발생한다. 심폐소생술에 의한 골절 가능성과 심폐소생술에 의한 소생 가능성을 비교하면 심폐소생술을 적극 권장하는 것이 바람직하다. 복강 내 장기의 손상을 방지하기 위해 흉골의 가장 하단에 위치한 칼돌기를 압박하지 않도록 주의한다.

4) 기도 유지

① 구조자의 한 손을 대상자의 이마에 올려놓고 손바닥으로 대상자의 머리를 뒤로 젖힌다.

② 다른 한 손으로 턱 아래 뼈 부분을 머리쪽으로 당겨 턱을 위로 들어 준다.

③ 턱 아래의 연부조직을 눌러 기도가 폐쇄되지 않게 한다. 턱을 들어 올리기 위해 엄지손가락을 사용하지 않는다. 대상자의 입이 닫히지 않게 한다.

5) 인공호흡

① 대상자의 이마를 뒤로 젖히고 턱을 들어 기도를 개방하고 이마 쪽 손의 엄지손가락과 검지로 대상자의 코를 막는다.

② 구조자는 입을 크게 벌려 대상자의 입에 완전히 밀착시켜 공기가 새지 않게 하고 1초에 한 번씩, 가슴 팽창이 관찰될 정도로 숨을 두번 크게 불어 넣는다.

인공호흡 유의점 ★★★

- 과도한 환기가 발생하지 않도록 주의한다.
- 위가 팽창하지 않도록 주의한다.

6) 가슴압박과 인공호흡 30 : 2 비율 유지

(1) 구조자가 1인일 때

① 가슴압박 30번과 인공호흡 2번을 번갈아 가면서 실시한다.

② 인공호흡 2번을 10초 이내로 실시한다.

(2) 구조자가 2인 이상일 때

2분마다 또는 5주기 (1주기는 30회의 가슴압박 2회의 인공호흡)의 심폐소생술 후에 가슴압박 시행자를 교대해 준다. 임무를 교대할 때도 가슴압박 중단을 최대한 짧게 한다.

7) 회복자세

① 혀나 구토물로 인해 기도가 막히는 것을 예방하고 흡인의 위험성을 줄이기 위한 방법이다.

② 대상자가 반응은 없으나 정상적인 호흡과 효과적인 순환을 보이면, 대상자의 몸 앞쪽으로 한쪽 팔을 바닥에 대고 다른 쪽 팔과 다리 를 구부린 채로 대상자를 옆으로 돌려 눕힌다.

8) 가슴압박소생술(손으로만 하는 심폐소생술)

① 인공호흡은 하지 않고 가슴압박만을 시행하는 심폐소생술이다.

② 보건의료인이 아닌 일반인이 실시한다.

③ 목격자가 아무것도 하지 않는 것보다 가슴압박만이라도 시행하는 것이 심폐소생술 대상자의 생존율을 높인다.

④ 심폐소생술을 교육받지 않았거나 숙련되지 않은 일반인도 가슴압박만 시행하는 심폐소생술을 할 수 있다.

03 자동심장충격기 적용

1. 자동심장충격기 사용의 필요성 　표준교재 533쪽

① 급성 심정지의 가장 흔한 원인이 급성심근경색 후 발생하는 심실세동이기 때문에 가슴압박과 빠른 제세동(자동 심장충격)이 매우 중요함

② 최근 자동심장충격기의 보급과 교육으로 일반인도 쉽게 제세동을 할 수 있게 되어 회복 가능성이 높아지고 있음

③ 자동심장충격기 : 가슴에 붙이는 두 개의 패드에서 감지하는 심전도 신호를 분석하고, 제세동이 필요한 경우 전달할 에너지를 충전하여 제세동 (자동심장충격)을 시행하는 것

2. 자동심장충격기 사용법 　표준교재 533쪽

① 자동심장충격기는 반응과 정상적인 호흡이 없는 심정지 대상자에게만 사용 한다.

② 심폐소생술 시행 중 자동심장충격기가 도착하면 지체 없이 전원을 켠다.

③ 오른쪽 패드는 오른쪽 빗장뼈 밑에, 왼쪽 패드는 왼쪽 중간 겨드랑선에 붙인다.

④ 분석 중이니 물러나라는 음성 지시가 나오면, 심폐소생술을 멈추고 대상자에게서 손을 뗀다.

⑤ 제세동 필요하면, "제세동이 필요합니다."라는 음성 지시와 함께 자동심장충격기 스스로 에너지
충전을 시작한다.

⑥ 충전은 수 초 이상 소요되므로 가능한 가슴압박을 시행한다.

⑦ 분석 결과 "제세동이 필요합니다"는 안내와 함께 제세동버튼이 깜빡인다.

⑧ 충전이 완료되어 다시 모두 물러나라는 신호가 나오면, 모두 물러나게 하고, 쇼크 버튼을 누른다.

⑨ 충격이 전달된 즉시 가슴압박을 시작한다. 30 : 2의 비율로 가슴압박과 인공호흡을 반복 한다.

⑩ 자동심장충격기는 2분 간격으로 심장 리듬 분석을 자동 반복한다.

⑪ 자동심장충격기 사용 및 심폐소생술 시행은 119 구급대가 현장에 도착할 때까지 지속한다.

07 응급상황 대처

1 응급처치

해설

01 다음 보기가 설명하는 내용으로 옳은 것은?

- 기도확보
- 심장박동의 회복
- 생명의 위험이나 증상 악화를 방지하기 위해 긴급히 필요한 처치

① 인명구조
② 응급처치
③ 응급치료
④ 응급요양
⑤ 응급구조

★★★

02 응급처치에 대한 설명으로 옳지 않은 것은?

① 응급환자에게 행해진다.
② 응급의료 행위의 하나이다.
③ 긴급하게 필요한 처치를 한다.
④ 증상의 회복을 목적으로 한다.
⑤ 기도확보나 심장박동의 회복 등의 처치를 한다.

01
응급처치
응급상황에서 행해지는 기도의 확보, 심장박동의 회복, 기타 생명의 위험이나 증상 악화 방지를 위해 긴급히 수행함

표준교재 **514쪽**

02

표준교재 **514쪽**

정답 **01** ② **02** ④

03 응급처치에 대한 설명으로 옳은 것은?

① 의료행위를 대신 한다.
② 응급환자에게 완치를 목적으로 하는 치료이다.
③ 증상의 회복을 위해서 하는 긴급히 필요한 처치이다.
④ 생명의 위험을 방지하기 위해 긴급히 필요한 처치이다.
⑤ 기도확보, 심장박동의 회복을 통해 환자를 완치하는 치료이다.

03
응급처치는 의료진의 진료를 받을 때까지 또는 전문의료인의 치료가 불필요한 상황인 경우에는 회복 가능성이 확인될 때까지 도움을 제공하는 것이다.

표준교재 **514쪽**

04 응급처치에 대한 설명으로 옳은 것은?

① 응급처치가 적합한 의료행위를 대체하는 것은 아니다.
② 체계적이고 계획적인 치료계획을 가지고 처치해야 한다.
③ 의료진의 치료가 필요 없을 때까지 도움을 제공해야 한다.
④ 전문 의료인의 치료가 불필요한 상황인 경우 응급처리를 그만둔다.
⑤ 사고로 병원에서 전문적인 치료를 받고 회복될 때까지 돕는 것이다.

04
응급처치는 병원에서 전문적인 치료를 받기 전까지 행해지는 즉각적이고 임시적인 처치로서 인명구조, 고통 경감, 상처나 질병의 악화 방지, 심리적 안정을 목적으로 한다.

표준교재 **514쪽**

05 응급 대상자를 돕는 방법으로 옳지 않은 것은?

① 긴급을 요하는 대상자 순으로 처리한다.
② 본인과 주위 사람의 안전에 주의를 기울인다.
③ 대상자의 상태를 파악하고 119 등에 신속히 신고한다.
④ 대상자에게 처치를 하고자 시간을 소비해서는 안 된다.
⑤ 대상자 주위에 여러 사람이 있을 때는 연장자의 지시에 따라 응급처치를 시행한다.

05
응급처치 교육을 가장 많이 받은 사람의 지시에 따라 응급처치를 시행한다.

표준교재 **515쪽**

★ ★ ★

응급 대상자를 돕는 방법으로 옳은 것은?

① 긴급을 요하는 대상자 순으로 처치한다.
② 주위 사람의 안전에는 주의를 기울일 필요가 없다.
③ 대상자를 처치하는데 시간을 최대한 배려한다.
④ 대상자의 상태를 파악하고 112 등에 신속히 신고한다.
⑤ 대상자 주위에 여러 사람이 있을 때는 경험이 가장 많은 사람의 지시를 받는다.

06
② 본인과 주위 사람의 안전에 주의를 기울인다.
③ 대상자에게 처치를 하고자 시간을 소비해서는 안 된다.
④ 119 등에 신속히 신고한다.
⑤ 대상자 주위에 여러 사람이 있을 때는 응급처치 교육을 가장 많이 받은 사람의 지시를 받는다.

표준교재 **515쪽**

정답 **03** ④ **04** ① **05** ⑤ **06** ①

07 응급 대상자를 돕는 방법으로 옳은 것은?

① 증상과 상관없이 동일한 응급처리를 시행해야 한다.
② 침착하고 정확하고 완벽하게 대처해야 한다.
③ 대상자를 가급적 옮기지 말고 옮길 때는 적절한 운반법을 따른다.
④ 필요한 경우 응급상황의 경우에만 요양보호사는 의약품을 사용할 수 있다.
⑤ 대상자에게 손상을 입힌 화학약품을 외울 필요는 없다.

08 응급 대상자를 돕는 방법으로 옳은 것은?

① 천천히 하더라도 완벽하게 응급처치를 해야 치료가 용이하다.
② 대상자의 상태를 파악하기 전에 119에 먼저 신고해야 한다.
③ 대상자를 안전한 병원으로 신속히 이동해서 처치해야 한다.
④ 잘못 먹은 음식뿐만 아니라 구토물 등도 병원으로 함께 가져간다.
⑤ 대상자를 옮길 때는 가장 빠르게 옮길 수 있는 방법을 찾아서 이용해야 한다.

09 다음 증상을 보이는 대상자의 질환으로 옳은 것은?

- 목을 조르는 듯한 자세를 취한다.
- 갑자기 기침을 하며 괴로운 얼굴 표정을 한다.
- 숨을 쉴 때 목에서 이상한 소리가 들린다.

① 출혈   ② 경련
③ 구토   ④ 골절
⑤ 질식

10 질식에 대한 설명과 관찰방법으로 옳은 것은?

① 이물의 종류와 위치는 확인하지 않는다.
② 갑작스런 기침이 있는지 확인한다.
③ 질식은 위장에 산소가 공급되지 않는 상황이다.
④ 호흡곤란이나 얼굴색이 붉게 변하는지 관찰한다.
⑤ 과다 산소공급으로 손상이 발생할 수 있다.

+ 해설

07
① 증상 별로 적절한 응급처치를 시행한다.
② 침착하고 신속하게 적절히 대처한다.
④ 요양보호사는 의약품을 사용할 수 없다.
⑤ 대상자에게 손상을 입힌 화학약품을 병원으로 함께 가져간다.

표준교재 515쪽

08
- 대상자의 상태를 파악하고, 119 등에 신속히 신고한다.
- 대상자를 가급적 옮기지 말고, 옮길 때는 적절한 운반법을 따른다.

표준교재 515쪽

09

표준교재 516쪽

10
- 질식은 폐에 산소가 공급되지 않는 상황이며, 이로 인해 인체 조직의 손상이 발생할 수 있다.
- 이물의 종류와 위치를 확인하고 갑작스러운 기침, 구역질, 호흡곤란, 청색증 등이 있는지 확인한다.

표준교재 515쪽

정답 07 ③   08 ④   09 ⑤   10 ②

11 갑자기 목을 조르는 듯한 자세를 취하는 대상자에게 의심되는 증상은?

① 출혈   ② 경련
③ 질식   ④ 골절
⑤ 구토

11

표준교재 516쪽

12 질식 대상자의 주요 증상으로 옳지 않은 것은?

① 대상자는 말은 할 수 있다.
② 목을 조르는 듯한 자세를 한다.
③ 숨을 쉴 때 목에서 이상한 소리가 들린다.
④ 갑자기 기침을 하며 괴로운 얼굴 표정을 한다.
⑤ 가슴 부위의 호흡운동이 보이지만 공기의 흐름이 적거나 없다.

12

표준교재 516쪽

13 질식 대상자의 주요 증상으로 옳은 것은?

① 대상자는 의식이 없다.
② 가슴을 움켜쥐는 듯한 자세를 한다.
③ 갑자기 기침을 하며 얼굴색이 붉어진다.
④ 숨을 쉴 때 가슴에서 이상한 소리가 들린다.
⑤ 가슴 부위의 호흡운동이 보이지만 공기의 흐름이 적거나 없다.

13
• 목을 조르는 듯한 자세를 한다.
• 갑자기 기침을 하며, 괴로운 얼굴 표정을 한다.

표준교재 516쪽

14 다음 보기가 설명하는 질식 대상자를 돕는 방법으로 옳은 것은?

> 대상자의 몸 뒤에서 대상자의 명치끝에 주먹을 쥔 한쪽 손을 위치시키고 다른 한쪽 손으로는 주먹 쥔 손을 감싼 다음 양손으로 복부의 윗부분 후상방으로 힘차게 밀어 올린다.

① 응급처치   ② 심폐소생술
③ 하임리히법   ④ 질식치료법
⑤ 코드만진자법

14

표준교재 516쪽

15 대상자가 질식증상을 보이는데 의식이 없을 경우 돕는 방법으로 옳은 것은?

① 가장 먼저 시설장에게는 보고하여 지시를 받는다.
② 계속 숨을 못 쉴 경우 신속하게 병원으로 이송한다.
③ 대상자의 몸 앞에서 서서 주먹을 쥔 손으로 대상자의 명치끝을 들어 올린다.
④ 119에 신고하고 즉시 심폐소생술을 실시하면서 이물을 확인한다.
⑤ 대상자의 배 위에 걸터앉아서 주먹을 쥔 손으로 대상자의 명치끝을 들어 올린다.

15
질식 대상자의 의식이 없는 경우에는 119에 신고하고 즉시 심폐소생술을 실시하면서 입안에 이물이 있는지 확인하고 제거한다.

표준교재 **516쪽**

16 다음 증상을 보이는 대상자의 의심되는 질환은?

• 몸이 뻣뻣해지거나 호흡이 곤란해진다.
• 침을 흘리거나 괄약근이 이완되어 대소변을 새어 나올 수 있다.

① 출혈　　　　② 골절
③ 질식　　　　④ 경련
⑤ 구토

16

표준교재 **517쪽**

17 열사병에 대한 설명으로 옳은 것은?

① 서서히 의식을 잃고 쓰러진다.
② 고온 다습한 곳에서 주로 일어난다.
③ 몸의 열이 너무 많이 발산되어 생긴다.
④ 외상이나 뇌종양이 원인이 되기도 한다.
⑤ 체온이 낮아져서 구토와 피로를 느낀다.

17
고온 다습한 곳에서 몸의 열을 발산하지 못하여 생기는 병. 체온이 높아져서 어지러움과 피로를 느끼다가 갑자기 의식을 잃고 쓰러진다.

표준교재 **517쪽**

18 대상자가 경련을 일으켰을 때 돕는 방법으로 옳은 것은?

① 입에 이물질을 넣어 혀를 물지 않도록 한다.
② 대상자의 얼굴을 똑바로 세워 기도를 유지하도록 한다.
③ 대상자의 머리 아래를 딱딱한 물건으로 받쳐준다.
④ 대상자를 꽉 붙잡아서 억지로 경련을 멈추도록 도와준다.
⑤ 몸이 꽉 끼는 옷의 단추나 넥타이를 풀고 편하게 호흡을 하게 한다.

18
• 입에 이물질을 넣어서는 안 된다.
• 대상자를 붙잡거나 억지로 멈추게 하려고 노력하지 말고 조용히 기다린다.

표준교재 **517쪽**

정답　**15** ④　**16** ④　**17** ②　**18** ⑤

★★★

19 대상자가 경련을 일으켰을 때 돕는 방법으로 옳은 것은?

① 시설장이나 간호사에게 먼저 보고하여 지시를 받는다.
② 대상자의 얼굴을 옆으로 돌리거나 돌려 기도를 유지한다.
③ 대상자가 혀를 깨물지 않도록 입안에 이물질을 넣어준다.
④ 경련성 질환이 없던 대상자가 경련을 일으킬 경우 안정을 취하게 한다.
⑤ 대상자의 머리 아래에 나무목침 등 단단한 것으로 대주고 위험한 물건은 치운다.

20 화상환자의 1차 관찰 내용으로 옳은 것은?

① 의식과 반응수준을 평가한다.
② 신체 주요 부위 화상을 확인한다.
③ 집안의 물건이 안전한지 확인한다.
④ 기도확보 확인, 열손상이나 흡인손상을 확인한다.
⑤ 부종으로 호흡이 곤란한 경우 산소 호흡기를 통해 산소를 공급한다.

21 화상환자의 2차 관찰내용으로 옳은 것은?

① 기도확보 확인
② 시각과 청각의 기능을 확인한다.
③ 신체 주요 부위 화상을 확인한다.
④ 열손상이나 흡인손상을 확인한다.
⑤ 기도 부종으로 호흡곤란이 있는 경우 신속히 병원으로 이송한다.

22 화상의 수준에 대한 설명으로 옳은 것은?

① 2도 화상은 크고 작은 수포가 형성된다.
② 2도 화상은 피부의 표피층만 손상 받은 경우이다.
③ 1도 화상은 상처에 통증이 심하며 부종이 뚜렷하다.
④ 2도 화상은 피부색이 붉게 되면서 약간의 부종이 있다.
⑤ 1도 화상은 상피세포층과 진피세포층의 일부까지 손상 받은 경우이다.

23 1도 화상에 대한 설명으로 옳은 것은?

① 흉터가 남을 수 있다.
② 조직이 깊이 괴사되고 부종이 심하다.
③ 피부색이 붉게 되면서 약간의 부종이 있다.
④ 시간이 경과됨에 따라 채액 손실이 심하게 된다.
⑤ 괴사된 피부조직을 떼어낸 후 피부를 이식해야 하는 경우가 많다.

+ 해설

19
• 5분 이상 지속될 때, 즉시 119에 신고하고 시설장, 간호사 등에게 보고한다.
• 대상자의 머리 아래에 부드러운 것을 대주고 위험한 물건을 치운다.

표준교재 **517**쪽

20
화상의 1차 관찰
• 기도확보 확인 : 열손상이나 흡입손상을 확인한다.
• 기도부종으로 호흡곤란이 있는 경우에는 119 등을 통하여 병원으로 바로 이송한다.

표준교재 **518**쪽

21
화상의 2차 관찰
• 의식과 반응수준을 평가한다.
• 신체 주요 부위 화상(얼굴, 손, 발, 관절, 생식기 등)을 확인한다.

표준교재 **518**쪽

22

표준교재 **519**쪽

23
1도 화상
• 피부의 표피층만 손상 받은 경우이다.
• 피부색이 붉게 되면서 약간의 부종이 있다.
• 일주일 지나면 흉터 없이 자연 치유된다.

표준교재 **519**쪽

정답 **19** ② **20** ④ **21** ③ **22** ① **23** ③

24 2도 화상에 대한 설명으로 옳은 것은?

① 피부의 표피층만 손상 받은 경우이다.
② 조직이 깊이 괴사되고 부종이 심하다.
③ 일주일이 지나면 흉터 없이 자연 치유된다.
④ 피부 전층과 피하지방까지 손상 받은 경우이다.
⑤ 피부의 상피세포층과 진피세포층의 일부까지 손상 받은 경우이다.

25 3도 화상에 대한 설명으로 옳은 것은?

① 대부분 크고 작은 수포가 형성된다.
② 피부색이 붉게 되면서 부종이 있다.
③ 상처는 통증이 심하며 부종이 뚜렷하다.
④ 피부 전층과 피하지방까지 손상 받은 경우이다.
⑤ 피부의 상피세포층과 진피세포층의 일부까지 손상되었다.

★★★

26 화상을 입은 대상자를 돕는 방법으로 옳은 것은?

① 흐르는 수돗물에 직접 환부를 댄다.
② 몸에 붙어 있는 옷은 옷을 벗기고 냉각시킨다.
③ 벗기기 힘든 옷이라도 신속한 치료를 위해 벗겨낸다.
④ 화상 부위를 깨끗한 옷을 입어 세균의 감염을 예방한다.
⑤ 화상 부위의 통증이 없어질 때까지 15분 이상 즉시 찬물에 담근다.

★★★

27 화상을 입은 대상자를 돕는 방법으로 옳은 것은?

① 장신구는 최대한 빨리 잘라낸다.
② 어떠한 물집도 터뜨리면 안 된다.
③ 벗기기 힘든 의복은 그대로 둔다.
④ 손상부위를 마사지해서 부종을 예방한다.
⑤ 화상 부위에 된장, 핸드크림, 치약 등을 발라 감염을 예방한다.

★★★

28 화상을 입은 대상자를 돕는 방법으로 옳은 것은?

① 장신구는 최대한 빨리 잘라낸다.
② 몸에 붙어 있는 옷은 옷 위로 냉각시킨다.
③ 화상 부위를 깨끗한 붕대로 감싸 세균 감염을 예방한다.
④ 벗기기 힘든 의복은 벗기지 말고 그대로 두고 치료한다.
⑤ 화상 부위를 미지근한 물에 통증이 없어질 때까지 담근다.

+ 해설

24
2도 화상
• 상처의 통증이 심하며 부종이 뚜렷하다.
• 흉터가 남을 수 있다.

표준교재 **519쪽**

25
3도 화상
• 피부 전층과 피하지방까지 손상 받은 경우이다.
• 조직이 깊이 괴사되고 부종이 심하다.

표준교재 **519쪽**

26
몸에 붙어 있는 옷은 옷 위로 냉각시키며 벗기기 힘든 의복은 벗기지 말고 잘라내고 반지, 팔찌, 귀고리와 같은 장신구는 최대한 빨리 벗긴다.

표준교재 **520쪽**

27
손상 부위를 만지지 말고 어떠한 물집도 터뜨리면 안 된다.

표준교재 **520쪽**

28
• 장신구는 최대한 빨리 벗긴다.
• 즉시 찬물(5~12℃)에 담가 화상면의 확대와 염증을 억제하고 통증을 줄여 준다.

표준교재 **520쪽**

정답 **24** ⑤ **25** ④ **26** ⑤ **27** ② **28** ②

29 화상예방을 위한 요양보호사의 역할로 옳은 것은?

① 노인 화상은 주로 뜨거운 연기에 의해 발생한다.
② 화재 위험이 있는 물건들은 늘 있던 자리에 있도록 한다.
③ 노인의 독립성을 위축시키지 않는 범위 내에서 도와야 한다.
④ 요양보호사는 플러그, 콘센트, 전선 등은 위험하지 않는 한 그대로 둔다.
⑤ 의식이 명료하지 않는 대상자는 화상위험이 높으므로 움직이지 못하게 한다.

29
• 노인 화상은 주로 뜨거운 물에 의해 발생한다.
• 화재위험이 있는 물건들을 관찰하고 안전조치를 취한다.

표준교재 520쪽

30 신체의 양쪽을 비교해 보니 양쪽이 다를 때 의심할 수 있는 질환은?

① 골절   ② 화상
③ 욕창   ④ 낙상
⑤ 질식

30

표준교재 521쪽

31 다음 보기가 설명하는 질환으로 옳은 것은?

> • 신체의 양쪽을 비교해 보니 양쪽이 다를 때
> • 통증 부위의 부종 및 기능상실, 움직이지 못할 때
> • 통증 부위의 부러진 뼈끼리 부딪치는 소리가 날 때

① 낙상   ② 질식
③ 욕창   ④ 골절
⑤ 화상

31

표준교재 521쪽

★★★

32 골절이 된 대상자를 돕기 위한 방법으로 옳은 것은?

① 손상 부위의 장신구는 위험하므로 그대로 둔다.
② 물을 마시게 하여 대상자를 의식을 찾도록 도와준다.
③ 대상자를 안심시키고 절대로 스스로 움직이게 해서는 안 된다.
④ 개방된 상처가 있거나 출혈이 있는 경우 일반 거즈를 이용하여 상처를 덮는다.
⑤ 상처 부위에 온찜질을 하면 부풀어 오르거나 염증이 생기는 것을 줄일 수 있다.

32

표준교재 521쪽

33 골절이 된 대상자를 돕기 위한 방법으로 옳은 것은?

① 찬바람을 쐬어 주어 정신을 차리게 한다.
② 튀어나온 뼈는 압박하여 제자리를 찾게 한다.
③ 대상자를 안정시키고 절대로 움직이게 해서는 안 된다.
④ 손상 부위를 붕대를 이용하여 고정한 후 병원으로 이송한다.
⑤ 상처 부위에 온찜질을 하면 부풀어 오르거나 염증이 생기는 것을 줄일
수 있다.

★★★

34 출혈이 있는 대상자에 대한 대처방법으로 옳은 것은?

① 멸균거즈 위에 압박붕대를 감는다.
② 깨끗한 장갑을 착용하고 출혈 부위를 감싼다.
③ 거즈를 꽉 조여서 혈액순환이 유지되도록 한다.
④ 출혈 부위는 직접 압력을 가하면 안 된다.
⑤ 출혈 부위를 압박하면서 출혈 부위를 심장보다 낮게 위치하도록 한다.

★★★

35 출혈이 있는 대상자에 대한 대처방법으로 옳은 것은?

① 깨끗하게 손을 씻고 출혈 부위를 노출한다.
② 압박붕대를 꽉 조여서 혈액순환이 유지되도록 한다.
③ 출혈 부위에 멸균 거즈를 이용하여 직접 압력을 가한다.
④ 출혈 부위를 압박하면서 출혈 부위를 머리보다 높게 위치하도록 한다.
⑤ 압박붕대로 출혈 부위를 압박하고 멸균 거즈를 덮어 씌워서 감염을 예
방한다.

36 심폐소생술의 목적으로 옳은 것은?

① 산소 호흡기를 이용하여 질식한 사람의 호흡을 돌아오게 하는 것이다.
② 신장, 뇌와 주요 장기에 산소를 공급하여 대상자의 생명을 구하는 것이다.
③ 호흡을 하지 않는 대상자에게 기계 호흡을 통해 호흡이 돌아오게 하는
것이다.
④ 호흡을 하지 않는 대상자의 심장을 마사지하여 호흡이 돌아오게 하는
것이다.
⑤ 심장마비나 질식한 사람에게 인공호흡을 해주어 호흡이 돌아오게 하는
것이다.

+ 해설

33
• 담요 등을 덮어 주어 대상자를 따뜻하게
한다.
• 손상 부위의 장신구를 제거한다.
• 튀어나온 뼈는 직접 압박하지 않는다.

표준교재 521쪽

34
② 깨끗한 장갑을 착용하고 출혈 부위를 노
출한다.
③ 붕대를 너무 꽉 감으면 혈액순환이 방해
된다.
④ 출혈 부위에 멸균거즈를 이용하여 직접
압력을 가한다.
⑤ 출혈부위를 심장보다 높게 위치하도록
한다.

표준교재 522쪽

35
• 멸균거즈 위에 압박붕대를 감는다. 이때
너무 꽉 조이지 않도록 하여, 혈액순환
이 유지되도록 한다.
• 출혈 부위를 압박하면서 출혈 부위를
심장보다 높게 위치하도록 한다.

표준교재 522쪽

36
인공적으로 호흡과 혈액순환을 유지함으
로써 심장, 뇌와 주요 장기에 산소를 공급
하여 대상자의 생명을 구하는데 그 목적이
있다.

표준교재 526쪽

정답 **33** ③ **34** ① **35** ③ **36** ②

+ 해설

심장이 뛰지 않고 호흡을 하지 않는 대상자에게 인공적으로 혈액을 순환시키고 폐에 산소를 공급하는 행위를 무엇이라 하는가?

37

① 인공호흡술　　　　② 제세동기술
③ 가슴압박술　　　　④ 응급처치술
⑤ 심폐소생술

표준교재 526쪽

심폐소생술의 단계로 옳은 것은?

38

① 반응확인 – 도움요청 – 가슴압박 – 기도유지 – 인공호흡 – 상태확인
② 반응확인 – 가슴압박 – 도움요청 – 기도유지 – 인공호흡 – 상태확인
③ 반응확인 – 도움요청 – 기도유지 – 가슴압박 – 인공호흡 – 상태확인
④ 반응확인 – 도움요청 – 가슴압박 – 기도유지 – 인공호흡 – 상태확인
⑤ 반응확인 – 도움요청 – 가슴압박 – 인공호흡 – 기도유지 – 상태확인

표준교재 527~530쪽

어깨를 가볍게 두드리면서 "어르신 괜찮으세요?"라고 소리 내어 질문 하는 심폐소생술의 단계는?

39

① 가슴압박　　　　② 인공호흡
③ 반응확인　　　　④ 기도유지
⑤ 도움요청

표준교재 527쪽

심폐소생술 중 반응확인 단계의 설명으로 옳은 것은?

40
어깨를 가볍게 두드리면서 "어르신, 괜찮으세요?"라고 소리 내어 질문한다. 응답이 있으면(대답을 하거나 신음소리를 내면) 안심시키는 말을 한다.

① 반응을 하면 안심하고 병원으로 이송한다.
② 반응이 없으면 구급대원이 올 때까지 기다린다.
③ 대상자를 옆으로 눕혀서 기도를 확보하여 질식을 예방한다.
④ 어깨를 세게 흔들면서 "어르신 괜찮으세요?" 라고 소리 내어 질문한다.
⑤ 외상의 징후가 보이는 경우 척수손상 가능성을 염두하고 대상자의 몸을 흔들어서는 안 된다.

표준교재 527쪽

심폐소생술 중 도움요청 단계의 설명으로 옳은 것은?

41
주변에 도와줄 사람이 있으면 신고를 부탁하고, 도와줄 사람이 없으면 본인이 직접 신고한다.

① 반응이 없으면 119에 신고한다.
② 신속하게 병원으로 이송하도록 주변의 도움을 청한다.
③ 도와줄 사람이 없으면 시설장에게 연락하여 신고를 하도록 한다.
④ 주변에 도와줄 사람이 있으면 그 사람에게 심폐소생술을 맡긴다.
⑤ 자동세제동기 교육을 받은 사람을 주변에서 찾아 도움을 받도록 한다.

표준교재 527~528쪽

정답 37 ⑤　38 ①　39 ③　40 ⑤　41 ①

42 심폐소생술 중 가슴압박 단계의 설명으로 옳은 것은?

① 가슴압박은 최대 7㎝가 넘지 않도록 한다.
② 가슴압박은 최소 5㎝ 정도 눌릴 정도의 강도로 압박한다.
③ 호흡이 없거나 비정상적이면 인공호흡을 먼저 시작한다.
④ 대상자의 흉골 위쪽 절반 부위에 두 손을 깍지 끼우고 올려놓는다.
⑤ 양팔을 구부린 상태에서 체중을 실어 대상자의 몸과 수직이 되도록 한다.

42
· 가슴압박은 최대 6㎝가 넘지 않도록 한다.
· 호흡이 없거나 비정상적이면 가슴압박을 시작한다.

표준교재 **528~529쪽**

43 심폐소생술 중 가슴압박 단계의 설명으로 옳은 것은?

① 가슴압박은 분당 130회를 넘지 않는다.
② 가슴압박은 분당 110회 이상의 속도로 시행한다.
③ 가슴압박은 분당 120회 이상의 속도로 시행한다.
④ 30회 가슴압박이 끝나면 3회의 인공호흡을 실시한다.
⑤ 30회 가슴압박이 끝나면 2회의 인공호흡을 실시한다.

43
가슴압박은 분당 100회 이상의 속도로 시행하고, 120회를 넘지 않도록 한다.

표준교재 **528~529쪽**

★ ★ ★
44 심폐소생술을 실시할 때 가슴압박과 인공호흡의 비율로 옳은 것은?

① 25 : 2   ② 25 : 3
③ 30 : 2   ④ 30 : 3
⑤ 35 : 2

44

표준교재 **531쪽**

45 다음 보기가 설명하는 심폐소생술의 단계로 옳은 것은?

> · 한 손을 대상자의 이마에 대고 머리를 뒤로 젖힌다.
> · 다른 한 손을 턱 부분을 위쪽으로 당겨 긴다.

① 기도유지   ② 인공호흡
③ 가슴압박   ④ 상태확인
⑤ 반응확인

45

표준교재 **529쪽**

46 인공호흡에 대한 설명으로 옳은 것은?

① 인공호흡을 과도하게 하여 과환기를 유발하도록 한다.
② 가슴압박과 인공호흡이 동시에 시행되지 않도록 한다.
③ 숨을 불어넣은 후에 코를 막아 공기가 배출되지 않도록 한다.
④ 본인이 호흡을 할 수 있을 때 까지 계속 인공호흡을 실시한다.
⑤ 대상이의 코에 자신의 입을 대고 1초 동안 숨을 불어넣는다.

46
· 인공호흡을 과도하게 하여 과환기를 유발하지 않는다.
· 숨을 불어넣은 후에 코를 놓아주어 공기가 배출되도록 한다.

표준교재 **530쪽**

정답 **42** ② **43** ⑤ **44** ③ **45** ① **46** ②

47 자동심장충격기 사용 단계로 옳은 것은?

① 전원 켜기 – 심장 리듬 분석 – 전극패드 부착 – 제세동 시행 – 심폐소생술 다시 시행
② 전원 켜기 – 전극패드 부착 – 심장 리듬 분석 – 제세동 시행 – 심폐소생술 다시 시행
③ 전원 켜기 – 전극패드 부착 – 제세동 시행 – 심장 리듬 분석 – 심폐소생술 다시 시행
④ 전원 켜기 – 제세동 시행 – 전극패드 부착 – 심장 리듬 분석 – 심폐소생술 다시 시행
⑤ 전원 켜기 – 제세동 시행 – 심장 리듬 분석 – 전극패드 부착 – 심폐소생술 다시 시행

47

표준교재 534~535쪽

★★★

48 자동심장충격기의 전극 패드 부착 방법으로 옳은 것은?

① 패드 1은 왼쪽 빗장뼈 바로 아래에 부착한다.
② 패드 1은 오른쪽 빗장뼈 바로 아래에 부착한다.
③ 패드 2는 왼쪽 젖꼭지 아래 중간 옆구리선에 부착한다.
④ 패드 2는 오른쪽 젖꼭지 아래 중간 옆구리선에 부착한다.
⑤ 패드 2는 오른쪽 젖꼭지 아래 중간 겨드랑선에 부착한다.

48
오른쪽 패드는 오른쪽 빗장뼈 밑에, 왼쪽 패드는 왼쪽 중간 겨드랑선에 붙인다.

표준교재 534쪽

49 자동심장충격기의 심장리듬 분석에 대한 설명으로 옳은 것은?

① 제세동이 필요 없는 경우 즉시 심폐소생술을 중단한다.
② 제세동이 필요 없는 경우 음성 지시에 따라 병원으로 이송한다.
③ 제세동이 필요하면 자동제세동기의 에너지를 수동으로 설정한다.
④ 자동제세동기의 충전은 수 초 이상 소요되므로 가능한 가슴압박을 시행한다.
⑤ 분석 중이라는 음성지시가 나오면 심폐소생술을 멈추고 대상자를 안전하게 붙잡고 있어야 한다.

49
분석 중이라는 음성 지시가 나오면, 심폐소생술을 멈추고 환자에게서 손을 뗀다.

표준교재 534쪽

50 자동심장충격기의 제세동 시행에 대한 설명으로 옳은 것은?

① 제세동이 필요한지 구조자가 판단한다.
② 제세동 버튼을 누를지 주변사람에게 자문을 구한다.
③ 제세동 버튼을 누르기 전에 다른 사람들을 멀리 대피시킨다.
④ 제세동 버튼을 누르기 전에 다른 사람이 대상자에게서 떨어져 있는지 확인한다.
⑤ 제세동 버튼을 누르기 전에 주변 사람으로 하여금 대상자를 붙들고 있도록 한다.

50
제세동이 필요한 경우에만 제세동 버튼이 깜박인다.

표준교재 535쪽

정답 47 ② 48 ② 49 ④ 50 ④

51 자동심장충격기를 실시 후에 올바른 대처 방법으로 옳은 것은?

① 제세동 실시 후 심폐소생술은 즉시 중단한다.
② 제세동 실시 후 심폐소생술을 다시 시작한다.
③ 제세동 실시 후 5분마다 제세동을 다시 실시한다.
④ 제세동기는 5분마다 심장 리듬 분석을 반복해서 실시한다.
⑤ 자동제세동기의 사용은 119 구급대가 현장에 도착하면 중단한다.

★★★

52 자동심장충격기 사용 시 패드 부착 위치로 옳은 것은?

① 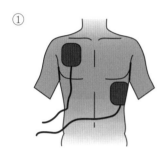 ②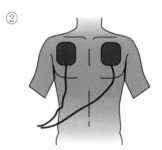

③ 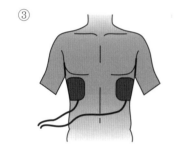 ④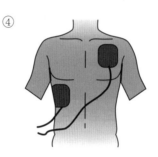

⑤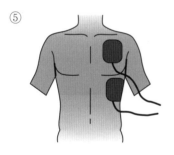

+ 해설

51

- 제세동 실시 후 즉시 가슴압박과 인공호흡 비율을 30:2로 심폐소생술을 다시 시작한다.
- 심장충격기는 2분마다 심장 리듬 분석을 반복해서 실시한다.

표준교재 535쪽

52

오른쪽 패드는 오른쪽 빗장뼈(쇄골) 바로 아래에 부착하고 왼쪽 패드는 왼쪽 중간 겨드랑선에 붙인다.

표준교재 534쪽

정답 51 ② 52 ①

memo

혼자서도 합격하는
요양보호사
필기 실기 총정리

2020. 1. 2. 초 판 1쇄 인쇄
2020. 1. 6. 초 판 1쇄 발행

저작권
본 사
소 유

지은이 | 박종육, 신지연, 김명근
펴낸이 | 이종춘
펴낸곳 | BM (주)도서출판 성안당
주소 | 04032 서울시 마포구 양화로 127 첨단빌딩 3층(출판기획 R&D 센터)
     | 10881 경기도 파주시 문발로 112 출판문화정보산업단지(제작 및 물류)
전화 | 02) 3142-0036
     | 031) 950-6300
팩스 | 031) 955-0510
등록 | 1973. 2. 1. 제406-2005-000046호
출판사 홈페이지 | **www.cyber.co.kr**
ISBN | 978-89-315-8839-2 (13330)
정가 | 25,000원

이 책을 만든 사람들
책임 | 최옥현
기획·진행 | 박남균
교정·교열 | 디엔터
본문·표지 디자인 | 박원석, 디엔터
홍보 | 김계향
국제부 | 이선민, 조혜란, 김혜숙
마케팅 | 구본철, 차정욱, 나진호, 이동후, 강호묵
제작 | 김유석

■ **도서 A/S 안내**

성안당에서 발행하는 모든 도서는 저자와 출판사, 그리고 독자가 함께 만들어 나갑니다.
좋은 책을 펴내기 위해 많은 노력을 기울이고 있습니다. 혹시라도 내용상의 오류나 오탈자 등이
발견되면 "좋은 책은 나라의 보배"로서 우리 모두가 함께 만들어 간다는 마음으로 연락주시기
바랍니다. 수정 보완하여 더 나은 책이 되도록 최선을 다하겠습니다.
성안당은 늘 독자 여러분들의 소중한 의견을 기다리고 있습니다. 좋은 의견을 보내주시는 분께는
성안당 쇼핑몰의 포인트(3,000포인트)를 적립해 드립니다.

잘못 만들어진 책이나 부록 등이 파손된 경우에는 교환해 드립니다.

혼자서도 합격하는
요양보호사
필기 실기 총정리

혼자서도 합격하는

요양보호사

필기 실기 총정리